韓國 中世築城史 研究

柳 在 春

景仁文化社

머리말

　필자는 축성(성곽)에 대한 연구를 진행해 오면서 한국축성(성곽)사상 중세 이후에 대한 연구가 매우 부족하다는 것을 알게 되었다. 특히 "성곽의 나라"라고 일컬어져 왔던 것과는 달리 체계적으로 정리된 개설서 조차 없는 것이 현실이었다. 그 이유는 여러 가지가 있겠지만, 기본적으로는 각 시대별(특히 중세 이후)로 기본적인 연구도 부족할 뿐만 아니라 연구·조사 성과에 대한 정리 작업도 아직 미진하기 때문이라는 생각을 하게 되었다.

　이에 필자는 중세 이후의 축성(성곽)에 대한 연구의 필요성을 느끼게 되었으며 주로 그 문제에 대한 연구를 진행하여 왔고, 그 결과물로 지난 1998년 『朝鮮前期 江原地域의 城郭 硏究』라는 제목으로 박사학위청구논문을 제출하게 되었다. 그리고 이 책은 그 논문을 수정·보완하고, 일부 소주제를 보충하여 발간하게 된 것이다.

　성곽은 전근대시대의 국가방비에 있어서 절대적이라고 해도 과언이 아닐 정도로 매우 중요한 防備施設物이었다. 특히 우리 민족은 일찍부터 집단의 보호를 위한 城柵을 발전시켰으며, 삼국시대의 오랜 전쟁과 후삼국의 패권 다툼, 고려~조선시대에도 수많은 外侵으로 인하여 전국 각지에 많은 성곽을 축조하였다. 이 때문에 고대이래 축성은 국가적인 매우 중요한 役事였다.

　축성은 국가적인 방비시설인 만큼 대외관계와 밀접한 관련이 있으며, 성곽의 입지나 축조법은 당대의 사회·경제적인 상황이나 전쟁의 양상과 직접 관련을 가지며 변천해 왔다.

　고려중기에 있었던 蒙古軍의 대규모 침입은 기존 성곽의 시험대가 되었으며, 장기 농성이 불가능한 곳은 점차 도태되었고, 포위공격이 어렵고 水源이 풍부하며 人馬를 수용할 충분한 공간이 있는 험준한

iv

곳으로 입보 산성이 이전되었다. 이러한 산성구축 경향은 고려말 왜
구에 대비하여 많은 산성을 수리·구축할 때에도 대개 변함이 없었
으며, 조선시대에 들어서도 태종대에 전국적으로 40~50km 정도의
거리를 두고 일률적으로 입보 산성을 마련하도록 하는 등 변화가 있
었지만 축조방식면에서 근본적인 변화는 없었다. 오히려 세종대 이후
읍성위주의 방위책이 중시되면서 산성은 퇴조하였다.

그러나 임진왜란을 계기로 방어시설의 허실이 드러나고 다시 산성
유익론이 등장하여 전국적으로 많은 산성이 수축되었다. 그런데 이
시기의 산성은 종래의 그것과 차이가 있었다. 종래 險地爲主의 입지
선정과 피난위주 산성에서 탈피하는 경향을 보였고, 砲樓·懸眼·羊
馬場 설치 등 시설적인 면에서도 많은 변화가 수반되면서 고려 중기
이래의 避難性 산성시대는 점차 마감되었다. 임진왜란~17세기 초반
에 이르는 시기는 세종대에 이어 韓國築城史上 또 한차례의 "획기적
인 시기"라 할 수 있다.

이러한 측면에서 볼 때, 고려 중기 이래 등장한 險地爲主의 산성은
중세 산성의 가장 특징적인 요소 가운데 하나이며, 이러한 유형은 대
개 조선전기 전반기까지 유지되었다. 물론 당시의 산성이 지역에 따
라 전략적 중요성에 따라 그 입지가 각기 달랐다고 할 수 있으나 험지
위주의 산성 유형은 전쟁 양상의 변화에 따른 특징적인 형태의 성곽
이라 할 수 있을 것이다. 고려시대 외침시나 조선시대의 전쟁 양상을
볼 때, 평지성 보다는 대개는 산성에 입보하는 것이 일반적이었다는
점을 상기할 때 이 시기는 가히 "중세산성의 시대"라고 할 수 있을 것
이다. 궁벽한 곳의 높고 험한 곳에 입보용 산성을 설비하게 된 것은
군사력이 상대적으로 單弱한 당대의 현실과 인민에 대한 납치가 횡행
했던 당시의 전쟁양상에 따른 것이었다.

필자는 이 책을 통하여 중세의 축성이 어떠한 양상으로 변화하여
왔으며, 어떤 특징을 가지고 있는가라고 하는 문제에 대한 해답을 얻
고자 하였다. 또 그 연구가 한국성곽사의 구성에 보탬이 되고자 하였

다. 그러나 막상 원고 정리를 하고보니 과연 그에 대한 해답을 명쾌하게 주었는가에 대한 의구심이 앞서 부끄럽고 두려운 마음이 가득하다. 다만 이 책이 최종 결과물이 아니고 나의 연구방향을 더욱 분명하게 일깨워 줄 하나의 계기라고, 그리고 여러 스승님과 先學들의 叱正을 받고 지속적인 학문 정진을 통하여 계속 수정·보완해 나가리라는 스스로의 다짐을 통하여 그 부끄러움을 상쇄하고 싶은 마음 뿐이다.

이 작은 성과물이 있기까지는 많은 분들의 도움을 받았다. 우선 지난 20여년간 학문적 지도는 물론이고 不敏한 제자를 늘 근심해 주신 元永煥 선생님, 늘 격려를 아끼지 않으신 李求鎔 선생님, 宋寅瑞 선생님, 崔福奎 선생님, 학문적 긴장의 유지와 추진력을 일깨워 주신 孫承喆 선생님, 그리고 보잘것 없는 논문을 바로 잡아 주시고 격려와 충고를 아끼지 않으신 李章熙 선생님, 車勇杰 선생님께 이 지면을 빌어 깊은 감사의 말씀을 올린다. 또한 늘 격려를 아끼지 않으시고 성원을 보내 주신 至近의 여러 선생님, 그리고 늦게까지 교정을 도와 준 강원향토문화연구회의 최종일, 이원희 연구원님과 여러 후배들에게도 이 자리를 빌어 감사 드린다.

그리고 학문에 전념할 수 있도록 늘 성원해 주신 어머님과 장인, 장모님, 아내와 가족에게 미안함과 더불어 감사의 마음을 드린다. 또한 拙稿의 출판을 기꺼이 맡아주신 경인문화사 한정희 사장님과 편집을 맡아주신 여러분들께도 감사를 드린다.

그리고 당신께서는 농부로 태어나 평생 농부로 사셨지만 "궤속의 돈은 도둑 맞으나 머릿속의 지식은 도둑 맞지 않는다"는 말씀으로 늘 배움을 독려하시고, 평생 못난 불효자식을 걱정하시다 고인이 되신 아버님 영전에 삼가 이 책을 바친다.

2003년 8월
필자 씀

<목 차>

서 론 · 1

제1장 성곽사 시대구분과 중세 성곽 · 11

　Ⅰ. 성곽사 시대구분과 중세 산성 ·············· 13
　　1. 중세 성곽의 연구와 시대구분 ·············· 13
　　2. 중세 산성의 사례와 특징 ·············· 18
　　3. 중세 산성의 변천과 전환 ·············· 34

　Ⅱ. 중세산성의 특징과 성벽 수직홈 ·············· 46
　　1. 문제의 제기 ·············· 46
　　2. 성벽 수직홈이 나타나는 성곽유적 사례 ·············· 48
　　3. 성벽 수직홈에 대한 해석 문제 ·············· 57

　Ⅲ. 東界地域의 變化와 治所城 ·············· 69
　　1. 문제의 제기 ·············· 69
　　2. 고려말 동계지역의 변화 ·············· 71
　　3. 治所의 移轉과 읍성의 축조 ·············· 77
　　4. 조선초기 읍성의 新·改築 ·············· 84
　　5. 麗末鮮初 治所城 移轉·整備의 意義 ·············· 89

제2장 조선전기 성곽의 수축과 변천 · 93

　Ⅰ. 도성과 읍성의 수축 ·············· 95
　　1. 도성의 축조와 개수 ·············· 95
　　2. 읍성의 수축과 변천 ·············· 107

　Ⅱ. 산성과 영진보성의 수축 ·············· 155
　　1. 산성의 수축과 변천 ·············· 155
　　2. 영진보성의 수축 ·············· 201

　Ⅲ. 행성의 축조와 의의 ·············· 219
　　1. 行城築造의 背景 ·············· 221
　　2. 세종대의 행성축조 ·············· 228
　　3. 성종대 이후의 행성 축조 ·············· 246

    4. 明의 東八站 지역 점거와 행성 축조 문제 …………… 256

    5. 행성 축조의 의의 ……………………………………… 279

제3장 조선전기 강원지역의 방어체제와 성곽 ▫ 289

  Ⅰ. 방어체제와 군역 ……………………………………… 291

    1. 진관체제 정비와 군역 ………………………………… 291

    2. 역로와 봉수체제 ……………………………………… 306

    3. 城郭 修築과 變遷 ……………………………………… 322

  Ⅱ. 읍성의 수축과 유적 …………………………………… 331

    1. 읍성의 수축 …………………………………………… 331

    2. 읍성 유적의 현황 …………………………………… 335

    3. 성격과 특징 ………………………………………… 348

  Ⅲ. 산성의 수축과 유적 …………………………………… 373

    1. 산성의 수축 …………………………………………… 373

    2. 산성 유적의 현황 …………………………………… 377

    3. 성격과 특징 ………………………………………… 416

  Ⅳ. 영진보성의 수축과 유적 ……………………………… 439

    1. 영진보성의 수축 …………………………………… 439

    2. 영진보성 유적의 현황 ……………………………… 447

    3. 驛城의 축조 ………………………………………… 454

    4. 성격과 특징 ………………………………………… 460

결 론 ▫ 467

참고문헌 ▫ 483

부 록 ▫ 497

찾아보기 ▫ 617

<표 차례>

<표 1-3-1> 고려말 강릉·간성·양양·삼척의 治所 이전과 축성 ····· 83
<표 2-1-1> 세종대 각도 인부의 도성 수축 현황 ····························· 102
<표 2-1-2> 세종 3년 각도별 인부 징발계획 ······························· 103
<표 2-1-3> 1452년 都體察使 鄭苯이 보고한 전라도 읍성(1) ············· 134
<표 2-1-4> 1452년 都體察使 鄭苯이 보고한 전라도 읍성(2) ············· 134
<표 2-1-5> 1452년 都體察使 鄭苯이 보고한 전라도 읍성(3) ············· 135
<표 2-1-6> 1452년 都體察使 鄭苯의 보고한 경상도 읍성(1) ············· 135
<표 2-1-7> 1452년 都體察使 鄭苯이 보고한 경상도 읍성(2) ············· 135
<표 2-1-8> 1452년 都體察使 鄭苯이 보고한 충청도 읍성 ················ 137
<표 2-1-9> 朝鮮前期 地理志 所載 下三道 邑城數 比較 ················· 138
<표 2-1-10>『世宗實錄』地理志에 나타난 邑城 分布 ····················· 148
<표 2-1-11> 行政區域數와 邑城 分布 ···································· 148
<표 2-1-12> 조선전기 地理志 所載 읍성수 비교 ························· 151
<표 2-1-13>『世宗實錄』地理志 所載 各邑城의 周回크기 分布 ····· 153
<표 2-1-14>『新增東國輿地勝覽』所載 各邑城의 周回크기 分布 ···· 154
<표 2-2-1> 태종 10년 수축된 경상도·전라도의 산성 ···················· 159
<표 2-2-2> 임란중의 산성 수축 ·· 179
<표 2-2-3>『世宗實錄』地理志에 나타난 八道의 산성 분포 ············· 192
<표 2-2-4> 八道行政區域數와 산성 분포 ································· 194
<표 2-2-5>『新增東國輿地勝覽』所載 山城一覽 ························· 194
<표 2-2-6> 朝鮮前期 地理志 所載 山城數 比較 ························· 197
<표 2-2-7>『世宗實錄』地理志 所載 산성의 周長 분포 ················· 199
<표 2-2-8>『新增東國輿地勝覽』所載 各 산성의 周長 분포 ············ 199
<표 2-2-9>『新增東國輿地勝覽』所載 성곽의 높이 분포 ················ 200
<표 2-2-10>『世宗實錄』地理志 所載 營城 및 堡 ························· 206

<표 2-2-11> 성종 17~22년간 水鎭築城 상황표 …………………………… 211

<표 2-2-12> 新增東國輿地勝覽所載 各道의 關防數와 築城 ………… 214

<표 2-2-13> 『新增東國輿地勝覽』 關防地 성곽의 둘레 및 높이 ……… 215

<표 2-2-14> 『新增東國輿地勝覽』 關防項 所載 防護所·水戰所 …… 216

<표 2-2-15> 『新增東國輿地勝覽』 所載 1500년을
            전후한 關防地 축성 현황 ………………………………… 218

<표 2-3-1> 兩江沿邊의 要害地 審定處 ………………………………… 233

<표 2-3-2> 世宗朝의 兩界 行城 築造表 ……………………………… 242

<표 3-1-1> 고려시대 동계지역 군사배치 …………………………… 292

<표 3-1-2> 江原道 戶口 및 各種 軍兵數 …………………………… 297

<표 3-1-3> 江原道의 鎭管 編成 ……………………………………… 300

<표 3-1-4> 全國 留防軍 配置 ………………………………………… 301

<표 3-1-5> 전국의 兵船 현황 ………………………………………… 303

<표 3-1-6> 麗末鮮初 강원지역 역의 변화 ………………………… 310

<표 3-2-1> 조선전기 강원도 읍성 ………………………………… 332

<표 3-2-2> 문종대의 강원도 읍성 축조 ………………………… 333

<표 3-2-3> 조선후기 강원도 읍성 ………………………………… 335

<표 3-2-4> 양양읍성에 대한 조선시대의 기록 …………………… 339

<표 3-2-5> 강원지역 읍성의 戶口와 城周·水源 ………………… 362

<표 3-3-1> 조선초기 강원도 산성 현황 …………………………… 374

<표 3-3-2> 『世宗實錄』 地理志 所載 산성의 水源池 현황 ………… 426

<표 3-3-3> 『新增東國輿地勝覽』 所載 軍倉과 水源池 현황 ………… 427

<표 3-3-4> 강원도 각 산성의 水源地 상황 ………………………… 432

<표 3-4-1> 江原道 水軍營鎭 ………………………………………… 440

<사진·도면·삽도 차례>

<사진 1-2-1> 보은 호점산성 북벽의 수직홈 모습 ……………………… 49
<사진 1-2-2> 제천 와룡산성의 수직홈 …………………………………… 51
<사진 1-2-3> 제천 와룡산성 수직홈 하부 모습 ……………………… 51
<삽도 1-2-1> 삼악산성 내벽 단면도 …………………………………… 53
<사진 1-2-4> 삼악산성 내성 북벽의 수직홈 모습 ………………… 53
<사진 1-2-5> 강릉 삼한성 성벽 모습 ………………………………… 56
<도면 1-2-1> 춘천 삼악산성 성벽 ……………………………………… 60
<도면 1-2-2> 제천 와룡산성 수직홈 ………………………………… 60
<도면 1-2-> 평양 대성산성 성벽의 수직홈 ……………………… 63
<삽도 2-2-1> 16세기 山城의 分布 …………………………………… 196
<삽도 3-1-1> 조선시대 강원지역의 驛路 …………………………… 314
<삽도 3-1-2> 조선시대 강원지역의 봉수 노선표 ………………… 320
<삽도 3-1-3> 조선전기 강원지역의 성곽 분포 ………………… 330
<삽도 3-2-1> <江陵邑城圖> ……………………………………… 336
<삽도 3-2-2> 강릉읍성 형세도 ……………………………………… 337
<삽도 3-2-3> <襄陽邑城圖> ……………………………………… 339
<삽도 3-2-4> 양양읍성 형세도 ……………………………………… 341
<삽도 3-2-5> <三陟邑城圖> ……………………………………… 342
<삽도 3-2-6> <杆城邑城圖> ……………………………………… 344
<삽도 3-2-7> 간성읍성 위치도 ……………………………………… 345
<삽도 3-2-8> 우계읍토성 위치도 …………………………………… 347
<삽도 3-2-9> 고려말 강원도 영동지역 治所의 이전 추정도 ………… 349
<도면 3-2-1> 울산 언양읍성 체성 입면도 ……………………… 371
<도면 3-2-2> 경남 마산 합포성지 외벽 입면도 ………………… 372
<삽도 3-3-1> 영원산성 현황도 ……………………………………… 379

<삽도 3-3-3> 두타산성 형세도 ……………………………………… 385
<도면 3-3-1> 두타산성 북쪽 성벽 단면도 …………………………… 387
<도면 3-3-2> 두타산성 동쪽 성벽 단면도 …………………………… 387
<삽도 3-3-3> 덕고산성 형세도 ……………………………………… 390
<삽도 3-3-4> 정양산성 현황도 ……………………………………… 393
<삽도 3-3-9> 한계산성 형세도 ……………………………………… 398
<도면 3-3-4> 한계산성 성문안 좌우벽면 실측도 ………………… 400
<삽도 3-3-6> 고성산성 위치도 ……………………………………… 403
<삽도 3-3-7> 보현산성 형세도 ……………………………………… 405
<삽도 3-3-8> 권금성 위치도 ………………………………………… 407
<삽도 3-3-9> 노성산성 형세도 ……………………………………… 409
<삽도 3-3-1>. 갈풍리 산성 형세도 ………………………………… 412
<도면 3-3-4> 경남 함양 황석산성 동문지 부근 체성 실측도 ………… 435
<삽도 3-4-1> 오화리산성(舊삼척포진성) 현황도 ……………………… 449
<삽도 3-4-2> 대포성 위치도 ………………………………………… 451
<삽도 3-4-3> 광정진성 형세도 ……………………………………… 453
<도면 3-4-1> 경남 마산 합포성지 유구 실측도 ……………………… 465

서 론

　城郭은 前近代時代의 國家防備에 있어서 절대적이라고 해도 과언이 아닐 정도로 매우 중요한 防備施設物이었다. 특히 우리 민족은 일찍부터 農耕·定着生活을 시작하였기 때문에 자기 집단을 外侵으로부터 보호하기 위한 城柵을 발전시켰으며, 삼국시대의 오랜 전쟁과 후삼국의 패권 다툼, 고려~조선시대의 수많은 外侵으로 인하여 전국 각지에 많은 성곽을 축조하였다.

　통일신라기의 성곽은 고대의 축성기법이 종합된 시기이며 통일에 따른 통치영역의 변화에 따라 방어시설이 재편성되었다. 특히 당시 통일신라의 입장에서는 唐과의 관계가 방어시설의 정비에 매우 중요한 변수였다고 할 수 있다. 통일과정에서 빚어진 唐과의 갈등과 전쟁으로 신라는 이후 상당기간 동안 이에 대비한 방어시설을 정비하게 되었다. 安北河의 관성·철관·철관성, 서원경성, 남원성, 송악성, 우잠성을 비롯하여 개성과 한산주 관내에 여러 지역에 축성한 것은 그러한 상황을 반영한 것이며, 721년 아슬라도의 장정을 징발하여 北境에 장성을 구축함으로써 통일신라기의 주요 관방시설은 일단락되었다고 보아야 할 것이다. 물론 731년 일본 병선 300척이 동해 연변을 침입한 사건을 볼 때, 연해지방에 대한 방어시설의 정비도 있었을 것으로 생각된다. 그러나 735년 唐은 신라의 浿江 이남 영유를 공식 승인함으로써 唐과의 긴장은 훨씬 완화 되게 되었고 이는 이후 신라가 추가적인 방어시설의 구축을 하지 않게 되는 중요한 계기가 되었다.

신라는 왕경을 중심으로 하는 방어체계를 구축하면서 지방통치의 중심지인 소경과 州, 郡, 縣에는 治所를 에워싼 읍성이 영위되었다고 할 수 있다. 특히 소경과 州는 지방통치의 거점이 되는 중요한 군사요충지였기 때문에 대부분 치소를 둘러싼 매우 견고한 성곽시설이 구축되었을 것으로 여겨진다. 그러나 그보다 하위 행정조직인 모든 郡・縣에 치소성이 구축되었는지는 아직 분명치 않으며 군・현의 치소성이 평지읍성이었는지 아니면 산성이었는지도 아직 확인되지 않았다. 다만 통일신라 말기에 각 지역이 반독립적인 상태에 놓이게 되고, 견훤・궁예가 새로운 정치세력화 되어 후삼국으로 분열되면서 또다시 많은 성곽이 수축되게 되었다.

후삼국이 고려에 의해 통일되면서 방어시설은 다시 고려의 수도 개성을 중심으로 재편되게 되었다. 고려가 건국되고 통일전쟁을 수행해 나가던 시기는 중원 지역에서는 唐・宋교체기로 국제 정세가 매우 혼란한 시기이며, 특히 거란이 점차 강성해져 고려에도 위협적인 존재가 되어 가던 시기였다. 고려가 건국초기부터 평양성 축조를 비롯하여 북계지역과 서북로 거점지역의 방어시설 구축에 심혈을 기울인 것도 바로 그러한 이유에서라고 할 수 있다. 또한 거란과의 전쟁과 여진의 침략이 장기화되면서 고려의 방어시설 구축은 대체로 개성을 중심으로 한 중・북부 지역에 집중되게 되었고, 덕종 2년(1033) 완성된 압록강에서 和州의 동해안에 이르기까지 北境關防城(長城)은 실로 그 결정판이라 할 수 있을 것이다.

이후 통일신라기~고려초에 자리잡은 성곽들은 몽고 침입과 함께 새로운 시험대에 오르게 되었으며 농성전에 적절하지 못하다고 여겨지는 성곽은 새로운 입보처가 물색되어 이전되는 등 변화를 겪게 되었다. 한편 고려 말에 이르러서는 중원에서의 위협보다는 전국 각지에 출몰하는 왜구에 대한 방어시설 구축이 주로 이루어지게 되었다.

조선 건국 이후에도 성곽은 국가방위에 있어서 절대적인 비중을 차지하였고, 이 때문에 築城은 실제 가장 중요한 國策役事였다.

조선시대에는 수도에 쌓은 都城을 비롯하여 각지방의 治所에 축조한 읍성, 節度使나 僉節制使 등이 거주하는 營鎭城, 邊地를 가로막아 쌓은 行城, 險地에 근거하여 축조하고 양식과 무기를 보관하였다가 유사시에 入城하여 지키는 山城, 萬戶·權管이 지키는 沿邊의 요충지에 축조한 堡城 등 각기 그 기능과 목적에 따라 여러 종류의 성을 쌓았다. 『世宗實錄』地理志에 기록되어 있는 산성·읍성의 수만 하더라도 200여개소 이상이 되며, 통상적으로 조선전기에는 전국적으로 약 수백여개소 이상의 성이 유지되고 있었다.1) 이러한 성곽은 일시에 완성된 것은 아니며, 시세의 변동에 따라 浮沈이 있었지만 사실상 조선 개국초부터 지속적으로 신축·증축·개축과 수축이 이루어졌다.

조선시대 太宗~世宗代는 신왕조의 기반이 조성되는 시기라고 할 수 있는 바, 이는 성곽축조에서도 그대로 나타나고 있다. 태종 후반기부터 본격적으로 정비되기 시작한 조선의 성곽시설은 세종대에 획기적인 전환기를 맞았으며, 그후 조선의 築城은 여러 국내

---

1) 『新增東國輿地勝覽』에 기록되어 있는 성곽수는 城郭項에 기록되어 있는 것이 都城, 邑城, 山城, 驛城, 營鎭城 등이 총 181개소이며, 關防項에 기록되어 있는 營鎭과 堡, 防護所 등에 쌓은 성곽수는 152개소(사용되는 곳)로 되어 있다. 이 수치는 長城을 제외한 것으로, 이것만 합하더라도 333개소의 성곽이 軍事施設로 유지되고 있었다(柳在春, 1996, 「朝鮮前期 城郭研究 —『新增東國輿地勝覽』의 기록을 중심으로—」 『軍史』 33호, 국방군사연구소 참조).

외적인 상황에 따라서 변화를 거듭하였다. 특히 성곽자체가 外侵에 대비하기 위한 시설이기 때문에 전체 국가의 軍事戰略上 성곽의 축조에는 당연히 우리나라를 둘러싼 주변환경 속에서의 假想敵(國) 개념2)이 반영되었다.

본 연구에서는 그러한 고려~조선전기의 축성 양상의 변화속에서 축성사의 시대구분을 위한 요소를 찾아내는 작업과 함께「江原道」라고 하는 특정한 지역에서는 성곽 축조양상이 어떻게 변화하였는가 하는 것을 연구하고자 한다. 이러한 작업은 한국의 축성사(성곽사)의 구성을 위해서 선행되어야 할 중요한 과제이다.

우리나라의 성곽과 관련된 연구는 주로 城址와 관련하여 고대분야에서 많이 연구되어 왔으며, 중세이후의 성곽내지는 축성과 관련된 연구는 그다지 많지 않다.

고려시대에 대한 축성을 전반적으로 서술한 논문은 극히 적다. 차용걸의「高麗末 倭寇防守策으로서의 鎭成와 築城」,3) 이근화의「고려 전기의 北方築城」,4) 이재범의「麗遼戰爭과 高麗의 防禦體系」5)와 신안식의「고려전기의 축성과 개경의 황성」6)이 일반적 축

---

2) 이는 來侵의 가능성이 있는 集團이나 國家를 미리 설정하고 그에 대한 적절한 방비상의 조치를 강구하는 것을 말한다. 조선초에는 明과의 외교관계가 유동적이어서 조선은 明을 상당히 경계하는 입장에 있었기 때문에 전국적으로 많은 산성을 수축하였고, 또 倭寇나 女眞族에 대비하여 邑城이나 鎭堡를 점차 축조하였다. 그러나 세종대 중반기 이후로는 '北虜南倭'라는 假想敵 개념이 확고해지고 연해지역과 북방 변경에 대한 방비시설에 주력하게 되는 데 이는 주로 야인이나 倭寇의 소규모 침입에 철저히 대비하여 국토를 안정시키고자 하는 의도에서 였다.
3) 車勇杰, 1984,「高麗末 倭寇防水策으로서의 鎭成와 築城」『史學研究』 38, 한국사학회.
4) 이근화, 1987,「고려 전기의 北方築城」『호서사학』 15집, 호서사학회.
5) 이재범, 1999,「麗遼戰爭과 高麗의 防禦體系」『韓國軍事史研究』 3, 국방군사연구소.
6) 신안식, 2000「고려전기의 축성과 개경의 황성」『역사와 현실』 38호,

성사 서술과 관련된 대표적인 논문이라 할 수 있다. 이외에도 필자의 「중세산성의 특징적 유형과 변천」을 비롯하여 서일범의 「徐熙가 築城한 城郭과 淸川江 以北 防禦體系」, 신안식의 「고려시대 개경의 나성」 등 여러 논문이 있다.[7]

---

7) 홍영의, 1988, 「고려수도 개경의 위상」『역사비평』가을호, 역사문제연구소. 한국역사연구회

강창언, 1991, 「濟州道의 環海長城 硏究」『탐라문화』11집, 제주대학교 탐라문화연구소.

이경희, 1991, 「고려말 왜구의 침입과 대왜정책의 일단면;경상도지역민의 항전을 중심으로」『부산여대사학』10·11합집, 부산여자대학사학회.

이상선, 1997, 「고려시대 강화의 역사적 위상과 문화」『누리와 말씀』2호, 인천카톨릭대 겨레문화연구소.

윤훈표, 1997, 「고려말 설장수의 축성론」『한국사상사학』9집, 한국사상사학회.

차용걸, 1997, 「고려말 1290년의 청주산성에 대한 예비적 고찰」『김현길교수정년기념향토사학논총』, 同刊行委員會.

서일범, 1999, 「徐熙가 築城한 城郭과 淸川江 以北 防禦體系」『徐熙와 高麗의 高句麗 繼承意識』, 고구려연구회.

박종진, 1999, 「고려시기 개경사 연구동향」『역사와 현실』34호, 한국역사연구회.

최근영, 2000, 「충주 대림산성고-충주산성과의 관련성을 중심으로-」『중원문화논총』4집, 충북대 중원문화연구소.

신안식, 2000, 「고려시대 개경의 나성」『명지사론』11·12 합집, 명지대 인문대학 국사학과.

장지연, 2000, 「개경과 한양의 도성구성 비교」『서울학연구』15, 시립대 서울학연구소.

김창현, 2001, 「고려 서경의 성곽과 궁궐」『역사와 현실』41호, 한국역사연구회.

박종진, 2001, 「개성의 문화재」『역사비평』54호, 역사문제연구소.

정은정, 2001, 「고려전기 개경의 도시기능과 그 변화」『한국중세사연구』11호, 한국중세사학회.

윤용혁, 2001, 「송징과 김통정-삼별초의 영웅-」『韓國中世史會의

한편 조선시대 성곽사와 관련된 연구로는 1970년대 이전의 연구로 세종시대 兩界地域의 行城築造와 관련한 논문 이외에는 이렇다 할 연구가 없고[8], 1970년대 중반이후 비로소 연구성과가 점차 축적되기 시작하였다. 1970년대 중반이후 세종시대의 下三道 沿海邑城築造에 대한 연구를 비롯하여 고려말~조선전기에 이르는 對倭關防施設의 정비 과정, 그리고 築城의 事例에 대한 연구가 이루어졌다.[9] 또한 조선왕조 개국초기 漢陽으로 遷都한 직후부터 이루어진 都城의 築造와 補修, 그리고 南·北漢山城과 蕩春臺城 등 조선후기 都城 인근의 성곽에 관한 연구가 진전되었으며,[10] 그간

諸問題』 김윤곤교수정년기념논총, 한국중세사학회.

유재춘, 2002, 「중세산성의 특징적 유형과 변천」『江原史學』 17·18합집, 강원대학교 사학회.

박종진, 2002, 「강화천도 시기 고려국가의 지방지배」『한국중세사연구』 13호, 한국중세사학회.

백종오, 2002, 「경기지역 고려성곽 연구」『史學志』 35, 단국사학회.

8) 宋炳基, 1967, 「世宗朝 兩界行城 築造에 對하여」『史學硏究』 18, 韓國史學會.

9) 車勇杰, 1975, 「韓國城郭의 史的 考察」『大學院 論文集』 5, 忠南大 大學院.

______, 1977, 「世宗朝 下三道 沿海邑城築造에 대하여」『史學硏究』 27, 韓國史學會.

______, 1977, 「朝鮮 成宗代 海防築造論議와 그 樣相」『白山學報』 23, 白山學會.

______, 1981, 「朝鮮前期 關防施設 整備過程」『韓國史論』 7, 國史編纂委員會.

______, 1981, 「朝鮮後期 關防施設의 變化過程」『韓國史論』 9, 國史編纂委員會.

______, 1988, 『高麗末·朝鮮前期 對倭 關防史 研究』, 충남대 대학원 박사학위논문.

車勇杰·沈正輔編, 1989, 『壬辰倭亂 前後 關防史研究』, 文化財研究所.

10) 元永煥 外, 1987, 『서울六百年史』 文化史蹟篇 第3章 城郭과 門樓, 서울市史編纂委員會.

의 연구를 바탕으로 통시대적이고, 포괄적이며 성곽 그 자체에 초점을 맞춘 저서가 나오기도 하였다.[11] 1990년대에 들어서는 고려·조선시대 읍성과 관련한 연구와 함께 충남지방에 현존하는 성곽유적에 대한 현장조사를 바탕으로 한 연구가 이루어졌으며,[12] 남해안에 위치한 여러 고대~조선시대에 이르는 城址에 대해 고고학적인 분석을 가한 연구가 나오기도 하였다.[13] 또한 壬亂中의 山城修築과 朝鮮의 淸野戰略에 대한 연구[14]와 朝鮮前期에 편찬된 『世宗實錄』地理志와 『新增東國輿地勝覽』에 실려있는 城郭關聯 기록을 분석한 연구가 있다.[15] 이외에도 國防論이나 특정 성곽에 관한 연구를 비롯한 여러 단편의 논문과 성곽유적을 조사한 보고서류의 연구들이 나와 있으며, 건축이나 도시공학 분야에서 다룬 성곽관련 연구를 비롯한 여러 연구 논문이 있다.[16]

　　이러한 先學들의 연구축적으로 고려~조선전기에 이르는 關防施設[17]의 구축에 대한 기본적인 인식과 그리 많지는 않지만 개개

---

11) 반영환, 1978, 『한국의 성곽』, 세종대왕기념사업회.
　　孫永植, 1987, 『韓國城郭의 研究』, 文化財管理局.
12) 沈正輔, 1995, 『韓國 邑城의 研究－忠南地方을 中心으로－』, 學研文化社.
13) 沈奉謹, 1995, 『韓國南海沿岸城址의 考古學的 研究』, 學研文化社.
14) 李章熙, 1995, 「壬亂中 山城修築과 堅壁淸野에 대하여」 『阜村申延澈敎授停年退任紀念 史學論叢』, 일월서각.
15) 柳在春, 1995, 「『世宗實錄』地理志 城郭記錄에 대한 檢討」 『史學研究』 50호, 한국사학회.
　　　　　, 1996, 「朝鮮前期 城郭 研究－『新增東國輿地勝覽』의 기록을 중심으로－」 『軍史』 33호, 國防軍史研究所.
16) 趙楨基, 1989, 「西厓 柳成龍의 城墩論」 『龍巖車文燮敎授華甲紀念論叢 朝鮮時代史研究』, 圖書出版 新書苑 ; 金鎬逸, 1981, 「梁誠之의 關防論」 『韓國史論』 7, 國史編纂委員會. 以外에 여러 편의 論文과 報告書類 등이 있으나 참고문헌에 기재되어 있으므로 이하 생략함.
17) 朝鮮前期의 지리지인 『新增東國輿地勝覽』에서는 城郭과 關防을 구분

의 성곽에 대한 情報를 알 수 있게 되었다. 그러나 아직 다음과 같은 두가지 점에서는 우리나라 성곽사의 구성을 위해서 반드시 선행되어야 할 과제라고 생각한다.

첫째는 各類의 성곽에 대한 築造史나 변화에 대한 연구가 충분히 이루어지지 못함으로써 중세의 전체 국가 방비시설 구축의 변천양상이나 그 정책적인 功過에 대하여 적절한 평가를 내리는데 부족한 면이 있다는 점이다.

둘째는 중세이후 성곽의 특징에 대한 파악이 아직 미흡하다는 점이다. 우리나라 성곽은 삼국시대에 처음 축조되어 그 이후 보수와 증축, 개축을 거치면서 계속 사용된 사례가 많고 또 폐기되어 오랫동안 방치되었다가 다시 수축되어 사용된 사례도 허다하다. 따라서 성곽유적의 성격을 구명하기 위해서는 시대적 특징 추출이 무엇보다 필요한 작업인 바, 아직 중세 이후의 성곽에 대해서는 특히 이러한 연구작업이 미흡하다.

셋째는 各 地域別 성곽에 대하여 시대적으로 縱的·橫的인 연구가 이루어져야 한다는 것이다. 지역별 연구에 대해서는 일부 연구성과가 있기는 하지만 아직도 절대적으로 미흡한 실정이다.[18] 이러한 현장조사가 뒷받침 된 지역별 연구는 문헌적인 연구의 부족한 점을 보충하고 시정하기 위해서도 반드시 필요한 작업이다. 강원도 지역의 경우 성곽 연구에 관한 뚜렷한 성과는 없으며, 성곽유적과 관련된 수편의 논문과 최근에서야 발간된 몇 건의 지표조사보고서가 있을 뿐이다.[19]

하였고, 조선후기에 발간된 『萬機要覽』에서는 關防과 海防으로 나누기도 하였으나 본 논문에서는 '關防施設'이라는 용어를 모든 방비시설을 범칭하는 의미로 것으로 사용하였음을 밝혀둔다.

18) 沈正輔, 1995, 위의 책 ; 심봉근, 1995, 위의 책.

19) 李俊善, 1982, 「강릉지역의 고대산성」『지리학』제25호, 대한지리학회.

이러한 문제의식을 가지고 本書에서는 중세 성곽의 특징적 요소의 추출과 함께 축성사의 변천을 살펴보고, 지역적으로 강원도에 한정시켜 당시 국가전체 방어체제상 강원도에는 어떠한 방어정책이 취해졌으며, 축성상 어떠한 변화를 거쳤는지, 그리고 各類의 성곽 유적이 현재 어떻게 남아 있는지를 살핌으로써 궁극적으로 중세 성곽사의 구성에 일조하고자 한다.

이에 本書는 3편으로 구성하였다. 제1편에서는 중세 성곽사의 시대구분과 중세 산성의 특징, 그리고 고려말 동계지역의 변화와 치소성의 移轉 문제를 서술하고, 제2편에서는 조선전기 都城을 비롯하여 山城, 邑城, 行城, 營鎭堡城의 수축사를 연구하여 그 변천과 특성을 규명하고자 하였으며, 제3편에서는 조선전기 강원도 지역의 방어체제는 어떠한 형태로 편제되었는가 하는 것과 各類의 성곽수축의 변화, 그리고 당시 사용되었던 성곽에 대하여 문헌자료 고증과 현장조사를 통한 연구를 시도하였다.

옥한석, 1987,「江原道 城址分布와 山勢考」『江原文化研究』 7집, 강원대 강원문화연구소.

柳在春, 1997,「原州 鴒原山城考」『鄉土史研究』 9輯, 韓國鄉土史研究 全國協議會.

강원대학교 박물관, 1986,『한계산성지표조사보고서』.

春川市, 1993,『春川鳳儀山城地表調査報告書』.

최복규·최승엽·이해용, 1996,『홍천 석화산성 지표조사 보고서』, 강원고고학연구소·홍천문화원.

陸軍士官學校 陸軍博物館, 1996,『江原道 鐵原郡 軍事遺蹟 地表調查報告書』.

충북대 호서문화연구소, 1997,『旌善 古城里 山城과 松溪里 山城 및 古墳群』.

최복규·최승엽·이해용, 1997,『홍천 대미산성 지표조사 보고서』, 강원고고학연구소·홍천문화원.

以外에 지난 1992년부터 발간되기 시작한『原州郡의 歷史와 文化遺蹟』을 비롯한 강원도내 각 市郡別 문화유적 조사보고서가 있음.

제1장

성곽사 시대구분과 중세 성곽

Ⅰ. 성곽사 시대구분과 중세 산성

Ⅱ. 중세산성의 특징과 성벽 수직홈

Ⅲ. 東界地域의 變化와 治所城

Ⅰ. 성곽사 시대구분과 중세 산성

1. 중세 성곽의 연구와 시대구분

앞서 서두에서 언급한 바와 같이 우리나라 성곽(축성) 연구가 본격 시작된 것은 그리 오래된 일이 아니다. 기껏해야 20~30년 정도를 꼽을 수 있을 것이다. 특히 우리나라 역사상 성곽 건설이 가장 활발하게 이루어진 시기가 삼국시대이기 때문에 주요 연구대상 주제도 그것과 연관된 부분에 집중되었고, 이 때문에 중세 이후의 城郭史에 대해서는 상대적으로 관심을 덜 갖게 되었다고 할 수 있다.[1]

그러나 아직 한국성곽사가 체계적으로 정리되지 못한 상황을 고려할 때, 중세 성곽의 특성에 대한 점진적인 정리가 궁극적으로 우리나라 성곽사를 체계화하는 데 매우 중요한 작업의 일환이라는 것은 말할 필요도 없을 것이다.

실제로 성곽유적에 대한 현장조사에서 흔히 부딪치는 문제 가운데 하나는 初築時期의 특징과 그 後代의 개축이나 보수의 흔적을 가려내는 일이다. 이는 상당수의 성곽유적이 고대로부터 고려, 혹은 조선시대에 이르기까지 사용된 예가 많고, 또 폐기되었다가 중세이래 다시 개축·보수되어 사용되기도 하였기 때문이다. 이러한 경우 그 특징들을 분리하여 이해하여야 그 성곽유적의 올바른 성격을 이해할 수 있는 것이다.

문제는 중세의 성곽에 대한 매우 기본적인 특성을 어떻게 추출

---

1) 중세이후의 성곽(축성)사와 관련된 연구에 대해서는 앞서 서론에서 제시한 논문 참조.

하여 이를 지표삼아 성곽유적에 대한 성격규명에 적용하느냐 하는 것이다.

본 章에서는 그와 같은 문제의식을 가지고, 기존의 한국 성곽사 시대구분 문제를 살펴본 다음 몇몇 중세 성곽으로 조사된 산성유적에 대한 고찰을 통하여 중세 산성의 특징을 살펴 보고자 한다.

성곽사의 시대 구분에 한국사 서술에서 일반적으로 사용하는 시대구분법을 그대로 적용할 것인지 아니면 성곽사의 변천을 십분 고려하여 선별적으로 시대구분법을 수용할 것인지 하는 문제가 있다. 특히 학계에서의 한국사 시대구분 자체도 여러 가지 학설로 나뉘어 있기 때문에 국사에서의 시대구분법을 성곽사 서술에 적용하는 것도 간단한 문제는 아니다.

우선은 "중세 산성"이라는 문제를 다루기 위해서는 기존의 성곽사에 대한 시대구분에 대해 검토하는 것이 필요하다. 기존에는 이러한 성곽사에 있어서 시기구분 문제를 중점적으로 다루지 않았으나 성곽발달사를 보다 체계적으로 이해하기 위해서 이러한 작업은 반드시 필요한 조건 가운데 하나이다.

기존의 성곽사 서술에 있어서 시대구분은 명확지 않았다. 단지 서술 편의상 삼국시대, 통일신라시대, 고려시대, 조선시대 정도로 구분하는 수준이었다. 이러한 왕조별 구분과 서술이 전혀 의미가 없는 것은 아니지만 분명히 성곽발달사를 보다 체계적으로 인식하는 방법은 아니라고 하겠다.

한국 전체로 볼 때, 이미 적지 않은 성곽유적이 조사·연구되었으나 그에 대한 학문적 체계화 작업은 그다지 진전을 보이지 못하고 있다. 일본의 경우 개별적 성곽연구 수준이 우리보다 크게 나을 것이 없음에도 불구하고 이미 개설서나 전집, 성곽관련 대중서적이 많이 발간된 것과 대조적이다.[2] 반드시 일본을 따라가야 한다

는 것은 아니지만 제대로 된 성곽개설서조차 없는 우리의 현실과
는 분명 차이가 있다.

성곽사에 대한 체계화 작업이 제대로 진전을 보지 못하므로써
시대구분 작업 역시 진전을 보지 못하게 된 것은 당연한 일이다.
시대구분은 역사의 체계적 인식에서는 불가결한 요소이기 때문에
성곽사 분야에서도 이러한 논의를 활성화시킬 필요가 있다.

일찍이 車勇杰은 「韓國 城郭의 史的 考察」이라는 논문에서 우
리 나라의 성곽을 다음과 같이 구분하여 논하였다.

第1章 古代
  1. 韓國城郭의 發生期
  2. 古代國家의 都城築造
  3. 三國의 山城과 築城術
  4. 統一新羅 및 渤海
第2章 高麗
  1. 都城
  2. 高麗前期의 北方築城
  3. 後期의 築城
第3章 朝鮮時代의 築城
  1. 鮮初의 邑城築造

---

2) 일본의 경우는 이미 1960년도에 『日本城郭史』(大類伸・鳥羽正雄, 雄
山閣)가 발간되었고, 비슷한 시기에 『日本城郭全集』(日本城郭協會,
1960~61) 全 10卷을 비롯하여 全 16卷으로 구성된 『日本城郭全集』(新
人物往來社, 1966~68)이 발간되었다. 이러한 성곽전집류의 발간은 그
후에도 계속 이어져서 1979~81년에는 전국의 성곽에 대한 그간의 조
사업적을 바탕으로 全 20卷으로 구성된 『日本城郭大系』(新人物往來
社)가, 1980~87년에는 全 13卷으로 구성된 『日本城郭史研究叢書』(名
著出版)가 발간되었다. 이외에도 많은 개설서와 성곽 관련 대중서적이
나와 있다.

    2. 都城의 築造
    3. 山城과 行城의 築造
    4. 甓築城郭의 發生
    5. 壬辰倭亂以後 築城術의 發展
    6. 實學과 朝鮮後期의 城郭
    7. 城制의 完備와 華城[3]

물론 이 논문의 초점이 시대구분에 있었던 것은 아니지만 기본적으로 한국의 성곽사를 크게 고대, 고려, 조선시대로 구분하여 이해하려 한 것으로 생각된다. 이는 한국축성사를 크게 3시기로 구분하고 그 안에서 변천사를 서술한 것으로, 특히 축성기술상의 변천상을 중시하였다. 이러한 구분과 서술이 성곽사 연구가 빈약하던 당시로서는 우리 나라 성곽사를 일목 요연하게 이해하는데 도움이 되었다.

그러한 반면 손영식은 그의 저술『韓國城郭의 研究』에서 우리 나라의 성곽을 다음과 같은 시대구분하에서 서술하였다.

    가. 고대의 성
    나. 삼국시대의 성
    다. 통일신라시대의 성
    라. 고려시대의 성
    마. 조선시대의 성[4]

손영식의 『韓國城郭의 研究』는 성곽사 개설을 엮은 선구적인 저서로 많은 연구자들에게 중요한 기초적인 지식을 알게 해 주었

---

3) 車勇杰, 1975,「韓國 城郭의 史的 考察」『忠南大學校 大學院 論文集』 5輯.
4) 손영식, 1987,『韓國城郭의 研究』, 문화공보부 문화재관리국, 18~46쪽.

다. 그러나 이 연구는 개별적인 사례연구가 그다지 많이 이루어지지 못한 상황하에서 발간되었기 때문에, 그 이후의 연구업적을 고려할 때 수정·보충되어야 할 부분도 있다. 특히 앞서 인용한 시대구분에 대해 보면, '고대의 성' 부분에 삼국과 통일신라 시기를 포함시키지 않고 있어서 한국사의 일반적인 시대구분법과 비교하여 혼란을 준다. 성곽사에 있어서 이러한 왕조 중심의 시대구분 방식이 전혀 의미가 없는 것은 아니지만 성곽사내지는 축성 변천사를 이해하는데 문제점이 없는 것은 아니다.

즉, 이러한 시대구분의 가장 큰 문제점은 시대구분이 주는 가장 큰 의의인 시기별 특징을 부여하는데 한계가 있다는 점이다. 시기별 특징을 부여하려면 당대의 전체 국가방위체제내에서 축성의 경향이 어떠하였는가 하는 점이 우선적으로 파악되어야 할 것이며, 그 다음은 그런 구도속에서 구축된 성곽이 축조법상 어떤 특징을 갖는가 하는 것이 파악되어야 할 것이다. 왕조가 바뀐다고 하여 관방시설 구축이 갑자기 획기적으로 변화하는 것은 아니며, 首都의 변경이나 假想敵의 변동, 기타 왕조 교체에 따른 여러 가지 변화로 인하여 방위체계가 바뀌더라도 실제 축성법상의 큰 변화는 없을 수도 있는 것이다.

앞서 살펴본 바와 같이 기존의 성곽사 시대구분에서 '중세'라는 개념은 분명치 않다. 따라서 '중세'의 시작을 어느 시기부터 볼 것인가 하는 문제에는 또다른 논란의 여지가 있지만, 본고에서는 일단 고려시대에 주로 사용되었던 것으로 판명된 여러 산성을 '중세 산성'으로 보고 이에 대한 검토를 통해 그 입지나 축조법상 어떤 특징들이 있는지, 조선시대 이후 이러한 것이 어떻게 이어지고 변천되었는지 하는 문제를 살펴보고자 한다.

2. 중세 산성의 사례와 특징

1) 중세 산성의 사례

앞서 언급한 바와 같이 한국성곽사의 시대구분이 대체로 왕조중심으로 서술하는데 그치다 보니 성곽사에서의 "중세"라는 개념도 모호하다. 그러나 최근 잇달아 성곽유적 지표조사보고서가 출간되면서 점차 입지라든가 축조기법상의 특징들이 거론되기에 이르렀다.[5] 이 항에서는 최근에 출간된 보고서와 필자가 직접 조사한 산성유적 가운데 그러한 '중세적' 특징이 현저한 곳에 대해 살펴보고 그 특징을 정리함으로써 중세 산성의 특징적 유형을 어떻게 규정할 수 있을 것인가 하는 문제를 살펴 보고자 한다.

① 三岳山城

춘천시 서면 덕두원리 일대에 소재하는 삼악산에 쌓은 산성으로, 정상[해발 654m] 서남쪽 지대의 골짜기를 둘러 쌓았다. 산성 북서쪽에는 과거 춘천에서 덕두원을 거쳐 가평·서울로 왕래하는 驛路가 있었는데, 험하기로 유명한 석파령을 바로 내려다보는 위치에 있다.

내성과 외성으로 나뉘어져 있는데, 최근의 조사에서 내성의 둘

---

5) 이러한 성곽유적 조사보고는 1996,『槐山 彌勒山城 地表調査 報告書』, 충북대 호서문화연구소 ; 2000,『堤川 城山城·臥龍山城·吾峙烽燧』, 충북대 중원문화연구소 ; 2000,『春川 三岳山城』, 충북대 중원문화연구소 ; 2001,『포천 운악산성 지표조사보고서』, 육군사관학교 육군박물관 등이 있다.

레 약 2km, 외성 약 4km 정도로 밝혀졌다. 내성은 삼악산 정상 서남쪽 봉우리[해발 632m]를 중심으로 동남쪽 공간에 축조되었는데, 대궐터가 그 중심이며, 외성은 삼악산 정상의 서남쪽 공간을 둘러 쌓았는데, 중앙부에는 흥국사쪽에서 등선폭포로 이어지는 계곡이 있다. 내성은 외성보다 이른 시기에 축조되었으며, 대략 후삼국 시대를 전후한 시기에 축조되어 고려시대를 거치면서 개수되어 사용된 것으로 추정된다. 특히 외성의 경우는 몽골 침입시, 혹은 고려 말 왜구가 내륙으로 진입하면서 이 산성을 시급히 개수·확장하여 대비하였던 것으로 추정된다.

비교적 접근이 용이한 구역에만 석축을 하였고 험준하여 오르기 어려운 구간은 석축을 하지 않았다. 석축 상태가 매우 粗惡하며, 일부 여장의 형태가 남아 있다. 여장은 堞의 구분이 없는 평여장으로, 아래쪽의 너비는 120cm 내외이다.

중세의 전형적인 산성으로, 시대적 여건의 변화에 따라 성곽 규모를 확장 개축한 형태를 볼 수 있는 대표적인 사례이다. 특히 석축 당시 설치한 木柱의 흔적이 명확히 나타나는 몇 안되는 산성 가운데 하나이다. 뿐만 아니라 산성내에서 '王光住'라는 명문 기와가 발견되었는데, 이는 후삼국, 혹은 고려시대 이 지역의 호족과 관련되었을 가능성이 있다.[6]

② 寒溪山城

한계산성은 인제군 북면 한계 3리에 위치하고 있다. 城의 축조 연대를 삼국시대, 혹은 후삼국시대로 추정하기도 하나 이러한 내용들은 한계산성과 관련하여 전해오는 이야기에 불과하며 문헌적

---

6) 춘천시·충북대 중원문화연구소, 2000, 『春川 三岳山城』, 250~253쪽 참조.

으로, 또는 고고학적으로 밝혀진 사안은 아니다.

그러나 고려시대에 이 산성은 명백히 전투에 사용되고 있음이 史料를 통하여 확인된다. 『高麗史』의 趙暉 列傳에 高宗 46년(1259) 趙暉의 무리가 官人이라 칭하며 몽고병을 이끌고 寒溪城을 공격하니 당시 이 城의 防護別監이던 安洪敏이 夜別抄를 이끌고 나가 싸워서 모두 섬멸하였다[7]라고 한다. 여기서 "寒溪城"은 말할 것도 없이 한계산성을 의미하는 것으로 13세기 중반경에 분명히 한계산성이 경영되고 있었음을 알 수 있다.

한계산성은 강원도 영서지역에서 영동지역으로 이어지는 한계령으로 오르는 길목에 위치하고 있으며, 해발 700m~1,200m에 이르는 곳의 계곡 양편을 둘러싼 산성이다.

산성은 매우 험준하여 성벽구축이 불필요한 곳에는 석축을 하지 않고 나머지 구간에만 석축을 하였다. 산성의 둘레는 1,800m 정도로 측량되었는데,[8] 이 길이에는 북쪽의 성벽을 쌓지 않은 부분은 포함되지 않은 것으로 실제 전체 둘레는 그보다 크다. 성벽은 전체적으로 내탁식으로 축조하였으며, 일부 구간을 제외하고는 매우 조악하게 구축되었다.

하단부는 治石된 가로 50~70cm , 세로 20~40cm 정도의 장방형 돌을 사용하였으며, 배흘림 형태로 상단부로 갈수록 작은 돌을 사용하여 축조하였다.[9] 성벽위에는 외벽과 잇대어 높이 약 1m, 두께 0.7~0.8m 정도의 平女墻을 만들었는데, 垜의 구분이 없이 단지 성의 外壁에 이어 축조하는 방식으로 축조되었다.[10]

---

7) 『高麗史』 列傳43, 叛逆4 趙暉.
8) 강원대학교 박물관, 1986, 『한계산성 지표조사보고서』, 26쪽.
9) 위와 같은 책, 27쪽.
10) 한계산성에 대한 보다 상세한 현황과 특징에 대해서는 제3장의 「Ⅲ. 산성의 수축과 유적」에 서술된 내용 참조.

③ 鴒原山城

영원산성은 원주시 판부면 금대리 영원사 뒷편의 산능선을 따라 석축된 山城이다. 主峰인 970고지를 중심으로 좌우의 능선을 따라 축조한 包谷式 山城으로 그 모양은 남북으로 긴 모양을 이루고 있다. 그리고 치악산 자락의 해발 700~970에 이르는 지대에 축조하였기 때문에 고저의 격차가 커서 主峰 부근에서는 성내를 한눈에 내려다 볼 수 있다.[11]

향로봉(해발 1,042m)~남대봉(해발 1,191m)으로 이어지는 산맥에서 흘러내린 970고지를 중심으로 좌우 능선을 따라 축조하였는데, 절벽에 가까운 급경사지로 되어 있어서 접근이 어려운 험지인 반면 성내는 완만한 경사지가 형성되어 있어서 활용기반 조성에 이점을 가지고 있다. 또한 돌이 흔하여 城石을 모으는데도 편리한 곳일 뿐만 아니라 원주시내와 이 산성으로의 접근로가 되는 원주에서 신림으로 이어지는 도로(현재의 5번 국도)에 대한 관찰이 용이한 곳에 위치하고 있다.

성벽은 붕괴되기는 하였으나 대체로 잘 남아 있는 편인데 특히 동~남쪽에 이르는 성벽이 잘 남아 있다. 성벽은 內外夾築, 혹은 내탁식을 혼용하여 쌓았으며, 능선이 回折하는 위치에는 밖으로 내어 축조함으로써 능선의 굴곡에 따라 깊게 돌아나가는 끝지점이 치성과 같은 기능을 하도록 축조되었다.

성벽은 割石을 이용하여 축조하였는데 규모는 동~남쪽 성벽이 약 900m, 북~서쪽 성벽이 1,020m, 水口門 좌우벽이 약 400여미터,

---

11) 이하 영원산성에 대한 상세한 보충 내용은 柳在春, 1997, 「原州의 關防遺蹟」, 江原鄉土文化研究會・江原道・原州市 ; 충북대 중원문화연구소, 1998, 『原州 鴒原山城・海美山城』, 그리고 本書 제3장의 「Ⅲ. 산성의 수축과 유적」 부분 참조.

북쪽의 주봉으로 올려쌓은 부분이 60m로 현재 흔적이 남아있는 성
벽길이는 약 2,400m 정도이다.[12]

성벽의 높이는 3m 이상되는 곳도 있으나 지형에 따라 높이가 다
르다. 북문지 부근의 성밖에는 垓字를 판 흔적이 남아 있으며, 일
부 구간에 垛의 구분없이 전체 성벽 폭의 1/3정도(약 70cm)되는 넓
이로 축조한 平女墻이 남아 있다. 성내에는 건물지, 문지, 우물지
등이 남아 있다.

④ 頭陀山城

두타산성은 동해시 삼화동과 삼척시 미로면 고천리·하장면 번
천리 사이에 자리잡은 두타산(해발 1,353m)에서 북쪽으로 뻗은 支
脈에 위치하고 있는데, 예전에는 삼척의 管內에 있던 곳이다.

頭陀山에 처음으로 성을 쌓은 것은 신라 婆娑王 23년(102)인 것
으로 알려지고 있는데, 확실한 것은 알 수 없다.[13] 대체로 현존하
는 성의 형태는 조선 태종 14년(1414)에 삼척부사 金孟鈞이 府民을
동원하여 축성한 것[14]이라고 하나『朝鮮王朝實錄』에 조선 태조의
5대조인 穆祖 李安社가 蒙古의 也窟이 침략하였을 당시 두타산성
을 지켰다고 하는 것으로 볼 때,[15] 1253년 蒙古가 고려를 침략할
당시에 이미 산성이 있었던 것이며, 조선 태종때에 金孟鈞 府使가
다시 수축한 것이다.

---

12) 지난 1994년 본인을 포함한 유적조사팀에 의하여 실측된 길이는 水口
    門 좌우벽을 포함시키지 않아 1,980m 정도로 파악되었으나 최근 충북
    대학교 조사팀에 의하여 水口門 주변의 성벽이 확인 측량됨으로써 전
    체 약 2.4㎞ 정도로 파악되었다.
13) 方東仁·李相洙·金泰水, 1995,「三陟의 關防遺蹟·窯址·社稷壇」『三
    陟의 歷史와 文化遺蹟』, 關東大 博物館·江原道·三陟市.
14) 許穆,『陟州志』頭陀山記.
15)『太祖實錄』卷1, 總書.

산성은 외곽선이 총연장 약 4,790m에 달하며, 內城은 약 800m 정도 축조되었다.[16] 성벽 높이는 지형에 따라 다르나 1.5~2m, 혹은 3m 이상인 곳도 있다. 전체적으로 석축이 대부분 붕괴되어 있으나 內城壁은 비교적 석축이 잘 남아 있으며, 女墻은 垜의 구분이 없는 평여장 형태로 되어 있다. 성벽이 능선으로 연결되는 구간에는 성벽 밖으로 능선을 따라 길게 甬道를 내고 그 끝쪽에 망대를 설치하였다.[17]

⑤ 德高山城

이 山城은 강원도 횡성군 둔내면 화동리에 위치하고 있다. 『世宗實錄』 地理志 등 조선시대의 기록에는 "德高山城"으로 표기되어 있으나 현재는 '泰岐山城'으로 칭하고 있다. 태기산으로부터 서남쪽으로 뻗은 支脈의 대략 해발 750~1,000m 정도 되는 지점에 축성되었다.[18]

이 山城은 辰韓의 泰岐王이 新羅의 始祖 朴赫居世에게 축출되자 德高山(泰岐山)에 입산하여 성을 쌓고 防衛하였다는 전설을 가지고 있어서 '泰岐山城'이라고도 하며, 주변에는 이와 관련된 지명이나 전설이 많이 있다. 그러나 山城을 辰韓의 泰岐王이 築城하였는지에 대해서는 뒷받침할 만한 資料가 없기 때문에 단정할 수 없다.

성벽은 대체로 內托式으로 축조되었으며, 女墻의 흔적은 찾을 수 없다. 體城壁은 대체로 石築이 무너져 내려 있고, 南門址 주변

---

16) 이 길이는 지난 1993년 元永煥교수를 단장으로 하는 조사단(筆者 포함)이 직접 실측한 수치이다.

17) 두타산성에 대한 보다 자세한 내용은 本書 제3장의 「Ⅲ. 산성의 수축과 유적」 부분 참조.

18) 이하 德高山城(태기산성)에 대한 상세한 내용은 1998, 『朝鮮前期 江原地域의 城郭 硏究』, 강원대학교 대학원 박사논문, 188~191쪽 참조.

이 비교적 성벽의 형태가 가장 잘 남아 있다. 현재 남아 있는 석축
으로 볼 때, 이 산성의 축성 幅은 지형에 따라 다르나 대체로
100~110㎝이며, 높이는 퇴락의 정도가 심하여 알 수 없다. 석축상
태가 매우 粗惡하며, 대부분이 붕괴된 상태이다.[19]

⑥ 雲岳山城

이 산성은 경기도 포천군 화현면 화현리에 소재하는 운악산에
위치하고 있다.

운악산은 포천군과 가평군 사이에 위치한 매우 험준한 산으로,
포천군의 화현면·일동면·신북면·군내면 일대에 대한 조망이
양호한 곳에 위치하고 있다.

운악산성에 대한 기록은 조선시대 말기에 쓰여진『堅城誌』山
川條의 雲岳山 항목에서 "縣의 동쪽 25리에 있다. 즉, 가평 懸燈山
西嶽이다. 上峯에 옛 나라의 궁궐터가 있다 …"라고 하는 것 이외
에는 이렇다할 기록이 없다. 따라서 기록에 의해 운악산성의 축
조·사용시기를 판단하는 것은 불가능하고, 축조방식이나 수습된
유물을 통하여 볼 때 주로 고려시대에 사용된 것으로 추정된다.

운악산성은 운악산(현등산) 서쪽 사면에 축조되었으며, 험준한
지형을 이용하여 접근이 가능한 극히 적은 구간에만 성벽을 축조
하였다. 성벽은 운악산 정상에서 북쪽으로 뻗은 능선과 남쪽의 일
부 구간에만 축조되었고, 나머지 부분은 대부분 절벽, 혹은 암석으
로 된 급경사 지대로 되어 있기 때문에 성벽 축조가 필요치 않은
상태이다. 이미 축조된 성벽도 대부분이 붕괴되었고, 무지치폭포
동북쪽 능선에 남아 있는 성벽만이 비교적 잘 남아 있어서 이 산성

---

19) 덕고산성에 대한 보다 자세한 내용은 本書 제3장의「Ⅲ. 산성의 수축과
   유적」부분 참조.

의 축조방식을 알게 해준다.

이 산성은 구간의 여건에 따라 내탁, 혹은 협축을 하였으며, 성돌은 대개 화강암 계통의 자연석, 혹은 반치석하여 사용하였다. 쌓는 방식은 장방형쌓기를 의도하였으나 성돌이 반듯하지 않기 때문에 가로열을 대충 맞추어 나가는 방식을 취하였다. 이 산성은 성돌을 모아 석축한 구간이 많지 않은 데다가 대부분이 완전 붕괴되었기 때문에 성벽상에 어떤 시설이 있었는지 분명치 않다. 다만 남쪽 성벽에서 성문지로 추정되는 곳이 확인된다. 산성의 위치로 보아 운악산 정상쪽, 그리고 무지치 폭포 서북쪽에 성문이 있었을 것으로 추정되지만 현재 그 흔적이 남아 있지는 않다.

한편 운악산성에서 수습되는 유물을 통하여 산성의 사용시기를 추정해 볼 수 있다. 산성내에서는 대궐터라 불리는 건물지와 운악산 제2정상 일대에서만 유물이 수습되었다. 이곳에서 수습된 유물은 와편·토기편·청자편·백자편·大鐵釘·銅鏡片 등이다. 기와는 대체로 회갈색 계통의 어골문·격자문이 주를 이루며, 또 토기는 대개 회청색·회갈색 계통의 경질토기이다. 이러한 기와와 토기는 주로 고려시대~조선시대에 사용된 것으로 건물지의 성격을 말해 준다고 하겠다. 그리고 이곳에서 龍紋이 음각된 청자편이 발견되는 것을 보더라도 이 산성이 고려시대에 사용되었던 것은 분명하다.[20]

⑦ 彌勒山城

이 산성은 충북 괴산군 청천면 고성리의 성암마을에서 남쪽으로 도명골이라 부르는 긴 계곡을 따라 약 3.5km 정도되는 지점에 위

---

[20] 이상의 운악산성에 대한 내용은 2001, 『抱川 雲岳山城 地表調査 報告書』, 육군사관학교·抱川郡 참조.

치하고 있다. 이 산성이 위치한 곳은 소백산맥 北麓을 이어진 험준한 산들과 깊은 계곡이 많은 곳이다.

산성은 낙영산 북쪽 사면과 도명산 남쪽 사면을 산 능선을 따라 두른 형태로, 산의 험준한 자연지형을 최대한 이용한 포곡식, 또는 고로봉형에 속하는 대형의 석축산성이다. 총연장 5.1km(인공성벽은 3,050m)에 달하는 이 산성은 낙영산, 도명산, 쌀개봉으로 이어지는 능선을 연결한 거대한 본성이 있고, 가장 낮은 지형을 이루며 성내의 물 대부분을 배출하는 서쪽 계곡의 문터 좌우의 외측에는 계곡의 양편에 각기 하나씩의 작은 외성을 덧붙여서 축조하였다. 미륵산성은 곳곳에 거대한 암벽지대가 있어서 이러한 구간에는 성벽을 구축하지 않고 그대로 자연지형을 이용하였다.

성벽은 구간의 지형에 따라 내탁식, 혹은 협축식을 혼용하였다. 垛를 구분짓는 여장은 설치되지 않았고, 단순히 성벽 외측으로부터 폭 1.4m 전후, 높이 1.6m(西城壁의 남쪽 구역) 정도로 쌓아 올려 여장을 대신하였다.21) 이러한 일종의 평여장22)을 만들고 안쪽으로는 폭 1.6m~1.7m 정도의 內環道를 만들었는데, 능선을 평탄면으로 다듬은 곳도 있고 석축을 시공한 흔적을 보이는 곳도 있다.23)

이 산성의 중요한 건물터 유구는 대개 남향한 경사면을 가진 도명산쪽에 집중되어 있다. 또한 도명산 정상부에서 서북쪽에 위치한 586고지에는 능선위에 목책을 세우기 위한 것으로 보이는 암반을 원형으로 파낸 柱穴이 있다.

이 산성의 체성 구축 방식은 크게 4가지로 나누어 진다. 첫째는

---

21) 충북대 호서문화연구소, 1996, 『槐山 彌勒山城 地表調査 報告書』, 39쪽.
22) 보고서에서는 이를 石墻이라 칭하였는데, 이 명칭에 대해서는 논란이 될 수 있다. 필자는 이것이 명백히 여장의 성격을 가지는 것이므로 여장의 한 종류로 보아야 하지 않을까 생각한다.
23) 충북대 호서문화연구소, 1996, 『槐山 彌勒山城 地表調査 報告書』, 참조.

단지 石墻만을 축조한 곳, 둘째는 城基를 외측에서 쌓아 올려 內托하고, 윗면이 내면의 높이와 동일한 지점에서 끝난 것, 셋째 城基를 내외에서 보강하여 일정한 높이로 만든 후 안쪽에 단을 두고 외측으로 石墻을 內外夾築한 것이다. 이 가운데 세번째 技法이 이 산성의 가장 전형적인 성벽 구축 방식이다.[24]

또한 성안에서 수습되는 유물로 기와편, 도기편, 자기편 등이 대부분인데, 연대가 고대로 올라가는 유물은 발견되지 않았으며 대개 고려시대 이후의 것들이다.[25]

⑧ 臥龍山城

이 산성은 현재 제천시 덕산면 신현리와 수산면 덕곡리 경계에 위치한 산에 위치하고 있다. 성 전체 둘레는 2,750m에 달하며, 험준한 곳에 위치하면서도 충주에서 동남쪽으로 통하는 길과 충주에서 죽령을 거치지 않고 바로 문경으로 통하는 교통로를 막을 수 있는 위치에 있다.

동쪽 성벽은 암반 노두를 이용하여 석축하였으며, 내외의 사면이 급경사인 북쪽과 서쪽의 성벽은 대부분 削土하여 능선 자체를 성벽으로 삼았다. 성내는 남북으로 길게 계곡을 이루고 있기 때문에 충분한 수량 확보가 가능하여 장기간에 걸치 入保와 籠城에 유리한 지형을 가지고 있다.

석축 성벽에 수직 기둥홈이 있으며, 지형상 돌출된 부분에는 인공을 가하여 만든 망대, 혹은 망루가 갖추어져 있고 이 망대들은 외곽으로 내미는 甬道를 갖춘 안쪽이거나 甬道로 뻗은 돌단부의 암반에 소규모로 만들어졌으며, 이들이 있었던 곳에는 모두가 기

---

24) 위와 같은 책, 94쪽.
25) 위와 같은 책, 98·99쪽.

와가 집중적으로 발견되어 작지만 瓦葺의 망루를 建造하였던 것을 알 수 있다.[26]

와룡산성에서 출도되는 유물은 대부분이 기와류이며, 적지만 도기편이 수습되었는데, 대략 신라말에서 고려시대에 유행한 유물들이다.『堤川 城山城・臥龍山城・吾峙烽燧 地表調査報告書』에서는 이 산성에서 조선후기에 유행한 청해파문 기와가 보이지 않는 점을 들어 조선시대에는 이미 잊혀진 산성으로 보고 있으며, 성벽 축조방법은 고려시대 내륙지역에서 유행한 석축 방식으로 분석하고 있다.[27]

2) 중세 산성의 특징

위에서 사례로 든 여러 산성들에 대한 입지와 축성방식을 종합하여 보면, 중세 피난성 산성은 축조방식이라는 측면에서, ① 매우 험준하고 比高가 높은 입지를 선택하였다는 점, ② 단애지대가 많은 험준한 지대여서 전 성벽선 가운데 한정된 구역에만 축성하였고, 이에 따라 산성구축 功役이 매우 적게 들었다는 점, ③ 축성방식에 있어서 계획성이 떨어지며, 석축이 허술한 점, ④ 대부분 垜의 구분이 없는 낮은 平女墻을 택하고 있다는 점, ⑤ 규모에 있어서 삼국시대의 것들에 비해 훨씬 대형이라는 점은 공통된 특징이다.

이러한 형태의 산성을 구축하게 된 데에는 여러 가지 이유가 있다. 우선 중세의 산성, 특히 13세기 중반이후 구축된 산성들이 매

---

26) 충북대 중원문화연구소・제천시, 2000,『堤川 城山城・臥龍山城・吾峙烽燧 地表調査報告書』, 56~97쪽 참조.
27) 위와 같은 책, 95쪽.

우 높고 험준하며 산속 깊숙한 곳에 위치하게 된 것은 전쟁의 양상과 관련이 있다. 삼국시대의 전쟁은 점령지를 즉각 지배체제내에 편입하는 것이었다. 때문에 전투행위와 결부되지 않은 상태에서 양민의 학살이나 납치 등 인명을 손상하는 잔혹한 행위는 비교적 많지 않았다. 그러나 고려시대 異民族의 外侵으로 빚어진 전쟁은 기존의 양상과는 전혀 달랐다. 이민족의 침략은 영토쟁탈전이 아니라 약탈성이 강해지고 많은 人命의 殺傷과 납치가 수반되었다.28) 결국 이러한 전쟁의 양상은 입보용 산성을 매우 험준하고 궁벽한 곳에 구축하게 하였다.

삼국시대에도 수많은 산성이 축조되고 유사시 산성에 입보하는 방어전술을 구사하였지만 당시의 산성은 대개 주민 주거지와 비교적 가까운 곳에 위치하였다. 이는 전쟁의 규모나 양상, 또는 전쟁의 장기화로 인한 산성내 邑治 설치와 관련이 있을 것으로 생각된다.

그러나 고려시대 이후 수많은 이민족의 침입, 특히 蒙古의 침입은 기존의 전쟁 양상과는 전혀 다른 것이었다. 전쟁의 규모가 커지고, 군사력이 압도적으로 불리한 상황이었기 때문에 고려는 全面戰보다는 장기전으로 끌고가면서 상대의 허실을 틈타 공격을 감행하는 이른바 게릴라전을 구사할 수밖에 없었다. 따라서 장기간 전쟁을 수행하기 위한 인적, 물적 자원을 보존할 대책이 반드시 필요하였다. 다음과 같은 『高麗史』 기록에서 그러한 일면을 볼 수 있다.

---

28) 『高麗史』에 보면 여진 침입에 의한 납치 사건 기사를 자주 볼 수 있으며, 蒙古 침입시는 이루 말할 수 없는 양민 납치가 자행되었다. 특히 高宗 41年(1254) 12月 甲午日 기사를 보면 "이 해에 蒙古軍에게 잡혀간 남녀가 무려 26만 6천 8백여 명이요, 살육을 당한 사람은 이루 셀 수가 없었으며 그들이 지나간 州郡들은 다 잿더미로 되었다. 蒙古 兵亂이 있은 뒤로 이보다 심한 때는 없었다"라고 전쟁의 참혹성을 기록하고 있다.

〈史料 가〉
　7월에 개성부에서 다음과 같은 글을 올렸다. "그 첫째는 왜적이 경성을 향하고 있는데 이와 대전할 방책을 말하자면 우리나라는 夜別抄 3번이 모두 보병으로서 용맹스러운 힘이 있는 자들입니다. 근년에 와서 왜적이 육지에 깊이 들어오는데 약한 말과 가난한 백성을 억지로 마병이라 하여 활 쏘기와 말 타기를 알거나 모르거나를 막론하고 쓰지 못할 활과 화살을 주어서 군대의 수효만 채웁니다. 만약 긴 창과 날카로운 칼로 선봉과 정예를 꺾고 자르는 적을 만난다면 손 쓸 사이도 없이 모두 패망하게 될 것이니 참으로 통분할 일입니다. 바라건대 이제부터는 활 쏘고 말 타는데 날래고 용감한 자를 마병으로 하고 민군은 보병으로 하여 매 사람에게 창과 칼, 몽둥이를 주어 용도에 따라 적을 방어하게 하여야 하겠습니다. … 넷째로 … 적에 대처할 데 대하여는 무기를 정비하고 봉화를 신중히 하며 마병과 보병은 각각 능숙한 병기를 갖게 하고 군대를 훈련하여 가만히 지키고 있다가 적이 오게 되면 양반, 백성, 공사 천인, 중들을 막론하고 모두 징발하여 힘껏 싸우게 하고 만약 형세가 불리하면 산성에 들어가서 성벽을 굳건히 하고 지키다가 기회를 보고 틈을 타서 사방으로 나가 공격할 것입니다"(『高麗史』 卷81, 志35, 兵1, 兵制4).

〈史料 나〉
　갑신일에 북계 병마사로부터 몽고 군사가 압록강을 건넜다는 보고를 받고 곧 5도 按察使 및 3道 巡問使들에게 공문을 띄워 빨리 주민을 거느리고 산성과 바다 섬으로 들어가 지키게 하였다(『高麗史』 卷24, 高宗3, 40年 7月 甲申).

〈史料 다〉
　고종 41년 2월에 사신을 충청, 경상, 전라 3도 및 東州, 西海의 2도에 파견하여 山城이나 섬들에 인민들이 피난하고 있는 곳들을 돌아보게 하고 토지를 나누어 주게 하였다(『高麗史』 卷78, 志32 食貨1 田制 經理).

〈史料 라〉
　3월 병오일에 모든 도의 군, 현들에서 산성과 바다 섬으로 들어가 있던 자들을 다 육지로 나오게 하였다. 이때에 公山城에 함께 입보한 郡縣은 양식이 떨어지고 길이 먼 사람들은 굶어 죽은 자가 매우 많았으며, 老弱한 자는 구렁텅이에 방치되고 심지어 어린아이를 나무에 매어 놓고 간 자까지 있었다(『高麗史』 卷24, 高宗3 42年 3月 丙午).

　〈史料 마〉
　무술일에 부인들과 노인들 및 어린이들을 강화도로 옮기고 여러 고을들에 명령하여 山城이나 海島로 입보하도록 하였다(『高麗史』 卷30, 忠烈王3, 16年 10月 戊戌).

　<史料 가>는 적이 침입해 왔을 때, 조련되지 않은 어설픈 군사를 내어 대적하게 되니 제대로 싸워보지도 못하고 패하게 되므로 각기 능력에 따라 馬兵과 步兵으로 나누고, 전투시에는 가용한 인원을 모두 동원하여 싸우다가 불리하면 산성으로 들어가 지키면서 기회를 보아 게릴라전을 전개해야 한다는 전통적 전술의 구사를 건의하는 내용이다.

　<史料 나>, <史料 다>, <史料 마>는 蒙古 침입 당시 각 지역의 거주민 모두를 산성이나 海島로 입보하도록 한 기사이다. 이 당시 각 지역별로 어느 山城·海島로 입보하였는지는 분명치 않지만 전쟁을 겪으면서 종래 산성의 허실이 드러나고 이에 따라 점차 입보 산성이 변화하였을 것으로 추정된다. 예를 들어 강원도 춘천의 봉의산성은 1217년 거란 침입때 전투가 있었고, 1253년 蒙古 침입 때도 치열한 전투가 벌어졌던 곳이다. 특히 1253년의 경우는 식수가 부족하여 蒙古軍의 포위공격에 견디어 내지 못하고 입보하였던 民官軍이 모두 屠戮을 당하였다.[29)]

　따라서 이 사건은 이후 춘천의 입보 산성을 정하는데 큰 영향을 주었을 것으로 생각되며, <史料 마>의 入保令이 있을 당시 춘천 주민들은 봉의산성이 아니고 이보다 더욱 험준한 곳인 삼악산 산

---

29) 柳在春, 1999, 「北漢江 流域의 戰亂과 城郭 研究」『江原文化史研究』 第4輯, 강원향토문화연구회, 78·79쪽.

성을 개축하고 그곳에 입보한 것이 아닌가 생각된다. 1290년 哈丹이 침입하였을 때, 춘천이 공격을 받지 않았던 것도 그것과 연관될 가능성도 있다.

또한 원주의 경우도 거란이 침입하여 성이 함락될 당시 산성은 현재 해미산성이라 부르는 곳일 가능성이 크다. 해미산성이 함락되자 蒙古 침입을 계기로 더욱 험준한 지대인 영원산성 쪽으로 이전하였을 것으로 추정된다. 이는 해미산성이 영원산성보다는 더 古式의 산성이라는 점, 또는 해미산성의 유물이 신라말기~고려시대의 것이 주류인데 반해 영원산성에서는 고려~조선시대에 걸친 유물이 주를 이루고 있다는 점에서 蒙古 침입을 계기로 원주의 입보산성이 해미산성에서 영원산성으로 이전되었을 가능성이 높다고 하겠다. 哈丹 침입시 원주 영원산성에서 승리를 거둘수 있었던 것은 지형적으로 보다 유리한 영원산성으로 이전하였기 때문이라는 추정이 가능하다.

<史料 라>는 산성이나 海島로 입보한 백성들을 다시 제자리로 돌아오도록 한 것이며, 공산성의 경우 여러 郡縣 주민이 한꺼번에 입보하였음을 알 수 있다.

차용걸은 산성과 海島 입보는 기마를 위주로 한 蒙古의 銳鋒을 일단 피하고, 노인과 아이들, 그리고 부녀자가 입보하여 지킬수 있는 지형상의 잇점을 최대한 활용한 방어수단이었다[30] 라고 하였으며, 또 蒙古 침입 당시 승리를 거둔 산성으로 입암산성, 광주산성, 죽주산성, 상주산성, 한계산성 등을 들고 대규모이면서도 성내에 많은 사람들이 입보 할 수 있는 험준한 곳이었다고 그 특징을 들고 있다.

위에서 사례로 든 산성들은 축조방식상 모두 유사한 형태를 갖

---

30) 車勇杰, 1997,「高麗末 1290年의 淸州山城에 대한 豫備的 考察」『金顯吉敎授定年紀念 鄕土史學論叢』, 수서원, 82·83쪽.

고 있으며, 성내에 '대궐터' 혹은 '궐터'라 불리는 건물지를 가지고 있는 것도 흡사하다. 그것이 어떤 상관관계가 있는 것인지는 명확지 않지만 산성의 입지나 축성방식에서 이러한 특성을 갖는 산성은 蒙古 침입 이후 외침에 대비하여 긴급히 축조·수리된 것으로 판단된다

또한 최근 발간된 지표조사 보고서인『春川 三岳山城』에서는 삼악산성 북문터 서측 구간의 수직 기둥홈이 주목되었다. 성벽 석축에 나타나는 수직의 홈의 경우 흔한 사례는 아니나 평양의 대성산성에 이러한 기둥홈이 있는 것으로 보고된 바 있고,[31] 남한지역에서는 단양의 독락산성, 문경의 노고성, 충주의 대림산성, 보은의 호점산성 등에서도 확인된 바 있다.

무슨 이유에서 이런 수직홈을 만들었는가 하는 문제에 대해 아직 명확히 설명할 수 있는 단계는 아니다. 1964년에 북한 사회과학원 출판사에서 발간된『대성산 일대의 고구려 유적에 관한 연구』를 보면 명확히 설명하고 있지 않지만 성벽면에 나타나는 이러한 공간을 지하수의 압력을 완화시키기 위한 것으로 추정하였다.[32] 그러나 대성산 소문봉 주변 성벽에 나타나는 이러한 공간은 성벽 아래쪽에 만들어진 것으로 삼악산성이나 와룡산성 등에 나타나는 것과는 성격이 다르다. 삼악산성이나 와룡산성 성벽에 나타나는 수직공간은 성벽 아래부터 위쪽까지 미친 것으로, 성벽 아래부터 일정한 높이까지만 홈을 만든 대성산성과는 차이가 있다. 이에 삼악산성 지표조사 보고서에서는 이를 수직으로 성벽을 쌓기 위해 시설한 거푸집 흔적으로 보고 있는데,[33] 이것이 여러 면에서 볼 때

---

31) 이형구·조유전·윤세영·차용걸, 1996,『高句麗의 考古文物』, 한국정신문화연구원, 407쪽.

32) 1964,『대성산 일대의 고구려 유적에 관한 연구』, (평양 : 사회과학원출판사), 제1편 2쪽.

타당한 것으로 생각된다. 경사진 산능선에서 붕괴를 방지하며 시
급히 석벽을 축조하기 위해서는 아무래도 버팀 구실을 할 거푸집
이 필요하였을 것이다.

3. 중세 산성의 변천과 전환

　신라 통일기에 신라가 점거한 각 지역에 축조한 성곽은 매우 견
고한 것이었다. 대개 각지역의 鎭山이라고 불리는 곳에 축조한 산
성이 이 시기의 것으로 추정되는데, 이러한 산성은 후삼국을 거쳐
고려시대 전반기에 이르기까지 대개 그대로 사용되었다. 그러나
앞서 서술한 바와 같이 고려중기에 있었던 蒙古軍의 대규모 침입
은 기존 산성의 시험대가 되었으며, 장기 농성이 불가능한 곳은 점
차 도태되었고, 포위공격이 어렵고 水源이 풍부하며 人馬를 충분
히 수용할 공간이 있는 험준한 곳으로 입보 산성이 이전되었다. 이
시기의 산성은 긴급한 상황하에서 축조되다 보니 자연 정교성이
떨어지게 되는 특징을 갖게 되었다. 이러한 산성구축 경향은 고려
말 왜구에 대비하여 많은 산성을 수리·구축할 때에도 마찬가지였
다. 이와 관련하여 『高麗史』의 기록을 보면 다음과 같다.

> 　사헌부에서 상소하기를, 諸道州郡의 山城을 국가에서 왕왕 관리
> 를 파견하여 수축하는데 軍丁을 많이 징발하여 짧은 시일안에 공사
> 를 마치었으나 곧 붕괴하니 그 폐단이 심히 큽니다. 청컨대 지금부
> 터는 다시 관리를 파견하지 말고 수령들로 하여금 부근 郡의 軍丁을
> 징발하여 농한기를 이용하여 수축토록 하되 만약 공사를 마치지 못
> 하면 정지하고 다음해를 기다리도록 하는 것을 年例로 삼으소서.[34]

---

33) 충북대 중원문화연구소, 2000, 『春川 三岳山城』, 249쪽.

이 당시의 이러한 성곽 수축이 어느 곳에서 어떤 城이 수축되었는지 확인할 수는 없지만 禑王 3년 7월 諸道에 관리를 파견하여 산성을 수축하게 하였다[35]는 것으로 보아 전국 대부분의 지역에 入保用 산성이 수축되었다고 여겨지는 바, 이러한 산성들은 예전에는 北方으로부터의 침입에 대비하였던 것으로 이 시기에 이르러서는 倭寇에 대비한 入保處로 변화하게 되었다.[36] 그러나 짧은 시일안에 공사를 마쳐서 곧 붕괴하는 폐단이 있었다고 하는 것으로 보아 성벽구축이 매우 조악하게 이루어졌음을 짐작할 수 있다.

이러한 상태는 조선시대에 들어서도 큰 변화가 없었다. 이는 태조 3년(1394) 곡산부사 田易가 上書한 다음의 내용을 보면 알 수 있다.

> 지금 우리 국가에서 제도를 창설하고 법을 만들어 자세한 부분을 다 구비하여 군사를 길러 적군에 대비하는 방법까지 강구하기를 더욱 상세히 했는데도 양식을 저장하는 장소와 군대를 주둔시키는 땅은 대개 모두 그전대로 그냥 있으니 ….[37]

왕조 개창 초기에는 여러 정치적 사무가 번잡하였기 때문에 방어시설의 체계적인 정비문제는 뒤로 미루어지게 되었고, 태종이 집권한 이후 점차 왕권이 안정되면서 전국적인 방어시설에 대한 정비에 착수하게 되었다. 특히 태종 13년(1413) 7월에 있었던 各道의 각 고을 3, 4息[38]안에 하나의 산성을 수축하고 창고를 설치하도

---

34)『高麗史』卷82, 兵志 2 城堡 辛禑 4年 12月 甲子. "憲司上疏曰 諸道州郡山城 國家往往遣使修築 多發軍丁 不日畢功 旋致崩毁其幣甚巨 請自今勿復遣使 令守令徵發傍郡軍丁 農隙修葺 若末畢則停 待明年 以爲年例"

35)『高麗史節要』卷30, 辛禑 3年 秋7月.

36) 車勇杰, 1989,「高麗・朝鮮前期 築城의 例」『壬辰倭亂 前後 關防史 研究』, 文化財研究所, 29~30쪽.

37)『太祖實錄』卷5, 太祖 3年 1月 戊辰.

록 하는 조치는 매우 획기적인 것이었다.[39] 이는 邊境과 內地를 막론하고 전통적인 산성중심의 入保防備體制의 完備를 지향하는 것이었으나 산성 수축에 있어서 특별한 기술적 발전이 있었던 것은 아니었다. 당시 산성수축은 대체로 종래의 산성 가운데 '有水處'를 택하여 정비하는 수준이었던 것으로 보인다.[40]

이후에도 태종 14년(1414) 11월 이조참의 許稠를 평안도에 보내 여러 산성을 상세히 살피고 오도록 하였고, 세종 2년(1420)에는 이미 태종초에 내려졌던 농한기를 이용한 산성수축 지시를 더욱 엄격히 거행하도록 하는 등 세종 초년까지도 산성수축은 중요한 정책으로 추진되었다.

그런데 세종 11년(1429) 최윤덕이 성곽축조 조건을 마련하면서 종전의 산성중심의 방비체제는 읍성위주로 전환하게 되었고 이에 따라 산성 수축은 퇴조하게 되었다. 물론 읍성위주의 축성정책을 추구하였지만 이후로 전혀 산성수축을 하지 않은 것은 아니며, 또 세종 13년(1431) 前判羅州牧使 鄭守弘이 上書한 내용 가운데 새로 연해의 읍성들을 기한을 정해 쌓을 것이 아니라 옛부터 있어 온 산성들을 年限을 두지 말고 수축하는 것이 오히려 長遠한 계책이라고 하였고, 세종 32년(1450) 양성지도 山城은 高麗의 古事에 의거하여 圖籍을 상고하고 形勢를 살펴서, 臣僚들을 나누어 보내되, 반드시 邑에 가까운 곳이 아니고, 혹 깊고 먼 곳이라도 너덧 고을에서 한 군데의 險隘한 곳을 얻게 하여, 부근의 州郡으로 하여금 적

---

38) 1息은 30里이므로 90~120里 사이에 1개소의 산성을 설치하였다는 것으로 이는 周尺(20.81㎝) 6尺＝1步로 계산하면 약 40.5㎞~54㎞에 1개소의 산성을 설치한 것이 된다.
39) 『太宗實錄』卷26, 太宗 13年 7月 戊戌.
40) 조선초기 산성 수축동향에 대해서는 柳在春, 1998, 『朝鮮前期 江原地域의 城郭 研究』, 강원대 대학원 박사학위논문 참조.

당히 쌓게 하면 거의 불의의 사태에 대비할 수 있고, 백성을 위급한 속에서 구제할 수 있을 것이라고 하며 산성의 수축을 주장하는[41] 등 산성수축의 유지를 주장하는 이들도 있었으나 이러한 주장이 정책에 얼마나 반영되었는지는 확인되지 않는다. 그러나 세종 8년(1426)에 편찬된『慶尙道地理志』와 예종 원년(1469)에 편찬된『慶尙道續撰地理誌』에 기재되어 있는 산성에 관한 사항을 비교하여 보면 대체로 세종 16년(1434)을 고비로 산성이 점차 革廢되었다.[42]

> 대저 산성이란 위급한 사태가 있을 때만 쓰고 평상시에는 그다지 쓰지 않는 까닭에, 오르내리면서 출입하는 것을 백성들은 모두가 싫어하고 꺼리는 법이온대, 금번 巡撫使 趙末生이 백성들의 소망에 따라 이미 읍성의 기지를 확정하고 또 병기도 갖추었으며, 뿐만 아니라 민력을 동원할 시기까지 박두하였는데, 갑자기 서천으로 옮겨 사역한다는 것은 진실로 불가한 일입니다.[43]

즉, 주민들이 산성보다는 읍성을 편의하게 여겨 그 소망에 따라 읍성터를 새로 확정하였다는 것으로, 이는 읍성이 갖는 군사적인 기능이 점차 축소되고 주민의 사회·경제생활의 편리성이 보다 강조된 결과라고 할 수 있다. 이에 따라서 산성 보다는 읍성위주의 정책은 더욱 확고해 지게되었고 산성은 그야말로 '혹 감당하기 어려운 적변이 있으면 다시 쌓아 사변에 대응'[44]하는 존재가 되게 되었다.

그러면 그 이후의 산성은 어떠한 형태로 유지되었을까. 문종 즉위년에 藝文館 提學 李先齊가 上書한 내용을 보면 산성이 대체로

---

41)『世宗實錄』卷127, 世宗 32年 1月 辛卯.
42) 車勇杰,『高麗末·朝鮮前期 對倭 關防史 硏究』, 58~64쪽.
43) 위와 같음.
44) 위와 같음.

방치되고 있었음을 알 수 있다.45) 즉, 이미 많은 산성들이 퇴락하여
태종대에 3, 4息 안에 하나의 산성을 설치하여 주민들을 입보하도
록 하였던 것과는 상당히 거리가 있음을 알 수 있으며, 이제는 산성
가운데 험고한 곳을 골라 수축할 것을 건의하고 있다. 이와 같은 주
장은 세종년간 중・후반기에는 주로 읍성과 행성 축조가 많이 이루
어지면서 산성이 점차 혁폐됨으로써 실제 전쟁의 발발시 견실하지
못한 읍성에 의지하기는 어렵다는 판단에서 비롯된 것이다.

한편 15세기 중반경 중국변경과 만주일대에서 오이라트와 타타
르가 흥기하여 소요가 일어나자, 조선에서는 평안도의 행성과 읍
성의 수축은 일단 정지하고, 읍성중 퇴락하고 부실한 곳을 시급히
수리하게 하였으며,46) 평안도・황해도・함길도 등 首都 以北지역
의 산성을 대대적으로 살펴 수리・수축하도록 하였다.

특히 황해도의 경우는 평산의 산성과 서흥의 산성, 해주의 池城
山城 등이 수축되었으며, 평안도에는 용강산성을 비롯하여 곽산의
능한산성, 자산산성, 덕천산성, 성천산성, 함종산성 등에 國庫를 설
치하고 각기 본읍과 인근 지역의 租稅 및 往年의 還上米穀을 수송
하여 들이도록 하였다.47)

그러나 이러한 조치들은 특정한 상황에서 취해진 것이며, 조선
전기 후반경에 이르러 점차 북방으로부터의 위협이 감소하면서 산
성은 대체로 방치되어 퇴락하게 되었다. 성종 5년(1474) 司憲府 大
司憲 李恕長이 상소한 내용에 바닷가 여러 고을의 城들이 修築하
지 아니한 것이 많고, 內地의 山城도 또한 모두 폐기되어 허물어졌
으며, 平安道 전체와 淸川江 以西의 여러 고을은 엉성하여 堡障이

---

45) 『文宗實錄』 卷4, 文宗 卽位年 10月 庚辰.
46) 『文宗實錄』 卷2, 文宗 卽位年 7月 辛酉.
47) 『文宗實錄』 卷8, 文宗 元年 7月 丙辰.

없다고 한 것을 보아도 충분히 짐작할 수 있다.[48] 또한 명백히 산성의 수가 줄어들었음은 『新增東國輿地勝覽』 등 지리지에 기록되어 있는 성곽기록에서도 확인된다.[49] 점차 단계적으로 산성이 폐지되고 읍성축조 위주로 변화하게 된 것이다.

그러나 임진왜란이 발발하고 조선은 開戰초기에 패전을 거듭하면서 방비체제의 문제점이 낱낱이 드러났다. 특히 읍성은 조선전기 동안 성벽구조나 부가시설물 면에서 약간의 발전을 이루었으나 기본적으로 왜구집단에 대응하는 것을 주목적으로 축조된 것이기 때문에 大軍의 공격에는 여지없이 취약성을 드러냈던 것이다. 조총과 같은 새로운 개인 火器를 주축으로 하는 왜군 전술에 대부분의 읍성은 그 방어효능을 발휘하지 못하였다. 따라서 종래의 방어시설에 대한 비판이 일어나게 되었으며, 그 결과 전통적인 산성중시론이 다시 설득력을 갖게 되고, 전국 각지에 산성 수축이 이루어지게 되었다. 조선으로서는 군사력이나 전술적인 측면에서 열세를 면치못하는 상황이었기 때문에 개방된 곳에서의 野戰은 사실상 거의 승산이 없었다.[50] 이에 조선은 군사적인 정면 대결 보다는 持久戰과 기습, 그리고 보급로의 차단 등의 전략을 구사하는 것이 필요하였다. 그러기 위해서는 아군의 식량과 무기, 병력을 보존할 수 있는 거점이 확보되어야 하고, 산성에 의지한 대응이 가장 이상적인 방향일 수 밖에 없었던 것이다.

그런데 이 시기의 산성은 몇가지 점에서 종래의 그것과는 다른

---

48) 『成宗實錄』 卷48, 成宗 5年 10月 庚戌.
49) 柳在春, 1996, 「朝鮮前期 城郭 硏究」 『軍史』 33號, 國防軍史硏究所, 92~97쪽.
50) 이는 선조 27년(1594) 선조가 왜적과 평야에서 대치하면 절대로 이길 수가 없으니 반드시 지형을 살펴 험준한 곳을 점거하여 산성을 쌓아야 한다는 것에서 잘 알 수 있다(『宣祖實錄』 卷54, 宣祖 27年 8月 庚申)

양상을 띠게 되었다. 첫째는 종래 險地爲主의 입지선정에서 점차 전술상의 유리한 입지로 바뀌게 되었다는 점이다.『世宗實錄』地理志의 산성에 대한 기록을 살펴보면 대체로「高險」,「險沮」,「絶險」,「天作之險」으로 표시되어 있는 산성이 매우 많다.51) 이는 당시 산성이 험지위주로 선정되었다는 것을 의미한다. 그러나 이러한 險地爲主의 입지 선정에 대해 유성룡은 그의「山城說」에서 다음과 같이 비판한 바 있다.

> 만약 산성이라면 더욱 저만 홀로 우둑하여 사면에 수목도 없고 암석도 없어 적이 와도 엎드려 숨을데가 없어서, 城에서 돌을 굴리면 마치 판위에 탄환이 굴러가듯 하는 이런 지대야 말로 천연적으로 험한 곳인 것이다. 요즈음 사람들은 이 뜻을 모르고, 다만 적을 두려워함을 이기지 못하고 도망해 숨을 생각만 가득하여 山林이 매우 빽빽하고, 돌벼랑이 입을 벌린 듯한 곳을 보기만 하면 적이 들어올 수 없을 것이라고 생각하고는 이야말로 지킬만한 險地라고 말한다. 아! 이른바 험하지 않다는 것은 사실 험하며, 이른바 크게 험하다는 것은 사실 험하지 않다는 것을 누가 알겠는가? 이러한 지대는 그 자신만 가리울 수 있어 적이 다람쥐처럼 여기저기 엎드려 숨거나 뱀처럼 구불구불 기어들어갈 수 있다. 성 위의 사람은 이미 적의 소재를 자세히 알 수 없게 되니, 비록 화살이나 돌을 발사한다고 하더라도 모두 나무숲이나 큰돌에 막히게 되어 적을 맞힐 수 없는 것이다.52)

이는 험준하더라도 성밖에 나무나 바위같은 장애물이 많게 되면 은밀히 접근하는 적을 발견하기도 어렵고, 또 발견하더라도 적이 은신할 곳이 많아 공격의 효과가 없다는 것이다. 이는 실제 임진왜란 당시 황석산성 전투에서 그 문제점이 드러났던 것으로, 유성룡의 이러한 비판은 實戰事例에 근거한 것이다. 유성룡의 당시

---

51) 柳在春, 1998,『朝鮮前期 江原地域의 城郭 研究』, 江原大學校 大學院 博士學位論文, 227쪽.
52) 柳成龍,『西厓集』雜著 山城說.

위치로 볼 때 이러한 그의 생각은 실제로 산성 수축에 반영되었을 것이다.

둘째는 종래의 피난위주의 산성에서 전략적 입지를 적극 고려하게 되었다는 점이다. 고려시대 蒙古 침입시 산성과 해도로 들어가도록 하였다는 것에서 알 수 있듯이 당시 산성은 피난성에 비중이 두어졌다. 조선전기에도 상당수의 산성이 그대로 활용되다 보니 산성이 전략적 위치를 상실한 경우가 다수 있었다. 柳成龍은 그런 산성 입지에 대해 "옛 성을 살펴보면 왕왕 깊숙하고 궁벽하여 숨을 만한 곳에 흔히 많이 있다. 이는 난을 피하는 계책은 될지언정 적을 진압하여 평정할 꾀는 못되는 것이니, 이것이 그렇게 해서는 안되는 그 첫째이다"[53]라고 비판하고 있다. 임진왜란을 계기로 서울에 이르는 주요 도로의 요충지와 왜군의 공격 가능성이 높은 낙동강 인근 지역에 많은 산성을 배치한 것은 바로 종래의 피난성 산성입지를 止揚하고 전략적 가치를 살리기 위한 조처였다.

셋째는 성곽에 대한 시설의 발전이다. 특히 임진왜란을 계기로 성곽 방어를 위해 화약무기를 시설하는 것이 반드시 필요하다는 것이 새삼 확인됨에 따라 砲樓 설치가 적극 확대되고, 懸眼·羊馬場 등 火器로 무장한 적에게 대응하기 위한 城制의 도입이 적극 모색되었다.[54]

한편 임진왜란을 계기로 종래 산성의 허실이 검토되게 되고 새로운 방향이 모색되는 발전이 있었지만 전체 방어시설의 정비라는 차원에서는 또다른 문제점이 남아 있었다. 즉, 戰時에 읍성을 버려두고 산성만 경영할 경우 적이 와서 읍성을 차지하면 장기전에서

---

53) 위와 같음.
54) 盧永九, 1999, 「조선후기 城制 변화와 華城의 城郭史的 의미」 『震檀學報』 88호, 진단학회, 294쪽.

산성에 입보한 아군측이 불리하다는 점이었다. 이에 대해 柳成龍은 "산성만을 지키고서 적들이 오랫동안 본성(읍성)에 머물게 하는 것은, 비유하면 호랑이는 평지에 있고 사람은 산에 올라가 있는 것과 같아 지탱할 수가 없다"라고 하고 있다.[55]

그러나 한 지역에서 두개의 성을 지키는 것은 매우 어려운 문제였기 때문에 조정에서는 이에 대한 확고한 방침을 추진하지 못하였다. 南原의 경우처럼 丁酉再亂時에 明軍은 읍성을 지키고자 하고 조선에서는 산성을 지키고자 하였으나 明軍의 주장에 따라 읍성을 지켰다가 함락되고 말았던 것은 그 하나의 사례이다. 당시 明의 楊總兵은 한 지역내에 두개의 성을 지키겠다고 하면 인심이 갈라지고, 적이 읍성을 점거하고 지구전을 펴면 산성에 들어가 있는 측은 스스로 무너지게 되며, 兵馬를 출전시켰다가 불리하면 들어와 지키고자 하기 때문에 읍성을 지켜야 한다는 것이었다.[56] 이에 대해 당시 接伴使로 있던 鄭期遠은 만약 읍성 고수 정책을 세웠다가 상황이 변하여 읍성을 지키지 못하게 되면 성을 쌓아 적에게 주는 것은 물론이고, 군량을 모두 대주는 것이 되므로 불가하다고 읍성고수책을 반대하였다.[57] 당시만 하더라도 성곽을 이용한 방어전략이 확고하게 자리잡지 못한 결과였다고 하겠다.

그렇지만 전쟁이 종결되고 방어시설의 재정비에 들어가서는 왜란 당시의 여러 전투 경험이 상당히 반영되었다. 그런 면에서 광해군 원년(1609) 전라·경상도 監司에게 "道內의 산성이나 읍성을 막론하고 형편이 지킬만한 곳을 가려서 하나의 큰 진을 만들어 성곽과 기계를 수선하여 군량을 쌓고 군사를 훈련시켜 후일에 반드시 지킬 수

---

55) 『宣祖實錄』 卷88, 宣祖 30年 5月 丁巳.
56) 『宣祖實錄』 卷89, 宣祖 30年 6月 丁丑.
57) 위와 같음.

있는 곳으로 삼도록 할 것"[58]을 지시하고 있는 점은 매우 주목된다. 이는 성곽에 있어서 읍성, 산성을 막론하고 군사적인 기능성을 강조하게 되는 계기가 되었으며, 13세기 蒙古 침입을 계기로 유행한 피난성이 강한 중세 산성시대의 마감을 의미하는 것이었다.

車勇杰은 「朝鮮前期 關防施設의 整備過程」이라는 논문에서 조선전기의 축성양상을 다음과 같이 시기구분 하였다.

① 基本關防施設 유지기　태조~태종
② 關防施設整備 Ⅰ期 世宗~文宗
③ 關防施設整備 Ⅱ期 世祖~成宗[59]

이에 대한 설명에서 氏는 중요한 2가지 사항을 지적하고 있다. 첫째는 ① 時期의 경우 前代로부터 있어온 각종의 관방시설이 대체로 頹圮한 상태를 유지하고 중요 산성류와 시급한 읍성이 일부 수·개축되었으며, 축성의 기법상에 있어서도 별다른 변화나 특징을 찾을 수 없을 것이라고 한 것이며, 둘째는 ② 時期를 韓國築城史上 가장 획기적인 方向轉換의 시기라고 한 점이다.

물론 필자도 이 점에 대해서는 큰 異見이 없다. 앞서 검토한 바와 같이 고려시대의 산성은 조선초기에 이르러 재수축되면서 거의 그대로 유지되었으며, 세종대에 이르러 읍성과 행성축조가 대대적으로 추진되면서 산성은 퇴조하게 되었다. 전체 축성사적인 측면에서 본다면 세종대는 단연 '劃期的인 時期'가 될 것이다. 그러나 이를 山城에 한정하여 보면, 세종대~임진왜란 직전까지의 시기는 退潮期로, 임진왜란~17세기 초반은 轉換期로 보아야 할 것이다.

---

58) 『光海君日記』 卷17, 光海君 元年 6月 壬申.
59) 車勇杰, 1981, 「朝鮮前期 關防施設의 整備過程」『韓國史論』7—朝鮮前期 國防體制의 諸問題—, 國史編纂委員會, 137쪽.

특히 임진왜란~17세기 초반 시기의 오랜 전쟁을 통하여 조선은 중국·일본의 城制 도입을 적극 검토하고,[60] 장점을 성곽 축조에 실제 적용함으로써 큰 변화를 맞게 되었다. 이 시기는 세종대에 이어 韓國築城史上 또 한차례의 '획기적인 시기'라 할 수 있다.

이상에서 살펴본 바를 종합하면 중세 산성, 특히 몽고침입을 계기로 구축된 산성은 대개 避難 목적이 강하다는 특징을 가지고 있다. 이 때문에 대체로 ① 매우 험준하고 比高가 높은 입지를 선택하였다는 점, ② 단애지대가 많은 험준한 지대여서 전 성벽선 가운데 한정된 구역에만 축성하였으며, 이로 인해 산성구축 功役이 매우 적게 들었다는 점, ③ 축성방식에 있어서 계획성이 떨어지며, 석축이 허술한 점, ④ 垜의 구분이 없는 낮은 平女墻을 택하고 있다는 점, ⑤ 규모에 있어서 삼국시대의 것들에 비해 훨씬 대형이라는 공통된 특징을 가지고 있다.

이러한 형태의 산성을 구축하게 된 데에는 여러 가지 이유가 있다. 우선 중세의 산성, 특히 13세기 중반이후 구축된 산성들이 매우 높고 험준하며 산속 깊숙한 곳에 위치하게 된 것은 전쟁의 양상과 관련이 있다. 삼국시대의 전쟁은 점령지를 즉각 지배체제내에 편입하는 것이었다. 때문에 전투행위와 결부되지 않은 상태에서 양민의 학살이나 납치 등 인명을 손상하는 잔혹한 행위는 비교적 많지 않았다. 그러나 고려시대 異民族의 外侵으로 빚어진 전쟁은 기존의 양상과는 전혀 달랐다. 이민족의 침략은 영토쟁탈전이 아니라 약탈성이 강해지고 많은 人命의 死傷과 납치가 수반되었다. 결국 이러한 전쟁의 양상은 입보용 산성을 매우 험준하고 궁벽한 곳에 구축하게 하였다.

---

60) 車勇杰, 1985,「朝鮮後期 關防施設의 變化過程」『韓國史論』9, 국사편찬위원회, 53~72쪽 참조.

삼국시대에도 수많은 산성이 축조되고 유사시 산성에 입보하는 방어전술을 구사하였지만 당시의 산성은 대개 주민 주거지와 비교적 가까운 곳에 위치하였다. 이는 전쟁의 규모나 양상, 또는 전쟁의 장기화로 인한 산성내 邑治 설치와 관련이 있을 것으로 생각된다.

신라 통일기에 신라가 점거 지역에 축조한 성곽은 매우 견고한 것이었다. 대개 각지역의 鎭山이라고 불리는 곳에 축조한 산성이 이 시기의 것으로 추정되는데, 이러한 산성은 후삼국을 거쳐 고려시대 전반기에 이르기까지 대개 그대로 사용되었다. 그러나 앞서 서술한 바와 같이 고려중기에 있었던 蒙古軍의 대규모 침입은 기존 산성의 시험대가 되었으며, 장기 농성이 불가능한 곳은 점차 도태되었고, 포위공격이 어렵고 水源이 풍부하며 人馬를 충분히 수용할 공간이 있는 험준한 곳으로 입보 산성이 이전되었다. 이 시기의 산성은 긴급한 상황하에서 축조되다 보니 자연 정교성이 떨어지게 되는 특징을 갖게 되었다. 이러한 산성구축 경향은 고려말 왜구에 대비하여 많은 산성을 수리·구축할 때에도 대개 변함이 없었다.

또한 조선시대에 들어서도 태종대에 전국적으로 3, 4息 거리를 두고 일률적으로 입보 산성을 마련하도록 하는 등 변화가 있었지만 축조방식면에서 근본적인 변화는 없었다. 오히려 세종대 이후 읍성위주의 방위책이 중시되면서 산성은 퇴조하였다.

그러나 임진왜란을 계기로 방어시설의 허실이 드러나고 다시 산성유익론이 등장하여 전국적으로 많은 산성이 수축되었다. 그런데 이 시기의 산성은 종래의 그것과 차이가 있었다. 종래 險地爲主의 입지선정과 피난위주 산성에서 탈피하는 경향을 보였고, 砲樓·懸眼·羊馬場 설치 등 시설적인 면에서도 많은 변화가 수반되면서 고려 중기 이래의 避難 목적이 강한 산성시대는 점차 마감되었다. 임진왜란~17세기 초반에 이르는 시기는 세종대에 이어 韓國築城

史上 또 한차례의 '획기적인 시기'라 할 수 있다.

따라서 필자는 고려 중기 이래 등장한 險地爲主의 산성을 중세 산성의 가장 특징적인 요소 가운데 하나로 보고자 하며, 이러한 유형이 유지되었던 조선전기 전반기까지를 '중세산성의 시대'로 보고자 한다. 그러나 전체 성곽사에서의 중세적 성격은 산성 外에 都城·邑城·鎭堡城 등 다른 종류의 성곽 변천사도 아울러 고려하여야 하기 때문에 이 문제는 앞으로 더 논의되어야 할 문제이다.

Ⅱ. 중세산성의 특징과 성벽 수직홈

1. 문제의 제기

우리나라 성곽 연구의 역사가 그렇게 오래된 것은 아니지만 최근 많은 지표·발굴조사의 진전과 함께 많은 연구성과가 있었다. 그러나 전체적으로 볼 때 성곽사 연구는 중·근세보다는 고대사와 관련된 부분에 집중되었고, 이 때문에 축성법 연구에 있어서도 주로 고구려·백제·신라 등 삼국의 축성 방식을 탐구하는 것이 주요 관심사가 되었으며 상대적으로 중세이후의 축성법 연구에 대해서는 소홀하게 되었다.[61]

그러나 한국성곽사가 아직 체계적으로 정리되지 못한 상황을 고려할 때, 중세 성곽의 특성에 대한 점진적인 정리가 궁극적으로 우리나라 성곽사를 체계화하는 데 매우 중요한 작업의 일환이다. 특

---

61) 중세이후의 축성(성곽)사와 관련된 연구 논문은 앞의 서론 참조.

히 중세 성곽의 축성법에 대한 연구는 고대 성곽의 축성법과 마찬
가지로 매우 중요한 문제이다.

우리나라 전국 각지에 있는 성곽유적은 대개 단일 시기에만 사
용된 것이 아니다. 대개는 여러 시대에 걸쳐 사용된 사례가 흔하다.
이 때문에 성곽유적에 대한 현장조사를 수행할 때, 흔히 부딪치는
문제 가운데 하나는 初築時期의 특징과 그 後代의 개축이나 보수
의 흔적을 가려내는 일이다. 이는 상당수의 성곽유적이 고대로부
터 고려, 혹은 조선시대에 이르기까지 사용된 예가 많고, 또 폐기
되었다가 중세이래 다시 개축·보수되어 사용되기도 하였기 때문
이다. 이러한 경우 그 특징들을 분리하여 이해하여야 그 성곽유적
의 성격을 올바로 이해할 수 있지만 그것이 간단한 문제는 아니다.
특히 기록이 빈약한 상황에서 성내에서 수집되는 유물은 그 성곽
이 사용된 시대적 상한과 하한을 가늠하는 중요한 관건이 되지만
현재 남아있는 성벽유구와 어떻게 관련지워 설명할 것인가 하는
문제에 부딪치게 되면 간단한 해답을 구하기 어렵다. 이는 각 시기
별, 국가(집단)별 축성법상의 특징이 아직 체계화되어 있지 못한 탓
이라고 할 수 있다.

본 章에서 풀어나가려고 하는 중세 축성법의 특징을 추출하는
문제도 간단하지 않다. 특징을 일반화하기 위해서는 많은 표본사
례에서 공통점을 추출해 내고 이에 대한 다양한 검증을 거쳐야 한
다. 그런 과정을 거치고, 일반화된 내용을 지표삼아 개개의 성곽유
적에 대한 성격을 규정할 수 있을 것이다.

이러한 문제의식을 가지고 본 章에서는 제천의 와룡산성, 춘천
의 삼악산성, 보은의 호점산성 등에서 나타난 성벽상의 수직홈에
대한 고찰을 통하여 중세 성곽, 특히 중세 산성의 축성법상의 한
특징을 추출하여 보고자 한다.

2. 성벽 수직홈이 나타나는 성곽유적 사례

최근 성곽유적에 대한 조사가 진전되면서 본 논고에서 주목하고 있는 성벽상의 수직홈(기둥홈)에 대한 보고도 이어지고 있다. 본 장에서는 기존에 보고되거나 필자가 직접 조사한 성곽 유적 가운데 수직홈이 나타나는 호점산성(충북 보은), 와룡산성(충북 제천), 삼악산성(강원 춘천), 독락산성(충북 단양), 대림산성(충북 충주), 노고산성(경북 문경), 삼한성(강원 강릉) 등 7개 유적에 대해 살펴보고자 한다. 이를 각기 간략히 소개하면 다음과 같다.

① 보은 호점산성
충북 보은군 회북면 용곡리, 거교리, 남대문리 일대에 소재하고 있다.
매곡산성 서쪽으로 5km 정도 내려가 용두마을의 회룡초등학교 서쪽에 있는 호점산(虎岾山, 338m)과 여기에서 이어지는 능선을 따라 구축되어 있다. 즉 보은군 회북면 용곡리, 거교리, 남대문리의 경계에 있는 호점산을 중심으로 해발 28m 이상의 산봉우리 5개소 및 그 사이의 계곡을 둘러싼 석성이다. 석축은 지점에 따라 편축, 혹은 협축을 하였는데, 지형이 매우 험준한 서남쪽 지대 1.2km 정도는 토축으로 구축하였다.
산성의 둘레는 약 2.4km인데,『세종실록』지리지에서 周回가 858步라고 한 것이나 신증동국여지승람에서 5,148尺이라고 한 것을 근거로 계산해 보면 대개 그 둘레가 유사하다.62) 성벽은 대부분 산의

---

62) 이 경우 1步는 6尺으로 계산되며, 1척은 포백척 46.73cm의 길이로 환산되며, 전체 계산과 동알하다

험한 지형을 최대한 살려 축성한 탓으로 대부분 붕괴되었고, 내측은 완전한 곳이 1.8m, 토축부분이 2.3m이다. 지금도 동쪽 계곡을 제외하고는 60~85도의 급경사여서 오르기가 힘들고, 특히 북서쪽이 높고 험준하여 망대지가 북동, 북, 서, 남에 각 1개소씩 있다.

사진 1-2-1. 보은 호점산성 북벽의 수직홈 모습

확인된 門址는 6개소이며, 였는데 이 가운데 城의 북벽에 1곳, 서쪽 망대의 북쪽에 1곳, 남벽에 대문인 남문이 있고 동벽에 3개소가 있다. 남문은 대문이어서 남대문으로 불리웠던 모양으로 남문에서 0.8m 남쪽에 남대문리가 있다. 성 내의 중앙 및 북쪽 계곡과 남서 계곡에 우물이 3개소 있다.

『전국문화유적총람』에서는 "북서쪽의 백제를 대비하여 축성한 것"이라고 하였는데,[63] 무슨 근거로 삼국시대 산성으로 소급하여 보았는지는 분명치 않다. 오히려 약식이기는 하나 이에 대한 지표 조사 결과를 보면 주 사용시기는 고려시대이다.[64]

② 제천 와룡산성

이 산성은 현재 제천시 덕산면 신현리와 수산면 덕곡리 경계에 위치한 산에 위치하고 있다. 성 전체 둘레는 2,750m에 달하며, 험준한 곳에 위치하면서도 충주에서 동남쪽으로 통하는 길과 충주에서 죽령을 거치지 않고 바로 문경으로 통하는 교통로를 막을 수 있는 위치에 있다.

동쪽 성벽은 암반 노두를 이용하여 석축하였으며, 내외의 사면이 급경사인 북쪽과 서쪽의 성벽은 대부분 조잡한 토루나 削土하여 능선 자체를 성벽으로 삼았다. 성내는 남북으로 길게 계곡을 이루고 있기 때문에 충분한 수량 확보가 가능하여 장기간에 걸치 入保와 籠城에 유리한 지형을 가지고 있다. 특히 산성 동쪽 계곡의 통로를 이용하지 않고는 거의 접근하기 어려운 험지에 자리잡고 있다.

석축 성벽에 수직홈이 있으며, 지형상 돌출된 부분에는 인공을 가하여 만든 망대, 혹은 망루가 갖추어져 있고 이 망대들은 외곽으로 내미는 甬道를 갖춘 안쪽이거나 甬道로 뻗은 돌단부의 암반에 소규모로 만들어졌으며, 이들이 있었던 곳에는 모두가 기와가 집중적으로 발견되는 점으로 보아 작지만 瓦葺의 망루를 建造하였던 것을 알 수 있다.[65]

---

63) 국립문화재연구소에서 제작한 『전국문화유적총람』제2집 上(CD-Title)의 충청북도 보은군의 유적 호점산성 부분 참조.

64) 충북대학교 중원문화연구소, 1998,『報恩 昧谷山城 地表調査 報告書』, 114~118쪽 참조.

65) 충북대 중원문화연구소 · 제천시, 2000,『堤川 城山城 · 臥龍山城 · 吾峙烽燧 地表調査報告書』, 56~97쪽 참조.

사진 1-2-2. 제천 와룡산성의 수직홈

사진 1-2-3. 제천 와룡산성 수직홈 하부 모습

와룡산성에서 출도되는 유물은 대부분이 기와류이며, 적지만 도기편이 수습되었는데, 대략 신라말에서 고려시대에 유행한 유물들이다.66) 『堤川 城山城·臥龍山城·吾峙烽燧 地表調査報告書』에서는 이 산성에서 조선후기에 유행한 청해파문 기와가 보이지 않는 점을 들어 조선시대에는 이미 잊혀진 산성으로 보고 있으며, 성벽축조 방법은 고려시대 내륙지역에서 유행한 석축 방식으로 보고 있다.67)

③ 춘천 삼악산성

춘천시 서면 덕두원리 일대에 소재하는 삼악산에 쌓은 산성으로, 정상[해발 654m] 서남쪽 지대의 골짜기를 둘러 쌓았다. 산성 북서쪽에는 과거 춘천에서 덕두원을 거쳐 가평·서울로 왕래하는 驛路가 있었는데, 험하기로 유명한 석파령을 바로 내려다보는 위치에 있으며, 사방이 매우 험준한 산이다.

내성과 외성으로 나뉘어져 있는데, 최근의 조사에서 내성의 둘레는 약 2km, 외성은 약 4km 정도로 밝혀졌다. 내성은 삼악산 정상 서남쪽 봉우리[해발 632m]를 중심으로 동남쪽 공간에 축조되었는데, 대궐터가 그 중심이며, 외성은 삼악산 정상의 서남쪽 공간을 둘러 쌓았는데, 중앙부에는 홍국사쪽에서 등선폭포로 이어지는 계곡이 있다.68)

내성은 외성보다 이른 시기에 축조되었으며, 대략 후삼국 시대를 전후한 시기에 축조되어 고려시대를 거치면서 개수되어 사용된 것으로 추정된다.

---

66) 위와 같은 책, 95쪽 참조.
67) 위와 같음.
68) 춘천시·충북대학교 중원문화연구소, 2000, 『春川 三岳山城』, 참조.

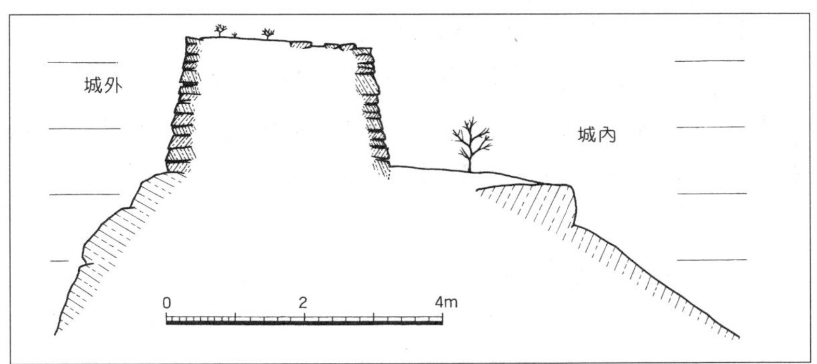

삽도 1-2-1. 삼악산성 내성 성벽 단면도
(충북대 중원문화연구소, 『春川 三岳山城』에서 전재)

사진 1-2-4. 삼악산성 내성 북벽의 수직홈 모습
(충북대 중원문화연구소, 『春川 三岳山城』에서 전재)

비교적 접근이 용이한 구역에만 석축을 하였고 험준하여 오르기 어려운 구간은 석축을 하지 않았다. 석축 상태가 매우 粗惡하며, 일부 여장의 형태가 남아 있다. 여장은 垜의 구분이 없는 평여장으로, 아래쪽의 너비는 120cm 내외이다.

북벽구간에 수직홈이 잘 남아 있으며, 산성내에서 '王光住'라는 명문 기와가 발견되었는데, 이는 후삼국, 혹은 고려시대 이 지역의 호족과 관련되었을 가능성이 지적되었다.[69]

④ 단양 독락산성

독락성은 충청북도 단양군 단성면 가산리와 대강면 직치리 산 31번지에 소재하는 독락산(혹은 도락산, 해발 964m) 에 위치하고 있다. 산세가 험하고 개천이 중심부를 흐르고 있어 수천명을 수용할 만한 피난처라 전한다.[70]

『朝鮮寶物古蹟調査資料』에 의하면 독락성이라 기록되어 있고 성벽은 두 개의 계곡을 횡단한 석축으로 2~3백간(間)이 잔존하고 거의 붕괴되었으며, 고려 공민왕 때 개축되었다고 한다. 성내에는 宮官址라는 평지가 있어 옛적에는 邑址였으므로 守保處가 있었던 곳이라 한다.

『전국문화유적총람』에서 이 산성의 축조 시기를 삼국시대로 추정하였지만 그 이유는 분명하지 않다. 산성은 대부분 붕괴되고 일부의 석축만이 잔존하고 있다.

⑤ 忠州 大林山城

대림산성은 충북 충주시 살미면 향산리에 소재하고 있다.

충주시에서 수안보로 가는 국도에 달천강을 내려다 보는 대림산의 험하고 가파른 지세를 이용하여 돌과 흙으로 쌓은 산성이다. 이

---

69) 춘천시・충북대 중원문화연구소, 2000,『春川 三岳山城』, 250~253쪽 참조.
70)『大東地志』卷6, 丹陽 城池에는 "獨樂城 在郡東南 其西南北 皆峻絶 唯 東面略設堞 覆亂石崎嶇 乃登中有又川 可容數千人 古避亂處"라고 기록 되어 있다.

산성은 성곽으로서보다도 그 山 위에 설치되어 있던 대림산 烽燧
로서 더 잘 알려져 있다. 그리고 임경업장군이 무술 연마차 올랐다
는 삼초대도 이 곳에 있다. 주위 둘레가 5,144m이며 현재 石城의
잔존부분은 있으나 대체로 붕괴되어 있다.

험지에 구축된 포곡형 산성으로, 수량이 풍부한 우물과 샘이 여러
곳 있으며 건물지에는 주초석과 함께 많은 양의 와편이 남아 있다.

성 안에서는 삼국시대 토기편과 통일신라시대 이후의 여러 유물
이 채집되어 삼국시대에 축조되어 후대에 계속 사용한 것으로 추
정되고 있다. 충주 산성과 함께 충주시 전체를 조감하는 위치에 있
다. 특히 이 산성은 고려시대 몽고침입시 충주인들이 항전한 충주
산성에 비정되기도 한다.71)

⑥ 문경 노고산성

노고산성은 경상북도 문경시 동로면 간송리 간송교회 뒷산에 소
재하고 있다. '할미성'으로도 불리며, 서북벽과 서남벽이 일부 붕괴
되었으나 대체로 정연하게 남아 있는 편이다. 서북벽은 가로 70cm,
세로 35cm, 높이 20cm 정도 되는 할석을 정연하게 쌓아 축성하였
는데 축성시 木柱를 사용한 흔적이 남아 있다.

성벽은 바깥을 수직으로 정연하게 쌓은 뒤 안쪽에서 흙을 채운
내탁법을 사용하여 축성하였다. 북쪽은 천연적인 단애를 그대로 이
용했는데, 성내의 동쪽에는 경작지로 사용하는 약간의 평지가 있다.
석축벽의 높이는 3.5~6m이고, 폭은 2~3m이며 길이 약 1km이다.

⑦ 강릉 三韓城

삼한성은 강릉시 강동면 산성우리에 위치하는 산성으로, '三韓

---

71) 최규성, 2000, 「忠州山城 比定問題 檢討」 『藥城文化』 19·20호, 참조.

山城' 또는 '山城隅城址'라고도 불리운다. 옥계에서 정동진 해안으로 나가는 국도와 동해고속도로 사이의 正東川 서안으로 돌출된 해발 70~90m되는 산상에 위치하고 있는데, 강릉 이남지역에서 강릉으로 들어가려면 반드시 거쳐야 하는 길목이 된다. 석축성이며 전체 둘레는 533m이다.

사진 1-2-5. 강릉 삼한성 성벽 모습

서문지 우측으로는 급경사를 깍아내어 치성을 만들었고, 그 전면의 구릉에는 해자와 유사한 도랑을 2개 개설하였는데 도랑간의 거리는 15m이고 도랑의 폭은 4~12m이다.72)

성돌은 자연석 또는 거칠게 다듬어 사용하였으며 석축방식도 장

---

72) 강릉대학교 박물관·강릉시, 1998,『江陵 正東津 高麗城址 地表調查 報告書』, 29쪽.

방형쌓기를 기본으로 하였지만 정연하지는 못하다. 산성 동벽에 수직홈이 나타나고 있다. 이 산성의 정확한 축성연대는 알려져 있지 않으며, 전하는 바에 의하면 임란시 의병이 주둔한 곳이라고 하며 사찰이 있었다고 한다. 또한 동쪽 해변으로 4km 정도되는 곳에 있는 심곡리 봉수대가 있어서 임란시 이곳과 연락을 주고받았다고 전하며,73) 고려말 왜구에 대비한 성으로 추정하기도 하였다.74)

3. 성벽 수직홈에 대한 해석 문제

앞서 서술한 바와 같이 중세의 避難 목적이 강한 산성은 축조방식이라는 측면에서 다음과 같은 몇 가지 특징이 있다.

① 매우 험준하고 比高가 높은 입지를 선택하였다는 점
② 단애지대가 많은 험준한 지대여서 전 성벽선 가운데 한정된 구역에만 축성하였고, 이에 따라 산성구축 功役이 매우 적게 들었다는 점
③ 축성방식에 있어서 계획성이 떨어지며, 석축이 허술한 점
④ 대부분 垛의 구분이 없는 낮은 平女墻을 택하고 있다는 점
⑤ 규모에 있어서 삼국시대의 것들에 비해 훨씬 대형이라는 점은 공통된 특징이다.75)

---

73) 문화재관리국, 1978, 『문화유적총람』 上, 450쪽.
74) 김홍술, 1999, 「江陵地域의 城郭研究」, 관동대학교 대학원 석사논문, 51쪽.
75) 유재춘, 「중세산성의 특징적 유형과 변천」 『江原史學』 17·18합집, 145쪽.

이러한 형태의 산성을 구축하게 된 데에는 여러 가지 이유가 있다. 우선 중세의 산성, 특히 13세기 중반이후 구축된 산성들이 매우 높고 험준하며, 산속 깊숙한 곳에 위치하게 된 것은 전쟁의 양상과 관련이 있다. 삼국시대의 전쟁은 점령지를 즉각 지배체제내에 편입하는 것이었다. 때문에 전투행위와 결부되지 않은 상태에서 양민의 학살이나 납치 등 인명을 손상하는 잔혹한 행위는 비교적 많지 않았다. 그러나 고려시대 異民族의 外侵으로 빚어진 전쟁은 기존의 양상과는 전혀 달랐다. 이민족의 침략은 영토쟁탈전이 아니라 약탈성이 강해지고 많은 人命의 殺傷과 납치가 수반되었다.76) 결국 이러한 전쟁의 양상은 입보용 산성을 매우 험준하고 궁벽한 곳에 구축하게 하였다.

삼국시대에도 수많은 산성이 축조되고 유사시 산성에 입보하는 방어전술을 구사하였지만 당시의 산성은 대개 주민 주거지와 비교적 가까운 곳에 위치하였다. 이는 전쟁의 규모나 양상, 또는 전쟁의 장기화로 인한 산성내 邑治 설치와 관련이 있을 것으로 생각된다.

그러나 고려시대 이후 수많은 이민족의 침입, 특히 蒙古의 침입은 기존의 전쟁 양상과는 전혀 다른 것이었다. 전쟁의 규모가 커지고, 군사력이 압도적으로 불리한 상황이었기 때문에 고려는 全面戰보다는 장기전으로 끌고 가면서 상대의 허실을 틈타 공격을 감행하는 이른바 게릴라전을 구사할 수밖에 없었다. 따라서 장기간 전쟁을 수행하기 위한 인적, 물적 자원을 보존할 대책이 필요하였고, 고려는 주로 산성이나 海島로의 입보를 택하였다. 이러한 사실은 고려사의 기록을 통해서도 확인된다.77)

---

76)『高麗史』高宗 41年 12月 甲午日 기사 참조.
77)『高麗史』卷81, 志35 兵1 兵制 4 ;『高麗史』卷24, 高宗3 40年 7月 甲申 ;
　　『高麗史』卷78, 志32 食貨1 田制 經理 ;『高麗史』卷24, 高宗3 42年 3月
　　丙午 ;『高麗史』卷30, 忠烈王3 16年 10月 戊戌(구체적인 내용은 Ⅰ-2-2)

그런데 본 논고에서 주목하고자 하는 것은 최근 여러 산성유적 조사에서 나타난 성벽상의 수직홈에 대한 문제이다. 성벽의 수직 홈은 보은의 호점산성을 비롯하여 제천의 와룡산성, 충주의 대림산성, 춘천의 삼악산성, 단양의 독락산성, 문경의 노고산성 등의 유적에서 그 사례가 보고되어 있다.

호점산성의 경우는 산성의 서쪽의 가장 높은 338.8m 고지에서 동북으로 100m쯤 내려온 능선의 작은 안부가 있는 부근과 산성 남측의 성벽유구에서 나타나고 있다. 또 수직홈은 산성의 내벽, 혹은 외벽의 어느 한쪽에만 이러한 공법을 사용한 경우와 양측에 모두 사용한 것이 모두 나타나고 있다. 이 호점산성의 수직홈이 나 있는 곳의 축조방식에 대해 석축을 하기 전에 양쪽에 일정한 간격으로 기둥을 세운 후 석축의 성벽을 쌓고 기둥을 제거한 후 작은 할석으로 수직홈을 메웠다고 보고되었다.[78] 또한 이러한 성벽은 상단을 둥글게 수렴시키거나 수직의 성벽을 그대로 유지하였는데, 흙으로 판축할 경우 사용하는 거푸집 방식을 석축에 그대로 적용한 것이라고 보고 있다.[79] 서북쪽 문터 부근의 수직홈은 양측 홈의 간격이 415cm, 홈의 너비 15cm, 깊이 15cm 이고, 남쪽 성벽상의 수직홈은 간격이 425cm, 홈의 깊이와 너비는 평균 15~20cm로 조사되었다. 이러한 수직홈의 간격과 깊이, 너비는 동일한 것은 아니나 대체로 홈의 간격이 415~425cm, 기둥은 15cm 내외의 것을 사용하였던 것으로 보고 있다.[80]

항에 열거한 <史料 가>~<史料 마> 참조).
78) 충북대학교 중원문화연구소, 1998,『報恩 昧谷山城 地表調査 報告書』, 113·114쪽.
79) 위와 같음.
80) 위와 같음.

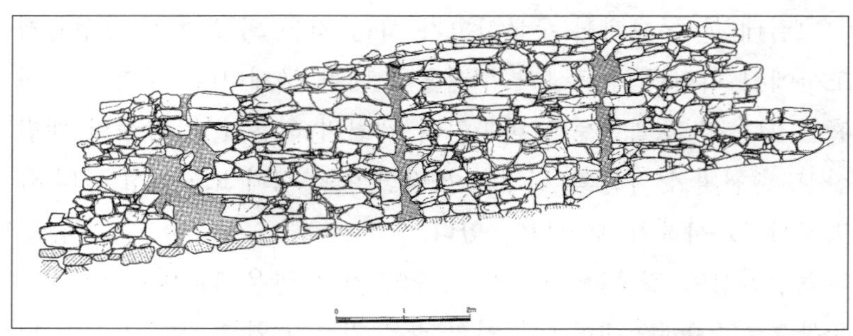

도면 1-2-1. 춘천 삼악산성 성벽(『春川 三岳山城』所載 도면을 재편집)

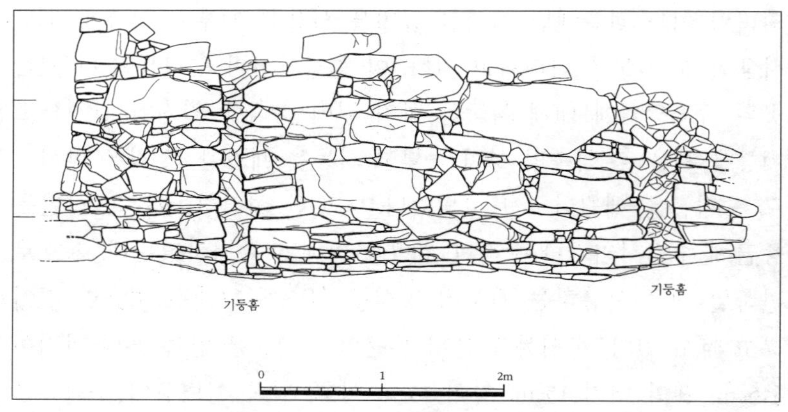

도면 1-2-2. 제천 와룡산성 수직홈
(『堤川 城山城・臥龍山城・吾峙烽燧 地表調査報告書』에서 전재)

　춘천의 삼악산성의 경우는 북문터 서측의 성벽 구간에 수직홈이
남아 있다. 이 구간에는 석축이 약 11m 정도 남아있는데, 석축이
가장 높은 곳은 3m 정도이며 성돌은 주변에서 흔히 볼 수 있는 암
석을 거칠게 가공한 것으로 대개 평면이 부정형이며 크기 또한 일
정치 않아서 매우 큰 성돌의 경우는 120cm×30cm 정도에 이르는 것
도 있다. 이 구간에는 수직홈이 3곳 보이는데 간격은 320cm, 홈의
너비는 약 15cm 정도이다. 성벽의 기단부는 지형경사를 따라 올라

가면서 1단의 기단석을 두고 있는데 수직홈 아래로도 기단석을 나란히 두고 있다.[81]

　　제천 와룡산성의 경우는 주로 산성 동남쪽 성벽에서 수직홈이 나타나고 있다. 수직홈은 성벽의 내부, 혹은 외부에 남아 있는데, 석축은 기반에 대체로 대형의 자연석을 놓고 상부에는 그보다 작은 부정형의 성돌을 사용하였다. 수직홈의 간격은 350cm~400cm 내외이며, 홈의 너비는 불규칙하나 대체로 20cm 내외이다.

　　단양 독락산성의 수직홈은 주로 북쪽 계곡에 남아 있는 성벽에서 볼 수 있다. 약 20m 정도의 성벽이 남아 있는 곳에서 수직홈을 완연하게 볼 수 있는데, 수직홈간의 간격은 2.2m~3.9m로 일정하지 않으며, 홈은 깊이 20~30cm, 깊이 20~40cm 정도이다. 동쪽 계곡에도 석축이 남아 있는데 간격 4.1m 정도되는 수직홈 1구간이 남아 있다. 이 곳은 내측과 외측 모두에 기둥을 세우고 축성하였던 것으로 추정되었고, 토성 판축과는 달리 수직홈의 간격이 일정하지 않고 경사가 급한 곳은 간격이 좁게, 평탄한 곳은 간격을 넓게 되어 있었다.[82]

　　이외에도 앞서 언급한 바와 같이 충주의 대림산성,[83] 문경의 노고산성에서도 그와 같은 성벽의 수직홈이 남아 있다. 그러나 성벽 축조과정에서 구간 접속지점에 생기는 수직홈과는 구분되어야 한다. 즉, 산성축조과정에서 구간을 나누어 축조하다보면 접속지점에 틈이 생기게 되고 이것이 균열되게 되면 마치 수직홈과 유사한 모양을 갖게 된다. 따라서 본 논고에서 주요 주제로 삼고 있는 성벽 상의 수직홈과는 구분되어야 한다.

---

81) 춘천시·충북대학교 중원문화연구소, 2000,『春川 三岳山城』, 69·70쪽.
82) 충북대학교 박물관, 1991,『丹陽 赤城 地表調査報告書』, 139·140쪽.
83) 수직홈이 너비 약 20㎝, 깊이 15㎝ 정도로 남아 있다(차용걸, 2000,「충주지역 성곽의 역사적 성격」『蘂城文化』19·20호, 蘂城文化研究會, 38쪽 참조).

　　중요한 문제는 이러한 수직홈이 과연 어떤 기능을 하였으며, 그
것을 중세산성에서 나타나는 독특한 하나의 축조방식으로 규정할
수 있는듯가 하는 문제이다.

　　이러한 성벽의 수직홈은 평양의 대성산성에 이러한 수직홈이 있
는 것으로 보고된 바 있다.[84] 대성산성 소문봉 성벽에서 이러한 홈
이 나타나는데, 홈 사이의 간격은 대략 150~160cm 내외이며, 홈의
너비는 15~20cm 정도 된다.[85] 무슨 이유에서 이런 수직홈을 만들
었는가 하는 문제에 대해 아직 명확히 설명되고 있지 못한 것 같
다. 1964년에 북한 사회과학원 출판사에서 발간된『대성산 일대의
고구려 유적에 관한 연구』를 보면 이 수직홈에 대해 성벽면에 나
타나는 지하수의 압력을 완화시키기 위한 것으로 추정하였다.[86]
대성산 소문봉 주변 성벽에 나타나는 이러한 수직홈은 삼악산성이
나 와룡산성 등에서 보여지는 사례와는 달리 성벽 하단부쪽에 만
들어 졌으며, 성벽의 외벽에 만들어진 것이 아니라 중간벽에 나타
나고 있다. 삼악산성이나 와룡산성 성벽에 나타나는 수직공간은
성벽 아래부터 위쪽까지 걸쳐 있으며, 대성산성처럼 중간벽이 아
니라 외벽에 나타나고 있다.[87]

　　아 유구에 대해『대성산 일대의 고구려 유적에 관한 연구』에서
는 '지하수의 압력을 완화시킬 목적'이라고 하였는데, 이에 대해서
는 선뜻 이해가 되지 않는다. 물론 성벽 하단부에서 지하수가 용출
한다고 할 때 수직홈이 이에 대한 압력을 완화시키는데 분명 도움

---

84) 이형구·조유전·윤세영·차용걸, 1996,『高句麗의 考古文物』, 한국
　　정신문화연구원, 407쪽.
85) 사회과학원 출판사, 1964,『대성산 일대의 고구려 유적에 관한 연구』,
　　2쪽 참조.
86) 위와 같음.
87) 조선유적유물도감편찬위원회, 1993,『조선유적유물도감』 고구려편1,
　　도서출판 민족문화, 62쪽.

이 된다고 할 수 있다. 그러나 당초의 목적이 지하수 압력의 완화
에 있었는가 하는 문제는 더 연구되어야 할 문제이다.

　대성산성 소문봉 성벽에서 나타나고 있는 이러한 성벽의 수직홈
의 용도에 대해서는 아직 쉽게 결론짓기는 어렵다. 이것이 축조과
정과 관련된 木柱 흔적이라고 추정하기도 하나, 최근 발굴된 연천
당포성 성벽에서는 역시 중간벽에 수직홈 유구가 있었지만 수직홈
하단부에 確이 설치되어 있었다.[88] 이 유구의 용도에 대해서는 守
城機具의 설치와 관련이 있는 것이 아닌가 하는 추정이 제기되었
는데, 아직 이러한 유구는 보고된 사례가 없기 때문에 향후 성벽상
에 나타나는 수직홈, 그리고 축성법에 대한 논의에 새로운 국면을
열어주었다. 아무튼 필자는 대성산성 소문봉에 나타나는 성벽의
수직홈은 와룡산성, 삼악산성 등에서 나타나는 수직홈과는 좀 다
른 성격을 갖는 것이 아닌가 생각한다.

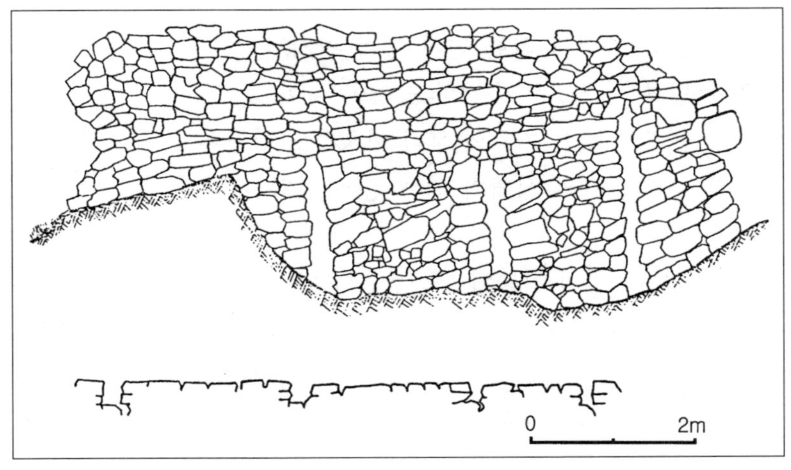

도면 1-2-3. 평양 대성산성 성벽의 수직홈
(『대성산 일대의 고구려 유적에 관한 연구』所載 도면을 재편집)

---

88) 육군사관학교 국방유적연구실, 2003.5, 『연천 당포성 발굴조사 약보고서』.

이에 대해서는『丹陽赤城 地表調査報告書』와『춘천 삼악산성』
지표조사 보고서에서 수직으로 성벽을 쌓기 위해 시설한 거푸집
흔적으로 보고 있다.[89] 또한 이러한 수법을 판축하는 토성의 축조
방법이 석축에 적용된 것으로 보기도 하였다.[90]

이 수직홈의 기능에 대해 이미 필자는 앞서 발표한 글에서 "경
사진 산능선에서 붕괴를 방지하며 시급히 석벽을 축조하기 위한
일종의 거푸집 흔적"으로 본 바 있다. 이를 고구려 성곽에서 나타
나는 '柱洞'과 관련지워 본다면 그 기술적 적용은 오랜 역사적 전
통을 가지고 있는 것이라고 할 수 있을 것이다.

성벽 석축 과정에서 기둥을 세워 보조시설을 하였던 것은 다음
과 같은 몇 가지 기능 때문이라고 여겨진다.

① 버팀목 사용으로 석축 시공기간 단축(시급히 축성해야 할 경
  우에 편리).
② 시공중 쏠림에 의한 연쇄 붕괴 방지.
③ 버팀목 사용으로 수직벽 구축이 용이.
④ 기둥제거, 혹은 기둥의 부식 이후라도 기둥홈이 구간 분리 역
  할을 함으로써 성벽의 연쇄 붕괴 완화 기능.

여기서 특히 ④의 기능에 주목할 필요가 있다. 木柱를 사용한 곳
은 성벽의 구간이 나눠지게 되고, 기둥홈은 자연히 좌우의 쏠림을
완충하는 기능을 하게 되어 결과적으로 성벽의 내구성을 높이는
효과가 있었다. 이는 기둥홈이 나타나는 여러 산성의 석축유구 가

---

89) 충북대 중원문화연구소, 2000,『春川 三岳山城』, 249쪽.
90) 충북대학교 중원문화연구소, 1998,『報恩 昧谷山城 地表調査 報告書』,
  114쪽.

운데 홈이 위치한 곳의 석축이 비교적 정연하게 남아 있는 것에서도 알 수 있다.

또한 기둥홈이 남아 있는 산성의 경우 성돌이 대개 거칠게 치석되었거나 자연석을 그대로 사용하고 있다는 특징을 가지고 있다는 점을 주목해야 한다. 즉, 정교하게 治石한 성돌을 사용하는 성곽에서는 이러한 기둥홈 흔적이 전혀 나타나지 않는다는 사실을 주목할 필요가 있다. 이는 결국 계획적인 축성이 아니라는 사실과도 분명 연관이 될 것이다.

그렇다면 이러한 기둥홈을 가진 석축은 어느 시기에 시공된 것인가? 하는 것이 중요한 문제로 남는다. 기둥홈을 남긴 석축시기를 가늠할 수 있을 때 그 산성의 성격을 보다 분명히 이해할 수 있고, 또 성곽사에 있어서 특정시기의 독특한 축성방식의 하나로 일반화하는 것이 가능하기 때문이다.

차용걸은 「충주지역 성곽의 역사적 성격」이라는 논문에서 고려시기 이후의 충주지역 성곽은 ① 이전 시기의 것보다 대략 충주의 외곽쪽으로 중요한 길목을 먼거리에서 控制할 수 있는 위치에 자리하며, ② 종래의 성들보다 대체로 규모가 커지면서 성안에 계곡을 가지면서 항상 계곡물이 흐르는 水源이 풍부한 곳에 위치하며, ③ 산정과 곡부를 넓게 포용하여 수용할 수 있는 면적이 크며, ④ 높은 산정과 그곳에서 내려온 능선을 이용하여 지세가 낮은 곳에는 보다 견고한 석축벽을 구축하였으며, ⑤ 성의 요소마다 용도나 망대 등의 시설을 갖추고 먼 곳과 연락이 가능한 전망이 좋은 곳을 가지고 있다 라고 지적하였다.[91] 물론 이 내용은 앞서 언급한 중세 산성의 특징과도 일치하는 부분이 있다. 그런데 지금까지 언급한

---

91) 차용걸, 2002, 「충주지역 성곽의 역사적 성격」『예성문화』 19·20호, 예성문화연구회.

기둥홈이 앞서 언급한 이러한 특징이 나타나는 산성에 주로 남아 있다는 사실은 기둥홈 흔적이 주로 중세의 축성과 관련이 깊다는 사실을 말해주는 것이 아닌가 생각한다.

그러나 필자는 이러한 木柱를 사용한 축성방식이 중세 전시기에 걸쳐 유행한 것은 아니라고 본다. 이러한 축성방식은 결국 '시급한 축조'에 초점이 맞추어져야 할 것이다. 그렇다면 그 '시급한 시기'라는 것을 어느 시기로 비정할 수 있을 것인가? 필자는 전에 발표한 논문에서 險地爲主 산성으로 옮겨가는 시기를 몽고 침입기로 본 바 있다.92) 즉, 신라 통일기 이래 경영되었던 鎭山이나 邑治所 가까이에 소재한 산성 가운데 落城의 전력이 있거나 장기적인 농성에 부적합한 산성은 다른 곳으로 이전되는 시기가 바로 몽고 침입기라고 보았던 것이다. 따라서 이 시기는 전쟁중이거나 위기감이 극도로 고조되어 있던 시기이고, 또한 시간적 여유를 가지고 축성할 겨를도 없었다고 여겨진다. 험지에 시급히 성벽을 구축해야 하는 상황에서 보다 용이하고 내구성이 있는 성벽을 구축하기 위하여 이 목주거푸집 공법을 사용하였던 것이다. 따라서 기둥홈이 남아 있는 산성 유구는 대체로 13C 중반~14C 후반 사이에 만들어진 것이라고 잠정적으로 추정하고 싶다.93) 이는 앞서 검토한 기둥홈이 남아 있는 산성 유적에서 대체로 고려시대 유물들이 다량 채집되고 있다는 것도 그와 직접 관련이 있을 것이다.

---

92) 유재춘, 「중세 산성의 특징적 유형과 변천」 참조.
93) 차용걸은 2000, 「충주지역 성곽의 역사적 성격」『藥城文化』19·20호, 38 쪽에서 이러한 특별한 구조를 가진 성터들이 대체로 호족의 시대에서 고려후기에 걸치는 역사성을 가진다는 점에 주목하여야 한다고 지적하였는데, 필자는 수직홈과 관련해서는 좀더 그 시기를 좁혀서 보고 싶다. 물론 이 문제는 향후 더 많은 사례에 대한 연구와 함께 논의되어야 할 것이다.

그런데 한가지 유의할 점은 석축 유구는 성내에서 발견되는 유물의 연대와 항상 일치하지 않는다는 점이다. 우리나라에 남아 있는 성곽 유적 가운데는 누대에 걸쳐 사용된 사례가 허다하다. 이 경우 유물을 통하여 그 흔적이 모두 남겠지만 성벽유구도 반드시 그와 같은 것은 아니다. 목책성이었을 경우나 토성이 구축되었다가 후대에 석축으로 완전 개축된 경우 등 현재 남아 있는 유구 이전에 또다른 유구가 있었는지에 대한 증거를 명확히 찾아내기 어려운 경우도 있다. 또 성곽 유적의 경우 오랜기간 동안 방치되면서 성벽 기단부가 묻히게 되어 섣불리 지상에 드러난 유구만 보고 연대를 가늠하는 것도 경솔한 판단이다. 하남의 이성산성이나 여주 파사산성에서 여실히 드러났듯이 성벽 기단부에는 지상에 남아 있는 석축방식과는 전혀 다른 유구가 나타날 가능성이 얼마든지 있는 것이다.

이상에서 살펴본 바를 종합하면, 아직 시론적인 입장이지만 보은의 호점산성, 제천의 와룡산성, 춘천의 삼악산성 등에서 보이고 있는 성벽 수직홈은 중세(특히 13C 중반~14C 후반) 산성의 특징적인 축조방식이 남긴 흔적 가운데 하나라고 보아야 할 것이다.

수직홈이 남아 있는 산성들은 대부분 중세 산성들이 가지고 있는 여러 가지 특징을 함께 가지고 있다는 공통점이 있다. 예를 들면 ① 매우 험준하고 比高가 높은 입지를 선택하였다는 점, ② 험지에 입지함으로써 산성구축 功役을 최소화하고자 하였다는 점, ③ 축성방식에 있어서 계획성이 떨어지며, 석축이 허술한 점, ④ 대개 포곡식으로 비교적 수용성이 크다는 점 등이다. 또한 성내에서 채집되는 유물의 성격이 대개 수직홈 석축유구의 추정시대와 부합된다는 점에서도 어느 정도 합리적 해석이 되리라고 생각한다.

필자는 이러한 목주를 사용한 석축이 나타나는 시기는 우리나라

축성사(특히 산성)에 있어서 또하나의 새로운 계기가 된 시기라고
보고 싶다. 통일신라기~고려초에 자라잡은 성곽들은 거란, 몽고
침입과 함께 시험대에 오르게 되었으며 농성전에 적절하지 못하다
고 여겨지는 성곽은 새로운 입보처가 물색되어 이전되었던 것이
다. 특히 고려시대 이민족의 침입으로 빚어진 전쟁은 영토쟁탈전
이 아니라 약탈성이 강해지고 많은 人命의 死傷과 납치가 수반되
는 등 그 양상이 이전과 크게 달랐고 이러한 전쟁의 양상은 입보용
산성을 매우 험준하고 궁벽한 곳으로 이전하는데 큰 영향을 미치
게 되었다. 서애 유성룡이 "지금 옛 성들을 보면 흔히 깊숙하고 궁
벽하게 숨겨진 땅에 있는데 이것은 난리를 피하는 계책은 되나 적
을 견제하는 책략은 되지 못한다"고[94] 비판한 것을 통하여 그 실
상을 엿볼 수 있다.

목주거푸집 공법(가칭)을 사용한 것은 앞서 언급한 바와 같이 특
정한 시대적 상황과 밀접한 관련이 있다. 향후 이 문제는 더 검토
되어야 하겠지만 필자는 일단 중세의 특징적인 축조수법 가운데
하나라고 보고 싶다. 물론 이러한 수직홈은 성벽 중간벽에 나타나
는 수직홈(대성산성 소문봉 성벽)과의 기능적 유사성에 대해서는
더 비교검토되어야 할 것이며, 성벽 축조과정에서 구간의 접속점
에 생기는 균열선과도 구분되어야 할 것이다.

한국 전체로 볼 때, 이미 적지 않은 관방유적이 조사되었으나 그
에 대한 학문적 체계화 작업은 그다지 큰 진전을 보이지 못하고 있
다. 이는 결국 성곽유적 보고서의 내용을 충분히 검토·정리할 연
구자층이 아직 충분하지 못한데도 원인이 있지만 연구자들이 적극
적으로 성곽사 정리를 위한 기초작업(예를 들면 시대구분, 용어정
리, 시대별 특징에 대한 규정 등)을 진전시키지 못하였기 때문이다.

---

94) 『만기요람』 군정편4, 附關防總論.

Ⅲ. 東界地域의 變化와 治所城

1. 문제의 제기

14세기 후반은 동북아시아 지역에 있어서 격동의 시기였다. 홍건적의 침입, 왜구의 熾盛, 元·明 교체, 麗·鮮 교체 등 굵직한 사건이 잇달아 일어난 시기로 동북아는 큰 변화를 맞게 된 시기이다. 이러한 국내외적인 커다란 충격과 변화는 자연히 여러 면에서 영향을 미치게 되었고, 특히 대외관계의 불안정성은 자연 국내적으로 군사문제에 많은 관심을 기울이게 하였다.

대외관계에 가장 민감한 반응을 보이는 사안은 말할 것도 없이 군사문제이다. 군사문제는 어느 시기와 국가를 막론하고 대외관계와 매우 유기적인 관계를 갖게 마련이기 때문이다. 특히 군사문제의 중요한 요소를 이루고 있는 방어시설의 정비는 대외관계의 추이와 불가분의 관계에 놓이게 된다.

려말선초의 축성과 관련하여서는 1970년대 이전의 연구로 세종시대 兩界地域의 行城築造와 관련한 논문 이외에는 이렇다 할 연구가 없고,[95] 1970년대 중반이후 세종시대의 下三道 沿海邑城築造에 대한 연구를 비롯하여 고려말~조선전기에 이르는 對倭關防施設의 정비 과정, 그리고 築城의 事例에 대한 연구가 이루어졌다.[96] 또한 조선왕조 개국초기 漢陽으로 遷都한 직후부터 이루어진 都

---

95) 宋炳基, 1967, 「世宗朝 兩界行城 築造에 對하여」『史學研究』18, 韓國史學會.

96) 車勇杰, 1977, 「世宗朝 下三道 沿海邑城築造에 대하여」『史學研究』27, 韓國史學會 등 앞서 서론에서 예시한 관련 논문 참조.

城의 築造와 補修 등에 관한 연구가 있으며,97) 기타 특정지역의 성
곽유적에 대한 조사를 바탕으로 한 연구가 있다.98) 또한 읍치소의
이전과 축성에 대한 문제를 井上秀雄氏가 부분적으로 다룬 바 있
으나99) 하삼도 지역의 사례를 일반화한 경향이 있고, 또한 실제 그
지역에서 治所의 이동이 어떻게 이루어졌는가 하는 문제에 대해서
는 해답을 주지 못하고 있다.

　지방 정무의 중심지인 읍치소는 어느 면으로 보더라도 대단히
중요한 곳이다. 지방의 행정, 군사, 사법권이 집행되는 곳이며 지방
사회·경제의 중심지이기도 하다. 그러나 고려시대 잦은 외부로부
터의 침략은 읍치소를 가변적으로 만들었고, 이는 지방도시의 발
전을 저해하는 하나의 요인이 되었다. 그런데 동계지역은 몽고 지
배하에 놓이면서 종래의 방비체제가 사실상 붕괴되었으나 고려말
에 이르러 麗·元관계의 변화와 왜구의 來襲에 의하여 변화를 맞
게 되었다.

　본 章에서는 고려말~조선초기의 국내외적 변화 속에서 지방의
중심지인 邑治所 내지는 읍성이 어떠한 양상으로 변화하였는가를
살펴보고자 한다. 특히 려말선초의 격동기 속에서 강원도 영동지
역(고성, 양양, 강릉, 삼척)의 邑治所 移轉과 그에 대한 축성이 어
떻게 변화하여 갔는가 하는 문제를 중심으로 살펴보고자 한다.

---

97) 元永煥 外, 1987,『서울六百年史』文化史蹟篇 第3章 城郭과 門樓, 서울市
　　史編纂委員會.
98) 沈正輔, 1995,『韓國 邑城의 研究－忠南地方을 中心으로－』, 學研文化
　　社.
　　沈奉謹, 1995,『韓國南海沿岸城址의 考古學的 研究』, 學研文化社.
99) 井上秀雄, 1993,『古代東アシアの文化交流』(東京 : 溪水社).

2. 고려말 동계지역의 변화

고려시대에는 잘 알려진 바와 같이 2軍 6衛로 대표되는 中央軍과는 달리 地方軍으로서 州縣軍이 있었고, 兩界지역은 특수 군사지역으로 관리되면서 州鎭軍이 배치되어 있었다. 東界에는 1都護府 9防禦郡 10鎭 25縣(主縣 8, 屬縣 17)이 속해 있었다. 이 가운데 金壤縣[100]을 비롯한 高城縣·杆城縣·翼令縣(襄陽)·溟州·三陟縣·蔚珍縣 등 6개 지역이 조선시대 강원도에 편제된 지역이다. 『高麗史』兵志에는 이곳에 배치된 州鎭軍에 관하여 기록하고 있는데, 이러한 주진군은 대체로 城을 중심으로 한 독립적인 전투단위부대를 형성하고 있었다.[101]

이는 배치부대의 편성을 보더라도 전투시의 대열형성으로 보이는 左·右軍과 抄軍이 있고, 주로 守城의 임무를 담당하였을 것으로 생각되는 寧塞軍[102]이 배치되어 있었던 것에서도 알 수 있다. 따라서 이 시기의 동계지역은 견고한 산성내지는 평산성에 주진군이 주둔하고, 鎭使·鎭將이 주진군을 거느리고 해당 지역을 다스리는 형태였을 것이다.

그런데 13세기 후반 몽고의 지배가 시작되면서 고려의 국방체제는 커다란 변화를 맞게 되었다. 東寧府와 雙城摠管府의 설치로 원

---

100) 조선시대에 通川·歙谷에 해당하는 지역이다.
101) 李基白, 1968, 『高麗兵制史硏究』, 一潮閣, 245쪽.
102) 李基白은 1968, 『高麗兵制史硏究』, 一潮閣, 253쪽에서 이에 대하여 北界의 保昌軍, 京軍의 保勝軍과 유사한 步兵部隊로 추정하였는데, 이들이 馬軍이나 弩軍이 아닌 일반 步兵이었을 것은 틀림없다고 생각되나 그 주임무는 守城에 있었던 것으로 여겨지며, 이는 조선초의 守城軍 兵種의 前身으로 생각된다.

나라와 국경을 접하게 된 양계지역은 원의 군사적 통제를 받아 기존의 군사력을 유지하기 어렵게 되었고, 특히 동계의 경우 쌍성총관부에 편입된 지역은 종전의 고려 군사조직이 완전 해체되었다. 그러나 쌍성총관부에 편입되지 않은 동계의 일부지역은 그대로 잔존하였지만 兵馬使 대신에 按集使가 파견되는 등 변화를 겪게 되었다.[103]

그러나 공민왕대에 들어와 원나라에 대항하여 자주성을 회복하려는 고려에게 원과의 군사적 대결은 피할 수 없는 것이었고 이에 따라 양계지역의 군사조직이나 방어시설을 새롭게 정비되었다. 즉, 군사적 긴장이 한층 높아짐에 따라 방어군 배치에 많은 노력을 기울이게 되었다. 당시 각 주현의 성곽을 修補하였으리라는 점은 기록이 아니더라도 능히 짐작할 수 있는 일이다.

그런데, 공민왕대의 쌍성총관부 회복은 고려의 방어선을 크게 북상시켰고, 이러한 변화는 또다시 고려의 방어체제를 수정하게 되는 계기가 되었다. 즉 방어상의 환경이 변화함에 따라 특수지대로서의 '東界'는 그 수정을 필요로 하게 되었던 것이다.

동계지역에 대한 행정상 개편은 이미 12세기 후반부터 시작되었다. 즉, 종전의 군사상 특수지대로 관리되던 동계지역이 일반 道로 편제되게 된 것이다. 『世宗實錄』 地理志의 江原道에 관한 부분을 보면 강원도 지방은 5道 兩界時代의 交州道와 東界였는데, 고려 명종 8년(1178)에 태백산맥 동쪽은 沿海溟州道로, 태백산맥 서쪽은 春州道로 개편된 것으로 기록되어 있다. 다시 元宗 4년(1263)에는 溟州道가 江陵道로, 春州道가 交州道로 되었다고 기록되어 있다.[104]

이러한 기록에 의한다면 강원도의 영동지역에 실시되었던 東界

---

103) 邊太燮, 1971,「高麗兩界의 支配組織」『高麗政治制度史研究』.
104)『世宗實錄』卷153, 地理志 江原道.

는 고려 명종대 이후에는 폐지된 것이 되는데,『高麗史』를 보면 忠烈王代(1275~1308)에도 '東界'라는 명칭이 그대로 사용되고 있어서 매우 혼란스러운 점이 있다.105) 또한 明宗代에 강원도 영동지역에 해당하는 東界地域을 沿海溟州道로 개칭하게 된 것이 단순한 지방행정구역 명칭만을 바꾼 것인지, 아니면 종전의 군사적인 특수지역인 동계지역을 다른 五道地域과 마찬가지로 일반행정지역으로 개편시킨다는 것인지가 분명하지 않다. 그러나 고려말 쌍성총관부 회복에 따라 동북지역 방어선이 북상하게 되면서 비로소 동계(동북면)지역이 철령이북으로 조정되고,106) 그 이남지역은 보다 명실상부한 일반 道로 재편하게 되었던 것으로 여겨진다.

하지만 명종대에 沿海溟州道로 개편된 이유에 대해서는 한가지 단서가 될만한 사료가 보인다. 즉『高麗史』기록의 명종 7년(1177) 부분을 보면 다음과 같은 기사가 있다.

丁丑에 중방에서 아뢰기를 "동북 양계의 州鎭 판관은 무관으로 보임하는 것을 허락하지 마소서"라고하여 이를 들어 주었다. 이 논의를 주장한 이는 將軍 洪仲邦이었는데 무관 金敦義 등 6인이 仲邦이 물러나오는 것을 엿보다가 길을 막고 號訴할 제 惡言을 섞어 하였으므로 重房에서 이들을 잡아 黥하여 섬에 유배시켰다.107)

이 기사를 보면 重房에서 東·北 兩界의 州鎭의 判官은 武官으로 임명하지 않도록 할 것을 건의하여 이것이 받아들여지고 있다. 이 시기가 '武臣의 亂'이 일어난 직후라는 점을 감안하면 重房의

---

105)『高麗史』卷81, 志35 兵1 兵制. "忠烈王元年七月 遣使于慶尙全羅忠淸東界諸道 點閱軍器"
106) 吳宗祿, 1991,「高麗後期의 軍事 指揮體系」『國史館論叢』24, 국사편찬위원회.
107)『高麗史』卷19, 世家19 明宗1 明宗 丁酉 7年.

무신들이 왜 州鎭의 判官을 무신으로 임명하지 못하도록 요구하였
는지는 대략 짐작할 수 있다. 이는 주로 兵馬를 담당하던 判官들은
언제든지 州鎭軍을 배경으로 중앙의 무신집권자들에게 대항할 가
능성이 있었기 때문이라고 할 수 있다. 따라서 군사적인 특수지역
인 동계를 일반 道로 개편한 것은 무신정권의 정권 안정화책과 무
관하지 않다고 할 수 있다.

그러나 이러한 개편은 州鎭軍의 존재 자체를 개편하는 것은 아
니었다. 이는 명종대에 沿海溟州道로 개편된 후에도 명종이 東·
西 兩界의 여러 城들의 上長·都領을 불러서 물품을 하사한 기록
이 있기 때문이다.[108]

이러한 東界의 州鎭軍 편제는 道制가 실시되는 가운데서도 대
체로 유지되었다고 생각되는데, 이런 체제가 어느 시기까지 유지
되었는가 하는 것은 분명하지 않다. 대체로 몽고 영향하에서 그 체
제나 기능이 약화되었다가 공민왕대 대외적인 긴장관계 속에서 지
방의 군사력이 재편되는 한편 평지로 이전한 치소는 다시 종전의
산성(평산성)으로 이전되었을 것으로 추정된다.

그러던 것이 雙城摠管府가 완전 수복되면서 강원도와 경계를
맞대고 있던 元나라 소속의 쌍성총관부가 소멸되고, 행정구역도
영동과 영서지역이 하나로 묶여 道로 편제되게 되었다. 이는 고려
시대에 자주 발생한 여진족의 침구위협이 사실상 강원도에서는 사
라지게 되었다는 것을 의미한다. 이는 육로로 侵寇한다고 하더라
도 예전에는 강원도가 바로 인접한 곳이었으나 이제는 강원도에
이르기 위해서는 긴 路程뿐만 아니라 동북로상의 吉州·安邊 등
여러 방어선을 통과하여야 하기 때문에 사실상 육로로 강원도까지
도달하기란 매우 어려운 일이었다. 또 과거에는 선박을 이용하여

---

108)『高麗史』卷20, 世家19 明宗 8年 11月 戊子.

침입하기도 하였는데,109) 요충지인 원산 일대지역이 고려에 의해 확보된 상황하에서는 이것도 전보다는 훨씬 어렵게 되었다. 이러한 변화는 자연히 고려의 여러 방어체계를 새롭게 정비하는 계기가 되었다고 생각된다.

공민왕 5년 동계지역을 강릉삭방도로 개칭하였다가 다시 9년에 철령이북은 삭방도, 이남지역은 강릉도로 개편한 것도 이러한 동계지역에 대한 정비의 일환인 것이다. 더구나 1362년(공민왕 11) 쌍성의 탈환을 엿보고 있던 원나라의 遺臣 나하추(納哈出)가 대규모 군사를 이끌고 동북지역에 침입하였으나 이성계 지휘하의 고려군에게 대패하여 그 세력이 크게 감소하였다.110) 이로써 동북지역은 북방으로부터의 위협에서 벗어날 수 있게 되었다. 同王 11년 12월에 수춘군 이수산을 동북면 도순문사로 보내 여진지역과의 경계를 확정하게 한 것은 바로 나하추 세력을 완전히 꺽게 됨으로써 고려가 이 지역을 완전 장악하게 된 결과라고 보아야 할 것이다.111)

그러나 고려가 동북지역을 안정시키기는 했으나 忠定王 때부터 출몰하기 시작한 왜구는 고려의 새로운 골치거리가 되었다. 공민왕대의 쌍성총관부 수복과 나하추군 격파로 얻은 평화시기도 잠시뿐이었고, 그동안 왜구의 침입이 거의 없었던 강원도 동해안지역에도 恭愍王 21년(1372) 4월부터는 왜구가 집중적으로 출몰하기 시작하였다.

---

109) 『高麗史』 卷6, 世家6 靖宗 2年 2月 辛未. "東蕃賊船寇三陟縣桐津戍 摽掠人民 守將說伏草莽 伺賊還 鼓譟掩擊 俘斬四十餘級" ; 『高麗史』 卷7, 世家7 文宗 6年 6月 己卯. "東女眞高之問等 航海來攻三陟縣臨遠戍 守將河周呂率兵出城"
110) 『高麗史』 卷40, 恭愍王3 恭愍王 11年 7月.
111) 『高麗史』 卷40, 恭愍王3 恭愍王 11年 12月. "癸未 以壽春君李壽山爲東北面都巡問使 定女眞彊域"

왜구는 同王 21년(1372) 4월에 동해안의 鎭溟倉(덕원 남쪽 24리)을 약탈하였고, 이어서 6월에는 江陵府와 盈德縣, 그리고 德原縣에 침범하였으며 북상을 계속하여 安邊과 咸州를 침범하였다. 또 1374년(공민왕 23) 5월에는 강릉, 삼척 등지에 침입하였다.

이와 같이 1372년 이후 강원도 동해안 지역에 왜구의 침입이 빈번해진 것은 이전에는 왜구가 주로 남해안과 서해안 일대에 침입하여 조운선을 탈취하거나 연해 지역을 약탈하면서 개경으로 접근하는 것이 통례였으나, 앞서 본 바와 같이 고려가 조운을 폐지하고 조세운송을 육운으로 전환함에 따라 식량의 탈취가 어려워지자, 왜구들이 서해안과 동해안 양방면으로 분산하여 직접 연해의 고을이나 내륙으로 상륙하여 약탈을 자행하면서부터 나타난 현상이다. 또한 고려가 그간 주로 왜구의 표적이 되었던 서해안과 남해안 일대에 대한 방어체계를 강화하자 다른 지역에 비해 방어태세가 허술한 동해안 지역으로 침입의 방향을 전환하기 시작한 것이라고 할 수 있다.

우왕대에 들어서서도 왜구는 동해안 일대에 자주 출몰하였고, 때로 대담하게 내륙으로 깊숙히 진입하기도 하였다. 특히 1383년 6월에는 단양·제천·주천·평창·횡천·영주·순흥 등 소백산맥과 태백산맥 주변의 마을을 침입을 당하였고, 또 8월에도 왜구 1,300여명이 영월·정선 등지에 침입해 왔다. 이후 9월에도 계속되어 강릉부와 金化縣이 왜구들의 침입을 받았고 이어 회양부와 평강현이 이들에게 함락되기까지 하였다. 이는 왜구들이 강화·교동 등지로 진출하여 예성강으로 올라와 개경을 위협하던 종래의 방식과는 달리 강원도 내륙지방을 통해 개경으로 진출하려는 의도하에서 나타난 현상이었다. 또 이해 10월에 이르러 왜구는 狼川(화천)·양구·춘주(춘천)·가평 등지에 침입하였다.

이러한 왜구의 내륙 진입은 궁극적으로 고려군에 의해 모두 진압되었지만 고려에 커다란 충격을 주었다. 이는 고려가 강원도 연해지역은 물론이고 내륙지역의 방어시설을 대대적으로 정비하는 계기가 되었을 것으로 생각된다.

3. 治所의 移轉과 읍성의 축조

앞서 언급한 바와 같이 고려말경의 동계지역에서의 변화는 치소나 방비시설의 재편을 가져오게 되었다. 1356년(공민왕 5) 원나라 소속의 쌍성총관부 관할지역을 수복하게 되고, 元나라 잔여세력인 나하추 세력을 물리침으로써 동북지역은 북방으로부터의 위협이 크게 감소하게 되었다. 특히 동북변경으로부터 비교적 멀리 떨어져 있는 안변 以南地域은 더욱 그러하였다. 그러나 앞서 서술한 바와 같이 또다시 왜구에 의해 동해안 각지가 크게 騷擾하게 되었고, 이러한 변화속에서 동해연안 지역의 관아나 방비시설은 정비과정을 거치게 되었던 것이다.

강원도 영동지역은 앞서 언급한 바와 같이 고려시대에 '동계'라고 하는 특수한 지역으로 편제되어 있었기 때문에 읍성이 축조되는 과정이 하삼도 연해지역과는 달랐을 것으로 생각된다. 기록의 부재로 그 과정을 정확히 추적하는 것은 불가능하지만 단편적인 기록과 현지 지표조사에서 밝혀진 사실을 가지고 그 과정에 대한 대략적인 경향을 파악하는 것은 가능하리라 생각한다. 고려시대 동계로 편입되었던 바 있는 강원도 영동지역의 읍성축조 사례를 살펴보면 다음과 같다.

① 江陵邑城

강릉시 용강동, 임당동 일원에 있었으나 현재는 건물이 들어서고 성벽이 대부분 훼손되어 건물축대 등에서 일부 성돌을 발견할 수 있을 뿐 그 흔적이 대체로 훼손되었다. 당초 강릉의 치소성인 '명주성'은 지금의 강릉시 성산면에 소재하였던 것으로 생각된다.[112] 이 성을 고려말 강릉읍성으로 옮기기 전의 溟州 治所가 있었던 곳으로 보는 데는 몇가지 이유가 있다.

첫째는『고려사』의 기록에 '명주성'을 수리하였다는 것[113]과 명주성에서 전투를 벌인 내용이 있는데,[114] 바로 성산면 금산리 명주성터(일명 장안성이라고도 함)라고 불리는 곳에서 발견된 瓦當에 '溟州城'이라 새겨진 것이 있었다는 점이다. 그 유물이 현재 남아 있지는 않지만 이러한 傳言은『고려사』에 기록되어 있는 명주성이 바로 이 금산리 성터일 가능성을 높게 하는 것이다. 둘째는 이곳에는 상당히 많은 건물지가 남아있다는 점이다.[115] 이렇게 여러 개의 건물지가 있다는 것은 이곳에 관아시설이 있었을 가능성을 더해주는 것이라 하겠다. 셋째는 이곳이 간성, 양양에서처럼 주민 집단거주지에 근접해 있고, 양양과 마찬가지로 嶺을 넘어가는 길목에 자리잡고 있다는 점이다. 즉, 입지상으로 볼 때 동계의 州鎭

---

112) 강릉시 성산면 금산리의 장안동이라 불리는 곳에 위치하고 있다. 북쪽의 구릉을 정점으로 2개의 작은 골짜기를 둘러싸는 土・石混築城이다. 이곳은 해발고도는 낮지만 그 입구가 매우 좁고 성벽의 외측은 급사면을 이루고 있다. 남쪽으로는 남대천변의 충적지가 북동-남서향으로 발달되어 있다. 성벽은 크기가 일정하지 않으며, 서벽은 대체로 붕괴되었다. 잘 남아 있는 곳은 외측이 3~5m이며, 총 길이는 약 1㎞ 정도이다.

113)『高麗史』卷82, 志36 兵2 城堡.

114)『高麗史』卷103, 列傳16 金就礪傳.

115) 신호웅・이상수, 1994,「溟州郡의 關防遺蹟・陶窯址」『溟州郡의 歷史와 文化遺蹟』, 關東大 博物館・江原道・溟州郡, 247쪽.

軍이 주둔하며 거점으로 삼기에 알맞은 곳이며, 또한 지역민에 대한 근접성도 좋아 통치하는데도 유리한 지점이라는 점이다.

아무튼 아직 移轉인지, 再移轉인지는 명확지 않지만 고려말 강릉의 치소가 현재의 용강동 일대로 이전되고, 새로운 읍성이 축조되었던 것으로 생각된다. 강릉 객사문이 고려말 건축물로 추정되고 있으며,116) 객사문 도리에 걸려 있는 '臨瀛館'이란 편액이 고려 공민왕의 친필로 알려져 있다117)는 것은 강릉읍성 축조와 관련하여 시사하는 바가 크다고 하겠다. 최근의 臨瀛館址에 대한 조사에서 고려시대부터 조선시대 말기에 이르는 다양한 유물들이 출토되었고, 조선 인조대에 중창한 건물지 유구 하층에서 고려시대의 건물지로 추정되는 유구가 확인되었다.118) 이곳에서는 고려시대 유물로 보이는 연꽃무늬 수막새 등이 수습되었기 때문에 일단 고려시대 건물지로 보는 데는 문제가 없지만 고려의 어느 시기 것인지는 명확지 않다. 필자는 이 지표 하층유구가 고려말의 건물지로 추정하지만 그 하층에 또다른 건물지가 있는 것으로 추정되기 때문에 고려말에 처음으로 현재의 강릉읍성터에 관아시설을 만들었던 것인지 하는 문제는 좀 더 시간을 두고 살펴보아야 할 문제이다.

강릉읍성은 『세종실록』 지리지에 '邑土城'이라고 하고, 土築으로 길이는 784步 4尺이며, 성안에는 우물 14개와 연못 2개소가 있었다119) 라고 하는 바, 이것이 바로 고려말~조선초기 사이에 축조·정비된 형태였을 것으로 생각된다.

---

116) 강원도, 1993, 『江原文化財大觀』 國家指定篇, 22쪽 참조.
117) 강릉대학교 박물관·문화재관리국·강릉시, 1995, 『江陵의 歷史와 文化遺蹟』, 244쪽 참조.
118) 위와 같음.
119) 『世宗實錄』 卷153, 地理志 江原道 江陵大都護府.

80 韓國 中世築城史 研究

② 三陟邑城

삼척읍성은 삼척시 성내동의 시내 중심가를 둘러싼 구릉지로서 자연 지형을 따라 곡선으로 쌓은 평산성이다. 서쪽 절벽 위에 竹西樓가 五十川가에 있고 남쪽은 평지이나 북·동쪽은 비교적 높은 구릉지로 천주교회가 있다.

삼척의 경우도 고려말 성내동 일대에 읍성이 만들어지기 이전에는 인근의 산성인 '갈야산성'에 治所가 있었던 것으로 추정된다. 그러다가 우왕 12년(1386)에 이곳 萬戶兼知郡事로 왔던 南誾이 둘레 1,470척(절벽은 제외), 높이 4척의 규모로 읍성을 축조하였다.[120] 『世宗實錄』地理志에 '邑土城'이라 기록되어 있으며 둘레가 540步라고 하였는 바,[121] 이것이 려말선초에 축조·정비된 형태의 읍성이었을 것으로 보인다.

③ 襄陽邑城

양양읍성은 양양읍 군향리 일대에 위치하고 있다. 고려말 이곳으로 치소가 이전되기 전에는 양양읍 임천리에 소재하는 '석성산성'에 있었던 것으로 추정된다. 석성산성은 양양에서 한계령으로 넘어가는 길목에 위치하고 있으며, 남대천을 끼고 있는 석성산 상부에 축조된 산성이다. 이곳에서는 멀리 양양읍내쪽은 물론 사방에 대한 조망이 매우 양호하고 한쪽면이 남대천을 끼고 있기 때문에 방어에도 매우 유리한 위치에 있다.

축성은 1385년(우왕 11) 知襄州事 許周에 의해 이루어졌다.[122]

---

120) 『陟州集』陟州先生案.
121) 『世宗實錄』地理志 江原道 三陟都護府.
122) 『世宗實錄』卷91, 世宗 22年 12月 丁丑. "前判漢城府事許周卒 … 乙
　　丑出知襄州事 時倭寇充岸 民不安業 皆竄匿山谷以避之 周下車卽 築
　　邑城備禦有制 戊辰又安城郡事 …"

『조선왕조실록』의 許周 卒記에 보면 "周下車卽築邑城 備禦有制"라고 하였는 바, 이에서 허주가 부임한 즉시로 읍성축조에 착수한 것을 알 수 있다. 아마 허주는 당초부터 읍성축조의 임무를 부여받고 부임하였던 것으로 생각된다. 당시 양양읍성을 축조하고 치소를 산성에서 이전한 것인지, 아니면 이미 평지로 치소를 이전한 후에 許周가 읍성을 축조한 것인지는 분명치 않으나 "時倭寇充岸 民不安業 皆竄匿山谷以避之"[123]라고 하는 기록으로 미루어 보아 읍성이 건설되지 않은 상태에서 이미 산성으로부터 치소를 이전한 것이라고 여겨진다. 연안에서 가까운 산성에 치소가 있었다면 주민들이 城으로 입보하였을 것이기 때문이다.

④ 杆城邑城

현재 고성군 간성읍내 대부분이 邑城址에 해당한다. 고려말에 축성된 것으로 추정되며, 문종 원년(1451) 강원도 동해안 지역의 다른 6개지역 읍성과 함께 수축되었다.[124] 以前에는 治所가 금수리 '고성산성'에 있다가 이전된 것으로 추정된다.[125] 『고려사』에 기록된 간성현 축성기사[126]는 평지읍성이 아니고 주진군이 주둔하였을

---

123) 위와 같음.

124) 『文宗實錄』 卷10, 文宗 元年 11月 壬戌.

125) 이곳에 이르는 길은 읍내에서 서남쪽으로 통하는 313번 郡道를 따라 탑동마을로 진입하다가 군훈련장에서 우측의 고성산으로 오르면 된다. 현재는 군사도로로 해발 약 250m 정도까지는 차량으로 진입할 수 있다. 이 산성은 남쪽으로는 南川, 북쪽으로는 北川이 위치하고 있으며, 간성읍과 인근지대는 물론 멀리 속초까지 바라다 보이는 위치에 있다. 이 城은 북동쪽의 門이 정문이었던 것으로 생각되는데, 그 아랫쪽의 계곡을 따라 내려가면 바로 간성읍과 연결된다. 이 산성에 대해 『世宗實錄』 地理志에는 古城山石城으로 표기되어 있으며, "둘레가 1,140步이며, 안에 작은 샘이 하나, 작은 못이 하나 있는데, 크게 가물면 마른다"고 기록되어 있다(『世宗實錄』 卷153, 地理志 江原道 杆城郡).

금수리 고성산성을 말하는 것으로 생각된다.[127] 고려 고종 4년
(1217) 契丹의 침입 당시 이 山城에서 전투를 벌인 것으로 전해져
오고 있는데,[128] 이것으로 볼 때도 덕종 때 쌓은 성은 바로 고성산
성을 말하는 것으로 보인다. 고성산성은 간성읍의 지근거리에 위
치해 있으면서 간성읍내를 비롯한 주변에 대한 조망이 매우 양호
한 곳에 위치하고 있다. 간성읍성은 당초 石築 295步, 土築 86步였
던 것이[129] 문종대에 수축되면서 이보다 다소 늘어난 2,709척으로
확장되었다.[130]

이상에서 강원도 영동 4개지역의 읍성축조 시기와 당초의 현황
에 대해 간략히 살펴보았다. 고려시대 강원도 영동지역은 東界지
역으로 편제되면서 군사적인 특수지대로 취급되었기 때문에 道로
편제되었던 다른 지역과는 전혀 다른 형태의 방비체제를 가지고
있었다. 특히 이 지역의 州鎭軍은 방어에 유리하고 주민 집단거주
지 가까이에 있는 山城을 거점으로 하고 있었기 때문에 자연히 治
所 자체도 그곳에 설치되었다. 고려시대의 이러한 방어체제는 말
할 것도 없이 북방으로부터의 위협을 염두에 둔 것이었으나 1차적
으로 몽고영향하에서 변화를 맞게 되었고, 공민왕~우왕대를 거치
면서 치소의 거듭된 이전과 평지치소에 대한 축성으로 이어지게
되었다. 따라서 고려말 영동지역의 治所 이전과 읍성축조에 대한
다음과 같은 試論的인 도식이 가능할 것이다.

---

126)『高麗史』卷82, 志36 兵2 城堡.
127)『고려사』에 의하면 1033년(德宗 2) 간성현에 성을 축조한 것으로 되어
　　있는데, 이와 관련하여 그로부터 불과 3년 후인 1036년(靖宗 2) '東界'
　　라는 명칭이 다시 공식화되었다는 기록을 주목할 필요가 있을 것이다.
128) 지현병, 1995,「高城郡의 關防遺蹟」『高城郡의 歷史와 文化遺蹟』, 강
　　릉대 박물관·강원도·고성군, 117쪽.
129)『世宗實錄』地理志 江原道 杆城郡.
130)『文宗實錄』卷10, 文宗 元年 11月 壬戌.

〈표 1-3-1〉 고려말 강릉·간성·양양·삼척의 治所 이전과 축성

	고려전기 州鎭軍 屯城		13C~14C 중반	공민왕대	공민왕~우왕대
강릉	명주성	→	평지 치소이전 →	명주성(?) →	평지치소로 이전, 축성
간성	고성산성	→	평지 치소이전 →	고성산성(?) →	평지치소로 이전, 축성
양양	석성산성	→	평지 치소이전 →	석성산성(?) →	평지치소로 이전, 축성
삼척	갈야산성	→	평지 치소이전 →	갈야산성(?) →	평지치소로 이전, 축성

※ 조선시대에는 간성이 독립행정구역이었으나 현재는 고성군 간성읍임.

여기에서 두 가지 문제에 대해 논의의 여지가 있다. 첫째는 공민왕대에 기존의 屯城으로 재이전하였는가 하는 것이다. 분명한 기록은 없지만 공민왕대에 들어 麗·元관계의 변화속에서 군사적 긴장이 높아지고 적극적인 군사·방비시설 정비에 분주하던 시기에 북변과 가까이 있는 이 지역의 각 주현이 아무런 방비시설이 없는 허허 벌판에서 관아를 지키고 있었다는 것은 있을 수 없는 일이다. 일시적이마나 籠城이 가능한 성으로 치소를 옮겼을 것은 충분히 예상할 수 있다.

둘째는 공민왕대에 동계지역에 행해진 행정구역 개편과 치소이전의 관계이다. 쌍성총관부 수복이 행해진 공민왕 5년(1356) 강릉도가 강릉삭방도로 개편되었다가 同王 9년에 철령이북은 삭방도, 철령이남은 강릉도로 다시 개편하였는데, 이는 철령이남지역이 북방의 위협으로부터 비교적 안정된 지역이 되었음을 의미하는 것이며, 또한 南道 지역의 일반 道로의 전환을 의도한 것이라고 볼 수 있다. 이러한 일반 道로의 전환은 주현의 행정기능이 우선되는 것이며, 따라서 그 중심지인 治所는 편리성과 안정성이 더욱 요구됨으로써 평지치소의 건설과 그에 대한 축성이 촉진되었다고 생각한다.

井上秀雄은 고려시대 초기(10~11世紀)에 各地에 土壘로 된 읍성이 축조되었는데, 14세기에는 왜구를 피하기 위해 많은 촌락이나 도시가 종래 사용하고 있던 평지의 읍성을 버리고 避難所인 邑

外의 산성으로 주민과 함께 郡縣의 治所가 옮겨졌다고 하였다.[131] 그리고 이렇게 산성으로 옮겨진 治所는 왜구의 침략이 비교적 적었던 내륙지역에서는 1380년대부터 平地에 읍성을 축조하고 다시 이주하게 되었고, 남해안을 중심으로 동해안의 바다에 가까운 지역은 평지로 복귀하는 시기는 15세기 중엽이라고 하고 있다. 이러한 견해는 왜구의 침입이 극심하였던 下三道 연해지역의 일부지역에 한해서는 일면 타당한 설명이 될 수 있을 것이나 강원도의 경우는 下三道와는 다른 여건에 있었기 때문에 그와 같은 견해가 적용될 수 없다.

  이상에서 살펴본 바와 같이 조선시대에 들어 태종~문종대에 걸쳐 연해지역 읍성이 수축되기 이전에 1차적으로 고려말 강원도 동해안을 비롯한 여러 연해지역에 粗惡하나마 다수의 읍성이 축조되었으며, 이러한 읍성 구축은 단순히 방어시설이라는 차원만이 아니라 보다 항구적인 지방 정무의 중심지가 고착화됨으로서 지방도시 발전에도 중요한 계기가 되었다고 하겠다.

4. 조선초기 읍성의 新·改築

  고려말 연안지역은 극심한 왜구의 침입으로 邑治가 移設되거나 아예 폐지되는 경우도 있었다. 이에 연해지역 주민은 流亡하게 되어 사회적으로 크나큰 문제가 되었을 뿐만 아니라 연변의 비옥한 토지는 방치되고 魚鹽의 수익도 감소되어 국가적으로 막대한 손실이 되고 있었다. 이에 고려말 趙浚은 연해지역 城堡를 수축하여 流亡民이 돌아오게 함으로써 邊境州郡을 충실하게 할 것을 역설하

---

131) 井上秀雄, 1993, 『古代東アジアの文化交流』, (東京 : 溪水社), 490쪽.

기도 하였다.132) 이에 일부 지역의 읍성이 축조되기도 하였으나 산
성중시론이 우세하여 계획적이고 적극적인 읍성수축은 이루어지
지 못하였다.133)

그러나 조선시대에 들어서면서 일단 왜구가 완전 종식되지는 않
았지만 상대적으로 대폭 감소하였고, 세종 원년에 있었던 對馬島
征伐 이후 그 침입횟수는 더욱 감소하게 되었다. 이에 따라 연해지
역은 급속도로 안정되어 갔고, 종전에는 왜구의 위험성 때문에 空
地가 되었던 연안지역과 海島의 토지가 다시 개척되기 시작하였으
며, 魚鹽이나 해조류 채취 등을 업으로 하는 이들도 점차 늘어나
연해지역의 인구는 두드러지게 증가되었다.134)

이러한 연해지역의 경제적인 유익성 증가는 중앙정부로 하여금

---

132) 『高麗史』 卷118, 列傳31 趙浚. "自鴨綠以南大抵皆山 肥膏之田 在於
　　濱海 沃野數千里 陷于倭奴 蒹葭際天 國家旣失魚鹽畜牧之利 又失沃
　　野良田之入 願用漢氏募民實塞下防凶奴故事 許於亡邑荒地開墾者 限
　　二十年不稅其田不役 其民專屬水軍萬戶府 修立城堡 屯聚老弱 遠斥
　　候謹烽火 居無事時耕耘魚鹽鑄冶而食 以時造船 寇至淸野入堡而水軍
　　擊之 自合浦以至義州皆如此 則不出數年 流亡還鄕邑 而邊境州郡旣
　　實 諸島漸次而充"

133) 고려후기에 축조된 읍성은 29개소인데, 이 가운데 23개소가 경상도에
　　건설되었으며, 절반 이상인 15개소가 禑王代에 축조되었다. 그러나 29
　　개소 가운데 16개소가 土築으로 축조되었다는 것으로 볼 때, 速成위
　　주의 축성이 이루어진 것으로 생각된다(沈正輔, 1995, 『韓國 邑城의
　　研究』, 學研文化社, 48~49쪽 참조).

134) 『世宗實錄』 卷4, 世宗 元年 7月 辛未. "… 一. 比因倭寇寢息昇平日久
　　沿海之濱民居稠密 田野墾闢 今倭賊突至 則據掠殺傷之禍 深可畏也
　　乞於海邊各里 以附近各戶 …"
　　『新增東國輿地勝覽』 卷32, 慶尙道 巨濟縣 城郭 邑城 李甫欽記. "前
　　朝之季 紀綱陵夷 島夷侵陵 巨濟之民 棄其舊土 僑寓居昌之境者有年
　　矣 我太祖受命 列聖相承 文以治內 武以禦亂 聲敎之廣 無遠不被 山
　　戎琉球 莫不梯山航海 … 世宗卽位之五年壬寅 巨濟之民 願還本土
　　命築城郭 …"

예전의 방비책을 수정하게 하는 중요한 요인이 되었으며, 연해지역민 보호를 위한 읍성 건설이 중요한 문제로 대두하게 되었다. 그리고 邑城重視策이 등장하게 된 매우 중요한 이유 가운데 또 하나는 漕運路의 확보와 세곡의 보호에 있었다. 즉, 稅穀의 안전한 보관과 조운로상의 연해지역 보호를 위해서 읍성의 축조는 매우 시급한 문제였던 것이다.

한편 읍성축조는 兩界地域의 경우가 沿海地域보다 오히려 더욱 절실한 문제였다. 특히 변경지역의 경우는 봄~가을에는 出城하여 농사를 짓고, 겨울철에는 모든 가축과 穀食을 거두어 城안으로 들어가는 이른바 '淸野入保'가 연례화되어 있었기 때문에 읍성은 반드시 필요한 시설이었다.[135] 더구나 태조대에는 비교적 잠잠하였으나 태종대부터는 점차 변경지역에서 야인들의 侵寇가 격화되어 사실상 읍성이 없이는 이 지역에 대한 통치권마저 유지하기 어려운 상황이었다.

이외에 내륙지역에도 읍성이 수축되었는데, 이는 연해지역의 읍성과는 그 축조목적이 다소 다르다. 즉 내륙지역의 읍성은 首都로 연결되는 주요 거점지역에 축조함으로써 수도로 향하는 적의 침입을 차단하고자 하였던 것이다. 이러한 것은 진관체제와도 밀접한 관련이 있지만, 남북로상의 주요 거점지역을 설정하여 읍성을 수축하고 수도를 중심으로 겹겹이 방어선을 구축할 수 있도록 한 것이다. 특히 북방지역의 축성은 중국과의 외교관계나 女眞과의 관계 등 대외관계와 밀접한 관계를 가지고 있었다.

특히 세종 11년 이후 본격적으로 읍성위주의 축성이 이루어지게 된 것은 朝鮮의 對外觀에 따르는 假想敵(國)의 개념이 대체로 확고해지면 이것이 축성책에 반영되었다. 즉, 북방으로는 對明外交

---

135) 國史編纂委員會, 1981, 『한국사』 9, 탐구당, 184~185쪽.

가 한층 안정화되면서 對野人 防備에 한층 주력하게 되고, 남방으로는 對倭寇 위주의 방비시설 정비가 이루어지게 됨으로써, 北方 邊地에서는 邑城·鎭堡城 건설과 함께 행성이 대대적으로 축조되었고, 남방 연해지역에는 邑城과 鎭堡의 축조·정비가 지속적으로 이루어지게 되었다.

또 이러한 읍성축조의 가속화는 조선초 이후 지속적으로 취해져 온 왕권강화책과도 무관하지 않다. 신왕조 개창에 따른 혼란이 점차 수습되면서 왕권이 바로 잡혀 가는 마당에 왕명을 집행하는 지방의 관아가 침입자로부터 위협받는다는 것은 대단히 중차대한 문제가 아닐 수 없는 것이다. 더구나 조선시대에 들어와서 지방관아 시설의 일부인 客舍에는 殿牌를 안치하고 초하루와 보름날에 向望闕拜하여 그야말로 왕권의 분소가 되었다. 이러한 곳이 위협받는 다는 것은 왕의 권위가 위협받는 것이나 마찬가지였기 때문에 국왕의 입장에서는 住民·稅穀 보호가 아니더라도 결코 소홀히 할 수 없는 일이었던 것이다.

강원도의 읍성이 대대적으로 개축되는 것은 문종 원년(1451) 11月이다. 당시 통천·흡곡·양양·강릉·평해·간성·고성 등 7개 지역에 읍성이 축조되었는데, 20일간 공사를 하여 높이가 5~10尺되게 쌓았다.[136] 이 시기의 성곽공사는 새로 터를 잡아 읍성을 신축하는 것이 아니라 주로 평지에 토축으로 되었던 기존의 읍성을 보다 방어성을 높힐 수 있는 석축으로 개수하는 공사였던 것으로 보인다.

이러한 축성은 물론 세종대 읍성축조 정책의 계승이라 할 수 있

---

136) 『文宗實錄』卷10, 文宗 元年 11月 壬戌. 당시 간성(현재의 행정구역은 고성군 간성읍), 고성, 강릉, 양양, 평해, 통천, 흡곡의 읍성 개축의 자세한 내용에 대해서는 제3편 참조.

지만 북방에서의 심상치 않은 움직임과도 연관되어 있다고 하겠다. 明 永樂帝의 원정과 회유정책으로 잠잠하던 중국 변경에서는 蒙古의 후예인 오이라트에 새 지도자 에센(也先)이 등장하면서 우량하(兀良哈)를 점령하고 女眞族을 통제하였으며, 서쪽으로는 哈密·赤斥蒙古 등의 衛를 점령하여 그 영향력을 중앙아시아까지 확대하는 등 계속 세력을 확장하여 元의 멸망이후 蒙古 최대세력으로 부상하였다. 특히 1449년에는 오이라트 대군이 남하하여 明의 변경을 침범해 명나라 英宗을 사로잡는 이른바 '土木之變'을 일으켜 明에게 큰 위협을 주게 되었다. 그러한 가운데 1451년(문종 1) 에센은 자신의 아버지가 칸(Khan)으로 내세웠던 토토부카(脫脫不花)를 자신 몰래 明과 접촉했다는 이유로 살해하고, 1453년 스스로 칸이 되어 명과 조공관계를 맺고 몽고를 통일하고자 하였으나 1455년 에센은 阿剌知院에게 피살되었다. 에센이 피살되면서 오이라트 세력에 눌려 있던 동북지역의 타타르가 다시 홍기하여 만주일대에서의 소요는 계속되었다. 이러한 중국변경과 만주일대에서의 소요는 자연히 조선에게도 큰 위협이 되었다. 이에 문종은 서북지역의 성곽 수리를 서두르고[137] 기타 전국적으로 방비시설을 점검하게 함으로써 이에 대비하였다.

井上氏는 남해연안 뿐만 아니라 동해안에서도 15세기 중엽이 되어서야 평지로 治所가 복귀하였다고 하였으나 이는 문종대의 축성을 잘못 이해한데서 비롯된 것이다. 강원도 읍성들은 앞서 서술한 바와 같이 이미 고려말에 평지로 복귀하고 있으며, 이것이 문종대의 대외관계 긴장속에서 다시 정비·수축된 것이다. 단 蔚珍縣의 경우는 恭讓王 3년(1391) 於世麟이 縣令이 되어 평지에 城堡를 수축하였으나 태조 5년(1396) 왜구가 焚蕩하자, 張巡烈이 주창하여

---

137) 『文宗實錄』 卷2, 文宗 卽位年 7月 辛酉.

治所를 산성으로 옮겼는데,[138] 이후 평지와 산성으로의 치소이전을 거듭하였다.[139]

5. 麗末鮮初 治所城 移轉·整備의 意義

고려시대 동계 성립 이후 이 지역의 州縣은 군사상 중요성 때문에 산성내지는 평산성에 州鎭軍이 주둔하고, 鎭使·鎭將이 주진군을 거느리고 해당 지역을 다스리는 형태였다. 그런데 13세기 후반 몽고의 지배가 시작되면서 고려의 국방체제는 커다란 변화를 맞게 되었다. 東寧府와 雙城摠管府의 설치로 원나라와 국경을 접하게 된 양계지역은 원의 군사적 통제를 받아 대체로 기존의 군사력을 유지하기 어렵게 되었고, 동계의 경우 쌍성총관부에 편입되지 않은 지역이라 하더라도 이전의 체제를 그대로 유지하기는 어려웠을 것이다.

그러나 공민왕대에 들어와 원나라에 대항하여 자주성을 회복하려는 고려에게 원과의 군사적 대결은 피할 수 없는 것이 되었고 이에 따라 양계지역의 군사조직이나 방어시설을 새롭게 정비하지 않으면 안되었다. 이후 쌍성총관부 회복, 왜구의 침입으로 고려의 기존 방어체제는 변화를 거듭하게 되었다.

---

138)『大東地志』卷16, 江原道 蔚珍 城池. "麗末連年倭寇 人民流散 閭里荒墟 恭讓王三年 於世麟爲縣令 修葺城堡 撫安遺民 古邑城在平地 太祖五年 爲倭寇焚蕩 張巡烈倡議 移邑於山城 至今居之"라 하였는데, 邑治를 옮긴 산성이『世宗實錄』地理志에 나타나는 皇山山城이며, 지금의 '古山城'이다.

139) 울진현 치소는 중종 때 다시 평지로 내려왔다가 명종때 다시 산성으로 이전하였고, 광해군 때 와서 다시 평지로 이전하였다.

蒙古 통제하에서 평지로 이전되었던 동계 각 지역의 治所는 공민왕대의 대외적 긴장관계 속에서 다시 종전의 주진군 주둔지였던 산성으로 이전한 것으로 추정된다. 그러나 쌍성총관부의 수복으로 방어선이 북상하여 북방으로부터의 위협은 감소하였으나 동해안 지역에 본격적으로 왜구가 출몰하면서 새로운 문제가 발생하게 되었다. 종전의 주진군 주둔지 산성은 공간이 협소하여 충분히 주민을 수용할 수 없었을 뿐만 아니라 해변에 근접해 있지 않기 때문에 주민을 보호하는 데도 문제가 있었다. 이에 재차 치소를 재차 평지로 이전하고 비록 견실하지는 못하지만 시급히 읍성(대개 土築城)을 축조하여 대비하게 되었다. 이러한 변화는 15C에 이르러서야 비로소 평지읍성이 축조되어 치소가 산성에서 평지로 이전하였다고 하는 井上氏의 견해와는 다른 사례이다.

또한 간과할 수 없는 것은 평지로의 치소이전과 축성은 고려말 단행된 동계 남부지역에 대한 명실상부한 일반 道로의 개편과 관련이 있다는 사실이다. 일반 道로의 전환은 군사적 기능보다 행정적 기능을 우선하는 체제이며, 이에 따라 그 왕명을 시행하는 행정의 중심지인 치소를 보다 편리하고 안정성있게 할 필요성이 더욱 증가하게 되는 것이다. 평지치소에 대한 축성은 그러한 필요성에 부응하는 하나의 중요한 조치라고 해석할 수 있다.

조선시대에 들어서도 축성은 대외관계의 推移와 밀접한 관계속에서 이루어졌다. 특히 세종대에는 北虜南倭의 인식이 더욱 확고해지면서 북방의 행성축조와 남방의 연해읍성 건설책이 적극 추진되었다. 강원도 영동지방의 경우 문종대 오이라트의 강성 등 북방에서 긴장기류가 형성되는 속에서 읍성이 보다 견실한 방어력을 갖는 石城으로 개축되게 되었다. 이는 물론 당시 대외관계와도 관련이 있지만 세종대 이후 적극 취해진 연해지역 안정화정책의 계승이라 하겠다.

治所는 지방통치의 政務를 행하는 곳으로서만이 아니라 지방도시의 형성·발전과도 밀접한 관련이 있다. 그러나 군사상 특수구역으로 취급되던 동계지역의 경우 치소성이 평지보다는 방어에 유리한 산성에 위치하게 됨으로써 지방도시 형성에 상당한 저해 요인이 되었다. 따라서 고려말 평지읍성의 축조와 조선초기 이에 대한 고착화는 지방도시 형성에 중요한 계기가 되었다고 볼 수 있을 것이다.

제2장

조선전기 성곽의 수축과 변천

Ⅰ. 도성과 읍성의 수축

Ⅱ. 산성과 영진보성의 수축

Ⅲ. 행성의 축조와 의의

Ⅰ. 도성과 읍성의 수축

1. 도성의 축조와 개수

1392년 7월 개국한 조선왕조는 태조 3년(1394) 10월 漢陽으로 천도하였으며, 宮闕·宗廟·社稷 등 기본시설을 건설하기 시작하여 이듬해 9월까지 대체적인 공사를 끝내고, 이어 都城 築造를 추진하게 되었다.

太祖는 南在와 曺恂을 통하여 明年 1월을 기해서 여러 道의 民丁을 동원하여 도성을 축조할 것을 左·右政丞에게 하교하였으며, 다음달에는 임시 기구로 都城造築都監을 설치하고 都監에는 判事·副判事·使·副使·判官·錄事 등의 직위를 두어 도성축조와 관련된 사무를 관장하도록 하였다.[1] 이어 태조는 鄭道傳에게 城基 측정을 명하였고, 태조 자신도 직접 수차에 걸쳐서 산에 올라 성터를 관찰하는 등 축성에 많은 관심을 기울였다. 鄭道傳은 漢陽의 山勢를 자세히 살피고 白岳山·駱山·木覓山·仁旺山의 소위 內四山을 연결하는 총연장 59,500척의 성터를 확정하였다.[2]

도성축조는 태조 5년(1396) 1월부터 시작되었는데, 慶尙·全羅·江原道와 西北面(平安道)의 安州 以南, 東北面(咸鏡道)의 咸州(咸興) 以南의 民丁 118,070명이 동원되었다.[3] 공사는 59,500척의 성터를 1구간 600척씩 총 97구간으로 나누어서 축성하되 2개의 구간마다 判事·副判事 각 1명씩과 使·副使·判官 등 12명을 배

---

1) 서울특별시, 1976, 『서울성곽』, 35~36쪽 참조.
2) 위와 같은 책, 36~37쪽 참조.
3) 『太祖實錄』 卷9, 太祖 5年 1月 戊辰.

치하여 공사를 감독하였으며, 1구간을 다시 6호로 나누어 책임자를 두는 등 엄격한 감독체계속에서 진행되었다.[4]

또한 각 구간마다 번호를 매겼는데 千字文의 글자 순서대로 하여 백악산 동쪽의 제1구간을 '天'字로부터 시작하여 '地'字·'玄'字 順으로 하였다. 이렇게 하여 59,500척의 전체 성터는 천자문의 '天'에서 시작하여 97번째인 '吊'字에서 끝나게 되었다. 이 때 각도별로 동원된 인부를 살펴보면, 동북면 10,953명, 강원도 9,736명, 경상도 49,897명, 전라도 18,255명, 서북면 29,208명이며, 1396년 1월 9일부터 시작한 축성 공사는 2월말에 대체로 종료되었다.

성곽은 거의 人工을 가하지 않은 자연석으로 쌓았는데, 기단부는 장대석으로 조성하고 그위에 큰 長方形의 石材로 쌓아 올리고 작은 돌로 틈메우기를 하는 등 그 축성 방법은 조잡하였다. 성터가 높고 험한 곳은 석성으로 하여 높이 15척, 총연장 19,200척이었고 낮고 평탄한 곳에는 토성으로 축조하였는데 하단의 넓이가 24척이며 상단의 넓이가 18척이고 높이가 25척으로 총연장 40,300척이었다. 그러나 興仁門 부근에는 지형이 낮고 웅덩이로 되어 있어 말뚝을 박고 돌을 채운 다음에야 지상 공사를 할 수 있었으므로 공력이 다른 곳보다 두 배나 들었다. 따라서 이 지역을 담당하였던 安東과 星山 사람들이 기일내에 공사를 완성치 못하였으므로 경상도 도관찰사 沈孝生은 兩郡의 民丁을 10일간 더 사역시켜 완공한 후에 돌려 보낼 것을 청하였으나, 判漢城府事 鄭熙啓는 농사에 차질이 없도록 돌려보내겠다고 한 약속을 지키기 위하여서는 돌려보내야 된다고 주장하여 홍인문 부근에는 공사가 완성되지 못하였으며, 성문도 건설하지 못한 채 일단 공사를 끝냈다.[5]

---

4) 위와 같음.
5) 서울특별시, 1976, 『서울성곽』, 38~40쪽 참조.

그런데 도성은 단기간에 이루어진 탓에 그해 7월의 폭우로 도성 水口와 甕城·城壁이 무너지는 등의 피해가 많았다. 이에 성을 부실하게 쌓은 책임을 물어 축성 책임자였던 築城提調 李誠中을 巡軍獄에 투옥시키기도 하였다.[6] 태조는 중신과 諫官들의 반대를 물리치고 경상·전라·강원도의 民丁 79,400명을 징집하여 提調 權仲和·朴子安·辛有賢 등의 감독하에 제2차 공사를 추진하였다.[7] 제2차 공사는 동대문 부근 등 봄철 공사에서 완성되지 못하였던 곳의 완축과 여름철 장마로 무너진 곳의 개축, 그리고 낮은 石城의 보수, 城門의 月團,[8] 樓閣을 짓는 일 등에 주력하였다. 즉 제1차 공사에 대한 보수·완성을 위한 공사였다고 볼 수 있다.

이 때의 功役중에서 중요한 것은 東大門 부근의 雲梯[9]를 하나 더 만들어서 水口의 물을 두 곳으로 방출하도록 하고, 장마비에 무너진 土城을 대개 石城으로 대체하며 성의 높이가 낮은 석성은 좀 더 높게 쌓고 성문을 건축하는 것이었다.[10] 이때 春期 공사 때 쌓았던 연장 43,000척의 토성 중에서 어느 정도가 석성으로 개축되었는지 확실히 알 수 없으나『太祖實錄』에 의하면 春期의 축성 중에서 무너진 곳을 석성으로 쌓고 사이에 토성을 같이 쌓았다고 하였으며, 세종 때 도성 개축의 기록을 보면 성의 두 자구(1,200척) 또는

---

6)『太祖實錄』卷9, 太祖 5年 6月 戊子.

7) 서울특별시, 1976,『서울성곽』, 40~41쪽 참조.

8) 月團은 아아치(arch)를 뜻하는 것으로 성문을 石築하면서 윗부분을 半月 모양으로 둥글게 틀어 만드는 것을 말한다. 다른 말로 虹霓라고도 하는데, 무지개처럼 윗부분을 둥글게 만들기 때문이다. 이러한 양식은 조선시대 성문의 일반적인 형태로써 城門 뿐만 아니라 石橋·石室墳墓에서도 많이 사용되었다.

9) 雲梯는 본래 城을 공격할 때 사용하던 일종의 고가사다리를 말하는데, 여기에서는 성에 축조한 다리모양의 水口門을 말한다.

10)『太祖實錄』卷10, 太祖 5年 9月 己卯.

세 자구(1,800척) 사이에 토성과 석성의 무너진 것이 함께 나오는 것으로 보아 그렇게 많은 길이의 토성을 석성으로 대체하지는 못하였던 것으로 보인다.[11] 성문은 모두 아래 쪽에 月團을 만들고, 그위에는 門樓를 건축하였다.[12]

이 제2차 공사는 대개 태조 5년 9월에 끝났지만 그 후에도 軍人·僧徒 등에 의한 부분적 보수는 계속되었다. 또 이듬해 1월에는 豊海道(黃海道)의 백성들로 하여금 각자 양곡을 꾸려 가지고 와서 도성을 쌓게 하였는데, 豊海道 觀察使가 道內의 風水蟲害가 있어 飢困이 들자 道의 양곡을 나누어 주게 하였으며, 또 役夫中 負傷者·病者·老弱者는 돌려보내게 하기도 하였다.[13] 또 그 해 8월에는 경기도내의 백성들을 징발하여 도성을 수축하게 하였으며, 10월에는 각도의 군사 2만명을 징발하여 도성을 수축하도록 하였다. 또 태조 7년(1398) 1월에는 다시 慶尙·全羅·忠淸·豊海 四道의 군인을 동원하여 도성을 쌓게 하였다.

특히 동대문에는 甕城[14]을 쌓게 하였는데, 옹성은 태조 6년 2월에 왕이 친히 행차하여 基地를 看審하고 4월에 준공하였으며, 남대문의 門樓는 7년 2월에야 완성되었다.[15] 따라서 조선초기 도성 축조 공사는 태조 4년 윤9월 城基側定에서부터 태조 7년까지 약 3

---

11) 서울특별시, 1976, 『서울성곽』, 40쪽 참조.
12) 都城의 8門은 다음과 같다. 正北 : 肅淸門, 正南 : 崇禮門 속칭 南大門, 東北 : 弘化門 속칭 東小門, 西南 : 昭德門 속칭, 西小門, 正東 : 興仁門 속칭 東大門, 正西 : 敦義門 속칭 西大門, 東南 : 光熙門 속칭 水口門, 西北 : 彰義門.
13) 元永煥, 「제3절 都城」『서울六百年史』文化史蹟篇, 385쪽 참조.
14) 甕城은 城門을 보호하기 위해 城門 앞이나 左右에 축조하는 성벽을 말하는데, 甕城·甕城·擁城 등 여러 가지로 표기한다. 甕城·甕城은 모두 모양이 항아리처럼 생긴 것을 말하며, 擁城은 성문보호를 위해 성문 밖에 축조된 각종 형태의 성벽을 총칭하는 말이다.
15) 『太祖實錄』卷11, 太祖 6年 1月 庚辰 ;『太祖實錄』卷13, 太祖 7年 2月 乙酉.

년간에 걸쳐 이루어진 것이라고 볼 수 있다. 이렇게 수축한 도성은 그 修繕·管理하는 책임을 京畿左道와 忠淸道 州郡에 맡겨 계속 수행하게 하였는데, 이 때 완축된 城의 둘레는 9,767步였다.[16]

한편 이 무렵에는 도성의 완축과 함께 새 궁궐 경복궁을 중심으로 하는 궁성도 함께 쌓았다. 즉 태조 7년(1398) 1월부터는 궁성의 기지를 측정하고 參贊門下府事 朴葳를 都提調로, 內廂節制使 順寧君 李枝, 中樞院副使 李天祐 등을 감독관으로 임명하여 공사를 지도하도록 하였으며, 文武 각품의 관원들로 築城用 돌을 바치게 하고, 民丁·軍人을 동원하여 그 해 말경까지 대개 완축을 보게 되었다.

그후 세종조에 들어서 홍수로 인하여 서울이 많은 水害를 입게 되었는데, 判漢城府事 鄭津 등이 상소하여 여러 가지의 수해 대책을 논하는 가운데 도성 水門 두 곳의 좌우 옹성이 좁아서 성내의 여러 곳의 물이 모여 흐르고 흙으로 막히기 때문에 東部 彰善坊 일대에 더욱 많은 피해가 있었으니 적당한 곳을 택하여 수문을 한 곳 더 개설하여야 하겠다고 하였다.[17] 그 해 8월에 工曹判書 崔潤德은 御前에서 일을 논의하는 중에,

> 성곽은 나라의 襟袍로서 밖을 막고 안을 호위하는 것입니다. 그런데 도성이 여러 번 장마비를 지난 후 무너진 것을 수축하지 않아서 꼴 베고 나무하는 목동들이 넘어 다니기도 하니 매우 허소합니다. 나라를 굳건히 하고, 백성을 편안히 하는 도리에 맞지 않습니다. 근일 城門都監이 무너진 곳을 쌓으려 하지만 감히 마음대로 하지 못합니다. 신의 생각으로는 금년에 오곡이 豐登하고 인민이 富實합니다. 그러나 금년에는 여러 지방 고을에서도 성을 쌓고 또 영건하는 일이 많으니 민력이 넉넉하지 못할 것 같습니다. 明春에 도성을 수축하기 바라나이다.[18]

---

16) 『太祖實錄』 卷14, 太祖 7年 5月 己未.
17) 『世宗實錄』 卷12, 世宗 3年 7月 癸亥.
18) 『世宗實錄』 卷13, 世宗 3年 8月 甲寅.

라고 건의하였다. 이 최윤덕의 上奏에 의하여도 당시 서울의 성곽이 수축하지 않으면 안될 상황에 있었던 것을 알 수 있다.

그러나 世宗은 都城의 基地를 넓힌다는 방침이 이미 결정되어 있었기 때문에 工役이 매우 클 것이므로 우선은 무너진 곳을 보수하고 다시 풍년이 들기를 기다려 공사를 시작하자고 하였고, 신하들도 왕이 뜻이 그러하므로 더 이상의 적극적인 주장은 하지 않았다.

그런데 세종의 의지에 의해 미루어졌던 도성수축 공사는 上王인 태종의 주선으로 본격적으로 추진되게 되었다. 世宗·王弟·大臣 등과 黃海道 牛峯縣 등지로 사냥을 나갔던 상왕 태종은 右議政 李原 등 대신들에게 다음과 같이 말하고 있다.

> 도성은 수축하지 않을 수 없는데, 큰 공사가 시작되면 사람들이 반드시 원망하고 탄식할 것이다. 그러나 잠시 수고하지 않으면 오래도록 편안하지 못할 것이니, 내가 그 수고로움을 당하고 主上에게 편안함을 남겨 주는 것이 가한 일이 아니냐.[19]

이 때 右議政 李原이 "나라의 都城은 私家의 울타리와 같습니다. 풍년이 들었으니 수축하지 않을 수 없습니다"[20]라고 찬성하게 되었으며, 다른 신하들도 그 의사에 따랐기 때문에 이어 都城修築都監을 설치하고 領議政 柳廷顯·右議政 李原·平壤府院君 金承霔를 都提調로, 朴子靑·田興·李明德·李蕆·趙啓生을 提調로 임명하고 또 使·副使·判官 등의 소임을 두어 築城 功役을 계획·감독하게 함으로써[21] 여러 해 동안을 두고 논의하여 오던 도성수축 문제가 이때 와서 태종과 중신들의 합의로 확정을 보게 되었다.

---

19)『世宗實錄』卷13, 世宗 3年 10月 壬寅.
20) 위와 같음.
21) 위와 같음.

따라서 뒤에 세종은 다시 중신들과 함께 그 구체적인 내용과 방안에 대한 진지한 토의 검토를 하여 계획을 작성 진행하게 되었는데, 10월 25일에는 여러 대신들이 모인 자리에서 右議政 李原에게 수축할 도성의 基地와 수축방법에 대하여 묻자, 李原은 수축해야 할 기지는 아직 다 측량하지 못하였으니 얼마인지를 모르겠지만 전의 토성은 모두 돌로 쌓는 것이 萬世長久의 계획이 되겠다고 대답하였다.22)

그런데 이 土城을 모두 石城으로 고쳐 쌓는 데는 이의도 없지 않았다. 즉 처음 쌓았던 도성은 험고한 곳에 쌓은 석성이 19,000척이요, 비교적 평탄한 곳에 쌓은 토성이 40,300척으로서 토성이 석성의 배도 넘는 것인데, 그 많은 길이의 토성을 밀어내고 모두 돌로 쌓는다는 것은 실지 용이한 일이 아니기 때문이다.

따라서 吏曹判書 孟思誠은,

> 土城이 잘 무너지는 것은 견고하게 쌓지 않았기 때문이다, 토성이 지금 무너지지 않은 곳은 견고하기가 金石과 같다. 만일 전부를 돌로 고쳐 쌓는다면 노력과 役事가 크고 중하여 명년 1년 간으로 기한을 하더라도 완공하지 못할 것이다.23)

라고 석성 수축의 어려운 점을 역설하였다. 그러나 대부분의 신하들은 국가대계를 위하여 도성은 돌로 쌓아야 한다고 말하였으며, 金承霔는 모두 돌로 쌓아야 하겠지만 그것이 불가능하다면 沙峴에서 南山에 이르는 사이 중국 사신들이 올 때에 보이는 곳만이라도 석축으로 고쳐 쌓아야 하겠다고도 하였다.24)

---

22) 『世宗實錄』 卷13, 世宗 3年 10月 甲寅.
23) 위와 같음.
24) 위와 같음.

이때 세종은 상왕께서는 수축하게 하려고만 하신 것이니 다시 문의하여야 하겠다고 하여 그 실행에 신중을 기하였는데, 결국 세종은 다시 상왕의 의견을 따라 종래의 토성을 전부 석성으로 고쳐 쌓게 하였던 것으로 보여진다.

그리고 실지 답사에 의하여 측정된 개축할 곳은 토성이 기울고 무너진 곳이 25,535척이요, 석성이 기울고 무너진 곳이 3,946척인데, 토성이 무너진 곳은 매 1척에 인부 15명, 석성 무너진 곳은 매 1척에 인부 5명씩을 예정하고, 또 별도로 西箭門(서대문) 옹성을 쌓는데 인부 1천명을 예정하여 도합 소요인부 403,755명을 전국 8道에서 징발하여 수축하기로 하였다.[25] 여기서 무너진 土城의 改築에는 1척당 소요 인부를 15명으로 잡았고, 石城 부분에는 5명씩을 배정하여 토성을 개축하는 곳에 비하여 소요인원이 1/3 수준이었는데, 이는 토성구간을 전부 석성으로 개축하는 작업이 훨씬 어렵고 功役이 많이 들기 때문이었다. 세종대에 各道에서 담당하여 축성한 상황을 살펴보면 다음의 <표 2-1-1>과 같다.[26]

<표 2-1-1> 세종대 각도 인부의 도성 수축 현황

道　別	字區間	區　數	石城傾頹	土城傾頹	合計尺數
京畿道	天字區-辰字區	13	397	1,545	1,942
咸吉道	宿　字-列　字	2	144	386	530
江原道	張　字-來　字	3	110	1,730	1,840
忠淸道	署　字-歲　字	10	867	4,389	5,256
全羅道	律　字-麗　字	15	570	3,902	4,472
慶尙道	水　字-海　字	22	260	7,094	7,354
平安道	醎　字-翔　字	7	626	3,391	4,017
黃海道	龍　字-吊　字	25	978	2,098	3,076
計		97	3,952	24,535	28,487

※ 『世宗實錄』(卷13 世宗 3年 10月 戊午)의 기록을 도표화한 것임.

---

25) 『世宗實錄』 卷13, 世宗 3年 10月 戊午.
26) 위와 같음.

〈표 2-1-2〉 세종 3년 각도별 인부 징발계획

道 名	動員民丁(名)	修築區間(區)	尺數(尺)
京畿道	20,188	13	1,942
忠淸道	56,112	10	5,256
江原道	21,200	3	1,840
黃海道	39,888	25	3,076
全羅道	49,104	15	4,472
慶尙道	87,368	22	7,354
平安道	33,392	7	4,017
咸吉道	5,208	2	530
計	322,460	97	28,487

※ 『世宗實錄』(卷14 世宗 3年 12月 丁未・庚戌)의 기록을 도표화한 것임.

그리고 이러한 도성 수축을 진행하기 위하여는 처음 전국 8도에서 정규군을 제외한 奉足軍・雜足軍 등 총 40만여명의 장정을 동원하되 各道의 觀察使가 그 지역에서의 수륙방어관계와 戶口의 다과를 참작하여 보내서 40일 안에 공사를 마치도록 계획을 추진하였다. 그러나 세종 3년 12월에는 諫官과 대신들이 창축 때에도 20만여의 인부로 완성되었는데, 수축하는데 너무 많은 인부를 동원하는 것은 불가하다고 하여 10만여명의 인원을 감축, 32만여명의 역군을 8道에 배정하여 동원하게 하였다. 各道別 人夫 징발계획을 보면 앞의 <표 2-1-2>와 같다.27)

이렇게 各道의 동원 인부가 확정되면서 都城修築都監의 구성도 강화되어 새로 우의정에 임명된 鄭擢을 都提調로 추가하고, 종전의 朴子靑 등 5명의 提調 외에 33명의 提調를 더 선임하고 使・副使・判官・錄事 등 190명을 더 배치하였다. 또 세 고을마다 한 명의 담당관원이 役軍들을 거느리고 각도의 經歷과 함께 서울까지 오게 하였는데 領軍 경력과 수령 150여 명도 역시 그대로 서울에 있으면서 공사의 책임을 지게 하였다. 또 역군 외에 따로이 工匠

---

27) 『世宗實錄』 卷14, 世宗 3年 12月 丁未・庚戌.

2,211명이 동원되었다.

도성수축공사는 세종 4년(1422) 정월 木覓(南山)·白岳山神에게 축성의 시작을 告하는 祭祀를 지내고, 이튿날부터 시작되었는데 아직 겨울이었기 때문에 役夫들의 고통이 적지 않았다. 또 당시 漢陽 人口(약 10만명 내외로 추정)의 3배나 되는 役軍이 漢陽으로 모여들어 40일간의 役事를 수행하게 되었으니 음식과 거처에 漢城府民의 불편이나 役夫들의 고통은 이만저만한 것이 아니었다.[28]

한편 정부에서는 惠民局·濟生院 등 의료 부서를 총동원하고 醫學生徒와 僧徒들도 동원하여 築城軍들의 부상·질병에 대한 치료에 만전을 기하게 하였다. 특히 도성의 동·서쪽에는 救療所 4개소를 설치하고 惠民局 提調 韓尙德이 의원 60여 명을 대동하고 상시 출근하게 하였다.[29] 일찍이 태조 때의 축성 때에도 전염병의 救療에 공이 많았던 僧 坦宣을 慶尙道 新寧縣에서 급히 불러 올려 僧徒 3백명을 거느리고 구호업무에 종사하게 하였다.[30] 또 役軍들이 漢陽으로 오는 도중에 領率하는 지방 관원들의 무리한 行步로 심한 추위에 凍死者가 발생할 것을 우려하여 세종은 知印을 各道에 나누어 보내 날씨를 살펴 行步하도록 하고, 만일 凍死者가 생기는 경우에는 그 사유를 자세히 보고하게 하였다.[31] 또 人夫들이 밤에도 일하는 고통을 덜기 위하여 매일 人定 때에는 鐘樓에서 높이 불을 올려 공사를 중지하고 罷漏 후에 일을 시키도록 하기도 하였다.[32]

그러나 감독은 엄격히 하여 혹 수축한 후에 조금이라도 무너지

---

28) 元永煥, 1987, 「第三章 城郭과 門樓」『서울六百年史』文化史蹟篇, 서울市史編纂委員會, 389쪽.
29) 『世宗實錄』 卷15, 世宗 4年 1月 癸酉.
30) 『世宗實錄』 卷14, 世宗 3年 12月 庚戌.
31) 『世宗實錄』 卷15, 世宗 4年 1月 癸亥.
32) 『世宗實錄』 卷15, 世宗 4年 1月 癸亥·癸酉·甲戌.

면 그 구간을 감독한 관리가 반드시 책임지고 보수하여야 할 뿐만 아니라 모두 죄를 주게 하였으며, 축성군 중에 도망하는 자가 있을 경우에는 초범자는 刑杖 1백대를 때리고 재범자는 斬刑에 처하게 하였다. 또 지방관으로서 役軍을 더디 보내는 경우에도 이를 엄벌에 처하도록 하였는데, 慶尙道 觀察使 崔士康을 비롯하여 判晉州牧使 尹普老·星州牧使 李之柔·判固城縣監 姜自明·昌寧縣監 金師磾 등에 대한 처벌이 그 사례이다.33)

工事는 당초의 예정보다도 앞당겨 38일만에 완성을 보게 되었다. 城壁은 險地에는 16尺, 次地에는 20尺, 평지에는 23尺의 높이로 수축하였는데, 당초에 예정하였던 토성의 무너진 곳 24,535척뿐만 아니라 무너지지 않은 곳도 모두 석성으로 개축하였다. 이러한 큰 공사를 38일이라는 단기간에 마치다 보니 役夫들이 겪는 고통과 희생이 적지 않아 축성역에 나왔다가 사망한 각도 군인 총수가 872명이나 되었다. 특히 이 수축공사 중에는 役軍의 수효가 많아 漢陽에 미곡이 귀해지게 되어 사회문제가 되기도 하였다. 또 이른 봄철에 전염병이 크게 유행하여 공사 기간 중에도 죽은 사람이 많았지만 공사를 끝내고 돌아가는 중에도 병에 걸려 사망하는 자가 많았다.

태조 5년(1396) 창축 당시의 미비점을 보완하여 세종 4년에 30만여명의 인부를 동원한 대수축이 있은 후로도 도성의 보수는 수시로 있었다. 이것은 전란으로 인한 파손보다는 대개는 地盤沈下나 風雨에 의한 자연적 퇴락에 대한 補修였던 것이다. 세종 6년(1424) 8월에 함경도 北靑府에서 맡아 쌓은 부분이 퇴락되었는데 城門都監의 啓請에 의하여 당초 수축을 맡았던 北靑의 監役官 및 頭目·

---

33) 『世宗實錄』 卷15, 世宗 4年 1月 乙亥·庚辰 ; 『世宗實錄』 卷15, 世宗 4年 2月 壬辰·甲午.

摠牌가 役丁을 인솔하고 와서 수축하게 한 것이 그 事例이다. 이
는 당초에 성곽수축 후 무너지는 곳이 있으면 해당 구간공사를 맡
은 고을에서 책임지고 보수하도록 하였기 때문이다. 또한 세종 11
년에는 강원도 등 여러 道의 民丁이 동원되어 보수공사를 하기도
하였다. 그리고 문종 1년(1451) 1월~3월 중에는 다시 경기·충
청·전라도 3개 道의 船軍 등을 동원하여 도성의 무너진 곳을 수
축하게 하였는데,34) 이 때에는 좌승지 鄭而漢이 공사관계의 일을
관장하였으며 주로 큰 돌을 사용하여 종전의 성벽보다 견고하게
축조하였다.35) 또 이 해 6월에는 충청도 船軍을 동원하여 사직단
북쪽 도성의 무너진 곳을 수축하기도 하였으며,36) 이 때에는 경
기·충청·전라도의 船軍을 1회에 1, 2천 명씩 동원하였는데, 이
것은 대개 麗末鮮初와는 달리 대일 관계가 이미 타결되고 서남 해
상의 방위에 다소 여유가 있었던 때문이라고 볼 수 있다.

　그 후 성종 18년(1487)에는 繕工監 僉正 辛錫禧에 의하여 도성이
狹窄하여 물려 쌓아서 넓게 하자는 건의가 있었고, 21년에는 特進
官 尹孝源으로부터 중국과 같이 벽돌을 구어서 석회와 벽돌로 성
을 쌓게 하자는 건의가 있었지만37) 실현을 보지 못하였으며, 문종
1년에 수축한 후로는 선조조에 임진왜란이 있을 때까지 도성은 특
별한 보수공사없이 유지되었다.

　漢陽都城 築造는 조선전기에 있었던 築城役事 가운데 가장 규
모가 큰 공사 가운데 하나였다. 특히 조선 태조~세종초 사이에 있
었던 都城役事에는 당시로서는 최고의 축성기술이 적용되었을 것

---

34) 『文宗實錄』 卷5, 文宗 元年 1月 戊午.
35) 『文宗實錄』 卷5, 文宗 元年 1月 乙丑 ; 卷6, 文宗 元年 2月 己丑.
36) 『文宗實錄』 卷8, 文宗 元年 6月 戊寅.
37) 『成宗實錄』 卷204, 成宗 18年 6月 己丑 ;『成宗實錄』 卷239, 成宗 21年
　　4月 乙未.

은 당연한 이치이다. 조선초의 도성축조에는 전국적으로 많은 인력이 동원되어 축성의 경험을 축적하였을 뿐만 아니라 도성축조에 적용된 입지선정이나 성벽 축조법 등은 그 후 전국 각지의 읍성축조에도 하나의 모범이 되었다고 보아야 할 것이다.

2. 읍성의 수축과 변천

1) 읍성 수축의 배경

읍성은 크게 나누어 연해지역 읍성과 양계지역 읍성, 그리고 內地 읍성으로 나눌 수 있다. 연해지역의 경우에는 이미 고려후기에 수축된 읍성만도 29개소였으며 이 가운데 6개소를 제외한 23개소는 倭寇와 가장 가까이에 있는 경상도 지역에 축성되었고, 29개 읍성중 15개소는 禑王代에 축조된 것이다.[38] 그러나 이 당시의 읍성은 29개소 가운데 16개소가 土築으로 이루어졌고,[39] 또 조선시대보다는 응급적인 것이어서 城壁의 구조도 매우 粗惡한 것이었다.[40] 또 극심한 왜구의 침입으로 연해지역의 邑治는 移設되거나 폐지되는 경우도 있었다. 이에 연해지역 주민은 流亡하게 되어 사회적인 문제가 되었을 뿐만 아니라 연변의 비옥한 토지는 방치되고 魚鹽의 수익도 감소되어 국가적으로 막대한 손실이 되고 있었다. 이에 고려말 趙浚은 연해지역 城堡를 수축하여 流亡民이 돌아오게 함으로써 邊境州郡을 충실하게 할 것을 역설하였고,[41] 일부 지

---

38) 沈正輔, 1995, 『韓國 邑城의 硏究』, 48쪽.
39) 위와 같음.
40) 車勇杰, 1988, 『高麗末·朝鮮前期 對倭關防史 硏究』, 31쪽.
41) 『高麗史』 卷118, 列傳31 趙浚. "自鴨綠以南大抵皆山 肥膏之田 在於濱海

역의 읍성이 축조되었으나 산성중시론이 우세하여 계획적이고 적
극적인 읍성수축은 이루어지지 못하였다.[42]

　그러나 조선시대에 들어서면서 일단 왜구가 완전 종식되지는 않
았지만 상대적으로 대폭 감소하였고, 세종 원년에 있었던 對馬島
征伐 이후 그 침입횟수는 더욱 감소하게 되었다. 이에 따라 연해지
역은 급속도로 안정되어 갔고, 종전에는 왜구의 위험성 때문에 空
地가 되었던 연안지역과 海島의 토지가 다시 개척되기 시작하였으
며, 魚鹽이나 해조류 채취 등을 업으로 하는 이들도 점차 늘어나
연해지역의 인구는 두드러지게 증가되었다.[43] 이러한 상황은 세종
21년 평안도 도절제사가 朝廷에 보고한 다음과 같은 내용에서도
알 수 있다.

　　　평안도 도절제사가 馳啓하기를, … 또 연해에 있는 군현에는 토지
　　가 비옥하고 또 魚鹽의 이익이 있으므로, 백성들이 많이 모여 사는

───────────────

　　沃野數千里 陷于倭奴 蒹葭際天 國家旣失魚鹽畜牧之利 又失沃野良田之
　　入 願用漢氏募民實塞下防凶奴故事 許於亡邑荒地開墾者 限二十年不稅
　　其田不役 其民專屬水軍萬戶府 修立城堡 屯聚老弱 遠斥候謹烽火 居無事
　　時耕耘魚鹽鑄冶而食 以時造船 寇至淸野入堡而水軍擊之 自合浦以至義
　　州皆如此 則不出數年 流亡還鄕邑 而邊境州郡旣實 諸島漸次而充"
 42) 고려후기에 축조된 읍성은 29개소인데, 이 가운데 23개소가 경상도에
　　건설되었으며, 절반이상인 15개소가 禑王代에 축조되었다. 그러나 29
　　개소 가운데 16개소가 土築으로 축조되었다는 것으로 볼 때, 速成위
　　주의 축성이 이루어진 것으로 생각된다(沈正輔, 1995,『韓國 邑城의
　　研究』, 學研文化社, 48~49쪽 참조).
 43)『世宗實錄』卷4, 世宗 元年 7月 辛未. "… 一. 比因倭寇寢息昇平日久
　　沿海之濱民居稠密 田野墾闢 今倭賊突至 則據掠殺傷之禍 深可畏也 乞
　　於海邊各里 以附近各戶 …"
　　『新增東國輿地勝覽』卷32, 慶尙道 巨濟縣 城郭 邑城 李甫欽記. "前朝之
　　季 紀綱陵夷 島夷侵陵 巨濟之民 棄其舊土 僑寓居昌之境者有年矣 我太
　　祖受命 列聖相承 文以治內 武以禦亂 聲敎之廣 無遠不被 山戎琉球 莫不
　　梯山航海 … 世宗卽位之五年壬寅 巨濟之民 願還本土 命築城郭 …"

데, 三和·龍岡·江西·甑山·咸從·永柔·隨川·郭山·麟山 등
9읍은 모두 성이 없사오니, 만일 賊變을 만나면 피란할 곳이 없으므
로 먼 장래를 염려하는 것이 아닌 것 같습니다. 원컨대, 그 해의 풍
흉을 보아서 1년에 한 고을씩 바다에서 거리가 가장 가까운 곳부터
우선 성을 쌓아 비상한 일에 대비하게 하옵소서.”하여, (상이) 兵曹
에 내리니, 병조에서 아뢰기를, …44)

이러한 연해지역의 경제적인 유익성 증가는 중앙정부로 하여금
예전의 방비책을 수정하게 하는 중요한 요인이 되었다. 즉 종전에
는 주로 산성입보 중심의 방비책을 견지하고 있었는데, 이는 확실
히 避亂에는 효과가 있었지만 邑治에서 상당 거리가 떨어져 있는
경우가 대부분이어서 유사시 신속히 입보하는 것도 곤란할 뿐만
아니라 지방관아와 주민들의 거주지가 보호받지 못하는 치명적인
결점이 있었고, 산성 출입이 용이하지 못하여 군량·무기의 저장
과 관리에 어려움이 뒤따랐다. 따라서 당국의 입장에서는 자연히
연해지역에 정착한 거주민을 왜구의 위협으로부터 보호하여 지속
적으로 富盛시키기 위해 정책적인 대안을 강구해야 하였다. 이러
한 상황속에서 1차적으로 그 정책적 대안의 핵심이 된 것은 연해
지역에 대한 읍성 건설이었다.

그리고 邑城重視策이 등장하게 된 매우 중요한 이유 가운데 또
하나는 漕運路의 확보와 세곡의 보호에 있었다. 즉 당시 租稅收入
을 首都까지, 혹은 특정지역까지 漕運하는 것은 국가 전체에서 볼
때 매우 중요한 일이라는 것은 말할 필요도 없을 것이다. 따라서
어떻게 하면 보다 안전하게 漕運할 수 있을 것인가 하는 것은 언제

---

44)『世宗實錄』卷84, 世宗 21年 3月 丁卯. “平安道都節制使馳啓曰. 且沿海
　　郡縣　土田沃饒　又有魚塩之利　故民多聚居　而三和龍岡江西甑山咸從永
　　柔隨川郭山麟山等九邑　並無城郭　如遇賊變　避患無所　始非長遠之慮　乞
　　視歲豊歉一年一邑　以距海最近者　爲先築城　以備不虞　下兵曹兵曹啓曰”

나 朝廷의 중요 관심사였다. 그런데 漕運의 경우 풍랑이나 기타 암초에 의한 파선, 혹은 漏水로 인한 침몰 등 조운사고가 일어나는 경우도 있었지만 고려말의 경우처럼 왜구들의 습격에 의해 强盜당하는 경우나 혹은 국내의 도적에 의한 탈취도 예상되었기 때문에 이에 대한 각별한 조치가 필요하였다. 조운은 물론 水路와 연결되어 이루어졌지만 대부분의 경우 수도까지 운반하기 위해서는 해로를 통해야 하기 때문에 이 해로의 안정성 확보, 또 육지에서의 경우는 조세수입의 안전한 보관이 필요하였다. 특히 조운되는 곡물 자체가 연해지역을 통해 운송되기 때문에 결국 연해지역에 안전지대를 확보하는 것은 중요한 일이었다.

이러한 측면에서 조운과 관련하여 연해지역의 읍성은 두가지 측면에서 중요한 의미가 있었다. 첫째는 수집된 稅收를 안전하게 보관하는 것이고, 둘째는 해상조운로의 안전성 확보를 보조하는 역할이다. 즉 해상의 안전성 자체는 직접적으로 수군의 확보에 의해 시도되었지만 조운해상로상의 연해지역 곳곳에 안전지대를 확보해 두는 것은 매우 절실한 문제였던 것이다.『太宗實錄』의 다음과 같은 기사를 보면 당시에 읍성과 조운이 상당히 밀접한 관련이 있었다는 것을 알 수 있다.

> 檢校議政府右議政 盧嵩이 卒하였다. 盧嵩은 光州사람이다. … 기사년에 全羅道 都觀察使가 되었는데, 그때 倭寇가 끊이지 않아 바닷가의 州郡이 텅 비게 되니, 노숭이 허물어진 紀綱을 진작시켜서 威嚴과 恩惠를 아울러 행하고, 朝廷에 청하여 백성들의 조세를 3년 동안 면제하였다. 이에 앞서 近海에 城이 없어서 租稅를 수송할 때 漕轉하기를 기다리는 폐단을 백성들이 능히 견디지 못하였는데, 노숭이 알맞은 곳을 相地하여 全州의 龍安과 羅州의 榮山에 성을 쌓아 조세를 運輸하여서 漕轉을 편하게 하였다. …[45]

---

45)『太宗實錄』卷28, 太宗 14年 8月 甲辰. "檢校議政府右議政 盧嵩卒 盧

이와 같은 사정은『世宗實錄』에서도 잘 나타나고 있다. 즉, 세종 26년 강원도 관찰사 李孟常이 보고한 말에 의하면,

> 앞서 강원도 관찰사 李孟常이 아뢰기를, …, "평해군은 원래 邑城이 없어서 실어 들인 미곡을 모두 땅에다 노적하여 두오니, 만약 왜적이 가만히 들어와서 도둑질해 가게 되면 쌓아 두었던 양곡은 다 우리 것이 아니 되고 맙니다. 평해 군수가 한 몸으로 두가지 일을 하기 어려우니 萬戶를 따로 보내 주심이 편리할 것입니다. 만약 常任으로 둘 수가 없다면 漕轉과 성을 쌓을 동안에 임시로라도 두는 것이 좋겠고, 만약 관원을 너무 늘이는 것이 된다면 水山浦 千戶를 월송포로 옮겨 임명하고, 수산포는 蔚珍縣令으로 하여금 수산포를 겸임하게 하소서."하니, 병조에 내려서 의논하게 한 즉, 병조에서 의정부에 보고하기를, "월송포 만호는 종전대로 겸임하도록 의논이 결정되었으므로 다시 고칠 수도 없고, 또 멀리서 헤아리기 어려우니, 청하건대, 대신을 보내서 실정을 살핀 뒤에 다시 의논하소서."하니, 의정부에서 아뢰기를, "관찰사의 아뢴 대로 하는 것이 좋겠습니다."하므로, 그대로 따랐다.46)

라고 하여 지방의 治所에 읍성이 없으므로 稅穀을 모두 露積하는 처지라고 하고 있다. 여기에서 읍성의 중요한 기능 가운데 하나가 바로 세곡을 안전하게 보관하는 것이었다는 사실을 알 수 있다.

또한 田稅를 거두어 읍성이 없는 경우, 노적하였다가 漕轉하기

嵩光州人 … 己巳爲全羅道都觀察使 時倭寇絡繹濱海州郡蕭然 嵩振起頹綱威惠並行請于朝 復民租三年 先是近海無城 輸租待漕之弊 民不能堪 嵩相地之宜 城全之龍安 羅之榮山 輸租以便轉漕"

46)『世宗實錄』卷106, 世宗 26年 9月 丁丑. "初江原道觀察使李孟常啓 … 平海郡旣無邑城 轉輸米穀皆露積于地 倘有倭賊潛入竊發 則所儲糧餉皆非我有 平海郡守以一身 固難兼治 別遣萬戶 實爲便益 若常置不可 則限漕轉築城 權設爲便 若爲官冗 則水山浦千戶移差越松浦 令蔚珍縣令兼任水山浦 下兵曹議之 兵曹報議政府曰 越松浦萬戶 仍舊兼任 其議已定 不宜更改 且難以遙度 請遣大臣審定後 更議議政府啓曰 可依觀察使所啓從之"

도 하였지만 읍성이 없는 지역은 이웃한 고을의 성곽으로 수송해
야 하였기 때문에[47] 읍성이 없는 지역의 주민들은 田稅수송에 따
른 피해뿐만 아니라 유사시 자신의 거주지를 멀리 떠나야 하는 불
편마저 있었다. 이러한 이유 때문에 읍성이 설치되지 않은 지역의
주민들은 읍성의 설치를 당연히 바라게 되었고, 또 읍성의 유무자
체가 인구 증감에 영향을 주었을 것으로 생각한다.

한편 읍성축조는 兩界地域의 경우가 沿海地域보다 오히려 더욱
절실한 문제였다. 특히 변경지역의 경우는 봄~가을에는 出城하여
농사를 짓고, 겨울철에는 모든 가축과 穀食을 거두어 城안으로 들
어가는 이른바 '淸野入保'가 연례화되어 있었기 때문에 읍성은 반
드시 필요한 시설이었다.[48] 더구나 태조대에는 비교적 잠잠하였으
나 태종대부터는 점차 변경지역에서 야인들의 侵寇가 격화되어 사
실상 읍성이 없이는 이 지역에 대한 통치권마저 유지하기 어려운
상황이었다.

이외에 내륙지역에도 읍성이 수축되었는데, 이는 연해지역의 읍
성과는 그 축조목적이 다소 다르다. 즉 내륙지역의 읍성은 首都로
연결되는 주요 거점지역에 축조함으로써 수도로 향하는 적의 침입
을 차단하고자 하였던 것이다. 이러한 것은 진관체제와도 밀접한
관련이 있지만, 남북로상의 주요 거점지역을 설정하여 읍성을 수
축하고 수도를 중심으로 겹겹이 방어선을 구축할 수 있도록 한 것
이다. 이를 首都를 중심으로 가늠해 보면 서북로상의 안주·정

---

47) 『文宗實錄』卷3, 文宗 即位年 8月 戊寅. "初平安道都節制使右贊成金
　　宗瑞上言 旁近無城子縣邑 軍需輸入諸城條 南道各官租稅 每年次次移
　　轉 已曾立法 依前施行 無城子各官其義倉外 往年國庫米米丐 之數 及
　　旁近隣官石城內國庫有無 間閣之數 令其道監 商確某官國庫穀幾石可
　　移某官石城 磨勘啓聞後 更議"
48) 國史編纂委員會, 1981, 『한국사』9, 탐구당, 184~185쪽.

주·선천·평양 등의 읍성, 동북로상의 길주·함흥·영흥·안변 등지의 읍성, 남서로상의 청주·금산·전주·남원·광주 등의 읍성, 남동로상의 충주·상주·선산·성주·대구 등의 읍성이 바로 그것이다.

특히 태조시대에 연인원 20만명 이상이 동원된 도성축조 공사를 추진하면서도 평안도의 안주·선주·평양의 읍성을 수축[49]한 것은 매우 이례적인 것으로써 이는 그만큼 이 지역의 읍성수축이 시급한 문제였다는 것을 말한다. 신왕조의 기초체제를 엮어가는 번다함 속에서도 유독히 서북로상의 주요지역에 대한 읍성축조에 관심을 가졌다는 것은 그만한 이유가 있었다는 것을 의미하는 것이다. 이는 명나라와 다소 불편한 관계에 있었던 것과 관련이 있는 듯 싶다. 당시 明은 여진문제와 歲貢문제로 조선에 불만을 갖고 있어 조선이 여진족을 사주하여 明의 변경을 침범케하고 조선이 공물로 바친 말이 쓸모없는 것이라고 비난하였고, 또한 王의 親朝나 王族의 朝貢을 요구하는가 하면 조선이 보낸 文書의 내용을 문제삼아 文書起草者를 포박하여 送致할 것을 요구하기도 하는 등 明과의 외교관계는 갈등의 양상을 보이고 있다.[50] 또 역사적으로도 중국의 통일이 반드시 우리 나라에 영향을 미쳤던 것에 유의한 결과로 여겨진다. 이러한 서북로상 주요지역에 대한 방비강화는 보다 후대인 문종대에 중국변경이 소란스러워 지면서 더욱 강조되었는 바, 의정부에서 서북지역의 방어책을 보고한 다음 기사에서도 잘 나타나고 있다.

> 의정부에서 병조의 呈狀에 의하여 兩界의 防戍하는 계책을 조목별로 진술하기를, … 국가에서 江邊의 要害地를 골라 城을 쌓고 군

---

49)『太祖實錄』卷6, 太祖 3年 8月 乙亥 ;『太祖實錄』卷13, 太祖 7年 1月 壬申.
50) 國史編纂委員會,『한국사』9, 290~291쪽.

사를 두고서 큰 성과 작은 堡로 하여금 스스로 서로 원조하도록 했
지만, 그러나 內地가 텅 비어 있고 또 關門의 방비하는 곳도 없으니,
혹시 저 도적이 크게 군사를 일으켜 入寇한다면 강변의 각진이 진실
로 방어할 수가 없으므로 바로 중심부에까지 이르게 되면 破竹之勢
가 될 것이니, 누가 능히 저지시켜 막아내겠습니까? 이것은 곧 옛날
에 이미 證驗한 일이고 지금 마땅히 근심해야 할 일이니, 어찌 미리
도모하지 않겠습니까? 江東으로부터 義州에 이르기까지는 賊의 침
입하는 길이 한 길만이 아니고, 모두 寧邊과 安州의 경계에 많이 모
여들게 되니, 적의 오는 길이 북쪽이면 영변·成川·三登·江東을
경유할 것이며, 적의 오는 길이 남쪽이면 安州·平壤·黃州를 경유
할 것이니, 다 防成를 설치할 만한 곳입니다. 평양과 영변은 城이 모
두 완전하고 堅固하지마는, 안주는 비록 큰 강을 두르고 있으나 성
이 낮고 허술하니 다시 높이 쌓고, 또 성 지키는 器具를 준비하여 關
門의 방비로 삼을 것이며, 成川·三登·江東 등지에도 성을 쌓고
要害地를 설치하여 적이 침입하는 길을 막고, 黃州 以東의 慈悲嶺
은 險阻하기가 비할 데가 없으니, 棘城과 자비령으로부터 遂安과 谷
山에 이르기까지도 또한 마땅히 關門을 설치하여 뜻밖의 변고에 대
비해야 할 것입니다. 그 利害의 便否와 功役의 크고 작은 것은 大臣
을 보내어 살펴보고 정하게 하소서.”하니, 그대로 따랐다[51]

　이와 같은 서북지역에 대한 방비강화는, 15세기초 明 成祖의 원
정으로 세력을 잃었던 오이라트(瓦刺)[52]가 15세기 중반경 에센(也

---

51)『文宗實錄』卷3, 文宗 卽位年 8月 乙亥. “議政府據兵曹呈條陳兩界防戍之
　　策 … 國家於江邊 擇要害築城 置兵令大城小堡自相爲援 然內地空虛 而
　　又無關防之處 脫有彼賊大擧入寇 江邊各鎭苟不能禦 而徑至腹裏 則勢成
　　破竹 誰能沮遏 此乃已驗於古 而爲令之所當虞也 寧不預圖 自江東至義州
　　賊路非一 皆幅湊於寧邊安州之境 而賊來依北 則由寧邊成川三登江東 依
　　南則由安州平壤黃州 皆可置防戍之地 而平壤寧邊 則城皆完固 安州則雖
　　帶大江 城子低微 更加高築 且備守城之器 以爲關防 於成川三登江東等處
　　築城設險 以拒賊路 黃州以東慈悲嶺 險阻無比 自棘城慈悲嶺 至遂安谷山
　　亦宜設關 以備不虞 其利害便否 功役巨細遣大臣審定 從之”
52) 오이라트(Oirat)는 12세기부터 15세기에 걸쳐 蒙古 서북부에 있었던 蒙
　　古系 部族으로, 원나라가 있을 당시는 그 세력하에 있었으나 明代에는
　　元의 뒤를 이은 東몽고의 타타르(韃靼)와 투쟁하였다. 에센(也先) 때에

先)의 지도아래 크게 세력을 떨치면서 중국 변경을 침입하였고, 그 세력이 조선의 변경에 까지 미치게 되었기 때문이다. 앞서 말한 바와 같이 조선초에 新都基盤造成에 여념이 없던 시기에도 명과의 관계는 투명하지 못하였기 때문에 시급히 서북지역의 주요 거점이 되는 성을 수축하였던 것이고, 문종대에 와서는 만주와 중국의 불안정 자체가 조선에게 영향을 줄 수 있었기 때문에 새삼 서북지역에 대한 방비시설을 강화해야 했던 것이다. 인용기사 내용에 언급한 바와 같이 서북지역은 의주나 삭주지역을 거쳐 침입하지 않는다면 압록강 상류쪽의 신설 4郡지역을 통하여 강계·희천을 경유, 영변 부근에서 덕천→성천→강동(평양 동쪽)→수안→개성에 이르거나, 개천→안주→평양→황주→개성에 이르게 되기 때문에 수도의 안전을 도모하기 위해서는 이러한 예상침입로에 대한 방비를 강화해야 했던 것이다. 방비강화는 주요 험조지대에 관문설치도 제기되었지만 주요 통과지역에 대한 성곽시설을 강화함으로써 침략군에 대한 저지력을 높이는 것을 주목표로 삼았다.

특히 세종 11년 이후 본격적으로 읍성위주의 축성이 이루어지게 된 것은 朝鮮의 對外觀에 따르는 假想敵(國)의 개념이 대체로 확고해지면서 이것이 축성책에 반영되었다고 생각한다. 즉, 북방으로는 대중국외교가 한층 안정화되면서 對野人 防備에 한층 주력하게 되고, 남방으로는 對倭寇 위주의 방비시설 정비가 이루어지게 됨으로써, 北方 邊地에서는 邑城·鎭堡城 건설과 함께 행성이 대대적으로 축조되었고, 남방 연해지역에는 邑城과 鎭堡의 건설이 지속적으로 이루어지게 되었다.

크게 세력을 떨쳐 만주로부터 중앙아시아와 시베리아 남쪽에서 明의 北邊에 걸친 지역을 그 지배하에 넣었으며, 1453년에는 可汗이 되었다. 也先이 부하에게 피살되자 오이라트는 점차 세력을 잃었고, 타타르의 다얀 칸(達延汗)이 등장한 이후로는 거의 세력을 상실하였다.

2) 읍성 수축의 변천

(1) 第 1 時期(太祖~太宗代)

조선왕조 개국초기에는 읍성 수축이 그다지 활발히 진전될 수 없었다. 신왕조의 성립과 함께 권력구조의 재편에 따른 여러 부수적인 문제를 정리하고, 또 한양에 新都를 건설하게 됨으로써 그 기반시설과 도성의 축조에 분주하였기 때문에 정부에서 각 지방의 읍성수축에 까지 관심을 기울일 만한 여유가 없었고, 더구나 신도 기반시설과 도성축조에 전국적으로 많은 인원이 동원되었기 때문에 읍성수축의 계획이 있다하더라도 실제 役事에 동원될 人的資源이 결핍되었다고 할 수 있다. 따라서 조선초에는 태조 2년의 평양성 수축53)을 비롯하여 甲州와 孔州邑城 수축54)과 이듬해의 安州城 수축55) 등 일부 지역을 제외한 읍성의 수축은 거의 이루어지지 못하였다.

그리고 태조 4년(1395)에는 기계수리나 城堡 완비, 軍糧 저축, 將帥 선발 등 국방과 직접 관련된 사안을 도평의사사에서 논의하여 시행할 것을 지시하고,56) 또 감사와 수령을 考課하는 조목에 성보 수축 문제를 채택하는 등 축성에 관심을 가졌다.57) 그러나 이 시기의 이러한 성곽에 대한 관심은 읍성·산성을 막론하고 각 지역별로 성곽의 구비를 강조하기 위한 조치일 뿐이며, 특별히 읍성 구비를 추진한 것은 아니다. 오히려 이 시기에는 태조 3년 곡산부사 田

---

53)『太祖實錄』卷3, 太祖 2年 1月 壬子.
54)『太祖實錄』卷4, 太祖 2年 8月 乙酉.
55)『太祖實錄』卷6, 太祖 3年 8月 乙亥.
56)『太祖實錄』卷7, 太祖 4年 5月 癸巳.
57)『太祖實錄』卷8, 太祖 4年 11月 庚午.

易가 都評議使司에 上書한 것에서도 알 수 있는 바와 같이[58] 대체로 산성입보 중심의 방어체제를 가지고 있었다.[59]

한편 태조 6년에는 鄭道傳을 東北面都宣撫巡察使로 삼아 城堡修築과 站의 설치, 州郡境界의 획정 등을 맡겨 고려말부터 복구해 온 동북면지역의 整備에 들어갔으며, 태조 7년초에는 서북면 지역에서는 은밀히 추진하고 있던 遼東공격에 대비하여 宣州(지금의 宣川郡)와 평양성이 수축되었으며,[60] 동북면 지역의 경원부 읍성이 축조되었다.[61]

그렇다면 이 태조대에 많은 왜구의 침구가 있었음에도 불구하고 서둘러 연해지역의 읍성을 수축하지 않은 까닭은 무엇인가. 물론 신왕조 창건과 新都建設 등 번잡한 사안이 있었지만 무엇보다 왜구 침구에 대한 防守政策이 入保籠城 위주라기 보다는 전투에 의한 퇴치를 위주로 하고 있었기 때문이라고 생각된다. 제1선에서는 騎船軍이, 그리고 제2선에서는 陸守軍이라 통칭할 수 있는 馬·步兵 등이 동원되어 방어에 임하였는데,[62] 이는 船軍조직을 강화하고,[63] 태조 2년 절제사로 하여금 點軍成籍을 강력히 추진한 것 등

---

58) 谷山府使 田易는 谷山과 伊川·俠溪·遂安·三登·成州·陽巖·樹德 등 8邑의 田稅를 모두 軍糧에 속하게 하여 곡산의 산성에 저장하여 사변에 대비할 것을 건의하여 윤허받고 있는데, 이로 볼 때 유사시 이 산성에 주변 고을민이 입보하여 방어하는 체제였음을 알 수 있다(『太祖實錄』卷5, 太祖 3년 1月 戊辰).

59) 車勇杰, 앞의 논문, 58~64쪽.

60) 『太祖實錄』卷13, 太祖 7年 1月 壬申.

61) 『太祖實錄』卷13, 太祖 7年 2月 癸巳.

62) 車勇杰,『高麗末·朝鮮前期 對倭關防史 研究』, 36쪽.

63) 『太祖實錄』卷4, 太祖 2年 11月 己巳에 보면 "근래에 倭賊의 侵寇가 조금 쉬게 된 것은 실로 兵船의 힘에 의한 것입니다. 船軍이 혹은 도망 중에 있거나 자신이 사고가 난 사람은 萬戶·千戶가 守令에게 公文을 보내어 즉시 그 수효를 충당하게 하고, 도관찰사와 都節制使는 隨時로 點

은 병력자원 확보를 위해 노력한 덕택이라 할 수 있다. 또한 태조 초만 하더라도 아직 연해지역에는 그다지 인구가 밀집해 있지 않았고,[64] 일부 왜구가 빈번히 출몰하는 지역에는 이미 고려시대에 축조된 성곽이 있었기 때문에 연해지역의 읍성 축조는 아주 시급한 문제로 여겨지지는 않았던 것으로 파악된다.

한편 태종초에는 平壤·安州·義州·泥城·江界 등 서북지역의 성곽[65]과 동북면의 鏡城과 甲州 등지에 축성하도록 하는데, 이는 중국에서 建文帝의 削藩政策에 반발하여 朱元璋의 넷째 아들인 燕王 朱棣가 변란을 일으켰기 때문에[66] 그 영향이 조선에 까지 미칠 것을 우려한 때문이었다. 이는 과거 고려말의 홍건적의 침입처럼 중국에서의 내란이 조선에게 영향을 미칠 수 있다는 역사적 경험에 대한 인식에 바탕을 두고 있다. 또 한편으로 明은 永樂帝가 즉위한 후로 동북의 여진족에 대한 적극적인 招撫를 실시하여 1404년(永樂 2)부터 奴兒干都司가 설립되는 1409년(永樂 7)까지 여

考하여, 수령이 만약 船軍 세우는 것을 빠뜨리는 사람이 있으면 1명에 笞 10대를 집행하고, 매 1명마다 1등을 가하여 죄를 杖 90대까지 이르게 하되 還任시키고, 10명 이상이 되면 杖 1백대를 집행하고 관직을 파면하게 할 것이며, …"라고 하여 船軍관리를 매우 강화하고 있는 것을 알 수 있다.

64)『太祖實錄』卷13, 7年 1月 己未에 경상도 都觀察使가 변방에 점차 流移民이 돌아와 安集하니 세액을 일단 예전대로 하고 후년부터 심사하여 정하자는 건의가 있는 것으로 보아 이 시기에 오면 점차 연해지역의 인구가 증가하기 시작한다는 것을 알 수 있다.

65)『太宗實錄』卷3, 太宗 2年 6月 癸丑.

66) 1398년 정월 建文帝 朱允炆이 朱元璋의 뒤를 이어 즉위하자, 그간 削藩을 주장하였던 齊泰·黃子澄·方孝儒 등을 중용하여 藩王을 삭감·폐지하는 정책을 추진하였다. 이 정책은 궁극적으로 10만의 병력을 갖고있던 皇叔인 朱棣에게도 미치게 되었는데, 그는 이에 반발하여 이른바 '靖難之變'을 일으켜 4년간의 전쟁 끝에 南京을 점령하고 황제로 즉위하니 이가 바로 永樂帝 成祖이다.

진지역에 총 115개의 衛所를 설립하였는 바,[67] 조선은 豆滿江 유역에 거주하고 있는 吾都里·兀良哈·兀狄哈 등의 女眞이 본래 조선에 속해 있다는 인식이 있었기 때문에 明의 女眞招撫에 민감한 반응을 보일 수밖에 없었고,[68] 그에 대응하여 女眞을 적극 회유하는 한편, 방비시설의 강화를 추진하였던 것이다.

그리고 태종대에는 태종 4년 羅州와 寶城의 읍성을 축조한 것을 비롯하여[69] 점차 하삼도 지역에서도 읍성의 수축이 진전되었으나 전체적으로 볼 때는 양계지역의 성곽 수축이 보다 큰 비중을 차지하고 있었고, 방비시설면에서 읍성보다는 산성을 중시하는 정책이 유지되고 있었다.[70] 특히 태종 13년을 전후한 시기의 축성은 明나라의 북방에 대한 대대적인 遠征과 明의 征倭說의 대두에 따라 그 여파가 조선에까지 미칠 것을 우려하여 취한 조처였다.[71]

그런데 태종대에 있어서 전국적인 성곽의 관리와 정비에 하나의 계기가 된 것은 태종 15년을 전후한 시기이다. 당시 左代言으로 있

---

67) 朴元熇, 1991,「永樂年間 明과 朝鮮間의 女眞問題」『亞細亞研究』, 通卷 第85號, 高麗大 亞細亞問題研究所, 239쪽.

68)『太宗實錄』卷5, 太宗 3年 6月 辛未.

69)『太宗實錄』卷8, 太宗 4年 10月 己巳.

70) 태종대에는 전국적으로 많은 지역의 산성이 수축되었다. 태종 13년 8월 각도에 파견된 敬差官으로 하여금 각 고을의 山城의 옛터로서 수리할 곳과 새로운 터로서 造築할 곳을 巡審하도록 하였고, 태종 10년 2월에는 경상도·전라도 등지에 산성을 대대적으로 수축하였으며, 태종 13년에는 각도의 각 고을 3, 4息 안에 하나의 산성을 수축하고 창고를 설치하도록 하여 일정한 거리를 기준으로 산성 설치를 추진할 정도로 까지 발전하였다. 이외에도 태종 14년 兩界 지역의 산성을 농한기를 이용해 수축토록 하고, 吏曹參議 許稠로 하여금 평안도 산성을 살피게 하는 등 방비체제에 있어서 산성을 읍성보다 중시하였다.

71) 당시 明나라 永樂帝는 建州衛를 설치하여 南滿洲를 관할하고, 1411년에는 宦官 亦失哈을 시켜 黑龍江 하류지역을 점거하고 이곳에 奴兒干都司를 설치하여 女眞族들에 대한 강력한 지배를 추진하였다.

던 탁신은 성곽을 비롯한 여러 兵備에 관한 事宜條目을 올렸는데, 그중 첫째로 거론한 것은 각 고을에서 성곽을 정하지 않은 곳과 쌓지 않은 곳을 빠짐없이 의논하여 정하여 쌓고, 각 성곽의 女墻數와 人丁數, 貯穀狀況, 사방 가까운 성곽과의 거리, 도로사정, 봉화 등을 모두 책에 써서 나라를 지키는 방도를 갖추어야 한다는 것이었다.[72] 이 事宜條目을 병조에 내리고 있는 것을 볼 때, 주관부서에서 시행하도록 한 것이라고 여겨지는데, 아마 이 시기에 전국적인 성곽에 대한 점검과 布置에 대한 정비가 차츰 시행된 것으로 여겨진다.[73] 태종 17년 성곽 수축을 보다 견고히 하기 위하여 축성후 5년이내에 퇴락하면 축성감독관을 論罪하도록 한 조치도 전국적인 성곽구축과 정비에 대한 조정의 방침이 어느 정도 확립된데서 나온 것이다.[74]

태조대에는 명나라와의 외교관계가 완전히 정립되지 못한데다가 오히려 태조는 정도전·남은 등과 함께 은밀히 고려말에 자신이 거부했던 요동정벌을 다시 추진하고 있었기 때문에[75] 향후에 있을지도 모를 만일의 사태에 대비하기 위하여 도성축조에 전국적으로 많은 役夫를 동원한 상황에서도 서북지역의 여러 거점 지역에 대한 축성을 추진하였던 것이다. 태종대에 와서는 앞서 말한 바와 같이 초기에 明朝 永樂帝의 '靖難之變'으로 내란이 계속되자 조선에서도 서북지역에 대한 읍성 수축을 추진하여 대비하였고, 또 명나라에서는 永樂帝가 1410년부터 1424년까지 약 14년에 걸쳐 대군을 동원하여 친히 5차에 걸친 몽고원정을 실시하여 북방의 오이라트와 타타르 주력군을 격파하였는데, 당시 조선에서는 明의

---

72) 『太宗實錄』 卷30, 太宗 15年 7月 辛亥.
73) 위와 같음.
74) 『太宗實錄』 卷34, 太宗 17年 10月 丙午.
75) 국사편찬위원회, 『한국사』 9, 307쪽.

이러한 大軍動兵에 대해 경계심을 가지고 있어 河崙은 중국이 혹 우리 땅을 도모할 수도 있고, 또 遠征으로 인한 패주병이 조선을 침범할 수도 있기 때문에 수도방어에도 대비하여야 한다고 건의하고 있다.[76] 태종은 중국이 남북으로 원정하는 상황에서 어떻게 동쪽을 돌아 보겠는가 라고 하며, 중국의 조선 침략 가능성에 대해 매우 회의적인 생각을 가지고 있었고, 더구나 과연 "難局이 온다면 장차 擧兵하여 바로 쳐들어갈 것이지, 어찌 城을 지키고 기다릴 것인가"[77] 라고 하며 대신들의 축성 주장에 대해 그다지 공감하지 않았지만, 明의 動兵騷擾가 조금 잠잠해졌다고 하여 곧 충청도·전라도 13개 지역의 성곽 축조를 정지하고 있는 것으로 볼 때, 당시에 축성명령을 시달하였던 것으로 여겨진다. 이러한 상황은 세종대에 이르러 점차 변화하게 되었다.

(2) 第 2 時期(世宗代)

태종말~세종초에 이르면 明과의 관계는 점차 공고해지고 강한 대외정복욕을 가지고 이를 적극 추진하였던 永樂帝가 사망함으로써 조선은 북방에 대한 경계심을 다소 누그러뜨리고 南方의 방비시설 구축에 더 많은 관심을 둘 수 있게 되었다.

세종대에 이르러서도 태종대의 축성 경향은 크게 변하지는 않았으나 예전에 비해 경상도·전라도 지역의 읍성 수축이 많아진 것이 뚜렷하다. 이는 세종 원년에 있었던 己亥東征에 따른 조치로 해석된다. 무력을 동원하여 그간 왜구의 소굴로 여겨져 왔던 對馬島를 대대적으로 공략함으로써 향후에 왜구의 산발적인 侵寇가 우려된 데다가 왜인들에 대한 회유정책이 효과를 거두기 위해서는 반

---

76)『太宗實錄』卷26, 太宗 13年 7月 癸卯.
77) 위와 같음.

드시 연해지역의 방비시설을 두루 갖추는 것이 수반되어야 하기 때문이다. 또 왜구의 감소와 함께 연해지역에 점차 거주인구가 증가하면서[78) 읍성이 더욱 필요하게 되었다. 세종초에 연해지역 읍성 수축은 매우 강력히 추진된 것으로 여겨진다. 전라도 장흥부와 옥구현의 읍성을 축조할 때는 전라감사 河演이 '남방 백성들로 하여금 벼를 거둬들이지 못하게' 하였을 정도로 役事를 강력히 추진하였던 것이 그 사례이다.

그리고 세종 초기에 읍성의 이전이 많이 이루어지는데, 이는 풍수지리에 맞지 않거나 水災의 위험성,[79) 수원부족 등 여러 가지 이유가 있었는데, 이는 고려말 조선초기의 읍성이 입지를 충분히 검토하지 않고 지방관에 의해 속성위주로 축조되었기 때문에 이미 태종말부터 전국적인 성곽에 대한 점검이 이어지면서 예전의 읍성 가운데 적합치 않은 곳은 터를 옮겨 신축하도록 한 것이다.

그러나 세종 10년 까지는 여전히 방비시설면에 있어서 읍성이 주를 이루지는 않았고, 산성중시 내지는 산성·읍성 兼設政策이 유지되고 있었다고 할 수 있다. 이러한 상태는 세종 10년경을 고비

---

78) 『世宗實錄』卷27, 世宗 7年 2月 丁卯에 보면 "경기좌도 수군 첨절제사 李恪이 글을 올리어 조목을 들어서 시사를 진술하였으니, … 강화 喬桐 좌우변에 소속된 관군은 본시 전라도의 훈련받은 용병으로, 경신년부터 이곳으로 옮겨 왔는데, 이제 와서는, 그들의 식구가 날로 늘어났을 뿐만 아니라, 고용된 인부라든지, 일 없는 백성들이 병역을 도피하여 모여 들어서, 깊은 늪에 고기 모이듯, 숲에 새 모이듯하여서, 정식 군인 한 사람 앞에 奉足 두 사람 외에도 당치 않은 명목으로 딸려 있는 자가 여러 사람이 되오니, 朝官을 보내어 모두 추려내어 군적에 올리시어, 전부터 군적에 있던 자는 左領으로 하고, 새로 등록된 자는 右領에 올리게 하시되, 여러 섬의 수군들도 모두 이 예에 의거하여 처리할 것입니다. …"라고 하여 조선초기 연해지역에 인구가 현격히 증가 추세에 있었다는 것을 알 수 있다.
79) 『世宗實錄』卷1, 世宗 卽位年 8月 甲午.

로 크게 변화하게 되었으며, 이후로 10여년간은 개국이래 가장 중점적으로 읍성이 축조된 시기이다.[80]

세종시대 성곽에 대한 본격적인 정비가 시작된 시기는 세종 10년(1428)경부터이다. 세종 10년 7월 工曹參判 李蕆을 함길도에 보내 성터를 살피게 한 것을 비롯하여[81] 10월에는 黃喜와 申商을 평안도에 보내 도내의 城堡를 순찰하도록 하는 등 兩界地域에 대한 대대적인 성곽점검에 들어갔고,[82] 이듬해 봄에는 許稠의 건의에 따라 경상도 연해 각 고을의 성곽을 농한기를 이용하여 수축하도록 하는 등[83] 전국적으로 성곽에 대한 대대적인 점검과 수축이 시작되게 되었다. 그런데 매우 중요한 사실은 이 시기의 축성정책이 下三道의 경우 읍성 위주로 전환되고 여타지역에 있어서도 산성이 점차 폐지되었다는 점이다. 이전에는 앞에서도 언급한 바와 같이 산성과 읍성을 倂存시키는 경우가 많았었지만 이 시기에 와서는 읍성을 위주로 하는 정책으로 전환하게 되었다. 앞서 서술한 바와 같이 성곽에 대한 점검을 위해 朝官을 파견한 것도 이러한 정책에 대한 기본 계획을 수립하고자 한 때문이라고 여겨진다.

여하튼 세종 10년 윤4월 세종대 축성정책의 가장 핵심부에 있었던 관리중의 한사람인 최윤덕이 병조판서에 임명됨으로써 축성정책은 새로운 전기를 맞게 되었다. 특히 그가 이듬해 봄에 下三道 都巡撫使에 임명되어 하삼도에 대한 축성사업을 입안하고 본격적인 추진을 시작하였다. 그는 도순무사로 임명된지 6일만에 세종에게 성곽축조에 대한 기본 방침을 보고하게 되었는데, 이를 보면

---

80) 이 시기의 읍성축조와 관방시설 정비에 대해서는 차용걸, 1981, 「朝鮮前期 關防施設의 整備過程」『韓國史論』7, 국사편찬위원회 참조.
81) 『世宗實錄』卷41, 世宗 10年 7月 辛未.
82) 『世宗實錄』卷42, 世宗 10年 10月 壬寅.
83) 『世宗實錄』卷43, 世宗 11年 1月 壬申.

다음과 같다.

> · 下三道 각 고을의 성 중에서 그 방어가 가장 긴요한 沿邊의 고을들은 山城을 없애고 모두 邑城을 쌓을 것이며, 읍성이 소용이 없을 듯한 곳은 이전대로 산성을 수축하게 할 것.
> · 각 고을에서 성을 쌓을 때에는 각기 그 부근에 있는 육지의 州縣으로 혹 3, 4읍 혹 5, 6읍을 적당히 아울러 정하여 점차로 축조하게 할 것.
> · 民戶의 수효가 적고 또 성을 축조할 만하지 않은 각 고을은 隣邑의 성으로 옮겨 함께 들어가게 할 것.
> · 각 고을에 쓸 만한 옛 성이 있으면 그대로 수축하고, 쓸 만한 옛 성이 없으면 가까운 곳에 새로운 터를 잡아 신축하게 할 것.
> · 각 고을에 견실하지 못한 성이 있으면 각기 戶數의 다소를 참착하여 혹은 물리고 혹은 줄여서 적당하게 개축하게 할 것.
> · 각 고을의 성을 일시에 다 쌓을 수는 없는 것이므로 각기 성의 대소를 보아서 적당히 연한을 정하여 견실하게 축조할 것.[84]

이 내용을 보면 방어가 긴요한 下三道 연해지역의 경우는 기본적으로 산성을 없애고 읍성을 수축하도록 하고 있으며, 예외로 읍성이 별로 효용이 없는 곳은 예전대로 산성을 수축하도록 하였는데, 이는 읍성의 基地가 마땅치 않거나 아니면 연해지역이기는 하지만 왜구의 위험이 거의 없는 지역을 말하는 것으로 여겨진다. 그리고 功役을 줄이기 위하여 舊城이 있을 경우 그대로 수축하게 하면서도 각지역의 戶數를 헤아려 적절한 수용성을 갖도록 개축을 명시하고 있으며, 예전의 속성위주의 성곽 수축에서 벗어나 시한을 가지고 견실하게 수축하도록 하고 있다. 이 최윤덕이 보고한 성곽축조에 대한 기본방침 설정이 세종대의 읍성, 특히 연해읍성 축조에 있어서 시기를 구분짓는 하나의 분수령이 되고 있다는 점에

---

84)『世宗實錄』卷43, 世宗 11年 2月 丙戌.

대해서는 일찍이 車勇杰이 지적한 바 있으며,85) 筆者도 그에 대해서는 전적으로 동의하고 있다. 다만 연해읍성이 아닌 전국적인 면에서 볼 때는 앞서 서술한 바와 같이 이미 세종 10년에 함길도와 평안도에 대한 성곽 점검에 이어 하삼도에 대한 축성사업을 최윤덕에게 맡긴 것으로 생각되며, 그가 병조판서를 맡게 된 것도 세종 10년 윤4월인 것을 감안하면 세종 10년을 읍성축조 정책상의 중요한 변화가 온 시점으로 보는 것도 큰 무리는 없다고 여겨진다.

그런데 이 시기의 전국적인 읍성에 대한 점검과 대대적인 수축계획은 대략 10년간을 그 기한으로 잡아 추진하였던 것으로 보인다.86) 즉 예전과 같이 상황에 따라 아니면 즉흥적으로 지방관의 보고에 따라 수축하던 것에서 벗어나 계획적인 읍성 수축을 추진하게 된 것이다. 이와 같은 읍성수축은 연해지역과 양계지역으로 나눌 수 있는데, 연해지역의 경우는 왜구에 대비한 것이며, 양계지역에서는 중국의 침략과 野人들의 侵寇에 대비한 것이다.

세종은 즉위초에 실시한 對馬島 征伐에서도 알 수 있는 바와 같이 왜구에 대해 강력한 무력응징정책을 추구하였다. 그러나 한편으로는 세종 8년(1426) 경상도의 3개 포구에 와서 왜인들이 평화적인 교역을 할 수 있도록 허락하였고, 세종 18년(1436)에는 왜인들의 삼포 거주를 허가하는 등 회유정책도 병행하였다. 그러면서도 연해지역의 읍성 수축을 적극 추진하였던 것은 왜인들은 믿을 수 없다는 인식과 함께 연해지역에 대한 철저한 방비시설 구축만이 연해지역에 대한 보다 항구적인 안정을 얻을 수 있다는 생각에서 비롯된 정책이었다고 할 수 있다.87) 이러한 인식은 梁誠之가 세종 32

---

85) 車勇杰, 앞의 논문, 67쪽.
86) 『世宗實錄』 卷51, 世宗 13年 1月 辛巳.
87) 『世宗實錄』 卷54, 世宗 13年 11月 己巳.

년(1450) 올린 '備邊十策'에서 "和親하는 일도 전쟁하는 일도 모두 병력을 쓰지 않을 수 없다"라고 하는 데서도 잘 나타나고 있다.[88) 즉, 기본적인 武備가 없이는 和親하고 싶어도 할 수 없다는 국제관계의 냉정함을 명확히 인식하고 있다.

한편 兩界지역의 경우, 압록강 상류지역 이남에는 太宗代에 閭延郡을 설치한데 이어, 세종 15년(1433)에는 최윤덕을 보내 婆猪江 일대의 야인을 정벌하고 여연과 강계의 중간의 慈作里에 城을 쌓고 자성군을 두게 되었다. 또 세종 19년(1437)에는 또다시 이천을 보내 婆猪江 일대의 야인들에 대하여 대대적으로 공략하고, 세종 22년(1440)에는 여연군 동쪽에 무창현을 설치하였다가 1442년 郡으로 승격시켰다. 또 이듬해에는 閭延과 慈城의 중간지점인 우예보에 우예군을 설치하여 이른바 4郡이 완성되게 되었다. 또 동북지역에서는 세종 16년(1434)부터 방비체제의 정비를 적극적으로 추진하여 鎭의 설치와 移設, 성곽 축조 등이 속속 이루어져 이른바 6鎭의 布置가 점차 완료되게 되었다. 이 지역의 읍성 수축은 이러한 양계지역의 개척과 방비체제의 정비과정에서 이루어 졌다.

이 시기에는 전체적으로 볼 때, 전반기에는 주로 읍성이, 후반기에는 행성축조가 이루어지게 되었는데, 이러한 대대적인 축성사업에는 자연히 많은 인력이 필요하게 되었다. 이미 태종대부터 戶口調査와 量田이 강화됨으로써 인력징발의 기반이 어느 정도 확보되었기 때문에 이러한 지속적인 축성사업을 추진할 수 있었던 것이다. 그런데 축성역에 동원되는 軍丁은 거의 모두 농민군이어서 축성을 위한 軍丁 징발에는 시기적인 제한이 뒤따랐고 해당 거주지의 축성이 아닌 타도의 축성에 동원되는 경우에는 왕래하는데 따르는 고통이 매우 심각하였다. 이에 세종 12년에는 백성을 역사에

---

88) 梁誠之, 『訥齋集』 卷1, 備邊十策.

동원하는 規式을 만들어 10월 공사를 시작하여 20일간으로 정하되 풍년에는 10일을 연장하고 흉년에는 10일을 단축하도록 하였다.[89] 또한 세종 13년 10월에는 左司諫 金中坤 등의 상소에 따라 매년 한 道에 한 城만을 축성하되 主掌官이 풍흉을 보아 축성할 곳을 보고하고, 각 고을의 民戶와 丁數의 다과를 헤아려 징발해 쌓되 부역일수를 준수하고 미필되면 다음해를 기다려 쌓는 것을 규정으로 삼도록 하였다.[90]

이 시기의 또 하나의 특징은 최윤덕 등 大臣들에게 都巡撫使·都巡問使 등의 직책을 주어[91] 성곽 수축의 임무를 맡아 처리하도록 하여 축성사업이 지속적으로 이루어 질 수 있었다는 점이다. 大臣들이 직접 축성사업을 책임짐으로써 그 어느 때보다 강력히 추진될 수 있었던 것이다.[92] 또한 세종 16년에는 各道의 軍容城子巡審使를 兵曹堂上과 都鎭撫로 선임하고, 매년 春秋에 各道로 보내 방어에 관한 일까지도 아울러 점검하게 하는 것을 恒式으로 삼게 하되, 그 파견 시기를 평안도는 매년 10월부터 이듬해 2월까지로 한정하고, 나머지 각도는 10월로 하며, 병조의 堂上官과 도진무가 모두 有故할 때는, 2품 이상의 다른 관원으로 대신하게 하는 조치를 시행하여 성곽에 대한 관리를 한층 강화하게 되었다.[93]

그리고 築城役事 監督은 예전에는 朝官을 보내거나 혹은 감사나 절제사·수령과 같은 외관직 관리가 맡기도 하였으나, 세종 17

---

89) 『世宗實錄』 卷50, 世宗 12年 12月 辛未.
90) 『世宗實錄』 卷54, 世宗 13年 10月 甲辰.
91) 『世宗實錄』 卷43, 世宗 11年 2月 庚辰 ;『世宗實錄』 卷50, 世宗 12年 12月 乙未.
92) 世宗 16年 7月에는 충청·전라·경상 세 道의 성곽은 刑曹判書 鄭欽之가 맡게하고, 함길도의 성곽은 戶曹參判 沈道源, 평안도의 성곽은 戶曹參議 朴坤으로 하여금 담당하게 하였다.
93) 『世宗實錄』 卷63, 世宗 16年 3月 己亥.

년에 와서는 절제사가 있는 道는 절제사가 축성감독을 맡고 감사가 규찰하며, 황해도는 감사가, 강원도는 수령을 선발하여 감독하게 하고 감사가 규찰하도록 하였으며, 한 道에 여러 城을 쌓을 때, 상호간 거리가 멀면 도순무사를 보내 감독하도록 하였다.94) 그러나 이듬해에는 司水色을 修城典船色으로 개편하면서 別監을 두어 축성사를 맡아보도록 하고, 각도에 나누어 보내 축성역을 감독하는 것을 恒式으로 삼도록 하였다.95) 이와 같은 것은 축성역사와 같이 많은 인원이 동원되는 국가의 중대사업의 감독을 지방관리에게 일임할 경우, 축성의 부실과 뇌물을 받고 역군을 放軍하여 사욕을 채우거나 혹은 규정된 역사기한을 지키지 않아 민폐를 유발하는 것 등을 방지하기 위한 것으로 생각된다.

그리고 이 시기에는 축조방식에 대한 개선도 이루어졌다. 세종 12년에는 축성할 때에 敵臺를 아울러 쌓도록 하였고,96) 성 안쪽에 흙을 메워 쉽게 登城할 수 있도록 하고,97) 중국제도에 의거하여 城上에 哨軍이 야간에 의지할 수 있는 閣의 建造,98) 紬城의 축조99) 등 성곽수축에 대한 개선책이 취해졌다. 특히 세종 25년에 11월 兼成均注簿인 李甫欽이 올린 上疏중에 "蓋自戊午年 築城新圖頒降以後"라는 대목이 나오는 것에서 '戊午年'인 세종 20년에 축성제도를 규식화한 '築城新圖'라는 것이 만들어져 축성에 있어서 하나의 기본지침이 만들어진 것으로 보인다. 그것이 현재 남아 있지 않

---

94) 『世宗實錄』 卷69, 世宗 17年 8月 甲子.
95) 『世宗實錄』 卷72, 世宗 18年 5月 甲午.
96) 『世宗實錄』 卷49, 世宗 12年 9月 壬戌.
97) 『世宗實錄』 卷68, 世宗 17年 4月 甲寅 ; 同書 6月 戊午.
98) 『世宗實錄』 卷78, 世宗 19年 8月 丁丑.
99) 『世宗實錄』 卷87, 世宗 21年 10月 癸巳. 紬城이란 城 밖으로 마치 소매처럼 길게 늘여 축조하는 城을 말하며, 주로 城內에 물이 부족할 때 주변의 물가까지 紬城을 쌓아 물을 사용할 수 있도록 하였다.

아 자세한 내용은 알 수 없다. 다만 世宗 20년 1월 의정부에서 연변 여러 口子에 石堡壘를 축조할 때에 敵臺·甕城 및 烟臺의 圖本을 修城典船色에게 만들게 하여 도절제사에게 보내 참고하도록 하는 방안을 보고한 것을 보면 이것이 축성신도의 제작과 직접 관련이 있는 것으로 생각된다.[100] 즉 연변 口子에 石堡를 축조할 때 修城典船色에서 미리 도본을 그려 그대로 施工하도록 한 것이 다른 성곽축조에도 그대로 적용되면서 축성에 대한 기본지침서격인 축성신도가 제작된 것으로 보인다.

세종연간 중반기에는 가장 활발한 읍성축조가 이루어진 시기이지만 읍성수축은 그후에도 산발적으로 계속되었다. 당초 세종 11년(1429) 읍성위주의 축성이 본격적으로 시작되어 10년을 기한하고 완성을 보고자 하였으나 세종 18년(1436)과 19년에 연달아 큰 흉년이 들어 축성사업에 차질이 생겼고, 다음의 인용문과 같이 세종 21년에는 매우 긴급한 곳을 제외하고는 축성시기를 늦추도록 하는 조치가 이루어졌다.

처음에 前縣監 金弘毅가 상서하여 時弊를 진술하였으므로, 정부에 내려 의논하여 보고하게 하였더니, 정부에서 여럿이 의논하여 아뢰기를, … 상언한 중에, '병진년(1436)과 정사(1437)년에 失農한 것이 너무 심하였으므로 백성의 負債가 많고 무거운데, 각 고을에서 독촉하여 징수하느라고 결박하고 채찍으로 때려 가산을 다 팔아도 오히려 未畢하였사온데, 또 성 쌓는 부역이 있으므로 혈혈 단신의 가난한 백성이 오래 부역하다가 양식이 떨어져서 도피하면 그 처자를 포박하여다가 오랫동안 옥중에 매여 두게 되오니, 가을갈이와 밤줍는 등의 일을 어찌 바랄 수 있겠습니까. 엎드려 바라옵건대, 반드시 농사에 3년 동안 큰 풍년이 있는 것을 기다린 뒤에야 축성하는 것이 어떻겠습니까.'하였는데, 신 등의 생각으로는, 지나간 병진년의 흉년은 고금에 드문 것이었고, 그 후 두 해나 되어도 아직도 풍년들

---

100) 『世宗實錄』 卷80, 世宗 20年 1月 庚子.

　　지 못한 것은 과연 상언한 것과 같사오니, 엎드려 바라건대, 極邊의
　　가장 要地가 되는 성 이외의 여러 성을 병조에 명령하여, 땅의 緩急
　　과 해의 풍흉을 살펴 형편에 따라 점차로 쌓게 하소서.” … 하니, 그
　　대로 따랐다.101)

　세종연간 후반기에 읍성수축이 지연된 것은 이러한 사정 때문이
며, 게다가 세종 22년부터는 행성축조가 본격화됨으로써 10년을
목표로 완성하려던 읍성수축계획은 일단 속히 완료되기 어렵게 되
었다. 그런데 세종 24년에 이르러 긴급히 경상도 泗川·固城·寧
海의 읍성을 축조하도록 하면서, 甕城·敵臺·池濠는 점차적으로
축조한 것을 보면 성곽의 시설보강작업을 추진한 것으로 판단되
며, 하삼도 연변 각 고을의 축성이 끝난 후에 內地의 읍성을 차례
로 축조하도록 하였다.102) 그러나 내지의 읍성 축조는 세종시대 후
반기에는 北邊事가 많아지고, 특히 행성축조가 대대적으로 실시됨
으로써 내지에 대한 축성계획은 실행되지 못하였고, 단지 세종 26
년경 긴급한 연해지역의 읍성수축은 어느 정도 마무리 되었다.103)

(3) 第 3 時期(文宗 ~ 睿宗代)

　이 시기에 와서는 국내외적인 사정으로 인하여 읍성축조 동향에
중요한 변화가 일어났다. 먼저 문종대에 들어와서 세종대에 추진

---

101)『世宗實錄』卷84, 世宗 21年 3月 丙辰. “初前縣監金弘毅上書陳弊 下
　　政府擬議 以聞政府僉議啓 … 上言內丙辰丁巳兩年失農甚 故民之負
　　債多重 各官督徵之 結縛鞭撻 家產盡賣 尙猶未畢 又有築城之役 煢獨
　　貧民 役久絶糧 而逃避繫縲其妻子 久滯於獄 秋耕拾栗等事 奚可望乎
　　伏願必須農事 大有三年然後 築城何如 臣等謂去丙辰之災 古今罕少
　　其後兩年 尙未豊稔 果如上言 伏望極邊最要處城子外 其餘諸城 令兵
　　曹察地之緩急 歲之豊凶 隨宜漸次築之 …”
102)『世宗實錄』卷97, 世宗 24年 7月 戊寅.
103) 車勇杰,『高麗末·朝鮮前期 對倭關防史 研究』, 77쪽.

되던 양계지역의 행성축조 정책은 사헌부의 정지 요청에도 불구하고 계속 추진되었으나104) 중국 및 조선 변경지역에서의 새로운 변화가 일어나면서 종전의 축성정책은 수정되게 되었다. 앞서 서술한 바와 같이 明 永樂帝의 원정과 회유정책으로 잠잠하던 중국 변경에서는 몽고의 후예인 오이라트에 새 지도자 에센(也先)이 등장하면서 우량하(兀良哈)를 점령하고 女眞族을 통제하면서 明을 침입하였으며, 1455년에는 에센이 피살되면서 오이라트 세력에 눌려 있던 동북지역의 타타르가 다시 흥기하여 만주일대에서의 긴장은 계속되었다.105)

이러한 중국변경과 만주일대에서의 소요는 자연히 조선에게도 큰 위협이 되었다. 이에 문종은 일단 평안도의 행성과 읍성의 수축은 일단 정지하고 읍성중 퇴락하고 부실한 곳을 시급히 수리하게 하고, 성문에는 특별히 철판을 부착하여 쉽게 부서지지 않도록 하였다.106) 또 서북지역 성곽의 수축과 창고의 점검 등 유사시에 대비하였고,107) 각도에 명하여 銃筒鑄造는 정지하고, 弓矢를 많이 제작하도록 하며 읍성의 강화를 거듭 지시하였다.108)

또한 문종은 左承旨 鄭而漢의 건의에 따라 세종대에 대신으로 하여금 축성사무를 관장하게 하였던 예에 따라 右贊成 鄭苯을 都體察使로, 成均館 司藝 金淳과 吏曹正郎 辛永孫을 從事官으로 삼아 하삼도의 성곽을 점검하도록 하였다. 당시 鄭而漢이 아뢴 내용을 보면 다음과 같은데,

---

104)『文宗實錄』卷2, 文宗 卽位年 6月 己丑.
105) 杜榮坤・白翠琴, 1986,『西蒙古史硏究』, 新疆人民出版社, 99~104쪽.
106)『文宗實錄』卷2, 文宗 卽位年 7月 辛酉.
107)『文宗實錄』卷3, 文宗 卽位年 8月 乙亥・戊寅.
108)『文宗實錄』卷3, 文宗 卽位年 9月 壬寅.

　　　　지금 국가가 태평한 지가 시일이 오래되어 邊境이 근심이 없게
되니 下三道에서는 안녕한 데에 익숙해져서 沿邊의 城堡가 혹은 낮
고 무너지기도 하며, 혹은 築造하지 않은 곳이 있기도 하며, 또 戰艦
도 수리하지 아니하여 海路의 防禦가 弛緩해졌으니, 世宗朝의 舊例
에 의거하여 大體를 잘 아는 大臣으로 특별히 하삼도의 변방을 방비
하는 사무를 오로지 관장하게 하여 그 성과를 책임지게 하소서. 비
록 大臣이라 하지만, 그러나 事體를 알아 措置를 잘하는 사람이 아
니면 다만 백성의 노력만 소비할 뿐입니다. 臣이 兩界의 옛날 쌓았
던 읍성을 살펴보니 지금은 쓸모가 없는 물건이 되어 그대로 버리게
된 것이 자못 많습니다. 太宗朝의 星山府院君 李稷은 名相이라 호
칭했는데, 함길도 도체찰사가 되어 吉州의 읍성과 端川·北靑·甲
山의 산성을 쌓았으나 지금은 모두 버렸으니, 모름지기 大臣 가운데
현명한 사람을 골라 하삼도의 사무를 관장하게 하여 邊境을 방비하
면 萬世토록 다행이겠습니다.109)

　이 내용을 보면 그간에 축조하였던 성곽이 시간이 지남에 따라
대부분 퇴락하여 이를 수축하고, 또 한편으로는 그간의 축성사업
에서 아직 읍성이 축조되지 못한 곳에 대한 읍성의 수축을 의도한
것이다. 아울러 이미 축조한 성곽이라도 입지가 적절하지 못하면
이설하겠다는 방침이었다.110)
　이러한 것은 그동안 읍성의 구조나 시설적인 문제점이 지적되어
온 결과이기도 하다. 右贊成 金宗瑞는 이 당시,

---

109)『文宗實錄』卷3, 卽位年 9月 庚申. "今國家昇平日久 邊境無虞 下三
　　道狃於安寧 沿邊城堡或低微圯毀 或有不築之處 且戰艦不修 海路防
　　禦緩弛 依世宗朝舊例 特命知大體大臣 專掌下三道備邊之事 以責其
　　成 雖曰大臣 然非識事體善措置者 徒費民力耳 臣觀兩界古築邑城 今
　　爲無用之器 虛棄者頗多 太宗朝星山府院君李稷 號爲名相 爲咸吉道
　　都體察使 築吉州邑城及端川北靑甲山山城 今皆棄之 須擇大臣之賢者
　　以掌下三道之事 以備邊圉 萬世幸甚 …"
110)『文宗實錄』卷3, 卽位年 9月 庚申. "世宗累遣大臣 巡視諸郡城基 令其
　　道守令監築 築之幾盡 上以南方濱海城堡未完 命苯更審之 雖已築者 地
　　理或未得其宜 則移之其所 不築者築之 仍令從事官分道監築 …"

옛날 城의 守備는 子城·羅城과 溝池의 險固함이 있고, 또 樓櫓·器械의 엄중함과 군량 저축의 여유가 있어도 오히려 능히 保完할 수 없음을 근심하였는데, 지금 여러 邑城들은 모두가 單城뿐이고 外城과 溝池도 없고 오랫동안 편안한 데 익숙해져서 큰 敵軍을 보지 못했으므로, 城위의 방비하는 機具도 또한 허술하고, 더구나 군량 저축이 적은 이유로써 오랫동안 견딜 수가 없으니, 생각이 이에 이르면 실로 한심할 지경입니다.[111]

라고 하여 읍성의 결점을 지적하고 있으며, 후에 鄭苯이 대대적으로 전국의 읍성을 점검할 때 이러한 점이 고려되었으리라 생각된다.[112]

鄭苯은 이듬해 8월에 1차적으로 전라도 각 지역의 성곽에 대한 상세한 점검결과를, 그대로 둘 곳과 퇴축할 곳, 개축할 곳 등 3개 부류로 나누어 보고하고 있는데,[113] 다음의 <표 2-1-3>~<표 2-1-7>에서 알 수 있는 바와 같이 전라도의 경우 그대로 둘 곳이 순천·낙안 등 11개 지역의 성곽이며, 개축할 곳은 고부·무장·부안·옥구 등 4개지역, 퇴축할 곳은 장흥·영광·나주·용안·홍덕 등 5개지역이다. 당시 정분이 전라도 읍성 가운데 그대로 둘만하다고 보고한 곳은 성의 둘레가 대체로 3,000尺 전후이며, 女墻의 높이는 대체로 3尺 정도가 일반적이었다. 또한 女墻·敵臺[114]·擁城·海子 등의 시설을 갖추고 있으나 성문 앞에 설치하는 옹성의 경우는 강진현 內廂城을 제외하고는 전혀 옹성을 갖추지 않았거나 2~4개의 성

---

111) 『文宗實錄』卷3, 文宗 即位年 8月 戊寅. "古之城守 有子城羅城溝池之固 又有樓櫓器械之嚴 糧儲之裕 猶患不能保完 今諸邑城 皆單城無邾郭溝池 狃於久安不見大敵 城上備禦之具亦疎 加以蓄積之少 不能持久 念至於此 實爲寒心 …"

112) 『文宗實錄』卷3, 文宗 即位年 8月 戊寅.

113) 『文宗實錄』卷9, 文宗 元年 8月 丙戌.

114) 城門 左右나 城壁 중간에서 밖으로 돌출되게 쌓아 성벽을 공격하는 적을 측면에서도 공격할 수 있도록 하여 城門을 보호하는 시설물로 대개 方形으로 되어 있음.

문 가운데 1~2곳만 옹성을 갖추고 있다. 그리고 여장은 광양현 읍성이 약 4.8尺마다 1개씩 설치하여 성둘레에 비교하여 가장 많은 여장이 설치된 곳이며, 임피현이 약 7尺마다 설치되어 가장 적게 설치된 곳인데, 평균적으로 6.15尺마다 1개의 여장이 설치된 것으로 계산된다. 이를 도표로 보면 다음과 같다.

<표 2-1-3> 1452년 都體察使 鄭苯이 보고한 전라도 읍성(1)

성 명 칭	둘 레	높 이	비 고
순천부 읍성	3,383척	12척	여장높이 3척, 적대 6, 성문 4(옹성 2), 여장 514, 우물 4, 池 8, 해자 둘레 3701척.
낙안군 읍성	2,865척	8척5촌~9척	여장 높이 2척5촌, 적대 12, 未畢敵臺 8, 문 3, 여장 420, 우물 2, 小池 2.
보성군 읍성	3,000척	7척~8척	여장높이 2척, 문 3, 여장 539, 우물 2, 샘 2, 池 1.
영암군 읍성	4,369척	9~12척	여장높이 3척, 적대 6, 문 3, 여장 639, 샘 2.
광양현 읍성	1,812척	7척 6촌	여장높이 3척, 적대 9, 未畢敵臺 7, 문 3, 여장 374, 해자 둘레 1,995척.
흥양현 읍성	3,500척	9척4촌~12척	여장높이 3척, 적대 11, 문 2, 여장 574, 우물 5.
무안현 읍성	2,700척	11척	여장높이 3척, 적대 7, 문 3(옹성 1), 여장 427, 우물 2, 샘 2, 池1, 해자 둘레 2,893척.
강진현 內廂城	2,225척	10척8촌	여장높이 2척4촌, 적대 8, 문 4(옹성 4), 여장 443, 우물 4, 해자 둘레 2,597척.
만경현 읍성	2,820척	12척	여장높이 3척, 적대 4, 문 3, 여장 453, 우물 3.
임피현 읍성	3,095척	10척	여장높이 3척, 적대 9, 문 3(옹성 2), 여장 439, 우물 7, 池 2, 해자 둘레 3,075척.
함열현 읍성	3,485척	11척	여장높이 1척5촌(혹은 2척), 적대 16, 문2(옹성 2), 여장 550, 우물 2, 小池 1.

※ 『文宗實錄』(卷9 文宗 元年 8月 丙戌)의 기록을 도표화한 것임. 이하 同.

<표 2-1-4> 1452년 都體察使 鄭苯이 보고한 전라도 읍성(2)

성 명 칭	둘 레	높 이	비 고
고부군 읍성	1,803척	9척	여장높이 3척, 문 2, 여장 335, 우물 4, 小池 1.
무장현 읍성	1,470척	7척	여장높이 1척, 문 2(옹성 2), 여장 471, 해자둘레 2,127척.
부안현 읍성	1,500척	7척	여장높이 1척5촌, 문 2, 여장 250.
옥구현 읍성	1,511척	9척	여장높이 2척, 문 3, 여장 300, 샘 1.

〈표 2-1-5〉 1452년 都體察使 鄭苯이 보고한 전라도 읍성(3)

성 명 칭	둘 레	높 이	비 고
장흥부 읍성	6,400척	4~10척	여장높이 1~2척, 적대 2, 여장 916, 문 3(옹성 1).
영광군 읍성	2,712척	10척	여장높이 1척6촌, 적대 2, 문 3(옹성 1), 여장 462, 샘 6.
나주목 읍성	새로 7,000척으로 고쳐 정함. 일찍이 북면주변을 600척 개축하였으나 내면에 흙을 메우는 것 등을 법식에 의하지 않음.		
용안현 읍성	둘레 2,797척, 높이 4~8척으로 축성중에 있으나 거주민이 겨우 180호이므로 2,400척으로 줄여서 정함.		
홍덕현 읍성	1,747척	6척8촌	여장높이 1척8촌, 문 2.

〈표 2-1-6〉 1452년 都體察使 鄭苯의 보고한 경상도 읍성(1)

성 명 칭	둘 레	높 이	비 고
경주부 읍성	4,075척	11척6촌	여장높이 1척4촌, 적대 26, 성문 3, 여장 1,155, 우물 83.
김해부 읍성	4,418척	13척	여장 높이 2척, 적대 20, 문 4(옹성 4), 여장 931, 川 1, 우물 28, 해자 둘레 4,683척
창원부 내상성	3,775척	12척6촌	여장높이 1척8촌, 문 4(옹성 4), 적대 12, 여장 635, 우물 7, 해자 둘레 4,060척.
곤양군 읍성	3,765척	7~12척	여장높이 2척, 적대 12, 문 3(옹성 3), 여장 514, 우물 3, 샘 3, 해자 或有·或無.
기장현 읍성	1,527척	11척	여장높이 2척, 적대 6, 문 3(옹성 3), 여장 383, 우물 1, 城外에서 引水하여 池를 만듬.
동래현 읍성	3,000척	12~13척	여장높이 2척, 적대 12, 문 4(옹성 4), 여장 513, 우물 6.
고성현 읍성	3,011척	12척	여장높이 2척, 적대 12, 문 3(옹성 3), 여장 575, 우물 4.
남해현 읍성	2,806척	12척	여장높이 3척, 적대 13, 문 3(옹성 3), 여장 553, 샘 3, 小溝 1, 해자 둘레 3,037척.
하동현 읍성	2,943척	7~8척	여장높이 3척, 적대 11(未畢 7), 문 3(옹성 3), 여장 588, 샘 5, 池 1.

※ 상기 내용은 그대로 둘 곳으로 보고된 읍성

〈표 2-1-7〉 1452년 都體察使 鄭苯이 보고한 경상도 읍성(2)

성 명 칭	둘 레	높 이	비 고
울산군 내상성	3,732척	8척	여장높이 3척, 적대 21(未畢 3), 성문 4(옹성 4), 여장 908, 우물 11, 샘 3, 해자 或有·或無.
사천현 읍성	3,015척	10척5촌~11척5촌	적대 15, 문 3(옹성 3), 여장 580, 우물 7.
진해현 읍성	1,325척	7척4촌	여장높이 3척, 적대 6(未畢 3), 문 2(옹성 2), 여장 382, 우물 1, 城外에서 引水.

진주목 촉석성	3,000척이던 것을 2,000척 추가.
밀양부 읍성	4,713척
양산군 읍성	2,950척
언양현 읍성	읍성 舊基 1,427척에 1,000척을 추가.
칠원현 읍성	성터 남쪽 골짜기에 4,700척 審定.

※ 상기 내용은 개축·이축할 곳

그리고 9월에는 경상도·충청도에 대한 성곽 점검 결과를 보고 하였는데, 경상도 읍성의 경우, 위의 <표 2-1-6>, <표 2-1-7>과 같이 그대로 둘 곳은 경주·김해·창원·곤양·기장·동래·고성·남해·하동 등 9개 지역이며, 改築이나 移築해야 할 곳은 울산·사천·진해·진주·밀양·양산·언양·칠원 등 8개 지역이었다. 경상도 읍성의 경우도 <표 2-1-6>에서 알 수 있는 바와 같이 여장·적대·옹성·해자 등의 시설을 갖추고 있는데, 전라도의 경우와 비교하여 2가지 특징이 나타난다. 첫째는 전라도 읍성에 비해 대체로 여장이 촘촘히 설비되었다는 점이다. 전라도의 경우는 6.15尺마다 1개의 여장을 설치한 반면, 경상도의 경우는 평균 5.17尺마다 1개의 여장을 설치한 것으로 나타난다. 둘째는 경상도의 경우는 전라도와 달리 慶州府를 제외하고는 모든 성문에 옹성을 설치하였다는 점이다. 당시에 국가 방비면에서 경상도 지역에 더 비중을 두었다는 것은 이러한 성곽 시설을 통하여서도 알 수 있다.

또한 충청도의 경우는 비인·남포·보령·해미·당진·면천·홍주는 그대로 두어도 될 곳이며, 서천군 읍성은 퇴축해야 할 곳으로 조사되었는 바,[115] 이를 보면 다음의 <표 2-1-8>과 같다.

---

115) 『文宗實錄』 卷9, 文宗 元年 9月 庚子.

〈표 2-1-8〉 1452년 **都體察使 鄭苯**이 보고한 충청도 읍성

성 명 칭	둘 레	높 이	비 고
비인현 읍성	1,933척 8촌	9~11척	여장높이 3척, 적대 5, 성문 3(옹성 2), 여장 423, 우물 3, 해자 둘레 2,152척.
남포현 읍성	2,476척	12척	여장 높이 3척, 적대 5, 문 3(옹성 3), 여장 337, 우물 2, 城外에서 引水하여 池를 만듬.
보령현 읍성	2,109척	12척	여장높이 2척, 문 3(옹성 2), 적대 8, 여장 412, 우물 3, 해자 둘레 2,190척.
해미현 내상성	3,352척	12척	여장높이 3척, 적대 18(未畢 16), 문 4, 여장 688, 샘 3, 해자 둘레 3,626척.
당진현 읍성	2,809척	9척	여장높이 2척, 적대 8, 문 3(옹성 3), 여장 468, 우물 3.
면천군 읍성	3,225척	11척	여장높이 3척, 적대 7, 문 3(옹성 1), 여장 56, 우물 3, 해자 或有·或無.
홍주목 읍성	4,856척	11척	여장높이 2척, 적대 24(未畢 18), 문 4(옹성 3), 여장 608, 우물 2, 小川 1.
서천군 읍성	2,265척	9~12척	여장높이 3척, 적대 14, 성문 2, 여장 500, 샘 5 → 퇴축할 곳

※ 상기 내용은 그대로 둘 곳, 퇴축할 곳임

　이러한 下三道 지역의 읍성에 대한 상세한 점검과 조치는 세종 중반기 이후 건설된 하삼도 지역의 읍성에 대한 재정비를 뜻하며, 전라도 나주목 읍성이 城의 내면에 흙을 메우는 것 등을 法式에 의하지 않아 改築할 것을 보고하고 있는 것으로 보아 전과는 달리 축성법식의 적용을 보다 강화하고 있음을 알 수 있다.

　그리고 『文宗實錄』에 기록된 도체찰사 정분이 조사하여 보고한 하삼도의 읍성 현황은 시점이 정확한 기록이므로 다른 지리지에 기록된 내용과 비교할 수 있는 좋은 자료가 된다. 『世宗實錄』地理志나 『新增東國輿地勝覽』의 편찬이 완료된 시점과 그 자료에 들어 있는 내용의 시점에는 차이가 있기 때문에 정확히 시점을 잡을 수 없다. 더구나 각 지역별로도 차이가 있어서 더욱 그러하다. 다음의 <표 2-1-9>에서 알 수 있는 바와 같이 하삼도만을 보면 정분이 조사하여 보고한 읍성의 수가 『世宗實錄』地理志에 기록되어 있는

수에 훨씬 못 미치고 있다. 이는 앞서 말한 바와 같이 세종 11년 최
윤덕이 성곽축조 지침을 마련한 이래 읍성과 산성에 대한 일대 정
리가 행해졌음을 알 수 있게 해주는 대목이다. 당시 읍성을 위주로
하였지만 읍성이 소용없는 곳은 산성을 수축하도록 하였기 때문에
조선초기에 있던 읍성도 일부는 廢撤되었던 것을 알 수 있다.

<표 2-1-9> 朝鮮前期 地理志 所載 下三道 邑城數 比較

구 분	충청도	경상도	전라도	계
世宗實錄 地理志	15	27	23	65
文宗代 鄭苯 報告	8	17	20	45
新增東國輿地勝覽	17	30	30	77

여하튼 문종대에는 하삼도 뿐만 아니라 황해도, 평안도, 함길도
의 성곽도 대대적으로 점검되었는데, 하삼도의 읍성 수축은 대체
로 세종대에 이전에 축성된 것을 보완하는 성격의 축성이며, 평안
도의 경우는 의주나 안주와 같은 주요 거점이 되는 지역을 비롯하
여 희천·가산·개천 등의 읍성을 수축하도록 하였고, 三登·江
東 두 고을을 합하여 三江縣을 세우고 점차적으로 고을 중앙에 읍
성을 축조토록 하였으며,116) 황해도에는 황주에 棘城의 수축을 추
진하게 되었다. 이러한 조치는 변경에서부터 수도에 이르기까지
이른바 賊路로 불리는 예상침입로에 대해 多重의 방어선을 구축하
기 위한 것이었다. 두개의 현을 합병하여 삼강현을 만들고 읍성을
축조토록 한 것은 이 지역을 보다 큰 고을로 만들어 읍성을 수축하
고 이를 거점으로 사군지역에서 희천·성천을 거쳐 내려오는 적을
평양이나 수안·신계를 거쳐 개성으로 직진하지 못하게 하고자 한

---

116) 『文宗實錄』 卷6, 文宗 元年 3月 乙卯.

것이다. 또 황주의 극성은 평양이 함락되거나 삼강을 지나 상원을 거쳐 황해도로 들어올 경우 해주는 한쪽에 치우쳐 있기 때문에 개성으로 향하는 길목을 막지 못하는 상황이기 때문에 그 길목이 되는 황주에 축성을 추진하게 된 것이다. 그러나 황주의 극성 축조는 문종대에 성취되지 못하였고, 후에도 계속 추진되어 세조대에는 석재를 모으고, 성종대에는 黃州築城使까지 임명하여 추진하였으나 흉년과 신하들의 의견 불일치 등으로 끝내 축성을 마치지 못하였다.

한편 함길도의 경우는 종전에 벽성으로 되어있던 종성·온성 읍성을 점차 석성으로 개축하도록 하고, 길주와 함흥 등지의 읍성도 수축하도록 하였으며, 그간 하삼도 연해중심의 읍성수축을 추진하였기 때문에 제외되어 왔던 강원도 영동지역의 강릉·평해·간성·고성·양양·흡곡·통천 등 7개지역에 읍성이 수축되었다.

단종대 이후 세조대에 이르기까지는 수양대군에 의한 癸酉靖難을 비롯한 이징옥의 난, 수양대군의 簒位, 단종복위운동과 단종유배 및 賜死, 이시애의 난 등 정치적 굴곡이 격심한 시기였기 때문에 축성문제에 대한 크게 관심을 기울일 여건이 되지 못하였다. 특히 세종~문종대에 이르기까지 성곽축조 사업을 적극 주도하여 온 皇甫仁·金宗瑞·鄭苯 등이 수양대군 일파에 의해 모두 제거됨으로써 성곽축조 사업도 자연히 위축되었다. 이에 문종이 死去한 이후로는 일부 하삼도 지역에서의 읍성 수축과 보강공사,[117] 양계지역에서의 일부 읍성의 개축 등을 제외하고는 특별한 것이 없다. 다만 세조는 科擧試驗의 策文 題目으로 연변과 內地의 城堡를 모두 쌓으면서도 백성을 困苦하게 하지 않는 방안을 포함시켰던 점으로 보아 궁극적으로는 內地까지 읍성 축조를 의도하고 있었다는 것을

---

117) 『端宗實錄』 卷2, 端宗 卽位年 8月 辛酉.

알 수 있다.[118] 그러나 이는 黃州의 극성 수축 추진에서도 알 수 있는 바와 같이 강력히 추진되지 못하였고, 오히려 兵制의 개혁과 같은 것에 더 많은 관심을 기울였다. 다만 성곽관리는 기본적으로 所管 兵馬節度使가 하되, 매년 巡審한 후 수축할 곳을 6월과 12월에 上奏하도록 하는 것을 법식화 하였다.[119]

(4) 第 4 時期(成宗代)

성종대에 들어서서의 읍성축조 경향을 보면, 우선 이미 축조된 지 오래되어 퇴락한 곳에 대한 점검과 아울러 연해지역 가운데 읍성이 없는 곳에 대한 조치가 이루어지게 된다.[120] 성종은 諸道의 관찰사에게 연변의 성곽유무와 상태 등을 살피고, 축성할 곳의 緩急과 先後를 보고하게 하였다.[121] 이러한 조치는 왜인들에 대한 인식에 그 바탕을 두고 있다. 즉, 『成宗實錄』에,

> 經筵에 나아갔다. 講을 마치자, … 洪允成이 또 아뢰기를, "국가가 昇平한지 50년 가까이 되었는데, 북쪽은 西征北伐로 인하여 士卒과 器械가 크게 단련되었으나, 남쪽은 守禦가 虛疎하고, 器械가 頓弊하여 지극히 염려스럽습니다. 世祖朝에 예조에서 왜인들을 饋餉하였을 때, 한 왜인이 큰 소리로 말하기를, '국가에서 우리들의 留浦糧과 過海糧을 줄여서 우리들을 대우하는 것이 너무 박하니 우리들은 前日에 도둑질하여 두터운 이익을 얻는 것만 같지 못하다' 하였는데, 世祖께서 이 말을 듣고 震怒하여 장차 征討하려고 하였습니다. 그때 신은 母親喪을 당하였는데, 起復되어 楊汀과 함께 경상좌우절도사가 되었습니다. 그러나 마침 懿敬王의 喪事를 당하여 마침내 그만두었습니다. 지금 들으니, 三浦의 왜인 10여 명이 밤을 틈타 도망하였다 하는데, 마음을 헤아릴 수 없습니다. 청컨대 연변의 城堡

---

118)『世祖實錄』卷3, 世祖 2年 2月 甲子.
119)『經國大典』卷4, 兵典 城堡.
120)『成宗實錄』卷24, 成宗 3年 11月 丙申.
121)『成宗實錄』卷48, 成宗 5年 10月 庚子.

> 는 쌓지 않은 것을 쌓게 하고, 銃筒 등의 軍器 또한 엄하게 준비하여
> 기다리게 하소서"하였다. ···. 122)

라고 하는 것에서 알 수 있듯이 三浦居住 왜인들에 대한 식량지원
을 줄이면서 왜인들의 불만이 고조되고, 또 불법적인 거주지 이탈
로 인한 연안지역에 대한 노략질 가능성이 높아지면서 연해지역
城堡에 대한 整備問題가 적극 건의되었다.

이에 성종시대에는 청하·강진·울산·창원·밀양·평해·용안
·양산·칠원 등 경상·전라도 연해지역의 읍성을 수축하였고, 그
외에도 강원도 삼척·경상도 홍덕·전라도 남원 등지의 읍성을 퇴
축하도록 하였다. 특히 경상도의 울산과 창원은 각각 병마절도사영
이 있는 곳으로 이곳에 營城이 있어 이곳을 입보용으로 사용하였기
때문에 별도로 축성을 하지 않았다가 성종 7년 다시 연변지역의 축
성문제가 대두되면서 연변의 큰 고을이 읍성이 없어 未便하다고 하
여 축성을 결정하게 되었다. 그러나 당시는 특별히 긴급한 상황은
없었기 때문에 흉년에는 역사를 중단하면서 점차적으로 축조하도
록 하였다.123)

성종대의 읍성수축은 두가지 특징이 있다. 하나는 연해지역이
아닌 內地의 읍성 수축에 큰 관심을 가지고 있어서 개성부성을 비
롯하여 청주·남원의 성을 修補하였다는 것이며, 또하나는 서북지
역의 의주축성과 황주의 棘城 축조를 적극 추진하였다는 점이다.
이는 성종 12년을 전후하여 명나라에서 開州에 鎭을 설치하고 城
堡 축조를 추진한 것에 자극된 것이다.124) 明이 그동안 空地로 되

---

122) 『成宗實錄』 卷36, 成宗 4年 11月 己酉.
123) 『成宗實錄』 卷67, 成宗 7年 5月 丙寅.
124) 『成宗實錄』 卷128, 成宗 12年 4月 甲子 ; 『成宗實錄』 卷129, 成宗 12
　　 年 5月 丙申.

어있던 동북지역으로 영토를 확장하려는 움직임을 보이면서 조선은 크게 긴장하게 되었다. 성종 12년 10월 남원군 梁誠之는 중국이·開州에 衛[125]를 설치하는 것을 적극 반대해야 한다고 하면서 중국의 저의는 알 수 없으니 서북지역의 성곽을 수축하는 등 대비해야 한다는 주장을 제기하였다.[126] 특히 梁誠之는 중국과의 관문인 의주성을 비롯하여 昌州·碧團·大朔州·小朔州 등의 성곽이 부실하다는 것을 지적하며 지금 곧 修築을 한다면 반드시 부역을 피해 流移하는 자가 많아질 것이니 놀고 먹으며 租賦를 부담하지 않는 승려를 동원하여 수축하는 것이 좋겠다는 의견을 주장하였다.[127]

그러나 문종대부터 추진되었지만 그 성과를 보지 못한 황해도 황주의 棘城을 수축하기 위하여 성종 16년에는 병조판서인 이극균을 黃州築城使로 임명하여 공사를 추진하였지만 역시 그 성과를 보지 못하였으며,[128] 의주읍성의 경우도 축성사업을 이미 시작되었으면서도 그 결말을 보지 못하였다. 이는 서북지역민의 이탈을 막기위해 평안도의 요역과 進上品을 줄이고 평안도 연변 10여 城의 수령은 특별히 청렴하고 인애가 두터운 자를 선발하여 보내도록 하였으며, 同居하는 子壻弟姪로서 軍保에 들어간 자는 다른 役을 면하게 하는 등의 조치를 취하는 상황에서 의주의 축성사업을 강력히 추진하여 백성들에게 부담을 가중시킬 수 없었기 때문이었다.[129]

---

125) 衛는 명나라시대의 군사조직 단위로 1,120명으로 구성된 '所'가 5개 모여 1衛를 구성함으로 결국 5,600명의 군인으로 조직되는 것이다. 동북의 空地에 衛를 설치한다는 것은 결국 주변지대를 완전히 영토화하는 것이기 때문에 조선으로서는 이를 대단히 경계하였던 것이다.

126)『成宗實錄』卷134, 成宗 12年 10月 戊午.

127) 위와 같음.

128)『成宗實錄』卷184, 成宗 16年 10月 癸巳.

129)『成宗實錄』卷229, 成宗 20年 6月 丙辰 ;『成宗實錄』卷230, 成宗 20

한편 성종대에는 八道修城使를 신설하여 전국의 성곽에 관한 사무를 총괄하게 하고자 하였으나 巡審할 때 많은 폐해를 끼치고, 각도의 監司가 축성할만한 곳에 대해 오히려 더 잘 알고 있을 터이니 감사에게 위임하는 것이 좋겠다는 의견과 監司는 軍民을 모두 다스리고, 節度使는 防禦의 重任이 있어 별도로 修城使를 보내는 것이 좋겠다는 의견이 대립하였으나 성종은 수성사가 친히 갈 필요가 없으니, 從事官을 보내 살펴서 시행하면 무슨 번거로움이 있겠는가라고 하며 축성을 담당할 부서의 설치를 지지하고 있다.130) 그러나 그후 기록에 팔도수성사라는 명칭은 보이지 않고, 다만 築城司라는 명칭이 나타나고 있는 것으로 보아 축성을 전담하는 부서로 築城司가 신설된 것으로 보인다.131) 이 축성사는 후에 중종대에 備邊司 창설의 모태가 되었다.132) 즉, 임진왜란 이후 조선후기에 있어서 의정부 기능을 대신한 備邊司의 시작은 조선전기 築城事務를 관장하는 기구에서 출발한 것이었다.

(5) 第 5 時期(燕山君 ~ 宣祖)

연산군대에서 임진왜란 직전까지는 읍성수축에 큰 변화는 없었다. 다만 중종대에 수십년을 완성하지 못하였던 의주읍성이 완축되었을 뿐이다. 그러나 당시 의주읍성의 축조공사 추진여부를 놓고, 臺諫과 대신들 간에 갈등이 유발되어 한 때는 큰 정치적 쟁점이 되기도 하였다. 대신들은 당시 병조판서였던 고형산을 순변사로 보내 축성을 완료하고자 하였는데, 대간들은 평안도가 흉년이고 곧 중국사신이 오기 때문에 그 支待에도 번거로울 것이니 축성

年 7月 丁巳・甲子.

130)『成宗實錄』卷106, 成宗 10年 7月 乙丑.

131)『成宗實錄』卷288, 成宗 25年 3月 庚寅.

132)『中宗實錄』卷28, 中宗 12年 6月 辛未. "改築城司稱備邊司"

을 연기하자는 의견이었으나 이는 받아들여지지 않았다. 그런데 25일 만에 끝낸 의주읍성은 불과 3년만에 모두 붕괴되어 이에 대한 처벌문제를 놓고 政局이 매우 소란하게 되었다. 결국 평안도 관찰사가 파직되고, 監築官들이 처벌되는 것으로 일단락되었지만 이러한 사건은 지방의 관찰사·절도사는 물론 중앙의 朝官들에게도 축성에 대한 적극적 주장을 억제하는 요인으로 작용하였다.

그러나 선조 24년경 일본과의 갈등이 증폭되고, 전쟁의 위기감이 고조되면서 조선에서는 嶺南·湖南지역 주요 요충지의 읍성을 대대적으로 수축하였다. 특히 경상도에서는 永川·淸道·三嘉·大丘·星州·釜山·東萊·晉州·安東·尙州 등 적이 돌입할 것으로 예상되는 지역과 首都로 연결되는 주요 大邑의 성곽을 증축, 혹은 수축하였다. 그런데『宣祖修正實錄』에 "크게하여 많은 사람을 수용하는 것에만 신경을 써서 험한 곳에 의거하지 않고 평지를 취하여 쌓았는데 높이가 겨우 2~3장에 불과하였으며 塹壕도 겨우 모양만 갖추었을 뿐 백성들에게 노고만 끼쳐 원망이 일어나게 하였는데, 識者들은 결단코 방어하지 못할 것을 알고 있었다"[133]라고 하여 당시 읍성수축이 견실하게 이루어지지 못하였음을 비판하고 있다.

조선시대에 와서 하삼도 지역에 축조된 읍성은 주로 소규모 집단으로 이루어진 왜구에 대비하기 위한 것이었다. 따라서 구릉이나 평지에 위치한 읍성을 지키기 위해서는 적어도 비슷한 수의 병력이 있지 않고는 수비하기가 어렵게 되어 있었다. 임진왜란 당시 대부분의 읍성이 지켜지지 못하거나 放棄된 것은 그러한 이유에서이다.

이로 말미암아 임진왜란은 조선시대 축성정책에 커다란 변화를 가져오게 되었다. 지속적이고 대규모 침입에는 읍성이 적절하지

---

133)『宣祖修正實錄』卷25, 宣祖 24年 7月 甲子.

못하다는 것이 입증되면서 세종대 이후 읍성위주의 정책은 수정이 불가피 해졌다. 이에 임진왜란을 계기로 읍성보다는 산성이 주로 수축되었으며, 읍성과 산성이 모두 있는 지역도 평시에는 읍성에 있다가 전란이 닥치면 산성으로 들어가 수비하도록 하였다.[134] 또 광해군 원년에는 전라·경상도 監司에게 "道內의 산성이나 읍성을 막론하고 형편이 지킬만한 곳을 가려서 하나의 큰 진을 만들어 성곽과 기계를 수선하여 군량을 쌓고 군사를 훈련시켜 후일에 반드시 지킬수 있는 곳으로 삼도록 할 것"을 지시하고 있다.[135] 이는 예전의 읍성이 군사·정치·행정·경제 등 복합적인 기능을 갖는 존재에서 군사적인 기능만을 강조하는 시대로 전환되었다는 것을 의미하며, 이로 말미암아 군사적인 측면에서 기능성이 떨어지는 지역의 읍성은 대체로 방치되게 되는 계기가 되었다고 생각한다.

그렇다면 임진왜란 당시 읍성이 성공적으로 수비되지 못한 것을 단순히 성곽의 부실만으로 설명할 수 있을까. 여기에는 한가지 무시못할 구조적인 문제가 있다. 즉, 지역방어개념이 강한 鎭管體制가 붕괴되고 制勝方略 分軍法이 등장함으로써 事變이 발생하면 각지의 수령은 管內의 병사를 나누어 거느리고 약정된 지역에 가서 중앙에서 파견되는 지휘관을 기다려야 하기 때문에, 자연히 거주지 읍성은 군사력이 열세하게 되었고, 이러한 체제는 결국 주민들이 戰時에 성내로 들어가는 것을 꺼리게 하는 요인이 되었던 것이다. 임란 당시 읍성을 비워두고 軍官民이 모두 山谷으로 흩어져버린 지역이 많았던 것도 그러한 이유에서이다. 즉, 제승방략 분군법은 각 지역의 군사력을 분산시킴으로써 지역방어의 구심점인 성곽을 지키기 어렵게 하는 요인으로 작용하였던 것이다. 선조 39년

---

134)『宣祖修正實錄』卷206, 宣祖 39年 12月 丁酉.
135)『光海君日記』卷17, 光海君 元年 6月 壬申.

咸鏡監司 李時發이 보고한 다음과 같은 글에서도 그러한 실상이
잘 나타나 있다.

> 육진에 어떤 소식이 있을 경우 兵使가 으레껏 부사에게 傳令하여
> 군사를 거느리고 달려오게 한다면, 창황히 수백리 밖까지 명령에 따
> 라야 하고, 또 다시 되돌아와서 남은 군사를 이끌고 이 성을 지켜야
> 하는데 사세로 헤아려 본다면 꼭 그렇게 할 수 있다고 보장하기란
> 어렵습니다. 本府의 邑城은 단지 형세가 좋지 못할 뿐만 아니라 결
> 단코 지킬 수 있는 지역이 아닙니다. 또 변란을 당하여서 반드시 나
> 누어 지킬 만한 형편도 못되는데 양쪽을 지키도록 책임지운다면 힘
> 이 미치지 못하여 반드시 앉아서 軍機를 그르치게 될 것입니다. 이
> 러한 조항들에 대해 조정에서 십분 자세하게 참작하여 미리 명백한
> 지휘책을 내려야 할 것입니다.136)

앞의 인용문에서 알 수 있는 바와 같이 制勝方略 分軍法은 변경
의 읍성을 방어하는데 치명적인 약점을 가지고 있었다. 아울러 앞
의 인용문에서 읍성은 형세가 좋지 못할 뿐만 아니라 결단코 지킬
수 있는 지역이 아니라고 한 점으로 미루어 본다면, 조선시대의 읍
성은 기본적으로 군사적인 목적으로 축조된 것이지만 방어상의 이
점을 극대화할 수 있도록 축조되지 않았다고 할 수 있다. 이는 임
진왜란 당시 대부분의 읍성이 放棄되거나 지켜지지 못한 것에서도
알 수 있다. 조선전기 읍성은 오래도록 外侵이 없는 상태가 계속됨
에 따라 주로 지방행정과 경제의 중심지로써 기능하였고, 군사적
인 기능은 감소되었다고 평가될 수 있다.

---

136) 『宣祖實錄』卷206, 宣祖 39年 12月 丁酉. "… 六鎭如有聲息 則兵使例
　　 爲傳令于府使 使之領軍馳進 則蒼黃奔命於數百里之外 又復還守此城
　　 於潰北之餘揆 以事勢難保其必然 本府邑城非但形勢 不好決 非可守
　　 之地 且當臨變必無分守之勢 責令兩守 則事力不逮 必至坐誤軍機 如
　　 此等項 朝廷十分詳酌 預賜明白指揮…"

3) 읍성의 지역별·규모별 분포

(1) 읍성의 지역별 분포

읍성은 고려말 왜구의 침입이 극심해지면서 연변지역 治所에 대한 시급한 방어의 목적으로 축조되었다. 이러한 고려말의 읍성축조는 여말선초의 왕조교체라는 격동기에는 사실상 큰 관심을 기울이기 어려웠고, 조선왕조 건국초기에는 首都를 한양으로 옮기면서 新都建設과 都城築造로 전국의 많은 인원이 동원되었기 때문에 사실상 각 지역의 성곽들은 수축할 여력이 없었다. 이에 이 時期에는 우선은 기존의 산성을 이용한다는 방침이었고, 城堡修築을 감사나 수령의 考課條目으로 하기까지 하였으나137) 아직은 본격적으로 일정한 계획하에서 전국의 성곽을 수축·관리할 상황이 되지 못하였다. 따라서 조선초기에는 일부 지역을 제외하고는 읍성의 경우도 주로 고려말에 축조되었던 것이 그대로 유지되었다.

그러나 태종대에 들어서서 점차 정권이 안정되고, 新都의 기틀도 확립되면서 각도의 주요지역에 대한 성곽의 수축·개축이 이루어지게 되었으나 읍성의 경우는 대체로 일부 지역을 제외하고는 고려시대의 것을 수리한 정도가 대부분이었고, 세종대부터 점진적으로 읍성수축이 이루어졌다.

15세기 초반경의 전국적인 읍성 실태를 가장 잘 파악할 수 있는 자료는『世宗實錄』地理志이다. 이 기록에 기재되어 있는 전국의 읍성을 파악해 보면 다음의 <표 2-1-10>와 같은데, 한성부와 개성유후사를 제외한 전국 8도의 334개 행정구역에 있던 읍성은 모두 110개소이다.138)

---

137)『太祖實錄』卷8, 太祖 4年 11月 庚午.

<표 2-1-10> 『世宗實錄』 地理志에 나타난 邑城 分布

분류 도별	府牧郡縣數	城郭이 없는 곳		邑城數	邑城만 있는 곳	邑城·山城이 모두 있는 곳
		數	비율(%)			
京畿道	41	34	82.9	1	1	-
忠淸道	55	17	30.9	15	12	3
慶尙道	66	17	25.7	27	19	8
全羅道	56	26	46.4	23	18	5
黃海道	24	15	62.5	5	5	
江原道	24	8	33.3	8	3	5
平安道	47	20	42.6	18	17	1
咸吉道	21	2	9.5	13	10	3
計	334	139	41.6	110	85	25

※ 漢城府와 개성유후사 都城과 羅城이 있으나 상기 도표에서는 제외되었음.

<표 2-1-11> 行政區域數와 邑城 分布(『新增東國輿地勝覽』 所載)

분류 도별	행 정 구역수	성곽이 없는 곳		읍성수	읍성만 있는 곳	읍성·산성이 모두 있는 곳
		數	비율(%)			
경기도	37	35	94.5	1	1	-
충청도	54	29	53.7	17	16	1
경상도	67	27	40.2	30	27	3
전라도	57	24	42.1	30	28	2
황해도	24	16	66.6	5	5	-
강원도	26	16	61.5	9	8	1
함경도	22	6	27.2	14	13	1
평안도	42	19	45.2	16	15	1
計	329	172	52.2	122	113	9

※ 漢城府와 개성유후사에는 都城과 邑城이 있으나 상기 도표에서 제외함.

이를 道別로 보면, 경기도가 수원 한 곳에만 읍성을 갖추고 있어

---

138) 『世宗實錄』 地理志에 수록되어 있는 읍성을 沈正輔 敎授는 1995, 『韓國 邑城의 硏究』, 學硏文化社, 421쪽에서 충청도 15, 경상도 27, 전라도 20, 황해도 4, 강원도 6, 평안도 16, 함길도 8개소 등 총 96개소로 보고 있는데, 沈敎授가 각도별 읍성명칭을 밝히고 있지 않아 본인이 파악한 숫자와 다른 이유는 알 수 없다. 필자는 1995, 「『世宗實錄』 地理志 城郭記錄에 대한 檢討」 『史學硏究』 제50호에서 112개소로 파악하였으나 실제로 邑治가 있는 城만을 헤아리는 것이 옳다고 생각하여 110개소로 정정한다.

서 가장 적게 읍성이 설치된 道이며, 함길도의 경우가 전체 21개지
역 가운데 61.9%인 13개소에 읍성이 축조되어 있어서 읍성구비율
이 가장 높다. 이는 철령 이북지역이 고려말에 복구되어 태조 7년
에 이미 경원도호부가 설치되었으나 여전히 야인들의 侵寇 위험이
높은 지역이었고, 또 야인들에 대한 회유정책으로 야인들의 왕래
가 잦아지면서 東北驛路邊의 각 邑治는 대개 야인들에 대한 武威
를 보이기 위한 면도 있었기 때문에 읍성 축조의 필요성이 상대적
으로 높았다고 생각한다.[139] 특히 변경지역의 주민들은 봄~가을까
지는 出城하여 농사를 짓고, 겨울철에는 읍성, 또는 가까운 鎭堡에
入保하는 것이 일상생활이었기 때문에 이 지역에서 읍성의 설치는
반드시 필요한 것이었다.

  또한 나머지 지역의 읍성은 대부분 연해지역인데, 연해지역에
이렇게 중점적으로 읍성을 축조한 것은 말할 것도 없이 왜구에 대
비한 방비차원에서 이루어진 것이다. 조선왕조가 개국된 이래 왜
구에 대한 强·穩의 적극적인 정책에 힘입어 왜구의 侵寇가 절대
적으로 줄어들기는 하였지만 완전히 근절되지는 않았고, 산발적인
왜구의 侵寇가 발생하였다. 이에 조선에서는 연해지역에 대한 보
다 항구적인 방비대책을 추진하게 되었으며 이는 곧 읍성의 수축
으로 이어지게 되었다. 따라서 조선초기의 연해지역 읍성은 고려
말의 경우와 마찬가지로 기본적으로 왜구를 가상적으로 하는 방비
시설이었다고 할 수 있다.

  한편 읍성은 세종대 이전에도 여러 곳에서 축조되었지만 문종대

─────────────────────

139)『太宗實錄』卷30, 太宗 15年 11月 甲辰. "初置咸州牧判官永興道敬差
    官判軍資監事李迹陳便宜四條 … 永興府乃一道都巡問使本營 而號令
    之出入 兵馬之聚會處也 彼土客人往來 宜嚴軍機 尊瞻視 是軍國之所
    當先也 玆者邑無城郭 館宇凋殘 民居蕭素 殊無備邊之義 乞築邑城 儲
    糧餉 設器械 嚴軍威一遵遼東之法制"

와 성종대에 많이 수축되었다. 특히 이 시대에는 종전의 토성이 석성으로 개축되는 경우도 많았다. 16세기 전후의 전국적인 읍성 실태를 파악할 수 있는 자료는『新增東國輿地勝覽』이다. 이 地理志에 기록되어 있는 읍성수를 파악하여 보면, <표 2-1-11>에서 알 수 있는 바와 같이 한성부와 개성부를 제외한 각도의 읍성수는 총 122개이다. 이 시기의 읍성수에 대해 신영훈이『한국사』11(국사편찬위원회, 1981, 378~379쪽)에서 160개소라는 통계수치를 제시한 이래,[140] 반영환의『한국의 성곽』, 孫永植의『韓國城郭의 研究』(문화공보부 문화재관리국, 1987, 62쪽), 沈正輔의『韓國 邑城의 研究』(學研文化社, 1995, 421쪽) 등에서 그대로 인용하였는데, 이는 신영훈이 당초에 어떠한 기준으로 읍성수를 파악하였는지 알 수 없지만 확실히 邑治가 있는 읍성은 122개로 파악된다.[141] 이는 8도의 행정구역 329개 가운데 37%에 해당하는 지역에 읍성이 있었다는 것이 된다.[142]

---

140) 신영훈은 1981,『한국사』11, 국사편찬위원회, 378쪽에서 160개소라고 하는 곳에 註를 달아 '『新增東國輿地勝覽』城郭條 이외에 鎭·關·堡 등의 城數'라고 하고 있으나 당시 8道의 읍성 122개를 포함하여 城郭項에 실려 있는 전국의 성곽수는 181개(行城은 제외)이며, 關防項에 실려 있는 성곽은 모두 159개(이 가운데 폐지된 곳 7개소)로 총 340개소로 파악된다.

141) 柳在春, 1996,「朝鮮前期 城郭 研究」『軍史』33號, 국방군사연구소, 참조.

142) 車勇杰이『高麗末·朝鮮前期 對倭 關防史 研究』, 충남대 박사학위논문, 141쪽에서 조선전기의 읍성수를 전체 행정구역수에 비교하여 아예 축성의 대상도 못되었던 內地의 邑들과 함께 거론하는 것은 이 시대의 축성양상을 이해하는데 크게 보탬이 되지 않을 것이라고 한 것처럼 沿海地域과 內地는 築城策이라는 점에서는 차별성이 있었지만 당시 궁극적인 읍성축조정책은 연해지역에만 국한하는 것이 아니고 2차적으로 內地의 축성도 의도하였었고, 또 실제 淸州나 南原 등지의 읍성이 수축되거나 수축이 건의되기도 하였다는 것을 감안하면

한편 『新增東國輿地勝覽』 城郭項에 기록되어 있는 城을 각 도별로 분포를 조사하여 보면, 읍성은 경상도·전라도가 압도적으로 많은 수를 차지하고 있는데, 이는 두 道가 관할하고 있는 행정구역 수가 많기 때문이기도 하지만 두 道는 남쪽 변경을 이루는 지역으로서 이미 조선초기부터 왜구에 대비한 정책적인 배려에 의하여 대부분의 연해지역에 축성이 이루어 졌기 때문이다. 읍성 수축에 관심을 갖고 추진하게 된 것은 倭寇를 해안선에서 막아 피해를 줄이고 民力을 보호하려는 것으로 일종의 방어정책의 전환이라고 볼 수 있다.[143) 산성으로 들어가 농성하는 방식이 소극적인 방어라면 治所를 둘러싸고 있는 읍성을 지킨다는 것은 적극적인 방어라고 할 수 있다.

<표 2-1-12> 조선전기 地理志 所載 읍성수 비교

구 분	경기도	충청도	경상도	전라도	황해도	강원도	함경도	평안도	계
世宗實錄	1	15	27	23	5	8	13	18	110
新增東國	1	17	30	30	5	9	14	16	122

※ 道別 행정구역의 변천은 고려하지 않았음.

위의 <표 2-1-12>에서 알 수 있는 바와 같이 15세기 초반의 상황에 비하여 약 100년 후인 16세기 초반에 이르러 읍성의 전체적인 수는 그다지 큰 변동은 없었다. 다만 전라도 지역에 7개소의 읍성이 추가로 생겨나 타도에 비하여 가장 큰 변화를 보이고 있다.

그 후 임진왜란을 계기로 읍성보다는 산성이 중시되어 많은 지역의 읍성이 방치된 것으로 보인다. 임진왜란이 발발했을 때, 전국 각지의 읍성이 별로 방어효과를 거두지 못한 것은, 물론 군사조직 자체의 문란과 와해가 큰 요인이지만 소규모 왜구 침략에 대비한

반드시 의미가 없는 것은 아니다.

143) 沈正輔, 『韓國 邑城의 研究』, 414쪽.

각지의 연해 읍성은 대규모 왜군의 공세에 적절한 방어 수단이 될
수 없었다. 대개 구릉이나 평지에 축조한 읍성은 소규모의 군사로
는 포위할 수 없고, 또 火砲나 기타 攻城機具를 갖추지 못한 왜구
로서는 쉽게 공략할 수 없었지만 대규모 군사가 공격해 오게 되면
일단 성이 포위되어 출입이 자유롭지 못한데다가 침략군은 여유를
갖고 攻城機具를 준비할 수 있기 때문에 읍성에서 籠城하는 측에
게는 매우 불리한 전투가 될 수 밖에 없는 것이다. 임진왜란 당시
柳成龍 등에 의해 山城重視論이 새삼 강조되게 된 것은 전쟁과정
에서 읍성이 거의 군사적인 기능을 거의 발휘하지 못한 것에 기인
하는 것이다.

(2) 읍성의 규모별 분포

읍성은 조선초기에는 대체로 고려시대에 있던 城基를 그대로 수
축하여 사용하였기 때문에 점차 행정구역이 조정되고 인구의 이동
이 있게 됨으로써 어느 지역은 주민수에 비해 읍성이 지나치게 크
고, 어느 지역은 반대로 지나치게 협소하게 되었다. 세종 11년
(1429) 崔潤德이 下三道都巡撫使에 임명되어 성곽 축조에 대한 지
침을 만든 것을 보면, 民戶의 수효가 적고 또 城을 축조할 여건이
되지 않는 고을은 이웃 고을의 城으로 옮겨 함께 들어가도록 하였
으며, 또한 견실하지 못한 城은 각기 戶數의 多少를 참작하여 혹은
退築하고, 혹은 줄여서 적당히 개축하도록 하고 있다.[144] 즉, 읍성
의 규모는 대체로 해당 지역의 호구수를 참작하여 정하고 있었다
는 것을 알 수 있다. 이는 유사시 入保하여 장기간 籠城할 경우 人
馬를 수용할 수 있는 적절한 공간의 확보가 요구되었고, 또 한편으
로는 가용병력수에 비해 성이 지나치게 넓게 되면 실제 전투시 성

---

144) 『世宗實錄』 卷43, 世宗 11年 2月 丙戌.

벽 위에 고루 병력을 배치할 수 없기 때문이다. 특히 동절기의 住民入保가 상례화되어 있던 북방변지의 경우는 주민들이 불편없이 거주하기 위해서는 넓은 공간이 필요하였지만 항시 공격 당할 위험성이 있었기 때문에 거주의 편의성보다는 방어의 효율성을 더 고려하였다. 이는 앞서 읍성의 입지사례에서 서술한 바와 같이 세종대에 慶興·孔州邑城 등이 협소하다는 문제점이 지적되고 있는 것에서도 알 수 있다. 그러면 조선시대 읍성의 규모를『世宗實錄』地理志와『新增東國輿地勝覽』의 기록을 바탕으로 분석하여 보도록 하겠다.

〈표 2-1-13〉『世宗實錄』地理志 所載 各邑城의 周回크기 分布

周回 道別	0~ 200步	201~ 400步	401~ 600步	601~ 800步	801~ 1,000步	1,001~ 2,000步	2,001~ 3,000步	3,001~ 4,000步	4,001 步以上	計
京畿道		1								1
忠淸道	2	8	3	1		1				15
慶尙道	11	8	7	1						27
全羅道	1	6	10	1	2	3				23
黃海道		1	3	1						5
江原道	1	3	1	2		1				8
平安道	1	1	2	2	3	3	2	1	3	18
咸吉道	1	1		2	2	7				13
計	17	31	26	10	7	15	2	1	3	110

『世宗實錄』地理志에 기록되어 있는 각 읍성의 周回를 크기별로 보면 나누어 보면 위의 <표 2-1-13>과 같다. 전체 110개 읍성 가운데 201~400步 크기에 해당하는 읍성이 29개로 26.3%를 차지하여 가장 많으며, 그 다음이 401~600步 크기에 해당하는 읍성이 23.6%인 26개이다. 특히 함길도·평안도는 800步 이상의 비교적 규모가 큰 읍성이 축성되었으며, 경상도·전라도에는 주로 600步 이하의 비교적 규모가 작은 성이 많이 축조되었다는 것이 주목된다. 이는 동북·서북지역은 주로 전략지역에 대한 거점방어를 위

하여 비교적 규모가 큰 城을 거점지역에 축조하였고, 邊地의 城의 경우도 동절기 입보용으로 사용되었기 때문에 모두는 아니나 대체로 규모가 큰편이었다. 경상도·전라도 지역에서는 소규모 왜구침략에 대비한 小區域別 自衛手段으로써 주로 해안지대에 城을 배치하였기 때문이다.

〈표 2-1-14〉『新增東國輿地勝覽』所載 各邑城의 周回크기 分布

周回 道別	1,000尺 이하	1,001~ 2,000尺	2,001~ 3,000尺	3,001~ 4,000尺	4,001~ 5,000尺	5,001~ 6,000尺	6,001~ 7,000척	7,001~ 8,000尺	8,001尺 이상	計
경기도				-	1					1
충청도		4	4	7	2					17
경상도	2	7	5	9	5	2				30
전라도	2	4	8	7	4	1	1		3	30
황해도		2	-	1	-	1			1	5
강원도			4	4	-		1			9
함경도		1	1	3	3	5			1	14
평안도		2	3	1	3				7	16
計	4	20	25	32	18	9	2	-	12	122

※ 開城府城은 본 도표에 算定치 않음.

<표 2-1-14>는 『新增東國輿地勝覽』에 기록되어 있는 각 읍성의 둘레를 통계한 것이다.

한편 『新增東國輿地勝覽』에 기록되어 있는 각 성곽의 周回 내용을 통계하여 보면 읍성의 경우는 위의 <표 2-1-14>에서도 알 수 있는 것처럼 1,000尺~5,000尺 규모의 城이 대다수를 차지하고 있으며, 특히 2,000尺~4,000尺 규모의 邑城이 57개로 전체의 47%를 차지하고 있다. 또 평안도의 경우는 타지역에 비하여 특별히 큰 규모의 城이 많다. 이는 平壤府를 비롯하여 義州·龍川·龍岡·龜城·寧邊 등 주로 서북로 지역의 읍성으로, 서북로는 중국을 왕래하는 통로일 뿐만 아니라 방어상에 있어서도 매우 중요한 위치를 차지하고 있었기 때문에 보다 큰 규모의 城을 수축하였던 것으로 보인다.

Ⅱ. 산성과 영진보성의 수축

1. 산성의 수축과 변천

1) 임진왜란 이전의 산성 수축

고려말에는 주로 왜구에 대비한 연해지역의 축성에서부터 시작하여 왜구의 침입이 있었거나 침입의 우려가 있는 내륙지역에 대한 축성이 대대적으로 이루어졌다. 특히 禑王代에 이르러 왜구가 더욱 극성을 부리자 各道의 요충지에 防護를 설치하고 流民을 막으면서 沿海州郡에 山城을 수축토록 하였다.145) 당시의 산성수축은 우선 왜구의 피해를 줄이고자 邑城 등 평지성의 수축을 정지하면서까지 추진되었던 것으로,146) 급한 현실적 필요성에 의해 이루어진 것이었기 때문에 다음의 『高麗史』 기사에서 알 수 있는 바와 같이 견고함을 추구하기 보다는 速成위주였다.

　사헌부에서 상소하기를, 諸道州郡의 山城을 국가에서 왕왕 관리를 파견하여 수축하는데 軍丁을 많이 징발하여 짧은 시일안에 공사

---

145) 『高麗史』 卷133, 列傳46 辛禑1　3年 2月. "各道要衝皆置防護 以遏流民 條築沿海州郡山城"

146) 『高麗史』 卷82, 兵志2 城堡 辛禑 3年. "開城府狀曰 其一外城修葺事 … 其二內城新築事 … 其三外方山城修補事 則曰唐鑑以高麗因山爲城 爲上策也 山城相近之地 隨宜修葺 使之烽燧上望 攻戰相救可　也 其四府牧郡縣築城事 則曰休兵患民 有國之先務也 比來倭患相仍民不聊生 且曾築四方周回長城 與癸丑年所築東西江等城 徒勞民費財而已 其外方平地築城 宜令停罷"

를 마치었으나 곧 붕괴하니 그 폐단이 심히 큽니다. 청컨대 지금부
터는 다시 관리를 파견하지 말고 수령들로 하여금 부근 郡의 軍丁을
징발하여 농한기를 이용하여 수축토록 하되 만약 공사를 마치지 못
하면 정지하고 다음해를 기다리도록 하는 것을 年例로 삼으소서.[147]

이 당시의 이러한 성곽 수축이 어느 곳에서 어떤 城이 수축되었
는지 확인할 수는 없지만 禑王 3년 7월 諸道에 使를 파견하여 산
성을 수축하게 하였다[148]는 것으로 보아 전국 대부분의 지역에 入
保用 산성이 수축되었다고 여겨지는 바, 이러한 산성들은 예전에
는 北方으로부터의 침입에 대비하였던 것으로 이 시기에 이르러서
는 倭寇에 대비한 入保處로 변화하게 되었다.[149]

조선이 개국된 직후에는 都城築造를 제외하고 外方에 대해서는
평양성을 수축하도록 한 것 외에는 별다른 築城役事가 없었다. 이
는 태조 3년(1394) 곡산부사 田易가 上書한 다음의 내용을 보면 대
략 짐작할 수 있다.

지금 우리 국가에서 제도를 창설하고 법을 만들어 자세한 부분을
다 구비하여 군사를 길러 적군에 대비하는 방법까지 강구하기를 더
욱 상세히 했는데도 양식을 저장하는 장소와 군대를 주둔시키는 땅
은 대개 모두 그전대로 그냥 있으니 ….[150]

이 당시는 신도읍지의 선정과 종묘·궁궐·도성 등 新都의 기

---

147)『高麗史節要』卷30, 辛禑 4年 12月 ;『高麗史』卷82, 兵志 2, 城堡, 辛
    禑 4年 12月 甲子. "憲司上疏曰 諸道州郡山城 國家往往遣使修築 多
    發軍丁 不日畢功 旋致崩毀其幣甚巨 請自今 勿復遣使 令守令徵發傍
    郡軍丁 農隙修葺 若末畢則停 待明年 以爲年例"
148)『高麗史節要』卷30, 辛禑 3年 秋7月.
149) 車勇杰, 1989,「高麗·朝鮮前期 築城의 例」『壬辰倭亂 前後 關防史 硏
    究』, 文化財硏究所, 29~30쪽.
150)『太祖實錄』卷5, 太祖 3年 1月 戊辰.

반조성에 전력하고 있었기 때문에 지방 각지에 대한 방비시설의 점검에는 그다지 관심을 가질 여력이 없었던 것이다.

그러나 도성축조 공사가 진행되면서 조선은 태조 3년에 安州城을 수축하였으며, 이어 전국적으로 軍兵과 城堡·軍糧 등 軍備 점검에 대해 적극적인 조처를 서두르게 되었고, 태조 4년(1395) 11월에는 城堡수축문제를 감사와 수령의 人事考課에 포함시키는 조치를 취하여 지방관들의 성곽 수축을 적극 독려하였으나 성곽이 어느 정도였는지는 알 수 없다.

太宗代에 들어서 정권이 안정되면서 서북면·동북면의 주요 지역은 물론 전국적으로 방비시설의 구축과 점검이 강화되었다. 특히 변경지역의 邑城축조가 진행되면서 산성에 대한 수축과 정비가 대대적으로 이루어지게 되었다. 태종 7년(1407) 1월에는 영의정부사 成石璘이 上書한 時務 20조 가운데 산성의 중요성이 거론되었는 바, 그 내용을 보면 다음과 같다.

> 一. 甲兵이 堅利하고, 行陣이 整齊하며 分數가 밝고 號令이 엄하며, 상벌이 적당하고 양식이 풍족하며, 謀策을 좋아하여 反間을 쓰고, 시일을 오래 끌며 여러 길로 아울러 나가서 승리를 취하는 것은 중국 사람의 長技이고, 말[馬]이 튼튼하고 활이 강하며, 양식을 가볍게 싸 가지고 날[日]을 어울러 行하며, 天時를 타고 地利를 헤아려서 馳突하여 힘껏 싸워 승리를 취하는 것은 胡人의 長技이고, 堅固한 곳을 의지하고 險한 것을 믿어, 兵法에 의하지 않고 깊고 험한 곳을 택하여 산성을 쌓아, 늙은이와 어린이를 安置하고 콩과 조를 거두어 들이고, 봉화를 들어 서로 응하며 사잇길로 가만히 통하여 불의에 출격하여 승리를 취하는 것은 동방 사람의 長技입니다. 平地의 城은 없을 수는 없지마는, 자고로 동방 사람이 잘 지키는 자가 적사오니, 오로지 邑城만 믿을 수는 없습니다. ....151)

---

151) 『太祖實錄』 卷13, 太宗 7年 1月 甲戌.

이는 전통적으로 우리나라는 잘 훈련된 兵法의 구사나 뛰어난 기동력을 발휘하는 기마군에 의한 전투보다는 험한 지대에 구축한 산성에서 웅거하며 상대편의 허실을 보아 攻守하는 전술이 유리하다는 것으로, 이러한 산성중시론은 소규모의 약탈적 침략보다는 대규모의 假想敵을 염두에 둔 것이라고 할 수 있다. 이 건의안에 대하여 의정부에서,

> 위의 조목은 前朝의 盛時에 여러 번 수축을 더하여 寇亂을 避하였으니, 지금 各道 관찰사에게 移文을 보내어 매양 농한기가 되면 미리 방비하여 튼튼하게 수축하는 것이 어떠합니까?[152]

라고 보고하였고, 이는 그대로 시행되었다. 그러나 이 조치는 바로 전국적으로 일괄 실시되지는 않았던 것으로 보인다. 태종 9년 12월 慶尙道 敬差官 韓雍이 보고한 내용 가운데 "높고 험한 산성에 물이 있는 곳은 매양 농사 틈을 이용하여 수축하게 하되 3년으로 限하자"[153] 라고 한 것을 보아 산성수축이 본격적으로 시행되기 전에 사전 조사가 이루어지고, 각도의 상황·전략적 중요성 등이 고려되어 순차적으로 시행되었던 것이다. 이 건의에 따라 이듬해 2월에는 경상도·전라도 등지의 산성 12개소가 수축되었는데,[154] 이를 보면 다음의 <표 2-2-1>과 같다.

<표 2-2-1>에서 알 수 있는 바와 같이 당시 수축된 산성들은 경상도·전라도에 각각 6개소씩인데, 이러한 산성은 첫째 모두가 둘레 1,000步가 넘는 대형이라는 점, 둘째 규모가 큰 산성이었던 만큼 城이 위치한 山도 규모가 커서 높고 험준한 곳이었다는 점, 셋

---

152) 위와 같음.
153)『太宗實錄』卷18, 太宗 9年 12月 壬子.
154)『太宗實錄』卷19, 太宗 10年 2月 丙寅.

째 모두가 성의 규모에 이어 水源을 나타내는 문구가 이어져 있듯이 당시의 규정상「城內有水處」로서의 산성이라서 물이 모자랄 염려가 없었다는 점, 넷째는 많은 수의 주민이 한꺼번에 입보할 수 있도록 軍倉이 마련되어 있었고, 또 몇개의 고을이 한곳에 입보할 수 있는 위치에 있다는 점 등이 특징으로 지적되고 있다.[155]

<표 2-2-1> 태종 10년 수축된 경상도·전라도의 산성

道	地域	城名稱	世宗實錄 地理志 記錄
慶尙道	昌寧	火王山城	火王山石城, 周回一千二百十七步 內有泉九池三 又有軍倉
	淸道	烏惠山城	烏惠山石城, 周回一千三百五十二步 內有川二池三井五 又有軍倉 密陽 慶山軍 倉併入置
	安陰	黃石山城	黃石山石城, 周回一千八十七步 內有溪一 又有軍倉 咸陽軍倉併入置
	善州	金烏山城	金烏山石城, 高險 天作之險居其大半 周回一千四百四十步 內有小池三溪一泉四 又有軍倉 開寧 若木軍倉併入置
	昌原	廉山城	簾山石城, 高險 周回一千七十三步 內有川一溪一
	雞林	夫山城	夫山石城, 高險 周回二千七百六十五步二尺 內有川四池一井泉九 又有軍倉 永川迎日軍倉併入置
全羅道	南原	蛟龍山城	蛟龍山石城, 周回一千一百二十五步 城內有泉六 又有小溪 冬夏不渴 有軍倉
	潭陽	金山城	金城山石城, 周回一千八百三步 內有溪水 冬夏不渴 又有泉十二 其五則冬夏不渴 有軍倉
	井邑	笠巖山城	笠巖山石城, 周回二千九百二十步 內有溪水 冬夏不渴
	高山	伊訖音山城	-
	道康	修因山城	修因山石城(康津縣), 周回一千三百九十六步 內有泉六 冬夏不渴
	羅州	錦城山城	錦城山石城, 周回一千九十五步 冬夏不渴 又有池 有軍倉

※『太宗實錄』(卷19 太宗 10年 2月 丙寅)과『世宗實錄』地理志의 내용을 도표화한 것임.

이러한 산성들은『世宗實錄』地理志에 기록되어 있는 산성 112개 가운데 62.5%인 70개소가 1,000步 이하였다는 점[156]을 감안하

---

155) 車勇杰, 앞의 논문, 60쪽.
156) 柳在春, 1995,「『世宗實錄』地理志 城郭記錄에 대한 檢討」『史學硏究』제50호, 韓國史學會 참조.

면 확실히 평균이상으로 규모가 큰 산성에 속하는 것들이다. 그런 데 중요한 문제는 이렇게 비교적 규모가 큰 산성들이 이 시기에 왜 수축되었는가 하는 것이다. 그 지역적인 특성을 감안하면 당연히 이는 對倭防備이지만[157] 또 다른 한편으로는 이 시기의 이러한 산성수축과 관련하여 매우 주목할 만한 사실이 있다.

태종은 1410년 1월 遼東을 다녀온 通事 李子英으로부터 타타르(韃靼)가 遼東地域을 침략하고 있는데 明나라 官軍이 번번히 패하고 있다는 보고를 받았다.[158] 이에 태종은 의정부 건의에 따라 즉각 兩界의 수령을 武才가 있는 사람을 보내도록 하고, 충청도의 城도 사람을 보내 터를 살핀 다음에 수축하면 일이 늦어질 것 같으니 즉각 관찰사가 보고한 대로 성을 쌓도록 하였다. 또한 수도권 지역 거주민의 산성입보를 염두에 두었음인지 星山君 李稷으로 하여금 廣州의 日長城[159]에 대한 수축의 可否를 살펴 보도록 지시하고 있다.[160] 그러나 어떠한 이유에서인지 곧 연해지역을 제외한 나머지 축성역사를 정지하도록 하고, 廣州의 日長城도 수축하지 말도록 하였다.[161] 그런데 그 조치가 있은지 40여일이 지난후 경상도·전라도의 12개 산성의 수축이 완료된 것이다. 이는 아마 그해 2월을 전후하여 있었던 明 成祖의 타타르 원정이 영향을 미친 것으로 생

---

157) 이에 대하여 車勇杰은 1988,『高麗末·朝鮮前期 對倭 關防史 研究』, 忠南大 博士論文, 60쪽에서 "특별히 이들이 수축된 理由는 무엇인가 에 대해서는 약간의 문제가 있겠으나"라고만 언급하였을 뿐 구체적인 설명은 하고 있지 않다. 단지 필자가 생각하기로는 車교수가 그 이유 를 구체적으로 설명하지는 않았다고 하더라도 전체적으로 對倭關防 史 속에서 언급된 내용이기 때문에 對倭築城으로 보고 있는 것으로 여겨진다.

158)『太宗實錄』卷19, 太宗 10年 1月 辛巳.

159) 南漢山城을 말함.

160) 위와 같음.

161)『太宗實錄』卷19, 太宗 10年 1月 丙戌.

각된다. 즉, 東北지역의 타타르 원정으로 인해 明에게 패잔한 타타르軍이 조선으로 밀려올지 모른다는 우려 때문이었던 것으로 여겨진다.

이는 비슷한 시기에 서북 지역의 成州에 屹骨山城을 비롯하여 慈州山城·德州山城·朔州城·陽德縣城·江界府城과 古雲州의 白壁山城, 古隨州의 香山城 등을 수축하였으며, 義州에는 지난해의 役事에 이어 義州城 三門과 弓家의 短墙을 만드는 등 여러 지역의 성곽이 축조되었다는 사실과도 관련이 있다.162)

이러한 산성수축은 태종 13년 7월에 이르러 각도의 각 고을 3, 4息163)안에 하나의 산성을 수축하고 창고를 설치하도록 하는 조치로164) 더욱 구체화되게 되어 邊境과 內地를 막론하고 산성을 중심으로 한 入保防備體制의 完備를 지향하게 되었다. 산성은 열세인 군사력을 보완해 줄 수 있는 방비시설이기도 하였지만 지역의 거주민들을 모두 모아 총력전을 벌이기 위한 방책이기도 하였다. 태종 13년 7월 의정부에서 올린 변방 방비에 대한 건의를 보면,

> 사람이 중하게 여기는 바는 父母妻子에게 있는데, 위급할 즈음에 만약 모두 離散한다면, 그들로 하여금 그 힘을 다하도록 하기에는 어렵습니다. 각도 각 고을의 3, 4息 정도 안에 하나의 산성을 설치하되, 舊基가 있는 것은 거듭 수리하고 舊基가 없는 것은 땅을 골라 새로 지어서, 안에 倉庫를 설치하고 糧餉을 저축하여, 만약 위급한 일이 있을 때 그 부모 처자로 하여금 모두 山城에 모이게 한다면, 사람마다 모두 능히 그 힘을 다할 수 있을 것이고, 감히 離貳하지는 않을 것입니다.165)

---

162) 『太宗實錄』 卷19, 太宗 10年 3月 丙申.

163) 1息은 30里이므로 90~120里 사이에 1개소의 산성을 설치하였다는 것으로 이는 周尺(20.81㎝) 6尺＝1步로 계산하면 약 40.5㎞～54㎞에 1개소의 산성을 설치한 것이 된다.

164) 『太宗實錄』 卷26, 太宗 13年 7月 戊戌.

라고 하여 산성으로 男女老少를 막론하고 모두 입보시킴으로써 장
정들이 도피하는 것을 막아 지역의 거주민들이 총력전을 하도록
해야한다고 하였다. 이는 유사시에 가족들을 모두 入城시킴으로써,
결국 병사들로 하여금 가족의 생명을 지키기 위하여 결사항전하도
록 하기 위한 것이었다.

　당시 이 전국적인 산성입보 방어체제 추진이 兩界와 豊海道에
서 먼저 시작하도록 한 것을 보면 우선적으로 북방의 위협에 대처
하고자 하는 것이었다. 더구나 이 시기에 이러한 전국적인 산성수
축을 추진하게 된 것은 조선을 중심으로 한 동북아시아의 정세가
매우 급진전되어 전쟁의 위기감이 한층 고조되었기 때문이었다.
특히 태종 13년 3월 명나라에 賀正使 일행으로 갔다가 돌아온 通
事 林密이 중국에서 병선 1만척을 동원하여 征倭하겠다고 하였다
는 매우 놀라운 소식을 전하게 되자,166) 조선은 이에 대한 대책에
부심하게 되었다. 중국의 征倭가 현실화된다면 明軍은 반드시 조
선 땅을 거치게 되어 조선은 실로 막대한 피해를 입을 것은 明若觀
火한 일이었기 때문이다. 더구나 명이 조선에 대한 침략의도를 갖
고 있을 수도 있다는 의구심에 이르러서는 매우 다급한 문제였다.
　태종 13년 7월 左議政 河崙은 태종에게,

> 이제 들건대, 중국에서 장차 北征한다고 하며, 또 사람을 東北面
> 野人에게 보내니, 비록 우리 나라와는 和親한다고 하지만, 중국에는
> 혹시 우리 땅을 圖謀할는지도 알 수 없습니다. 또 窮兵이 도망하여
> 우리 강토로 들어올까 두렵습니다. 바야흐로 이러한 때에 어찌 신
> 등을 만나 의논하지 않으십니까? 만약 몸이 未寧하시다면 마땅히 內
> 殿에 누워서 引見하소서.167)

---

165) 위와 같음.
166)『太宗實錄』卷25, 太宗 13年 3月 己亥.
167)『太宗實錄』卷26, 太宗 13年 7月 癸卯.

라고 한데서도 알 수 있듯이 조선에서는 明의 遠征으로 과거 고려시대 紅巾賊의 來侵처럼 敗軍이 밀려올 수도 있다는 우려를 갖고 있었지만 명나라에 대해서도 의구심을 가지고 있었던 것이다. 이에 곧 이조판서 이천우를 서북면 도체찰사로 삼아 城堡와 武備상태를 巡審하도록 하였으며, 또한 이미 계획한 전국적인 산성입보 방어체제 구축의 실행을 위해 各道에 敬差官을 파견하여 軍器 점검 및 軍資의 수납, 禾穀의 損實調査 등과 함께 각 고을의 산성 옛터로서 수리할 곳과 새로운 터로 造築할 곳을 살피도록 하고 있다.168)

이러한 태종대의 산성수축 정책은 '고려말 왜구를 피하여 입보하였던 대규모 산성들에 대한 入保制를 다시금 강화하는 조처'169)이기도 하지만 다른 한편으로는 明의 대외원정과 明에 대한 의구심, 征倭說로 인한 위기감 고조가 태종대에 전국적으로 대대적인 산성수축을 추진한 주요인이라고 생각한다. 이는 태종 13년 9월 의정부에서 전라도·충청도 안에 축성하는 곳이 13군데인데 이제 大駕가 巡視枉臨하고 중국에서 변란도 없으니 잠정적으로 축성역사를 정지하자고 건의하고 있는데서도 짐작할 수 있다.170)

그후에도 중국의 北征과 가뭄으로 인한 야인들의 노략질 가능성이 높아짐에 따라 兩界지역의 성곽수리와 儲穀 등이 강조되었으며,171) 吹角法 등 비상동원훈련을 講究하고, 兩界地域의 산성을 농한기에 수축하도록 하였으며,172) 海道察訪을 각도에 파견하여 軍器와 馬匹의 점검을 비롯하여 守令으로 성곽을 수리하지 않은 자를 논죄할 것을 지시하고 있다.173) 특히 태종 14년 8월에는 평안

---

168) 『太宗實錄』 卷26, 太宗 13年 8月 戊午.
169) 車勇杰, 앞의 논문, 61쪽.
170) 『太宗實錄』 卷26, 太宗 13年 9月 辛卯.
171) 『太宗實錄』 卷27, 太宗 14年 6月 戊申.
172) 『太宗實錄』 卷27, 太宗 14年 6月 辛酉.

도에 辛有定을 도안무사로 파견하여 여러 현안 문제를 조치하도록
하는 한편, 평안도·영길도의 여러 읍성과 함께 평안도 옛 隨州[174]
의 靑山城, 撫山의 藥山城을 쌓도록 하였는데, 이는 부근에 있는
여러 州郡의 軍糧을 모두 옮겨다 저장하고자 한 것이었다.[175] 이러
한 일련의 조치는 산발적이고 규모가 작은 왜구나 야인의 침략에
대비한 것이라기 보다는 아무래도 중국의 군사행동에 대비하는데
비중을 둔 것이다. 이후에도 태종 14년 11월 이조참의 許稠를 평안
도에 보내 여러 산성을 상세히 살피고 오도록 하였고, 세종 2년에
는 이미 태종초에 내려졌던 농한기를 이용한 산성수축 지시를 더
욱 엄격히 거행하도록 하는 등 세종 초년까지도 산성수축은 중요
한 정책으로 추진되었다.

그런데 세종 11년 최윤덕이 성곽축조 조건을 마련하면서 종전의
산성중심의 방비체제는 읍성위주로 전환하게 되면서 산성의 수축
은 퇴조하게 되었다. 물론 읍성위주의 축성정책을 추구하였지만
이후로 전혀 산성수축을 하지 않은 것은 아니며, 또 세종 13년 前
判羅州牧使 鄭守弘이 上書한 내용 가운데 새로이 연해의 읍성들
을 기한을 정해 쌓을 것이 아니라 옛부터 있어 온 산성들을 年限을
두지 말고 수축하는 것이 오히려 長遠한 계책이라고 하였고, 세종
32년 양성지도 山城은 高麗의 古事에 의거하여 圖籍을 상고하고
形勢를 살펴서, 臣僚들을 나누어 보내되, 반드시 邑에 가까운 곳이
아니고, 혹 깊고 먼 곳이라도 너덧 고을에서 한 군데의 險隘한 곳
을 얻게 하여, 부근의 州郡으로 하여금 적당히 쌓게 하면 거의 불

---

173)『太宗實錄』卷28, 太宗 14年 8月 丁未.
174) 고려 元宗 때 郭州의 동쪽 16村과 安義鎭이 분리되어 隨州라고 하고
     조선 태종 때에 隨州郡이 되었으나 세종 12년(1430) 定州의 治所가 隨
     州郡의 新安驛에 설치되면서 定州에 편입하였다.
175)『太宗實錄』卷28, 太宗 14年 8月 乙卯.

의의 사태에 대비할 수 있고, 백성을 위급한 속에서 구제할 수 있을 것이라고 하며 산성의 수축을 주장하는[176] 등 산성수축의 유지를 주장하는 이들도 있었으나 이러한 주장이 정책에 얼마나 반영되었는지는 확인되지 않는다. 그러나 세종 8년(1426)에 편찬된『慶尙道地理志』와 예종 원년(1469)에 편찬된『慶尙道續撰地理誌』에 기재되어 있는 산성에 관한 사항을 비교하여 보면 대체로 세종 16년을 고비로 산성이 점차 革廢되었다.[177]

그리고 이 당시 산성 폐지의 이면에는 산성의 유지 자체가 주민들에게 불편을 초래함으로써 지역 자체에서 읍성을 선호하게 되었다. 세종 20년 沔川에 산성을 축조하면서 이미 공사를 시작하여 절반을 쌓았는데도 내부가 험하고 좁으며 또한 물이 부족하다고 이를 정지하고 巡撫使 趙末生이 새로 읍성터를 정하여 쌓게 되었는데,[178] 이에 대해 右議政 許稠가 "물이 足하고 不足하다는 말이 오늘에 와서 비로소 제기된 것인지, 아니면 산성을 처음 한 곳에다 정할 때에 이미 있었던 것인지요. 산성을 처음 정할 때에 만일 물이 부족하다는 말이 있었다면 반드시 이 성을 취택하지 않았을 것이며, 그때 물이 풍부하였다면 오늘에 와서 갑자기 부족하게 될 수는 없는 일이므로, 이것이 의심스럽다는 것입니다. 물과 샘이 있고 없는 것은 하루 이틀의 經過로는 徵驗될 바가 아닌지라, 趙末生이 어찌 능히 이를 알았겠습니까"[179]라고 하는 데서도 알 수 있는 것처럼 단지 산성을 혁폐하고 읍성을 축조하기 위하여 임의로 사유를 만들었던 것이다. 이는 당시 領議政 黃喜가 한 다음과 같은 발언에도 잘 나타나고 있다.

---

176)『世宗實錄』卷127, 世宗 32年 1月 辛卯.
177) 車勇杰,『高麗末・朝鮮前期 對倭 關防史 研究』, 58~64쪽.
178)『世宗實錄』卷82, 世宗 20年 9月 辛卯.
179) 위와 같음.

　　대저 산성이란 위급한 사태가 있을 때만 쓰고 평상시에는 그다지 쓰지 않는 까닭에, 오르내리면서 출입하는 것을 백성들은 모두가 싫어하고 꺼리는 법이온대, 금번 巡撫使 趙末生이 백성들의 소망에 따라 이미 읍성의 기지를 확정하고 또 병기도 갖추었으며, 뿐만 아니라 민력을 동원할 시기까지 박두하였는데, 갑자기 서천으로 옮겨 사역한다는 것은 진실로 불가한 일입니다.180)

　　즉, 주민들이 산성보다는 읍성을 편의하게 여겨 그 소망에 따라 읍성터를 새로 확정하였다는 것으로, 이는 읍성이 갖는 군사적인 기능이 점차 축소되고 주민의 사회·경제생활의 편리성이 보다 강조된 결과라고 할 수 있다. 이에 따라서 산성 보다는 읍성위주의 정책은 더욱 확고해 지게되었고 산성은 그야말로 '혹 감당하기 어려운 적변이 있으면 다시 쌓아 사변에 대응'181)하는 존재가 되게 되었다.

　　그러면 그 이후의 산성은 어떠한 형태로 유지되었을까. 문종 즉위년에 藝文館 提學 李先齊가 上書한 다음과 같은 내용에서 산성이 대체로 방치되고 있었음을 알 수 있다.

　　또 읍성은 견고하지 아니하며, 산성은 무너지고, 內地의 翼軍은 모두 沿邊에 소속하고, 邊鄕의 나머지 백성들은 드문드문 草野에 흩어져 있는데, 만약 顯宗 때 契丹兵이나 高宗 때 蒙古人과 같이 대거 內侵하면 婦人과 어린아이들은 어디에다 두겠습니까? 이러한 때를 당하여 楊規와 같은 자가 군사를 잘 쓰고 朴犀와 같은 자가 城을 잘 지켰는데, 장차 그러한 손을 쓸 수 없을 것입니다. 義州에서 京畿에 이르기까지 지난 때의 防禦하던 성터가 어제의 것인양 남아 있으니, 이러한 한가한 때를 당하여 州城과 山城의 險固한 것을 골라서 미리 각각 스스로 修築하게 하고, 守城軍卒을 뽑아 두어 그 成功을 책임지우는 것이 어떠하겠습니까? 만약 諸城의 군사를 조치할 방도를, 다시 대신과 더불어 중국의 제도를 상고하고 前朝의 법을 고찰하여 영세의 방어할 방책으로 정한다면 심히 다행이겠습니다.182)

---

180) 위와 같음.
181) 위와 같음.

즉, 이미 많은 산성들이 퇴락하여 태종대에 3, 4息 안에 하나의 산성을 설치하여 주민들을 입보하도록 하였던 것과는 상당히 거리가 있음을 알 수 있으며, 이제는 산성 가운데 험고한 곳을 골라 수축할 것을 건의하고 있다. 이와 같은 주장은 세종년간 중·후반기에는 주로 읍성과 행성 축조가 많이 이루어지면서 산성이 점차 혁폐됨으로써 실제 전쟁의 발발시 견실하지 못한 읍성에 의지하기는 어렵다는 판단에서 비롯된 것이다.

특히 문종대에 들어서는 북방에서 새로운 변화가 일어남으로 하여 조선에서도 새로운 대책이 요구되었다. 앞서 제2장에서 서술한 바와 같이 明 永樂帝의 원정과 회유정책으로 잠잠하던 중국 변경에서는 蒙古의 후예인 오이라트에 새 지도자 에센(也先)이 등장하면서 우량하(兀良哈)를 점령하고 女眞族을 통제하였으며, 서쪽으로는 哈密·赤斤蒙古 등의 衛를 점령하여 그 영향력을 중앙아시아까지 확대하는 등 계속 세력을 확장하여 元의 멸망이후 蒙古 최대세력으로 부상하였다. 특히 1449년에는 오이라트 대군이 남하하여 明의 변경을 침범해 명나라 英宗을 사로잡는 이른바 '土木之變'을 일으켜 明에게 큰 위협을 주게 되었다. 그러한 가운데 1451년(문종 1) 에센은 자신의 아버지가 칸(Khan)으로 내세웠던 토토부카(脫脫不花)를 자신 몰래 明과 접촉했다는 이유로 살해하고, 1453년 스스로 칸이 되어 명과 조공관계를 맺고 몽고를 통일하고자 하였으나 1455년 에센은 阿刺知院에게 피살되었다. 에센이 피살되면서 오이라트 세력에 눌려 있던 동북지역의 타타르가 다시 흥기하여 만주일대에서의 소요는 계속되었다. 이러한 중국변경과 만주일대에서의 소요는 자연히 조선에게도 큰 위협이 되었다. 이에 문종은 일단 평안도의 행성과 읍성의 수축은 일단 정지하고 읍성중 퇴

---

182)『文宗實錄』卷4, 文宗 即位年 10月 庚辰.

락하고 부실한 곳을 시급히 수리하게 하고,[183] 평안도·황해도·함길도 등 首都 以北지역의 산성을 대대적으로 살펴 수리·수축하도록 하였다.

특히 황해도의 경우는 평산의 산성[184]과 서흥의 산성,[185] 해주의 池城山城[186] 등이 수축되었으며, 평안도에는 용강산성을 비롯하여 곽산의 능한산성, 자산산성, 덕천산성, 성천산성, 함종산성 등에 國庫를 설치하고 각기 본읍과 인근 지역의 租稅 및 往年의 還上米穀을 수송하여 들이도록 하였다.[187]

그러나 이러한 조치들은 특정한 상황에서 취해진 것이며, 조선 전기 후반으로 내려오면서 점차 방치되어 퇴락하게 되었다. 성종 5년(1474) 司憲府 大司憲 李恕長이 상소한 내용에 바닷가 여러 고을의 城들이 修築하지 아니한 것이 많고, 內地의 山城도 또한 모두 폐기되어 허물어졌으며, 平安道 전체와 淸川江 以西의 여러 고을은 엉성하여 堡障이 없다고 한 것을 보아도 충분히 짐작할 수 있다.[188] 또한 명백히 산성의 수가 줄어들었음은 『新增東國輿地勝

---

183)『文宗實錄』卷2, 文宗 卽位年 7月 辛酉.
184) 平山의 太白山城으로,『文宗實錄』卷7, 文宗 元年 5月 壬寅에 의하면 둘레가 5천 2백 18척이며, 우물은 물의 근원이 모자라고, 문은 넷인데 무너졌으며, 敵臺는 여섯이며 擁城은 없고, 國庫도 없다고 되어 있다.
185) 황해도 서흥현의 大峴山城으로,『文宗實錄』卷7, 文宗 元年 5月 壬寅에 의하면 둘레가 1만 1천 1백 19척인데, 문은 둘인데 무너졌으며, 적대·옹성은 없고, 두 냇물이 길게 흐르며, 黃州·鳳山·遂安·谷山·新溪·牛峯·兎山·瑞興의 國庫가 들어가 排設되어 있다고 하고 있다.
186)『文宗實錄』卷7, 文宗 元年 5月 壬寅에 의하면 둘레가 1만 1천 51척인데, 성의 높이는 9척 또는 5, 6척이며, 무너진 곳은 모두 3천 6백 62척이며, 門은 둘인데 무너졌으며, 敵臺는 열 둘이며, 옹성은 없고, 시냇물이 하나이고 샘이 넷인데 물의 근원이 넉넉하며 國庫는 없다고 기록되어 있다.
187)『文宗實錄』卷8, 文宗 元年 7月 丙辰.
188)『成宗實錄』卷48, 成宗 5年 10月 庚戌.

覽』등 지리지에 기록되어 있는 성곽기록에서도 확인된다.[189] 점차 단계적으로 산성이 폐지되고 읍성축조 위주로 변화하게 된 것이다. 그렇다면 이 시기에 이러한 축성정책의 변화를 가져오게 된 동기는 무엇일까.

이는 산성의 폐지가 왜 나타나게 되었는가와 직접 관련이 된다. 산성폐지의 이유에 대해 기록하고 있는 경우를 보면, 公山城의 경우 城內가 위험하여 守護하기 심히 어렵다는 것이 지적되고 있으며,[190] 達老山城의 경우는 城內가 좁고 인구가 많지 않다는 것을 거론하고 있다.[191] 그러나 관리상의 어려움이 산성의 폐지를 촉진하였을 것으로 생각된다. 거주지와는 동떨어진 험준한 산속에 위치한 산성을 출입하며 관리하여야 하고, 특히 창고가 있음으로 하여 守護軍의 배치도 불가피하였을 것으로 보인다. 또한 정기적으로 창고의 군량을 교환하여야 하고, 또 軍器를 관리하여야 하였으니 이러한 번거로운 일들이 관아와 가까운 곳이 아닌 깊은 산중에서 행해지게 되었으니 여간 불편한 것이 아니었을 것이다.

그러나 산성의 폐지가 단순히 산성을 이용하는데 대한 불편 때문이라고는 볼 수 없다. 이는 시대적 상황이 변함이 따라 산성의 유지가 불필요하게 되었기 때문이다. 즉, 산성은 앞서 말한 바와 같이 왜구보다는 북방에서의 대규모 침략에 대비한 것이라고 하였는 바, 그 위험 요소가 점차 소멸하였기 때문이라고 생각된다. 조선 초기에는 명과의 관계가 그다지 원만하지 못하였을 뿐만 아니라 오히려 明이 조선의 강토를 침범할 지도 모른다는 의구심을 가지고 있었다. 특히 대외원정에 적극성을 보였던 永樂帝는 조선으

---

189) 柳在春,「朝鮮前期 城郭 研究」, 92~97쪽.
190)『慶尙道續撰地理誌』義興縣 山城古基.
191)『慶尙道續撰地理誌』盈德縣 山城古基.

로 볼 때는 더욱 경계의 대상이었다. 또한 타타르가 명과 대적하는 상황이었기 때문에 또 하나의 위험요소가 되고 있었다. 이러한 상황에서 조선은 대외적으로 적극적인 대중국 외교를 통한 외교적인 친밀도를 높히는 한편, 명과 타타르 등에 대한 정보를 수집하며 사태의 추이를 주시하였다. 태종년간 후반기에 빈번한 대중국 사절 파견과 함께 明帝의 원정길에 흠문사를 여러 차례 파견한 것은 바로 그러한 이유에서이다. 또한 대내적으로는 산성입보체제를 강화하여 만일의 사태에 대비하였던 것이다.

그런데 明의 여러 차례 遠征으로 북방의 야인들은 점차 明의 통제하에 놓이게 되었고, 조선으로서는 경계의 대상이었던 永樂帝가 1424년(세종 6) 사망함으로써 새로운 국면을 맞게 되었다. 永樂帝의 죽음 자체가 바로 조선에 변화를 주었다고는 할 수 없겠지만 강력한 정복욕을 가진 明 君主의 죽음은 조선에게 나름대로 의미가 있었던 것이다. 아마 조선은 이 시점에 이르러 점차 明에 대한 외교적인 밀착도가 높아지면서 잠정적으로 明으로부터의 군사적인 위협은 없다는 결론에 도달하였을 지도 모른다. 점차 산성을 폐철하고 하삼도 연해의 읍성 축조를 본격화하게 된 것은 이러한 이유에서라고 생각한다. 그리고 문종대에 일시적으로 서북지역의 산성을 대대적으로 수축하고 國庫를 설치하였던 것은 북방에서 오이라트 세력이 다시 강성해 지면서 긴장관계가 조성되었기 때문이었다.

2) 임란중의 山城有益論과 산성 수축

(1) 임란중의 山城有益論

조선전기의 산성수축은 태종대부터 세종연간 초반기까지 비교적 활발히 이루어졌으나, 그 후 읍성중심의 축성책이 추진되면서 점차 퇴조하였다. 그러나 간혹 전통적인 산성유익론이 제기되어 일부 산성이 수축되기도 하였으나 특기할 만한 것은 없었다.

그러나 임진왜란이 발발하고 조선은 開戰 초기에 패전을 거듭하면서 방비체제의 문제점이 낱낱이 드러났다. 조선의 패전 원인은 여러 가지가 있겠지만 몇가지 군사적인 측면에서 요인을 들어보면, 첫째는 정규군의 부실을 들 수 있다. 이는 軍役을 지고 있는 장정들에 대한 관리와 훈련이 제대로 이루어지지 않아 임란시 소집된 군사들은 그야말로 烏合之卒을 면치 못하였을 뿐만 아니라 징집 자체도 대부분 여의치 못하였다. 이는 징집되는 병졸이 대부분 평시에는 농사를 짓는 농부인데다가 收布放軍이 일반화되면서 전혀 훈련이 되지 않았고, 무기마저 제대로 갖추지 못한 형편이었다. 이는 주지하는 바와 같이 조선이 양반 중심의 文治主義를 지향하면서 사회전반적으로 武藝(武人) 경시풍조가 근저에 자리잡은 결과였다. 宣祖가 "경상도의 풍속은 누구라도 아들 형제를 두었을 경우 한 아들이 글을 잘하면 마루에 앉히고 한 아들이 무예를 익히면 마당에 앉혀 마치 노예처럼 여긴다니, 국가에 오늘날과 같은 일이 있게 된 것은 경상도가 誤導한 소치이다. 옛적에 陸象山은 자제들에게 무예를 익히게 했고 王陽明은 말타기와 활쏘기를 잘했다 한다. 우리나라는 册子만 가지고 자제들을 교육하므로 文武를 나누어 두 갈래로 만들어 놓았으니 참으로 할 말이 없다"192)라고 한데서도 그러한 실상을 적나라하게 볼 수 있다.

둘째는 방비체제의 헛점을 들 수 있다. 조선전기 방비체제의 골

---

192)『宣祖實錄』卷43, 宣祖 26年 10月 壬寅. "聞慶尙道風俗 人有子兄弟 一子能文則坐於堂上 一子業武則坐於庭中 如視奴隷 國家之有今日 慶尙道誤之也 昔陸象山敎子弟習武 王陽明善騎射 我國只持册子 以 敎子弟 歧文武爲二道 甚無謂也"

격은 대체로 남북의 연변지역을 중심으로 짜여져 있었다. 남방 연해지역의 경우는 읍성을 비롯한 要害地에 설치된 鎭堡城, 북방에서는 邊地의 읍성과 鎭堡城, 그리고 이를 잇는 行城이 주축을 이루고 있었다. 당시 內地에 대한 성곽시설의 完備를 도모하였지만 이는 실현되지 못하였다. 부산·동래 등 연해지역의 城을 함락하고 내지로 들어온 왜군에 대해 전혀 속수무책이었던 것도 이러한 방비체제의 문제점이 주요한 원인 가운데 하나이다.

셋째는 방비시설의 不實을 들 수 있다. 특히 주요 방비시설이었던 읍성은 조선전기 동안 성벽구조나 부가시설물 면에서 약간의 발전을 이루었으나 기본적으로 왜구집단에 대응하는 것을 주목적으로 축조된 것이기 때문에 大軍의 공격에는 여지없이 취약성을 드러냈던 것이다. 조총과 같은 새로운 개인 火器를 주축으로 하는 왜군 전술에 대부분의 읍성은 그 효능을 발휘하지 못하였다. 선조 26년 12월 비변사에서 선조에게 보고한 내용 가운데, "대저 적이 믿고서 승승장구하는 것은 오직 銃丸이 있기 때문입니다. 우리나라의 평지에 있는 성은 대부분 낮기 때문에 적이 飛樓를 타고 성안을 넘겨다 보면서 조총을 난사하여 지키는 군사로 하여금 머리를 내놓지 못하게 한 다음, 勇力있는 적이 긴 사다리와 예리한 칼을 가지고 성벽을 타고 곧바로 올라와 大鍬로 성을 파괴하여 성을 지킬 수가 없는데 晉州에서의 경우도 그러했습니다"[193]라고 하는 데서 그러한 실상을 알 수 있다. 또한 유성룡도 임진왜란 때 조선관군이 왜군에게 연패한 것은 弓矢보다 성능이 좋은 조총을 소지한 적을 우리가 산성을 버리고 平地城에서 맞아 싸운데 그 원인이 있다고 하였다.[194]

---

193) 『宣祖實錄』 卷46, 宣祖 26年 12月 壬子.
194) 柳成龍, 『西厓集』 卷14, 雜著 戰守機宜十條 甲午冬.

이렇게 개전초기에 조선의 방비상의 헛점이 명백히 드러나면서
종래의 방어체제에 대한 비판이 일어나게 되었으며, 그 결과 전통
적인 산성중시론이 다시 설득력을 갖게 되고, 전국 각지에 산성 수
축이 이루어졌다. 조선으로서는 군사력이나 전술적인 측면에서 열
세를 면치못하는 상황이었기 때문에 개방된 곳에서의 野戰은 사실
상 거의 승산이 없었다.[195] 이에 조선은 군사적인 맞대결 보다는
持久戰과 기습, 그리고 보급로의 차단 등의 전략을 구사하는 것이
필요하였다. 그러기 위해서는 아군의 식량과 무기, 병력을 보존할
수 있는 거점이 확보되어야 하고, 산성에 의지한 대응이 가장 이상
적인 방향일 수 밖에 없었던 것이다.

조선은 임란왜란 開戰初期에는 실상 응전에 급급하였을 뿐 방
어체제를 재정비할 겨를이 없었다. 더구나 선조의 西行과 중국으
로의 피신 논의 등에서 알 수 있는 것처럼 적극적인 抗戰意志도
별로 없었다. 그러나 일단 명나라의 원군이 도착하여 평양이 수복
되고, 권율의 행주대첩으로 전세를 회복하면서 향후 방비문제에
대한 구도를 점차 정비하였다.

한편 유성룡은 임진왜란 기간중, 조선의 應戰과 방어조치 등 군
사문제와 대명외교 등 국정 전반에 걸쳐 가장 핵심적인 활동을 한
사람이다. 그는 왜군이 평양에서 퇴각한 후, 도체찰사로서 軍中에
서 해야할 事宜를 올린 書狀에서,[196] 우리나라는 성을 잘 수비하고
野戰에서는 서투르니 거듭 여러 고을에 下命하여 성을 수비하는

---

195) 이는 선조 27년 선조가 왜적과 평야에서 대치하면 절대로 이길 수가
    없으니 반드시 지형을 살펴 험준한 곳을 점거하여 산성을 쌓아야 한
    다는 것에서 잘 알 수 있다(『宣祖實錄』 卷54, 宣祖 27年 8月 庚申).
196) 柳成龍이 書狀을 올린 사실에 대해서는 『宣祖實錄』 卷36, 宣祖 26年
    3月 癸亥에 실려 있는데, 그가 건의한 내용은 비변사에서 대부분이
    조치되고 있음을 알 수 있다.

계책을 세우게 할 것을 건의하였으며, 또 前日에 건의하여 시행하
도록 한 성곽의 砲樓제도는 城안을 수비하는데 매우 중요한 시설
이나 각지에서는 대수롭지 않게 여기고 시행을 지연시키고 있다고
지적하였다. 특히 그는 산성이 있는 곳에는 곡식을 저축하여 백성
을 보호하는 것이 시급한 일이니, 지켜야할 곳에는 모두 형편에 따
라 堡壘와 砲樓를 설치하여 백성들에게 무사할 때는 나아가 농사
를 짓게 하고 유사시에는 入保하게 할 것을 강조하였다.[197] 이렇게
산성을 수축하여 두고 "無事耕作 有事入保"를 적극 추진하게 된
것은 장기전에 대비하여 전열을 가다듬기 위한 필수적인 조치였
다. 실상 앞서 말한 바와 같이 조선의 軍士라고 하는 것이 대부분
농부인 상황에서 백성들에 대한 보호 없이는 戰力의 회복이란 불
가능하기 때문이었다. 이에 대해서는 비변사에서도, 攻守를 원활
히 하기 위해서는 반드시 웅거하여 보전할 만한 곳이 있어야 하며,
조선의 계책으로서는 험준한 지세에 의지하여 가능한 많은 營壘를
구축하였다가 유사시에 들어가 지키는 것이 가장 유리하니 이에
대한 事目을 만들어 시급히 시행할 것을 건의하였다.[198]
　특히 이러한 山城有益論은 선조 27년(1594)에 들어와서 강화교

---

197) 柳成龍, 『西厓集』 書狀 天兵退駐平壤後條列軍中事宜狀. "我國善於
　　守城 短於野戰 今亦申飭諸邑爲守城之計 前日啓請 砲樓之制 最爲守
　　城要法 恐人未免置諸尋常 不復致察 至於有山城處 積粟護民 尤係急
　　務 各處要害當守者 亦皆隨便說築營壘及砲樓 令民無事則出耕 有事
　　則入保 尤爲便益"
198)『宣祖實錄』卷45, 宣祖 26年 閏11月 戊申. "… 凡與敵人相對戰不常
　　戰 守不常守 或戰或守 皆在相機善處 然退無所守 則進亦難戰 賊兵前
　　年散漫諸道 豈能千里運糧 其實皆因糧於我耳 爲今之計若於要害山城
　　及險阻 在處隨力設築營壘 督民人守 多設石車火器 以待之賊 仰而攻
　　之 必爲敗北 如幸州一戰 亦以地險取勝 今亦處處憑險却退 賊兵進無
　　所得 退憂歸路 其勢不過數日 逡巡自退 … 已上諸條 請急速爲事目
　　施行 … 上從之"

섭의 전망이 밝지 않은 데다가 8월에 잔유해 있던 明나라 劉綖의 군사마저 본국으로 돌아가서 왜군의 재침에 대한 위기의식이 고조되면서 적극적인 산성수축을 추진하였다.

산성 축조의 필요성은 전술·전략상 크게 두가지 점에서 크게 부각되었다. 첫째는 왜군의 전술을 무기력화 시키기 위해서는 반드시 산성이 필요한다는 인식인데, 이는 선조가 적들이 성을 공격하는 기구는 매우 凶巧하여 평지의 성곽은 결코 보전할 수 없다고[199) 하는 데서도 알 수 있듯이 대체로 평지, 혹은 평산성 읍성은 수비할 수 없다는 인식이 확고하였고, 당시 柳成龍이 선조의 이러한 의견에 대하여

『紀效新書』를 보면 中原의 성 제도가 옛날과 다릅니다. 옛날의 성을 공격하는 것은 雲梯·衝車·地道일 뿐이었는데, 이 적은 鳥銃을 많이 쏘아 사람들이 감히 접근하지 못하게 하고 마음대로 공격하므로 지키기 어렵습니다. 『新書』의 城制는 대체로 왜를 방어하기 위하여 마련한 것입니다. 許儀後의 상소에 "關白이 먼저 土樓를 만들어 성을 공격하므로 가장 방어할 수 없다"하였는데 그 말이 옳습니다. 이는 군인으로 하여금 흙을 져다가 쌓아올려 한 누대를 만들게 하여 성안을 굽어보고 그 위에 방패를 많이 설치하고서 鐵丸을 난사하기 때문에 지키기가 어렵습니다. 辛慶晋이 떠날 때 砲樓의 제도를 시행하도록 하였으나 토루에는 대적하기가 어렵습니다. 그러나 산성의 경우는 토루로 공격할 수 없고 조총도 위로 향하여 쏘기가 어려우니 지키기에 쉬울 것 같습니다.200)

라고 한 것에서 산성의 전술상 필요성은 더욱 명백하다. 이는 앞서

---

199)『宣祖實錄』卷53, 宣祖 27年 7月 癸巳. "賊攻城之器 甚是凶巧 平地城郭 決不可保 如晉州之城予嘗言其難守 卒果陷沒 如延安則賊來者不多 故能守矣 晉州將士豈不及於延安而見陷哉 賊若合攻以我國城池 雖欲守之 予知其不能守矣"
200)『宣祖實錄』卷53, 宣祖 27年 7月 癸巳.

말한 바와 같이 倭軍의 鳥銃을 이용한 攻城術을 무기력화 시키기 위해서는 산성에 의거한 전투보다 더 효과적인 것은 없다는 인식이었다. 또한 그후에는 왜군의 대포에 의한 공격이 예상됨에 따라 산성 수축의 필요성은 더욱 강조되었다.201)

둘째는 官倉이나 民家, 그리고 들판에 있는 양식을 모조리 치워버림으로써 적이 내지로 침입하여 양식을 구할 수 없도록 하는 이른바 淸野戰略을 위해서 반드시 산성이 필요하게 되었다.202) 선조 27년 慶尙監司 洪履祥이 선조를 인견하는 자리에서 아뢰었던 다음과 같은 내용에서 그러한 상황을 잘 알 수 있다.

> 비변사의 말은, 곡식이 익은 후에 적이 공격해 올 계획이 있을 것이니 들의 곡식을 깨끗이 수확해서 기다리라고 합니다. 신의 생각은 들을 깨끗이 치우는 일도 쉽지 않다고 여깁니다. 가까운 곳에 山城이 있어야만 운반해서 저장할 수가 있는데 영남에는 三嘉山城만 있고 달리 지킬 만한 곳이 없습니다. 창고의 곡식도 지금 바야흐로 거두어들이고 있는데, 둘 곳이 없으니 이것이 참으로 난처합니다.203)

이에 대해 선조는 거듭 들을 깨끗이 치움으로써 적들이 양식을 취할 수 없게 할 것을 강조하고 있다.

또한 선조 28년에는 비변사에서도 적병이 아무리 정예하다 하더

---

201) 『宣祖實錄』 卷66, 宣祖 28年 8月 壬戌. "備邊司啓曰 敵術漸巧 後日之事難測 凡築城之際 思所以能御大砲之計可矣 … 嘗觀前古 以砲攻城 莫過於元兵攻汴之時 其時元人 於城外周圍築土山其上每百步 設攢竹砲百餘枚 破大鎧或礌磡 爲二三放之頃 刻石與裡城上樓櫓合抱之木 皆隨擊而碎 古今用砲之盛 此其爲最 然比乃平地之城 故其外可築土山 高與城齊能用大砲耳 若山城四面截然 高可億丈 則雖有土城大砲 無所用之 此地形之險 所以爲貴也"

202) 李章熙, 1995, 「壬亂中 山城修築과 堅壁淸野에 대하여」 『阜村申延澈敎授停年退任紀念 史學論叢』, 일월서각 참조.

203) 『宣祖實錄』 卷54, 宣祖 27年 8月 庚申.

라도 우리에게서 양식을 얻지 못하면 깊이 들어오기 어려울 것이니, 이에 대한 조치를 해야하는데, 민간의 곡식을 모두 官倉에 납입할 수 없어 적을 만나 매우 급하게 되면 반드시 적의 소유가 될 것이니 곳곳에 산성을 설치하여 兵禍를 피하는 곳으로 삼아 民心으로 하여금 미리 믿는 바가 있게 하면, 위급할 적에 자연 자기들이 소유한 것을 가지고 산성에 들어가서 보전하게 되어 이것이 가장 좋은 계책이라고 하여[204] 산성에 곡식을 모두 거두어 들이는 淸野戰略이 對倭防備策으로 적극 추구되고 있었다는 것을 알 수 있다. 이러한 淸野策은 그후에도 계속 강조되었다.[205]

(2) 임란중의 산성 수축

산성의 수축 문제는 선조 26년 2월 寅城府院君 鄭澈에 의해서 제기되었다. 그는 선조에게 兩湖의 지도를 올리고, 茂朱의 裳城山과 長城의 笠巖, 그리고 潭陽의 金城과 同福의 瓮巖山城은 자연의 요새로써 수축하고 설비를 두루 갖춘다면 城이 없는 여러 고을이 위급시에 난리를 피하고 적을 막기에 충분하여 일찍이 관원을 정하여 수축하고자 하였으나 사세가 매우 다급하여 이에 미치지 못하였다고 하였다.[206]

이어 1593년 4월 일본군이 서울에서 철수하면서 내지에 대한 본격적인 방어대책이 강구되었다. 7월에는 황해도 해주가 水路로 남

---

204) 『宣祖實錄』 卷66, 宣祖 28年 8月 乙巳. "… 備邊司回啓曰 賊兵雖銳 若不因粮於我 則雖以長驅聖敎齋盜之慮 極爲充當 但民間之粟 不可盡輸於官倉 臨敵蒼黃 必爲敵有 此則計無所出 若隨處 設置山城 以爲避兵之地 使民心預有所特 則綏急之際 自當推其所有 入保山城 此眞今日之長築 而前朝五百年內 凡有敵變 分遣使臣 督民入保山城者 盖以此也"
205) 『宣祖實錄』 卷82, 宣祖 29年 11月 癸巳.
206) 『宣祖實錄』 卷35, 宣祖 26年 2月 辛亥.

방과 가깝다고 하여 해주의 산성을 급히 수리하도록 하였는데,[207] 당시 선조가 "豊原府院君 柳成龍의 狀啓에 각 고을의 산성을 수축하라고 청했던 것이 은미한 뜻이 있는 것 같다"[208]고 한 것을 보면 그 이전까지는 산성수축에 적극적이 아니었음을 알 수 있다. 또한 선조 26년 8월에는 권율의 건의에 따라 각도에 下書하여 산성수축을 적극 독려하였다.[209]

그리고 그해 10월에는 柳成龍과 金命元이 大丘・仁同을 비롯한 三嘉・高靈・陝川의 伽倻山・安陰 등지의 산성을 수축할 것을 건의하였고, 이 시기에 전라도에도 산성 수축 지시가 내려졌다.[210] 그리고 12월에는 비변사의 건의에 의해 경상우도는 봄이 되면 편의에 따라 산성을 수축하고, 적세가 멀어지면 백성들로 하여금 出城하여 농사를 짓게 하고 적이 오면 산성으로 들어가 굳게 지키도록 하였다.[211]

특히 삼가・의령・단성・고령 및 낙동강 일대 지역에 적극 이를 조치하도록 하였는데,[212] 이는 왜군이 군량미 조달을 수로를 통하여 하게 됨으로써 주로 낙동강 인근 지역을 공략하였기 때문이었다. 그외에도 다음의 <표 2-2-2>에서 알 수 있는 바와 같이 파사산성・해주의 산성을 비롯한 많은 산성들이 수축되었다.

---

207) 『宣祖實錄』 卷40, 宣祖 26年 7月 庚午.
208) 위와 같음.
209) 『宣祖實錄』 卷41, 宣祖 26年 8月 丁未.
210) 『宣祖實錄』 卷46, 宣祖 26年 12月 庚午.
211) 위와 같음.
212) 위와 같음.

〈표 2-2-2〉임란중의 산성 수축

年	月	日	干支	內　　　　　　　　容
선조 26	2	26	신해	鄭澈이 兩湖의 지도를 입계하고 산성 수축 등의 일을 아룀.
	7	18	경오	해주의 산성을 수리하도록 함.
	9	11	임술	해주의 수양산 산성을 수리하고 곡식을 저장하도록 함.
	10	16	병신	대구·인동·삼가·고령·합천 가야산·안음의 산성을 수축하게 함.
	11	7	정사	경상우도의 삼가산성, 고령산성, 함천의 야로산성, 가야산의 금산산성, 안음의 산성 등 요해지의 성을 수축하도록 함.
	12	3	임자	남원의 교룡산성, 담양의 금성산성, 순천 건달산성, 강진의 수인산성, 정읍의 입암산성을 수축하여 지키게 하고 기타 同福山城·甕城山城 등도 또한 순차적으로 수축하도록 함.
		19	무진	柳成龍이 의령의 조흘산성과 삼가의 산성을 지키게 할 것을 건의함.
		21	경오	경상도 삼가·의령·단성·고령 및 낙동강 일대의 산성을 수축하고 적세에 따라 입보하고 出城할 것을 지시.
선조 27	2	27	병자	가야산의 용기산성, 지리산의 귀성산성은 惟政에게 맡겨 수축하도록 하고, 거의 수축을 마친 장성의 입암산성은 法堅에게 맡기도록 함.
	6	21	무진	산성 入保와 淸野策을 적극 독려하도록 함.
	7	19	을미	남원산성의 수축 상태를 살펴 조속히 완축하도록 함.
	9	19	갑오	경기관찰사가 수원의 독성산성 수축을 14일에 마쳤다고 함.
	11	5	기묘	울진의 산성을 수비하고, 요로를 방수하도록 함.
		17	신묘	영해의 우여산을 평해로 이속시키고 산성을 수축하여 둔전병을 두는 방안을 살펴 조치하도록 함.
		19	계사	경기 금천 부근의 屯田民을 산성에 들어가 살도록 하고, 武人으로 召募將을 삼도록 함.
선조 28	2	13	병진	해주의 산성을 다시 견고히 수축하고 백성을 모집해 들이고, 곡식과 기계를 준비하도록 함.
	3	1	갑술	비변사가 승려 義嚴을 都摠攝으로 삼아 파사산성의 수축할 것을 계청함.
	6	2	계묘	해주의 산성 수축을 특별히 주의를 기울일 것을 지시.
		12	계축	월계산성을 摠攝僧 見牛와 屯田官 李貞吉로 하여금 함께 농사를 지으며 점차 수축하도록 함.
	8	5	을사	이미 수축한 성주의 龍起山城과 三嘉의 岳堅山城과 丹城의 東城山城에는 창고를 설치하여 官穀을 저장하도록 하고, 대구의 達城山城과 선산의 금오산성, 인동의 천생산성도 점차 편의에 따라 수축하도록 함.
		6	병오	산성을 수축하는데 법도대로 하지 않으니, 義嚴이 축성하는 파사성에 郞廳을 보내 기초설계도를 그려온 후 수축을 지시하도록 함.
		22	임술	축성때에 대포공격에 대비하도록 하고, 파사산성은 義嚴으로 하여금 遲速을 따지지 말고 견고하게 수축하도록 함.
		23	계해	柳成龍이 형세가 좋은 安城의 무한산성과 竹山의 취봉에 축성하여 관방을 삼을 것을 청함.
	9	1	경오	水原 독산성에 기구를 갖추고, 죽산산성을 수축하기 위해 방어사를 차임도록 함.
	10	7	병오	關西의 군사들을 산성을 가려 들어가도록 함.
		10	기유	關西의 곽산 산성 인근의 침입이 우려되는 지역 창고의 곡식을 산성으로 들이도록 함.

王代	月	日	干支	내용
선조 29	1	12	기묘	求禮의 石柱山, 雲峯의 八良山, 錦山의 冬巨山을 수비할 계책을 세우도록 감사에게 이문하도록 함.
		17	갑신	各道 監司로 하여금 家率을 거느리고 지형이 좋은 곳을 택하여 營을 설치하여 입거하도록 하는 방안을 조치하도록 함.
		28	을미	삼각산 아래 中興洞의 형세를 살펴 산성을 수축하는 문제를 검토하도록 함.
		30	정유	오랑캐 형세가 심상치 않아 산성 수축과, 鎭堡의 정비를 지시함.
	2	9	병오	年前에 완성된 공주 산성에 포루 설치를 지시.
		16	계축	吏曹判書 金宇顒이 方伯과 守令은 각각 처자를 거느리고 山城에 들어가 수비하도록 하는 조치를 재삼 엄히 신칙할 것을 건의.
	3	6	계유	서울의 중흥동 산성 공사를 뒤로 미룸.
		8	을해	申礁이 서북지역의 방비를 시급히 조치해야 함을 건의.
	4	2	무술	柳成龍이 노모를 만나고 돌아와 충주의 고모산성과 성주의 천생산성을 수축하고 있음을 보고.
		12	무신	義嚴이 役軍 부족과 중국 사신 왕래로 파사산성 역사가 지연되고 있으니 조치하여 줄 것을 상소함.
		17	계축	용인·양지 사이에 있는 古城인 석성을 수리하여 수원 독성, 남한산성과 서로 형세를 이루도록 함.
	5	2	무진	비변사가 독성 산성은 대강 수축되었고, 파사성은 가을에 완료토록 하였음을 보고함.
	11	16	무신	창녕의 화왕산성을 수리하도록 함.
		20	임자	강원도 울진의 산성을 원주의 산성과 같이 조치하도록 함.
		21	계축	송악산에 목책을 설치하고 양식을 축적하도록 함.
	12	6	무진	葉遊擊이 대구·초계 등에 방어 시설을 갖출 것을 요청.
		8	경오	파사산성에 수성장을 배치하여 義嚴과 파수하게 하고, 惟政은 남한산성에 머무르게 하여 명년 봄의 산성수축에 대비하게 함.
		16	무인	황해도 연안성 밖의 산에 산성을 수축하도록 함.
선조 30	1	27	무오	柳成龍이 수백리 지경에 산성 하나로는 불가하니, 각 고을에 산성을 만들어 농사를 지으면서 지킬 수 있도록 할 것을 건의.
		29	경신	柳成龍이 죽령과 조령사이에 德周山城이 있는데 李時發이 營으로 삼았다고 아룀.
	2	25	병술	남한산성의 수리와 안성(서운산성)·죽산의 산성 수축 문제를 논의함.
	3	9	기해	京畿 三路에 있는 산성을 수축하여 서울의 방어를 도모하도록 하고, 궁벽한 곳에 위치한 산성으로서 적을 제압하기에 적합하지 않은 곳은 수축하지 말도록 함.
		15	을사	忠淸監司 金時獻이 오례산성 수축에 역군을 보내는 것과 군량을 충당하는 것이 매우 어렵다고 서장을 올림.
	4	21	신사	남원읍성을 수축하여 산성과 掎角之勢를 이루는 것에 대하여 논의함.
	6	5	갑자	兩界 이외의 감사로 하여금 家率을 거느리고 산성에 입거하도록 한 조치를 철회함.
	7	9	무술	楊總兵의 私處에 거둥하니 楊總兵이 남원 인근의 백성과 산성에 있는 양식과 馬草를 읍성으로 옮기게 할 것을 청함.
	8	14	임신	사헌부가 담양에 새로 쌓은 산성을 감사 유영으로 삼았으니 신속히 방수 대책을 세워야 한다고 아룀.
선조 31	1	19	을사	중국군이 둔전을 개간하면서 산성을 지키는 것에 대해 논의.

※ 『宣祖實錄』에 의거한 내용임.

  그러나 이러한 산성수축이 순조롭게 된 것은 아니었다. 전쟁으로 인하여 인명피해가 많았을 뿐만 아니라 많은 사람이 이미 군사로 징발되었고, 遊離逃散한 사람도 많아 산성 수축을 위한 역군의 동원이 쉽지 않았다. 축성에 僧軍을 많이 동원하였던 것은 그러한 사정 때문이다. 또한 축성에 소요되는 양식마저 부족하여 큰 어려움을 겪게 되었다. 비변사에서,

> 다만 오늘날은 民力이 궁핍하고 인심이 흩어졌으므로 산성을 축조하는 役事를 갑자기 거행하기는 어렵습니다. 그러나 그 형세가 어렵다고 하여 하지 않는다면 할 수 있는 때가 없을 것입니다.[213]

라고 하는데서 그러한 사정을 잘 알 수 있다.

  또한 관리의 기율이 전혀 서지 않아 조정의 의도를 시행하는 데도 큰 문제가 있었다. 뿐만 아니라 僧軍을 동원하고, 僧將에게 그 책임을 맡김으로써 축조방식을 잘 알지 못하여 성곽의 부대시설 공사를 소홀히 하거나 부실공사가 되어 쉽게 붕괴되는 일마저 발생하였다.[214]

---

213) 『宣祖實錄』 卷66, 宣祖 28年 8月 乙巳. "但今時民力窮屈 人心渙散 山城之役 難可猝擧 然而以其勢難 而不爲 則無可爲之時矣"

214) 『宣祖實錄』 卷66, 宣祖 28年 8月 丙午에 "상이 비변사에 下教하기를, '파사성을 義嚴이 쌓았으나, 성의 제도야 의엄이 어찌 알 수 있겠는가. 특별히 計慮가 있는 사람을 보내어, 성을 살펴보게 하기도 하고 혹 제도를 가르치게 하라'하였는데, 비변사가 회계하기를, '성을 쌓는 데에는 법도가 있으니 만일 그 법도대로 쌓지 못하면 쌓지 않은 것이나 다름이 없습니다. 근일 외방에 왕왕 산성을 수축하는 공사가 있기는 하나, 그 살받이·雉堞·樓櫓·城門·甕城의 제도를 다 헤아려 처리하지 않고, 산세의 굴곡만을 따라 성을 만들 뿐 그 요점을 알지 못하였으므로 인력만 허비하고 적을 막는 데에는 도움이 없게 되었습니다. 심한 경우에는 구차히 책임만 때워서 버팀목을 빼내기도 전에 성이 무너지니, 이와 같은 성을 장차 어디에 쓰겠습니까?" 라고 하고 있다.

산성수축은 전쟁으로 피폐해진 영남지역에서 특히 어려운 문제였다. 李元翼이 영남에 내려가 임무를 수행하고 있었는데, 일각에서 그가 급선무인 성곽 수축과 진영 설치에 힘쓰지 않는다고 비난한데 대해 李廷馨이 그가 힘쓰지 않은 것이 아니라 事勢가 그러하다고 한 것처럼 당시 실정이 그와 같은 일에 전념하기 어려웠던 것이다.215) 이는 다른 지역에서도 비슷한 처지였다. 婆娑山城은 이미 공사를 시작한지 오래되었으나 완성되지 못하자,216) 그 축성 책임을 맡고 있던 都摠攝 義嚴은 이에 대한 조치를 촉구하는 上疏를 올리기도 하였다.217)

이렇게 급박한 가운데서도 산성수축이 적극 시행되지 못한 것은 조정의 의논이 분분하여 일관성 있는 정책을 추진하지 못한데도 큰 요인이 있었다. 선조 28년 司憲府에서,

> 그리고 列邑의 산성도 모두 수비해야 하는데 세력이 분산되면 힘이 약하고 큰 환란이 닥치면 지탱하기 어려우니, 반드시 여러 진영 중에서 산과 물로 둘러 싸인 지형을 취하고 천연적으로 이루어진 험준한 요해처를 선택하여야 합니다. 그리고는 군사를 모집하고 군량을 저축하여 3개의 큰 진영을 만든 다음 이름난 장수로 하여금 지키게 하면서 모든 군무를 정비하여, 차츰 難攻不落의 기지를 이루어 나간다면 적이 산 아래에서 공격해 올 때 우리는 百二의 이로운 형세를 갖게 되는 셈이니 저들이 격파하지 못할 것입니다. 그러면 안과 밖의 지역에 모두 脣亡齒寒의 걱정이 없게 되어 적을 방어하고 근본을 견고하게 하는 방법에 내실을 기할 수 있을 것입니다.218)

---

215) 『宣祖實錄』 卷73, 宣祖 29年 3月 戊辰.
216) 『宣祖實錄』 卷74, 宣祖 29年 4月 戊戌.
217) 『宣祖實錄』 卷74, 宣祖 29年 4月 戊申.
218) 『宣祖實錄』 卷65, 宣祖 28年 7月 癸酉. "… 且列邑山城 皆所當守 而勢分則力弱 患大則難支 必於諸陳之中 取其地勢之襟帶者 擇其天塹之控扼者 聚兵蓄粮 作三大陳 使名將鎭守之整飭諸務 漸成不拔之基 則賊搏山下而我有百二之勢 彼不能破矣 然則腹背之地 無脣亡之患

라고 한데 대해 史臣이 논한 내용에 "비변사에서 일단 차자를 내려 보내자 모든 사람들의 의견이 구구각각이어서 아름답고 훌륭한 계책이 마침내 수포로 돌아가 만 가지 중에 한 가지도 도움되는 바가 없었으니, 참으로 탄식할 일"219)이라고 하여 산성 포치에 대한 구도가 결정되지 못하였음을 알 수 있다.

이러한 가운데 선조 29년(1596) 1월에는 各道 監司로 하여금 家率을 거느리고 산성으로 入居하게 하고, 각 고을의 守令도 모두는 아니라고 할지라도 산성에 입거하도록 하는 획기적 조치가 내려졌다. 이는 각도의 산성 수축과 설비가 지지부진한 상황에서 나온 조치인 것으로 보아 신속히 산성을 중심으로 한 거점화를 시도한 것으로 생각되나 이 선조의 명령은 열흘이 지나 司憲府로부터 비변사가 이를 잘 조치하고 있지 않다고 논박하고, 또 한달 가량 되어서는 吏曹判書 金宇顒이 上箚하여 方伯과 守令은 각각 처자를 거느리고 山城에 들어가 수비하도록 하였는데 비변사가 즉시 거행하지 않으니 다시 엄히 신칙할 것을 건의하고 있는 것으로 보아 즉각 시행되지 못하였음을 알 수 있다. 이 문제는 그후로도 여러 차례 지시가 있었지만 시행되지 못하였는데, 선조 29년(1596) 11월 備邊司에서,

> "… 各道의 監司가 山城에 들어가 지키는 일은 전에 公事가 있었으나, 그 뒤에 불편하다는 의논이 있고, 右相의 말을 들으니, 반드시 들어가 있으려 하지 않을 것이라 한다. 우리 나라는 번번이 논의가 많기 때문에 도리어 일을 그르치거니와 감사는 산성을 營으로 삼지 않으면 안 된다. 그 곡절로 말하면 조치한 속에 들어 있는 조목인데

而禦敵固本之道可得其實也"
219) 『宣祖實錄』 卷65, 宣祖 28年 7月 癸酉. "史臣曰 一篇箚辭 實出肝膽忠誠 擧以行之 不啻若治病之良劑也 然與其議而處之 孰若改而用之 一下備邊 僉意異同 嘉謨善策 終歸寥落 無補於萬一 良可歎也"

184　韓國 中世築城史 研究

뭐 논의할 것이 있겠는가. 備邊司가 다시 申飭해야 할 듯하니, 비변
사에 이르라”고 전교하셨습니다. 각도의 감사가 산성에 들어가는 것
으로 굳게 지킬 계책을 삼는 것은 참으로 오늘날의 급히 힘쓸 일입
니다마는, 평시에 미리 들어가 있을 경우 사세상 불편한 점이 있으
므로, 물의는 器械를 경영하고 양식을 조치하였다가 그때에 임하여
들어가 지키기를 바라고 있습니다. 그러므로 전에 이 때문에 각도에
편리한지를 물었을 뿐이고, 산성에 들어가 지키는 것을 행할 수 없
다고 한 것은 아닙니다. 이제 賊勢가 움직이려 하니, 각도의 산성은
미진한 것을 다시 더 조치하여 반드시 굳게 지킴으로써 쳐들어오는
적을 막으라는 뜻을 都體察使・都元帥와 各道의 監司에게 下諭하
는 것이 어떠하겠습니까?220)

라고 하는 것에서 各道에서는 평상시 미리 監司가 산성에 들어가
거주할 경우 행정적인 처리나 기타 업무를 관장하는데 불편이 있
어 시행되지 못하였음을 알 수 있다. 그후에도 이 조치가 시행되면
서 감사들은 가솔을 거느리고 가기만 하고 산성에 입거시키지 않
고 단지 첩과 여종만 데리고 산성에 들어가 책임만 면하려는 행태
를 보이자 선조는 이는 감사가 가솔을 거느리고 가지 못하도록 한
常規에 어긋나니 시정하도록 하고 있으며,221) 곧 家率을 거느리고
가는 조치는 철회되었다.222)

한편 백성들의 산성에 대한 불신이 점차 확산된 것도 산성 수축

---

220)『宣祖實錄』卷82, 宣祖 29年 11月 辛亥. “各道監司入守山城事 前有
　　公事 而厥後有不便之議 聞右相之言 則必不肯入處云 我國每因論議
　　之多 而反致壞事 監司不可不以山城爲營 若其曲折 則在措置中一疑
　　何足與論 備邊司似當更爲申勅 言于備邊司傳敎矣 各道監司入守山城
　　以爲固守之計 誠爲今日之急務 但平時預爲入處 則事勢有非便者 物
　　議欲其經營器械 措置粮餉 而臨時入守故頃日以此問便否於各道而已
　　非以山城入守之計爲不可行也 今賊勢將動各道山城 更加措置未盡之
　　事 期於堅守 以遏奔衝之意 下諭五道體察使及都元帥各道監司 何如”
221)『宣祖實錄』卷88, 宣祖 30年 5月 己未.
222)『宣祖實錄』卷89, 宣祖 30年 6月 甲子.

에 큰 어려움이 되었다. 선조 25년 10월 金時敏이 晉州에서 승전하고, 다음해 2월 權慄이 행주산성에서 승리한 후로는 산성을 믿을 만한 곳이라 하였으나 그해 6월에 진주성이 함락되자 산성에 대한 신뢰가 크게 저하되었던 것이다. 선조 27년 전라도에 내려가 도내의 산성을 巡審하고 돌아온 李恒福이,

> 晉州城이 함락되지 않았을 때는 民情이 다 산성에 들어가 보전하고자 하였으나 그 산성이 함락되었다는 소식을 듣고는 백성들이 다 말하기를 "진주성은 지세가 험하고 병력도 많았는데 또한 보전할 수 없었다"고 하면서 이로부터는 산성을 보기를 반드시 죽음의 함정이라 하였다.223)

라고 한 데서 그러한 실상을 잘 알 수 있다. 이와 같은 것은 선조 29년 4월 行護軍 崔岦이 상소한 내용에도 백성들이, 근본이 되는 京師도 지킬 계책이 없는 데다가 諸道의 급무는 山城에 불과하니 老幼를 이끌고 돌아갈 곳이 못됨을 보고서, "하루 아침에 급변이 있으면 차례로 무너져 종전과 다름이 없을 것인데, 무엇 때문에 물력을 허비하며 적을 일소하지 못한 속에서 거듭 우리를 괴롭히는가"라고 생각한다는 것에서 그러한 점을 잘 알 수 있다.224)

이러한 가운데 선조 29년 8월에 이르러서는 종전의 시급한 축성보다는 점차 완급을 헤아리고, 형세를 살펴 추진하는 쪽으로 정책이 변화하게 되었다. 비변사에서는,

---

223) 李恒福, 『白沙集』 권2, 全羅道山城圖後叙 甲午 4月. "… 晉州未陷 民情皆欲入保山城 及聞其陷 民咸曰 以晉州地勢之險 兵力之衆 且不能保 於是視山城爲必死之窣 …"

224) 『宣祖實錄』 卷74, 宣祖 29年 4月 辛丑. "行護軍崔岦上疏曰 … 夫京師根本 尙無必守之計 而諸路急務 不過山城 審非扶老携幼以歸之地 以謂一朝有急 次第崩潰 未必不如始者 乃何故虛費物力 重困我於未剪盡之間也 …"

산성을 쌓는 일은 진실로 오늘날 그만둘 수 없는 역사이긴 하나 다만 各道의 物力이 몹시 심하게 고갈되었는데도 성쌓는 역사를 하지 않고 넘어가는 날이 없으니, 모든 백성의 시름과 고통이 반드시 이 때문이라고 아니할 수 없습니다. 마땅히 형편을 살피고 緩急을 헤아려 先後를 정하는 동시에 백성의 힘을 참작해서 점차로 수축해 나가야만 일도 이루어지게 되고 백성의 힘도 조금 펴지게 될 것이니, 결코 일시에 일을 시작하여 민폐를 끼치게 해서는 안될 것입니다. 그런데 外方의 산성들에 대해 형세가 긴요한지 그렇지 않은지를 지금 멀리 떨어진 여기에서 헤아리기는 어렵습니다. 대신 두 사람이 이미 都體察使로서 各道를 나누어 맡고 있으니, 참작하고 상량하여 시행하도록 함이 어떻겠습니까?225)

라고 건의하니 선조는 이를 그대로 시행할 것을 재가하고 있다. 이는 산성은 계속 수축되고 있었으나 民心離反은 뚜렷하여 산성이 있다하더라도 지키기 어렵다는 현실적인 판단과, 또 시급히 추진됨으로써 적당하지 못한 곳에 민력만 허비하여 성을 쌓는 일을 방지하고자 한 것이다.

여하튼 산성수축은 실제 선조 29년(1596)이 되어서도 큰 진전은 보지를 못하였으며,226) 비변사에서 "兵亂이 일어난 이래로 조정이 강구하고 사방이 獻策한 것이 이 한 가지 山城과 要害地를 설치하는 계책뿐이었는데도 아직 성취한 것이 없다"고 한 것은 그런 사정을 여실히 보여주고 있다. 당시 비변사에서 보고한 것을 보면 경상도의 경우 金吾山城과 天生山城, 富山山城(경주), 岳堅山城(三嘉), 公山山城, 龍起山城만이 거론되고 있으며, 昌寧의 火王山城을

---

225) 『宣祖實錄』 卷78, 宣祖 29年 8月 戊戌. "… 山城之設 誠爲今日不可已之役 而第各道物力蕩竭已甚 築城之役迨無虛月 齊民之愁苦亦未必不由於是 所當相度形便量其緩急 第其先後 參以民力漸次修築然後事可得濟 而民力少紆 決不可一時興作 以貽民弊 而外方山城形勢緊歇今難遙度 大臣二人 既以都體察使分掌各道 使之參商施行 何如"
226) 『宣祖實錄』 卷81, 宣祖 29年 10月 戊辰.

수축할 필요성이 건의되고 있다.227)

특히 식량 비축과 장수들의 수성의지 부족은 산성 수축을 추진하는데, 큰 걸림돌이 되고 있었다. 경상도 永川과 安康 사이에 있는 富山山城의 경우, 군량수급 문제로 인하여 추진이 지연되고 있으며,228) 경기도의 禿城山城의 경우는 장수들이 들어가 지키기를 꺼려 양식이 없다고 하자 비변사로 하여금 擲奸하도록 지시하고 있다.229)

또한 일을 직접 주관하는 都元帥나 都體察使를 비롯한 대신들간의 전략 구상도 일치하지 않아 갈등이 빚어짐으로써 방비체제의 구축에 장애가 되고 있었다. 體察使와 元帥가 방비조치에 대한 의견이 합치되지 않아 각기 다른 명령을 시달함으로써 將官과 수령들은 어느 쪽의 令을 따라야 할지 혼선을 빚고 있었다.230) 특히 문제가 되었던 것은 도원수는 4~5만의 군사를 조발하여 군대를 편성하고자 하였고, 체찰사는 산성을 수축하고 淸野하는 전략을 구사하고자 하였던 것이다.231) 이는 인적 자원이 한정된 상황에서 군사로 많은 병력을 조발하게 되면 결국 산성 수축을 수축하고 방어장비를 구비하는데 쓸 역군이 부족하게 되기 때문에 서로 배치되는 조치였던 것이다. 이러한 人丁의 부족으로 인한 문제는 선조 30년(1597) 忠淸監司 金時獻이 올린 書狀에서도 잘 나타나고 있다. 이 書狀에 보면, 전란이 발생한 이후 백성수가 稀少한 것은 전국이 다 마찬가지인데 지방관들이 상부의 지시에 따라 정해진 수의 인력을 내다보니, 수가 모자라 미곡을 거두어 이를 가지고 사람을 고용하여 보내는 일

---

227)『宣祖實錄』卷82, 宣祖 29年 11月 戊申.
228)『宣祖實錄』卷82, 宣祖 29年 11月 戊午.
229) 위와 같음.
230)『宣祖實錄』卷84, 宣祖 30年 1月 戊午.
231) 위와 같음.

까지 있다고 하고 있으며, 또한 고용된 사람이 도피하게 됨으로써
다시 해당 고을에 公文을 보내 독촉하게 되니 백성들이 모두 피란
때와 다름없이 산으로 逃散하여 농사마저 포기상태가 되어 심각한
사회문제가 되고 있었다는 것을 알 수 있다.[232]

그런데 선조 30년 적의 재침 우려가 높아지고 전라도 지역의 방
어의 중요성이 새삼 인식되면서 수성방식에 대한 변화가 나타났
다. 즉 산성 중심의 수성책이 이제 지역에 따라 읍성도 함께 방어
해야 한다는 쪽으로 기울어지게 되었다. 이는 읍성과 掎角之勢[233]
를 이루겠다는 의도에서 추진되기도 하였지만[234] 그 보다 중요한
문제는 적이 와서 읍성을 차지하였을 경우 장기전이 되면 산성에
있는 쪽이 불리하다는 것 때문이었다. 이에 대해 柳成龍은 "산성만
을 지키고서 적들이 오랫동안 본성(읍성)에 머물게 하는 것은, 비유
하면 호랑이는 평지에 있고 사람은 산에 올라가 있는 것과 같아 지

---

232) 『宣祖實錄』 卷86, 宣祖 30年 3月 乙巳. "忠淸監司金時獻書狀 經亂之後
　　人民死徙 各道皆然 而本道數少人丁 以贊畫使使砲殺手及選鋒軍 盡爲抄
　　出 沿海居民 則舟師格軍又爲抄送正雜色軍兵使所屬帶率 其外武士各處
　　軍官牙兵 各各籍名帶率 一道人丁搜括已盡 更務隱伏 雖有脫漏餘丁率皆
　　疲癃無用之軍 都元帥權慄關內 一萬名中三千三百三十餘名 淸道五禮山
　　城入送 臣聞得前日抄軍之際 民間極爲騷擾者 非專由於田結託軍之致 誠
　　恐道內閑丁殆無人可括 不得已收來 民間貸送傭丐之徒 苟充其數 一名之
　　價捧米多至十石 居民旣困於出來 而無根之徒 旋卽 逃散 文移催督之際
　　餘存之民 又皆逃徙登山竄匿 無異避難之時 列邑騷然閭里一空一心洶洶
　　如驚濤駭浪靡所止息 雖十分撫定蕩析之餘 失其樂生之心 春節將暮 無意
　　耕播田畝之間 絶無秉耒 今年農事已無可望 …"

233) '掎角'이란 앞과 뒤에서 서로 응하며 적을 견제하는 것을 말하며, 여기
　　에서는 한 지역에 읍성과 산성을 모두 유지하며 적이 읍성을 칠 때에
　　는 산성의 군사로 견제하고, 산성을 공격할 때는 읍성의 군사를 내어
　　견제하여 적이 어느 한쪽을 집중적으로 공략할 수 없도록 하는 것을
　　말한다.

234) 『宣祖實錄』 卷88, 宣祖 30年 5月 戊戌.

탱할 수가 없다"[235]라고 하고 있다.

그러나 한 지역에서 두개의 성을 지키는 것은 매우 어려운 문제였기 때문에 조정에서는 이에 대한 확고한 방침을 추진하지 못하였다. 더구나 전라도 남원의 경우처럼 丁酉再亂時에 明軍은 읍성을 지키고자 하고 조선에서는 산성을 지키고자 하였으나 明軍의 주장에 따라 읍성을 지켰다가 함락되고 말았던 것은 그 하나의 사례이다. 당시 明의 楊總兵은 한 지역내에 두개의 성을 지키겠다고 하면 인심이 갈라지고, 적이 읍성을 점거하고 지구전을 펴면 산성에 들어가 있는 측은 스스로 무너지게 되며, 兵馬를 출전시켰다가 불리하면 들어와 지키고자 하기 때문에 읍성을 지켜야 한다는 것이었다.[236] 이에 대해 당시 接伴使로 있던 鄭期遠은 만약 읍성 고수 정책을 세웠다가 상황이 변하여 읍성을 지키지 못하게 되면 성을 쌓아 적에게 주는 것은 물론이고, 군량을 모두 대주는 것이 되므로 불가하다고 읍성고수책을 반대하였다.[237]

이와 같은 것은 濟州에서도 마찬가지였다. 제주는 당초에 牧使의 건의에 따라 城山山城을 지키도록 하였으나 비변사에서 本地를 버려두고 산성을 지키게 되어 왜적이 본지에 와서 읍성에 웅거한다면 주인이 도리어 객이 되는 형세라고 하여 다시 이경록을 보내 州城(邑城)을 지키게 하였다.[238]

한편 이러한 산성을 중심으로 한 방어책도 정유재란이 일어나면서 여러 산성이 함락되자, 산성유익론도 점차 수그러 들게 되었던 것으로 보인다. 선조가,

---

235)『宣祖實錄』卷88, 宣祖 30年 5月 丁巳.
236)『宣祖實錄』卷89, 宣祖 30年 6月 丁丑.
237) 위와 같음.
238)『宣祖實錄』卷97, 宣祖 31年 2月 乙亥.

한동안 산성에 대한 의논이 일어나 모두들 산성이 좋다고 하면서 是非하는 자가 없기에 형세를 가리지 않고 곳곳마다 산성을 수축하였었다. 그런데 하나의 산성이 함락당하자 인심이 놀라 선성도 지킬 수 없다고 하여, 이 때문에 더욱 무너지게 되었던 것이다. 우리나라의 일 처리가 아이들 장난과 같을 뿐이니 참으로 마음이 아프다. 서울은 이구동성으로 모두들 지킬 수 있다고 하는데, 지난번에 성을 순행할 때 처음으로 그 제도를 보고 나도 모르게 失笑하였다. 그렇게 하고서야 무슨 일을 이룰 수 있겠는가?239)

라고 하는 것에서 그러한 실상을 알 수 있다. 뿐만 아니라 선조 31년 1월 홍문관에서 柳成龍의 削奪官職을 청하였는 바, 그에 대하여 山城과 砲樓를 설치하는 것은 마땅히 해야 할 일이었지만 지형의 便否를 분간하지 않고 사세의 難易도 헤아리지 않고서 일시에 독촉하기를 성화같이 하였으므로 공사가 부실하여 사방에 修築해 놓은 것이 위급한 때를 당하여 지킬 만한 곳이 없었다고 비판하고 있다.240)

임란시 전국적으로 몇개의 산성이 수축되었는지는 알 수 없다. 앞서 『朝鮮王朝實錄』에서 초록한 기사는 중요한 것들만 거론되었고, 전국 개개의 산성 명칭을 모두 기록하지는 않았기 때문이다. 임란시의 산성 수축은 왜군에 대항하기 위한 것이었기 때문에 주로 경상도와 충청도·전라도·경기도 등 서울 이남지역에 집중되었다. 특히 경기도의 산성 수축이 두드러진 특징 가운데 경기도는 하삼도 지역과는 달리 임란이전에는 거의 성곽이 설치되지 않았던 지역으로, 임란을 겪으면서 수도방위가 절실하다는 것이 인식되었

---

239) 『宣祖實錄』 卷92, 宣祖 30年 9月 庚子. "上曰 一時山城之議起 而皆曰 山城好 莫有是非 不擇形勢處處修築 故一山城敗而人心驚駭曰 山城亦 不可守 而此益致潰裂 我國之事等兒戲耳 誠可痛心京城萬口一談皆曰 可守 而頃日巡城時 始見制度等事 不覺失笑 如彼處置做得何事 …"
240) 『宣祖實錄』 卷106, 宣祖 31年 11月 辛丑.

기 때문에 취해진 조치로 여겨진다.

그리고 下三道의 성곽 배치에도 변화가 나타났다. 임란시 대부분의 성곽이 제구실을 하지 못하게 되자, 대규모 거점성 중심으로 방어전략을 바꾸고, 수도에 이르기까지 2중 3중으로 방어선을 구축하였으며, 왜군의 공격 가능성이 높은 낙동강 연변 지역에 특별히 많은 산성을 수축하였다. 특히 병력과 전술면에서 조선보다 우세한 왜군에 대적하기 위해서는 반드시 지형적인 유리함을 살릴 수 있는 곳을 지켜야 한다는 논의에 따라 요충이 되는 인근 지역에 산성을 수축하여 지키게 하였고, 또 왜군이 양식을 얻지 못하도록 淸野入保한다는 전략에 따라 곳곳에 산성을 수축하도록 하였다.

3) 산성의 현황과 규모

(1) 산성의 각도별 분포

조선개국초에는 앞서 서술한 바와 같이 고려시대에 있었던 산성을 그대로 유지하거나 일부 수축하여 사용하였는데, 그 수가 얼마나 되는지는 정확히 알 수 없으나 태종 13년 각도 각 고을에 3, 4息(90里~120里)안에 하나의 산성을 수축하고 창고를 설치하도록 한 조치로[241] 미루어 본다면 전국적으로 100여개 이상의 산성이 있었을 것으로 생각되는데, 이는 대체로 『世宗實錄』 地理志에 기록되어 있는 산성의 수가 조선초기의 현황을 보여주고 있다고 여겨진다.

다음의 <표 2-2-3>에서 알 수 있는 바와 같이 『世宗實錄』 地理志에 기록되어 있는 산성수는 총 111개이다. 이러한 산성은 숫적으로 본다면 경상도·충청도 지역이 가장 많으나 각 道의 행정구역

---

241) 『太宗實錄』 卷26, 太宗 13年 7月 戊戌.

수를 감안한 비율로 계산해 보면 강원도가 전체 24개지역 가운데 58.3%인 14개 지역[242]에 산성이 설치되어 있어서 구비율이 가장 높고, 경기도가 전체 40개 지역 가운데 7.3%인 3개지역에만 산성이 설치되어 있어서 구비율이 가장 낮다. 이를 전국적으로 본다면 漢城府와 開城府를 제외한 八道 329개 지역 가운데 32.8%인 108개 지역[243]에 산성이 설치되어 있었다. 그리고 이 가운데 25개 지역에는 읍성과 산성이 모두 설치되어 있었다.

〈표 2-2-3〉『世宗實錄』 地理志에 나타난 八道의 산성 분포

분류 \ 도별	府牧郡縣數	城郭이 없는 곳 數	城郭이 없는 곳 비율(%)	山城만 있는 곳	邑城·山城이 모두 있는 곳
京畿道	41	35	85	5	
忠淸道	55	17	30.9	23	3
慶尙道	63	17	26.9	21	9
全羅道	56	26	46.4	6	5
黃海道	23	15	65.2	4	
江原道	24	8	33.3	10	5
平安道	47	20	42.6	7	1
咸吉道	21	2	9.5	7	4
計	330	140	42.4	83	27

그러나 성곽 유지에 드는 막대한 노역과 재정적 부담, 그리고 실제 전투에서 한정된 인원을 가지고 2개의 성을 동시에 지키기는 어려웠기 때문에 1개 지역에서 산성과 읍성을 모두 유지하는 것은 사실상 불필요하였다. 더구나 兩界地域과 연해지역 가운데 侵寇의 위험성이 높은 곳에는 거의 예외없이 鎭堡가 설치되고 이러한 진

---

242) 麟蹄縣의 경우는 寒溪山石城이 上·下城으로 되어 있어서 전체 山城數에는 2개로 계산되었음.

243) 총 山城數는 111개이나 충청도의 沃川, 강원도의 인제, 함길도의 북청·단천은 각각 2개소의 산성이 있어서 지역별로 보면 결국 108개 지역에 산성이 있었다.

보에는 점차 견고한 석성이 갖추어짐에 따라 유사시에 주민들은 반드시 읍성이나 산성이 아니더라도 入保할 수 있는 곳이 있었다. 이에 세종 11년을 전후한 시기에 이르게 되면 읍성중심의 정책이 추진되게 되는데, 방어가 긴요한 연변군현은 산성을 없애고 읍성을 수축하는 것이 기본 방침이었으며, 부득이 읍성을 축조할 적절한 터가 없거나 축조하더라도 제 기능을 하지 못할 곳은 산성을 수축하도록 하고 있다.[244]

또한 民戶數가 적어 성곽의 수축과 방어가 어려운 지역은 성곽을 수축치 말고 유사시에 인근 지역의 城으로 들어가도록 조치하고 있다. 이는 3, 4息 거리마다 1개소의 성곽을 두려던 종전의 정책에 대한 수정이라고 할 수 있는데, 지역사정을 고려치 않은 일률적인 원칙적용은 인력과 재정의 낭비만 초래한다는 인식에서 취해진 조처라고 생각된다.

이러한 변화는 궁극적으로 전국의 산성수를 크게 줄이는 결과가 되고, 아울러 읍성과 산성을 모두 갖추고 있던 지역도 부득이한 지역을 제외하고는 모두 둘 중 한곳은 폐하게 되었다. 다음 項에서 서술하겠지만 1400년대 초기 약 111개소에 달하던 산성은 1500년대 전후가 되면 절반 이하인 41개소로 대폭 줄어들게 되며, 읍성·산성을 모두 갖춘 지역도 25개 지역에서 9개 지역으로 줄어들고 있다.

한편 중종대에 발간된 『新增東國輿地勝覽』에 기록되어 있는 산성의 현황에 대한 각도별 통계와 현황을 보면 <표 2-2-4>, <표 2-2-5>의 내용과 같은데, 한성부와 개성부를 제외한 전국 329개 행정구역 가운데 12.4%에 해당하는 41개 지역에만 산성을 갖추고 있었다.

---

244) 『世宗實錄』卷43, 世宗 11年 2月 丙戌.

<표 2-2-4> 八道行政區域數와 산성 분포(『新增東國輿地勝覽』所載)

분류 도별	행정구역수	성곽이 없는 곳		산성수	읍성은 없으나 산성은 있는 곳	읍성·산성이 모두 있는 곳
		數	비율(%)			
경기도	37	35	94.5%	1	1	-
충청도	54	29	53.7	9	8	1
경상도	67	27	40.2	11	8	3
전라도	57	24	42.1	5	3	2
황해도	24	16	66.6	3	3	-
강원도	26	16	61.5	2	1	1
함경도	22	6	27.2	3	2	1
평안도	42	19	45.2	7	6	1
計	329	172	52.2	41	32	9

※漢城府와 開城府는 독립적인 행정구역으로 본 도표에는 포함시키지 않음.

<표 2-2-5> 『新增東國輿地勝覽』 所載 山城一覽

구분	府牧郡縣	城名稱	城周	井泉	川溪	軍倉
경기도	교동현	화개산성	3,534척	○	○	○
충청도	옥천군	서산성	2,141척	-	-	○
	청산현	기성산성	2,091척	○	-	○
	공주목	공산성	4,850척	○	○	○
	임천군	성흥산성	2,705척	○	-	○
	한산군	건지산성	3,061척	○	○	○
	은진현	황화산성	1,650척	○	-	○
	연산현	북산성	1,740척	○	-	○
	니산현	노산성	1,950척	○	-	-
	온양군	배방산성	3,313척	○	-	○
경상도	경주부	당산성	3,600척	○	○	○
	양산군	성황산성	4,368척	○	○	○
	예천군	덕봉산성	4,080척	○	○	○
	영천군	구산성	1,281척	○	-	○
	예안현	북산성	1,149척	-	-	○
	용궁현	용비산성	871척	○	-	○
	현풍현	서산성	1,823척	○	-	○
	금산군	속문산성	2,450척	○	○	○
	함양군	사근산성	2,796척	-	○	-
	안음현	황석산성	2,924척	○	○	○
	단성현	동산성	2,795척	○	○	○
전라도	함열현	용산성	3,603척	○	○	-
	함평현	기산성	1,657척	○	○	○
전라도	남원도호부	교룡산성	5,117척	○	○	○
	순창군	대모산성	780척	○	○	○
	홍양현	남양현산성	1,106척	-	-	○

황해도	서흥도호부	대현산성	20,238척	○	○	○
	재령군	장수산성	8,915척	○	-	○
	은율현	구월산성	14,386척	-	○	○
강원도	통천군	북산성	549척	○	-	-
	횡성현	덕고산성	3,652척	○	-	○
평안도	용강현	안시성	12,580척	○	○	○
	창성도호부	청산성	5,448척	-	○	○
	곽산군	능한산성	6,913척	○	○	○
	성천도호부	흘골산성	3,510척	-	-	○
	덕천군	금성	3,125척	○	-	○
	자산군	자모산성	12,733척	○	-	○
	양덕현	양암성	1,637척	○	-	○
함경도	영흥대도호부	성력산성	2,982척	○	○	○
	안변도호부	학성산성	3,930척	○	-	○
	경성도호부	남산성	3,289척	○	-	○

그리고 이 가운데 읍성 없이 산성만 갖춘 지역이 32개소이며, 산성과 읍성을 모두 갖춘 곳은 9개 지역이다. 이를 지도에 표시하면 <삽도 2-2-1>과 같다.

16세기경의 산성수는 다음의 <표 2-2-6>에서 알 수 있는 바와 같이 『世宗實錄』 地理志에 기록된 數에 비해 대폭 감소되었다. 이러한 산성수의 감축은 조선초기에는 대체로 산성위주의 방어정책을 유지하였으나 세종 11년 兵曹判書였던 崔潤德이 성곽축조의 조건을 만들면서 점차 읍성 중심의 정책으로 전환하게 되었다.[245] 이에 따라 전국의 城들은 일대 정비를 보게 된 것으로 생각된다. 종전에 있던 성곽 가운데 산성이 반드시 필요치 않은 곳을 폐철하고 읍성을 축조하도록 한 것이다.

---

245) 『世宗實錄』 卷43, 世宗 11年 2月 丙戌. 兵曹判書 崔閏德이 각 고을의 城을 축조할 조건을 보고한 가운데 상세히 나타나 있다.

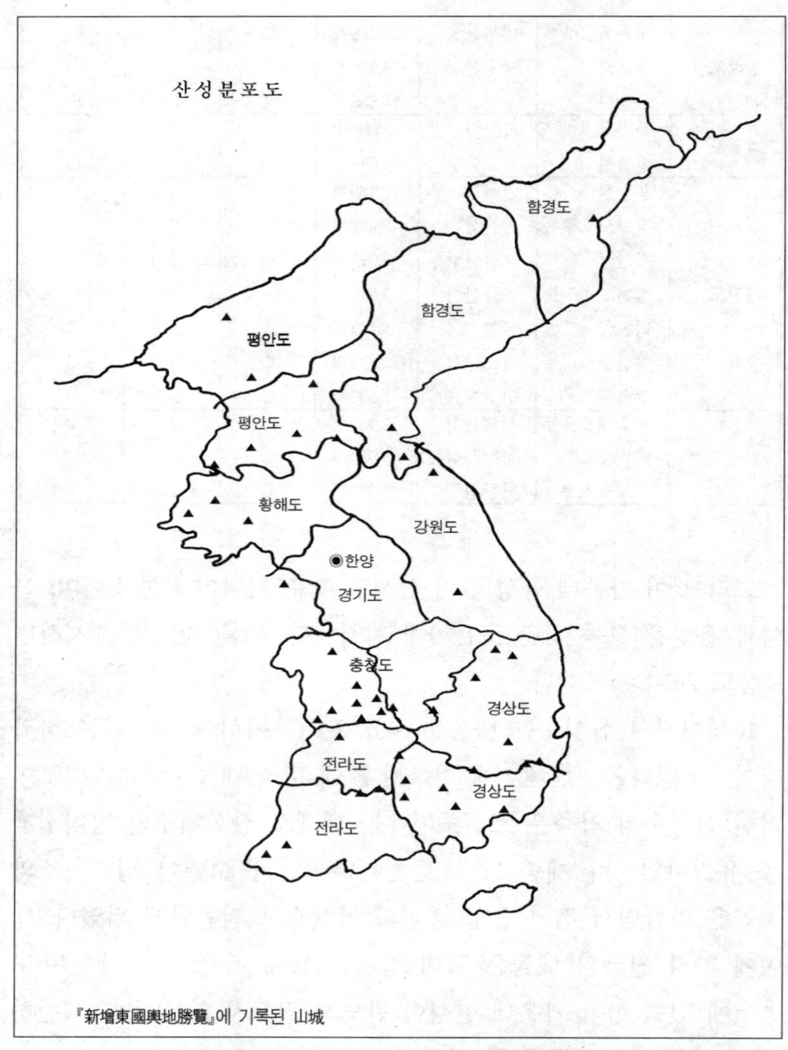

『新增東國輿地勝覽』에 기록된 山城

삽도 2-2-1. 16세기 山城의 分布(『新增東國輿地勝覽』 所載 城郭記錄에 의함)

또 『世宗實錄』 地理志에는 읍성과 산성을 모두 갖춘 지역이 모두 25개지역에 달했으나 『新增東國輿地勝覽』에는 9개 지역으로 감소되게 되는데, 이것도 가급적 산성을 폐철하고 읍성을 유지하는 쪽으로 정비되었기 때문이다. 그리고 전국의 산성 총 41개 가운데 90%가 넘는 37개에는 軍倉이 갖추어져 있었는데, 이와 같은 것은 세종대 이후 산성수를 줄이면서 종전에 군창을 갖추지 못한 산성을 우선 폐철하였다는 것을 의미한다.

〈표 2-2-6〉 朝鮮前期 地理志 所載 山城數 比較

구 분	경기도	충청도	경상도	전라도	황해도	강원도	함경도	평안도	계
세종실록	5	27	31	11	4	15	11	7	111
신증동국	1	9	11	5	3	2	3	7	41

※ 道別 행정구역의 변천은 고려하지 않았음.

　그런데 여기서 한가지 유의할 점이 있다. 즉 산성이 폐철되었다고 하더라도 이는 잠정적으로 성내의 창고를 이설하고 성곽에 대한 특별한 관리를 하지 않았을 뿐이지, 폐철된 산성이라고 하더라도 당시는 이를 잠정적인 關防시설로 간주하였다. 당시 古城을 함부로 헐어서는 안된다는 관념에서 그러한 면을 엿볼 수 있다. 특히 산성내의 儲穀倉庫는 邑治로 옮기는 경우도 있었지만 산성과 가까운 장소에 屯倉을 설치함으로써 잠정적으로 대비한 곳도 있었다. 원주와 횡성이 이러한 사례에 해당하는데, 원주의 경우는 영원산성 인근지역인 신림에 둔창이 있었고, 횡성의 경우는 屯內에서 양구두미재를 통하여 평창군 봉평면으로 연결되는 도로 인근의 태기산 기슭에 위치하고 있는데, 둔창이 바로 屯內에서 평창 봉평으로 연결되는 도로의 인근에 위치하고 있다. 이 屯倉의 정확한 창건 시기는 알 수 없지만 반드시 인근에 위치한 산성과 관련이 있다고 생각한다.

　한편 강원도의 산성 감축이 뚜렷이 나타나는데 이는 우선 강원도 지역이 수도권 방어선과 직접 연관되는 지역이 아니기 때문이었다. 방비가 긴급하지 않은 곳에 막대한 인력과 재정을 들여 성곽 시설을 유지할 필요가 없었던 것이다. 더구나 강원도는 인구가 희소하고 재정적으로도 열악한 상태에 있어서 성곽유지는 매우 어려운 상태였다.

(2) 산성의 규모별 분포

조선시대에 축성된 성곽들은 초기에는 중앙정부의 계획적인 정책에 의해 수축된 것이 아니고, 고식적으로 성곽 수축이 이루어졌다. 따라서 각지의 성곽 가운데는 지역실정에 맞지 않는 것이 다수 포함되게 되었고, 점차 城의 移設, 改築이 늘어나게 되었다. 그런데 성곽의 규모는 지역주민의 多寡에 따른 受容性이 고려되어야 하고, 또 役事可用人에 비해 功役이 지나치게 크면 백성들에게 큰 폐단이 될 뿐만 아니라 工事의 부실이 나타나기 때문에 성곽은 적절한 규모로 유지되어야 했다.

그렇다면 당시 성곽은 대체로 얼마만한 규모로 축조되었으며, 또 이는 시대에 따라 어떻게 변화하는가에 대하여 살펴보고자 한다. 이 부분에 대해서도 전국의 성곽에 대한 종합적인 기록은 지리지류 뿐이기 때문에『세종실록』지리지와『신증동국여지승람』의 기록을 바탕으로 분석해 보고자 한다.

『世宗實錄』地理志에 기록되어 있는 산성은 <표 2-2-7>에서 알 수 있는 바와 같이 1,001~2,000步 사이에 해당하는 곳이 29개소 (전체의 26.1%)로 가장 많은 비중을 차지하였으며, 그 다음이 401~600步 크기의 산성이다. 산성의 周回規模別 분포는 지역별 특색이 나타나지 않는데 이는 아무래도 城基 결정에 있어서 지형적인 영향을 많이 받기 때문에 읍성보다는 규모의 인위적인 조정이 쉽지 않았기 때문이라고 생각된다.

〈표 2-2-7〉『世宗實錄』地理志 所載 산성의 周長 분포

周回 道別	0~ 200步	201~ 400步	401~ 600步	601~ 800步	801~ 1000步	1001~ 2000步	2001~ 3000步	3001~ 4000步	4001步 以上	未詳	計
京畿道	1			1	1	1		1			5
忠淸道	1	9	9	4	2	1			1		27
慶尙道	4	5	7	1	2	8	3				30
全羅道	1	1	1	1		5	2				11
黃海道						2	2				4
江原道		1	4	5		5					15
平安道			1	2		2	2		1		8
咸吉道		2	3			5					11
小計	7	18	25	14	5	29	9	2	2		111

※ 한계산석성은 上城(周回 729步), 下城(周回 1,872步)을 각기 별도로 취급함.

한편 『新增東國輿地勝覽』에 기록되어 있는 산성의 성 둘레를 보면, 다음의 <표 2-2-8>에서 알 수 있는 바와 같이 1,000尺~4,000尺 규모의 城이 전체 41개 가운데 27개로 65.8%로 가장 많은 비중을 차지하고 있다. 또 읍성의 경우와 마찬가지로 서북로 지역에 해당하는 평안도와 황해도에 8,000尺 이상되는 산성이 있었다.

〈표 2-2-8〉『新增東國輿地勝覽』所載 各 산성의 周長 분포

周回 道別	1000尺 이하	1001~ 2000尺	2001~ 3000尺	3001~ 4000尺	4001~ 5000尺	5001~ 6000尺	6001~ 7000척	7001~ 8000尺	8001尺 이상	計
경기도				1						1
충청도		3	3	2	1					9
경상도	1	3	4	1	2					11
전라도	1	2		1		1				5
황해도									3	3
강원도	1			1						2
함경도			1	2						3
평안도		1		2		1	1		2	7
計	3	9	8	10	3	2	1		5	41

특히 황해도의 경우 瑞興都護府의 大峴山城(둘레 20,238尺)과 載寧郡의 長壽山城(둘레 8,915尺), 殷栗縣의 九月山城(둘레 14,386

尺)이 이에 해당하는데, 대현산성과 구월산성은 인근지역과 더불어 軍倉을 併置한 곳으로 성곽의 규모에 맞게 인근 지역에서 공동 관리하고, 유사시에 공동으로 입성하여 방어함으로써 그 방어효과를 높히기 위한 것이었다.

<표 2-2-9> 『新增東國輿地勝覽』 所載 성곽의 높이 분포

구 분	1 ~ 5尺	6 ~ 10尺	11 ~ 15尺	16 ~ 20尺	21尺 이상	未 詳
읍 성	5	56	49	2	3	7
산 성	5	20	8	1	2	6
기 타	3	7	4	-	2	
계	13	83	61	3	7	

※ 행성 10개 제외, 都城은 성벽 높이를 京城(外城)이 40尺, 宮城(內城)이 21尺, 평양성은 內城이 13尺이고, 外城은 32尺인데 外城의 尺數를 통계표에 포함시켰음.

그리고 성벽의 높이는 방어력과 직결되는 문제이나 일률적이지는 않으며 지형에 따라 높이를 달리하였다고 보아야 할 것이다. 또 功役의 多寡와 관련되어 있기 때문에 필요이상으로 성벽을 높게 축조할 필요는 없었다. 『新增東國輿地勝覽』의 기록을 분석하여 보면, 위의 <표 2-2-9>에서 알 수 있는 바와 같이 읍성과 산성을 막론하고, 6~10尺인 경우가 가장 많은 비중을 차지하고 있는데, 읍성인 경우 높이가 기재되어 있는 114개 城 가운데 56개가 이에 해당하며, 산성인 경우는 높이가 파악되는 36개 城 가운데 30개가 이에 해당한다. 특히 읍성인 경우는 11~15尺인 곳도 무려 49개나 되었다. 이는 산성인 경우는 산세를 이용하여 쌓기 때문에 높게 축성할 필요성이 적고, 읍성은 대개 평지나 구릉에 축성하기 때문에 방어력을 높히기 위해서는 산성보다 성벽을 높게 쌓을 필요성이 있었기 때문이다. 성종 20년(1489) 築城都體察使의 건의에 따라 축성기준을 정하면서 城의 높이를 포백척으로 15尺을 표준으로 삼도록 한 일이 있으나[246] 앞서 살펴 본 통계치로 볼 때 이 기준이 잘 지켜지지 않은 것으로 보인다.

『新增東國輿地勝覽』의 성곽항에 기재된 城 가운데 높이가 기재되어 있지 않은 곳은 土築으로 되어 있거나 퇴락된 城이 대부분이다. 이는 토축일 경우 높이 측정 지점의 설정이 분명치 못하고, 이미 오래된 곳이 대부분이어서 무너져 내린 곳이 많았기 때문일 것이며, 석축으로 하였더라도 퇴락된 경우 역시 높이 측정이 의미가 없고 정확하지도 못하기 때문에 기재하지 않은 것이라 생각된다.

2. 영진보성의 수축

營鎭堡城은 지방 陸水軍의 지휘관이라고 할 수 있는 節度使나 節制使, 僉節制使, 萬戶, 權管 등이 상주하는 곳에 축조한 城으로 절도사나 절제사가 있는 營의 경우는 조금 다르지만 첨절제사나 萬戶·權管이 지키는 鎭堡의 경우는 대부분 변경이나 연해지역에 위치하였다.

鎭堡城은 조선시대에 와서 새로 축조된 것은 아니었다. 이미 고려시대 이전부터 沿邊지역에 다수의 鎭堡가 구축되어 北界地域은 城과 堡의 이중으로 짜여져 있었고,[247] 고려말에는 偰長壽가 왜구에 대비하여 연해지역에 대한 城堡를 만들 것을 주장하기도 하였는데, 그 내용을 보면 다음과 같다.

---

246) 『成宗實錄』卷225 , 成宗 20年 2月 壬辰. "築城都體察使啓 下三道諸浦築城 高位無定制 大體未便今後諸浦諸邑之城 用布帛尺 以十五尺爲準 築城之後 未滿五年頹落者 監築官吏罷黜 已有成法 …"
247) 車勇杰, 1988, 『高麗末·朝鮮前期 對倭 關防史 研究』, 忠南大學校 博士學位論文, 141쪽.

저의 愚見으로는 沿海 백리 사이에 이미 이주한 주민과 현재 거주민들을 정리하여 사방 30리, 혹은 50리되는 비옥하여 경작할 만한 땅들 중에서 지형이 평탄하고 땔나무와 물이 있는 곳을 선택하여 그 戶數의 多少에 따라 城堡를 쌓게 하고 200~300戶를 한도로 官守를 설치하여 그곳에 있게 하며 주민들의 집을 서로 잇닿아 짓게 하여 겨우 그 주민들만을 수용하게 할 것입니다. 가옥이외에는 곡식을 두는 곳만 남기고, 그 園圃는 모두 城外에서 주도록 하여야 합니다. 城은 높게 쌓고 塹壕는 깊게 파며 성위에는 망루를 설치하고 문에는 釣橋를 만들며, 그 나머지 방어도구들은 적절하게 성과 참호 사이에 배치할 것입니다. 城과 塹壕 사이에는 '品'자형의 작은 구덩이를 많이 파고 鹿角木을 세워 왕래를 못하도록 하며 夜警을 엄히 하고 봉수를 잘 관리하도록 하여야 합니다.[248]

이러한 주장은 지역사정에 따라 30리, 혹은 50리마다 200~300戶를 단위로 城堡를 축조하여 관리함으로써 연해지역민의 자체적인 방어수단이 될 수 있도록 하자는 것으로, 형세가 平易한 곳을 택하여 축조하자는 것으로 볼 때 이러한 성의 성격은 대규모 來侵에 대비하려는 것이 아니라 소규모의 왜구 침입에 대비하려는 것임을 알 수 있다. 즉, 연해지역민이 쉽게, 신속히 入保할 수 있도록 하려는 것이었다. 이러한 논의는 즉시 수용되어 시행되지는 않았지만 연해지역에 배치한 營鎭이나 읍성에서 멀리 떨어져 있음으로써 유사시 보호를 받기 어려운 거주민을 위한 것이었다. 이와 유사한 주장은 고려말 趙浚의 時務策에서도 나타나며,[249] 新進士大夫들이 정권을 장악한 공양왕대에 이르러서는 일부지역에서나마 실시되었던 것으로 파악되고 있다.[250]

---

248) 『高麗史』 卷112, 列傳25 偰遜 附 長壽.
249) 『高麗史』 卷118, 列傳31 趙浚. "修立城堡, 屯聚老弱, 遠斥候, 謹烽火, 居無事時耕耘魚鹽 鑄冶而食 以時造船 寇至淸野入堡而水軍擊之, 自合浦至義州 皆如此則不出數年 流亡盡還鄉邑 而邊境州郡旣實 諸島漸次而充 戰艦多而水軍習, 海寇遁而邊郡寧 漕轉易而倉廩實矣"

조선시대에 들어서도 연변지역에 대한 수어문제는 여전히 큰 과제였다. 국내외적 상황이 안정되고, 읍성이 축조되어 각 연변지역도 점차 평온을 회복하게 되면서 鎭이나 邑에서 멀리 떨어져 있는 곳의 비옥한 토지가 많이 개척되고 그에 따라 인구도 점차 조밀하게 되었다. 또한 고려말 倭寇로 인하여 內陸으로 이주하거나 山城에 入保하였던 연해지역의 주민들이 다시 鄕里로 되돌아가면서 비옥한 지역이 급속히 개척되자 정부는 이들을 보호할 방안을 강구하게 되었다.251) 즉 읍성이나 鎭城만으로는 연변지역 거주민을 충분히 보호할 수 없었던 것이다. 이에 읍성이나 鎭城에서 멀리 떨어진 곳으로써 인구가 밀집된 취약지대에 규모가 작은 堡를 마련하여 戍卒을 파견하거나 거주민의 입보처를 삼아야 했다.

鎭堡城이 절실히 요구되는 곳은 주로 下三道 연해지역과 兩界의 변방지역이었다. 연해지역의 경우 對馬島 정벌 직후 柳廷顯이 海邊의 각리에 30~40戶 단위로 屯을 만들고 屯城을 쌓아 주민을 入堡케 할 것을 제의하였고,252) 세종 16년(1434)에는 각도 연변지역의 兵船이 정박하는 곳 외에는 30리를 넘지 않게 柵堡를 설치하여 대비하고 만일 적이 상륙하면 각 柵이 서로 구원하도록 하였다.253) 그러나 당시는 읍성 축조가 한창 진행되고 있었던 시기인데다가 읍성도 아직 완전하게 구비되지 못한 상황에서 30리를 한계로 많은 柵을 만들지는 못하였을 것이다.254) 그로부터 얼마되지 않은 세종 24년(1442)에는 연해지역의 柵堡에 대한 규식이 마련되었는바, 이를 보면 다음과 같다.

---

250) 車勇杰, 앞의 논문, 142쪽.
251) 위와 같음.
252) 『世宗實錄』 卷4, 世宗 元年 7月 辛未.
253) 『世宗實錄』 卷64, 世宗 16年 6月 甲子.
254) 車勇杰, 앞의 논문, 143쪽.

> 바다에 연한 곳으로 邑에서 멀리 떨어진 지역은 토지가 기름지고
> 풍년이 계속되므로 邑城近處에 移住시킬 수 없다. 倭寇가 침입할 때
> 근처에 숲이 우거진 곳이 있어 숨을 수 있으며 그곳에 숨게 하고, 賊
> 變이 염려되나 숨을 곳이 마땅치 않은 곳에는 木柵 혹은 石堡・土
> 築堡를 쌓아 밤에는 모두 入堡하고 낮에는 頭目과 色掌의 영솔하에
> 농사짓게 한다.255)

이러한 규식은 예전에 일정한 거리마다 일괄적으로 柵을 설치하
려는 계획에서 다소 현실적인 방향으로 수정되어 시행된 것이라
할 수 있다. 즉 일률적인 柵堡의 축조가 이상적이기는 하지만 이를
시행하는데는 많은 인적・물적 자원이 소요되기 때문에 이의 추진
에는 어려움이 있을 수밖에 없었다. 따라서 연해의 읍에서 멀리 떨
어진 지역 가운데서도 倭寇의 침입이 있을 때 피란할 곳이 없는 지
대에는 柵堡를 만들도록 하였던 것이다.

한편 柵堡의 필요성은 兩界의 邊地에도 마찬가지였다. 특히 太宗
代 이후 野人 침입이 격화되면서 邊地居住民의 보호를 위한 築城・
設柵이 절실하였는데, 읍성・진성만으로는 광활한 지역의 거주민
을 모두 보호할 수 없었기 때문에 야인이 침입하는 요충지나 기타
읍성에서 멀리 떨어진 곳에 柵堡를 축조하였다. 이러한 兩界 邊地
의 柵堡가 조선초기에 어느 정도 되었는지는 알 수 없으나『世宗實
錄』에 유사시 邊地民들을 入堡하도록 한다는 기록이 자주 나타나는
것으로 볼 때, 많은 柵堡가 축조되어 있었다는 것을 알 수 있다.256)

그리고 세종 9년(1427) 前左軍同知摠制 朴礎가 아뢴 邊地守禦
方案에,

---

255)『世宗實錄』卷97, 世宗 24年, 8月 辛卯.
256)『世宗實錄』卷22,, 世宗 5年 12月 戊午 ;『世宗實錄』卷23, 世宗 6年
　　1月 壬午 ;『世宗實錄』卷26, 世宗 6年 10月 癸亥 ;『世宗實錄』卷26,
　　世宗 6年 11月 甲申 ;『世宗實錄』卷67, 世宗 17年 3月 庚子.

  원컨대 지금부터는 경원은 고랑거리에, 경성은 용성에 성을 쌓고, 읍을 만들기에 적당한 吉地를 가려서 옮겨 배치하고 모두 외면의 울타리를 만들어 군병은 읍성의 한 곳에 屯守하고, 농민은 읍성 이남의 內面에 살게 하고는, 그 백성 중에서 일을 맡길 만한 사람을 가려서 千戶는 4品에 한하고, 百戶는 7품에 한하게 하고, 統主는 隊長과 隊副가 되는데, 모두 土官의 添職으로써 제수하여 백성을 관할하게 하되, 혹은 5, 60戶, 혹은 7~80戶로 하고 많아도 1백 호는 넘지 못하도록 표준을 삼고, 부근의 사람을 등록시켜 統屬하여 1屯을 만들어 木柵을 견고하게 만들게 하는데, 그 목책의 수효는 거주하는 백성들의 많고 적은 데 따라서 안배하여 설치하고, 농사철에 당하면 각기 소속된 목책에 모여 거처하되 망보는 사람을 별도로 정하여 시각마다 태만하지 않고 변고에 對備하도록 하며, 각기 軍裝을 가지고 목책과 가까운 곳에서 隊를 만들어 농사에 힘쓰게 하고, 변고가 있으면 낮과 밤에 烟火와 나팔 소리로써 서로 맞추어 서로 응하여 그 屯柵에 빨리 들어가서 굳게 지키어 보전할 것이며, 병마사는 그 遊軍을 거느리고 급히 구원하여 승리하게 하며 농한기에는 읍성에 자주 들어가게 할 것입니다. 무릇 兵農에 관한 모든 일은 守令과 장수들이 일정한 시기도 없이 考察·措置하도록 하고 이를 일정한 규정으로 삼아야 할 것입니다.257)

라고 하여 변지거주민들을 조직화하여 屯을 만들고 各屯마다 견고한 木柵을 설치하여 대비하도록 하자는 것이었다. 이는 이전의 임기응변적인 堡의 설치에서 한 단계 발전하여 계획적이고 체계적인 設堡策을 추구한 것이라고 할 수 있으며, 세종 11년(1429)을 전후하여 적극 추진된 연해지역에 대한 계획적인 축성정책과 맥을 같이 하는 것이라고 할 수 있다.

  『世宗實錄』地理志는 각지의 營鎭堡城에 대해서 기록하고 있는데, 이를 보면, 營城의 경우는 경상도의 左道營城(蔚山)과 兵馬節制使營城(昌原) 2개소만 기록으로 나타나며, 堡城으로는 下西知木柵(慶州)·海際木柵塗泥城(咸平) 등 14개소가 기록으로 나타난다.258)

---

257)『世宗實錄』卷37, 世宗 9年 9月 甲寅.

이 가운데 전라도 寶城郡의 南陽 陽江驛木柵塗泥城과 강원도 삼척도호부의 沃原城은 驛에 축조한 특이한 사례의 성인데, 기본적으로는 邑城에서 멀리 떨어진 취약지대의 거주민 보호를 위한 堡의 성격을 갖는다고 할 수 있다.『世宗實錄』地理志에 기록된 營城과 堡를 보면 다음의 <표 2-2-10>과 같다.

다음의 <표 2-2-10>에서도 알 수 있는 바와 같이 조선초기의 堡는 대체로 木柵城이었다. 이는 목책은 공역을 적게 들이고 쉽게 설치할 수 있었기 때문이며, 특히 兩界 邊地의 경우 방어선이 유동적이고 완전한 안정을 정착시키지 못한 상황에서 많은 공역을 들여 석성을 축조하였다가 적에게 탈취 당하게 되면 성을 쌓아 적에게 주는 것이 되기 때문이기도 하였다.

<표 2-2-10>『世宗實錄』地理志 所載 營城 및 堡

구 분	府牧郡縣	城 名稱	둘 레	備 考
경상도	울산군	左道營城	622步	1426년 郡治를 城內로 옮김
	창원도호부	병마절제사영성	588步	合浦에 있음
	경주부	하서지목책	730尺	
전라도	함평	해제목책도니성	143步 2尺	
	장흥도호부	두원목책도니성	80步	
	순천도호부	여수목책도니성	143步	
	보성군	양강역목책도니성	83步	南陽에 있음
황해도	옹진현	회산목책	136步	
	장연현	웅심리목책	122步	
강원도	삼척도호부	옥원역토성	181步	
평안도	벽동군	목책	571步	
	여연군	소보리구자목책	132步	
함길도	경원도호부	고랑기목책	166步	
		청암목책	300步	
		부리하목책	201步	
		용성목책	275步	

그러나 세종 연간에 이르러 점차 兩江을 경계로 하는 방어선이

---

258)『世宗實錄』卷153, 地理志 참조.

고정화되면서 보다 견고한 石堡를 축조하는 것이 필요하게 되었다. 세종 18년(1436) 兵曹에서는,

> 병조에서 아뢰기를, "평안도의 趙明干·滿浦口子에 일찍이 木册을 설치하였사오나, 마땅히 다시 修葺을 더하게 하시어 엄중히 수호하소서. 또 민가가 조밀해서 목책을 설치할 만한 곳은 감사로 하여금 그 고을의 수령을 거느리고 목책을 설치할 터를 정하게 하며, 군인을 더 정하시되 엄중히 방비하게 하며, 변방이 편안할 때를 기다려 차차 石堡를 쌓게 하소서. 또 烟臺를 쌓아 멀리 바라보며 경계하기를 신중히 하고, 겨울철에 이르게 되어 강물이 얼어 붙으면 방비하는 일이 더욱 긴요하오니, 도절제사가 江界에 가서 진정하게 하소서"하니, 그대로 따랐다.259)

라고 하여 변방의 안정을 기다려 점차 石堡로 改築할 것을 건의하여 시행하도록 하고 있으며, 같은해 6월 4品이상이 올린 外寇에 대한 제어책에서도,

> 지금 沿邊 각 고을에 民戶가 많은 곳은 모두 목책을 설치하고 농민들로 하여금 이에 들어가 살게 하여 갑작스런 變에 대비하고 있는데, 이는 진실로 좋은 법입니다. 그러나, 목책이 비록 견고하더라도 족히 믿을 것이 못되는데, 혹시 견고하지 못하다면 이는 우리 인민을 몰아 적도에게 넘겨 주는 결과가 되고 맙니다. 비옵건대, 금년 가을과 내년 봄에 빨리 石堡를 쌓아 邊備를 엄하게 하소서.260)

라고 하여 속히 邊地에 石堡를 쌓을 것을 건의하고 있다. 그해 7월부터 평안도 변지에 대한 石堡공사에 대해서 본격적인 논의가 적극 수용되고 있는 것으로 보아 앞서 말한 그 필요성에 대한 석보축조 건의가 적극 수용된 것으로 보이는데, 여전히 그 필요성에 대한

---

259) 『世宗實錄』 卷72, 世宗 18年 6月 甲辰.
260) 『世宗實錄』 卷73, 世宗 18年 6月 癸未.

문제, 또 공사를 하되 속히 축조할 것인지 형편을 보아가며 천천히 할 것인지 하는 문제에 대해서는 논쟁이 있었으므로[261] 세종은 거듭 평안도 감사와 도절제사에게 지시하여 현지에서 이 문제를 상세히 살펴 보고하도록 하고 있다.[262]

그러나 兩界 邊地에 대한 石堡築造 방침은 곧이어 行城築造 추진과 맞물리면서 工事의 先後를 놓고 논의가 계속되었으나,[263] 세종은 행성축조에 대한 강한 의지를 가지고 있었기 때문에 연변 거주민 보호를 위한 石堡工事를 미루는 대신 이숙치의 건의에 따라 萬戶를 증설배치하고 慈城·滿浦에는 북방군사를 늘려 방비를 강화하도록 하였다.[264] 양계의 堡는 그후 행성을 축조하는 과정에서 요충이 되는 지역을 중심으로 다수가 동시에 축조되었다.[265]

한편 연해지역의 柵堡 설치는 양계 변지에 비해 적극 추진되지 못하였다. 세종 말년부터 泰安·巨濟島·울산·경주·웅천 등지에 柵堡의 축조가 추진되었으나 큰 성과는 없었고,[266] 이후 世祖代에 거제현의 助羅浦, 서쪽 場門과 울산 柳浦, 웅천 등 연해지역에 대한 石堡 축조가 부분적으로 이루어지게 되었으며,[267] 성종 8년(1478)까지는 順天의 麗水石堡가 완성되었다. 이러한 15세기 후반의 石堡는 이전의 목책과 같은 임시·응급적 방비시설이 보다 견

---

261) 『世宗實錄』 卷74, 世宗 18年 7月 壬寅 ; 『世宗實錄』 卷85, 世宗 21年 6月 壬寅.
262) 『世宗實錄』 卷74, 世宗 18年 7月 壬寅 ; 『世宗實錄』 卷79, 世宗 19年 12月 丙子.
263) 『世宗實錄』 卷94, 世宗 23年 11月 甲寅·乙卯, 閏 11月 己巳·庚午.
264) 『世宗實錄』 卷95, 世宗 24年 1月 癸未.
265) 本書 제2장의 「Ⅲ. 행성의 축조와 의의」 참조.
266) 車勇杰, 앞의 논문, 144~145쪽.
267) 『世祖實錄』 卷9, 世祖 3年 9月 戊子 ; 卷14, 世祖 4年 10月 癸亥, 11月 癸巳.

고한 석성으로 바뀐 것이었는데, 성종 9년 연해지역에 石堡를 증설하는 문제에 대하여 鄭昌孫, 韓明澮 등이

> 처음 石堡를 만들게 된 것은 해변의 거주민들이 倭寇의 突入을 당할 때 우선 여기에 의지하여 그 銳鋒을 피하고자 한 것이지 沿海의 주민들을 다 投入시키려는 것은 아니었습니다. 이같이 조그마한 堡는 長遠한 계책이 아니니, 賊이 만일 함부로 들어온다면 거민들이 어찌 능히 이 堡를 지켜서 그 受難을 피할 수 있겠습니까? 비록 보를 만든다 하더라도 한갓 쓸모없는 물건이 될 것이고, 戍卒을 골라 뽑아낼 도리도 없으니, 만일 여러 鎭에서 뽑아낸다면 本鎭은 單弱해져서, 동쪽을 지탱하면 서쪽이 기울어지고 옷깃을 잡으면 팔꿈치가 드러나서 그 폐단이 多端할 것이므로, 읍성을 견고하게 쌓았다가 만일 緩急한 일이 있게 되면 문득 들어가서 固守함만 같지 못합니다. 이렇게 하는 것이 실로 萬代의 원대한 계책이고 石堡를 더 설치한다는 것은 옳지 못합니다.[268]

라고 하여 石堡 증설을 반대하고 있다. 여기에서 보면 당초에 石堡를 만들게 된 것은 왜구가 돌입할 때 그 銳鋒을 피하고자 한 것이지 주변의 연해 거주민을 모두 入堡시키려는 것은 아니었음을 알 수 있다. 그렇지만 연해의 石堡가 영성의 기능을 보완하는 측면이 있었던 것은 명백하다. 다만 위의 인용문에서도 지적하고 있는 바와 같이 石堡에는 本鎭에서 군사를 차출하여 배치함으로써 本鎭의 군세가 약화되는 결점이 있었고, 이미 한정되어 있는 軍額에서 별도의 군사를 증액하는 것은 간단한 문제가 아니었다. 세조대에 울산진의 柳浦石堡・熊川鎭의 石堡 등을 신설하면서 군사 4,395명을 증원하여 배치하게 됨으로써 각 고을에서는 군액을 충당할 수 없어 人吏・日守와 水陸軍의 자손을 군사로 정하게 되자 큰 사회적인 동요가 있었던 것에서도 그러한 문제점이 이미 명확히 노

---

268) 『成宗實錄』 卷94, 成宗 9年 7월 己卯.

출되었다.269)

한편 성종대에 들어서 뚜렷한 변화는 水軍營鎭에 대한 축성이
었다.270) 水軍은 원칙적으로 병선에 승선하여 해상에 왜적을 막아
야 하였는데, 왜구가 점차 소멸되면서 이러한 원칙은 잘 지켜지지
않게 되었다. 이에 萬戶·千戶들이 營舍를 두는 폐단이 이미 15세
기 전반에도 나타나고 있어서 수군의 鎭營에는 군량이나 소금을
보관하여 두는 작은 규모의 막사 이외엔 두지 못하게 하였고, 다만
軍器와 火藥 등을 보관하기 위한 城堡·木柵·土壘 등은 허락되
었다.271)

그러나 성종 5년(1474)에는 大司憲 李恕長에 의해 萬戶들이 船
上에 있지 않고 불법인줄 알면서도 사적으로 營舍를 가지고 있는
현실을 인정하여 만호의 방어지소에 盧舍의 설치를 허락하자는 주
장이 대두하였고,272) 성종 15년(1484) 10월에 이르러서는 司憲府
執義 曹淑沂가 萬戶가 있는 곳에 城堡를 마련하자고 주장하자 洪
應이 찬성하고 왕도 대신을 보내 긴급하고 요충이 되는 곳의 設堡
處를 審定하는 것이 옳다고 함으로써 水軍萬戶 주재처에 대한 축
성이 진전을 보게 되는 중요한 계기가 되었다.

---

269)『世祖實錄』卷14, 世祖 4年 11月 癸巳.
270) 이에 대하여 車勇杰은 육군에 의한 방어시설로써 邑城과 柵堡가 설치
　　된 뒤에는 水軍에 의한 방어시설이 갖추어지는 단계로 이어졌다고 파
　　악하였다(국사편찬위원회, 1995,『한국사』22, 193쪽 참조).
271) 車勇杰, 앞의 논문, 149쪽.
272)『成宗實錄』卷48, 成宗 5年 10月 庚戌.

〈표 2-2-11〉 성종 17~22년간 水鎭築城 상황표

연 대	성이름	당초예정둘레	둘 레	높 이
성종 17년 10월	薺浦城		4,316척 3촌	13척
19년 6월	巨濟水營鎭城	4,002척	2,620척	13척
19년 12월	泗川三天鎭城	996척	1,440척	15척
20년 2월	南海城古介鎭城		760척	13척
21년 4월	會寧浦城		1,990척	13척
21년 5월	鹽浦城		1,039척	15척
21년 6월	助羅浦城	2,240척	1,890척	13척
21년 6월	突山浦城	3,600척	1,313척	13척
21년 8월	富山浦城		2,026척	13척
21년 8월	玉浦城	1,440척	1,074척	13척
21년 8월	唐浦城	1,440척	1,445척	13척
21년 8월	加背梁城		883척	13척
21년 9월	平山浦城	1,720척	1,558척	9척
21년윤9월	赤梁城	1,500척	1,182척	13척
21년윤9월	知世浦城	1,840척	1,605척	13척
21년윤9월	固城蛇梁城	1,850척	1,252척	13척
21년윤9월	安骨浦城	1,866척	1,714척	13척
21년윤9월	鉢浦城		1,360척	13척
21년 10월	全羅左道營城		3,634척	13척
21년 10월	鹿道城		2,020척	13척
21년 11월	多大浦城	1,298척	1,806척	13척
22년 3월	呂島城	1,680척	1,320척	15척
22년 10월	蛇渡城		1,440척	15척

※ 車勇杰의 「행성·읍성·진성의 축조」(『한국사』22, 국사편찬위원회, 1995, 195쪽)에
　서 전재

　물론 대신들 가운데 수군영진에 축성하는 것은 신중을 기해야
함을 역설하기도 하고, 또 극력 반대하는 사람도 있었으나,[273] 결
과적으로 11월에 이르러 洪應을 보내 전라도·경상도의 연해 諸
浦에 設堡할 곳을 살펴 정하도록 준비시켰고,[274] 이듬해 1월에는
右議政 洪應을 경기·충정·전라·경상 등 4道巡察使로 삼아 경
상우도와 전라좌도 지역 가운데 設堡할 곳을 살펴 수축하도록 하

---

273) 『成宗實錄』 卷171, 成宗 15年 10月 癸未.
274) 『成宗實錄』 卷172, 成宗 15年 11月 己丑.

였다.[275) 이러한 水鎭에 대한 축성은 성종 16년 3월 이전에 이미 전라도 6개소와 경상도 9개소에서 役事가 시작되었으며,[276) 성종 17년~22년 사이에 薺浦城을 비롯하여 23개소의 水鎭城이 완공되었다.[277) 그 상황을 보면 다음의 <표 2-2-11>과 같다.

이 시기에 축성책에 있어서 하나의 특징은 城高와 監築官吏에 대한 명확한 규정을 강조한 점이다. 『成宗實錄』에 보면

> 築城都體察使가 아뢰기를, "下三道 여러 浦의 쌓은 城의 高低를 정한 제도가 없으므로 大體에 적당하지 못하니, 이 뒤로는 여러 포와 여러 고을의 성은 布帛尺을 써서 15척을 표준으로 삼고, 성을 쌓은 뒤에 5년이 차지 아니해서 무너지는 것은 監築官吏를 罷黜하는 것이 이미 成法이 있으나 무너진 곳이 많고 적음을 물론하고 파출하는 것은 적당하지 못하니, 이 뒤로는 5년 안에 길이 15척 이상이 무너진 것은 赦宥 전을 가리지 말고 파출하며, 10척 이하는 律에 의하여 죄를 科하는 것이 어떠하겠습니까?"하니, 그대로 따랐다.[278)

라고 하여 이미 축성에 있어서 城高를 포백척 15척으로 규정하고 있었음을 알 수 있으며, 監築官吏들에 대해서도 무너지는 尺數의 한계를 정하여 그에 따라 처벌하도록 하고 있다. 이 당시의 축성은 경상우도와 전라좌도 관하 수군진영의 모든 萬戶營에 이루어졌으며, 전라우도는 한 곳도 축성이 이루어지지 않았고, 경상좌도의 경

---

275) 『成宗實錄』 卷174, 成宗 16年 正月 壬辰.
276) 『成宗實錄』 卷176, 成宗 16年 3月 戊戌.
277) 成宗 16年 洪應이 審定한 設堡處에는 巨濟의 永登浦까지 포함되어 있으나 실록 기사에는 영등포에 대한 축성사실이 나타나고 있지 않은데, 이에 대하여 車勇杰 교수는 『신증동국여지승람』에 巨濟縣 永登浦營에 石城이 축조되어 있는 것으로 기록되어 있음을 지적하여 永登浦에 축성되지 않았다기 보다는 실록기사의 누락이라고 추정하였다(車勇杰, 1988, 『高麗末・朝鮮前期 對倭關防史 研究』, 154쪽).
278) 『成宗實錄』 卷225, 成宗 20年 2月 壬辰.

우는 왜인 선박의 기항지인 부산포·염포·다대포 등 일부 지역에 국한되었다.

성종 22년(1491) 1차로 계획된 남해안 지역의 성보축조가 완성된 후 이듬해에 서해안과 동해안까지 축성지역을 확대하고자 하는 움직임이 있었으나 이는 실현되지 못하였고, 연산군대를 지나 중종대에 또다시 수군영진에 대한 대대적인 축성이 이루어지게 되었다. 이러한 16세기경의 영진보성에 관한 사항은『新增東國輿地勝覽』에 잘 나타나 있다.『新增東國輿地勝覽』에는 성곽과 관련된 많은 기록이 있는데, 성곽 기록이 나타나는 항목은 '城郭'과 '關防'279)부분이다. '성곽'부분에는 읍성·산성 등이 주로 기재되어 있고, '관방'항에는 대체로 軍兵이 배치된 邊地나 要路의 營·鎭·堡·戍 등을 의미하는 것으로 여겨진다. 관방은 兵馬·水軍節度使營을 비롯하여 鎭, 營·堡, 戍, 農堡, 長城, 木柵 등 여러 종류가 있는데, 이곳에는 그 營鎭의 격에 따라 兵馬·水軍節度使, 僉節制使, 萬戶, 權管이 배치되어 管掌하거나 단순히 병사만을 배치하는 경우도 있다.280)

---

279) 조선시대에 '關防'이란 용어는 동일한 의미를 가지고 사용된 것은 아니다. 조선초기의 여러 자료를 살펴보면 주로 도성·읍성·산성 등 일반적인 성곽과는 구분되는 것으로 주로 왜구나 북방 이민족의 침입 요로에(당시는 이를 賊路라고 칭함) 설치한 방어시설을 의미하였다. 뿐만 아니라 관방은 내국인의 무단 이탈을 통제하는 역할도 하였고, 내지인 경우는 침입 경로의 要害地에 설치하여 적의 신속한 진군을 차단할 수 있도록 하였다. 그런데 조선후기에 저술된『然藜室記述』의 「邊圉典考」에서는 城池·關防·鎭堡·山城·廢山城·烽燧 등으로 구분하고 관방을 鎭營·邊鎭·藩閫의 통칭이라고 하였고,『萬機要覽』에서는 海防은 별도로 분류하고 관방을 "凡道路控會 嶺隘緊要 築城置兵 以備外侮 皆是物也"라고 정의하고 있다. 그러나『增補文獻備考』에서는 관방이 대체로 성곽을 의미하는 용어로 사용되는 등 시대에 따라서 關防이라는 용어는 다소 다르게 정의되고 있다.

280)『新增東國輿地勝覽』관방항에 기록된 내용을 보면 軍兵 배치가 명시

『新增東國輿地勝覽』관방항에 기재되어 있는 관방 총수는 229개소이다. 관방수를 보면 다음 <표 2-2-12>에서도 알 수 있는 바와 같이 남북의 4道에 집중적으로 설치되어 있다. 또 그 축성율을 보면 전체적으로는 총수 229개 가운데 69.4%인 159개소의 관방지에 축성이 이루어져 있는데,281) 평안도・함경도・경상도 지역의 관방지 축성율이 압도적으로 높게 나타나고 있다.

<표 2-2-12> 新增東國輿地勝覽所載 各道의 關防數와 築城

도별＼분류	關防數	關防築城	築城率	備 考
한성부	-	-	-	
개성유후사	-	-	-	
경기도	7	-	0	
충청도	12	7	58.3	
경상도	37(35)	31(29)	83.7	1522년 2개소 폐지
전라도	52(50)	20(19)	38.4	1510년 1개, 1522년 1개소 폐지
황해도	10	1	10.0	
강원도	5	3	60.0	
함경도	57(51)	52(48)	91.2	1509년 2개, 1516년 3개, 1521년 1개 폐지
평안도	49	45	91.8	
계	229(219)	159(152)	69.4	

※( )안의 수치는 폐지된 것을 감안한 수를 말함.
※축성율은 폐지된 것을 감안하지 않은 비율임.

되지 않은 곳이 있는데 이곳은 상주병은 두지 않고 유사시의 防備處였던 것으로 생각된다. 또 非兒里堡(평안도 벽동군), 水口堡(평안도 의주목), 鹿屯島農堡(함경도 경흥도호부) 처럼 계절에 따라 군병을 置撤하는 곳도 있었다.
281) 『新增東國輿地勝覽』의 관방항에 기록되어 있는 것은 151개이나 전라도 장흥도호부의 會寧浦城, 진도군의 金甲島城・南桃浦城, 旌義縣의 大水山防護所城・西歸浦防護所城, 大靜縣의 遮歸防護所城, 順天都護府의 水軍節度使營城・突山浦城 등 8개의 城은 關防地 城이나 성곽항에 기재되어 있다. 이는 『新增東國輿地勝覽』의 편찬 당시 약간의 錯誤가 있었던 것으로 생각된다.

한편 관방지 성곽의 규모를 보면 다음의 <표 2-2-13>과 같은데, 周長은 500~1,000尺 규모의 성곽이 가장 많고 그 다음이 1,001~1,500尺 규모의 城이다. 또 높이는 6~10尺 규모의 城이 높이를 알 수 있는 135개 가운데 55.8%인 74개소에 달하며, 16척 이상되는 곳도 5개소가 있다.

이 城들은 石築·土築·木柵·甎築·板城 등 여러 가지가 나타나는데, 보통의 성곽과 마찬가지로 석축이 143개소로 대부분을 차지하며, 길이가 기재되어 있지 않은 咸鏡道 三水郡의 魚面堡를 제외한 142개소의 총연장은 263,508尺에 달한다. 또한 목책은 10개소인데 길이가 기재되어 있지 않은 3개소를 제외한 7개소의 총연장이 4,043尺, 토축은 4개소에 총연장 2,683尺이며, 甎築과 板城은 각각 1개소에 지나지 않는다.

〈표 2-2-13〉『新增東國輿地勝覽』關防地 성곽의 둘레 및 높이 (단위 : 尺)

분류	둘 레								높 이			
	500尺 이하	501~ 1000	1001~ 1500	1501~ 2000	2001~ 2500	2501~ 3000	3001~ 3500	3500尺 이상	1-5	6-10	11-15	16이상
計	18	38	36	22	12	10	7	12	23	74	33	5

그리고 『新增東國輿地勝覽』 關防項에는 현재의 제주도 지역에 해당하는 濟州牧·旌義縣·大靜縣에 防護所·水戰所라는 특수한 사례가 나타난다. 그 현황을 보면 <표 2-2-14>와 같은데, 이는 왜구를 비롯한 침입자들을 방어하기 위하여 해안변 가운데 배의 정박이 용이한 浦口 등에 설치되었다. 이곳에는 軍兵이 상주하지 않는 곳도 있었지만 대개는 留鎭軍卒이 배치되었다.

〈표 2-2-14〉『新增東國輿地勝覽』 關防項 所載 防護所·水戰所

區 分	防護所	水戰所	備 考
濟州牧	5	7	別防城, 左右衛
旌義縣	3	2	
大靜縣	5	3	
計	13	12	

　방호소에 城이 수축된 곳은 6개소인데, 旌義縣의 大水山防護所城·西歸浦防護所城, 大靜縣의 遮歸防護所城은 축성시기를 알 수 없고, 明月浦防護所(濟州牧)·東海防護所(大靜縣)에는 중종 5년(1510) 城을 수축하여 방비를 강화하였는데,[282] 이는 그해에 일어난 삼포왜란의 발발을 계기로 연안방비를 강화하기 위한 것으로 판단된다. 특히 명월포는 근처에 倭船이 와서 정박하였을 뿐만 아니라 貢膳을 수송하는 곳이었기 때문에 축성하여 방비를 강화할 필요가 있었기 때문이다. 또 중종 5년(1510) 제주 동쪽 70리되는 곳으로 金寧浦防護所를 옮기고 別防城이라고 칭하였는데,[283] 역시 倭船이 정박하는 근처였기 때문에 축성하였다.

　제주지역에서의 關防地 가운데 防護所나 水戰所가 특징적인 것이라면 평안도·함경도 지역에서의 특징은 ‘堡’이다. 물론 堡가 평안도·함경도에만 있었던 것은 아니나 다른 지역과는 달리 이 지역에는 各 府牧郡縣별로 대부분 수개이상의 堡가 설치되어 있었다. 이 堡는 작은 城砦를 말하는데 주로 변경을 따라, 그 외에는 境內로 침입하는 要路에 주로 설치되었다.[284]

　堡는 세종때부터 집중적으로 설치되었으며, 특히 4郡 6鎭의 설

---

282) 『新增東國輿地勝覽』 卷38, 濟州牧·大靜縣 關防.
283) 위와 같은 책, 濟州牧 關防.
284) 『世宗實錄』 卷67, 世宗 17年 3月 庚子 ;『世宗實錄』 卷88, 世宗 22年 2月 乙未.

치로 압록강과 두만강으로 자연적인 경계로 북방이민족으로 방어하게 되자 그 연변에 주로 배치하였다. 그런데 堡는 반드시 외침에 대비한 것만은 아니었다. 4郡 6鎭의 설치와 함께 이 지역으로 이주된 주민을 보호하고, 또한 적의 침입에 있어서는 작은 要塞의 역할을 함으로써 변경 방어에 매우 중요한 기능을 가지고 있었지만[285] 한편으로는 우리 領內에 있는 주민이 여진이나 중국으로 이탈하는 것을 막는 역할을 하고 있었다.[286]

堡 주변의 주민들은 봄~가을에 이르기까지는 흩어져 농사를 짓되 침입의 위험이 있을 경우에는 낮에는 堡 밖에서 농사에 종사하고 밤에는 다시 堡로 들어와야 했다. 그리고 겨울철이 되면 주민들은 堡 밖을 소개하고 堡로 들어가 겨울을 나도록 하였다.[287] 그러나 堡의 설비가 미비하거나 軍額이 적어 자체적으로 방어하기 어려운 경우는 인근의 읍성으로 입보하는 경우도 있었다.[288]

關防地에 대한 축성은 조선초부터 지속적으로 이루어져 왔으나 『新增東國輿地勝覽』關防項에 축성연대가 표기되어진 것만을 보면 전체 관방지성 159개 가운데 43개소가 1500년을 전후한 시기에 축성되었다(<표 2-2-15> 참조).

---

285) 『世宗實錄』 卷73, 世宗 18年 閏6月 癸未.
286) 『世宗實錄』 卷26, 世宗 6年 10月 癸亥.
287) 『世宗實錄』 卷79, 世宗 19年 12月 丙子.
288) 『世宗實錄』 卷123, 世宗 31年 3月 戊子.

〈표 2-2-15〉『新增東國輿地勝覽』所載 1500년을 전후한 關防地 축성 현황

구 분	行政區域	關防名	周長(尺)	높이(尺)	築造年代
충청도	서천군	서천포영	1,311	9	1514
	서산군	파지도영	1,337	11	1516
	태안현	소근포진	2,165	11	1514
	남포현	마량진	1,371	9	1510
	보령현	수군절도사영	3,174	11	1510
	당진현	당진포영	1,340	9	1514
경상도	경주부	감포영	736	13	1512
	흥해군	칠포영	1,153	9	1510
	동래현	해운포영	1,036	13	1514
	기장현	두모포영	1,250	10	1510
전라도	영광군	다경포영	980	12	1515
		법성포영	1,688	12	1514
	제주목	명월포방호소	2,020	8	1510
		별방성	2,390	7	1510
	대정현	동해방호소	500	8	1510
	흥양현	백석포장성	1,611	6	1523
		풍안평장성	2,400	6	1523
강원도	삼척도호부	삼척진	900	8	1520
	양양도호부	대포영	1,469	12	1520
	울진현	울진포영	750	11	1512
	삼수군	가을파지보	610	8	1500
	삼수군	소농보	604	8	1500
함경도		신방구비농보	1,250	8	1502
		별해보	1,355	8	1501
		별해보	1,355	8	1501
		감파농보	428	7	1518
	길성현	덕만동소보	500	8	1513
	회령도호부	보을하진	3,612	-	1509
	온성도호부	황척파보	1,690	8	1523
	경흥도호부	아오지보	2,825	8	1488
	부령도호부	무산보	1,764	15	1509
평안도	의주목	청수보	1,686	-	1493
		소곶보	7,712	-	1492
		고말성보	646	7	1500
		광평보	110	8	1500
		옥강보	744	5	1500
		송산보	855	8	1500
		성고개보	890	9	1500
	강계도호부	고합포	500	5	1518
		마마해보	807	5	1518
		황청보	720	6	1500
		종포보	700	-	1500
	위원군	직동성	1,000	18	1518
		남파보목책	55	18	1521

Ⅲ. 행성의 축조와 의의

行城[289]은 邊境이나 기타 요충지의 방어선에 구축되는 城으로, 일찍이 삼국시대와 고려시대에도 축조된 바 있다. 조선시대의 行城은 세종대의 보다 적극적이고 계획적인 방어체제 구축과정에서 축조되기 시작하였다. 세종시대는 국가적으로 여러 분야에서 큰 발전을 이룬 시기였으며, 국가방위에 있어서도 새로운 기본구도가 확립된 시기였다. 국가방위체제는 그것이 갖는 對外的 성격 때문에 기본적으로 當代 대외관계의 영향을 받게 마련이다.[290] 이는 현대 사회에서도 마찬가지지만, 방위체계나 방위시설은 假想敵(國)의 개념 위에서 이루어지게 되기 때문이다. 세종은 더욱 공고해진 對明關係를 바탕으로 북방에서는 野人, 남방에서는 倭寇를 假想

---

289) 行城이란 변경 방어선이나 기타 敵이 침입하는 要害處를 가로막아 만든 城으로, 대개 平地에는 石城을 축조하고 低濕한 곳에는 木柵을 세우며 높고 험한 곳은 땅을 깎아내는 방식으로 만들게 되는데, 조선시대의 경우 이렇게 쌓여진 압록강·두만강변의 여러 행성을 통칭하여 長城이라 하였다(宋炳基, 1964, 「世宗朝 兩界行城 築造에 對하여」 『史學研究』 18, 韓國史學會, 189쪽 참조). 이런 의미에서 엄밀히 말하면 行城은 長城의 특정구간을 칭할 때 사용하는 용어 - 예를 들면 趙明干口子行城·江界府高山里行城 등 - 로 해석되기 때문에 행성과 장성은 같은 의미로 볼 수 없으나 당대의 기록인 朝鮮王朝實錄 등의 기록에서는 이를 혼용하고 있다. 이하 本書의 서술에서는 특정구간이나 지역의 장성을 칭할 때는 '行城'이라 지칭하였으나 범칭할 때는 '行城'과 '長城'을 명확히 구분하여 사용하지 않았음을 밝혀둔다.

290) 이러한 점에 대해서는 이미 車勇杰, 1988, 『高麗末·朝鮮前期 對倭關防史 研究』, 충남대학교 박사학위논문에서 麗末鮮初 對倭關係 양상의 변화에 따르는 방비체제의 변천에 대해 밝힌 바 있다.

敵으로 하는 방비시설을 정비해 나갔다. 물론 정세의 변화에 따라 유동적인 상황이 전개되기도 하였지만 세종대 이후 조선전기 동안은 대체로 이것이 기본적인 틀이 되었다. 이에 따라 방비시설의 정비는 남방으로는 倭寇에 대비하여 下三道를 중심으로 한 沿海地域의 邑城 구축이 적극 추진되고, 북방에서는 邑城·營鎭堡城 등의 외곽에 行城을 축조하는 것으로 구획되었다. 세종대에 북방의 행성축조는 완성되지 못하였고, 그후로는 상당한 기간을 답보상태에 있다가 수십년이 지난 성종대에 와서야 다시 행성축조가 재개되게 되었다. 또 문종대에는 북방에서의 위협이 가중되는 가운데 황해도지역에 대한 행성축조가 추진되기도 하였다.

조선시대 행성축조에 관한 연구로는 宋炳基의 세종대의 兩界地域 行城築造에 관한 연구가 있고,291) 그외에 車勇杰의「朝鮮前期 關防施設 整備過程」이라는 논문에서 행성에 관한 내용이 부분적으로 다루어 졌다.292) 이러한 연구는 조선시대 행성에 관한 기본적인 내용을 정리하고 있으나 성종대의 북방 행성축조 등 조선전기 동안의 행성축조 전모를 파악할 수 없다. 이에 이 부분에서는 조선시대 행성이 축조되게 된 背景과 세종대 이후 행성축조사업이 어떻게 展開·變遷되었는지, 또 그 效果와 問題點에 대하여 살펴보면 다음과 같다.

---

291) 宋炳基, 1964,「世宗朝 兩界行城 築造에 對하여」『史學研究』18, 韓國史學會.
292) 車勇杰, 1981,「朝鮮前期 關防施設 整備過程」『韓國史論』7, 國史編纂委員會.

1. 行城築造의 背景

조선은 야인들과 연접하여 있었기 때문에 필연적으로 그들과의
갈등이 빚어지게 되었다. 그렇지만 太祖代에는 그의 父 桓祖(李子
春)가 일찍이 고려말에 朔方道萬戶兼兵馬使로서 東北面에서 활동
하면서 기반을 잡았고, 태조도 그 직책을 이어받아 武功을 세워 野
人들에게도 잘 알려졌을 뿐만 아니라 그의 部將 가운데 野人이 있
을 정도로 어떤 면에서는 야인들과 특별한 관계에 있기도 하였다.
그와 같은 연유로 태조대에는 야인들의 연변 侵寇가 거의 없었다.
그러나 정종대부터는 상황이 점차 달라지기 시작하여 야인들의 빈
번한 侵寇가 계속되었다. 定宗 2년 5월에 兀良哈이 慶源에 침입하
여 萬戶 李淸을 죽인 것을 비롯하여 태종 6년(1406) 2월에는 具州(寧
古塔)지역 일대를 근거로 하고 있던 嫌眞兀狄哈의 추장 金文乃 등
이 慶源 남방의 蘇多老에 침입하였고, 태종 10년(1410) 2월에는 金
文乃와 葛多介 등이 斡都里·兀良哈와 결탁하여 300餘騎를 이끌고
침입하는 등 계속적인 침입이 이어졌다.[293] 조선은 이에 대응하여
北征을 하기도 하였으나 큰 효과는 보지 못하고, 오히려 야인들을
자극하여 대대적인 침입을 받음으로써 태종 10년 4월~5월에는 야
인들에게 패배를 당해 慶源을 鏡城으로 합치고, 德陵·安陵을 咸州
로 移葬해야만 했다. 이러한 야인들의 침입은 세종조에도 계속되었
고, 종전에는 대체로 동북지역에서 발생하던 야인들의 침구가 서북
지역까지 확대되어 閭延·義州·江界 등지에 侵寇하였다.

조선은 야인들에 대해 강력한 군사활동을 통한 鎭壓策을 쓰기도
하였지만, 한편으로는 회유정책을 취하여 야인 추장들에게 朝貢을

---

293) 國防軍史硏究所, 1996,『韓民族戰爭通史』Ⅲ. 朝鮮時代 前篇, 97~102쪽.

장려하여 조공을 해 오는 者에 대해서는 후한 물품을 賜與하거나 혹 官職을 除授하기도 하였다.[294] 또한 조선 영내에 거주하기를 희망하는 자에게는 생활기반을 마련하여 주기도 하였으며, 무역을 통하여 생필품 공급해 갈 수 있도록 하였다. 또 한편으로는 방비체제를 정비하여 북쪽 변경에는 邑城과 山城, 營鎭堡城 등 많은 성곽을 축조하였으며, 보다 완전한 방어전력의 구비를 위해 居住 民戶가 적은 邊地에 徙民하는 정책을 추진하면서,[295] 營鎭堡城 외곽에는 행성축조를 시도하게 되었다.

그런데 兩界지역은 충분한 人的 資源이 없었기 때문에 外地에서 赴防軍을 책정하여 輪番으로 들어가 지키게 하였다. 또한 변경지역은 항상 야인으로부터 침입의 위험이 있었기 때문에 把守를 배치하여 야인의 동태를 감시하고, 유사시에는 미리 정해진 城으로 入保하도록 하였다. 특히 겨울철에는 강이 얼게 되어 騎馬를 통한 야인의 侵寇가 잦은 시기이기 때문에 변경의 주민들은 모두 지정된 성곽으로 입보하도록 하였다. 그러나 赴防은 入番兵이 양식을 가지고 멀리 이동하는 고통이 따랐고, 입보는 邊地民들이 자신의 주거지를 떠나 멀리 읍성까지 가야하는 것은 물론, 긴 겨울철을 임시주거지에서 살다보니 그 폐단이 매우 심각하였으며, 정착하여 안정된 생활을 할 수 없는 것이 가장 큰 문제였다. 이에 읍성이 아닌 집단 거주지 근처의 營鎭堡城이나 혹은 木柵을 별도로 설치하고 입보하도록 하는 入保處 확대 조치를 취하였으나 이러한 조치는 입보처로 이동하는 거리를 줄이고, 불시의 침입에 신속히 대처할 수 있다는 이점은 있었지만 여전히 冬節期에 양식과 家財道具

---

294) 李炫熙, 1964, 「朝鮮前期 來朝野人의 政治的 待遇에 對하여」 『史學研究』 18호, 韓國史學會.

295) 李相協, 1997, 「朝鮮前期 北方徙民의 性格과 實相」 『成大史林』 第12·13合輯, 成大史學會.

를 가지고 입보하여야 하는 항구적인 폐단을 제거하지는 못하였
다. 이는 양계지역을 안정시켜 방비를 충실히 하려는 朝廷의 정책
에 큰 장애가 되고 있었다.

특히 서북 변경에 李滿住를 酋長으로 하는 야인집단의 등장은
그간 비교적 평온하던 서북지역을 크게 소요케 하였다. 이에 세종
은 여러 신하들의 의견을 두루 수렴하여 대책을 마련하고자 세종
18년(1436) 6월 東·西班 4품 이상 관리들로 하여금 야인을 제어할
계책을 써서 올리도록 敎旨를 내렸는데, 모두 97명의 관원이 計策
을 적은 封章을 올렸다.296) 이 4품 이상이 올린 계책은 곧 평안도
도절제사에게 보내져 현지에서 일을 처리하는데 참고하고, 또 더
좋은 策略이 있으면 보고할 것을 지시하였다.

그런데 이 당시에 올린 계책 가운데는 평안도는 야인이 사는 지
역과 가깝기 때문에 賊徒가 침입해 오는 곳이 한 두곳이 아니어서
要害處마다 口子를 설치하고 방어해야 하는데, 南道의 군사들이
험한 산천을 건너서 왕래하며 輪番으로 지키는 것은 그 폐단이 심
하니 변경의 강변을 따라 要害處에 長城을 쌓아 이 문제를 해결할
것을 건의하고 있다.297) 이 방안은 매우 획기적인 것이었으나 세종
22년(1440) 申槩가 행성 축조를 다시 건의할 때까지 그 실현을 보
지 못하였다.

세종 22년 申槩는 행성축조를 건의하면서 赴防問題 보다 入保
로 인한 폐단을 강조하였는데, 그 가운데 ① 사람이 생활하는 집은
完固하고 쓰는 기구가 고루 준비되어야 하는데, 입보하여 7~8개월
이나 지나서 돌아오면 집과 器物이 燒破되어 해마다 다시 마련해
야 하고, ② 가을에 입보하는 시기가 되면 명령이 嚴急하여 여물지

---

296) 『世宗實錄』 卷72, 世宗 18年 6月 乙卯.
297) 위와 같음.

도 않은 벼를 타작하여 묻으니, 혹은 썩고 혹은 도적맞는 데다가
다 수확하지 못하고 버려두면 왕래하는 말이나 짐승이 모두 먹어
버리게 되며, 주민들은 많은 양식을 가지고 가지 못하여 미음이나
죽으로 연명하는 지경이고, 또 길쌈을 못하기 때문에 의복을 제대
로 입지 못하며, ③ 혹 농사철에 침입 소식이 있게 되면 사실을 불
문하고 입보를 독촉하니 농사 때를 잃게 되어 다시는 가을 수확을
바랄 수 없게 되며, ④ 赴防軍士와 좁은 성안에서 처소를 달리 할
수 없으므로 남녀가 서로 문란하게 되며, ⑤ 城堡 근처에는 나무는
많아도 풀이 적어 牛馬가 굶주리고, 또 마굿간이 없어서 노숙하게
되니 봄이 되면 살아 있는 것이 적어 農牛가 부족한 현상이 해마다
반복된다는 것 등 5가지 폐단을 지적하며, 이렇게 되니 결국 백성
들이 逃散하게 된다고 하여 그에 대한 대책으로 연변에 대한 행성
축조를 건의하였다.298)

특히 申槩는 고려가 북쪽에 장성을 쌓았던 일을 설명하고, 당시
중국이 山海衛에서부터 遼東까지 수천리의 땅에다 참호를 파고
堡를 쌓으며 나무를 심어서 북쪽 오랑캐가 감히 엿볼 마음을 가지
지 못하게 하니, 입보하는 소요가 없어져 여염집이 땅에 덮였고 소
와 양이 들에 널려 있다고 하며 중국과 고려에서 오랑캐를 방비하
기 위해 장성을 쌓은 정책을 본받을 것을 주장하였다.299) 이는 申
槩가 세종 16년 사은사로 북경에 다녀오면서 明의 장성에 대해 자
세히 見聞한 결과로 생각된다.300) 申槩는,

　　　　만약에 백성을 수고롭게 함을 말한다면, 예전에도 對敵할 때에는

---

298)『世宗實錄』卷88, 世宗 22年 2月 辛卯.
299) 위와 같음.
300) 당시 申槩는 世宗 16年(1434) 10月에 출발하였다가 이듬해 3月에 돌아
　　왔다.

반드시 전쟁한 땅을 점하고자 하여 반드시 크게 군사를 일으켜서 싸우고, 또 성을 쌓았으니, 백성을 수고롭게 함이 이보다 심할 수는 없었으나, 기필코 실행한 이유는 얻는 것이 크고 손해되는 것은 백성과 군사의 한때의 수고로움 뿐이었기 때문입니다. 이제 關을 설치하는 폐단은 전쟁하면서 성을 쌓는 수고로움에 비할 수 없되, 그 이익은 赴防하고 入保하는 괴로움을 덜게 하면서도 백성이 생업을 즐겨 평화로이 살 수 있어 영영 逃散할 일이 없어질 것이니, 잠시 수고하고 길이 편안함이 이와 같음이 없을 것입니다.[301]

라고 하여 戰爭하고 築城하는 것보다 백성을 수고롭게 하는 것은 없으나 예전에는 필연코 실행하였던 것은 그로 인하여 얻는 것은 크고 잃는 것은 적기 때문이었는데, 行城을 쌓아 關門을 설치하는 것은 전쟁하고 축성하는 것보다 수고로움이 덜하나 그 이익은 매우 크다는 것이었다.

또한 赴防과 入保의 불편을 덜 수 있을 뿐만 아니라 국내에서 의심을 받는 자들이나 두 가지 마음을 품고서 반역하고자 하는 자들도 방자스럽게 행동하지 못할 것이고, 강변의 여러 城도 급급하게 쌓지 않아도 되니 이도 또한 좋은 점이라고 하고 있다.[302] 그리고 築造方式에 있어서도 전체를 석축하는 것이 아니고 우선 적이 침입하는 要害處를 살펴서 그 지형에 따라 혹은 참호를 파게 하고, 혹은 나무를 심고, 혹은 석축하고, 遠近을 계산하여 煙臺를 설치하고 戍卒을 배치하면 된다는 것이었으며, 인력도 크게 동원할 필요 없이 元居民과 赴防軍만을 역사시켜도 성사시킬 수 있다는 것이었다.[303]

양계지역에 대한 行城(長城) 築造策은 앞서 말한 바와 같이 세

---

301) 『世宗實錄』 卷88, 世宗 22年 2月 辛卯.
302) 위와 같음.
303) 위와 같음.

종 18년(1436) 세종이 4품 이상에게 야인에 대한 제어책을 적어 올리도록 한 가운데 그 의견이 들어 있었는데,304) 이것이 5년여가 지나 申槩가 다시 건의한 후에 실행에 옮겨졌다는 것은 그간 이 정책추진에 여러 장애가 있었다는 것을 알 수 있다. 특히 申槩가 올린 上言 내용에,

> 신이 兩道에 입보하는 폐단을 듣고 이 방책을 건의하고자 한 지 오래였으나, 그러나 북쪽에서 오는 사람이거나 익숙히 변방의 일을 아는 자를 볼 때마다 곧 그 폐단을 묻게 되면, 말은 다르지 아니하되, 關을 설치하여야 한다는 데에 이르러서는 옳다는 자는 적고 옳지 않다는 자가 많았으며, 일찍이 兩界의 장수로 있었다가 大臣이 된 자도 또한 불가하다 하므로, 臣도 또한 의심하여 오랫동안 가슴속에 품어 두고 감히 啓達하지 못하였습니다. 그러나 이제 다시 반복하여 생각해봐도, 兩道의 큰 폐단을 덜고자 한다면 다른 기이한 방책이 있음을 보지 못하겠사오니, 그 옳지 않다고 말하는 자들은 姑息之計이온지 폐단의 輕重을 알지 못하여서인지 알지 못하겠습니다.305)

라고 하는 것으로 보아 行城 築造에 반대하는 사람들이 많았음을 알 수 있다. 특히 兩界에 나가 근무한 이력이 있는 관리들은 대체로 行城 築造에 대해 반대하고 있었음을 알 수 있는데, 당시에 이들은 무슨 이유에서 반대하였는지는 알 수 없다. 다만 申槩가 上言한 내용을 살펴보면, ① 긴 江이 막고 있고, 곳곳에 城堡가 있는데 굳이 行城을 축조할 필요가 있느냐 하는 것, ② 행성은 塹壕를 파고 木石으로 축조하더라도 큰 비가 오면 모두 매몰되거나 파손될 것이니 별 효용이 없다는 것, ③ 많은 인력을 동원하여야 한다는

---

304) 당시 封章을 97명이 올렸는데, 실록에는 단지 평안도 도절제사에게 보낸 글의 내용만 실려 있어서 행성축조를 건의한 내용이 누구에 의하여 작성된 것인지는 알 수 없다.
305) 위와 같음.

점이 아마 행성 축조를 반대하는 이유였던 것으로 추측된다. 이외에도 현지민의 경우는 많은 부역을 감당해야 하고, 특히 강변에서 농사를 짓는 주민들은 행성을 강변 높은 지대에 설치할 경우 田地가 모두 행성 밖에 놓이게 되어 농사를 지을 수 없게 되니 이를 원할 리가 없었다.[306]

세종대의 양계지역 행성은 완비되지 못하였으며, 문종대에 들어와서는 잠정적으로 중단되었고, 그후 간혹 보수되고 공사가 계속되기도 하였으나 이를 대대적으로 추진하지는 않았다. 성종대에 들어서도 행성축조는 사실상 중단상태가 계속되었다. 성종 6년 야인들이 서북지역에 침입하자, 이에 대한 대책에 腐心하게 되었다.

그런데 성종 12년(1481)에 와서 명나라에서 開州 등지에 鎭의 설치를 추진하면서 다시 장성의 수축을 서두르게 되었다. 이 당시의 장성 수축의 목적은 물론 중국이 우리 변경 가까이에 鎭堡를 설치하게 되면 자연히 건주 여진인들과 갈등이 야기될 것은 예견되는 일이기 때문에 그 와중에 조선이 야인들의 침구를 받을 수 있기 때문이다.[307] 그러나 다른 한편으로는 조선인이 중국에 投化하는 것을 막기 위한 것이었다.[308] 논의 끝에 성종 12년 6월 領中樞府事 李克培를 평안도 체찰사로 삼아 의주읍성에서부터 연변을 따라 아직 쌓지 못한 곳에 대한 공사를 시작하게 되었다. 즉, 이 시기에 와서는 야인의 침입과 아울러 조선인이 遼東으로 이탈하는 것을 막기 위한 조처로 행성 축조가 시도되는 것이다. 특히 이미 예종대에 명나라의 遼東長墻이 碧潼 건너편까지 이어져 있었기 때문에 의주일대에 대한 야인 침구의 위험은 대폭 감소된 상황에서 의주 일대의

---

306) 『世宗實錄』 卷94, 世宗 23年 10月 己卯.
307) 『成宗實錄』 卷130, 成宗 12年 6月 壬子.
308) 『成宗實錄』 卷128, 成宗 12年 4月 甲子.

행성축조가 추진되었다는 것은 이 행성이 단순한 야인들의 소규모 침략에 대응하기 위한 것보다는 중국 변경에 강성한 오이라트의 등장과 그에 따른 정세 변동에 대응하고, 중국의 遼東 개발로 인한 조선인의 이탈을 막는데 주목적이 있었다는 것을 의미한다.

한편 우리는 흔히 行城(長城)이라고 하면 양계지역의 것만을 말하나 조선시대의 행성은 황해도에도 설치된 바 있다. 문종대에 중국 변경의 소요는 조선에게도 큰 위기감을 주어 시급히 읍성을 수리하는 등 조치를 취하였고, 적의 대군이 평안도를 돌파할 경우 황해도에 제2의 대규모 방어선을 설치한다는 구도하에 언진산맥을 따라 陽德·成川·谷山·遂安·黃州 등지를 잇는 행성을 축조하게 된 것이다.309)

2. 세종대의 행성축조

세종 22년 행성 축조가 시행되게 된 것은 물론 당시 右議政이었던 申槩의 上言이 계기가 되었다.310) 그러나 이것이 조선시대 들어서 처음으로 행성 축조를 건의한 것은 아니었다. 앞서 언급한 바와 같이 세종 18년(1436) 세종이 4품 이상 관원에게 야인을 제어할 계책을 올리도록 하였을 때, 관원 가운데 이미 양계지역에 대한 行城(長城) 축조를 건의한 바 있다. 세종은 申槩의 건의가 있은지 3일 만에 都承旨 金墩과 의논하였는데, 세종은 "건의하는 자가 이르기를, '東西 兩界에다 長城을 쌓게 되면, 적이 침략할 수 없어 백성이 편안할 것이다'고 하나, 내가 들은지 오래이로되 그 일을 매우 어

---

309) 『文宗實錄』 卷6, 文宗 元年 2月 己丑.
310) 宋炳基, 「世宗朝의 兩界行城 築造에 對하여」, 195쪽.

렵게 여겨 감히 발설하지 못하였다"라고 하여 일찍이 이러한 건의
에 접하였으나 여러 어려움이 있어서 시행하지 못하였음을 알 수
있다.311)

당시에 세종은 "변경에 모두 축조하지는 못하더라도 적이 통행하
는 要害處에다 참호를 파거나 혹은 목책을 세워서, 비록 두서너 고
을의 백성이라 하더라도 그것에 힘입어 편안히 살 수 있다면 또한
족하겠다"고 하여 변경 전구간에 행성을 완축하겠다는 것보다는 시
급히 필요한 곳에, 그것도 석축이 아니고 참호나 목책을 세우겠다
는 생각이었다.312) 또한 都承旨 金墩은 장성 축조가 어렵다면 연변
지역에 대한 木柵이나 堡를 증설하고 萬戶를 배치하여 지키게 하여
入保하는 폐단을 우선적으로 줄이는 것이 좋겠다고 하였다.313)

이에 대해 세종도 木柵이나 堡를 증설하는 방책도 좋다고 하며,
都承旨 金墩으로 하여금 兵曹判書 皇甫仁·兵曹參判 辛引孫과
함께 비밀리에 의논하여 그 책임을 맡길만한 사람을 택하여 아뢰
라고 하였다.314) 金墩은 곧 皇甫仁·辛引孫과 함께 의논하고, 세
사람 이외에는 특별히 맡길만한 사람이 없다고 하자, 皇甫仁을 平
安·咸吉道 都體察使로 삼아 그 일을 담당하도록 하였는데, 표면
상으로는 연변을 방수하는 城堡를 살펴 增減하기 위한 것이라고
칭탁하고 있다. 이와 같이 이를 비밀리에 진행한 이유는 분명치 않
으나 우선 朝廷內에서 이 논의가 진행되게 되어 반대하는 신하가

---

311) 『世宗實錄』 卷88, 世宗 22年 2月 乙未.
312) 위와 같음.
313) 『世宗實錄』 卷88, 世宗 22年 2月 乙未. "臣聞邊民入保之若 不可勝言
　　春則野處 秋則入保 略無耕鑿樂生之利 邊民焉得不散乎 築長城於沿
　　邊 乃萬世之長策也 倘不能築長城 遣其有智識者 巡審沿邊要害之地
　　增設柵堡 各置萬戶 收入旁近人民 以方賊虜之侵 則邊民庶免邊遠入
　　保之苦矣"
314) 위와 같음.

많으면 추진하기 어려울 것이기 때문이었을 것이다. 이는 申檗가 올린 上言 내용 중에서도 "兩道에 입보하는 폐단을 듣고 이 방책을 건의하고자 한 지 오래였사오나, 북쪽에서 오는 사람이거나 익숙히 변방의 일을 아는 자를 볼 때마다 곧 그 폐단을 묻게 되면, 말은 다르지 아니하되, 關을 설치하여야 한다는 데에 이르러서는 옳다는 자는 적고 옳지 않다는 자가 많았으며, 일찍이 兩界의 장수로 있다가 대신이 된 자도 또한 불가하다 하여, 臣도 또한 의심하여 오랫동안 가슴속에 품어 두고 감히 啓達하지 못하였다"[315] 고 하는 점으로 보아 대다수의 臣僚들, 특히 양계지역에 근무한 경력이 있어 이 지역의 사정을 비교적 잘 아는 사람들도 모두 행성축조에 대해 반대하고 있었던 것이다. 이로 미루어 본다면 사실 조정에서 행성축조의 논의를 해봐야 그 결론은 明若觀火한 것이었다. 또한 현지에 행성축조의 소식이 알려지게 되면 이로 인한 소요도 예상되었기 때문이다. 성벽 밖에서 농사를 짓는 사람들에 대한 문제를 비롯하여 축성으로 인한 과중한 부역이 예상됨에 따라 변경 거주민들의 逃散을 촉발시킬 수도 있었기 때문이다.

행성 축조의 책임을 맡은 皇甫仁은 同年 3月 서울을 출발하면서 현지에 가서 조치하여야 할 事目을 보고하게 되었는데, 그 내용은 다음과 같다.

> ① 沿邊의 읍성과 각 口子의 石堡·木栅의 견고 여부를 고찰할 것.
> ② 연변 각 구자의 煙臺와 晝望을 조치하고 要害를 분간하여 증감할 것.
> ③ 防戍의 상황과 軍의 수효를 점검할 것.
> ④ 이번 봄철에 연변 각 고을의 인구가 다 돌아왔는가의 여부를 고찰할 것.

---

315)『世宗實錄』卷88, 世宗 22年 2月 辛卯.

⑤ 연변 각 고을과 口子의 화포와 화약에 매가 끼어 있는지의 여
  부와 傳讂人의 放火 여부를 고찰할 것.
⑥ 함길도에 新設한 4邑에 入居시킨 사람들의 流移 여부를 조사할 것.
⑦ 甲山에서 閭延, 昌城에서 義州에 이르기는 거리가 멀어, 강변
  에 邑을 설치하는 것의 便否를 訪問하여 친히 살펴볼 것.
⑧ 江界의 鄭夫人垈와 理山의 兪欣里 및 小朔州 등지에 築城하
  는 것의 편부를 친히 살펴볼 것.
⑨ 새로 入居한 사람을 完恤하지 못하여 잇달아 逃散한 뒤에 虛
  疏하게 推刻하여 본고장으로 돌아가게 하지 아니한 각 고을을
  다스릴 것.
⑩ 저지른 죄가 있는 수령과 萬戶・千戶・軍士의 2품 이상은 啓
  聞하여 시행하고, 3품 이하는 直斷하여 收贖하든가, 笞杖에
  처할 것인가를 편의에 따라 시행할 것.

　이 내용에 보면 직접 행성과 관계된 사안은 들어 있지 않으나 연
변의 賊의 침입에 要路가 되는 각 口子에 대한 방비시설 상태를
세밀히 審察하도록 하고 있으며, 기타 軍士와 烟臺에 대한 조치를
지시하고 있다. 그리고 要害를 분간하여 增減한다는 사항이 포함
되어 있는데, 이는 그간의 야인 침입 상황을 세밀히 검토하여 장차
행성을 축조할 경우 반드시 口子를 설치하여 방어하여야 할 곳을
정하기 위한 것으로 해석된다. 또 양계지역의 주민, 특히 入居民에
대한 조사를 철저히 하도록 하고 있는데, 이는 入居民의 정착여부
를 파악하기 위한 것도 있지만 일단 행성 축조 役事를 시행할 경
우, 役夫를 동원하는 문제가 있기 때문이다. 더구나 당시는 아직
호구수조차 제대로 파악되지 않는 상황이었기 때문에[316] 役事에
대비하여 현지 주민의 상황을 보다 정확히 파악하도록 한 것으로
생각된다.
　皇甫仁은 兩道의 상황과 행성축조 구획 및 여러 방비시설의 점

---

316)『世宗實錄』卷88, 世宗 22年 2月 丙申 ; 同書 3月 庚申.

검을 마치고 7월에 沿邊 備禦策 13조를 건의하였다. 이 가운데 황보인은 연변지대의 방비시설을 하여야 할 곳을 상세히 살펴 잠정적으로 행성을 축조하여야 할 지대에 대해 보고하고 있다. 압록강변의 경우는 義州~甲山지역 까지가 야인이 침입할 곳인데, 이 지역은 강을 건너 오더라도 산세가 험하여 대개 골짜기를 통하여 들어오기 때문에 이 곳에 대한 적당한 방비를 하면 쉽게 출입하지 못할 것이라고 보고하였으며, 두만강 일대는 吉州와 鏡城으로 오는 길은 모두 東良北과 연결되는 곳으로 먼 곳에 있는 적이 들어올 길이 없으니 강변에 조치를 한다면 염려할 것이 없다고하고 있다.[317] 그리고 會寧에서 慶興까지는 연변 지대에 높은 산이 있으나 그리 험하지 않으므로, 냇물과 골짜기를 막는다 하여도 산을 타고 무난히 올 수 있으며, 또 들판이 많아서 적의 침입하는 길이 하나뿐이 아니니 다 막기는 어렵고, 또 두만강 안팎에는 거주하는 야인이 많으며, 歸順하는 야인도 이 길을 경유하여 들어오는 까닭에, 갑자기 防塞하는 것은 타당하지 못하니, 강변의 備禦策을 빠짐 없이 조치한 다음에 천천히 형편을 보아서, 귀화하는 야인들이 들어오는 길 이외의 나머지 길 가운데 막을 만한 길은 모두 防塞하는 것이 편리하겠다고 하고 있다.[318] 이와 같은 조사는 북방 행성 축조 구획의 기본 바탕이 되었으며, 아울러 兩江 沿邊지대의 우선적으로 防備해야 할 곳을 살펴 보고하였는데, 그 지점은 <표 2-3-1>과 같다.

---

317)『世宗實錄』卷90, 世宗 22年 7月 己巳.
318) 위와 같음.

〈표 2-3-1〉兩江沿邊의 要害地 審定處(1440년, 皇甫仁)

구 분	防備가 요구되는 곳	지 역	防備가 요구되는 곳
義州	北面 4處, 東面 4處	甲山	西面 2處, 北面 2處
昌城	西面 1處, 北面 7處	吉州	西面 1處
碧潼	西面 6處, 北面 3處	鏡城	西面 3處, 北面 1處
理山	西面 3處, 北面 4處	會寧	南面 9處, 西面 3處, 北面 5處
江界	西面 7處	鍾城	西面 13處
慈城	西面 3處	慶源	東面 17處, 北面 6處
閭延	西面 12處, 東面 7處	慶興	北面 5處

※ 『世宗實錄』(卷90 世宗 22年 7月 己巳)에 의거함.

　　皇甫仁의 보고는 곧 議政府에서 논의되어 가을부터 赴防軍으로 하여금 축조하도록 할 것이 결정되었고,[319] 가을에 평안도와 황해도 丁夫 총 18,926명을 동원하여 평안도 閭延의 趙明干口子에 행성 56,755尺, 碧潼의 碧團口子에 石堡 6,297尺 5寸, 행성 36,014尺을 축조하였다.[320] 또한 이듬해 봄에는 都體察使 從事官 朴根과 鄭而漢을 보내, 朴根은 평안도 丁夫 8,390명을 동원하여 조명간행성 64,854尺 7寸(石築 59,047尺, 鹿角城 5,807尺 7寸)을 축조하였으며, 鄭而漢은 평안도 丁夫 8,263명을 동원하여 벽단행성 36,014尺(石築 30,795尺 6寸, 鹿角城 5,218尺 4寸)을 축조하였다.[321] 이는 전년도에 미처 다 마치지 못한 조명간과 벽단구자 일대의 행성을 축조한 것으로 보인다.

　　이어 그해 가을에는 함길도 丁夫 15,000명과 강원도 丁夫 8,000명을 동원하여 약 한달간 役事시켜 함길도 온성부에 행성 131,922尺(石築 85,205尺, 鹿角城 46,717尺)을 축조하였다.[322]

　　그런데 그해 여름에 조명간구자와 벽단구자행성이 무너진 곳이

---

319) 위와 같음.
320) 『世宗實錄』 卷90, 世宗 22年 9月 甲寅.
321) 『世宗實錄』 卷92, 世宗 23年 3月 壬子.
322) 『世宗實錄』 卷93, 世宗 23年 9月 戊申.

많다는 보고가 들어오자, 행성 축조를 정지하자는 등 조정의 논의
가 분분하였다. 이에 세종은 少尹 康勸善을 보내 살펴 보도록 하였
는 바, 부실하게 감독한 것이 드러나자 의금부에 명하여 당시 축성
문제로 穩城에 가 있던 朴根을 체포해 오게 하고 도체찰사 종사관
직은 체임시켰다.[323]

당시 이 행성 축조공사에 대한 여러 문제점이 지적되었는데, 첫
째는 예전에 下三道 邑城의 터를 정할 때에는 여러 번 大臣을 보
내 그 便否를 살피게 하였는데도 아직도 의논하여야 할 곳이 있는
데, 지금 兩界에 행성을 쌓는 것은 단지 한두 大臣의 계획만을 따
랐고, 그 성터를 살펴 정하는 데에 있어서는 오직 皇甫仁만을 보내
어 자리잡게 하였으니, 이것은 잘못된 것이며, 또 평안감사를 오랫
동안 맡아 그쪽의 사정을 잘 아는 工曹判書 朴安臣도 평안도의 연
변 長城은 쌓을 수 없다고 한다는 것이었고, 둘째는 축성감독을 맡
은 종사관이 速成시켜 功을 얻으려고 하였기 때문에 성의 외면은
작은 돌을 사용하고 안쪽에 모래와 흙을 메우는 안이한 工法을 써
서 축조하였기 때문에 전체가 부실하여 여름철이 되어 비가 오니
금방 무너져 버린 것이며,[324] 셋째는 조명간 口子의 경우 경작할
만한 땅이 모두 성밖에 있어 백성들의 원망이 있다는 것이었다.[325]
이 문제는 당초 皇甫仁이 도체찰사가 되어 평안도를 살피고 朝廷
에 올린 備禦策에는,

> 평안도 연변의 각 고을 백성의 田地가 모두 강변에 있는데, 口子
> 는 모두 산골짜기 사이에 설치되었으므로, 만약 적이 虛한 곳으로
> 突入하면 미처 구원할 도리가 없으니, 義州의 方山, 碧潼의 碧團, 理

---

323) 『世宗實錄』 卷93, 世宗 23年 9月 壬戌.
324) 『世宗實錄』 卷93, 世宗 23年 9月 壬戌.
325) 『世宗實錄』 卷94, 世宗 23年 10月 己卯.

山의 山羊會 등의 木柵을 모두 강변으로 물려서 설치하여 농민을 보
호하고, 도적의 형편을 살펴서 시기에 미쳐 應變하소서.326)

라고 하여 강변까지 목책을 물려 설치하여 강변의 田地에 대한 보
전을 건의하였으나 실제 행성 축조공사를 하면서 이와 같은 당초
의 의도가 지켜지지 못한 것이었다. 양계의 행성 축조가 시작된 이
후 평안도 지역의 元戶와 入居戶가 逃散하게 된 것은 행성 축조로
인한 과중한 役事가 중요한 요인이 되고 있었지만, 또 한편으로는
조세가 없는 압록강 건너 비옥한 토지를 경작하여 비교적 풍요롭
게 살았으나 세종 16년(1434) 이후 이를 일체 금지하게 되었고, 행
성이 축조되면서 부터는 압록강 이남 지역의 토지도 행성밖에 위
치하게 됨에 따라 경작하지 못하게 되자 이 지역의 농민들에게 큰
타격을 주게 되었다. 이에 사헌부에서도 행성 축조의 문제점을 지
적하는 가운데 이 점을 매우 중대한 문제점으로 지적하고 있다.327)
또한 皇甫仁은 세종 25년(1443) 평안도 연변 각 고을의 元戶가 도
망한 戶數가 321戶이고, 入居戶는 270戶나 된다고 보고하면서 閭
延郡 小虞芮와 虞芮洞源 內外山과 우예에 딸린 楡坡와, 慈山郡
泰日과, 江界郡 餘屯·烽火臺洞口·艾田과, 碧潼郡 阿耳에 딸린
非所里·小坡兒·廣平 등지의 땅에 대한 경작금지를 해제하고,
기타 각 고을에서 멀리 떨어져 있어서 적의 침략이 있을 경우 구원
하기 어려운 곳이라고 하더라도 형편을 요량하여 경작할 수 있게
할 것을 건의하여 윤허받고 있다.328)

그런데 이 당시 행성 축조 문제가 朝廷에서 본격적으로 거론되면
서 臺諫에서 監築을 잘못한 종사관의 처벌을 요구하면서도 평안·

---

326) 『世宗實錄』 卷90, 世宗 22年 7月 己巳.
327) 『世宗實錄』 卷94, 世宗 23年 10月 庚辰.
328) 『世宗實錄』 卷100, 世宗 25年 4月 己亥.

함길 양도에 성을 쌓는 일은 국가의 萬年 生民을 위한 계책이니, 臣
등이 감히 마음대로 論할 것이 아니라고 하고 있어 행성 축조의 타
당성 문제와 같은 원칙적인 문제에 대해서는 대체로 인식을 같이하
고 있었다는 것을 알 수 있다.[329] 특히 臺諫들은 皇甫仁의 城基審定
에 문제가 있으니 대신을 보내 다시 審定할 것을 건의하였는데, 이
에 대해 黃喜·申槩·李叔時 등은 평안도의 행성은 다른 邑城에 비
할것이 아니어서, 바로 강을 따라 쌓는 것이니, 비록 다른 사람을
보낼지라도 반드시 다른 의논이 없을 것이며, 또 사람의 소견이 각
각 다르므로, 만약 혹 다시 고치면 異論이 분분하여 큰일을 이룩하
기 어려우니 皇甫仁에게 위임하여 완축하는 것이 옳다고 하고, 河
演과 崔士康 등은 대신을 보내 다시 성터를 심사하여 정할 것을 주
장하였다.[330] 세종은 皇甫仁이 歸京하면 다시 논의하도록 지시하였
고, 이후에도 臺諫들의 諫言이 여러 차례 있었으나 세종은 이미 행
성 축조를 계속 추진할 뜻을 결정하고 있었다.[331]

그러나 세종은 변경 고을의 石堡와 長城工事의 先後問題를 놓
고 고민하게 되었다.[332] 이는 행성과 石堡 공사를 한꺼번에 할 경
우 石堡를 갖추지 못하여 방비가 허술한 연변 고을이 侵寇당할 염
려가 있고, 石堡공사를 먼저 하게 되면 장성 완성이 지체되어 후에
조정의 의논이 바뀌거나 연변 거주민의 逃散 등으로 공사 추진이

---

329)『世宗實錄』卷93, 世宗 23年 9月 壬戌.
330)『世宗實錄』卷94, 世宗 23年 10月 庚辰.
331) 위와 같음.
332)『世宗實錄』卷94, 世宗 23年 11月 甲寅. "大抵築城 誠國家重役 緩則
　　告訖無期 急則疾疫乃興 在太祖朝修築都城 民不樂趨 斬二三人頭 晝
　　夜督役 疾癘乃興 今平安道築城之民勞弊已多 疾疫亦興 不爲則功虧
　　一匱爲之則民力不足 予甚憂之 且沿邊各官無石堡者頗多 長城未築而
　　賊若突入 則恐被侵掠 若畢石堡而後始築長城 則長城之役似緩 恐大
　　事不成如之何則可也"

더욱 어려워 질 수 있기 때문이었다.

세종은 그 문제를 대신들에게 의논하게 하였던 바, 領議政 黃喜를 비롯한 左贊成 河演, 右贊成 崔士康, 兵曹判書 鄭淵, 禮曹判書 金宗瑞, 右參贊 李叔時 등은 장성의 役事는 비록 수십년이 걸려도 완료하기를 기약할 수 없으니 우선 연변 고을의 石堡공사를 먼저 하고 나서 장성축조공사를 하는 것이 좋겠다고 건의하였고, 세종도 이 의견에 따르고 있다.333)

그러나 세종은 행성축조에 대한 강한 의지를 가지고 있었기 때문에 곧 都承旨 趙瑞康과 右承旨 李承孫에게 명하여 右參贊 李叔時와 皇甫仁의 집에 가서 行城과 石堡에 관한 문제를 의논하도록 하였고,334) 그 다음날에는 李叔時를 도체찰사로 삼아 평안도에 보내 趙明干 일대에 축성하는 문제를 살펴보고 오도록 하였다.335) 『世宗實錄』에는 당시 세종이 계속 皇甫仁에게 이 사무를 주관하게 하고자 하였으나 皇甫仁이 마침 병이 있어서 이숙치를 보낸 것으로 되어 있으나336) 아마 전에 쌓은 행성이 무너지고 또 臺諫들이 皇甫仁의 城基審定이 잘못되었다고 논박하였기에 皇甫仁은 病을 칭하고 도체찰사 직무를 맡지 않았던 것으로 생각된다.

都體察使 李叔時는 이듬해 1월 17일에 평안도에서 돌아와서 연변지역의 농사나 畜牧을 고려하면 石堡보다는 행성이 더욱 편익하고, 또 행성은 백성들이 사는 요해처 지대에 축조하는 것이므로 役事가 석보공사보다 반드시 큰 것은 아니며, 백성들이 사는 要害處만을 가려서 축조하는 것이니, 길이가 千里까지 되지는 않아 충청도 이북의 군인들만을 사역한다 하더라도 7, 8년이면 거의 공사가

---

333) 『世宗實錄』 卷94, 世宗 23年 11月 乙卯.
334) 『世宗實錄』 卷94, 世宗 23年 閏11月 己巳.
335) 『世宗實錄』 卷94, 世宗 23年 閏11月 庚午.
336) 위와 같음.

끝날 것이라고 보고하였다.337) 이숙치는 兵曹參議를 지낸 바 있고,
또 세종 15년~16년 사이에 평안도 관찰사를 지냈기 때문에338) 군
사문제, 특히 평안도에 관한 문제에 대해서는 비교적 밝은 인물이
라고 할 수 있는데, 사실 이숙치의 보고를 살펴보면 행성축조 문제
는 이미 세종이 승지들과 함께 皇甫仁과 논의하도록 하였을 때 그
결론이 나 있었고, 다만 앞서 대신들이 石堡 공사 우선 방침을 정
하였기 때문에 이에 대한 보다 세밀한 조사와 조치를 강구하기 위
하여 평안도에 갔던 것으로 생각된다. 宋炳基는 이 이숙치의 보고
내용과 관련하여 "이숙치의 上啓에는 그의 平安道 派遣의 중요한
理由의 하나인 趙明干行城의 築城 便否 - 再審 結果에 대하여 아
무런 言及이 없다"339) 고 하였으나 사실 이숙치는 앞서 말한 바와
같이 '趙明干行城의 築城 便否'를 살피기 위해서 갔다기 보다 행
성과 석보 가운데 어느 공사를 먼저 할 것인지를 살피기 위해 갔던
것이다.

이숙치는 평안도에서 돌아와 한 보고 가운데 행성축조 문제 외
에 중요한 사항을 두가지 건의하고 있다. 하나는 연변의 民家를 山
谷으로 철수시키는 문제는 시행하지 않는 것이 좋겠다는 것이고,
다른 하나는 茂昌・虞芮・閭延・昌城・碧潼・江界・理山・義
州 지역내에 19개처의 萬戶를 증설하여 방비태세를 강화하는 것이

---

337) 『世宗實錄』 卷95, 世宗 24年 1月 己卯. "且造築石堡 每堡差萬戶 則守
　　 禦似乎的實 然於左右不築行城 則堡內人民 每當耕耘之時 畏其賊變
　　 晚出早入 廢農失所之弊 南道軍馬連續徵聚江邊列立之若 鼠竊之盜窺
　　 伺 乘虛恣行殺虜之患 無異前昔 夫行城力役 雖重於石堡然先從要害
　　 築之 則城內人民老幼安心農作 牛馬亦皆布野休養阜盛 誠爲策 或曰
　　 千里長城實爲難成 假使成之誰能守之 今此行城不是延袤千里 但擇民
　　 居要害處造築 只役以忠淸道以北軍人 庶幾七八年事功畢矣"
338) 『世宗實錄』 卷59, 世宗 15年 1月 癸酉.
339) 宋炳基, 앞의 논문, 199쪽.

었다.340) 前者는 입보하는 대신 沿邊 民家를 山谷으로 철수시키는 방안은 불가하다는 것으로, 행성 축조로 말미암아 이미 강변의 토지 경작을 못하여 타격을 받은 주민이 많은 상태에서 연변 민가를 산곡으로 옮길 경우 이러한 경제적 타격을 가중시키기 때문이었다. 또 後者는 종전에 대신들이 행성이 완성되기 전에 야인의 侵寇가 있게 되면 방어에 문제가 있으니 石堡를 축조하고 행성을 축조하자고 결정하였는 바, 이렇게 되면 행성 축조 공사가 지연되어 행성의 완공이 어렵다는 세종의 생각을 잘 알고 있던 李叔時·皇甫仁 등은 石堡를 먼저 축조하는 대신 연변 지역에 대한 萬戶 배치를 늘려 군사력에 의한 방비를 보충함으로써 石堡 未備에 따른 문제를 해결하고 행성축조 공사를 계속 추진하려고 하였던 것이다.

이와 같이 이숙치를 파견하여 행성축조문제를 현지에 가서 살펴보고 오도록 함으로써 종전에 대간들의 대신을 보내 다시 살펴서 처리하자는 건의도 자연 무마되고, 자칫 행성 축조가 지연될 수 있었던 상황에서 이숙치의 건의에 따라 萬戶를 增設配置하고, 또 곧이어 慈城과 滿浦에는 부방군사를 더 늘려 배치하도록 함으로써341) 세종은 행성축조를 우선하는 정책을 계속 추진할 수 있게 되었다.

이에 세종 24년 2월 10일부터 翌月 10일까지 총인원 31,200명(황해도 丁夫 2천명)을 동원하여 趙明干行城의 허물어진 곳을 비롯하여 趙明干 石堡, 虞芮口子行城, 虞芮口子石堡, 慈城郡 寧怪口子行城, 江界府 滿浦口子行城, 滿浦口子石堡, 江界府 高山里口子行城 등을 축조하였다.342) 또한 비슷한 시기에 함길도에서는 丁夫 5,300명을 동원하여 穩城行城과 鍾城行城을 축조하였다.343)

---

340) 『世宗實錄』 卷95, 世宗 24年 1月 己卯.
341) 『世宗實錄』 卷95, 世宗 24年 1月 癸未.
342) 『世宗實錄』 卷95, 世宗 24年 3月 辛未.
343) 『世宗實錄』 卷95, 世宗 24年 3月 丙子. 온성행성은 16,970尺은 쌓고,

그런데 이러한 행성 축조는 매우 긴 구간을 단기간에 축조하다
보니 여름이 되어 비가 오게되면 붕괴되는 곳이 발생하였다. 이는
他道가 城 1尺을 군인 5~6명이 쌓는데 비하여 양계의 행성은 군
인 한 사람당 3~4尺을 쌓으니 노역이 무거웠기 때문이다. 이에 병
조에서는 평안도 관찰사가 보고한 내용에 의거하여, 무너진 곳을
이미 수령들이 폐해없이 개축하였으니 성이 무너졌다고 일일이 논
죄하면 일을 성사하기 어려우니 많이 무너진 곳이 아니면 관리로
하여금 애초에 해당구역을 축조한 군인을 거느리고 친히 감독하여
개축하도록 할 것을 건의하여 윤허받고 있다.[344]

그후에도 세종년간에는 꾸준히 행성축조가 추진되는 가운데
旱·水災로 인한 失農 등의 이유로 臺諫에서 행성축조의 연기나
중지 건의가 빈번하였으나 세종은 주로 皇甫仁의 주관하에 양계의
행성축조를 강행하였다. 그러나 이러한 행성 축조를 강행하면서
여러 문제점이 나타나게 되었는데, 앞서 말한 바와 같이 양계의 행
성축조 부역이 과중함으로써 주민들이 계속 逃散하고 있는 것이었
다. 이에 조정에서는 행성축조의 완성과 防戍의 건실을 위해서는
양계지역의 주민을 安集시키는 것이 가장 중요한 문제였다. 이미
세종 16년부터 실시한 邊地에 대한 入居政策은 일시적으로는 변
지의 民戶를 충실히 하는데 유용한 방법이었지만 결국 이들이 안
집하지 못하게 되면 허사가 되는 것이고 강제 입거에 의한 邊地의
民戶 충당에는 한계가 있었던 것이다.

사실 세종시대의 양계 邊地에 대한 입거는 많은 사회적 혼란과
폐단이 있었지만 세종은 행성축조 공사만큼이나 강력히 실시하였

14,460尺은 削土하였으며, 종성행성은 2,370여척은 쌓고 2,630척은 削土
하였다.
344)『世宗實錄』卷97, 世宗 24年 8月 庚戌.

다. 이는 양계 변지의 민호가 충실하지 못하면 양계지역의 축성은 물론 방어도 매우 어려워지기 때문이다. 특히 축성문제에 있어서는 궁극적으로 양계지역의 주민을 많이 동원하기 때문에 逃散 등으로 인한 호구 감소는 공사 추진에 큰 타격을 주는 중요한 문제였다. 한 例로 세종 24년 평안도에는 큰 水災가 들어 失農하였으므로 충청도에서 丁夫를 동원하고자 하였으나 원거리 왕래로 인하여 폐단이 극심한데다가 이들은 축성기간 동안만 양식을 제공받기 때문에 왕래지간에 소요되는 양식은 스스로 마련하여야 하였다. 이에 이들은 많은 양식을 지고 다닐 수가 없어 반드시 貨布를 가지고 와서 양식을 구하게 되는데, 평안도가 水災 등으로 양식 사정이 좋지 않아 이를 교역하여 양식을 구하기 어렵다고 하여 충청도 丁夫의 징발이 중지되고 있다.345) 이는 비단 평안도의 흉년으로 인한 것만은 아니고, 役軍을 하삼도에서 징발할 경우 왕래지간에 소요되는 기간이 길기 때문에 농민들에게는 축성으로 인한 폐해뿐만이 아니었다. 결국 양계이외의 타도 인력을 징발하여 행성 축조를 지속하는 것이 쉽지 않았던 것이다.

　이러한 상황은 양계지역에 대한 특별한 정책적인 배려로 이어졌다. 세종 24년 의정부의 건의에 따라 연변의 昌城·朔州·碧潼·理山·江界·慈城·閭延·茂昌 등 행성이 축조되는 연변지역의 고을은 賊의 根據地와 가장 가까와서 防禦가 긴요하여 軍民이 휴식할 날이 적으므로 번성하지 못한다고 하여 위의 각 고을의 군인들은 살고 있는 고을의 城堡를 축조하는 것 이외의 다른 고을의 築城에는 모두 부역시키지 말고, 또 戶曹로 하여금 年數를 정하여 貢物을 감면하도록 하는 등 우대 조치를 취하였다.

---

345) 『世宗實錄』 卷98, 世宗 24年 11月 丙子·庚辰.

242　韓國 中世築城史 研究

〈표 2-3-2〉 世宗朝의 兩界 行城 築造表[346]

世宗實錄 卷數	年月日	行城名	內　譯	動員數	期　間
90	22. 9 甲寅	趙明干口子行城	56,755尺	平安道丁夫　7,440名 黃海道丁夫 2,860名	
		碧團口子行城	36,014尺	平安道丁夫 7,310名	
		碧團口子石堡	6,295尺 5寸	黃海道丁夫 1,296名	
92	22. 3 壬子	趙名干口子行城	石築 50,947尺 鹿角城 5,807尺	平安道丁夫 8,390名	自2月 15日 至是日
		碧團口子行城	石築30,795尺6寸 鹿角城5,218尺4寸	平安道丁夫 8,263名	
93	23. 9 戊申	穩城行城	石築85,205尺 鹿角城46,717尺	咸吉道丁夫15,000名 江原道丁夫 8,000名	自8月 15日 至是日
95	24. 3 辛未	趙明干口子行城修築	24,110尺	平安道丁夫	
		趙明干口子石堡	4,400尺	10,000명	
		虞芮口子行城	10,590尺	平安道丁夫 4,200名	自2月 10日 至3月 10日
		虞芮口子石堡	1.980尺		
		慈城郡地寧怪口子行城	3,090尺	平安道丁夫 300名	
		江界府滿浦口子行城	15,675尺	平安道丁夫 9,000名	
		江界府滿浦口子石堡	6,644尺		
		江界府高山里行城	12,619尺	平安道丁夫 300名 黃海道丁夫2,000名	
95	24. 3 丙子	穩城行城	削土 16,970尺 2,630尺	咸吉道丁夫 5,300名	
		鍾城行城	削土 2,370尺 2,630尺		
99	25. 3 乙丑	昌城郡昌州口子行城	石築 18,804尺 鹿角城 2,769尺	平安道丁夫 3,000名 黃海道丁夫 6,000名	
		昌城郡昌州口子石堡	4,533尺		
101	25. 9 辛未	穩城行城	石築 380尺	咸吉道軍丁 8,000名	自8月 20日
		鍾城行城	石築19,917尺 鹿角城 175尺 削土 2,219尺		至是日
10?	26. 4 癸巳	渭原行城	3,598尺	平安道丁夫 6,000名	
		渭原邑城瓮城	4,795尺		
107	27. 正 癸未	慈城郡虛空橋口子石堡	4,388尺	平安道丁夫 5,390名	自2月 10日 至3月 10日
		慈城行城	5,308尺 削土 900尺		
109	27. 7 乙卯	鍾城行城	石築　24,540尺 削土　20,500尺 設柵　3,680尺	咸吉道丁夫 14,900名 黃海道丁夫　2,500名	自 2月 10日 至 9月 15日
		甲山郡 惠山口子 石堡	2,585尺	甲山郡民　1,000名	自8月4日 至9月4日

---

346) 宋炳基, 1980,「世宗朝의 兩界行城 築造에 對하여」『史學研究』18, 韓國史學會를 참조하여 작성.

111	28. 正	鍾城行城	石築　370尺 削土　2,537尺	咸吉道民　1,070名	自 正月 11日 至 2月 10日
111	28. 2.	碧潼行城	石築 37,379尺 削土　8,070尺	平安道民　15,470名 黃海道民　2,000名	自 2月 10日 至 3月 10日
		定寧行城	石築　2,999尺	定寧邑民　3,00名	
		義州邑城增築	3,500尺	義州邑民　1,000名	
113	28. 7 己卯	鍾城行城	石築 11,834尺	咸吉道軍　1,000名	自 8月 20日 至 9月 18日
		會寧行城	削土 55,133尺		
		甲山因遮外石堡	2,400尺	甲山・三水軍 1,000名	自 8月 5日 至 9月 20日
115	29. 正 庚午	碧潼行城	石築 14,471尺 削土　8,178尺	平安道民　5,740名	自 2月 15日 至 3月 15日
		定寧行城	石築　3,153尺 削土　1,500尺	定寧郡民　400名	
117	29. 7 戊戌	會寧行城	石築　8,749尺 削土 41,789尺	咸吉道民　8,526名	自 8月 5日 至 6月 5日
		三水行城	石築　3,050尺	甲山・三水民 1,000名	
119	30. 正	義州邑城增廣築	石築　3,180尺 壁城　1,520尺	平安道民　3,200名	自 2月 15日 至 3月 15日
121	30. 7 丙申	會寧行城	石築 12,622尺 削土 17,812尺 設柵　800尺	咸吉道民　11,750名	自 8月 15日 至 9月 15日
		甲山池港浦行城	石築　3,046尺 削土　250尺	甲山・三水民　1,000名	自 8月 5日 至 8月 26日
		慶源邑城放築	石築　5,100尺	慶源府民　1,650名	自 8月 15日, 至 9月 28日
		慶興邑城改築	石築　4,905尺	慶興・穩城民 1,400名	自 8月15日 至 9月28日
123	31. 正 甲申	理山行城	石築　7,478尺 削土 11,660尺 設柵　400尺	平安道民 12,987名	自 2月 10日 至 3月 6日
127	32. 閏 正辛酉	義州邑城 退・修築	2,786尺	平安道民　6,570名	30日공사하고 정지
		義州行城	6,720尺		

　세종대의 양계지역에 대한 행성 축조는 위의 <표 2-3-2>에서 알 수 있는 바와 같이 그후에도 세종 말년까지 계속되었다. 그러나 세종 31년(1449) 8月 명나라 英宗이 오이라트의 침입에 대응하여 親征을 나갔다가 土木堡에서 오이라트군의 습격을 받아 사로잡히게 된 사건이 일어나게 되었다.[347] 이러한 중국 변경에서의 소요는

조선에도 침입에 대한 우려가 높아지게 되었고, 여러 영향을 미치게 되었다. 당시 조선은 明과 긴밀한 관계를 유지하며 급히 말 5천 필을 중국에 보내는 등 明에 대해 적극 戰力支援을 하게 되었다.348) 이는 말할 것도 없이 명이 무너지게 되면 조선의 안전에도 큰 영향을 받을 수 있기 때문이다. 이는 金宗瑞가 "예로부터 중국에 변란이 있으면 그 害가 마침내 우리 나라에까지 미치게 되므로, 백성을 보전할 바와 적을 방어할 준비를 게을리 할 수 없다"고 한 것에서도 잘 나타나고 있다.349)

한편 방비체제의 재정비에 대한 논의도 속속 제기되었다. 集賢殿 副校理 梁誠之는,

또 行城이란 것은 작은 적[小敵]을 방비하기 위한 것인데, 만일 大敵이 길을 나누어 돌입한다면 어디에 행성이 있으며, 또 어디에 口子가 있겠습니까. 大敵을 만나기 전에 작은 적을 방비하기 위하여 먼저 피로하게 함이 옳겠습니까. 지금 행성을 중하게 여기고 주진의 城을 가벼이 여기는데, 만약 행성은 쌓기 쉬우니 행성에 의지할만하다고 하다가, 만일에 狄兵이 행성을 넘어 들어오고, 內地에 견고한 城이 없으면 우리 나라의 百萬의 생명이 장차 어찌 되겠습니까.350)

라고 하여 행성 중시책을 비판하며, 大敵에 대비하여 內地의 성을 오히려 중시해야 한다고 주장하였다. 또한 도로가 평탄하여 침입 우려가 가장 높은 의주 일대에 대한 방비가 강화되어 의주읍성과 그 주변의 행성을 쌓도록 하였다.351)

---

347) 張習孔・田珏 主編, 1987,『中國歷史大事編年』, (北京 : 北京出版社).
348)『世宗實錄』卷127, 世宗 32年 1月 壬寅.
349)『世宗實錄』卷127, 世宗 32年 1月 甲午.
350)『世宗實錄』卷127, 世宗 32年 1月 辛卯.
351)『世宗實錄』卷127, 世宗 32年 1月 甲午.

　이후에도 臺諫 등에 의한 행성 축조 정지 건의는 계속되었으나 세종은 임종때까지 이를 추진하였고, 문종대에도 역시 대간들로부터 많은 정지 건의가 있었지만 이는 허락되지 않았다.[352] 그러나 중국 변경에서의 계속적인 소요로 말미암아 군사징발, 읍성의 정비 등 시급히 조치해야 할 일이 많았기 때문에 행성 축조공사는 순조롭지 못하였다. 이러한 사정은 성종대에까지 계속되었다.

　한편 문종대에는 황해도 지역에 대한 행성의 설치가 추진되었다. 이는 앞서 말한 바와 같이 오이라트(瓦刺)의 급성장에 따른 전쟁위기감이 고조되었기 때문이다. 황해도는 적이 침입하는 初面地는 아니었으나 평안도를 통과하여 지나 오는 곳이므로 要路마다 關防施設을 할 필요가 있었고, 또 고려가 이른바 岊嶺柵을 重關으로 삼았으나 北方에서 침입이 있을 때마다 제대로 지켜 본 바 없었기 때문에 황해도의 관방시설에 대한 계획은 평안도의 그것에 뒤지지 않을 만큼 철저히 하고자 하였다.[353] 문종은 원년 1월 황해도의 요로가 되는 곳에 小堡, 혹은 行城을 설치하도록 하고 이에 대한 조사를 지시하였다.[354] 이어 도체찰사 鄭苯의 보고에 따라 황해도 谷山 이하 遂安·瑞興·鳳山·黃州 등의 행성을 쌓을 만한 곳 70여리를, 遂安郡事로 하여금 僉節制使를 겸하게 하여 遂安 이상의 행성과 小堡를 규찰하도록 하고, 棘城節制使로 黃州牧使를 겸하도록 하여 瑞興 이하의 행성과 小堡를 규찰하도록 하였다.[355]

　또한 鄭苯은 그해 5월 황해도에서 關防을 설치하여야 할 곳에 대하여 상세히 보고하였는데,[356] 성을 쌓아야 할 곳이 布帛尺으로

총 58,295척 小堡를 설치해야 할 곳이 9개소, 關城을 두어야 할 곳이 67개처로 파악되었다.[357] 이 계획은 우선 가을에 要害處를 축조하고 年事의 풍흉을 보아 점차로 쌓도록 하였는데, 이에 대한 완성기록이 없는 점으로 보아 이 황해도의 행성을 포함한 관방시설 구축은 완비되지 못한 것으로 생각된다.[358]

특히 성곽 수축에 매우 적극적이었던 문종이 곧 서거하고, 또 이 계획을 주관하였던 鄭苯을 비롯하여 皇甫仁, 金宗瑞 등 축성에 적극적이었던 인물들이 모두 수양대군의 癸酉靖難으로 죽임을 당함으로써 황해도에 대한 행성 등의 관방시설 구축 문제는 진전을 보지 못하였다.

3. 성종대 이후의 행성 축조

한편, 성종대에 들어서도 양계지역의 행성축조는 사실상 중단상태가 계속되었다. 다만 성종 3년 병조의 건의에 따라 영안북도의 행성이 없는 곳에 대하여 절도사가 길성 이북의 여러 고을을 총괄하여 대개 세 고을을 한 運으로 삼아, 매년 농한기에 민호수와 공사량을 헤아려 해마다 運을 돌려가며 役事하여 점차적으로 쌓고 그 尺數를 조정에 보고할 것을 지시하였다.[359] 또한 성종 5년에는

---

356)『文宗實錄』卷7, 文宗 元年 5月 壬寅.
357) 車勇杰,「朝鮮前期 關防施設 整備過程」참조.
358)『文宗實錄』은 卷11(文宗 元年 12月~2年 1月)이 缺本되어 있기 때문에 이 黃海道 關防에 관한 記事가 이 缺本된 속에 있을지는 알 수 없으나 "점차로 쌓도록" 한 것을 감안하면 관방시설 계획이 있은 그 해에 모두 完了되지 못하였다고 보는 것이 타당하다. 다만 要害處에 대한 施設은 그 해 가을에 設備하도록 하였기 때문에 築造되었으리라 여겨진다.

북방에서 兀狄哈과 兀良哈의 갈등이 심화되면서 이에 대한 방비 태세를 강화하게 되어 洪貴達을 永安道敬差官으로 보내 두만강 연변의 장성 가운데 아직 쌓지 못한 곳을 측량하고, 이를 각 고을에 분배하여 매년 점차로 쌓도록 하고 있으나[360] 그러나 이러한 지시에 따라 어느 정도의 행성이 축조되었는지는 알 수 없다.

그후 성종 6년 야인들이 서북지역에 침입하자, 이에 대한 대책을 숙의하면서도 사실상 적절한 대안이 없었다. 이에 성종은 成均館 酌獻禮 행사에 나가 儒生들에게 행성을 축조하려 하면 民力이 먼저 소모되고, 쌓지 않게 되면 賊變이 끝이지 않으니 어찌하면 좋겠는지 하는 科擧 試驗의 策文 제목을 내기도 하는 등 행성 축조에 관심을 가지고 있었으나[361] 그 폐단을 무시할 수 없었기 때문에 추진하지 못하다가, 성종 9년에 永安道[362] 穩城과 柔遠鎭 부근에 행성을 쌓았으며,[363] 성종 11년에는 역시 永安道 高嶺鎭 행성을 축조하였다.[364] 이와 같은 것은 성종 3년에 있었던 병조의 지시가 시행된 것으로 보인다.

그런데 성종 12년(1481)에 와서 명나라에서 開州 등지에 鎭의 설치를 계속 확대하면서 다시 장성의 수축을 서두르게 되었다. 이 당

---

359)『成宗實錄』卷19, 成宗 3年 6月 乙酉.
360)『成宗實錄』卷48, 成宗 5年 10月 壬寅.
361)『成宗實錄』卷53, 成宗 6年 3月 甲寅.
362) 李施愛亂으로 인하여 吉州와 咸興의 官號가 降等되면서 성종 1년 (1470) 永興을 府로 승격시켜 界首官으로 삼고 道의 명칭을 永興과 安邊에서 首字를 취하여 永安道로 개칭하였다가 연산군 4년(1498) 永興은 大都護府로 만들고, 道 명칭은 다시 咸鏡道도 고침.
363)『成宗實錄』卷89, 成宗 9年 2月 壬戌. 穩城의 행성은 所要項에서 浦項까지 43,808尺, 높이는 9尺이었으며, 柔遠鎭의 행성은 소요항에서 汁浦까지 8,522尺이고, 높이는 6尺이었다.
364)『成宗實錄』卷122, 成宗 11年 10月 甲戌. 高嶺鎭 行城은 높이가 10尺이고, 길이가 8,805尺이었다.

시의 장성 수축의 목적은 물론 중국이 우리 변경 가까이에 鎭堡를 설치하게 되면 자연히 여진인들과 갈등이 야기될 것은 예견되는 일이었고, 그 와중에 조선이 야인들의 侵寇를 받을 수 있기 때문이다.[365] 그러나 다른 한편으로는 我國人이 중국에 投化하는 것을 막기 위한 것이었다.[366]

논의 끝에 성종 12년 6월 領中樞府事 李克培를 평안도 체찰사로 삼아 의주읍성에서부터 장성까지 이르는 구역의 성벽을 축조하도록 하였다. 당시 축조하여야 할 성벽의 길이는 周尺으로 25,380尺이었는데, 당시 체찰사는 평안북도의 인민만을 사역시킬 경우 13년이나 걸리니 불가하다고 하여 황해도와 평안남도의 군인을 아울러 동원할 것을 건의하였으나, 한명회 등 대신들이 소요할 것이 우려된다 하여 本道 군인만을 징발하여 축조하도록 하였다.[367] 그 동안 행성의 축조에 지나치게 많은 인력이 동원되기 때문에 어렵게 여겼으나 이 시기에 와서는 중국이 조선 변경 가까이에 鎭·堡를 설치하게 되자 조선에서도 더 이상 행성의 완성을 미룰수가 없었던 것이다. 그러나 이미 13년씩이나 걸릴 것을 그대로 시행하도록 하고, 또 본도의 煙戶軍·步兵과 當領水軍만을 부려서 수년 동안 해마다 농한기에 돌을 많이 주워 놓은 뒤에 수축을 시작하도록 한 것을 보면 시급히 축조하려는 의지는 결여되었던 것을 알 수 있으며, 그마저도 곧 정지되었다.[368]

그후 이 문제는 南原君 梁誠之에 의해 다시 거론되었다. 그는 明의 開州에 대한 衛 설치 문제를 거론하며 番을 서고 있는 正兵과 동원되고 있는 水軍에게 식량을 지급하여 압록강변 일대에 行

---

365) 『成宗實錄』 卷130, 成宗 12年 6月 壬子.
366) 『成宗實錄』 卷128, 成宗 12年 4月 甲子.
367) 『成宗實錄』 卷130, 成宗 12年 6月 甲寅.
368) 위와 같음.

城을 쌓게 할 것을 건의하였다.369) 또 그로부터 2년여가 지난 성종 14년 彦陽君 金瓘에 의하여 중국의 山海關 例에 의하여 의주 연변에 장성을 쌓아 遼東과의 무단통행을 엄금하자는 건의가 있자, 領敦寧 이상의 신하들에게 이 문제를 의논하게 하였다. 鄭昌孫을 비롯한 韓明澮·洪應·尹弼商·盧思愼 등이 논의에 참여하였는데, 대체로 그 필요성에는 인식을 같이 하였으나 人的·物的 상황이 그다지 좋지 않아 시급한 추진은 어렵겠다는 의견이었고, 특히 盧思愼의 경우에는 의주읍성을 일단 튼튼히 개축한 연후에 행성을 축조해야 한다는 의견을 주장하였다.370) 그러나 이러한 논의는 쉽게 결론을 내리지 못하였다.

이러한 가운데 성종 16년(1485) 司憲府 掌令 李誼는 양곡 저축을 충분히 한 연후에 이를 바탕으로 다른 道의 丁夫를 동원하여 축조할 것을 주장하였다. 특히 義州의 威化·鳥沒·黔同 세 섬은 땅이 비옥하여 곡식을 생산할 수 있는 곳이 많은데, 근래에 오랑캐의 침략 때문에 경작하지 않은 지가 오래 되었으니, 이곳을 屯田으로 만들어 貯穀하고 京外에서 贖錢으로 징수하거나 몰수된 贓物, 商賈와 魚箭 등의 稅는 모두 의주로 옮겨 보낼 것을 제안하기도 하였다.371) 이와 같은 것은 축성 역사를 하게 되면 役夫에게 줄 많은 양식이 필요한 것은 물론, 이들이 自家로 돌아갈 때에도 양식을 손쉽게 구할 수 있도록 조치하여야 했기 때문이다.

그 이듬해인 성종 17년(1486) 1월 초에 조정에서는 평안도 관찰사 朴楗에게 유시하여 아직 축조하지 못한 의주에서 麟山까지의 행성 공사를 할 것이니 백성들을 잘 위무하도록 하였으며,372) 그

---

369)『成宗實錄』卷134, 成宗 12年 10月 戊午.
370)『成宗實錄』卷161, 成宗 14年 12月 辛未.
371)『成宗實錄』卷184, 成宗 16年 10月 壬寅.
372)『成宗實錄』卷187, 成宗 17年 1月 己酉.

다음달에는 평안도 의주 九龍淵의 행성 10,617척이 축조되었다.[373] 그 이후에도 부분적인 행성 축조가 있었고,[374] 성종 19년(1488)에 는 築城巡察使 洪應을 평안도에 보내 의주행성축조 문제에 대해 검토할 것을 지시하게 되었다. 당시 성종은,

> 의주는 敵의 침입을 받는 初面이니, 예로부터 큰 도적은 반드시 의주를 거쳐 들어왔다. 또 중국 조정에서 鳳凰山에 城을 쌓고 이미 1千戶를 이사시켜 살게 하고 또 장차 4천 호를 移住시킨다 하니, 중국 조정에서 어찌 우리나라를 위하여 성을 쌓겠는가? 우리 백성들의 저곳으로 投入하는 자는 사세로 보아 장차 이루 금할 수 없을 것이다. 長城을 쌓아 關門을 만들어서 하나는 투입하는 길을 금하고 하나는 要害의 땅에 의지하게 한다면, 이는 실로 萬世의 계책이다.[375]

라고 하여 의주행성은 明의 遼東地域 개척으로 인한 조선인의 이탈을 막고, 주행성 축조의 필요성을 강조하고 있다. 이에 대해 洪應은,

> 강변의 축성할 곳이 40리 가량 되는데 전일에 이미 10리쯤 쌓았고, 지금 전일의 역사를 계속하여 30리를 다 쌓으면 功役을 마칠 것입니다. 평안도 안의 방어가 긴급치 아니한 모든 고을과 황해도의 初面에 연접한 모든 고을을 3運으로 나누고 城基의 尺數를 헤아려서, 큰 고을은 1천尺, 중간 고을은 5, 6백척, 작은 고을은 2, 3백척으로 나누어 정하고, 얼음이 얼기 전에 강을 건너가서 성의 臺石을 캐내게 하고 얼음이 언 후에 운송해 와서 역사에 나가게 하는 것이 어떠하겠습니까?[376]

---

373) 『成宗實錄』 卷188, 成宗 17年 2月 乙巳.

374) 성종 17년(1486) 9월 永安道 姑林煙臺 아래에 1,225尺, 失號里洞口 1,400 尺, 徐加洞 406尺, 鎭 앞의 서쪽 모퉁이에 482尺, 都魏洞 345尺, 無其洞 365尺, 和倉洞口 263尺, 冷井洞 83尺, 휴류천 동구 228尺을 축조하였고, 성종 18년 10월에는 역시 永安道 美鐵鎭城 烟臺로부터 東水口까지 8,345尺의 장성과 기타 堡城을 축조하였다(『成宗實錄』 卷195, 成宗 17 年 9月 辛未 ; 『成宗實錄』 卷208, 成宗 18年 10月 甲午 참조).

375) 『成宗實錄』 卷219, 成宗 19年 8月 己未.

라고 의주 행성 축조계획을 보고하고 있다. 이에 대해 성종은 큰 일을 이루고자 하는 것이니 작은 폐단을 돌아보지 말고 독단하여 처리할 것을 지시하고 있다.[377] 이후 의주행성 축조가 계속 추진되었을 것으로 생각되나 축성에 관한 자세한 기록이 나타나지 않아 어느 정도의 진척을 보였는지는 알 수 없다.

그후 성종 20년(1489)에 와서도 평안도에 當番 正兵과 當領 船軍과 아울러 民戶 2隊를 교대로 役事시켜 행성을 축조하였는데, 洪應과 李鐵堅에게 흉년이 들어 면포 값이 쌀 3, 4말이라고 하여 일단 役事를 정지할 것을 지시하고 있는 점으로 본다면 공사를 시작하다가 정지하였던 것으로 생각된다.[378]

성종 21년(1490) 10월에 와서 성종은 재상들에게 모여서 의주장성의 축조에 관하여 논의하도록 하였다. 특히 城基를 결정하는 문제에 대하여 의논하도록 하였는데, 이는 옛 성터를 따라서 쌓게 되면 功役은 줄지만 良田이 행성 밖에 있게 될 것이며, 만약 江을 따라 쌓는다면 土地에 습기가 많아 돌을 주울 곳이 없게 되는 문제가 있었다.[379] 이에 대해 沈澮·尹弼商·盧思愼 등은

長城을 義州 이상부터는 모두 江을 따라 쌓되, 의주로부터 麟山까지는 옛 城의 남은 터가 있는데, 옛사람이 익숙하게 헤아려 쌓았을 것이며, 더욱이 장성의 밖은 모두 모래가 많이 섞인 토지이고, 또 浸水될 걱정이 있으므로, 옛 성터를 따라 쌓는 것이 편하겠습니다. 성밖의 전지는 압록강 안쪽으로 있으므로, 오히려 충분히 경작할 만하니, 버리는 것은 옳지 못합니다.[380]

---

376) 위와 같음.
377) 위와 같음.
378) 『成宗實錄』 卷234 成宗 20年 11月 壬戌.
379) 『成宗實錄』 卷246, 成宗 21年 10月 癸亥.
380) 위와 같음.

라고 하였고, 李克墩은 강을 따라 쌓게 되면 이미 개간한 良田과
農幕 및 麟山鎭으로 통하는 直路가 모두 성내에 있게 되어 유리하
나 이곳이 모두 잔모래로 되어 있고 진흙땅이 없으며 돌을 주울 곳
도 없어서 功役이 어려우니 일단 옛터를 따라서 축조하고 점차적
으로 강을 따라서 쌓는 것이 좋겠다고 하였다.[381] 또 呂自新은 장
성을 축조하는 목적은 오로지 田地와 農民을 위한 것이니, 비록 습
기가 많은 땅이라 하더라도 점차 강을 따라 쌓는 것이 좋겠다고 하
였는데, 성종은 옛터를 따라 쌓도록 하였다.

　의주의 축성공사는 그해 말에 추진되었으나 12월에 평안도 관찰
사가 야인들의 동태가 심상치 않은데, 지금 성을 쌓느라고 여러 고
을의 수령과 군사가 의주에 모두 모여있어 방어가 소홀하니 일단
공사를 중지하고 방어조치에 전념할 것을 건의하였다. 이에 조정에
서는 축성역사의 계속여부를 논의하게 되었는 바, 야인들이 滿浦에
서 살해 당한 일로 저들이 반드시 보복할 것이니 방어에 전념하지
않을 수 없고, 또 正朝使·管押使 두 使臣이 돌아 올 때에 노략질을
당할 것이 우려되니 湯站 以東地域에는 마땅히 군사를 더 보내서
맞이해 오도록 해야 한다는 成俊의 말에 따라 축성공사를 중지하도
록 하였다.[382] 築城巡察使 洪應은 戊申年부터 지금까지 돌을 모아
두어 지금 만약 성을 쌓지 않으면 반드시 모두 흩어져 없어질 것이
니 황해도의 彭排·隊卒과 本道의 煙戶軍, 그리고 當領水軍으로 계
속 역사시키게 할 것을 건의하였으나 받아들여지지 않았다.[383]

　한편 성종대의 행성축조에 있어서 특기할 만한 점은 벽돌을 이
용한 축성이 시도되었다는 점이다. 성종 21년 正朝使로 北京에 다

---

381) 위와 같음.
382)『成宗實錄』卷248, 成宗 21年 12月 庚戌.
383)『成宗實錄』卷248, 成宗 21年 12月 乙卯.

녀 온 特進官 尹孝孫은 의주일대의 행성을 명나라의 長城처럼 벽돌을 이용하여 쌓을 것을 건의하여[384] 벽돌을 제조하는 등 진전이 있었으나 석축성과 비교한 功役의 多寡問題가 제기되어 벽돌을 이용한 축성은 일반화되지 못하였다.[385] 벽돌을 사용한 축성법은 이미 이전에 義州·穩城·鍾城邑城과 開城府 內城에 적용된 바 있지만 행성축조에 벽돌 사용이 추진된 것은 이 때가 처음이다.

燕山君代에 와서도 즉위초부터 행성의 필요성이 제기되었다. 연산군 원년(1495) 忠淸道 都事 金馹孫은 時局에 관한 건의문 26조목을 올린 가운데 장성을 쌓아 關門을 설치할 것을 주장하였고,[386] 이듬해에는 義州牧使 黃衡이 의주읍성의 改築과 부근의 장성의 수축을 건의하였다.[387] 또한 대신들도 이 문제에 대하여 찬동하였으나 일부 반대의견도 제기되어 쉽게 추진되지는 못하였고,[388] 또 연산군 생모인 廢妃 尹氏의 사당을 세우는 문제로 조정이 시끄러워지고, 연산군 4년에는 戊午史禍가 일어나는 등 정치적 불안정의 연속으로 장성 축조문제는 미루어지게 되었다.

그러다가 연산군 5년(1499) 서북지역에서 야인의 침구가 잇따르자 다시 李季소·權健·柳濱 등에 의해 장성 축조에 대한 건의가 제기되었다.[389] 또한 兵曹에서도 예전의 장성터를 수축하게 되면 功役은 크지 않으나 장성을 쌓는대로 해당 고을이 이익을 보게 되니 점차적으로 수축할 것을 건의하였다.[390] 이에 대해 연산군은 이

---

384) 『成宗實錄』 卷239, 成宗 21年 4月 乙未.
385) 『成宗實錄』 卷280, 成宗 24年 7月 戊申·己酉.
386) 『燕山君日記』 卷5, 燕山君 元年 5月 庚戌.
387) 『燕山君日記』 卷18, 燕山君 2年 10月 丁酉.
388) 『燕山君日記』 卷18, 燕山君 2年 10月 癸卯 ; 『燕山君日記』 卷20, 燕山君 2年 12月 甲申.
389) 『燕山君日記』 卷36, 燕山君 6年 1月 甲子.
390) 『燕山君日記』 卷36, 燕山君 6年 1月 乙亥.

문제는 매우 중대한 것이니 收議하겠다고 하며, 평안도 警邊使 李克均과 함경북도 절도사 曹淑沂·함경남도 절도사 權仲愷로 하여금 도내 沿邊 各鎭, 各堡 방어처의 지형도를 작성하고, 그 里數 및 원래 있는 軍丁과 糧穀數를 함께 자세하게 조사하여 보고하도록 하였다.391) 이와 같은 지시는 장성 수축을 위한 기본계획의 수립을 위한 것으로 보인다.

특히 연산군 시대에는 압록강변 閭延의 楸坡에서 의주 남쪽 麟山까지의 장성수축을 추진하게 되었는데, 연산군 6년 2月에는 警邊使로 평안도에 파견된 李克均에게 장성을 쌓는데 소요되는 인원과 수축해야 할 尺數를 측량하여 오도록 하였다.392) 이 장성수축계획에 대해 臺諫들의 반대는 그 전례를 찾아 볼 수 없을 만큼 계속되었다.393) 연산군 6년 7月 대간들이 합사하여 올린 箚子의 내용을 보면, ① 楸坡~麟山까지의 장성을 수축하려면 役丁이 총 20여만명이 필요한데, 이는 5道의 백성을 동원하더라도 인원을 채울 수 없다는 것, ② 年事를 살펴 햇곡식으로 양식을 마련하여 役事處로 가게되면 9월에 출발하더라도 먼곳의 役丁은 40~50일이 지나서야 도착하게 되니 이미 눈이 내려 사역이 불가하다는 것, ③ 田賦로 내는 軍士는 모두 고용살이 하는 私隸인데, 이들이 과중한 역사를 기피하여 절반이 도망해 갈 것이며, ④ 축성의 고통으로 사망자가 잇따라 발생하여 민력이 먼저 쇠잔해지고 人和를 잃게 되어 金城湯池라도 지킬 사람이 없다는 것, ⑤ 田結로 役丁을 차출하는데,

---

391) 위와 같음.

392)『燕山君日記』卷36, 燕山君 6年 2月 丙申.

393) 燕山君 6年 6月 持平 曹浩의 反論에 이어 6月과 7月에 10여차례 이상의 축성반대론이 개진되었으나 燕山君은 이를 허락하지 않았고, 그해 7月 13日 議政府와 六曹·漢城府의 堂上官으로 하여금 의논하도록 하여 韓致亨 등의 의견을 따라 장성축조를 결정하였다.

전례대로 8結에 장정 1명을 내게 되면 과중하고, 장정수를 줄이면 役事의 완료를 기약할 수 없다는 것 등의 폐단이 지적되었다.[394]

그러나 韓致亨·成俊·李克均·李季仝·權健 등 대부분의 大臣들은 속히 장성을 수축하여야 한다는 것에 찬동하였으므로 원칙적으로 장성수축을 추진할 것을 결정하였다. 그러나 그 추진에 있어서 명확한 지시가 없었고, 또 시행에 대한 자료가 보이지 않으며, 또 중종 4년 司僕寺副正 李軾이 "평안도 장성의 基地를 이미 정하고 아직 쌓지 않은 것은 民力이 피곤함을 염려하기 때문"[395]이라고 하는 것으로 볼 때, 연산군 시대에는 장성수축에 대한 논의는 많았지만 그 진전은 거의 보지 못하였다. 이는 지리한 찬반론의 연속으로 정책결정이 지연되고, 또 연산군 10년(1504)에는 甲子士禍가 일어나 李克均을 비롯하여 成俊 등 장성 수축을 주도한 인물들이 모두 士禍에 연루되어 유배, 혹은 賜死됨으로써 장성 수축 정책은 더 이상 추진되지 못하였던 것이다.

중종조에 와서도 장성 수축에 대한 건의가 있었으나 그 실행은 이루어지지 않았고,[396] 명종조에 와서는 領經筵事 尙震은 騎馬軍이 突入하는 것을 막기 위해서 장성이 필요하다고 역설하고 각 고을 守令·僉使·萬戶에게 군인의 수효에 따라 구간을 배정하여 축성을 감독하게 하고 價布를 많이 보내 비용에 보태도록 하고, 水軍의 番價도 自願에 따라 바치도록 하여 그것으로 인력을 고용하여 쌓도록 하는 방안을 제기하기도 하였다.[397] 이러한 고용에 의한 축성을 제의하게 된 것은 役事를 시행하고자 하여도 各鎭의 군졸 수효가 적어서 쉽게 축성공사를 성취하기 어려웠기 때문이다. 이

---

394)『燕山君日記』卷38, 燕山君 6年 7月 癸亥.
395)『中宗實錄』卷7, 中宗 4年 1月 甲辰.
396)『中宗實錄』卷7, 中宗 4年 1月 甲辰.
397)『明宗實錄』卷10, 明宗 5年 2月 丙辰.

와 같은 고용인력을 통한 축성의 시도는 이전에는 볼 수 없었던 것
으로 사회의 변화를 반영하는 一面이라고 할 수 있다. 장성 수축은
중종·명종·선조대에도 논의만 있었을 뿐 많은 인적·물적 자원
이 소요되는 대규모 役事였기 때문에 이의 실현은 보지 못하였다.

4. 明의 東八站 지역 점거와
행성 축조 문제

14세기 후반에서 15세기 초에 이르는 시기의 동북아 지역은 일
대 혼란·전환기였다. 이 때문에 우리나라에서 중국으로 가는 使
臣路程은 순탄치 못하였으며, 특히 육로 왕래에 있어서 女眞의 존
재는 늘 使行의 안전을 위협하고 있었다. 그러한 가운데 조선의 對
女眞關係가 악화되면서 문제는 더욱 심각해 지게 되었고, 마침내
조선에서는 명나라 측에 使行路 변경요청을 하게 되는데 이를 계
기로 명은 과거 조선과 명 사이의 공한지로 남아 있던 東八站 地
域 가운데 連山關 以東지대까지 점차 점거하게 되었다. 명나라는
1371년 遼陽에 定遼都衛指揮使司를 둠으로써 遼東지역 확보를 일
단 마무리하였으나 이는 바로 조선과 명이 압록강을 경계로 국경
을 맞댄다는 의미는 아니었다. 명은 遼東 동쪽으로 조선에서 약
290여리 떨어진 連山關에 把守를 설치하여 지키게 하였고, 以東
지역은 空地, 즉 일종의 국경 완충지대로 남게 되었다. 그러나 점
차 명의 동북지역에 대한 衛所 설치가 확대되면서 완충지대였던
連山關 以東의 東八站 지역도 명에 의해 점거되게 되었다. 이 과
정에서 조선은 명의 東占에 대해 매우 警戒하는 자세를 보였으며,
외교적인 경로를 통하여 저지하고자 하기도 하였다.

물론 조선은 明의 東占을 저지하지 못하였지만 이 과정에서 連山關 以東의 동팔참지역에 대한 조선의 '空閑地'인식은 당시의 국경인식에 대해 중요한 의미를 가지는 문제이다. 또한 明의 連山關 以東지역 점거와 축성은 조선의 국방상 문제 뿐만 아니라 我國人의 離脫이라고 하는 새로운 사회문제를 야기시키게 되며, 이는 결국 조선에서 국경에 대한 단속의 강화와 함께 성종대에 대대적인 행성축조사업을 시행하게 되는 계기가 되었다.

종래의 연구에서 이러한 문제를 직접 다룬 논고는 없으며, 대명관계 論考들은 대체로 정치외교나 무역문제 등이 주요 관심사였다.398) 또한 軍事史(특히 築城史) 측면에서도 軍事에 미치는 대외

---

398) 고려말 조선전기 주요 對明關係 論考는 다음과 같다.
　　崔韶子, 1975,「胡亂과 朝鮮의 對明·淸關係의 變質－事大·交隣의 問題를 中心으로－」『梨大史苑』第12輯, 이화여대 사학회.
　　高錫元, 1977,「麗末鮮初의 對明外交」『白山學報』제23호, 백산학회.
　　朴南勳, 1982,「朝鮮初期의 對明貿易의 實際」『關東史學』, 제1집, 관동대 역사교육과.
　　李鉉淙, 1982,「對明貿易」『韓國史論』11. 朝鮮前期의 商工業, 국사편찬위원회.
　　張學根, 1984,「鮮初 對明關係와 主權意識－對外戰爭을 中心으로－」『學術論叢』제8집 4, 단국대 대학원연구회.
　　孫承喆, 1988,「朝鮮朝 事大交隣政策의 成立과 그 性格; 朝鮮朝 對外政策史 硏究試論」『溪村閔丙河敎授停年紀念 史學論叢』계촌민병하교수정년기념사학논총간행위원회.
　　曺永祿, 1990,「鮮初의 朝鮮出身 明使考; 成宗朝의 對明交涉과 明使 鄭同」『국사관논총』14, 국사편찬위원회.
　　金九鎭, 1990,「朝鮮 前期 韓·中關係史의 試論－朝鮮과 明의 使行과 그 性格에 대하여－」『弘益史學』4, 홍익대학교 사학회.
　　安貞姬, 1997,「朝鮮初期의 事大論」『歷史敎育』第64輯, 歷史敎育硏究會.
　　金松姬, 1998,「조선초기 對明外交에 대한 一硏究－對明使臣과 明使臣 迎接官의 성격을 중심으로－」『史學硏究』55·56合集, 韓國史學會.

관계 요인으로 주로 왜구나 여진만이 고려되었을 뿐 대명관계는 그다지 주목받지 못하였다.[399]

성종대에 이르러 행성축조사업이 재개되는 과정을 이해하기 위해서는 그 이전의 朝·明關係, 특히 對明使臣路 변경문제에 대한 이해가 필요하다.

1) 조선초기 對明使臣路 변경문제

고려·원나라의 외교관계가 성립된 이래 중국을 왕래하는 육로는 주로 압록강을 건너 이른바 동팔참 지역을 경유하였다. 東八站이란 우리나라 義州에서 遼東都司가 있었던 遼陽까지의 노상에 설치되어 있는 8개의 站을 지칭하는 것으로, 고려시대 원나라의 遼陽行省을 왕래할 때에 붙여진 명칭으로 추정되는데, 八站의 위치와 명칭이 계속 변화했기 때문에 당초 元代의 東八站이 어느 곳을 지칭하는 지는 분명치 않다.

그런데 고려말 동팔참 지역은 대개 女眞人이 장악하였으므로 원·명교체기에는 이 지역을 통하여 중국으로 왕래하기 어려웠다. 이에 고려에서는 海路를 통해 중국을 왕래하였는데, 海路는 女眞

金順子, 1999,『麗末鮮初 對元·對明關係 研究』延世大 博士學位論文.
南義鉉, 1998,「明代 遼東政策과 對外關係」『江原史學』15·16합집, 강원대학교 사학회.

399) 이와 관련된 주요 논문으로는 宋炳基, 1967,「世宗朝 兩界行城 築造에 對하여」『史學研究』18, 韓國史學會 ; 車勇杰, 1981,「朝鮮前期 關防施設 整備過程」『韓國史論』7, 國史編纂委員會 ; 차문섭, 1998,「세종대의 국방과 외교」『세종학연구』12·13, 세종대왕기념사업회 ; 柳在春, 1998,「朝鮮前期 行城築造에 관하여」『江原史學』13·14합집, 강원대학교 사학회 등이 있음.

族이나 元의 잔여 세력들로부터는 안전하였지만 항상 풍랑의 위험이 있어서 1372년에는 홍사범·정몽주 등의 일행이 중국으로 가다가 풍랑을 만나 39명이나 익사하는 큰 사고가 발생하기도 하였다.400) 이에 명 태조는 "고려에서 貢物을 보내는 일이 너무 잦기 때문에 인민이 피폐하여 지고, 바다를 건너오므로 난파와 익사를 걱정하게 된다"라고 하여 옛 제후의 禮를 따라 3년마다 한번씩 朝聘하도록 하였으나 고려에서는 계속 사신을 보냈다.401)

그러다가 1409년부터 陸路로 중국에 왕래하게 되었는데,402) 이는 북경에 근거를 가지고 있던 燕王 朱棣가 惠帝를 비롯한 정통파 계통을 누르고 즉위하여 황제(成祖 ; 永樂帝)가 됨으로써 명나라의 기반이 더욱 공고해진 결과라고 할 수 있다. 이러한 육로의 개통에 따라 조선에게 동팔참 지역은 또다시 매우 중요한 관심의 대상이 되었고 이에 대한 적절한 경영이 필요하게 되었다.403)

동팔참 지역은 명이 遼東을 장악하고 있는 상황에서도 連山關

---

400) 國史編纂委員會, 1986, 『국역 中國正史 朝鮮傳』 明史 朝鮮列傳 洪武
    5年.
401) 위와 같은책, 388·389쪽 참조.
402) 『通文館志』 제3권 事大 上 航海路程.
403) 명나라 영락제 때에 북경으로 수도를 옮긴 이후 조선의 사행로는 전
    보다 훨씬 단축되었고, 대개 동팔참로를 경유하는 육로가 거의 고정
    화되었다. 육로가 주를 이루는 15, 16세기의 對明使臣路는 크게 4개구
    간으로 나누어 볼 수 있다. 제1단계는 한양에서 의주까지의 국내행로
    이며, 제2단계는 의주에서 遼東都司가 있는 遼陽까지, 제3단계는 遼
    陽에서 山海關까지, 제4단계는 山海關에서 北京까지의 행로이다. 이
    가운데 제2단계가 대개 동팔참 지역에 해당하며, 의주를 건너 제일 먼
    저 이르는 九連城(鎭江城)을 비롯하여 湯站(湯站堡), 鳳城(鳳凰城), 松
    站(鎭東堡), 通遠堡(鎭夷堡), 連山關, 恬水站, 狼子山(狼子山站) 등 8개
    참을 지나 遼陽으로 들어가게 되는데 그 거리가 약 380여리 였다(金
    九鎭, 1990, 「朝鮮 前期 韓·中關係史의 試論－朝鮮과 明의 使行과
    그 性格에 대하여－」『弘益史學』 4, 16~22쪽 참조).

以東지역은 통치력이 미치지 못하였다. 명나라는 여진지역 통할을 위해 1409년(明 永樂帝 7) 송화강과 흑룡강이 합류하는 奴兒干 지역에 奴兒干都司를 설치하였다.[404] 그러나 이 지역에서 실질적인 통치력을 행사하기란 불가능하였다. 이에 따라 奴兒干都司는 유명무실해져 여진인들은 결국 명나라에 入朝나 受職을 통해 경제적 이익을 추구하거나 자신의 기반을 다지는데 그쳤다.

이러한 상황이다보니 이 지역을 왕래하는 조선의 사신들은 본국으로부터 독자의 호송군을 편성해 동행해야 했다. 더구나 이 지역은 인적이 드물고 교통로가 매우 험하여 통행에 큰 어려움이 있었기 때문에 1436년(세종 18) 12월 조선에서는 요동에 咨文을 보내 剌楡寨를 경유하는 사신행로의 변경을 요구하기에 이르렀다. 그 자문을 보면 다음과 같다.

> 通事 金玉振을 보내어 요동에 咨文을 전달하기를, "이보다 앞서 본국의 사신이 東八站의 한 길을 내왕했는데, 예전부터 산은 높고 물은 깊었으며, 물줄기 하나는 활처럼 굽었으므로 무릇 8, 9차례나 건너게 되었습니다. 여름철 장마에는 물이 창일하는데 본래부터 배가 없으며, 겨울철에는 얼음이 미끄럽고 눈이 깊어서 사람과 말이 넘어져 죽는 것이 많이 있습니다. 또 開州 龍鳳站 등은 전연 人煙이 없고 풀과 나무만 무성하고 빽빽하였는데, 근년 이후에는 사나운 범이 자주 나와서 나쁜 짓을 하므로, 왕래하는 사람과 말이 실로 고생이 많습니다. 요동이 관할하는 連山把截의 남쪽에 길 하나가 있어서, 剌楡寨把截을 경유하여 都司에 이르게 되는데, 인민이 흩어져 살고 또 산과 물의 험준함이 없으니, 이 사실을 전달하여 剌楡寨 한 길로 왕래하여 서로 응하기를 바랍니다"하였다.[405]

이에서 보면 조선측은 사행로가 험하고 인적이 없어 사행이 묵

<hr>

404) 『明太祖實錄』 권62, 太祖 7年 閏4月 乙酉.
405) 『世宗實錄』 卷75, 世宗 18年 12月 己巳.

어 갈만한 곳이 없다는 등 주로 통행의 불편을 들어 사신행로의 변경을 요청하고 있다. 그러나 이러한 사신행로 변경은 사행로의 험준함 보다는 1433년(세종 15)에 파저강 일대의 야인을 정벌함으로써 여진인과 계속 긴장관계에 있었기 때문이다.406) 특히 1437년(세종 19) 9월에는 李蕆이 다시 파저강 일대의 야인을 공격하였고,407) 여진인들도 그해 12월 3천여 騎로 벽동에 入寇하는 등 변경지역의 소요는 계속되었다.408)

그러나 明측으로부터 사행로 변경 요청에 대한 즉각적인 응답은 없었다. 이에 조선은 사행 왕래에 호송군을 증강하도록 하는 등 대비책을 마련하면서 거듭 明나라에 사행로 변경 요청을 하게 된다. 이때에 이르러서는 단순히 사행로가 험하다는 사유가 아니고 賊變의 위험성을 거론하여 변란이 잠잠해 지는 것을 期限으로 刺楡寨를 통하는 새 길을 요청하게 되었다.409) 조선에서는 1439년(세종 20) 1월 사신행로 변경을 위한 계품사를 편성해 보내게 되는데, 李滿住의 보복 위협이 있는 터라 군사들이 휴대하는 병기도 전보다 많이 갖추고, 호송군사도 禁軍중에서 건장하고 용감한 자를 가려서 충원하게 하는 등 호송에 만전을 기하였다.410)

그런데 명나라 측은 조선의 새 使行路 허가에 대해 부정적이었다. 조선에서 작성한 奏本에 나타난 명나라의 태도를 보면, 요동도사의 보고에 따라 새 길에 대해 조사해 보도록 하고는 종전의 舊路를 유지한다는 것이었다.

---

406)『世宗實錄』卷59, 世宗 15年 3月 戊辰.
407)『世宗實錄』卷78, 世宗 19年 9月 己酉.
408)『世宗實錄』卷79, 世宗 19年 12月 庚午.
409)『世宗實錄』卷79, 世宗 19年 12月 壬午.
410)『世宗實錄』卷80, 世宗 20年 正月 癸卯.

　　주본에 이르기를 … 洪武年 이래로 지금 70여 년이 되도록 사신이 왕래하는 것은 모두 이 길을 경유하였으되 아무런 구애도 없었는데, 지금 이 站과 길을 고치고자 하나 벌써 정해진 것을 새로 허가하기 어려우니, 그 부에 공문을 보내 요동 도사에게 전달하여서 조선국으로 이첩하여 전항의 길·역·참은 그전대로 왕래하는 것이 타당하다는 것을 알리도록 할 것이나, 병부에서 말한 사리에 의거하라는 성지를 받들었으므로 감히 함부로 처리하지 못한다'하였습니다. 본년 4월 초 9일에는 …411)

　이에서 보면 명나라에서 使行 新路를 허가하지 않는 이유가 분명치 않다. 다만 '사리에 의거'하라고 한데서 명나라측에서도 조선의 요구를 거절하기가 쉽지 않았던 것을 알 수 있다. 즉 다른 것도 아니고 명나라에 조공하기 위한 안전한 통행로를 허가해 달라는 '명분있는 요구'를 뚜렷한 명분도 없이 거절할 수 없었던 것이다.

　그러한 가운데서도 이만주 무리가 계속 동팔참로를 위협하게 되었다. 1439년(세종 20) 4월에는 중국 북경에 갔던 세종의 다섯째 아우가 귀국하게 되어 있었는데, 이만주 무리가 이를 알고 귀환할 때 동팔참 지역에서 습격하고자 한다는 정보가 보고되었다.412) 이에 조정에서는 즉시 평안도에 지시하여 護送軍兵을 배로 늘리도록 하는 한편, 병조참판 김효성에게 명하여 직접 서울에 있는 장사 20명과 藥匠 10명을 인솔하고 요동에 가서 호송해 오도록 하는 등 긴급 조치를 취하게 되었다.413) 또 1441년(세종 22) 정조사로 파견되었던 이명신은 요동에 도착하여 이만주가 정조사 일행이 이듬해 귀국할 때 동팔참 노상에서 습격하려 한다는 전갈을 보내왔다.414)

　이러한 속에서 명나라는 建州左衛都督 童猛哥帖木兒의 아들 童

---

411) 『世宗實錄』 卷80, 世宗 20年 1月 丙午.
412) 『世宗實錄』 卷81, 世宗 20年 4月 辛酉.
413) 『世宗實錄』 卷81, 世宗 20年 4月 辛酉.
414) 『世宗實錄』 卷91, 世宗 22年 11月 癸亥.

倉 등이 李滿住와 같이 한 곳에 거주하고자 한다는 요청에 응하여 조선에 사람을 시켜 이들을 호송하여 지경 밖으로 내보내도록 하는 등 女眞 招撫에서 조선과 경쟁관계를 계속하였으며,[415] 조선의 부당성 건의에 대해서는 그대로 옮기지 말도록 하라는 상반된 조치를 취하였다. 이는 말할 필요도 없이 여진인들로 하여금 조선에 더욱 원한을 깊게 하고 명은 그들의 환심을 사 동북지역 招撫를 보다 원활히 하고자 의도한 것이다.

한편 조선의 사행로 변경요청은 뜻대로 진전되지 못하였다. 이에 조선에서는 사신행로 변경이 조속히 이루어지지 않자 일단 요동에 자문을 보내어 요동에서 관군을 파견하여 사신왕래시 경계지역까지 호송해 줄 것을 요청하는 한편, 자체적으로도 호송군의 무기와 병력을 증강하는 조치를 취하게 된다. 이러한 가운데 세종이 돌아가고 문종이 즉위하면서 명에서 사신이 왔는데, 조선에서 宦者로 명나라에 보낸 尹鳳이 사신으로 왔으므로[416] 조선에서는 그를 통하여 사신행로 변경을 관철시키고자 하였다.[417]

윤봉은 조선측의 설명에 대해 "東八站의 聲息이 매우 긴급하니, 이 때를 당하여 새 길을 奏請하는 것이 옳겠습니다. 무릇 바람부는 데 따라 불을 피우게 되면 힘쓰기가 매우 쉬우니, 만약 聲息에 의거하여 주청하면 될 것입니다"라고 하는 등 적극적인 자세를 보였으므로 조선에서는 날마다 承旨를 보내 그를 문안하도록 하고, 의정부와 六曹에서도 또한 날마다 輪番으로 문안하게 하는 등 사행로 변경을 위해 적극적인 로비를 하였다. 그리고 사신이 돌아가는

---

415)『世宗實錄』卷79, 世宗 19年 12月 辛巳. 이 시기의 朝鮮·明·女眞의 관계에 대해서는 徐炳國, 1990,「朝鮮前期 對女眞關係史」『國史館論叢』14, 국사편찬위원회 참조.
416)『太宗實錄』卷17, 太宗 9年 5月 丁丑.
417)『文宗實錄』卷3, 文宗 卽位年 8月 乙亥.

길에 보내는 주문에 이 내용을 다시 자세히 적어 명나라에 사신행
로 변경을 요청하게 되었다.418)

　그러나 이러한 요청은 쉽게 받아들여지지 않았으며, 이에 따라
조선은 사신 호송에 많은 병력을 파견해야하는 번거로움이 계속되
고 있었다.419) 이후 世祖代에 다시 사신행로 변경을 거듭 요청하였
으나 조선의 요청은 결국 수용되지 않았다.420)

2) 明의 東八站 지역 점거와 축성

　그런데 세조대에 이르러서도 조선의 사신행로 변경요청은 받아
들여지지 않았으나 명나라 측에서는 새로운 해결책을 조선에 제시
하였다. 즉 1460년(세조 6) 謝恩使 金禮蒙이 가지고 온 칙서에 다
음과 같은 내용이 들어 있었다.

---

418) 『文宗實錄』 卷3, 文宗 即位年 8月 庚寅. "… 道路를 청하는 奏文에
　　이르기를, '照會하건대, 小邦의 朝貢 왕래는 상시 東八站 한 길만 경
　　유하게 되는데, 야인 李滿住 등이 흔단을 일으킨 이후로는, 本賊이 출
　　몰하니 阻碍하여 불편할 것을 깊이 염려하여, 遼東에서 남쪽에 가까
　　운 刺楡寨에서 길을 찾아 지나가려고 합니다. 이 일을 위하여 이미 벌
　　써 사유를 갖추어 奏達했는데도 윤허를 얻지 못했습니다. 신은 가만
　　히 생각하건대, 위의 항목의 이만주 등이 먼저 중국 조정에 귀순했을
　　때는 天子의 威光을 두려워해서 감히 해치는 행위를 거리낌 없이 하
　　지는 못했지마는, 지금은 聖恩을 저버리고서 감히 날뛰기를 거리낌
　　없이 하고 있으니, 진실로 本賊이 틈을 엿보아 갑자기 나와서 貢獻하
　　는 人馬를 빼앗고 사로잡아 묵은 원한을 풀게 된다면, 동팔참의 舊路
　　도 실상은 곧장 나가기가 어려울까 염려됩니다. 삼가 바라건대, 聖慈
　　께서 허가하시는 명령을 명백히 내려서 刺楡寨의 한 길을 개통시켜
　　왕래를 편리하게 해주시면 매우 다행하겠습니다'하였다"
419) 『世祖實錄』 卷4, 世祖 2年 5月 丁丑.
420) 『世祖實錄』 卷19, 世祖 6年 3月 丁亥.

　　謝恩使 金禮蒙이 勅書를 가지고 明나라에서 돌아왔는데, 칙서에 이르기를, "전자에 왕이 奏達하기를 '阿比車가 아비의 원수를 갚지 못하였기 때문에 東八站의 산길에 숨어서 朝貢하는 人馬를 기다리다가 가로막고 탈취하려고 하니, 剌楡寨의 한 길을 개통하여 왕래하기를 청합니다' 하였으므로, 이로 인하여 특별히 遼東鎭守와 總兵 등의 관리에게 내려서 그 가부를 의논하여 마감하게 하였더니, 이에 回奏하기를 剌楡寨 지방은 산이 험하고 나무가 빽빽하며 사는 백성들도 매우 드무니, 왕래하기에 합당하지 않습니다. 그 동팔참 지방은 길이 평탄하고 다니는데 익숙하고, 겸하여 毛憐衛 등지와도 거리가 멀리 떨어져 왕래하는 데 방애됨이 없을 것입니다. 다만 連山關 밖을 보면, 來鳳이 그 중간 정도 가는 것이니, 마땅히 城堡 한 座를 쌓아서 軍官을 보내어 지키게 하다가 왕래하는 使臣을 호송하게 하소서' 하였다. 이미 遼東都司에 명령하여 적당히 헤아려서 이를 쌓도록 하였으니, 왕의 사신이 왕래하면 防護하는 사람이 있을 것이므로 걱정할 것이 없다. 더구나 아비거는 대개 복수를 하지 못하였기 때문에 일부러 이런 말을 발설하여서 혼란시키고 있으나, 그러나 반드시 그의 근거지에서 거리가 멀어 이곳에서 오랫동안 기다리고 있을 수가 없을 것이다. 만약 갑자기 그 말을 믿고 도로를 바꾼다면 이것은 스스로 怯弱함을 보여서 오히려 저 무리들의 업신여김을 당하지 않겠는가? 왕은 옛 법규를 그대로 따르고, 혹시라도 지나치게 의심하거나 염려하여 事體에 어그러지게 하지 말라" 하였다.[421]

　　이에서 보면 명나라 입장은 여진인들의 노략 위협 때문에 갑자기 사행로를 바꾼다는 것은 스스로 겁약을 드러내는 것이므로 온당치 못하다는 것이며, 우리나라 경계와 명나라의 連山關 중간쯤 되는 來鳳에 성을 쌓고 군관을 배치하여 지키다가 사신을 호송하겠다는 것이었다. 당초 조선에서는 사신행로를 변경하는 것이 목적이었는데, 상황은 조선이 의도한 바와는 다른 방향으로 진전되게 되었다. 조선의 사행로 변경요청을 계기로 명나라가 군사적으로 동팔참 지역에 적극 진출하는 것은 조선측에서 전혀 바랬던 바

---

421) 『世祖實錄』 卷21, 世祖 6年 8月 己巳.

가 아니었다.

이러한 가운데 뜻하지 않게 여진족 浪孛兒罕의 治罪件을 둘러싸고 조선과 명은 미묘한 갈등을 보이게 되었다. 조선의 국법을 어기고 무례한 행위를 일삼은 浪孛兒罕을 처단한 것에 대해 명나라에서는 1460년(세조 6) 3월 사신 張寧과 武忠을 파견하여 명의 大官을 除授받은 浪孛兒罕을 조선이 보고도 하지 않고 임의대로 처단한 것에 대해 거세게 항의하였다.422) 명나라는 여진족을 明측으로 끌어들이기 위해 조선에 문책하는 태도를 취하면서 그의 浪孛兒罕의 가족을 遼東으로 호송하여 그의 아들 阿比車와 만나게 하도록 요청하기도 하였다. 이에 조선은 1461년(세조 7) 평안도에 온 야인 伊澄可 등이 상경하겠다고 하자 이를 저지하면서 야인들에게 명나라 측에서 조선의 서울에 왕래하는 것을 꺼린다고 하는 사유를 들었다.423) 이는 물론 명나라의 조선에 대한 경계심을424) 의식한 것도 있지만 한편으로는 야인들이 명을 원망하도록 하려는 계책이었다고 할 수 있다.

---

422) 『世祖實錄』 卷19, 世祖 6年 9月 己卯.

423) 『世祖實錄』 卷23, 世祖 7年 2月 丙戌.

424) 國史編纂委員會, 『국역 中國正史 朝鮮傳』 明史 朝鮮列傳 天順 3年, 1986. "天順三年 邊將奏 有建州三衛都督私與朝鮮結 恐爲中國患 因敕玉柔 毋作不靖 貽後悔 玉柔 疏辨 復諭曰 '宣德·正統年間 以王國 與彼互相侵掠 敕解怨息兵 初不令交通給賞授官也 彼旣受朝廷官職 王又加之 是與朝廷抗也 王素秉禮義 何爾文過飾非 後宜絶私交 以全令譽' 四年復諭玉柔 曰 '王奏毛憐衛都督郎卜兒哈通謀煽亂 已置之法 夫法止可行於國中 豈得加於鄰境 郎卜兒哈有罪 宜奏朝廷區處 今輒行殺害 何怪其子阿比車之思復讐也 聞阿比車之母尙在 宜急送遼東都司 令阿比車領回 以解讐怨 五年 建州衛野人至義州殺掠 玉柔 奏乞朝命還所掠 兵部議 朝鮮先嘗誘殺郎卜兒哈 繼又誘致都指揮兀克 縱兵掠其家屬 今野人實係復讐 宜諭朝鮮 寇盜之來皆自取 惟守分安法 庶弭邊釁 從之"

　　명나라의 동팔참 지역에 대한 군사적 점거는 앞서 언급한 바와 같이 조선의 사행로 변경요청을 계기로 본격화되었지만 전체적으로 볼 때는 명나라의 衛所制度를 통한 동북지방 점령책의 일환이었다. 그런데 이러한 明의 東占은 조선측에서 전부터 우려되던 변방민의 이탈 현상을 가속화시키는 등 심각한 문제를 야기시키게 되었다. 1466년(세조 12)에 이르러서는 대사헌 양성지에 의해 정식으로 명나라의 衛所 설치에 따른 문제가 제기되어 이에 대한 대책의 강구를 건의하게 되었다. 양성지는 그의 시무 8조에서 이르기를,

　　　　중국 조정에서 장차 開州 등지에 衛所를 세우려고 하니, 이것은 국가 門庭의 걱정입니다. 평안도의 백성들은 다만 防戍에만 시달릴 뿐 아니라 또한 중국에 入朝하는 사신의 영접과 전송을 하는 데에도 매우 시달리게 되어, 태반이 東八站과 海州·蓋州 등 여러 州에 유입하게 되므로, 한편으로는 土兵이 모두 없어지게 되고, 한편으로는 저들이 우리의 虛實을 알게 되니, 작은 일이 아닙니다. 비록 후일 우리의 이익이 된다 하더라도 또한 후일 우리에게 해가 될지 어떻게 알겠습니까?[425]

라고 하여 명이 동북지역에 대한 군사적 점거를 확대하는 것에 대해 우려를 표명하게 되었다.

　　특히 명나라는 동북지역의 확보를 점차 확대하는 과정에서 종전의 連山把截보다 훨씬 동쪽에 위치한 湯站[426] 地域에 城을 축조하

---

425) 『世祖實錄』 卷40, 世祖 12年 11月 庚午.
426) 16세기 후반 명나라에 사신으로 갔던 許篈이 기록한 『朝天記』를 보면 당시 의주에서 탕참에 이르는 길은 두 길이었다. 하나는 의주에서 검동도를 거쳐 가는 길이고, 다른 하나는 三江을 거쳐 가는 길이다. 前者는 거리가 90리이며, 후자는 60리였다. 현재 遼寧省 丹東市 서북쪽의 湯山城이라고 하는 곳이 바로 탕참보가 있던 곳이다. [『荷谷集』 朝天記(韓國文集叢刊 58, 민족문화추진회 影印),「朝鮮入明貢道考」(孫衛國, 1993, 『韓國學論文集』 第2輯, 北京大學 韓國學研究) 참조]

고 주변지역을 개척해 나가게 되는데 국경지대에 관계된 일이라 조선에서는 이에 대한 대책에 부심하게 되었다.

湯站에 堡를 축조한다는 것이 공식적으로 조선측에 전달된 것은 1474년(성종 5) 5월이다. 명나라 사신은 도승지 김승경을 통하여 조선에서 新使行路를 요청하였기 때문에 탕참에 보를 축조하고자 하니 城을 축조할 때 조선에서 양식을 제공해 달라는 요청을 하게 되었다.[427] 또한 성종이 경회루에서 명나라 사신을 초청해 연회를 베푸는 자리에서 명나라 사신은,

> "지난해에 東八站에 사신을 호송했던 人馬가 돌아오다가 野人들에게 노략질당한 사건을 중국 조정에서 알고서 나에게 묻기를, '東八站은 어떠한 길인가? 조선인은 어떻게 다니는가? 라고 하므로, 제가 回奏하기를, '東八站은 풀이 우거지고 人家가 없는 땅입니다. 조선의 人馬가 왕래할 때에 그 가는 것이 매우 어렵고, 地境이 野人 지방과 맞닿아 있기 때문에 야인들이 노략질하거나 사로잡아 갑니다' 라고 하니, 황제께서 '어떻게 하면 좋겠는가?' 라고 하시므로, 제가 아뢰기를, '그 땅에 城을 쌓고 壁을 설치하여 賊의 오는 것을 候望하여 방비하면, 조선 사람들이 왕래하는 데 편할 것입니다'하니, 황제께서 말하기를, '조선의 백성들도 또한 나의 백성들인데, 내가 어찌 돌아보고 欽恤히 여기지 않겠는가?'라고 하였습니다. 聖旨가 이와 같았으므로, 지금 城을 쌓으려고 하는 것입니다."[428]

라고 하여 조선 사신행로의 안전을 위해 湯站堡를 축조한다는 것을 누누히 강조하였다. 성종은 이에 대해 사례하는 태도를 보였으나 명 사신이 양식 보급을 요청하는데 대해서는 勅書도 없었고, 아국의 변방 사정도 있어서 곤란하다는 뜻으로 거절하였다.

이러한 명나라의 요청은 조선 사신행로의 안전을 위한다는 명분

---

427) 『成宗實錄』 卷129, 成宗 12年 5月 丙申.
428) 위와 같음.

을 가지고 이루어진 것이기 때문에 조선의 입장으로는 매우 난처한 문제였다. 더욱이 以前에 사행로 변경을 요청한 바 있었기 때문에 조선으로서는 마땅히 거절할 명목이 없었던 것이다. 성종은 일단 양식제공 문제에 대해 명나라 황제의 聖旨가 없었다는 것을 구실로 거절하였지만 명 사신은 요동에서 조정에 아뢰면 곧 聖旨가 있을 것이라고 하였기 때문에 조선으로서는 칙서가 없다는 이유도 임시방편에 불과한 것이지 명나라의 요청을 거절할 궁극적인 구실은 되지 못하였던 것이다. 이에 조선에서는 명나라 사신에게 그 불가함을 미리 납득시켜 그 문제로 인하여 다시 사신이 왕래하는 일이 없도록 하고자 하였다.

조선 조정에서는 그에 대한 대책을 논의하였는 바, 湯站은 우리나라를 위하여 설치한다고는 하나, 양식을 나르는 것은 실로 우리나라의 큰 폐해이므로, 聖旨가 있더라도 따르기 어려운 형세이기 때문에 명나라 사신 鄭同에게 "우리 나라에는 저축된 곡식이 부족하여, 해마다 연변의 방어하는 군사와 사신의 迎送에 드는 곡식을 대기에도 늘 부족한 것을 걱정하는데, 이것은 太監이 아는 바이니, 우리 나라를 위하여 선처하기 바란다"라고 하여 조선 출신인 명나라 사신 鄭同을 설득하여 문제를 해결하고자 하였다.429)

또 한편으로는 의주에서 축성사업을 추진하고 있는 것처럼 보이게 하여 이를 핑계로 탕참보 役事에 양식운송을 거절하자는 의견도 있었으나 이미 명나라 사신 호송군이 압록강 건너까지 왔다가 갔으므로 그 사정을 알고 있고, 명사신을 수행한 이들도 또한 모두 왕래하며 보았으며 성돌을 줍는 일을 시행하고자 백성들을 동원하

---

429)『成宗實錄』卷130 , 成宗 12年 6月 壬子. 明使 鄭同에 대해서는 曺永祿, 1990,「鮮初의 朝鮮出身 明使考」『國史館論叢』14, 國史編纂委員會 참조.

는 것도 어렵다고 하여 시행하지 못하였다.

조선에서는 명 사신이 말한 탕참보 축조가 사실인지 알아보기 위해 1481년(성종 12) 6월 千秋使로 파견된 홍귀달에게 下書하여 중국에서 開州·湯站 등지에 堡를 설치하고 防成하려 한다고 하는데 요동에 가서 이를 알아보고 즉시 通事를 통해 보고하도록 하고 있다. 통사를 통해 어떤 내용이 보고되었는지는 알 수 없지만 천추사 홍귀달은 귀국길에 중국 兵部의 자문을 가지고 왔는데, 여기에서 중국은 조선 사신이 왕래하며 자고 머무르게 하기 위하여 鎭東·鎭夷·鳳凰 등지에 站을 설치하겠다는 것을 정식으로 통보해 왔다.430)

한편 明은 성종 15년 한치형 등이 명나라에 갔다 귀국할 때 명에서는 서반으로 호송군을 편성해 의주까지 왕래하게 되는데,431) 이에 대해 조선은 이를 저지하고자 하였다. 이유는 그들에 대한 접대의 번거로움과 동팔참 空地의 잠식에 대한 우려 때문이었다. 특히 後者에 있어서는 명이 조선을 厚待하여 서반으로 편성된 호송군을 보내는 것은 좋지만 요동까지만 호송해야 할 것이라고 요청하고 있다. 즉, 요동에는 조선의 호송군이 있을 뿐만 아니라 명군이 요동을 벗어나는 것은 국경을 나서는 일이라고까지 하고 있는 것이다.432)

이러한 일련의 변화는 결국 궁극적으로 과거 空閑地로 있었던 동팔참 지역을 완전히 明의 내지로 만드는 정책 속에서 비롯된 것이다. 명은 1493년을 전후하여 의주로부터 불과 60여리 정도 떨어진 곳에 탕참보를 설치함으로써 압록강 연안에 근접하게 되었다. 명이 탕참보를 설치하는데 조선에서 양곡을 보급해 주는 폐해는

---

430)『成宗實錄』卷132, 成宗 12年 8月 戊辰.
431)『成宗實錄』卷226, 成宗 20年 3月 丙寅.
432)『成宗實錄』卷226, 成宗 20年 3月 癸未

없었지만 이러한 명나라의 東進은 조선에 적지 않은 파장을 불러 일으켰다. 특히 성종 19년 성절사 채수가 북경에서 돌아와서

> 또 신이 東八站 사람들을 보니, 모두 우리나라 말을 잘 알아서 평안도 사람과 다름이 없었으며, 신 등의 下宿하고 있는 곳에 혹 와서는 무릎꿇고 절을 하며 令公이라 稱하기에 그 온 줄기를 물어 보았더니 모두 평안도 사람이라 하였고 혹은 祖父 때부터 혹은 曾祖부터 와서 살았다 하였지만 그 실은 어느 代에 와서 살았는지 알지 못하고 있었으며, 짐작컨대, 모두 요사이 來投한 자였습니다. 또 義州에서 마중나와 만난 사람들도 모두 서로 사귀여서 이제 봉황산에 城이 있으면 평안도 사람들이 모두 기꺼이 投入해 갈 것이니, 심히 작은 문제가 아닙니다. 신의 생각으로는 국가에서 다방면으로 布置하여 조속히 막는 것이 옳을 것입니다.[433]

라고 하는 데서 알 수 있듯이 명의 東占으로 말미암아 조선인 투화자가 급증함으로써 조선에게 커다란 문제가 되고 있었다. 특히 서북 변경지방을 繁盛시키기 위해 세종대부터 여러 차례 강제적인 徙民策까지 시행하였던 것을 상기할 때,[434] 이러한 예기치 않은 사태는 심각한 문제가 아닐 수 없었다. 변경지방에 대한 徙民과 토착민의 지속적인 富盛을 통해 변경방비력을 튼튼히 하려고 하였던 조선의 의도는 예기치 않은 상황 전개로 말미암아 큰 난관에 부딪치게 되었던 것이다. 이러한 투화자 증가 문제의 발생은 고려말의 상황과는 전혀 다른 현상이다. 즉, 元末期의 혼란기에 遼陽·瀋陽을 비롯한 遼東지역의 많은 주민들이 고려로 내투하여 명에서는 그들 중 일부를 쇄환해 간 일이 있는데,[435] 명의 권력 확립과 함께

---

433)『成宗實錄』卷219, 成宗 19年 8月 乙卯.
434) 李相協, 2001,『朝鮮前期 北方徙民 研究』, 경인문화사, 17~49쪽.
435) 國史編纂委員會, 1986,『국역 中國正史 朝鮮傳』明史 朝鮮列傳 洪武 19年 2月.

동북지방에 대한 안정화정책으로 15세기에 들어서는 오히려 무거운 부역을 피해 요동지역으로 이탈해 가는 사람들이 증가하였던 것이다. 사신들이 동팔참 지역의 주민의 대다수가 우리나라 사람들이라고 하는 것은 바로 그러한 이유에서이다.

이에 연산군 시대에는 평안도 지역의 백성을 특별히 보호하기 위해 8結 1丁으로 규정되어 있는『經國大典』의 인원징발 조항을 무시하면서까지 서북 연변지역민을 우대하는 등 안정화 정책을 폈으나 이러한 정책의 효과가 얼마나 있었는지는 미지수이다.

3) 조선의 외교적 대응과 행성 축조

중국이 동북지역에 계속 衛所를 설치하고 동팔참 지역에 순차적으로 곳곳에 堡를 설치하는 것이 점차 현실화되면서 조선에서는 이에 대한 대책이 활발하게 논의되었다. 앞서 언급한 바와 같이 조선에서 중국의 탕참보 役事에 협조적이지 않았던 가장 중요한 이유는 양식제공에 따른 번거로움 때문이 아니었다. 그보다는 탕참보 축조가 이루어지고 일대가 개척되게 되면 조선과 근접해 있는 지역이기 때문에 我國人이 무거운 賦役을 피해 중국으로 投化하는 일이 발생하고, 또 압록강 하구의 섬에 대한 경작권에 다툼이 생길 것이 우려되기 때문이었다.436) 뿐만 아니라 명나라 군사가 가까이 進駐하게 되면 조선의 국방상에도 커다란 위협이 되기 때문이었다.

---

436) 이에 도승지 김승경은 관방의 강화와 압록강 하구 세 섬을 중국에서 탕참보를 쌓고 중국인이 와서 경작하기 전에 먼저 경작하도록 하여야 한다고 건의하였다.

　1481년(성종 12)에 남원군 양성지가 上言한 내용에 그러한 문제가 정확하게 지적되어 있다. 그는 上言에서,

　　신이 생각컨대, 자고로 천하 국가의 事勢는 이미 이루어졌는데도 혹 알지 못하기도 하고 비록 이미 알아도 또 <어떻게> 하지 못하니, 이것이 모두 잘못된 일중의 큰 것입니다. 일을 먼저 도모한다면 어찌 잘 다스리고 오랫동안 안전하기가 어렵겠습니까? 지금 듣건대 중국이 장차 開州에 衛를 설치하려 한다 하는데, 신이 거듭 생각해 보니 크게 염려되는 바가 있습니다. 개주는 鳳凰山에 의거하여 城을 이루었는데, 산세가 우뚝하고 가운데에 大川이 있으며, 3면이 대단히 험하고 1면만이 겨우 人馬가 통하는 이른바 자연히 이루어진 지역이므로, 한 사람이 關을 지키면 1만 명이라고 당해낼 수 있는 것입니다. 唐나라 太宗이 주둔하여 고구려를 정벌하였고, 또 遼나라의 遺民이 여기에 근거하여 부흥을 도모하였으니, 예나 지금이나 누가 우리 나라와 관계 있음을 모르겠습니까? … 여름에는 萬頃의 險路이면서 오히려 충분히 의거할 수 있고 겨울에는 평평하기가 숫돌 같으면서도 곧기가 화살과 같으니, 비록 형제 부모의 나라라도 이 땅이 이렇게 가까이 있는 것은 부당합니다. 평시에는 평안도 백성들 중 賦役을 피하는 자들의 태반이 이곳으로 가는데, 저들은 가벼운 부역으로 이들을 맞이합니다. 그러나 변경 땅의 백성이 모두 그 곳으로 들어간다 하여도 그것은 일시의 해로움 밖에 되지 않습니다. 명나라에서 그곳에 군대를 주둔시키는 것은 영원한 근심꺼리입니다.[437]

라고 하여 明에서 동팔참 지역의 요충지인 봉황산에 성을 쌓고 웅거하면서 거주민들에게 가벼운 부역을 부과하면서 誘致하면 그것도 우려할 만한 것이지만 그보다는 명나라 군대가 가까이 주둔하는 것이 영구한 근심꺼리라고 지적하고 있다. 또한

　　지금 開州에 성을 쌓으면 開州로써 그치지 않고 반드시 唐站에 성을 쌓게 될 것이며, 당참에 성을 쌓게 되면 당참에 그치지 않고 성

---

437) 『成宗實錄』 卷134, 成宗 12年 10月 戊午.

을 쌓지 않는 곳이 없게 될 것입니다. 양곡의 운반을 요청하게 되면 양곡 운반으로 그치지 않고 반드시 소와 運搬具를 요청할 것이며, 그것에 그치지 않고 청하지 않는 것이 없게 될 것입니다. 이것이 바로 입술이 없으면 이가 시리다는 것이며, 隴 땅을 얻으면 蜀 땅을 바라게 되는 것은 필연의 이치입니다. 더구나 우리 나라에서 바치는 동해의 생선이 廚房의 쓰임에 충당할 만한데, 어찌 특별히 南蠻의 枸醬과 竹杖을 쓸 것이며, 우리 나라의 弓矢와 布帛 역시 軍需로 쓰는데, 어찌 南中의 金銀과 丹漆만을 쓰겠습니까? 지금 당장에는 무사하다 하여도 5백년 후에는 武力를 남용하는 자와 공 세우기를 좋아하는 자가 없으리라는 것을 어떻게 알겠습니까.[438]

라고 하여 중국 측에서 조선을 넘보지 않으리라는 보장이 없음을 지적하고 있다. 이는 양국의 외교관계가 세종대 이후로 대개 안정성이 확보된 상황하에서도 중국에 대해서 상당한 불신을 보여주는 대목이다. 특히 양성지는 명나라가 초기에 조선에 대해 나름대로 존중하는 태도를 보인 것은 그들의 도읍이 금릉에 있었고 우리 나라가 北元과 국경을 접하고 있었기 때문에 형세가 그렇게 하지 않을 수 없었던 것이라고[439] 하여 당시 상황을 정확히 꿰뚫고 있다. 이는 결국 永樂帝 이후 明이 수도를 북경으로 옮긴 데다가 北元도 완전 구축되어 예전과는 사정이 크게 달라졌고, 명이 점차 東占하고 있으니 이를 크게 경계하고 대비해야 한다는 것이었다.

이러한 견해는 비단 양성지 개인의 생각만은 아니었다. 1488년 (성종 19) 6월 무령군 유자광이 上言한 다음과 같은 내용에서도 그러한 점을 잘 보여준다.

삼가 보건대, 평안도 한 도는 중국과 경계를 접하였는데, 압록강이 저들과 우리의 분계선이 되었습니다. 옛날 거란이 소유했을 때에

---

438) 위와 같음.
439) 위와 같음.

는 압록강이 도리어 우리에게 害가 되었지만, 이제 우리의 소유가 되면서 이른바 우리가 이에 의거하여 '요처[要]'라 일컬으니, 天地와 더불어 영구히 잃을 수 없고, 천지와 더불어 영구히 關防을 엄하게 하지 않을 수 없는데, 어찌 天下가 無事함을 믿고 우리의 관방에 留意하지 않겠습니까?

　신이 일찍이 이문을 살펴보건대, 동쪽과 서쪽에 집이 있으나, 울타리[籬落]가 서로 붙어 있고, 貧富의 차가 심하지 않았으므로, 있거나 없거나 서로 도와가며 재앙과 환란이 있을 때에는 서로 구원해가며 대대로 영구히 좋게 지낼 것을 기대했었습니다. 그러다 수년 안에 東家는 점차 부유해지고 西家는 점차 貧寒해지면서 동가의 쟁기가 혹 서가의 토지를 침범하거나, 동가의 소와 양이 혹 서가의 벼를 먹으니, 세월이 흐르면서 (두 집안은) 점차 원수 사이가 되었으며, 이에 서가에서는 울타리를 만들지 아니한 것을 후회하게 되었고, 區域을 만들었으나, 또한 미치는 바가 없었습니다. 그 子孫에 이르러 東家는 날로 더욱 富盛해지고, 西家는 날로 더욱 빈한해지자, 동가의 자손은 문득 교만해져서 서가의 土田을 侵奪한 것이 거의 반을 넘게 되니, 서가에서 소유한 것은 얼마 없게 되었습니다. 이것이 비록 이문의 일이라 하나, 위로 거슬러 올라가 추측해 본다면, 천하 국가의 형세 또한 이에서 벗어나는 것은 아닙니다.

　지금 천하가 富盛해서 천하의 땅을 소유하고 있는데도 遼陽으로부터 장성을 쌓고, 이미 靉陽堡를 설치하였으며, 또 開州에 성을 쌓고, 점차 湯站에 성을 쌓고, 婆娑堡에 성을 쌓았으니, 슬기로운 사람을 기다리지 않고서도 (그들의 속셈을) 알 수 있으며, 더욱이 遼東 사람들 또한 모두 그것을 말하는 것이겠습니까 440)

유자광의 東家西家論은 예전에 명나라가 동북지역에 힘이 미치지 못할 때에는 압록강에서 連山까지 空地로 두어 양국민이 서로 함부로 왕래하지 못하도록 하였다가 점차 여력이 생기면서 이곳을 모두 점거하여 압록강 유역까지 다다르게 된 것을 빗대어 말한 것이다. 더구나 명나라는 앞으로도 그들의 세력을 믿고 더욱 東占하게 될 우려도 있다는 것이다. 이는 양성지가 '영원한 근심꺼리'라

---

440) 『成宗實錄』 卷217, 成宗 19年 6月 丙申.

고 지적한 바와 다를 것이 없다.

당시 명나라의 동팔참 일대에 대한 堡 설치가 영토 확장의 일환이라는 것은 말할 필요도 없다. 이는 연산군 8년(1502) 4월 영의정 한치형 등이 논의한 내용 가운데,

> 중국에서는 비록 조선의 貢物 바치는 길을 위한 것이라고 공공연하게 말하고 있지마는, 실상은 八站을 內地로 만들어 토지를 개척하기 위한 계책입니다. 서로 바라보이는 반나절 길이니 義州의 이익을 늘이려는 사람들이 반드시 아침에 갔다가 저녁에 돌아오므로, 이로 인하여 무거운 일을 피하고 수월한 일에 나아가는 사람들이 점차 들어가 살게되므로 참으로 작은 일이 아니니, 두 나라의 關防을 삼가지 않을 수 없습니다.441)

라고 하는데서 잘 나타난다. 중국은 겉으로는 堡 설치가 조선 사신의 안전한 왕래를 위하는 것처럼 표명하였지만 실제로는 空閑地인 동팔참 일대를 확실히 중국 영토로 편입하기 위한 조치였던 것이다.

이러한 명나라의 東占에 대해 양성지는 명나라 태조 高皇帝가 앞을 내다보고 요동의 동쪽에 있는 連山把截로 경계를 삼았던 것이니 우선 명나라의 東占을 정지하도록 할 것을 건의하였다.442) 그는 조선 출신 환관으로 사신으로도 여러 차례 왔던 鄭同과, 역시 조선 출신으로 명나라 황실의 후실이 된 韓氏를 통해 문제를 해결할 것을 청하였다.443) 이에 한씨 친척 중에서 지위와 명망이 있는 자와 通事 중에서 鄭同과 친분이 있는 자에게 토산물을 주어 가지고 가서 이

---

441) 『燕山君日記』 卷43, 燕山君 8年 4月 辛未.
442) 『成宗實錄』 권134, 성종 12년 10월 무오. "… 우리 高皇帝는 萬里를 밝게 보시어 요동의 동쪽 1백 80리의 連山把截로 경계를 삼으셨으니, 東八站의 땅이 넓고 비옥하여 목축과 수렵에 편리함을 어찌 몰랐겠습니까? 그러나 수백리의 땅을 空地인 채로 버려둔 것은 두 나라의 영토가 서로 混同될 수 없다는 것인데 …"
443) 『成宗實錄』 卷106, 成宗 10年 7月 戊午.

들을 통해 開州衛 설치 정지를 청하는 방안을 제시하였다.444)

이에 성종은 영돈녕 이상의 대신과 육조당상관, 대간이 모여 의논하도록 하였는데, 대체로 그 방법이 좋지 않다는 것이었다. 특히 동팔참 지역에 대한 堡 설치는 이미 명나라에서 조선 사신을 보호한다는 명분을 세웠기 때문에 정지를 주청하고자 하여도 마땅히 명분있는 사유가 없고, 또 일개 국가에서 환관과 부녀자[韓氏]를 통하여 이를 관철하려는 것도 올바른 방법이 아니라는 것이었다.

조선은 일단 외교적인 통로를 통해 이를 저지할 방법이 없었다. 더구나 명나라에서 온 자문에 조선에서 새로운 사행로를 요청하였기 때문에 그에 대한 조처로 新路 개설 대신 사행로에 城堡를 축조하여 군대를 주둔시키고 사신왕래를 보호하겠다고 하였기 때문에 조선에서는 개주 일대의 성보 설치를 저지하고자 하였으면서도 외교 의례상 중국에 대해 사례하지 않을 수 없는 처지에 놓이게 되었다. 이에 조선은 성종 12년 10월 일단 공조참판 李克基와 행부호군 韓忠仁을 보내 賀正을 겸하여 八站路에 堡와 鎭을 설치하여 사절의 왕래를 편리하게 한 데 대한 謝意를 표하게 하였다.445)

조선에게는 明의 東占을 저지할 수 있는 적절한 외교적인 수단이 없었다. 이와 같은 것은 말할 것도 없이 사대외교라고 하는 불평등한 외교관계에서 비롯되는 것이지만 여하튼 조선으로서는 적절한 다른 대책을 마련할 필요가 있었다. 이에 여러 신하들이 일찍

---

444) 『成宗實錄』 卷134, 成宗 12年 10月 戊午. 鄭同은 明의 조선출신 환관 가운데 대표적인 인물이다. 그는 황해도 信川에서 火者로 태어나 1428년(세종 10) 명나라에 뽑혀간 이래 수차례에 걸쳐 明使 자격으로 조선을 왕래하면서 위세를 떨쳤다. 항상 황제의 좌우에 있으면서 권세를 마음대로 부려 못하는 것이 없었다고 할 정도로 당시 明朝내에서 막강한 실력을 행사했다(조영록, 앞의 논문 참조).
445) 『成宗實錄』 卷134, 成宗 12年 10月 辛酉.

부터 건의해 온 의주 일대에 대한 축성을 통하여 대비하는 쪽으로 정책의 가닥을 잡게 되었다. 당시 의도한 축성사업은 크게 2가지로 나뉜다. 하나는 의주읍성 수축이고, 다른 하나는 의주 일대에 대한 행성의 완성이었다.

남원군 梁誠之는 중국이 開州에 衛[446]를 설치하는 것을 적극 반대해야 한다고 하면서 중국의 저의는 알 수 없으니 서북지역의 성곽을 수축하는 등 대비해야 한다는 주장을 제기하였다.[447] 특히 중국과의 관문인 의주성을 비롯하여 昌洲·碧團·大朔州·小朔州 등의 성곽이 부실하다는 것을 지적하며 지금 곧 修築을 한다면 반드시 부역을 피해 流移하는 자가 많아질 것이니 놀고 먹으며 租賦를 부담하지 않는 승려를 동원하여 수축하는 것이 좋겠다는 의견을 주장하기도 하였다.[448]

그러나 문종대부터 추진되었으나 그 성과를 보지 못한 황해도 황주의 棘城을 수축하기 위하여 1485년(성종 16)에는 병조판서인 이극균을 黃州築城使로 임명하여 공사를 추진하였지만 역시 그 성과를 보지 못하였으며,[449] 의주읍성의 경우도 축성사업을 이미 시작되었으면서도 그 결말을 보지 못하였다. 이는 서북지역민의 이탈을 막기위해 평안도의 徭役과 進上品을 줄이고 평안도 연변 10여 城의 수령은 특별히 청렴하고 인애가 두터운 자를 선발하여 보내도록 하였으며, 同居하는 子壻弟姪로서 軍保에 들어간 자는 다른 役을 면하게 하는 등의 조치를 취하는 상황에서 의주의 축성

---

446) 衛는 명나라시대의 군사조직 단위로 1,120명으로 구성된 '所'가 5개 모여 1衛를 구성함으로 결국 5,600명의 군인으로 조직되는 것이다. 동북의 空地에 衛를 설치한다는 것은 결국 주변지대를 완전히 영토화하는 것이기 때문에 조선으로서는 이를 대단히 경계하였던 것이다.
447) 『成宗實錄』 卷134, 成宗 12年 10月 戊午.
448) 위와 같음.
449) 『成宗實錄』 卷184, 成宗 16年 10月 癸巳.

사업을 강력히 추진하여 백성들에게 부담을 가중시킬 수 없었기 때문이었다.450)

행성은 세종대에 본격 추진되어 상당은 성과를 이미 거두었고, 문종대에도 일부 반대의견이 있기는 하였으나 문종 역시 많은 성곽 수축사업을 시행하였다. 그러나 문종이 곧 서거하고, 축성사업을 주관하였던 鄭苯을 비롯하여 皇甫仁, 金宗瑞 등 축성에 적극적이었던 인물들이 모두 수양대군의 癸酉靖難으로 대부분 죽임을 당함으로써 황해도에 대한 행성 등을 비롯한 관방시설 구축 문제는 진전을 보지 못하였다. 그러던 것이 성종대에 와서 다시 행성축조가 이루어지게 된 것은 앞서 서술한 바와 같이 명나라의 동팔참 지역 점거와 이에 대한 외교적 대응의 부재로 조선인 이탈자(중국으로의 投化者)가 늘어나자 국경 단속의 강화라고 하는 의도가 반영된 결과였다.

5. 행성 축조의 의의

행성 축조의 목적은 앞서 언급한 바와 같이 野人 侵寇에 대한 보다 완전한 방비시설을 갖추고, 아울러 赴防과 入保에 따른 폐단을 줄이는데 있었다. 이는 행성축조를 통하여 야인들에 대한 침입 억제력을 높힘으로써 궁극적으로 부방과 入保문제를 해결하고자 하였던 것이다.

행성은 행성 내부에 무수히 존재하는 營鎭堡城에 대한 外城, 혹은 羅城의 구실을 하도록 하기 위한 것으로,451) 적의 침입 요로가

---

450)『成宗實錄』卷229, 成宗 20年 6月 丙辰 ;『成宗實錄』卷230, 成宗 20年 7月 丁巳·甲子.

되는 곳에 口子를 설치하고 그 좌우로 성벽을 구축하고서 烽燧나
吹角 등으로 연락체계를 갖추어 상호 응원하게 되어 있기 때문에
적이 口子를 돌파하여 내지로 침입한다고 하더라도 각 鎭堡의 군
사가 서로 구원하고, 口子를 막아 지키면 내지로 침입한 야인은 퇴
로가 차단되어 매우 궁색해지기 때문에 쉽게 침입하지 못하게 되
는 것이다. 특히 이들은 대부분 말을 타고 오기 때문에 口子를 통
하지 않고서는 쉽게 출입하기 어려웠다.

그렇다면 세종조에 처음으로 행성을 축조한 이후 그 소기의 목
적을 달성하였던 것인가? 우선 침입억제력 효과라는 점에서 본다
면 세종 26년 6월 鄭而漢이 世子에게 행성의 효과를 강조하며, 행
성 축조를 적극 추진할 것을 건의하고 있는 것[452]에서 본다면 일단
행성축조로 인하여 야인들에 대한 침입억제력 효과는 있었다고 볼
수 있을 것이다. 이는 행성 축조가 시작된 世宗 23년 9월을 중심으
로 전후의 침입 回數를 비교하여 보면, 평안도의 경우는 이전에는
침입회수가 17회이던 것이 이후에는 3회로 감소하고 있으며, 함길
도 역시 이전의 8회에서 이후에는 1회로 줄어들고 있다.

宋炳基가 이미 지적한 바와 같이, 이와 같은 야인 침입의 감소가
순전히 행성 축조에 의하여 달성되었다고는 할 수 없다. 즉, 세종
대 야인들에 대한 적극적인 회유정책과 행성축조를 제외한 국방상
의 전반적인 강화 등도 야인 침입감소의 중요한 요인이 되었던 것
이다.[453] 그러나 宋炳基는 이러한 요인을 지적하면서도 행성축조
에 의한 효과를 보다 강조하고 있는데, 세종 24년 右正言 李徽는
행성축조의 강행을 반대하면서 "野人이 변경을 침범하는 것은 곧

---

451) 車勇杰, 1981, 「朝鮮前期 關防施設의 整備過程」『韓國史論』7, 國史
　　　編纂委員會, 91쪽.
452)『世宗實錄』卷104, 世宗 26年 6月 戊子.
453) 宋炳基, 앞의 논문, 203쪽.

邊將이 解弛해진 때문이고, 行城의 있고 없는 데에 관계된 것은 아니다"라고 하여 사실상 행성이 갖는 야인 침입억제력에 대하여 회의적인 반응을 나타내고 있어서 주목된다. 이러한 점에서는 실상 이 시기의 침입 감소는 야인들에 대한 확고한 회유책이 더 큰 효과가 있었던 것으로 여겨 진다.[454]

그러면 행성축조의 주요 동기가 되었던 赴防과 入保문제는 어느 정도 해결되었는가에 대하여 살펴보기로 하겠다. 우선 赴防에 있어서는, 행성이 축조된 후 부방에 관한 어떠한 조치가 취해졌는지는 알 수 없으나, 세종 28년(1446) 4월 都體察使 皇甫仁이 평안도 연변 碧潼 大波兒口子에서 松林口子에 이르기까지 축조하였으므로 都節制使로 하여금 南道의 赴防軍士를 감할 것을 건의하고 있다. 또한 세종 29년 7월에는 左參贊 鄭苯·司僕寺注簿 朴大孫 등이 행성을 축조한 곳은 賊의 침입염려가 없다고 하여 역시 부방군의 감축을 건의하고 있다. 즉, 이는 행성의 축조가 부방군 감축에 어느 정도 효과가 있었다는 것을 말해 준다. 또 부방의 감축은 연산군 시대에 와서도 삼수와 갑산 지역에 행성이 있다고 하여 부방번수를 3회에서 1회로 줄이도록 하고 있음을 볼 때도 행성 축조에 따른 부방의 감축효과는 있었다고 할 수 있다.[455]

그러면 행성축조의 가장 중요한 동기 가운데 하나인 입보폐단의 제거문제는 어느 정도 개선을 보았는지 살펴 보기로 하겠다. 세종

---

454) 世宗 24年에는 歸化野人에게 세금을 독촉한 함길도 富居縣監 尹璞에 대한 문책이 지시되고 있으며, 곧 아예 歸化 斡朵里 野人에 대한 田稅와 役을 면제하는 조치를 취하였다. 또한 흉년으로 會寧府에 와서 구걸하는 斡朵里 野人들에게 軍資穀을 내어 구제하도록 하는가 하면, 야인에 대한 관직제수, 物品 賜與를 통한 적극적인 회유책을 추진하였고, 世宗 25年 2月에는 귀화한 야인을 朝廷의 회보없이 邊將들이 바로 받아들이도록 하는 조치를 취하기도 하였다.

455) 『燕山君日記』卷5, 燕山君 元年 5月 癸卯.

24년(1442) 9월 의정부에서 보고한 내용에 의하면 평안도 연변 고을의 겨울철 입보로 인한 문제를 여전히 지적하고 있으며,456) 이는 그해 12월에 右議政 申槩가 上言한 가운데에서도 나타나고 있다.457) 또한 세종 30년 議政府에서 보고한 내용 가운데 "평안도 沿邊의 州郡이 入保하는데 괴로워서 人心이 편치 못하다고 하니, 流移하는 폐단이 있을까 두렵다"458)고 한 것에서나, 문종 때에 역시 議政府에서,

> 평안도 沿邊의 各鎭과 각 口子의 거민들은 의례히 겨울철에 入保하는데, 미리 마른 꼴[芻]을 준비하지 않기 때문에 풀이 마르고 눈이 깊게 쌓이면 말을 먹이지 못하여 여위고 죽게 되니 참으로 걱정입니다. 혹시 급한 일이 있어 戍卒을 더 징발하게 되면 말먹이를 대기가 또한 어렵습니다.459)

라고 하는 것에서도 여전히 邊地의 거주민들은 입보하고 있음을 알 수 있다. 이와 같은 자료로 볼 때는 당초에 행성축조의 주요 목적 가운데 하나인 '입보폐지'의 효과를 그다지 보지 못한 것으로 판단할 수 있으나 여기에는 검토되어야 할 점이 있다.

입보문제와 관련한 행성축조의 효과에 대하여 宋炳基는 "行城築造에도 不拘하고 入保가 의연 繼續"되었음을 지적하여, 행성축조가 입보로 인한 폐단을 제거하는데 거의 효과가 없었다고 파악하였다.460) 筆者도 행성축조가 변경 지역의 입보문제를 해결하지

---

456)『世宗實錄』卷97, 世宗 24年 9月 戊寅.
457)『世宗實錄』卷98, 世宗 24年 12月 丙辰. "右議政申槩上言 平安道江邊人民 近因入堡生理艱窘 又其族親多在遼東 故或有逃移者 所在守令邊將等 於人民名數及生里(理)之狀 不能周知 雖有逃移范然不知 甚爲未便 …"
458)『世宗實錄』卷119, 世宗 30年 3月 丙申.
459)『文宗實錄』卷2, 文宗 卽位年 7月 乙卯.
460) 宋炳基, 앞의 논문, 204쪽.

못하였다는 점에서는 원칙적으로 동의한다. 그러나 행성축조에 의
하여 입보문제를 완전히 해결하지는 못하였다고 하더라도 지역에
따라서는 완화되는 혜택을 입은 곳도 있었다. 세종은 25년 7월 함
길도 도체찰사 皇甫仁에게 傳旨한 글 가운데에서

　　　평안도 변방의 백성들이 겨울에 入保하는 괴로움이란 말할 수 없
　는 것으로, 근심하고 탄식하는 소리는 귀로 차마 듣지 못하겠으니,
　만약 數里의 성을 쌓는다면 數里의 백성이 그 入保하는 고생을 면하
　게 되니, 그 이익이 만배도 더 되는 것이다.461)

라고 하여 행성을 축조하는 곳은 입보가 시행되지 않음을 알 수 있
다. 즉, 이시기는 이미 일부지역에 행성이 축조된 시점에서, 행성이
축조된 지역에 입보폐지의 혜택이 없었다면 세종이 이러한 발언을
하지 않았을 것으로 생각되기 때문이다. 이는 행성 축조지역에 대
해서는 즉각 입보를 완화하는 조치가 취해졌음을 암시하는 대목이
라고 하겠다.

　또 한편으로 세종 24년(1442)을 전후한 시기부터 문종년간까지
는 조선을 중심으로 明과 야인거주지대, 더 멀리는 蒙古地域에 이
르기까지 매우 정세가 불안정한 시기였기 때문에 실상 조선에서는
행성의 유무와 관계없이 북방지역에 대해서는 대대적으로 방비를
강화하던 시기였다.462) 즉, 당시는 일종의 非常時期였기 때문에 행
성이 있는 곳이라고 하더라도 입보를 해제하기는 어려웠을 것으로

---

461) 『世宗實錄』 卷101, 世宗 25年 7月 庚午.
462) 世宗 24年 8月 奏聞使로 明에 간 李邊이 가지고 온 勅書에는 達達의
　　심상치 않은 움직임을 통지하며 방비를 철저히 할 것을 권고하고 있
　　으며, 이후에도 계속 達達에 관한 움직임이 보고됨에 따라 문종대에
　　까지 조정에서는 계속 함길도·평안도 절제사에게 방비태세를 철저
　　히 할 것을 지시하고 있다.

생각된다.

한편 행성축조로 인한 효과는 어느 정도 있었다고 하더라도 사실 築造役事에 따른 폐단은 매우 심각하였다. 당초에 행성축조를 건의한 申槩는 많은 인원을 동원하지 않고 다만 元居住民과 赴防軍만으로도 이룩할 수 있다고[463] 하였으나 실제 축성공사를 시작한 이후에는 평안도·함길도 뿐만 아니라 황해도·강원도 장정까지 동원하였고, 세종 22년부터 32년까지 11년간 연인원 222,400명이라는 국가적인 대규모 사업이 되었다. 행성축조에 따른 문제점은 크게 두 가로 나눌 수 있다. 하나는 행성역사 자체와 관련된 문제이고, 다른 하나는 행성을 축조함으로써 생긴 부수적인 문제점이다.

첫째, 행성 역사 자체의 폐단에 대해서는 세종 23년(1441) 9월 大司憲 鄭甲孫·執義 李宜洽 등이 아뢴 내용을 보면, ① 양계지역 거주민의 생업 곤란, ② 남도와 황해도 役夫들에게 양식이 제대로 공급되지 않는 것, ③ 가혹한 役事 독촉, ④ 함길도의 입거민을 役事시킴으로써 정착을 저해한다는 것을 지적하고 있다.[464] 또한 세종 28년 5월에는 集賢殿 直提學 李季甸 등이 "原濕과 山野를 포함한 首尾 수백리의 땅에 무너지면 쌓고 무너지면 쌓고 하여, 그 역사가 끊이지 않으니, 비록 萬世의 이익이라고는 하지마는, 또한 만세의 폐단이 있습니다"[465] 라고 하는데서도 행성축조로 인한 民弊가 이루 말할 수 없었음을 알 수 있다.

둘째, 행성축조에 따른 부수적인 문제로는 변방에 거주하는 많은 民戶들이 행성축조로 말미암아 강변의 비옥한 토지를 경작할 수 없게 되어 큰 피해를 보게 되었으며, 이것이 변지의 거주민을 流移하

---

463)『世宗實錄』卷83, 世宗 22年 2月 辛卯.
464)『世宗實錄』卷93, 世宗 23年 9月 壬戌.
465)『世宗實錄』卷112, 世宗 28年 5月 庚午.

게 하는 중요한 요인이 되었다는 점이다. 즉, 압록강·두만강 연변
을 따라 행성을 축조하다 보니 실상은 강변 가까이에 비옥한 토지
가 많아 주민들이 이를 경작하는 것이 큰 소득원이 되었는데, 강변
가까이는 沙質土인데다가 성돌을 모으는데도 공역이 많이 들기 때
문에 행성을 강변의 구릉지대에 축조하다보니 자연히 강변의 토지
는 성밖에 위치하게 되어 경작이 어렵게 되어 이것이 民怨이 되었
던 것이다.466) 이에 세종 25년 4월에는 평안도에서 돌아온 도체찰
사 皇甫仁의 건의에 따라 閭延·慈山·江界·碧潼 등지의 일부 지
역에 대하여 行城外의 토지를 경작하도록 하고 있다.

이러한 행성축조로 인한 민폐는 자연히 양계 거주민의 逃散을
가져왔다. 세종년간은 대체로 가뭄 등으로 失農이 잦아 饑饉이 자
주 발생하였던 시기로 민생이 그다지 좋지 못한 상태에서 과중한
使役으로 元居民이건 入居民이건 할 것 없이 逃散하는 자가 속출
하였던 것이다. 특히 평안도는 세종초에 人民의 수가 경상도 다음
이라고 할 정도로 道勢가 충실한 지역이었으나467) 逃散者가 無數
하여 세종 30년에는 防戍軍의 감축과 防戍處의 폐합을 추진하여
야 할 정도였다.468) 더구나 逃散人 가운데는 遼東이나 瀋陽으로
가는 자도 많아 더욱 심각한 문제가 되었다.469) 세종 29년(1447) 윤
4월에는 그 문제의 심각성이 인식되어 세종은 특별히 평안도 감사
에게 유시하여 逃散의 이유와 적절한 대책을 조사하여 보고할 것
을 지시하고 있다.470) 또 행성축조로 인한 逃散人 증가는 이미 세

---

466) 『世宗實錄』卷93, 世宗 23年 9月 壬戌. "… 又聞兩道可耕之地 皆在水
　　　邊 今築之城 皆因陵阜膏腴之田 盡在城外 民不得耕 而況期以十年 猶
　　　未畢築 築城連年而民之困苦日甚 雖畢築誰與守之 …"
467) 『文宗實錄』卷12, 文宗 2年 2月 壬申.
468) 『世宗實錄』卷121, 世宗 30年 8月 戊辰.
469) 『世宗實錄』卷116, 世宗 29年 閏4月 辛巳.

종 16년부터 실시되어 온 북방 변지에 대한 徙民策과는 역행하는
현상이었다. 당초에 徙民은 민호가 드문 邊地로 주민을 옮겨 변방
을 충실히 하려는 것이었는데, 이들이 이주하여 완전 정착하기도
전에 과중한 役事를 일으킴으로써 徙民策의 효과를 크게 반감시
키게 되었고, 이는 세종년간 후반기에도 계속 양계 변방지역에 대
한 徙民을 실시하게 된 하나의 요인이 되었으며,471) 성종대에 실시
된 徙民도 성종대에 또다시 長城축조가 본격적으로 실시되었다는
점과 무관하다고 할 수 없을 것이다.472)

이러한 행성축조에 따르는 폐단은 앞서 서술한 바와 같이 여러
신하들에 의해 지적된 바이지만, 세종은 行城築造策을 강력히 추
진하였다. 이에 대하여 당시 集賢殿 副校理 梁誠之는, "지금 大臣
들은 임금의 뜻을 받들어 좇을 뿐 實情을 다 진술하지 않으며, 작
은 신하들은 두려워하고 겁내어 감히 말하지 못한다"473) 라고 당

---

470) 위와 같음.
471) 李相協은 1997,「朝鮮前期 北方徙民의 性格과 實相」『成大史林』12·
13合輯, 成大史學會, 168에서 평안도민의 流亡 원인은 이곳이 接敵地
域이라는 사정 때문에 겪어야만 하는 赴防의 부담과 함께 使臣支供,
凶農과 傳染病의 猖獗, 守令과 邊將의 作弊 등이라고 지적하였는데,
물론 이 지적이 잘못된 것은 아니나 적어도 세종년간 후반기에 평안
도민이 허다하게 流移한 보다 중요한 원인으로는 入保에 따른 폐해와
행성축조로 인한 민폐가 지적되어야 할 것이다.
472) 성종대에는 성종 15년 下三道民 300호를 평안도·황해도에 徙民한
것을 비롯하여 모두 2,880戶가 平安·黃海·永安(咸鏡)道에 入居되
었다. 李相協은 성종대의 北方徙民은 使臣支供·赴防 등 諸役으로
인한 凋殘과 대륙정세의 異常을 지적하고 있는데, 북방 행성축조가
적극 추진된 세종·성종대에 모두 北方徙民이 이루어졌다고 하는 것
은 행성축조와 徙民이 서로 연관관계가 있음을 보여주는 것이다(李相
協, 1997,「朝鮮前期 北方徙民의 性格과 實相」『成大史林』12·13合
輯, 成大史學會, 176~179쪽 참조).
473) 梁誠之,『訥齋集』第1卷 奏議 請罷行城兼備南方.

시의 상황을 지적하고 있다. 이는 행성축조로 인한 利害得失을 인지하였으면서도 세종이 大臣을 통하여 매우 강력히 축성사업을 추진하였기 때문에 이의를 적극 제기하기 어려웠던 분위기를 지적한 것이다. 앞서 서술한 바와 같이 세종 29년(1447) 평안도 감사에게 평안도민의 逃散事由를 조사하고 대책을 보고하도록 하였는데, 『朝鮮王朝實錄』에서는 이에 대해 "임금에게 사실을 아뢰는 사람이 없어 이때서야 임금이 처음 들은 것이었다"[474] 라고 하고 있다. 즉, 이와 같은 것은 행성축조로 인한 폐단을 신하들이 사실대로 上奏하지 않았다는 것을 의미하며, 이는 皇甫仁과 같은 대신이 이를 직접 주관하였기 때문이었다.

그리고 성종대의 의주 일대 행성축조는 對外邊備의 목적 외에 我國人의 遼東으로의 投化를 방비하기 위한 것이었는데,[475] 이는 당시에도 그 성과에 대해 회의적인 반응을 나타낸 바 있으며, 실상 행성 축조로 我國人의 이탈을 근본적으로 막을 수는 없었을 것이다.

---

474) 『世宗實錄』 卷116, 世宗 29年 閏4月 辛巳.
475) 『成宗實錄』 卷161, 成宗 14年 12月 辛未.

제3장

조선전기 강원지역의 방어체제와 성곽

Ⅰ. 방어체제와 군역

Ⅱ. 읍성의 수축과 유적

Ⅲ. 산성의 수축과 유적

Ⅳ. 영진보성의 수축과 유적

Ⅰ. 방어체제와 군역

1. 진관체제 정비와 군역

고려말 조선초 강원지역에서는 주목할 만한 변화가 일어났다. 이는 말할 것도 없이 북방 방어선의 북상과 대체로 현재 강원 영서지역에 해당하는 交州道와 영동지역에 해당하는 江陵道가 통합되어 '江原道'로 개편되었다는 점이다. 이러한 변화는 당연히 방어체제의 변화를 가져오게 되었다.

고려시대에는 2軍 6衛로 대표되는 中央軍과는 달리 地方軍으로서 州縣軍이 있었다. 이 州縣軍은 兩界의 州鎭軍과는 성격을 달리하는 軍隊로서 兵農一致의 民兵이며,[1] 中央에서 지방관이 파견되는 지방행정구역을 단위로 배치되어 그 지역 수령이 지휘하는 것이 보통이었다. 이러한 주현군은 京軍이나 州鎭軍에 비하여 중요성이 큰 것은 아니었으나 유사시에 동원될 수 있는 예비병력을 파악하고 있다는 점에서는 군사적 의의를 찾을 수 있다.

특히 조선시대에 와서 강원도로 된 고려시대 東界지역에는 주진군이 있었는데, 東界에는 1都護府 9防禦郡 10鎭 25縣(主縣 8, 屬縣 17)이 속해 있었다. 이 가운데 金壤縣[2]을 비롯한 高城縣·杆城縣

---

1) 李基白은 1968,『高麗兵制史硏究』, 一潮閣, 239쪽에서 이에 대하여 고려 지방군은 통틀어서 州縣軍이라고 불리어 왔으나, 南道(五道)地方에 있어서의 지방행정단위를 州縣이라고 부른 데 비하여 兩界의 경우는 州鎭이라고 부른 예에 따라서 양계의 지방군을 州鎭軍이라 부르는 것이 타당할 것으로 보았다.

2) 조선시대에 通川·歙谷에 해당하는 지역이다.

・翼令縣(襄陽)・溟州・三陟縣・蔚珍縣 등 6개 지역이 조선시대에 강원도에 편제된 지역이다.『高麗史』兵志에는 이곳에 배치된 州鎭軍에 관하여 기록하고 있는데, 이를 보면 다음의 <표 3-1-1>과 같다. 이러한 州鎭軍에 대해 李基白은 "대부분의 경우에 이들은 城을 중심으로 한 독립적인 전투단위부대를 형성하고 있었다고 해야 할 것이다"[3]라고 하였는 바, 이는 배치부대의 편성을 보더라도 전투시의 대열형성으로 보이는 左・右軍과 抄軍이 있고, 주로 守城의 임무를 담당하였을 것으로 생각되는 寧塞軍[4]이 배치되어 있었던 것에서도 알 수 있다.

〈표 3-1-1〉 고려시대 동계지역 군사배치(강원도 지역에 해당하는 곳)[5]

州　縣	軍　士　配　置
金壤縣	別將 2, 校尉 1, 隊正 3, 左軍 2隊, 右軍 1隊, 寧塞 1隊
高城縣	別將 1, 校尉 4, 隊正 9, 抄軍 1隊, 左軍 1隊, 右軍 3隊, 寧塞 2隊
杆城縣	別將 1, 校尉 5, 隊正 10, 抄軍・左軍 各4隊, 右軍 2隊, 寧塞 1隊
翼令縣	別將 3, 校尉 3, 隊正 9, 抄軍・右軍 各4隊, 左軍 2隊, 寧塞 1隊
溟　州	別將 5, 校尉 10, 隊正 23, 抄軍・左軍・右軍 各8隊, 寧塞 4隊, 工匠 1梗
三陟縣	別將 1, 校尉 8, 隊正 16, 抄軍・左軍 各4隊, 右軍 9隊, 寧塞 1隊, 工匠 1梗
蔚珍縣	別將 1, 校尉 3, 隊正 8, 抄軍・左軍 各2隊, 右軍 3隊, 寧塞 1隊

　　『世宗實錄』地理志의 江原道에 관한 부분을 보면 강원도 지방은 5道 兩界時代의 交州道와 東界였는데, 고려 명종 8년(1178)에 태백산맥 동쪽은 沿海溟州道로, 태백산맥 서쪽은 春州道로 되었

---

3) 李基白, 앞의 책, 245쪽.
4) 李基白은 1968,『高麗兵制史研究』, 一潮閣, 253쪽에서 이에 대하여 北界의 保昌軍, 京軍의 保勝軍과 유사한 步兵部隊로 추정하였는데, 이들이 馬軍이나 弩軍이 아닌 일반 步兵이었을 것은 틀림없다고 생각되나 그 주임무는 守城에 있었던 것으로 여겨지며, 이는 조선초의 守城軍 兵種의 前身으로 생각된다.
5)『高麗史』卷83, 志37 兵3 州縣軍 東界.

고, 다시 元宗 4년(1263)에는 溟州道가 江陵道로, 春州道가 交州道로 되었다고 기록되어 있다.6) 이러한 기록에 의한다면 강원도의 영동지역에 실시되었던 東界는 고려 명종대 이후에는 완전 폐지된 것이 되는데,『高麗史』를 보면 忠烈王代(1275~1308)에도 '東界'라는 명칭이 그대로 사용되고 있어서 매우 혼란스럽다.7) 또한 明宗代에 강원도 영동지역에 해당하는 東界地域을 沿海溟州道로 개칭하게 된 것이 단순한 지방행정구역 명칭만을 바꾼 것인지, 아니면 종전의 군사적인 특수지역인 동계지역을 다른 五道地域과 마찬가지로 일반행정지역으로 개편시킨다는 것인지가 분명하지 않다.

그런데 명종대에 沿海溟州道로 개편한 이유에 대해서는 한가지 단서가 될만한 사료가 보인다. 즉『高麗史』에 보면 명종 7년(1177)에 重房에서 東・北 兩界의 州鎭의 判官은 武官으로 임명하지 않도록 할 것을 건의하여 이것이 받아들여지고 있다는 사실이다. 이 시기가 '武臣의 亂'이 일어난 직후라는 점을 감안하면 重房의 무신들이 왜 州鎭의 判官을 무신으로 임명하지 못하도록 요구하였는지는 자명하다. 지방장관 아래서 兵馬를 담당하던 判官들은 언제든지 州鎭軍을 지휘하여 중앙의 무신집권자들에게 대항할 가능성이 있었기 때문이다. 군사적인 특수지역인 동계를 일반 道로 개편한 것은 바로 무신정권의 안정을 도모하는 차원에서 비롯된 것이라고 할 수 있다. 그러나 이러한 개편은 州鎭軍의 존재 자체를 개편하는 것은 아니었다. 이는 명종대에 沿海溟州道로 개편된 후에도 명종이 東・西 兩界의 여러 城들의 上長・都領을 불러서 물품을 하사한 기록이 있기 때문이다.8)

---

6)『世宗實錄』卷153, 地理志 江原道.

7)『高麗史』卷81, 志35 兵1 兵制. "忠烈王元年七月 遣使于慶尙全羅忠淸 東界諸道 點閱軍器"

8)『高麗史』卷20, 世家 19 明宗 8年 11月 戊子.

이러한 東界의 州鎭軍 편제는 道制가 실시되는 가운데서도 대체로 유지되다가 恭愍王代에 강원도 북변의 雙城摠管府가 완전수복된 후에야 개편되었을 것으로 생각된다. 그러한 점에서는 雙城摠管府가 수복되던 해인 공민왕 5년(1356)에 江陵道가 江陵朔方道로 개편되었다는 것에 주목할 필요가 있을 것이다.9)

한편 주현군제는 고려후기로 내려오면서 지방행정단위로서 道의 중요성이 더해지면서 各道를 단위로 해서 중앙과 지방장관의 중간위치에서 군사관계를 담당하는 都巡問使가 임명되었는데, 忠定王代를 전후하여 제도화되는 도순문사는 專任官은 아니고 임시직이었다.10) 또 禑王 때에는 각도마다 元帥가 있어서 왜구가 있을 때마다 道의 兵馬를 지휘하여 싸웠다. 이런 都巡問使와 元帥制는 공양왕 元年에 이르러 都巡問使를 都節制使로, 元帥는 節制使로 改稱하고 京官으로 口傳 任命하던 것을 바꾸어 정식으로 除授하게 되면서 큰 변화를 가져왔다. 이를 통하여 지방군의 지휘·행정 계통이 중앙에서 各道 都節制使를 통하여 各地의 하급군사조직에 이어지게 되었다.11)

이러한 체제는 조선왕조 개창후에도 계속 유지되어 조선 태조 때에는 京畿左道·京畿右道·楊廣道·慶尙道·全羅道·西海道·交州道·江陵道의 8道가 지방군의 군사행정 및 전투수행에 있어서 하나의 단위를 이루었다. 그런데 당시 慶尙道를 비롯한 全羅道·楊廣道에서는 도절제사가 軍籍作成의 임무를 맡는데 반하여 교주도·강릉도 등 나머지 5도에서는 안렴사가 그 임무를 맡고 있었고, 또 8道編制外에 동북면·서북면에는 별도로 군사체제가 있었기 때

---

9) 『世宗實錄』 卷153, 地理志 江原道.
10) 陸軍士官學校 韓國軍事研究室, 『韓國軍制史』, 109쪽.
11) 위와 같음.

문에 남방지역과 병렬적인 도단위 파악은 이루어지지 않고 있었다.

그러다가 행정구역이 정비되면서 군사체제에도 변화를 가져와 태조 6년(1397) 5월에 이르러 군사단위로써의 道는 폐지되고, 대신에 각도에 2~4개의 鎭을 설치하여 僉節制使를 두고 부근에 있는 郡의 兵馬를 통할하여 방어하도록 하며, 都觀察使의 감독을 받도록 하였다. 이에 따라 강원도에는 三陟과 杆城 두곳에 진이 설치되었다.[12] 이러한 鎭의 설치는 공민왕대에 쌍성총관부가 수복되고 방어선이 북상함으로써 강원도의 방어상의 긴요성이 전에 비해 줄어들었음에도 불구하고 영동지역의 방비에 관심을 가지고 있었음을 의미한다. 그후 都節制使道가 復設된 뒤에도 각도마다 軍의 소재지에 약간의 변화는 있었으나 전국적으로 보면 큰 변동은 없었다. 이에 도절제사가 파견되는 道(營)와 첨절제사가 파견되는 鎭으로 정비되는 동시에 이를 유지하는 군사력을 營鎭軍이라고 하였다.

지방군으로서의 영진군은 주로 馬兵으로서 지방영진에 赴防하는 군대였다. 당시 良民이 지는 의무병역은 대개 陸守軍이나 騎船軍(船軍)이었다. 육수군에 범위에 들어갈 수 있는 군사는 番上 侍衛하는 侍衛牌와 營鎭軍 등이 있으나 지방수호에 중추적인 역할을 하게 된 것은 영진군이었다고 할 수 있다.[13] 이들은 다른 군대와 교대하여 營鎭에서 당번하며 당번이 아닌 때는 농민으로 돌아갔다. 이들에게는 소정의 奉足이 주어지고, 또 당번중에는 雜役免除의 특전을 주었다. 또 영진군과 같이 지방의 陸水軍을 이루는 것으로 守城軍이 있는데, 이들도 역시 태조 6년의 設鎭과 더불어 성립된 군대로 보이며 이들은 영진군과는 달리 步兵으로서 지방방어의 임무를 맡고 있었다. 이러한 영진군은 그후 정비 확장되어 태종

---

12)『太祖實錄』卷11, 太祖 6年 5月 壬申.
13) 陸軍士官學校 韓國軍事研究室,『韓國軍制史』, 115~116쪽.

15년(1415)경에는 일단락되었다.

營鎭軍·守城軍 이외에도 지방에는 陸守軍으로 守護軍·雜色軍 등이 있었다. 수호군은 陵을 비롯한 특수지대를 지키기 위하여 마련된 軍이지만, 때로는 守城軍과 혼용되는 경우가 있었고, 잡색군은 해안의 요새지대를 중심으로 설치된 영진군의 결함을 메우기 위하여 내륙지방을 수호하고, 또 外侵에 대비하여 광범위하게 동원해야 할 인원의 충당을 전제로 성립된 군대였다. 잡색군은 태종 10년(1410)경부터 조직되기 시작하였고, 여기에 동원되는 인원은 대개 鄕吏·官奴·無役百姓·公私賤人 등이었다. 이들은 평시에는 군역의 의무가 없는 자들로 유사시에 대비하여 조직된 예비병력이었다. 따라서 조선초기 지방에 사는 16세 이상 60세 이하의 男丁은 武科, 혹은 試取로 직업적인 軍人이 되는 자와 侍衛軍·船軍(騎船軍)·營鎭軍·守城軍 등의 正軍(立役者)과 '保', 그리고 雜色軍의 어느 하나에 해당되는 것이라고 할 수 있다.

그러나 營鎭軍을 두어 지방군의 주류를 이룬 지역은 경상도·전라도·충청도·황해도 4道였고, 강원도는 다음의 軍額表에서도 알 수 있는 것처럼 三陟·杆城 두 곳의 鎭에 32명의 鎭軍과 25명의 鎭屬防牌를 편성하는데 불과하였으며, 그것도 留防軍은 없고 變故가 있으면 侍衛牌로 충원하는 정도였다.14)

『世宗實錄』地理志에 기재되어 있는 강원도의 군액총수를 보면 侍衛軍이 2,276명, 船軍이 1,384명, 守城軍이 11명, 鎭屬防牌가 25명이었다. 이를 각지역별로 兵種別 軍額을 戶口數와 함께 表로 정리하면 <표 3-1-2>와 같다.

---

14) 『世宗實錄』 卷153, 地理志 江原道.

〈표 3-1-2〉江原道 戶口 및 各種 軍兵數 (세종실록지리지, 單位 : 戶, 名)

區分	戶	口	侍衛軍	船軍	守城軍	鎭軍	備考
江陵大都護府	1,025	3,513	165	250	-	-	
連谷縣	104	251					
羽溪縣	225	775					
襄陽都護府	857	1,277	73	195			
洞山縣	125	218					
旌善郡	203	459	19	24			
平昌郡	233	501	45	40			
原州牧	1,148	3,233	284	82			
酒泉縣	163	280					
寧越郡	324	611	66	4			
橫城縣	313	595	77	20			
洪川縣	420	1,154	155	65			
寺伊巖莊	24	57					
淮陽都護府	222	592	158	10			
和川縣	19	39					
水入縣	41	155					
文登縣	14	28					
風谷縣	11	46					
長楊縣	104	218					
金城縣	340	759	119	-			
通溝縣	72	96					
金化縣	181	517	67	10			
平康縣	163	212	67	-			
伊川縣	333	582	117	18			
三陟都護府	581	2,613	63	21		21	防牌 15
平海郡	247	911	25	71	7		
蔚珍縣	270	1,483	38	70	4		
春川都護府	1,119	1,950	298	134			
基麟縣	108	251					
狼川縣	264	750	100	30			
楊口縣	297	641	87				
方山縣	20	50	69				
麟蹄縣	125	207		4			
瑞和縣	72	191					
杆城郡	227	313	72	140		11	防牌 10
烈山縣	105	254					
高城郡	375	871	37	70			
安昌縣	46	134					
通川郡	290	1,363	53	70			
臨道縣	54	212					
歙谷縣	219	675	22	56			
계	11,083	29,037	2,276	1,384	11	32	25

　　조선전기에 있어서 지방군제의 일대 혁신이 일어나게 되는 것은 世祖 元年의 일이다. 즉, 종래 평안도(서북면)와 함길도(동북면)에 한하여 설치하였던 軍翼道體制가 전국으로 확장된 것이다. 이는 연해지역에만 설치한 鎭이 外侵을 받아 무너지게 되면 束手無策이 된다는 점을 고려하여 내륙지방에도 巨鎭을 설치하고 주변의 여러 고을을 分屬시킨다는 것이다. 따라서 전국의 각도는 다시 몇 개의 軍翼道로 나누어지고, 각 군익도는 中·左·右의 3翼으로 이루어졌다.[15] 『世祖實錄』에 기록되어 있는 강원도의 군익도 편성 내용을 보면 다음과 같다.

```
江陵道 : 中翼 = 江陵, 左翼 = 襄陽, 右翼 = 三陟·平海·蔚珍
淮陽道 : 中翼 = 淮陽, 左翼 = 金化, 右翼 = 金城
原州道 : 中翼 = 原州·橫城, 左翼 = 寧越·平昌·旌善
         右翼 = 春川·楊口·洪川·麟蹄·狼川
高城道 : 中翼 = 高城, 左翼 = 通川·歙谷, 右翼 = 杆城
鐵原道 : 中翼 = 鐵原·安峽, 左翼 = 伊川, 右翼 = 平康
```

　　이러한 세조 원년의 획기적인 군사편제는 2년후에는 다시 鎭管體制로 개편되었다. 이는 군사적으로 요충이 되는 지역을 巨鎭으로 하여 주변지역의 병렬적 諸鎭이 이에 소속하도록 한 것이었다. 이를 보면 종래의 5개 軍翼道體制를 江陵鎭·三陟鎭·杆城鎭·淮陽鎭·春川鎭·原州鎭 등 6개 鎭으로 개편하고,[16] 江陵道의 右翼이었던 三陟·蔚珍·平海를 독립시켜 三陟鎭으로 하였으며, 鐵原道는 폐지하고 소속 고을은 모두 淮陽道에 합하여 淮陽鎭으로 만들었다. 그리고 原州道 管下의 右翼을 독립시켜 春川鎭으로 편제하였으며, 高城道는 杆城鎭으로 개편하였다. 그 내용을 보면 다음과 같다.

---

15) 『世祖實錄』 卷2, 世祖 元年 9月 癸未.
16) 『世祖實錄』 卷9, 世祖 3年 10月 庚戌.

　　　　江陵鎭 : 襄陽·旌善
　　　　三陟鎭 : 蔚珍·平海
　　　　杆城鎭 : 高城·通川·歙谷
　　　　淮陽鎭 : 金城·平康·伊川·鐵原·金化·安峽
　　　　春川鎭 : 狼川·楊口·麟蹄·洪川
　　　　原州鎭 : 平昌·寧越·橫城

　軍翼道체제를 鎭체제로 개편하면서 圈域이 대폭 변화하였음을 알 수 있는데, 이러한 개편의 이유는 분명치 않으나 각 鎭에 대한 인구의 균등분배, 혹은 인근 鎭과의 연계성 등을 고려하였을 것으로 추측된다.

　이후 세조 13년(1467)에 이르러 巨鎭 설치에 대한 논의가 이루어지고,17) 이에 대한 조사를 거쳐18) 마침내 그해 6월 江原道黃海道巡察使 韓繼美의 건의에 따라 江陵鎭과 三陟鎭을 合鎭하고 鎭軍 2旅와 節度副使를 두도록 하였다.19) 이러한 節度副使의 설치는 이미 경상도에서 시행된 바 있는데,20) 이는 완전한 절도사 체제로 이행되는 과정에 있어서 하나의 과도기적인 현상으로 해석된다. 그후 예종 원년(1469) 洪允成이 節度副使는 많은 軍官을 거느리고 있어 재정의 낭비가 막심하며, 또 이미 여러 道에 節度使를 두었으니 절도부사는 필요치 않다고 하여 革罷를 적극 주장하였고,21) 司憲府에서도

　　근자에 諸道의 副節度使와 平安中道節度使를 革罷하였는데, 오
　　직 강원도·황해도·경기의 절도사만 예전대로 그대로 두었으니,
　　신 등은 생각건대 강원도는 땅이 척박하고 백성들이 가난하며, 해마
　　다 饑饉이 들어서 民戶가 넉넉지 못하여 쓸쓸하고, 驛路가 凋殘하며

---

17)『世祖實錄』卷41, 世祖 13年 3月 丙戌.
18)『世祖實錄』卷41, 世祖 13年 3月 庚寅.
19)『世祖實錄』卷42, 世祖 13年 6月 己未.
20)『世祖實錄』卷41, 世祖 13年 3月 庚午.
21)『睿宗實錄』卷2, 睿宗 即位年 12月 丙申.

疲弊하여, 監司가 巡行해도 오히려 支待하기 어려우며, 황해도는 땅이 좁고 백성이 드물어서, 백성들을 옮기어 채웠어도 아직 번성하지 못하였고, … 만약에 兵務와 같은 것이라면, 沿邊 要害處에 이미 營을 설치하고 營將을 두었으며, 守令이 또한 모두 그 임무를 띠었으니, 비록 聲息이 있다 하더라도, 감사가 족히 節制할 수 있습니다. 하물며 경기는 안으로는 王城에 가깝고, 밖으로는 諸道가 있어서, 안과 더불어 밖을 制禦하고, 밖과 함께 안에 應하여, 禦侮가 더욱 어렵지 않으니, 청컨대 3道의 절도사를 혁파하고, 예전과 같이 감사가 겸하여 관장하게 하여, 민폐를 제거하소서.22)

라고 하여 역시 절도부사의 혁파를 적극 주장하였다. 이 주장은 예종에 의해 즉각 받아들여지지 않았으나 領議政 韓明澮가 재차 건의하여 황해도는 해주목사가, 강원도는 강릉부사가 겸임하도록 하였다.23)

세조대의 진관체제는 점차 개편·정비되면서 『經國大典』에 규정된 鎭管體制로 정착되었는 바, 同書에 의해 강원도의 군사편성을 정리하면 <표 3-1-3>과 같다.

〈표 3-1-3〉 江原道의 鎭管 編成(經國大典)

觀察使	兵使·水使 兼任　監營 = 原州	
僉節制使	同僉節制使	節制都尉
江陵鎭管 江陵大都護府使	三陟府使·襄陽府使·平海郡守·杆城郡守·高城郡守·通川郡守	江陵判官·蔚珍縣令·歙谷縣令
原州鎭管 原州牧使	春川府使·旌善郡守·寧越郡守·平昌郡守	原州判官·麟蹄縣監·橫城縣監·洪川縣監
淮陽鎭管 淮陽府使	鐵原府使	楊口縣監·狼川縣監·金城縣令·伊川縣監·平康縣監·金化縣監·安峽縣監
僉節制使	萬戶	
三陟浦鎭管 三陟浦僉使	安仁浦萬戶·高城浦萬戶·蔚珍浦萬戶·越松浦萬戶	

---

22) 『睿宗實錄』 卷3, 睿宗 元年 2月 壬寅.
23) 『睿宗實錄』 卷4, 睿宗 元年 閏2月 辛巳.

한편 전국의 군사조직이 진관체제로 체계화되었지만 鎭에는 항상 무장된 군사가 상주하는 것은 아니었다. 각읍의 正軍은 當番이 되면 중앙에 番上하거나 혹은 특수지대에 赴防하고, 평시에는 각종 군사가 대부분 非番인 상태로 거주지에서 자기 생업에 종사하고 있었다. 그러나 邊方에 있어서 전략상 요충이 되는 특수지대가 설정되어 이곳에는 항상 일정한 군사가 체류하였는데 이것이 이른바 留防軍이다.[24] 『經國大典』에 의하여 전국의 留防軍 배치를 표로 정리하면 다음과 같은데, 강원도에는 강릉과 삼척 두곳에 각 1旅씩 250명의 留防軍이 있었다.[25] 전국 및 강원도의 留防軍數를 보면 <표 3-1-4>와 같다.

〈표 3-1-4〉 全國 留防軍 配置(『經國大典』所載)

區 分	留防 4旅	留防 3旅	留防 2旅	留防 1旅	計
忠淸道		主鎭	庇仁・藍浦・泰安		9旅(1,125명)
慶尙道	主鎭	東萊・熊川	寧海・金海・泗山・迎日	南海・巨濟	24旅(3,000명)
全羅道		主鎭	沃溝・茂長・扶安・順天	興陽・珍島	13旅(1,625명)
黃海道			康翎・長淵	黃州・遂安・豊川・甕津	8旅(1,000명)
江原道				江陵・三陟	2旅(250명)
開城府	正兵留本府 巡綽				
平安道 永安道	兩界甲士・正兵 幷留防本邑				

한편 水軍은 초기에 騎船軍으로 일컬어져 구성되어 麗末鮮初에 왜구를 격퇴하는데 크게 기여하였다. 이에 조선초기에는 주요 浦口에 處置使・節制使 등을 두었고, 세종 2년(1420)에는 水軍都節制使를 폐지하고 이를 兵馬都節制使가 겸한 일이 있으나 이듬해

---

24) 陸軍士官學校 韓國軍事硏究室, 『韓國軍制史』, 168쪽.
25) 『經國大典』 兵典 留防.

다시 그 중요성이 제기됨에 따라 慶尙左·右道와 忠淸道에는 都安撫處置使를, 全羅道에는 處置使 등을 두었다. 또 그 휘하에는 지역 및 포구의 중요성을 감안하여 都萬戶, 혹은 萬戶 등을 배치하여 수군을 지휘하기도 하였는데 이들이 지휘하는 수군을 처음으로 기선군으로 칭했다. 그러나 水軍都節制使는 수군의 최고지휘관이었지만 세종 12년 수군절도사로 된 이후에는 관찰사나 병마절도사가 겸직하는 경우가 많았다. 기선군·선군 등으로 표현되는 수군은 태종의 사병혁파와 甲士 등의 復立으로 侍衛牌의 上京宿衛가 사실상 중요시되지 않게 되자 시위패의 일부가 여기에 편입되었다. 그리하여 전체 수가 불어나『世宗實錄』地理志에는 水軍의 定數가 약 5만여명이나 되었다.[26]

강원도의 水軍(騎船軍)은 정종 원년에 동북면의 수군과 함께 모두 폐지되기도 하였으나 海寇의 우려 때문에 6개월만에 다시 환원되었고 점차 정비되어 세종대에는 전체 船軍은 1,384명이며, 水軍萬戶가 주둔하는 곳은 越松浦·東草浦·江浦口·三陟浦·守山浦·連谷浦 등 6개처였다.[27] 그러나 세종 26년경 다시 강원도 船軍廢止를 주장하는 논의가 있게 되었다. 그 이유는 ① 강원도에서는 왜구 침입이 끊어진지 오래되어 배가 썩고 파괴되었는데 이를 수리하려면 船軍이 고통이 극심하다는 것, ② 포구에 모래가 쌓여 배를 출입시킬 수 없다는 것이었다.[28] 이에 대해 세종은 강원도 관찰사에게 浦口의 상황과 造船의 폐단을 막기위해 船數를 감하는 문제, 船體가 작은 배를 만드는 방안 등에 대하여 상세히 조사하여 보고하도록 하고 있다.[29]『經國大典』에 강원도에는 兵船으로 小猛船만을 두

---

26) 陸軍士官學校 韓國軍事硏究室, 1968,『韓國軍制史』, 137쪽.

27)『世宗實錄』地理志 江原道 平海郡·襄陽都護府·高城郡·蔚珍縣·三陟都護府·江陵大都護府.

28)『世宗實錄』卷105, 世宗 26年 7月 丁卯.

도록 규정하고 있는 것은 이러한 사정에서 비롯된 것이다.

그리고 水軍은 『世宗實錄』 地理志에 의하면 전국적으로 兵船 829척, 船軍 50,169명이었고, 『經國大典』에 기록되어 있는 것을 보면 兵船이 총 737척, 水軍數는 48,800(2番)으로 전보다 다소 감소하였는데, 이 가운데 강원도는 小猛船 14척, 無軍小猛船 2척 등 兵船 16척에 水軍은 420명(乘船水軍) 이었다. 『經國大典』에 의거하여 전국의 병선을 표로 정리하면 다음의 <표 3-1-5>와 같다.

〈표 3-1-5〉 전국의 兵船 현황(『經國大典』 所載)

道別 船區分	京畿道	忠淸道	慶尙道	全羅道	江原道	黃海道	永安道	平安道	備 考	計
大 猛 船	16	11	20	22	-	7	-	4	1척에 水軍 80人	80척
中 猛 船	20	34	66	43	-	12	2	15	1척에 水軍 60人	192척
小 猛 船	14	24	105	33	14	10	12	4	1척에 水軍 30人	216척
無軍小猛船	7	40	75	86	2	10	9	16		245척
無軍中猛船								3		3척
無軍大猛船								1		1척
計	57	109	266	184	16	39	23	43		737척

또 조선전기의 水軍萬戶營은 그 수와 위치가 일정하지 않았다. 『世宗實錄』 地理志에서는 越松浦(平海), 束草浦, 江浦口(高城), 三陟浦(三陟), 守山浦(蔚珍), 連谷浦(江陵) 등 6개 萬戶營으로 편성되어 있었으나[30] 세조 8년(1462)에 와서는 여러 浦口 가운데 얕거나 암석이 많아 병선의 출입이 원활하지 못한 곳이 있고, 또 울진과 삼척의 경우는 도적이 지나다니는 요충인데 사변이 발생하면 수령이 水陸軍을 겸하여 지휘해야하니 적절치 못하다고 하여 山城浦와 連谷浦에 설치하였던 萬戶營을 폐지하고 蔚珍·三陟에 만호를 두었다.[31]

---

29) 위와 같음.
30) 『世宗實錄』 卷153, 地理志 江原道.

그후『經國大典』에서는 三陟浦가 水軍僉節制使 鎭으로 편성되면서 安仁浦(江陵), 高城浦, 蔚珍浦, 越松浦(平海) 등 4개의 萬戶營을 거느리게 되었다.[32] 그후 조선전기에 별다른 변화는 없었으나 성종 21년(1490) 安仁浦의 萬戶營이 大浦로 이전되었다.[33]

鎭管體制下에서 지방군은 正兵과 水軍이 기간 병종이었다. 정병은 3개월 수군은 6개월의 의무를 마치면 이들은 농민으로 돌아와 일반국민으로서의 요역의 부담을 져야 했다. 이러한 이들의 과중한 부담을 덜기 위하여 保人을 설정하였으나 단위 保人의 數가 감소되고, 또 종래 自然戶 단위의 경제권을 위협하는 요소까지 있어 더욱 부담이 가중되었다. 이것이 收布放軍의 동기가 되는 것이다. 본래 保의 전신이라고 할 수 있는 奉足制는 조선시대 초기이래 고려시대의 제도를 답습하다가 태종 4년에 이르러 재정비되어 토지소유의 多小에 따라 甲士·侍衛牌·騎船軍 등에게 각각 일정한 奉足을 주고 토지가 많은 자에게는 不給하며 군사 이외에 鄕吏나 기타의 有役者에게도 봉족을 주기도 하였다.[34] 세조 10년에는 戶 대신에 保를 단위로 하여 兵種과 役種에 따라 최고 3保에서 최하 1保를 주는 규정을 정하였다.[35]

그러나 성종 이후 평화가 오래 계속됨에 따라 番上의 役務도 해

---

31)『世祖實錄』卷29, 世祖 8年 9月 乙巳. "兵曹據都體察使韓明澮啓本啓 江原道山城浦則浦口塡沙船不得出入 泊立爲難 連谷浦則浦口多巖石 亦難泊船 不宜置萬戶 蔚珍三陟兩浦則賊程要衝 乃以守令兼管 倘有事變 則兼治水陸軍 其勢甚難 請革山城連谷萬戶 置萬戶於蔚珍三陟 從之"

32)『經國大典』兵典 外官職 江原道.

33)『新增東國輿地勝覽』江原道 襄陽都護府 關防. "大浦營 在府東二十里 成宗二十一年 自江陵安仁浦 移泊于此 水軍萬戶 一人 (新增) 正德庚辰 築石城 周一千四百六十九尺 高十二尺"

34) 陸軍士官學校 韓國軍事硏究室, 1968,『韓國軍制史』近世朝鮮前期篇, 陸軍本部, 23~41쪽.

35)『世祖實錄』卷34, 世祖 10年 10月 乙未.

이해지면서 소수의 직업군사를 제외하고는 正軍과 奉足의 구별도 희미해졌다. 그러한 추세는 마침내 중종대를 전후하여서는 군역의 의무가 있는 良人壯丁에게서 價布를 징수하여 재정에 충당하는 收布放軍의 제도로 변화하게 되었을 뿐만 아니라 그 징수하는 방법도 가혹하여 良人이 그 納布의 부담이 과중하여 병역의 의무가 없는 賤人으로 스스로 전락하는 사례까지 발생하게 되었다.[36] 水軍의 피폐는 육군의 正兵보다 더욱 심하였다. 수군의 役은 다른 兵種보다 苦役이었을 뿐만 아니라 세습적인 요소가 많았고, 또 연해의 각포는 행정구역과는 관계를 갖지 않고 있었으므로 본래 지정된 水軍 이외에 부족한 인원이 있으면 근처 沿海民이 아닌 자로 충당하여 正兵보다 더 피폐할 수 밖에 없었다.[37]

그러나 지방군체제는 세조대 이후 조선전기 동안 대체로 진관체제를 유지하였다고 볼 수 있으나 점차 鎭管體制에 의한 군사조직은 弛緩되고 기능이 상실되어 감에 따라 지휘계통을 개편하고, 유사시의 부족한 병력자원을 보충하기 위하여 정규군사가 아닌 층까지 동원하여 전쟁에 임하는 이른바 '制勝方略'의 응급적인 分軍法이 대두하게 되었다. 이는 유사시에 각지방의 군사를 제도상 軍事職을 겸한 所管守令이 동원 가능한 병력을 인솔하여 미리 할당된 방어지에 가서 대기하되, 중앙에서 파견되는 都元帥・巡邊使・防禦使・助防將 등의 京將과 本道의 兵水使가 각기 그 지휘관이 되는 체제이나 지휘계통의 혼선을 일으키는 등 실효성에 문제가 있었다. 이러한 가운데 임진왜란중에 束伍軍이 편성되어 지방군의 중심을 이루었으나 營將의 設廢에 따라 그 기능이 浮沈하여 항구적인 지방군제로서 자리잡지 못하였고, 왕성중심의 5軍營制가 확

---

36) 『中宗實錄』 卷9, 中宗 4年 9月 戊午.
37) 1968, 『韓國軍制史』 近世朝鮮前期篇, 236~239쪽.

립되자 수령중심의 束伍軍의 기능은 미약해지고 점차 良人 20斗, 賤人 15斗의 收米法이 적용되어 갔다.

고려말 조선초기 강원도 지역은 가장 큰 변화를 겪은 지역이다. 북으로는 강원도와 경계를 맞대고 있던 雙城摠管府가 소멸되고, 행정구역도 嶺東과 嶺西地域이 하나로 묶여 道로 편제되게 되었다. 이러한 변화는 자연히 여러 방비시설의 정비에도 영향을 미쳤다. 강원도에는 태조대에 三陟과 杆城 두곳에 鎭이 설치되었는데,[38] 이는 고려시대 東界라는 특별한 군사지역의 전통을 잇는 것이라고 할 수 있으며, 공민왕대에 雙城摠管府가 수복되고 防禦線이 북상함으로써 강원도의 방어상 긴요성이 전에 비해 줄어들었음에도 불구하고 영동지역의 방비에 여전히 관심을 가지고 있었음을 의미한다. 그러나 국가가 점차 안정화되고 강원도는 영동지역은 北의 女眞이나 南의 倭寇 어느쪽으로부터도 비교적 안전한 곳으로 인식됨에 따라 당시 主力兵種이라 할 侍衛軍이나 甲士는 모두 서울로 番上하게 되고, 진관체제의 정비과정에서도 종단 수백킬로미터에 달하는 영동전체를 江陵鎭管에 소속시키는 등 방비상의 비중이 낮게 인식되었다.

2. 역로와 봉수체제

1) 驛 路

조선전기는 주로 농업을 위주로 하는 현물경제체제를 기본으로 하였기 때문에 首都와 극히 일부의 지방행정 중심지를 제외하고는

---

38) 『太祖實錄』 卷11, 太祖 6年 5月 壬申.

대부분 도시가 발달하지 못하였고, 국가적인 '務本抑末'정책은 상공업의 발달을 저해하였다. 따라서 당시의 교통·통신체제는 사회·경제상의 의미보다는 주로 군사·행정상의 의미가 컸던 것이며, 철저한 中央集權化 경향으로 수도 漢城府를 중심으로 전국의 道路網과 驛院制 및 烽燧制를 개편하였다.

『經國大典』에 의하면 都城內 도로는 大·中·小路의 세 종류가 있어 그 넓이가 大路는 廣 56尺, 中路는 16尺, 小路는 11尺으로서 도로의 양편에는 2尺 넓이의 水溝를 파도록 하였다.[39] 또한 전국의 도로망을 모두 서울로 연결되어 大·中·小路로 구분되었고, 驛·院·站 등의 교통시설도 이러한 도로를 따라 설치되었던 것이다. 『經國大典』工典에 보면 大路는 서울-開城, 서울-竹山, 서울-稷山, 서울-抱川에 이르는 4개 도로이며, 中路는 이 4大路와 연결된 開城-中和, 竹山-尙州·鎭川, 稷山-公州·全州, 抱川-淮陽, 서울-楊根間이 中路가 되었고 이들과 연결된 외방의 각종도로가 小路였다.[40]

한편 도로의 거리 표시는 周尺 6尺을 1步, 360步를 1里, 30里를 1息으로 한다고 하였으나 실제에 있어서는 그렇게 정확하지 못하였고, 景福宮 앞의 元標를 기점으로 도로를 따라 每十里에 小堠, 30里마다 大堠를 두되 堠에는 里數와 地名을 새기는 것을 원칙으로 하고, 이외에도 5리마다 亭子를 세우거나 30리마다 楡柳를 심거나 하는 경우도 있었다.

조선왕조의 驛制는 高麗의 제도를 이어받되 首都의 천도와 함께 모든 驛路가 새 수도인 漢城을 중심으로 개편되었다. 驛路로 대표되는 전국적인 도로교통망은 중앙집권정치를 수행하는데 있

---

39) 『經國大典』卷6, 工典 橋路.
40) 『經國大典』卷6, 工典 院宇.

어서 중요한 요소 가운데 하나로서 조선초기부터 이에 대한 여러 차례의 개혁과 정비가 이루어져 마침내『經國大典』에 조선왕조의 새로운 驛制[41]를 확립하게 되었다.

漢城의 경복궁 앞을 기점으로 전국의 주요지역으로 연결된 驛路를 관할하는 중앙의 최고기관은 兵曹였고, 그 안에서 郵驛사무를 전담하는 부서는 乘輿司였다.[42] 승여사는 태종 5년(1405) 兵曹가 격상되어 正2品 衙門으로 될 때, 屬司制가 시행되어 3개의 屬司를 두게 되었는데, 이 당시 국초부터 驛의 사무를 관장하던 供驛署를 폐지하고 乘輿司를 설치하였으며, 여기에서 왕의 儀仗과 驛程, 儀仗이나 衛從과 관련되는 특수한 兵種 또는 從卒에 대한 업무를 담당하였다.[43]

驛이란 行政과 軍事上의 필요에 따라 설치된 官用交通手段으로 서울에서 각지방에 이르는 도로에 30里마다 설치하는 것을 원칙으로 하였으며, 馬匹과 驛吏·驛卒 등을 두어 중앙과 지방과의 공문서 전달, 官物·貢稅의 輸送, 官僚·使行에 대한 馬匹의 給與와 宿食의 제공, 邊方의 軍情과 그밖의 民情觀察을 담당하였으며, 역로를 이용하는 것은 公用事務에 국한하는 것이 원칙이었으나 공용에 준하는 이용에 허가하기도 하였다. 그러나 이러한 원칙을 무시하고 권세가들이 불법으로 역로를 濫用하여 이에 대한 접대나 苦

---

41) 조선시대의 驛은 반드시 '驛'이라는 명칭만을 사용한 것은 아니다. 즉,『朝鮮王朝實錄』이나 기타의 문헌을 보면 驛에 대한 別稱으로 '館' '站' '合排' 등이 사용되고 있는데,『世祖實錄』을 보면 황해도내의 黃州道에서는 '站'을, 평안도내의 義州 및 安州道내에서는 '館'을, 江界道에서는 '合排'를 사용한 것이 그 例이다. 이러한 것은 기능이나 구성면에서, 또는 제도상으로 驛과 구별되는 것은 아니고 그것이 위치하는 지역에 따라 慣例的으로 사용한 명칭으로 보인다.

42)『經國大典』吏典 京官職 兵曹.

43)『太宗實錄』卷9, 太宗 5年 3月 丙申.

役으로 인하여 驛을 피폐케하는 원인이 되기도 하였다. 그리고 역마의 사용에는 馬牌가 필요하였는데 사용자의 階級 및 용도에 따라 馬匹數가 달랐고 마패에 그 수를 세겨놓았다.[44)

그리고 驛을 수개 내지 수십개씩 묶어서 각기 구역을 정하여 '道'로 구분하고, 各 驛道에는 從6品인 察訪과 또는 從9品인 驛丞(中宗 30년에 모두 察訪으로 통일함)을 파견하여 道內의 驛政을 관할케 하였으며 각 驛에는 驛長과 驛吏·驛卒을 두어 驛의 업무를 담당하게 하였다.

강원도에는 『세종실록』 지리지에 의하면 察訪은 없고 驛丞만 3인 있었으며(전국 찰방 5, 역승 39),[45) 『經國大典』에서는 찰방 2인, 역승 2인으로[46) 2개 驛路는 察訪驛으로 승격하고 종전보다 1개 역로가 증설되었다(전국 찰방 23, 역승 18). 이는 『新增東國輿地勝覽』에서도 그대로 유지되다가 중종대에 이르러 驛丞을 書吏去官者로 充差하는 데서 오는 驛路의 凋弊를 들어 역승을 혁파하고 察訪으로 대치할 것을 주장하는 논의가 일어나[47) 이듬해에는 역승을 혁파하는 傳命을 내리게 되었다.[48) 다만 이 당시의 역승 혁파라는 것은 역승을 완전히 혁파한다는 것은 아니었고 驛路가 회복될 동안 임시로 察訪을 둔다는 것이었다.[49) 그후 이 문제는 오랫동안 확고한 결말을 보지 못하여 임시적 찰방제로 운용되다가 중종 30년(1535)에 이르러 모두 찰방으로 승격되었다.[50) 역승과 찰방의 치폐

---

44) 陸軍士官學校 韓國軍事硏究室, 1968, 『韓國軍制史』 近世朝鮮前期篇, 陸軍本部, 554~559쪽.
45) 『世宗實錄』 卷153, 地理志 江原道.
46) 『經國大典』 吏典 外官職 江原道.
47) 『中宗實錄』 卷29, 中宗 4年 8月 戊子.
48) 『中宗實錄』 卷11, 中宗 5年 6月 乙未.
49) 『中宗實錄』 卷11, 中宗 5年 6月 甲辰.
50) 『中宗實錄』 卷79, 中宗 30年 6月 庚寅.

문제는 이미 세조대부터 본격적으로 제기되었던 것으로,[51] 역승의
경우 비록 종9품 말단직이지만 서리로 去官한 자를 취재하여 임명
하기 때문에 역승은 토착세가 있는 자였고, 또 많은 驛의 吏・卒
과 奴婢를 거느리게 됨에 따라 폐단의 소지가 항상 있었던 것이다.

　조선전기 강원도의 驛은 초기에는 3개 역로에 屬驛이 57개였는
데,[52] 麗末鮮初에 여러 곳의 驛이 통합・移置, 혹은 驛名이 개칭
되는 등 많은 변화가 있었다. 강원도의 경우 楊淵驛(寧越), 新安驛
(淮陽), 瑞雲・昌道驛(金城), 達孝驛(平海), 生昌驛(金化) 등이 그러
한 사례이다. 이 驛의 변화를 구체적으로 보면 다음의 <표 3-1-6>
과 같다.

<표 3-1-6> 麗末鮮初 강원지역 역의 변화

지 역	驛名	변 화 내 용
寧越	楊淵	恭讓王 2년 正陽・溫山 2개역을 합쳐 楊等所로 옮기고 楊淵으로 개칭함.
淮陽	新安	世宗 7년 新楊驛을 東安驛에 합치고 新安으로 개칭함.
金城	瑞雲	太宗 14년 看波驛을 瑞雲으로 개칭함.
	昌道	世宗 7년 通道와 能昌驛을 합하고 昌道로 개칭함.
平海	達孝	太宗 5년 阿叱達驛을 達孝로 개칭함.
金化	生昌	世宗 7년 都昌・生安驛을 합쳐 生昌으로 개칭함.

※ 『世宗實錄』 地理志에 의거함.

　그후 세조 원년(1455)에 이르러 강원도의 驛路가 피폐하고, 역승
의 관품이 낮아 역무를 처리하는데 원활하지 못하다고 하여 大昌
道와 保安道를 합하여 大昌道라고 칭하고 察訪을 파견하도록 하
였다.[53] 그후 驛路는 점차 정비되어 세조 8년(1462) 8월에는 銀溪
道(屬驛 17, 察訪), 保安道(屬驛 30, 察訪), 平陵道(屬驛 15, 驛丞),
祥雲道(屬驛 16, 驛丞) 등 4개역로로 개편되었다.[54]

---

51) 南都泳, 1996, 『韓國馬政史』, 한국마사회 마사박물관, 500쪽.
52) 『世宗實錄』 卷153, 地理志 江原道.
53) 『世祖實錄』 卷2, 世祖 元年 12月 甲辰.

이러한 屬驛의 數는『世宗實錄』地理志에 기재되어 있는 3驛路 57개驛에 비하면 21개역이 늘어난 것이지만 이는 실제의 역이 증설된 것은 아니고 同 地理志의 각 지역별 기록에 나타난 驛數는 다음에 열거되어 있는 바와 같이 총 79개에 달한다. 이것을 기록자의 오류로 보아야 할지, 아니면 세조때에 驛道가 정비되기 전에는 驛道에 편입되지 않은 역이 있었다는 것을 의미하는 것인지는 확실하지 않다. 여하튼 세조대에 정비된 驛道는『經國大典』에 거의 그대로 기록되었고(4개 驛道, 屬驛 78), 이는 대체로 조선후기까지 유지되었다. 강원도의 驛道를『世宗實錄』地理志와『經國大典』에 의거하여 살펴보면 다음과 같다.

① 『世宗實錄』地理志
■ 驛道와 屬驛
保安道 : 保安, 仁嵐, 富昌, 原昌, 連峯, 泉甘, 延平, 藥水, 平安, 餘粮, 蒼峯, 葛豊, 烏原, 碧呑, 好善, 安興, 由原, 新興, 陽淵, 丹丘 = 20개驛
大昌道 : 大昌, 安仁, 珍富, 丘山, 橫溪, 大和, 芳林, 雲交, 木界, 高丹, 大康, 高岑, 登路, 樂豊, 臨溪, 冬德, 麟丘, 連倉, 祥雲, 降仙, 竹苞, 淸澗, 雲根, 明波, 養珍, 朝珍, 巨豊, 眞德 = 28개驛
平陵道 : 平陵, 史直, 交可, 龍化, 沃原, 興富, 守山, 德神, 達孝 = 9개驛55)

■ 各地域別 管轄驛
江陵大都護府 : 大昌, 安仁, 珍富, 丘山, 橫溪, 大和, 芳林, 雲交, 木界, 高丹, 樂豊, 臨溪, 冬德
襄陽都護府 : 麟丘, 連倉, 祥雲, 降仙

---

54)『世祖實錄』卷29, 世祖 8年 8月 丁卯.
55)『世宗實錄』卷153, 地理志 江原道.

旌善郡 : 餘粮, 碧呑, 好善
平昌郡 : 平安, 藥水
原州牧 : 神林, 丹丘, 安昌, 由原, 神興(酒泉縣)
寧越郡 : 延平, 楊淵
橫城縣 : 烏原, 安興, 葛豊, 蒼峯
洪川縣 : 連峯. 泉甘
淮陽都護府 : 銀溪, 新安, 和親(和川縣)
金城縣 : 直木, 瑞雲, 昌道
金化縣 : 新化, 生昌
平康縣 : 林丹
三陟都護府 : 平陵, 史直, 交可, 龍化, 沃原
平海郡 : 達孝
蔚珍縣 : 興富, 守山, 德神
春川都護府 : 保安, 原昌, 安保, 仁嵐, 富昌
狼川縣 : 方川, 原川, 山陽
楊口縣 : 水仁, 含春
麟蹄縣 : 富臨, 馬奴, 臨川, 嵐校
杆城郡 : 竹苞, 淸澗, 雲根, 明波
高城郡 : 大康, 高岑, 養珍
通川郡 : 巨豊, 朝珍, 藤路(登路)
歙谷縣 : 貞德

② 『經國大典』
銀溪道(察訪驛) : 豊田, 生昌, 直木, 昌道, 新安, 龍潭, 林丹, 玉
            洞, 乾川, 瑞雲, 山陽, 原川, 方川, 含春, 水仁,
            馬奴, 富林, 嵐校, 林川 = 19개역
保安道(察訪驛) : 安保, 泉甘, 仁嵐, 原昌, 富昌, 連峯, 蒼峯, 葛豊,
            烏原, 安興, 丹丘, 由原, 安昌, 神林, 神興, 楊淵,
            延平, 藥水, 平安, 碧呑, 好善, 餘粮, 臨溪, 高丹,
            橫溪, 珍富, 大和, 方林, 雲交 = 29개역
平陵道(驛丞驛) : 冬德, 大昌, 丘山, 木界, 安仁, 樂豊, 新興, 史

直, 交可, 龍化, 沃原, 興富, 守山, 德神, 達孝
= 15개역
祥雲道(驛丞驛) : 連倉, 五色, 降仙, 麟丘, 竹苞, 淸澗, 雲根, 明
波, 大康, 高岺, 養珍, 朝珍, 登路, 巨豊, 貞德
= 15개역[56]

강원도의 역로는 『經國大典』에 4驛道 78驛으로 확립된 이후 조선전기 동안 대체로 이 체제가 유지되었으며, 조선후기에 와서도 4驛道는 변함이 없었으나 屬驛의 增減이 있었고, 察訪駐在驛이 바뀐 곳도 있다.[57]

이러한 역로는 당연히 성곽과도 연결되어 진다. 驛路는 아군이 이용하면 물자보급로나 공격로가 되고 적이 이용하게 되면 침입로가 되기 때문에 군사전략상 매우 중요한 대상이다. 따라서 성곽은 이러한 교통망과 인접하여 축성되는 사례가 많았고, 이러한 적이 주요 도로를 따라 침입하는 것을 방어하기 위해 길목에 성을 축조하는 경우도 있었다.[58] 특히 삼척의 옥원성의 경우는 역을 관리하는 驛丞이 수호의 책임을 맡고 있었던 매우 특별한 사례이다.

---

56) 『經國大典』 吏典 外官職 江原道.
57) 16세기에 편찬된 『新增東國輿地勝覽』과 18세기에 편찬된 『輿地圖書』에 기재된 강원도의 察訪驛의 변화를 비교하여 보면, 平陵道는 三陟 平陵驛→校柯驛으로, 保安道는 春川 保安驛→原州 丹丘驛으로, 銀溪道는 淮陽 銀溪驛→金化 邑內로, 祥雲道는 襄陽 祥雲驛→連倉驛으로 각각 이전되었다.
58) 이는 다른 지역의 예가 아니더라도 강원도의 경우에도 원주 영원산성은 원주에서 제천·영월로 이어지는 길목에 위치한다고 할 수 있고, 횡성의 태기산성은 원주에서 강릉으로 이어지는 도로 인근에 위치하고 있다.

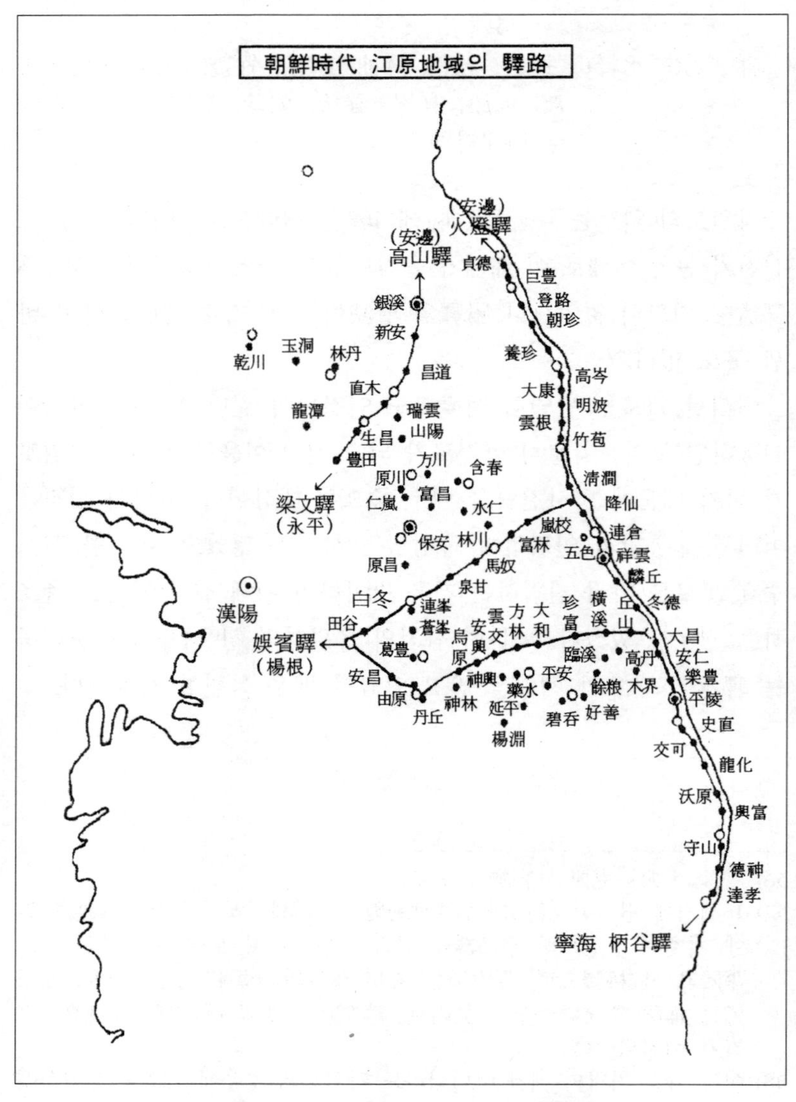

삽도 3-1-1. 조선시대 강원지역의 驛路

※ 이 驛路圖는 『經國大典』의 기록을 중심으로 작성한 것임.

2) 烽 燧

　烽燧는 변경지방의 긴급한 상황을 중앙이나 또는 변경의 鎭營에 알리는 통신체제로 주로 군사상의 목적으로 설치하여 운영하였다. 특히 봉수는 변경의 긴급한 상황을 중앙정부에 신속히 알림으로써 그 대책을 마련하도록 하는 기능을 가지고 있었지만 지방에서는 군사주둔지인 鎭營에 신속히 연락을 취하여 즉시 군지휘관이 軍兵을 모아 출병태세를 갖추어 대응하도록 하는 중요한 신호수단이었다.[59] 또한 인근 지역과 鎭營에 봉수를 통하여 연락을 취함으로써 이에 대비하여 거주민을 입보시키거나 군병을 출동시켜 상호간 구원하도록 하는 데에도 매우 긴요한 수단이 되었다. 조선시대 변경의 봉수로가 변경 각지를 고루 연결하도록 되어 있었던 것은 그러한 이유에서이다.

　봉수의 역사는 상당히 오래되어, 이미 『三國史記』나 『三國遺事』에 '擧火' '烽峴' '烽山' '烽山城' 등과 같은 말이 보이는 것으로 보아 삼국시대에 봉화를 이용한 통신법이 있었음을 알 수 있다. 그러나 우리나라에서 군사적 목적에 입각한 봉수제도의 존재가 확실히 기록상으로 나타나는 시기는 고려중기 이후이며, 고려말 왜구의 침입이 빈번해지면서 봉수제는 더욱 정비되고 강화되었다.[60] 조선왕조 초기에는 고려의 봉수제를 거의 그대로 답습하다가 세종 4년(1422)에 와서 병조로 하여금 議政府 및 各曹와 더불어 의논하여 전국의 봉수를 정하도록 하였고,[61] 唐의 제도를 참고한 擧火炬

---

59) 『太宗實錄』 卷11, 太宗 6年 3月 乙未.

60) 陸軍士官學校 韓國軍事硏究室, 1968, 『韓國軍制史』 近世朝鮮前期篇, 陸軍本部, 488~490쪽.

61) 『世宗實錄』 卷18, 世宗 4年 12月 癸酉.

數法 등 관계규식의 제정, 各道沿邊의 봉수에 대한 烟臺 신축 등 봉수제를 대대적으로 정비하였다.[62] 특히 세종 29년(1447)에는 沿邊各處의 烟臺造築에 대한 사항을 명확히 규정하여 烟臺는 높이 25尺, 周圍 70尺, 臺下 四面 30尺으로 하고 그 바깥에 깊이와 넓이를 각각 10尺되게 塹壕를 파고 그 壕 밖에 길이 3尺 정도의 껍질을 까고 위를 뾰족하게 깎은 木杙(말뚝)을 박는데 木杙地帶의 넓이는 10尺으로 하도록 하였다.[63] 또 烟臺 위에 假屋을 짓고 兵器와 朝夕生活에 필요한 水火器皿 등을 간수하도록 하였다.[64]

봉수제는 수십리의 일정한 거리마다 서로 잘 보이는 산봉우리에 烽燧臺를 설치하고 밤에는 횃불(烽)로, 낮에는 연기(燧)로 신호하였다. 신호는 炬數로 구분하였는데, 고려 毅宗 4년에 이미 4區分하였으나 麗末鮮初에는 2區分으로 후퇴하였다가 세종 1년 1월에는 5區分으로 다시 나뉘어졌다.[65] 이에 의하면 평상시에는 한 줄기, 적이 나타나면 두 줄기, 적이 가까이 오면 세 줄기, 침입해 들어오면 네 줄기, 접전하게 되면 다섯 줄기의 연기나 불을 피워서 신호였으며,[66] 날씨가 좋지 않아서 서로 보이지 않을 때는 각 烽燧臺에 상주하는 烽燧軍이 직접 연락을 담당하였다.[67]

조선시대 봉수는 중앙은 兵曹의 武備司가, 지방은 監司·守令

---

62) 陸軍士官學校 韓國軍事研究室, 앞의 책, 491쪽.
63) 『世宗實錄』 卷115, 世宗 29年 3月 丙寅. "議政府據兵曹呈啓 沿邊烟臺造築之式 腹裏烽火排設之制及監考軍人勸勵完護之條 參酌磨鍊後錄 一沿邊各處烟臺造築 高二十五尺 臺下四面三十尺 外掘塹深廣各十尺 皆用營造尺 又於坑塹外面 說木杙長三尺 削皮銳上植地 廣十尺 …"
64) 『世宗實錄』 卷115, 世宗 29年 3月 丙寅. "… 臺上造假家 藏兵器及朝夕供用水火器皿等物 看望人十日相遞守之 …"
65) 陸軍士官學校 韓國軍事研究室, 앞의 책, 516쪽.
66) 『世宗實錄』 卷4, 世宗 元年 5月 庚午.
67) 『世宗實錄』 卷114, 世宗 28年 10月 庚子.

과 兵使·水使 등 모든 군사책임자가 업무를 감독하였으며, 봉수대에 기거하면서 임무를 수행하는 요원으로 봉수군과 伍長(監考), 또는 五貟이 있었다. 이들은 반드시 부근에 거주하는 사람으로 배속하도록 하였는데, 沿邊烽燧·內地烽燧·京烽燧로 나뉘어져 각각 그 근무인원수가 달랐다. 조선전기 모든 봉수지에는 동일하게 伍長 1인이 근무하였고, 沿邊烽燧에는 5인, 內地烽燧에는 3인, 京烽燧(5개소)에는 각 2명이 근무하였는데 이들은 대체로 배수의 정원이 정해져 있어서 上·下兩番(대체로 10일교대)으로 나누어 임무를 수행하였다. 이러한 봉수관리 요원의 배치가 조선후기에 와서 어떠한 변화가 있었는지 자세하지 않으나 18세기 중반에 편찬된 『輿地圖書』에 봉수지의 근무인원수에 대한 기록이 산발적으로 발견되는데, 함흥의 경우 100명의 무사가 輪番으로 守直한다고 되어 있고, 강원도 淮陽의 경우 每番 5명씩 근무하는 것으로 기록되어 있다.68)

　한편 수령은 봉수군 伍長(監考)의 候望業務를 감독하여 사고발생시 연대책임을 져야했으며,69) 이에 봉수군의 차출은 물론, 근무상태 및 봉수대의 이상 유무를 항시 살펴야 했다. 봉수에 대한 이상유무는 서울에서는 五貟이 봉수를 관찰하여 병조에 보고하였고,70) 지방에서는 伍長과 봉수군이 배치되어 그곳에 기거하면서 임무를 수행하였는데, 伍長은 근무상의 이상유무를 수령(鎭將)에게 보고하도록 하였다.71)

---

68) 柳在春, 1995, 「第七章 江原地域의 交通·通信」『江原道史』歷史篇, 江原道, 870쪽.
69) 『成宗實錄』卷55, 成宗 6年 5月 乙亥.
70) 『經國大典』兵典 烽燧. 통상적으로 봉수에 대한 候望 내용을 다음날 새벽에 승정원에 보고하도록 규정되어 있었으며, 有事時에는 비록 밤이라고 하더라도 즉시 보고하도록 하였다.

이와 같은 봉수관리 규칙이 있었으나 때때로 봉수를 지키는 烽軍들의 근무태만이나 代替(봉군을 다른 사람으로 대신 보냄), 감독 소홀 등으로 제대로 시행되지 않은 경우가 종종 발생하였다. 이에 조선왕조에서는 국초부터 '不擧火'라든가 '中途廢絶'과 같은 봉군이나 감독관이 직무를 제대로 수행하지 않음으로써 발생하는 事故에 대해 엄격한 律을 적용하여 처벌하였다.[72]

조선시대의 봉수는 전국의 주요간선로를 5로로 나누어서 이를 直烽이라 불렀다. 이 幹線 5路는 모두 漢陽의 木覓山에 도달하게 되어 있었는데,[73] 강원도에서 올라가는 봉수는 함경도 방면에서

---

71) 위와 같음.

72) 科罪에 관한 사항을 보면, 沿邊의 烽燧軍이 變故가 발생하여 봉수를 올려야 하는데도 봉수를 올리지 않아 我軍이 미처 군대를 정비하지 못함으로써 城을 함락케하고 아군의 인명피해가 있을 경우는 斬刑으로 다스렸고, 賊이 우리 영토내에 침입하여 人民을 노략질하게 한 경우는 杖 100대에 멀리 변경지역으로 보내 군인으로 충원하였다. 또 봉수가 線路를 따라 전해 오다가 중도에서 끊어지는 경우, 세종초에는 杖 80(혹은 100)에 계속 役을 지도록 하였고, 세종 28년(1446) 이후로는 두가지 경우로 나누어서 有事時에는 杖 100, 無事時에는 違令律로 다스렸다. 그리고 봉수대에 출근하지 않을 경우, 初犯은 笞 50, 再犯은 杖 80, 三犯은 杖 100으로 징벌하였고, 官의 허가없이 다른 사람으로 代替하였을 경우 代立한 자는 杖 60에 充軍하고, 代替를 시킨 본인은 杖 80에 前대로 充軍하였다. 이러한 봉수업무와 관계되는 科罪는 실제로 봉수업무를 담당하는 烽燧軍 뿐만 아니라 감시·감독의 책무가 있는 伍長(監考)이나 관할 지방관도 처벌하였다. 伍長은 봉수군이 闕點(봉수대에 출근하지 않은 것)하였을 경우 伍長도 초범은 笞 50이고, 재범부터는 차차 한등급씩 올려 처벌하고 杖 100에 이르면 파직하였으며, 지방관은 아울러 律에 의하여 처벌한다고만 하였을 뿐 구체적인 규정이 없다가 중종대 이후에야 구체적인 처벌규정이 마련되었다(陸軍士官學校 韓國軍事硏究室, 1968,『韓國軍制史』, 陸軍本部. 523~525쪽 참조).

73)『經國大典』兵典 烽燧.

전달해 오는 봉수와 함께 漢陽 明哲坊의 洞源嶺에서 받게 되어 있었으며 楊州 아차산 봉수와 서로 응하게 하였다.74)

조선시대의 봉수로는 대체로 主路線 5개가 있고 여기에 間線이 연결되었다. 동북으로 두만강변의 慶興線(西水羅), 동남해변의 東萊線(多大浦鎭), 서북지역의 압록강변에서 시작되는 江界線(滿浦鎭), 서북 압록강변의 義州線(古靜州), 서남해변에서 시작되는 順天線(突山島) 등이 있었다.75)

이 가운데서 강원도 지방은 16세기경에 편찬된『新增東國輿地勝覽』을 기준으로 할 때 함경도 경흥으로 연결되는 本線과 동해안 지대에 間線이 있었으나 18세기경이 되면 경흥으로 이어지는 本線에 속한 平康·淮陽·鐵原·金城의 봉수대만 존속하고 동해안으로 이어지는 間線網은 모두 폐지되었다.76) 이는 조선초기에는 왜구가 동해안에 출몰하는 경우가 있어 이에 대한 경계의 필요성에서 유지되었던 것이나 임진왜란과 정묘·병자호란을 겪은 후 국방정책의 관심이 首都와 南北邊境地域에 집중되고, 동해안에서의 왜구의 출몰이라든가 기타의 事變이 거의 없어졌기 때문으로 볼 수 있다.

강원도의 봉수대는『世宗實錄』地理志에 기록되어 있는 것은 모두 47개인데, 각기 서로 응하는 봉수가 잘못 기재되어 있는 것이 있어 노선을 표시하기가 쉽지 않고,『新增東國輿地勝覽』에는 강원도의 봉수가 총 49개처가 기록되어 있는데,『세종실록』의 숫자와 큰 차이가 없는 것으로 보아 큰 변화는 없었던 것으로 보인다. 이를 路線網으로 표시하여 보면 다음의 路線網圖와 같다.

---

74)『世宗實錄』卷19, 世宗 5年 2月 丁丑.
75)『韓國軍制史』近世 朝鮮前期篇, 531쪽의 烽燧路圖 참조.
76) 이는『輿地圖書』강원도 지역의 봉수에 관한 기록을 보면 일부지역의 봉수만 기록되어 있는 점에서 알 수 있다.

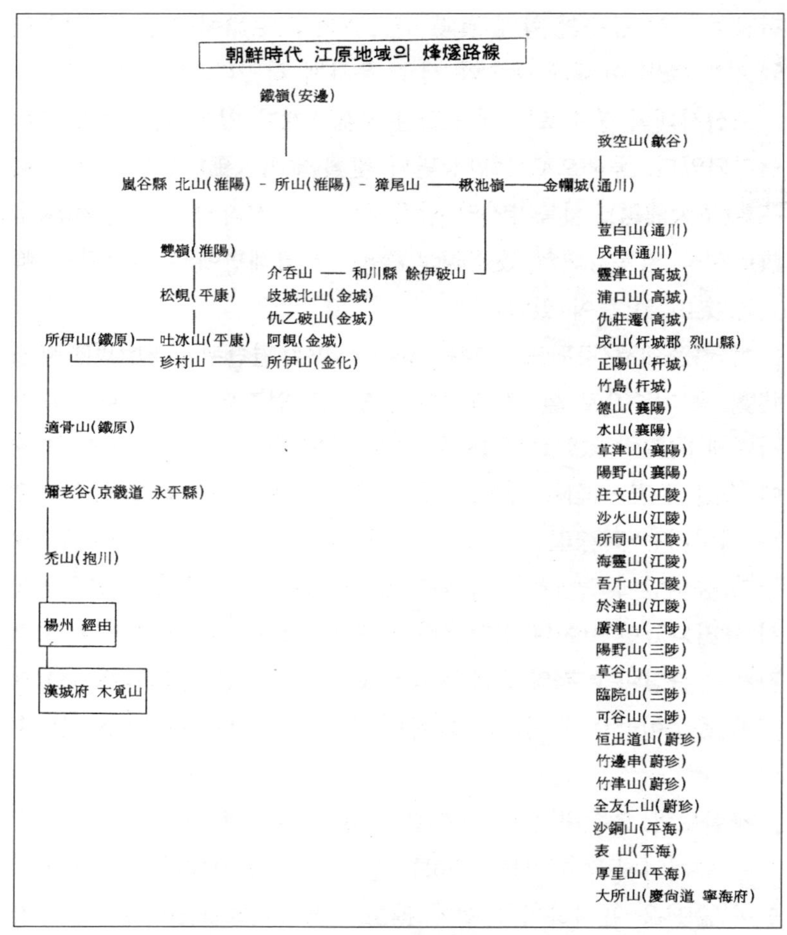

삽도 3-1-2. 조선시대 강원지역의 봉수 노선표

※ 線없이 上·下로 기재되어 있는 烽燧는 南北으로 상호 응하는 것을 나타냄
※ 이 路線圖는 『新增東國輿地勝覽』의 기록에 의한 것임.

위의 노선망에서 알 수 있는 바와 같이 조선전기 강원도의 봉수
로 主線은 함경도 안변의 鐵嶺을 통하여 전해오는 봉수를 本道의
淮陽 - 平康 - 鐵原을 거쳐 京畿道의 永平縣의 彌老谷 봉수대에

전달하는 노선이며, 間線은 동해안에서 전달되어 오는 봉수이다. 間線烽燧는 북으로는 通川의 金幱城 봉수를 통하여 楸池嶺으로 연결되고, 남으로는 平海의 厚里山 봉수를 통하여 경상도 寧海의 大所山으로 연결되어 靑松을 경유, 安東에 이르러 東萊本線과 연결되었다.

이렇게 기록으로 나타나는 봉수로는 말할 것도 없이 首都인 한양을 중심으로 구축된 통신로이다. 그런데 이것이 당시 봉수체제의 전부라고 하는 데에는 의구심이 든다. 강원도의 경우를 보면 앞에서 서술한 대로라면 동북로 봉수에 이어지는 곳을 제외하고 內地를 통과하는 봉수가 전혀 없었다는 것이 되는데, 이는 현지조사를 통하여 나타나는 결과와 차이가 있고, 또 강원도에는 적어도 15세기경까지는 內地에 여러 산성이 있었기 때문에 유사시에 상호 교신하기 위한 봉수가 전혀 갖추어지지 않았다는 것은 이해하기 어렵다. 이러한 관점에서 봉수는 교신체계나 관리주체상으로 京烽燧와 鄕烽燧로 나누는 것이 일면 타당하리라고 여겨지나 이 문제는 향후 타지역의 사례를 광범위하게 조사·연구함으로써 결론지워 질 수 있을 것이다.

앞서 말한 바와 같이 조선후기에 와서 강원도의 봉수대 가운데 경흥으로 이어지는 본선망에 속하는 곳을 제외한 間線路는 모두 폐지되었다. 즉 『輿地圖書』江原道 烽燧條에 의하면 평강현·회양부·철원부·금성현에만 다음과 같이 총 15개소(실제는 12개)의 봉수가 기록되어 있다.

平康縣 : 松峴, 吐水, 箭川
淮陽府 : 鐵嶺, 峯道只, 所山, 城北, 屛風山, 雙嶺, 箭川
鐵原府 : 所伊山, 適骨山, 割眉山
金城縣 : 屛風山, 雙嶺

이 15개 가운데 箭川烽燧는 본래 淮陽 소속이었으나 임진왜란 당시 淮陽 백성이 크1로 관리하였다.77)

3. 城郭 修築과 變遷

고려말에는 주로 왜구에 대비한 연해지역의 축성에서부터 시작하여 왜구의 침입이 있었거나 침입의 우려가 있는 내륙지역에 대한 축성이 대대적으로 이루어졌다. 특히 禑王代에 이르러 왜구가 더욱 극성을 부리자 各道의 요충지에 防護를 설치하고 流民을 막으면서 沿海州郡에 山城을 수축토록 하였다.78) 당시의 산성수축은 우선 왜구의 피해를 줄이고자 邑城 등 평지성의 수축을 정지하면서까지 추진되었던 것으로,79) 급한 현실적 필요성에 의해 이루어진 것이었기 때문에 앞서 Ⅱ장에서 밝힌 바와 같이 견고함을 추구하기보다는 速成 위주였다.80) 이 당시 성곽 수축이 어느 곳에 어떤 城이 수축되었는지 확인할 수는 없지만, 전국 대부분의 지역에서 入保用 城을 수축하여 유지하였다고 생각된다.

---

77)『輿地圖書』江原道 淮陽府 烽燧. "屛風山 在府西南距五十里 北應城北南應雙嶺 間距二十里 本府軍每番三名式 與金城幷定候望, 雙嶺 在府西南距七十里 東應屛風山 西南應箭川 間距二十五里 本府軍每番三名式 與金城幷定候望, 箭川 在府西南距九十里 東北應雙嶺 西南應平康松峴 本府軍 每番三名式 與平康幷定候望"

78)『高麗史』卷133, 列傳46 辛禑1 3年 2月. "各道要衝皆置防護 以遏流民 條築沿海州郡山城"

79)『高麗史』卷82, 兵志2 城堡 辛禑 3年.

80)『高麗史節要』卷30, 辛禑 4年 12月 ;『高麗史』卷82, 兵志 2 城堡 辛禑 4年 12月 甲子. "憲司上疏 曰 諸道州郡山城 國家往往遣使修築 多發軍丁 不日畢功 旋致崩毀其幣甚巨 請自今 勿復遣使 令守令徵發傍郡軍丁 農隙修葺 若末畢則停 待明年 以爲年例"

  그렇다면 이 시기 강원지역은 어떠한 상황이었는가를 살펴보기로 하겠다. 강원지역은 경상·전라·충청지역에 비해 왜구침입의 빈도가 훨씬 낮았다. 그 이유는 일본에서 곧바로 渡海하여 도달하기 어려운데다가 섬이 거의 없어 배를 숨기고 기회를 엿보기가 어렵기 때문이다. 그러나 고려 공민왕대 이후 점차 왜구의 침입이 증가하면서 강원지역도 예외일 수 없었다. 1352년 6월 전라도에 침입했던 왜구의 일단이 동해안을 따라 북상하여 강원지역에 침입하였으며, 1372년(공민왕 21) 4월부터는 그 동안 왜구가 거의 출몰하지 않았던 강원도 동해안 일대에도 빈번히 왜구가 침입하였다.

  특히 왜구가 가장 극심했던 禑王代에는 강원도의 영월·정선·평창은 물론이고, 심지어는 狼川(華川)·楊口·春州(春川)·加坪 등 내륙지역까지도 침입하였다. 상황이 이렇게 되자 왜구는 이제 반드시 沿海地域만의 문제가 아니었다. 앞서 말한 바와 같이 우왕대에 전국적으로 산성수축령을 내리게 된 것은 이러한 연유에서이다.

  이 당시 강원도 지역 어느 곳의 城이 수축되었는지는 확실치 않지만 동해안 각 府郡縣은 물론이고 내륙지역도 왜구침입에 대비한 성곽을 構備하고 있었으며,[81] 이러한 고려시대의 방어체제는 조선초기에 들어서도 대체로 그대로 유지되고 있었다.[82]

  그런데 고려말에는 강원도 연해지역의 경우 중요한 변화가 일어나게 되었다. 이는 다른 지역에서도 마찬가지지만 주민들의 主入

---

81) 襄陽邑城은 禑王 11년(1385) 許周가 知襄州事로 있을 당시 축조하였으며, 삼척읍성은 禑王 12년(1386) 萬戶兼知郡事 南誾이 土築으로 읍성을 쌓았다. 이외에도 강릉·간성 등 강원도 연해지역의 읍성축조 시기는 확실치 않으나 대략 유사한 시기에 축성된 것으로 추정된다. 기타 산성의 경우도 고려말에 수축한 것을 태종대에 다시 수축하였던 것으로 판단된다.

82) 『太祖實錄』 卷5, 太祖 3年 1月 戊辰.

保處가 연해 가까이로 전진 배치되게 된 것이다. 이는 궁극적으로 治所의 이전과 읍성의 축조를 말한다. 강원도는 영동지역은 고려시대에 대체로 東界地域으로 군사적으로 특수한 위치에 있던 곳이었다. 이러한 체제는 앞서 서술한 바와 같이 고려후기에 沿海溟州道・江陵朔方道・江陵道 등 명칭의 변경이 있었지만 기존의 5道와 같은 일반 道로의 전환을 의미하는 것인지, 아니면 기존의 東界 가운데 일부지역만을 나누어 道로 전환한 것인지는 분명치 않다. 아무튼 고려말 평지에 읍성이 구축되기 以前 각 郡縣의 治所는 인근의 山城에 위치하고 있었던 것으로 생각된다. 이는 조선시대에 이르기까지도 산성에 치소를 두고 있는 지역이 있었을 뿐만 아니라[83] 강원도의 경우에도 울진현은 성종 20년까지도 여전히 산성에 治所를 두고 있었던 것에서 분명하다.[84]

조선이 개국된 직후에는 都城築造를 제외하고 外方에 대해서는 평양성을 비롯한 서북지역의 일부 城을 수축한 것 외에는 별다른 築城役事가 없었다. 이 당시는 신도읍지의 선정과 종묘・궁궐・도성 등 新都의 기반조성에 전력하고 있었기 때문에 지방 각지에 대한 방비시설의 점검에는 그다지 관심을 가질 여력이 없었던 것이다.

그러다가 도성축조 공사가 진행되면서 조선은 태조 3년에 安州城을 수축하였으며, 이어 전국적으로 軍兵과 城堡・軍糧 등 軍備 점검에 대해 적극적인 조처를 서두르게 되었고, 태조 4년(1395) 11월에는 城堡 수축문제를 감사와 수령의 人事考課에 포함시키는 조치까지 취해질 정도로 중요한 시책으로 추진되었다.[85]

---

83) 井上秀雄, 1993, 『古代東アジアの文化交流』, (東京 : 溪水社), 490쪽.
84) 『成宗實錄』 卷226, 成宗 20年 3月 庚申.
85) 『太祖實錄』 卷8, 太祖 4年 11月 庚午.

太宗代에 들어서 정권이 안정되면서 서북면·동북면의 주요 지역은 물론 전국적으로 방비시설의 구축과 점검이 강화되었다. 특히 변경지역의 邑城축조가 진행되면서 한편으로는 산성에 대한 수축과 정비가 대대적으로 이루어지게 되었다. 이에 앞서 II章에서 서술한 바와 같이 태종 7년(1407)경부터 점진적으로 전국 각지의 산성들이 수축되었다.[86]

한편 강원도의 경우를 보면, 조선초기의 변화를 알 수 있는 뚜렷한 자료가 없기 때문에 정확한 실상은 알 수 없으나『世宗實錄』地理志에 강릉·양양·삼척·평해·울진·간성·통천 등 7개 지역에 읍성이 있고, 산성은 14개소가 있었던 것으로 기록되어 있다. 이러한 읍성이나 산성은 조선초에 와서 신축된 것은 거의 없고, 대부분 고려말 수축된 것으로 조선시대에 와서 일부 수축이나 정비가 이루어졌을 것으로 생각된다. 아마 이 시기에는 강원도의 경우 교주도와 강릉도가 합하여져 '江原道'가 신설되고 ,여러 행정구역에도 변화가 있었기 때문에 각 지역별로 실정에 맞는 적절한 성곽의 수축이 이루어졌을 것이다.[87]

읍성과 산성외에 특이한 사례로 태조 2년 삼척의 沃原驛에는 역성이 축조되게 되었다. 이는 연해지역의 성곽을 정비하는 과정에서 삼척과 울진이 서로 멀리 떨어져 있어서 중간지역인 옥원역에 성을 쌓고 守城千戶를 배치하였다가 유사시 주변 역의 吏·卒을 거느리고 방어하도록 하였다.[88]

---

86) 『太宗實錄』卷13, 太宗 7年 1月 甲戌 ;『太宗實錄』卷18, 太宗 9年 12月 壬子 ;『太宗實錄』卷26, 太宗 13年 7月 戊戌.

87) 조선초에 성곽을 정비하면서 성곽은 人丁數를 계산하여 터를 잡도록 하였기 때문에 以前에사용하던 성곽이 비좁거나 입지가 적절치 못한 곳은 이전하였다.

88) 『太宗實錄』卷24, 太宗 12年 12月 壬子.

한편 성종대에 이르러서도 많은 축성이 이루어졌으며, 특히 성곽 상태의 점검을 수령의 解由에 포함시킬 정도로 성곽관리에 관심을 기울였다.[89] 또 성곽의 축조와 관리를 담당할 팔도수성사의 신설을 검토하기도 하였으며,[90] 후에 이는 築城司의 설치로 이어져 중종대의 비변사 창설의 모태가 되었다. 한편 강원지역에서는 1489년(성종 20) 병조판서 許琮이 築城使로 파견되어 성곽상태의 점검과 아울러 울진읍성의 移置問題를 심사하였고,[91] 당시에 삼척의 읍성도 증축되었다.[92] 이러한 강원도 연해읍성의 증축이 이루어지게 된 것은 다른 지역에서와 마찬가지로 조선사회 자체가 전반적으로 안정화되면서 연해지역의 인구가 점차 증가하고, 또 시간이 지남에 따라 官衙의 각종 시설도 증설되었기 때문이라고 생각한다.

이후 중종대에는 삼포왜란을 비롯한 왜인과의 긴장조성으로 연해지역의 방비가 강화되면서 성곽축조가 이루어지게 되어 江原道 內에서는 1510년(중종 5) 삼척부사 李尹中이 關東地方의 장정을 징발하여 읍성을 수축한 것을 비롯하여 삼척포, 대포, 울진포 등 수군영진에도 성곽이 修築되었다.[93] 그러나 전반적으로 볼 때 조선왕조의 武備는 중기로 내려오면서 크게 흐트러지게 되었다. 군

---

89) 『成宗實錄』卷83, 成宗 8年 8月 丁巳. "戶曹啓 今承傳敎 諸邑守令遞代時 官舍倉庫城子完固與否 不錄解由 因此不謹守視 漸至頹圮 具錄解由 節目磨鍊以啓請 今後諸邑公廨庫廩間閣及城子尺數 並錄會計解由 傳掌 觀察使巡行摘奸置簿 每於守令遞代考其完固 方許給解由 從之"
90) 『成宗實錄』卷106, 成宗 10年 7月 乙丑.
91) 『成宗實錄』卷226, 成宗 20年 3月 己未·庚申.
92) 『陟州先生案』. "府使趙達生(奉正) 孝宗弘治二年己酉 成宗大王二十年八月來 本府增築土城 壬子六月罷"
93) 三陟鄕土文化研究會編, 1991, 『陟州集』陟州先生案 ; 『新增東國輿地勝覽』권44, 江原道 三陟都護府, 襄陽都護府 ; 同書 卷45, 江原道 蔚珍縣 ; 『輿地圖書』江原道 平海郡 鎭堡.

사조직체계가 유명무실해지고, 收布放軍이 성행함에 따라 人的 대비체제의 와해 뿐만 아니라 이와 동반하여 방비시설에 있어서 가장 큰 비중을 차지하는 성곽의 관리도 부실하게 되었다.

앞서 말한 바와 같이 임진왜란 직전 전국적으로 긴급히 방비체제가 점검되면서 강원도에서도 城의 점검·보수와 수축이 있었으리라 생각되나 실제 문헌기록으로 나타나는 사례는 많지 않다. 특히 원주지역은 監營이 소재하는 곳일 뿐만 아니라 군사적으로도 매우 중요한 위치에 있었기 때문에 영원산성의 경우 조선초에 수리되어 軍倉까지 설치하였으나 중기로 오면서 폐지되었던 것을 다시 수축하였다.[94]

그외에도 삼척(현재는 東海市)의 두타산성도 이 시기에 수리된 것으로 추정된다. 이는 修築에 관한 직접적인 기록은 보이지 않지만 임진왜란 당시 이곳에서 전투가 있었다는 기록에서 짐작할 수 있다.[95] 한편 임진왜란 중에도 곳곳에서 성곽이 수축되거나 修理되었다. 원주의 경우는 지역자체가 강원도 監營이 있는 곳인데다가 전략적으로 매우 중요한 위치에 있었고, 1592년 8월에 있었던 金悌甲 牧使의 激戰이 높이 평가되어 1594년 鄭逑가 강원감사로 와서 김제갑 목사의 패전으로 폐허가 되어버린 영원산성을 다시 수리하게 되었다.[96] 이는 임진왜란 開戰初期에 일부지역에서의 전투를 제외하고는 이렇다할 저항없이 무너지는 상황하에서 원주 영원산성에서의 격전은 매우 중요한 의미가 있었던 것이다. 후에 朝

---

94) 『宣祖實錄』 卷50, 宣祖 27年 4月 丙辰. 이 기사에는 사헌부에서 함경도 관찰사 柳永吉이 변란전에 강원감사로 있으면서 城을 쌓는 책임을 맡겼더니 감독에 힘쓰지 않아서 城 대신 원망만 쌓아 적이 오기도 전에 무너졌다는 것 등의 이유를 들어 파직을 청하는 내용이 들어있다.

95) 許穆, 『陟州志』 頭陀山記.

96) 許穆, 『眉叟記言』 記言續集 寒岡先生文集序.

廷에서는 원주를 東京으로 설정하자는 논의[97]가 있었던 것을 보아
도 김제갑 목사의 격전이후에 영원산성을 신속히 수리하고, 유지
하게된 데에도 영향을 주었다. 물론 임진왜란 중에 원주중시론이
등장한 이유는 수도방위 측면에서 볼 때, 한강 상류지역 방어에 원
주가 매우 중요한 전략적 위치에 있었기 때문이다. 그리고 임란중
에는 이외에도 평창의 魯城, 양양의 權金城이 일시적으로 보수되
어 사용되었다. 이후 조선시대 강원도 지역의 산성은 원주 영원산
성이 대략 병자호란을 전후한 시기까지 유지된 것으로 추정되며,
여타의 산성들은 모두 폐철되었다.[98]

　한편 읍성의 경우 영동지역의 9개 읍성은 조선초 문종대까지 대
략 완성되었고 성종대에 다시 개축되기도 하였다. 이후 임진왜란
시기까지 대체로 유지되었으나 앞서 서술한 바와 같이 임란 당시
이러한 읍성들은 전혀 효용을 발휘하지 못하였다.

　강원도 지역의 읍성이 점차 군사적 기능이 감소하게 된 것은 자
연적 위치의 특성과 對倭人關係의 안정에 의한 것이었다. 성종 17
년(1486) 경상도 관찰사 孫舜孝가 올린 보고문에 따르면 당시의 인
식을 대략 알 수 있다. 그는 강원도 관찰사를 지낸 바 있고 현직 경
상도 관찰사로서 나름대로 관찰한 사항을 다음과 같이 말하였다.

> 慶州地域 以北은 조수가 없고 또 섬이 없으며, 흰 물결은 하늘에
> 닿고 센 바람이 바다를 흔들며 서로 밀고 부딪쳐서 마치 산이 무너
> 지는 것 같으니, 倭賊이 아무리 배를 잘 조종한다 하더라도 어디에
> 의지하여 힘을 쓰겠습니까? 이로써 보건대 경주 이북은 족히 염려할
> 것이 없습니다만,[99]

---

97) 『宣祖實錄』 卷82, 宣祖 29年 11月 戊午.

98) 이는 18세기 중반에 편찬된 『輿地圖書』에 강원도에는 실제 군사시설
　　로서의 산성이 한 곳도없는 것으로 기록되어 있는 점으로 보아 이 시
　　기 이전에 강원도의 산성은 모두 폐철된 것이라고 할 수 있다.

　이로 볼 때 당시 동해안 *海流*의 특성이나 자연적인 여건상 일본에서 곧바로 강원도로 오기 어렵다는 점을 간파하고 있었다는 것을 알 수 있다. 더구나 당시 강원도 지역에 나타나는 왜구는 경상도 연안으로 일단 왔다가 연안해를 따라 거슬러 올라오는 것이 일반적이었던 바, 조선초기 왜인들에 대한 강경한 무력대책과 적극적인 회유책에 힘입어 대왜인관계가 안정화되면서 우리나라 연안에서의 왜인들에 대한 통제도 점차 원활해져 실제로 불법적으로 경상도 연안을 통해 강원도 지역으로 들어올 염려는 거의 없어지게 되었던 것이다.

　따라서 이후의 강원도 지역의 읍성은 방어시설로서의 의미가 크게 감소되었고, 실제 임진왜란시 북상한 왜군들에 의해 동해안 지역이 유린되었음에도 불구하고 강원도 지역에서의 연해읍성들은 전혀 그 기능을 발휘하지 못하였다. 물론 이는 지방군사 조직의 와해에서도 그 사유를 찾을 수 있지만 군사가 있었다고 하더라도 사실상 견고하지 못하여 지키기 어려운 읍성을 고수하려는 수령은 없었을 것이다. 더구나 임진왜란후 조일관계가 급속히 안정화되면서 일본의 *再侵*위험은 거의 사라지게 되었지만 북방 여진족들의 위협은 오히려 가중되는 속에서도 강원도 영동지역의 연해 읍성들은 주기능 자체가 왜구를 방비하기 위한 것이었기 때문에 특별히 보수나 개축되지 않았다. 그러나 읍성이 군사시설로서의 의미가 퇴색하였다고 하더라도 지방관아의 중요 시설과 문서·재산을 보호하고 지방행정의 중심지로서의 상징적인 의미는 매우 컸다고 하겠다. 조선시대 임진왜란을 전후한 시기까지 군사시설로 유지되었거나 사용된 바 있는 강원도의 성곽을 강원도 지도에 표시하면 다음과 같다.

---

99) 『成宗實錄』 卷197, 成宗 17年 11月 癸亥.

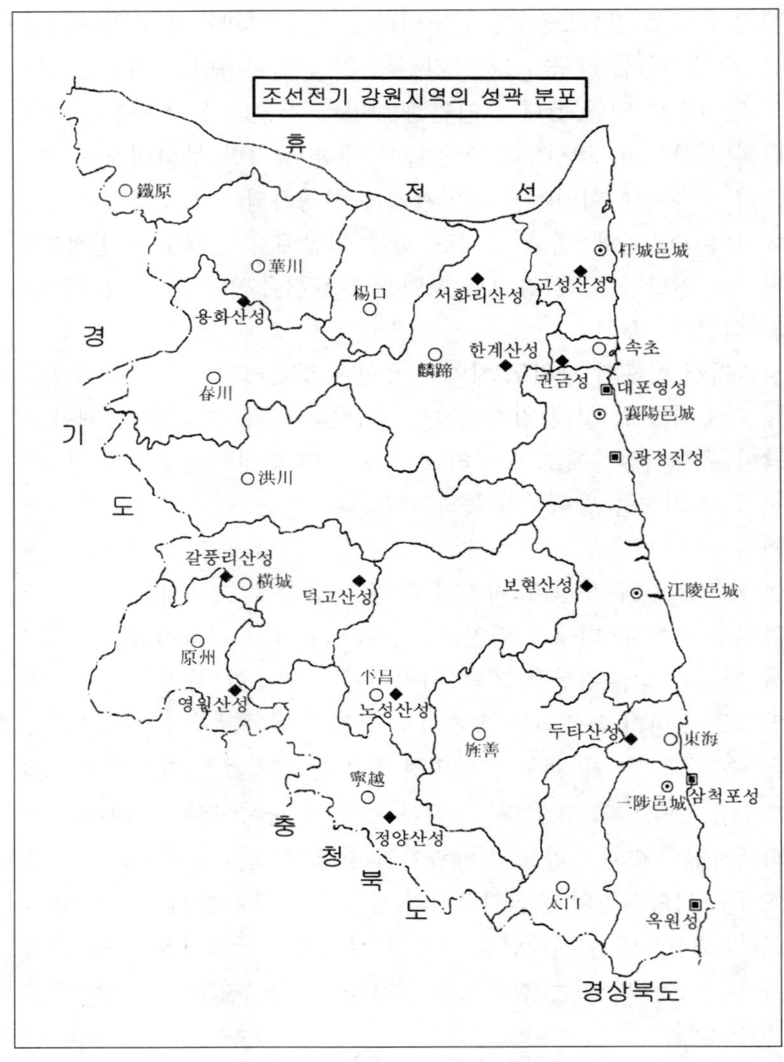

삽도 3-1-3. 조선전기 강원지역의 성곽 분포

Ⅱ. 읍성의 수축과 유적

1. 읍성의 수축

邑城은 地方行政의 中心地인 治所에 築造하는 성곽으로, 조선전기 동안 110~123개소 정도가 유지되었다. 常備軍에 의한 충분한 보호조치가 어려웠던 당시로서는 불시에 일어나는 외부의 侵入으로부터 주민들의 생명은 물론, 지방 관아의 각종 행정자료와 器物을 보호하기 위해서는 읍성의 축조는 매우 필요한 일이었다. 특히 항상 왜구나 야인의 침입 위험이 있는 연해와 북쪽 변경지역의 경우는 그 필요성이 더하였다. 또한 연해지역 인구 증가에 따라 항구적인 안전조치가 더욱 요구되었고, 또 漕運穀의 보관이나 漕運路의 안전성을 확보하기 위해서도 연해지역에 대한 방비시설의 완비는 시급한 문제였다. 이러한 속에서 이미 태종대부터 긴급한 지역에 대한 읍성 축조가 이루어지고, 세종년간 중반기에 이르러서는 對明關係의 안정을 바탕으로 '北虜南倭'의 假想敵(國) 개념이 확고해지면서 대규모 침입에 대비한 산성의 수축은 점차 퇴조하고 읍성위주의 축성책이 추진되었다. 그러나 읍성은 조선전기 동안 성벽구조나 부가시설물에 있어서 발전을 보기는 하였으나 기본적으로 왜구나 야인집단에 대응하는 것을 주목적으로 축조된 것이기 때문에 大軍의 공격에는 여지없이 취약성을 드러냄으로써 임진왜란을 계기로 방어시설면에 있어서 읍성은 그 비중이 크게 낮아지게 되었다.

읍성은 대개 지방의 官衙를 중심으로 축조하거나 읍성터를 새로 선정하여 축성하는 경우는 읍성을 축조하고 관아를 이전하기도 하였다. 그리고 읍성은 지형에 따라 약간은 차이가 있지만 대개 원형의 土城, 혹은 石城으로 축조하였으며, 또는 토성과 석성을 혼합하는 경우도 있었다.『世宗實錄』地理志에 의거하여 강원도 읍성의 현황을 보면 江陵邑城(土城)을 비롯하여 총 8개의 읍성이 있었는데 襄陽邑城이 1,088步로 가장 규모가 컸다. 조선전기 邑城의 현황을『世宗實錄』地理志와『新增東國輿地勝覽』을 통하여 정리하면 다음의 <표 3-2-1>과 같다.

〈표 3-2-1〉 조선전기 강원도 읍성

區 分	世宗實錄 地理志		新增東國輿地勝覽	
	名 稱	備 考	名 稱	備 考
江陵大都護府	邑土城 羽溪邑土城	784步 197步	邑 城	1512년 石築으로 改築, 둘레 3,782尺, 높이 9尺
襄陽都護府	邑土城	1,088步	邑 城	石築 403尺, 土築 2,825尺, 半은 頹落함.
三陟都護府	邑 城	540步	邑 城	三面 石築 2,054尺, 서쪽 절벽 431尺
平海郡	邑土城	294步	邑 城	石築 2,325尺, 軍倉과 우물 6개 있음.
蔚珍縣	皇山石城	616步 5尺, 時以爲邑城	邑 城	石築, 둘레 2,566尺, 우물 4, 높이 9尺
杆城郡	邑 城	石城 295步, 土城 86步		石築, 둘레 2,565尺, 높이 13尺, 우물 1
通川郡	邑 城	205步		石築 3,940尺, 높이 11尺
高城郡	-	-	邑 城	石築, 둘레 3,216尺, 높이 5尺, 우물 4, 軍倉
歙谷縣	-	-	邑 城	石築, 둘레 293尺, 높이 5尺, 基地 6,531尺, 우물 7, 軍倉

위의 <표 3-2-1>에서 알 수 있는 바와 같이『세종실록』지리지가 편찬된 15세기까지 강원도의 읍성은 대부분 토성이었으나 점차 보다 방비효과가 크고 견고한 石築으로 개축되고 있다. 강원도의 읍성이 대대적으로 축조되는 것은 문종 원년(1451) 11월이다. 당시 통천·흡곡·양양·강릉·평해·간성·고성 등 7개 지역에 읍성이 축조되었는데, 20일간 공사를 하여 높이가 5~10尺되게 쌓았다

고 하는 것으로 보아 7개 읍성을 모두 신축한 것은 아닌 것으로 보인다.[100] 7개 축성지역은 모두 왜구의 우려가 있는 강원도 영동지역으로, 축성규모는 총연장 20,670尺, 동원한 군인은 모두 10,146명이었다. 이를 정리하면 <표 3-2-2>와 같다.

<표 3-2-2> 문종대의 강원도 읍성 축조

邑　城	築城周回	動　員　軍　人
通川邑城	3,745尺	통천·철원·김화·평강·금성·낭천군인 1,982명
歙谷邑城	3,330尺	흡곡·회양·안협·이천군인 1,629명
襄陽邑城	2,724尺	양양·원주군인 1,475명
江陵邑城	3,720尺	강릉·평창·영월·정선군인 1,556명
平海邑城	2,229尺	평해·울진·삼척군인 899명
杆城邑城	2,709尺	간성·홍천·횡성군인 1,014명
高城邑城	2,213尺	고성·춘천·양구·인제군인 1,591명
計	20,670尺	10,146명

　이러한 읍성은 성종대에 築城使를 두어 전국 各道의 城을 점검하고 대대적인 정비가 실시될 때에 일부 개축되었는데, 삼척의 경우는 성종 8년 성내에 물이 없어 성곽으로서 부적합한 곳이었으나 성밖의 저지대에 우물을 파고 읍성을 이곳까지 물려 쌓도록 하였다.[101] 또 이듬해에는 大司諫 安寬厚가 "강원도 嶺東의 郡縣에 邑城을 쌓지 아니한 곳이 많고, 蔚珍·平海 같은 곳은 비록 있기는 하나 垣墻과 다름이 없으니, 한 해 동안에 비록 다 쌓지는 못할지라도 금년에 한 성을 쌓고, 명년에 한 성을 쌓는 것이 좋겠다"고 영동지역의 읍성 수축을 건의하였다.[102] 이 건의는 兵曹로 하여금 시

---

100) 『文宗實錄』 卷10, 文宗 元年 11月 壬戌.
101) 『成宗實錄』 卷77, 成宗 8年 閏2月 辛酉.
102) 『成宗實錄』 卷92, 成宗 9年 5月 己丑. 당시 安寬厚의 건의에 대해 성종은 어려움이 없겠는가를 묻고 兵曹로 하여금 의논하여 아뢰도록 명하였다.

행여부를 검토하도록 하였으나 성종 20년에 와서 蔚珍邑民이 읍성을 옮겨 설치하기를 청하였다[103]고 하는 것으로 보아 당시 안관후의 건의는 시행되지 않은 것으로 보는 것이 타당할 것이다. 그후 중종대에 와서도 江陵邑城·通川邑城·三陟邑城 등이 石築으로 개축된 바 있다.[104]

읍성은 산성과는 달리 조선중기까지 관리 정비가 비교적 잘 되었다고 할 수 있으나, 조선후기에 와서는 都城의 방어와 南北邊境의 수비문제로 관심이 집중되면서 餘他 지역의 방어시설에 대해서는 소홀하게 되었다. 이는 지방의 읍성을 비롯한 성곽 자체가 大軍의 침입을 받았을 때 방어에 효과적이지 못하다는 것이 인식되었기 때문으로 볼 수 있다. 이에 내륙지방에 있어서는 적의 침입을 받았을 때 거점이 되는 지역을 제외하고는 대부분 읍성이나 산성에 대한 관심이 퇴조하였다.

<표 3-2-3>에서 알 수 있듯이 17세기 중반에 편찬된『東國輿地志』에 기록되어 있는 강원지역의 읍성 실태를 보면 영동 9개지역의 읍성이 대체로 유지되고 있으나 양양, 통천의 경우는 이미 '반이상이 퇴락되었다'[105]고 하는 것으로 보아 강원도 연해읍성의 관리가 제대로 이루어지지 않고 있었다는 것을 알 수 있다. 그리고 이는 약 1세기 후인 18세기 중반경에는 일부 읍성들은 완전 廢城되었고, 강릉·삼척·평해·간성·울진의 경우는 19세기초까지 유지되었다.[106]

---

103)『成宗實錄』卷226, 成宗 20年 3月 庚申.
104)『東國輿地志』江原道 江陵大都護府·通川郡 ;『中宗實錄』卷15, 中
　　　宗 7年 2月 甲午.
105)『東國輿地志』江原道 襄陽·通川.
106)『萬機要覽』軍政編4 關防 江原道.

<표 3-2-3> 조선후기 강원도 읍성

區　分	東國輿地志		輿地圖書	
	名稱	備　考	名稱	備考
江陵大都護府	府城	2,782尺		-
襄陽都護府	府城	石築 403尺, 土築 2,825尺, 今半頹落	府城	今盡頹廢
三陟都護府	府城	三面 石築 2,054尺, 西絶壁 431尺		-
平海郡	郡城	石築 2,325尺		-
蔚珍縣	縣城	石築 2,566尺		-
杆城郡	郡城	石築 2,565尺	邑城	今廢毁城
通川郡	郡城	石築 3,940尺, 今半頹落	邑城	今皆廢
高城郡	郡城	石築 3,126尺	邑城	今頹城
歙谷縣	縣城	石築 293尺,		-

2. 읍성 유적의 현황

조선시대 강원도 지역에는 江陵·三陟·襄陽·杆城·高城·蔚珍·平海·通川·歙谷 등 영동 9개지역에 모두 읍성이 있었고, 江陵의 屬縣인 羽溪縣 읍성까지 합하면 모두 10개의 읍성이 있었다. 이 가운데 현재 강원도에는 강릉·삼척·양양·간성과 강릉의 속현이었던 우계현의 읍성을 포함하여 모두 5개소가 있다.[107] 이를 개별적으로 살펴 보면 다음과 같다.

① 江陵邑城

강릉시 명주동, 임당동 일원에 있었으나 현재는 건물이 들어서고 성벽이 대부분 훼손되어 건물축대 등에서 일부 성돌을 발견할 수 있을 뿐 그 흔적이 대체로 훼손되었다. 강릉읍성은 양양·삼척

---

107) 고성·흡곡·통천읍성은 현재 북한지역이며, 평해읍성과 울진읍성으로 사용한 황산석성은 현재 경북지역에 해당하여 본 조사에 포함시키지 않았다.

읍성과 마찬가지로 대개 고려말 우왕대에 축조된 것으로 추정된
다.『세종실록』지리지에 "邑土城"이라고 기록되어 있는데, 土築
으로 길이는 784步 4尺이며, 성안에는 우물 14개와 연못 2개소가
있었다.[108) 이는 아마 고려말~조선초기 사이에 축조·정비된 형
태였을 것으로 추정되는데, 改築이 필요함에 따라 문종대에 와서
는 강릉·평창·영월·정선의 군인을 징발하여 총연장 3,720척의
성을 완성하였다.[109) 당시 석축하였는지, 아니면 土築하였는지는
불확실하나 중종대에 석성으로 개축하였다는 기록으로 볼 때,[110)
당시 土築한 것으로 보는 것이 타당하겠다.

삽도 3-2-1. <江陵邑城圖>(『海東地圖』所載 강릉지도를 편집)

---

108)『世宗實錄』卷153, 地理志 江原道 江陵大都護府.
109)『文宗實錄』卷10, 文宗 元年 11月 壬戌.
110)『新增東國輿地勝覽』江原道 江陵都護府 城郭. "正德壬申 改築石城
　　周三千七百八十二尺 高九尺"

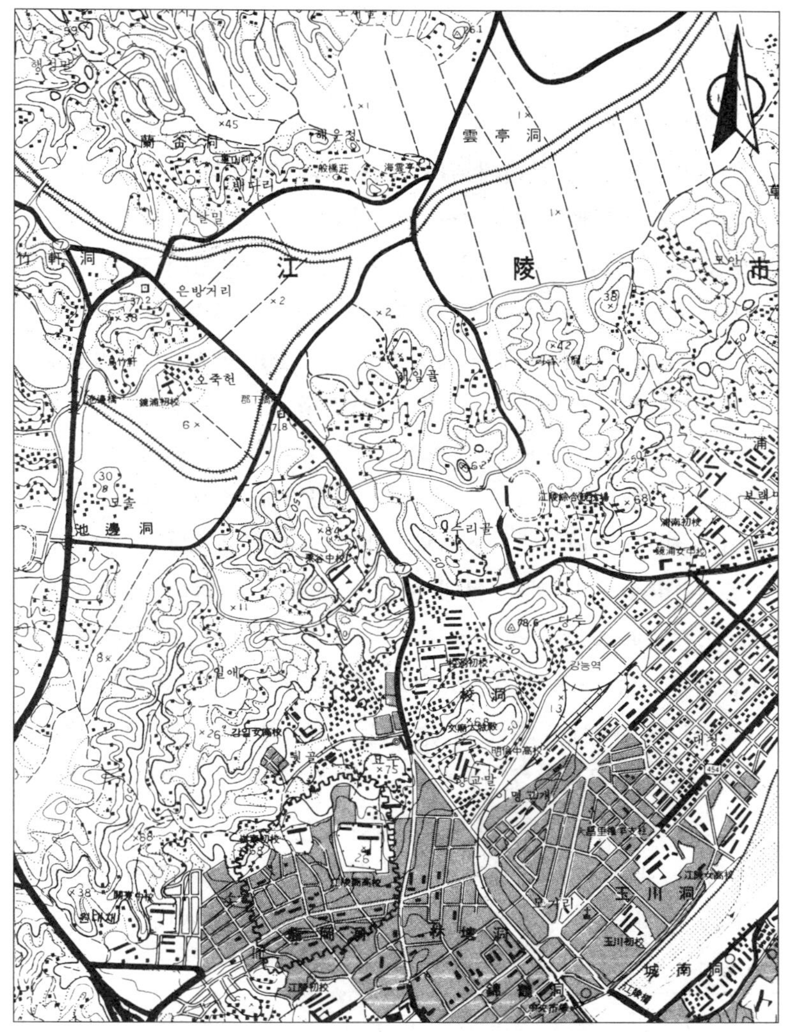

삽도 3-2-2. 강릉읍성 형세도

축조방식은 구릉이나 야산지대에는 내탁식 석축을 하였고, 남쪽 성
벽은 현재 모두 市街地로 개발되어 體城壁이 남아 있지 않으나 양양

의 경우와 마찬가지로 내외협축 방식으로 축조한 것으로 판단된다.

② 襄陽邑城

양양군 양양읍 군항리에 위치하고 있다. 양양의 읍성은 고려 穆宗 10년(1007)에 襄州城을 축성하였다고 하는데, 확실치 않으며, 고려말 許周가 知襄州事로 있을 때 읍성을 축조하였던 것은 확실하다.[111] 이 당시의 읍성이 조선초까지 그대로 보수되면서 유지되었다고 생각된다. 『襄陽郡의 歷史와 文化遺蹟』에서는 양양읍성이 태종 13년(1413) 양양에 도호부를 두면서 東軒을 중심으로 西·南·北門을 두고 石城 길이 403尺, 높이 50尺, 土城 길이 2,825尺을 쌓았고 성 안에는 2개의 우물이 있었다고 한다[112]라고 하였으나 이는 여러 지리지에 나타나는 내용을 정리한 것으로 보이는데 "태종 13년"이라고 하는 연대는 근거가 분명치 않다. 또 『世宗實錄』 地理志에 土城으로 기록되어 있는 것을 보면 그 이전인 태종대에 일부 구간에 석성이 있었다고 하는 것은 잘못된 것이다.

다음의 기록에서도 대략 알 수 있는 바와 같이 양양읍성은 16세기 중반에 이미 퇴락하였고, 19세기 이후로는 완전히 폐철된 것으로 보인다. 그러나 『海東地圖』의 襄陽 地圖에 양양읍성이 뚜렷이 그려져 있는 것을 보면, 18세기 중반까지는 성벽 자체가 퇴락하였기는 하였으나 그 윤곽은 대체로 유지하고 있었던 것으로 판단된다.

---

111) 『世宗實錄』 卷91, 世宗 22年 12月 丁丑. "前判漢城府事許周卒 周字
伯方 一字伯公 慶尙道河陽縣人 養子舅監察大夫崔宰之家 宰奇其氣
度曰 此兒不凡 初以蔭補官歷遷 至典法正郎 時權臣有訟奴婢者 周知
其曲 將欲斷之 … 乙丑出知襄州事 時倭寇充岸 民不安業 皆竄匿山
谷以避之 周下車卽 築邑城備禦有制 戊辰又安城郡事 …"
112) 지현병·전유길, 1994, 「襄陽郡의 關防遺蹟」 『襄陽郡의 歷史와 文化
遺蹟』, 강릉대학교 박물관, 206쪽.

〈표 3-2-4〉 양양읍성에 대한 조선시대의 기록

文　獻	記錄內容
世宗實錄 地理志 卷第 153 江原道 襄陽都護府	邑土城 周回一千八十八步
新增東國輿地勝覽 卷 44 襄陽都護府 城郭	邑城 石築 周四百三尺高五尺 土築 周二千八百二十五尺 內有二井 今半頹落
東國輿地志 卷 7 襄陽都護府 府城	府城 石築 周四百三尺 土築 周二千八百二十五尺 內有二井 今半頹落
輿地圖書 江原道 襄陽府 城池	府城 石築 周四百三尺 土築 周二千八百二十五尺 內有二井雉堞 今盡頹廢 只有東南西門
增補文獻備考 卷 28 輿地考 16 關防 4 城郭 4	襄陽邑城 有石築土築 石築 周四百三尺 土築 周二千八百二十五尺 高五尺 今廢 內有井二
大東地志 卷 16 江原道 襄陽 城池	邑城 周三千二百二十八尺 井二

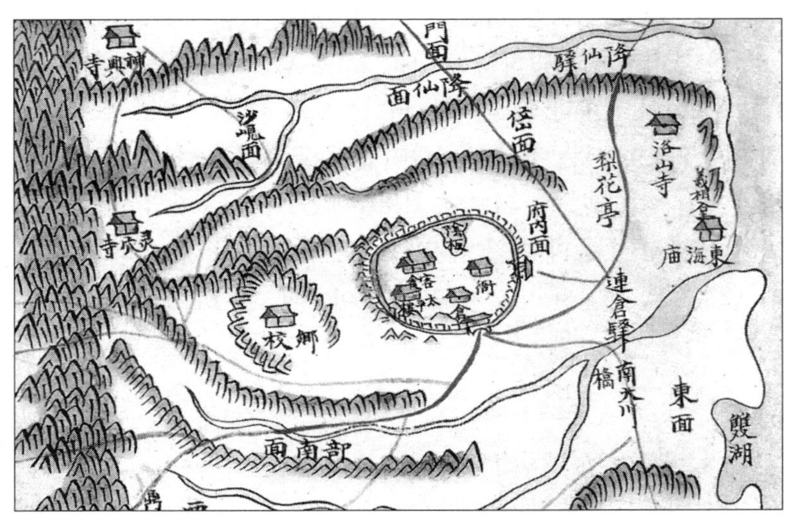

삽도 3-2-3. <襄陽邑城圖>(『海東地圖』所載 양양지도를 편집)

　　양양읍성은 동·북·서쪽은 그리 높지 않은 구릉지대 위에 성
벽을 구축한 평산식 읍성으로, 남대천 방향이 되는 남쪽은 평지로
되어 있다. 지금은 제방을 구축하여 읍성 남문터에서 남대천까지
는 수백미터 정도 되지만 아마 제방이 구축되기 전에는 물길이 읍

성쪽으로 보다 근접해 있어서 자연적인 방어지대 역할을 하였을 것이다. 전체길이는 남쪽 구간이 시가지화 되어 정확히 실측하기 어려우나, 약 1,400m 정도 될 것으로 추산된다.[113]

성벽은 기록에 나와 있는 바와 같이 석축부분과 토축부분으로 나뉘어지는데, 대체로 구릉지대는 부분적으로 內托式 石築을 하거나, 혹은 土石을 혼합하여 판축한 곳도 있으며, 남쪽 평지쪽에는 석성을 축조하였다. 현재 서·북방향과 동쪽 일부지대에서 성벽이 남아 있으나 거의 무너져 내린 상태이고 남쪽 석성을 구축했던 곳은 구릉지대로 이어지는 극히 일부 구간을 제외하고는 모두 건축물이 들어서고 도로가 개설되어 전혀 흔적이 남아있지 않다.

성벽의 상부가 퇴락하여 높이는 알 수 없으나 폭은 2~3m 정도이며, 읍성의 서쪽과 북쪽 벽은 내탁식으로 석축되어 있고, 동북지대 일부 구간에서는 잡석과 기와편 등을 흙과 섞어 쌓은 토성의 흔적이 남아 있다. 특히 외벽의 기저부에는 불을 놓아 굳힌 흔적이 발견되었다.[114] 城의 가장 높은 곳에는 城隍祠가 있고, 그 아랫쪽에 남북으로 개설된 도로가 있는데 이곳이 北門址이다.

---

113) 강릉대학교 박물관, 1994,『襄陽郡의 歷史와 文化遺蹟』, 206쪽에서는 『世宗實錄』 地理志와『新增東國輿地勝覽』 등에 나오는 양양읍성의 尺數에 대한 실길이 계산을 1步=6척, 1尺=30.3cm로 일률적으로 계산하였으나 당시 성곽의 척도에는 주로 布帛尺이 사용되었을 뿐만 아니라 1步=6尺의 개념은 원칙적으로 周尺 6尺(혹은 5尺)이 1步이다(柳在春, 1995,「『世宗實錄』 地理志 城郭記錄에 대한 檢討」『史學研究』第50號, 韓國史學會 참조).

114) 지현병·전유길, 앞의 글, 209쪽.

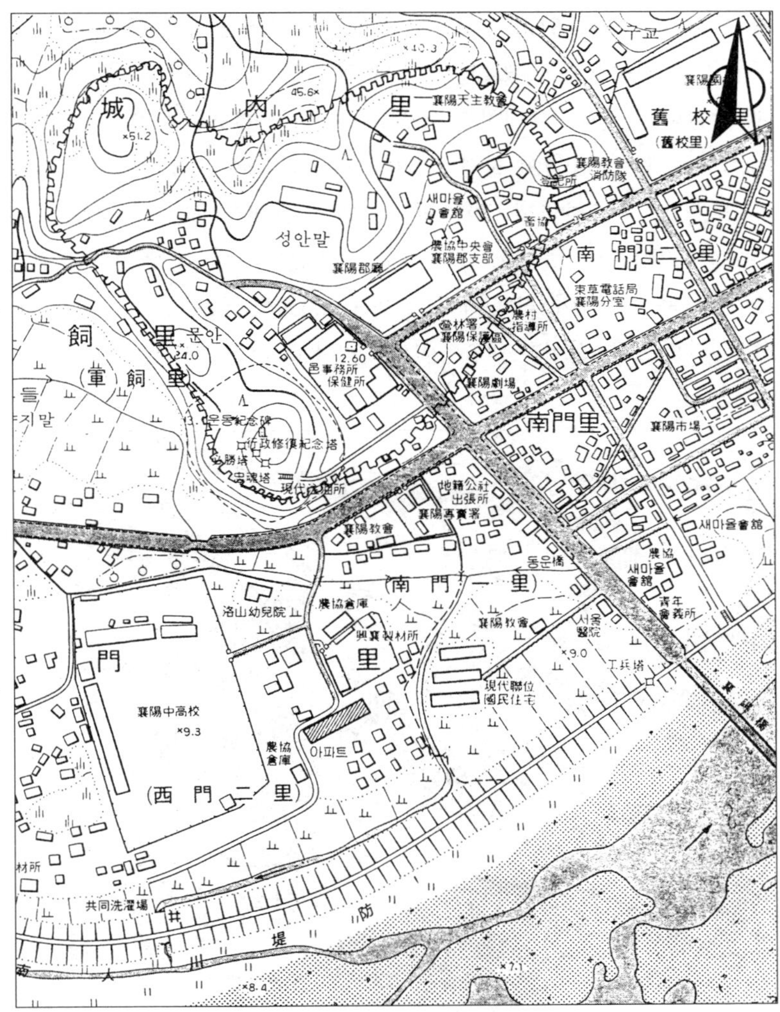

삽도 3-2-4. 양양읍성 형세도

③ 三陟邑城

삼척 읍성은 삼척시 성내동의 시내 중심가를 둘러싼 구릉지로서
자연 지형을 따라 곡선으로 쌓은 평산성이다. 서쪽 절벽 위에 竹西

樓가 五十川가에 있고 남쪽은 평지이나 북·동쪽은 비교적 높은
구릉지로 천주교회가 있다. 기록에 의하면 고려시대 정종 2년(947)
에 쌓았다고 하나 자세하지 않고, 우왕 12년(1386)에 이곳 萬戶兼
知郡事로 왔던 南誾이 둘레 1,470척(절벽은 제외), 높이 4척의 규모
로 토성을 축조하였다.115) 『世宗實錄』 地理志에는 '邑土城'이라
기록되어 있으며 둘레가 540步라고 하였고116), 『新增東國輿地勝
覽』에서는 "三面이 石築이며 둘레는 2,054尺, 높이는 4尺인데, 서
쪽은 절벽으로 길이가 403尺이다"117)라고 하고 있다.

삽도 3-2-5. <三陟邑城圖>(『海東地圖』 所載 삼척지도를 편집)

조선 성종 20년(1489) 부사 조달생이 증축했고, 중종 5년(1510) 부

---

115) 『陟州集』 陟州先生案.
116) 『世宗實錄』 地理志 江原道 三陟都護府.
117) 『新增東國輿地勝覽』 江原道 三陟都護府 城郭.

사 김윤중이 관동 장정을 동원하여 석성으로 고쳐 쌓았는데 그 삼
면의 길이는 2,054척이고 서쪽 죽서루의 절벽 지역의 431척은 자연
의 濠塹을 이용하였다. 중종 10년(1515) 황희의 4대손인 관찰사 황
병헌이 무너진 곳을 개수하였으며, 명종 10년(1555) 부사 김희삼이
민가 20여호를 철거시키고 우물을 팠고, 선조 25년(1592)에 부사 김
위식이 灰를 첨가하여 개축하였다.[118] 현재 읍성지는 오래 전 거의
대부분 훼손되어 없어졌으나, 성내동 97번지 부근인 북쪽에 10m
정도의 기초 부분에 1-2단의 석축 일부가 남아 있으며, 남서쪽에는
높이 1~1.8m의 성벽이 166m 정도 남아 있었으나 근래에 모두 없
어졌다. 석축부가 가장 잘 남아 있는 곳은 성내동 17번지 일대로서
높이는 3단으로 1.8m이고, 이 부분은 길이 100cm, 두께 30cm 내외
의 석재를 2~3cm씩 퇴물림하면서 쌓았으며, 내탁으로 축성한 흔
적이 관찰되고 있다.[119]

④ 杆城邑城

현재 고성군 간성읍내 대부분이 邑城址에 해당한다. 고려말에
축성된 것으로 추정되며, 문종 원년(1451) 강원도 동해안 지역의 다
른 6개지역 읍성과 함께 수축되었다.[120] 『世宗實錄』 地理志 의하
면 당초에 石築 295步, 土築 86步였던 것이[121] 문종대에 수축되면
서 이보다 다소 늘어난 2,709척으로 확장하였다.[122]

---

118) 위와 같음.
119) 方東仁·李相洙·金泰水, 1995, 「三陟市의 關防遺蹟·窯址·社稷壇」『三
　　　陟의 歷史와 文化遺蹟』, 관동대 박물관·강원도·삼척시, 426~427쪽.
120) 『文宗實錄』 卷10, 文宗 元年 11月 壬戌.
121) 『世宗實錄』 地理志 江原道 杆城郡.
122) 『文宗實錄』 卷10, 文宗 元年 11月 壬戌.

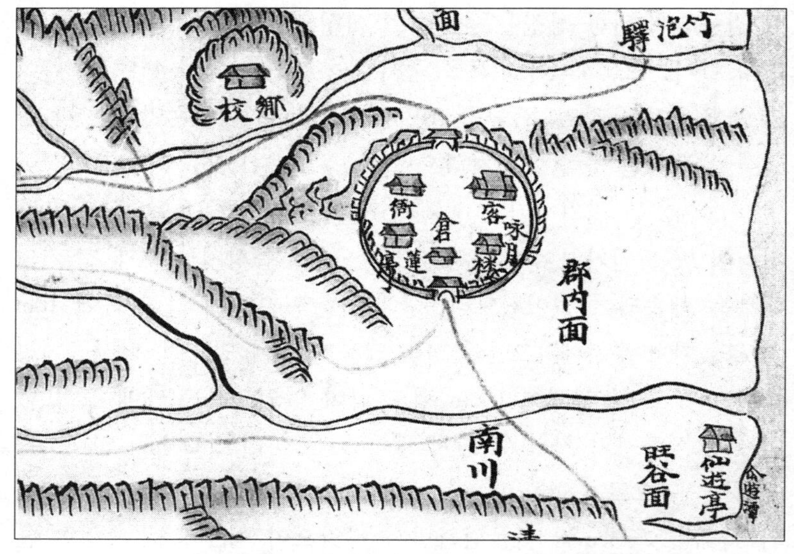

삽도 3-2-6. <杆城邑城圖>(『海東地圖』 所載 간성지도를 편집)

　　이후『新增東國輿地勝覽』에서는 둘레가 2,565척, 높이 13척으로 나타나며,[123] 임진왜란 직전인 선조 24년(1591) 重築되었다.[124] 그 후 18세기 중엽에 편찬된『輿地圖書』에는 둘레 2,469척, 높이 15척으로 나타나지만 "今廢"라고[125] 기록하고 있는 점으로 보아 당시에는 이미 간성읍성이 군사적인 성곽시설로 유지되지 않은 것으로 생각된다. 그런데 상기의 두 기록에 나타나는 둘레와 높이의 길이가 같지 않은 것으로 볼 때, 16세기 초반이후 폐지될 때까지 적어도 1차례 이상 개축된 것으로 짐작된다.

---

123)『新增東國輿地勝覽』 江原道 杆城郡 城郭.
124)『杆城郡邑誌』(1884, 奎章閣圖書 10972) 城池 邑城.
125)『輿地圖書』 江原道 杆城郡 城池.

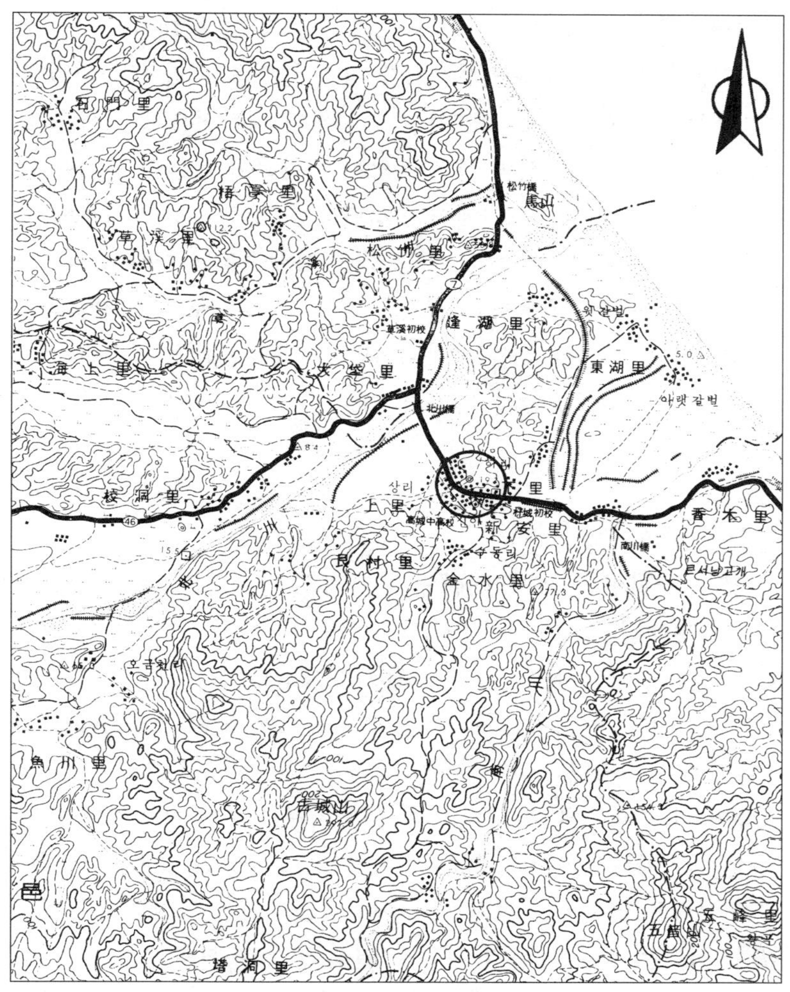

삽도 3-2-7. 간성읍성 위치도

간성읍성은 낮은 야산이나 구릉지대의 능선을 따라 축조한 평산식 읍성으로 길이는 약 1.3km 정도이다. 현재 간성읍내의 남북으로 통하는 시장통 도로를 중심으로 좌우의 구릉지대에 축조되었는데,

현 고성군청이 자리잡고 있는 좌우의 능선과 그 반대편에 자리잡
고 있는 읍사무소 뒷편을 휘감고 돌아간 능선을 따라 축조되었다.
평지에는 내외협축으로 축조하고 능선에는 내탁식으로 석성을 쌓
았는데, 일부 잔존한 성벽 상부가 모두 퇴락하여 女墻의 흔적은 찾
을 수 없다. 일부 능선구간에서는 하단에만 석축을 하고 상부에 높
게 토벽을 만든 곳이 있는데, 이는 능선 아랫쪽을 절개하고 석축한
다음 능선 윗쪽은 깎아 내려 성벽을 만든 것으로 보인다. 간성읍성
의 位置圖와 정밀한 묘사는 아니지만 18세기 전반에 제작된 것으
로 추정되는『海東地圖』[126]의 杆城郡 지도에 나타난 읍성을 보면
다음과 같다.

⑤ 羽溪邑土城

羽溪邑土城은 江陵의 屬縣인 羽溪縣의 읍성으로, 현재 강릉시
옥계면 현내리 옥계면사무소에서 서북쪽 약 1km 지점의 교동마을
뒷산(속칭 우계산)에 위치하고 있다. 우계산성이라고도 부르는 이
城은 낙풍천과 주수천 하류의 충적지 쪽으로 돌출한 구릉(60m)의
말단부에 축조되었다. 이 성이 있는 곳은 대체로 江陵과 三陟의 중
간쯤이 되기 때문에 이 일대의 주민의 入保를 위한 城이었으며, 이
는 삼척과 蔚珍 사이의 沃原驛에 城을 두고 있었던 것과 유사하다.
 그 성벽은 남서쪽을 정점으로 하여 북동쪽의 완사면을 둘러싸고
있다. 서벽은 상수도 관리 사무소 건설 공사로 거의 없어졌고, 남
벽의 서쪽에는 높이 3m, 상부 폭 1.5m의 원모습이 남아 있다. 남벽
의 중앙부는 작은 골짜기로 되어 있어서 흔적이 분명하지 않고,
북·동벽은 거의 붕괴되었으나, 田地의 경계에 석재들이 잔존하고
있어 그 흔적이 남아 있다.

---

126) 서울대학교 규장각, 1995,『海東地圖』下, 經世院.

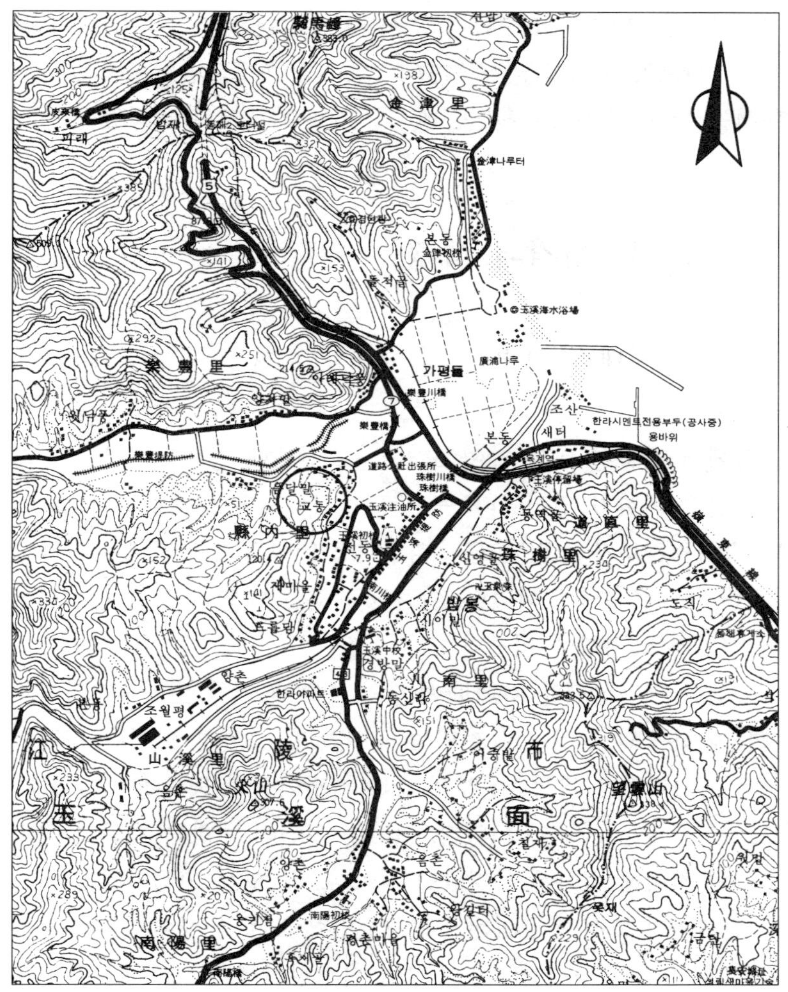

삽도 3-2-8. 우계읍토성 위치도

자연석으로 축조된 城으로 성지 내의 평탄부에는 현재 민가가 들
어서 있고 대부분은 경작지로 되어 있다. 이곳에서는 '卍'字銘 기와
조각들과 각종 문양이 새겨진 평기와, 그리고 고려~조선시대의 토

기편과 조선 백자편이 수습되었다고 보고되어 있다.[127] 이 성의 길이는 『世宗實錄』 地理志에 "197步"라고 하고, 『新增東國輿地勝覽』에서는 "451尺"이라고 하였는데, 약 350~400m로 측정되었다.

3. 성격과 특징

1) 시대적 성격

앞에서 서술한 바와 같이 고려말~조선초에 강원도에서는 여러 획기적인 변화가 일어났다. 북으로는 강원도와 경계를 맞대고 있던 쌍성총관부가 소멸되고, 행정구역도 영동과 영서지역이 하나로 묶여 道로 편제되게 되었다. 이러한 변화는 자연히 여러 방비시설의 정비에도 영향을 미쳤다.

우선은 태백산맥을 경계로 종전의 江陵道 지역은 연해지역이기 때문에 왜구의 침입이 우려되는 곳이었고, 종전에 交州道 지역이었던 영서지역은 쌍성총관부의 소멸과 방어선의 북상에 따라 敵侵으로부터 완전 內地가 되었다. 이러한 여건의 변화는 자연히 방비시설의 정비에 변화를 가져왔던 것이다. 즉, 영동 연해지역은 국가의 연해지역 축성책에 의해 9개 府郡縣에 모두 읍성이 갖추어지게 되었고, 내지인 영서지역에는 단지 산성만이 있었고, 監營의 소재지인 原州에 조차 읍성은 축조되지 않았다.

---

127) 신호웅·이상수, 1994, 「溟州郡의 關防遺蹟·陶窯址」『溟州郡의 歷史와 文化遺蹟』, 관동대 박물관·강원도·명주군, 240쪽.

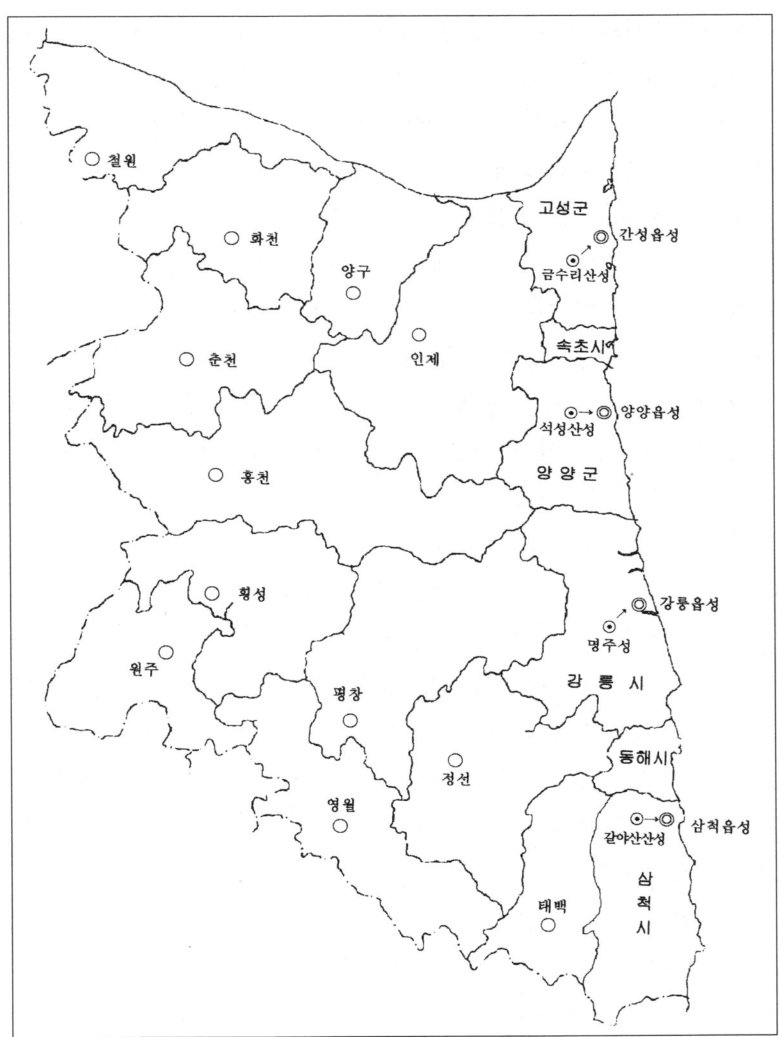

삽도 3-2-9. 고려말 강원도 영동지역 治所의 이전 추정도

　　조선전기 강원지역의 읍성은 대체로 고려말에 축조되었던 것을
조선시대에 와서 다시 개축한 것들인데, 이는 고려말부터 일어난

연해지역에서의 변화128)에 부응하여 새로운 방비시설의 구축이 필요하였기 때문이다. 이는 조선시대에 들어 태종~문종대에 걸쳐 연해지역 읍성이 수축되기 이전에 1차적으로 고려말에 연해지역에 粗惡하나마 많은 읍성이 축조되었다는 것을 뜻한다.

강원도는 고려말~조선초에 북방 방어선의 북상과 점차적인 왜구의 종식으로 방비시설의 새로운 정비가 필요하게 되었다. 특히 外侵이 위협이 현저히 낮아짐으로써 이제 더 이상 비옥한 경작지대나 해안에서 떨어진 산성에 治所를 둘 필요가 없게 되었으며, 해안 가까운 평지나 구릉에 새로 읍성을 축조하여 유사시에 대비하는 것은 물론 행정이나 주민들의 사회·경제적 생활의 편의를 도모할 필요성이 있었다.

이에 평지에 읍성을 축조하고 점차 산성에 위치한 治所를 이설하게 되었다. 강원도 영동지역은 앞서 서술한 바와 같이 고려시대에 東界지역으로 편제되면서 군사적인 특수지대로 취급되었기 때문에 道로 편제되었던 다른 지역과는 전혀 다른 형태의 방비체제를 가지고 있었다. 특히 이 지역의 州鎭軍은 방어에 유리하고 주민집단 거주지 가까이에 있는 山城을 거점으로 하고 있었기 때문에 자연히 治所 자체도 그곳에 설치되었다. 그러나 고려말에 이르러 위의 지도에서와 같이 점차 治所가 평지의 읍성으로 이설되게 되었다.(<삽도 3-2-9> 참조)

井上秀雄은 고려시대 초기(10~11世紀)에 各地에 土壘로 된 읍성이 축조되었는데, 14세기에는 왜구를 피하기 위해 많은 촌락이

---

128) 車勇杰, 1988, 『高麗末·朝鮮前期 對倭關防史 研究』, 충남대 박사학위 논문, 18쪽. 이 변화는 內地의 山城에 入保하거나 연해지역 산성에 입보하였던 주민들이 그동안 방치하였던 연해지역 토지를 새로이 경작하게 되고, 又 국가의 입장에서는 경제적 가치가 높은 연해지역의 蘇復을 위해 거주민의 적극적인 보호가 필요하게 되었다는 것이다.

나 도시가 종래 사용하고 있던 평지의 읍성을 버리고 避難所인 邑
外의 산성으로 주민과 함께 郡縣의 治所가 옮겨졌다고 하였다.[129]
그리고 이렇게 산성으로 옮겨진 治所는 왜구의 침략이 비교적 적
었던 내륙지역에서는 1380년대부터 平地에 읍성을 축조하고 다시
이주하게 되었고, 남해안을 중심으로 동해안의 바다에 가까운 지
역은 평지로 복귀하는 시기는 15세기 중엽이라고 하고 있다. 이러
한 견해는 왜구의 침입이 극심하였던 下三道 연해지역의 경우는
일면 타당한 설명이 될 수 있을 것이나 강원도의 경우는 下三道와
는 다른 여건에 있었기 때문에 그와 같은 견해가 적용될 수 있을
지는 의문이다.

　고려초기에 강원도지역에도 각 郡縣의 治所는 평지에 있었을
것으로 추정되나 그곳에 土壘를 만들었는지는 분명치 않다. 그러
나 治所가 산성으로 옮겨가게 되는 것은 왜구 때문은 아니었다. 이
미 고려말기에 이르기 전의 契丹·蒙古·女眞·哈丹 등의 침입
이 있을 당시에 강원도 영동지역의 治所는 산성으로 이전되었던
것으로 보아야 할 것이다. 東界라는 특수한 군사지역이라는 것도
있지만 道로 편제된 지역과는 달리 州鎭軍이 固守하던 곳에서 허
술한 평지의 土壘에서 방어하지는 않았을 것이기 때문이다. 또한
井上은 동해안에서도 15세기 중엽이 되어서야 평지로 治所가 복귀
하였다고 하였으나 강원도 영동지역의 읍성들은 앞서 서술한 바와
같이 이미 고려말에 평지로 복귀하고 있으며, 단 蔚珍縣의 경우는
恭讓王 3년(1391) 於世麟이 縣令이 되어 평지에 城堡를 수축하였
으나 태조 5년(1396) 왜구가 焚蕩하자, 張巡烈이 주창하여 治所를
산성으로 옮겼다고 하는데,[130] 산성은 『世宗實錄』 地理志에 나타

---

129) 井上秀雄, 1993, 『古代東アジアの文化交流』, (東京 : 溪水社), 490쪽.
130) 『大東地志』 卷16, 江原道 蔚珍 城池. "麗末連年倭寇 人民流散 閭里

나는 皇山山城이다.[131]

  조선전기 강원지역의 읍성은 모두 연해 9개지역에 축조되었는데, 그 가운데 高城·歙谷을 제외한 나머지 7개 읍성은 이미 고려시대 부터 존재하였던 읍성을 다시 수축하여 사용하였다. 특히 문종대에 이르러서는 기존의 강원도 영동지역 읍성을 수축하면서 읍성이 없었던 고성과 흡곡에도 읍성을 신축하였다. 이는 세종대부터 하삼도 중심으로 추진된 연해지역에 대한 읍성완비 정책이 이제 下三道가 아닌 다른 지역에까지 확대됨으로써 연해지역 읍성축조 계획은 문종대에 이르러 대체로 완성되어 갔다는 것을 알 수 있다.

  다른 道에서도 마찬가지지만 각 지방의 읍성에는 官衙가 소재하기 때문에 이곳이 지방행정의 중심지가 되었던 것은 당연한 결과였다. 또 읍성을 중심으로 지방의 도로망과 驛路가 확립되고, 각종 물자유통에 있어서도 중추적인 기능을 담당하고 있었기 때문에 읍성은 군사외적인 기능이 커지면서 지방도시가 발달하는데 매우 중요한 역할을 하였다. 강원도의 강릉·삼척·양양 등 읍성이 있었던 도시를 보면 과거 읍성이 있던 곳을 都心地로 하여 발달하였음을 쉽게 알 수 있다.

2) 입지조건

  읍성은 지방행정을 담당하는 여러 관아시설이 들어서고, 주민이 거주하기도 하며, 또 유사시 주민들이 입보하여 적과 접전을 해야

荒墟 恭讓王三年 於世麟爲縣令 修葺城堡 撫安遺民 古邑城在平地 太祖五年 爲倭寇焚蕩 張巡烈倡議 移邑於山城 至今居之”
131)『世宗實錄』地理志 江原道 蔚珍縣. “周回六百十六步五尺 內有四泉 一池 泉則雖大旱 皆不渴”

하는 곳이기 때문에 입지 선정에 있어서 매우 신중을 기해야 했다. 읍성의 축조에는 여러 가지 사항이 고려되었지만 주요한 審定요건으로는 첫째 지역의 행정·경제적인 편의성, 둘째 군사적인 측면에서의 便否, 그리고 셋째는 성곽 자체의 안전성이나 축조의 편의성과 관련된 문제이다.

『朝鮮王朝實錄』에 나타나는 읍성의 입지와 관련된 내용을 일부 발췌하여 가·나 그룹으로 나누어 보면 다음과 같다.

○ 가 그룹

(1) 함길도 관찰사 김종서가 아뢰기를, 所多老는 토지가 넓고 또 肥沃하며, 동서와 북방이 모두 賊徒의 출입로로 통하는 要害地이므로 城基를 審定하여 慶源府를 이곳에 옮겨 설치하고 둘레 6千尺의 壁城을 설치한다고 하고 있다.[132]

(2) 京畿監司가 아뢰기를, 江華府 古址를 살펴보니 토지가 평탄하고 광활하여 가히 城을 쌓을만하다고 하다.[133]

(3) 敬差官 許誠이 아뢰기를, 거제도 沙月浦는 人民이 사는 각 마을과 멀지 않고, 만일 賊變이 있더라도 쉽게 모여 입보하니 賊船이 은밀히 여러 섬에 정박하더라도 인민들과 멀리 떨어져 있고, 農場이 또한 가까우니 읍성을 만들만하다고 청하다.[134]

(4) 敬差官 李蓁 등이 아뢰기를, 古道康 任內 松溪縣 舊基가 山川에 둘러쌓여 읍을 정하기에 합당하다고 하고 있다.[135]

(5) 황해도 敬差官이 아뢰기를, 永康鎭의 城基로 蛇川을 가려 잡았는데, 北으로 海州地境에 이르기까지 25리이고, 南으로 登

---

132) 『世宗實錄』 卷63, 世宗 16年 2月 壬戌.
133) 『世宗實錄』 卷28, 世宗 7年 4月 乙丑.
134) 『世宗實錄』 卷30, 世宗 7年 10月 辛巳.
135) 『世宗實錄』 卷36, 世宗 9年 4月 壬戌.

山串에 이르기까지 40리이며, 東으로 海州地境에 이르기까
지 8里이고, 앞이 트이어 넓고 평평하며 산세가 서리고 감돌
아서 軍士를 발하면 사방으로 통할 수 있는 땅이고, 城의 남
쪽에는 긴 내를 끼고 흘러 西門 밖에 이르러 潮水와 합류하
며, 또한 城內에는 水泉의 근원이 깊어 邑을 건설할 만하다
고 하고 있다.136)

(6) 都巡察使 최윤덕이 아뢰기를, 庇仁縣 새 터와, 保寧縣 古邑
池內里의 새 터는 삼면이 험준한 산을 의지하고 있는 데다가
그 내면도 넓고 샘물도 또한 풍족하여 읍성을 설치하기에 마
땅할 뿐만 아니라 本縣과의 거리도 불과 1里 밖에 되지 않아
서 진실로 옮겨가고 오는 폐단이 없다고 하고 있다.137)

(7) 都摠制 曺備衡이 아뢰기를, 瓮津城 부근에 土城 舊基가 있는
데 삼면이 바다에 임하였으며, 險阻함이 의지할 만하니 여기
에 성을 쌓는 것이 좋겠다고 하고 있다.138)

(8) 최윤덕이 아뢰기를, 泗川山城은 내부가 험하고 크다는 이유
로 읍성으로 개축하고 있다고 하고 있다.139)

(9) 平安道 都體察使 李叔時가 아뢰기를, 定寧縣의 治址를 箭竹
洞과 方山 두곳중에서 살펴보니, 방산은 토지도 비옥하고 주
민들도 번성하며 상하로 통하는 거리도 적당하여 읍을 설치
하기에 마땅하다고 하고 있다.140)

(10) 함길도 관찰사 鄭甲孫은 孔州邑城 터로 撫安堡는 지세가
넓고 샘과 우물이 풍족하니 읍성을 옮기기에 매우 유익하다

---

136)『世宗實錄』卷36, 世宗 9年 4月 丙戌.
137)『世宗實錄』卷49, 世宗 12年 9月 壬戌.
138)『世宗實錄』卷55, 世宗 14年 2月 辛酉.
139)『世宗實錄』卷82, 世宗 20年 9月 辛未.
140)『世宗實錄』卷95, 世宗 24年 1月 戊寅.

고 하고 있다.[141]

(11) 都體察使 鄭苯은 거제읍성 터로 古丁部曲은 지세가 넓고, 평평하며, 골짜기가 깊을 뿐만 아니라 우물과 샘까지 있으며 가히 耕作하고 거주할 만한 땅이 심히 많으니, 읍성을 이곳으로 옮기자고 하고 있다.[142]

(12) 平安道 都體察使가 아뢰기를, 三登과 江東 두 고을을 합하면서, 신이 이제 고을 중앙에 邑城을 설치할 만한 곳을 친히 살펴본 즉, 옛 院터에 빈 땅이 있는데 山水의 기운이 모였고, 서쪽에는 평양, 동쪽에는 成川, 남쪽에는 祥原, 북쪽에는 慈山과의 도로의 거리가 均適하여 迎送에 폐가 없고 두 고을 인민의 왕래도 편리하며, 또 价川·殷山·慈山·順天의 賊路가 서로 모이는 곳이 되니 關防을 두는 것이 마땅하다고 하고 있다.[143]

(13) 金宗瑞가 아뢰기를, 价川의 북쪽 3리쯤에 옛날에 城洞이라고 칭하는 땅이 있는데, 城基가 험한 곳에 의거하고 있으며 城內가 평평하고 넓어서 1萬戶는 수용할 수 있고, 水泉 역시 풍부하며, 또한 석재가 많아서 축성의 功을 덜 수 있다고 하고 있다.[144]

(14) 강릉대도호부사 曹淑沂가 떠날 때에 상서하기를, 河東縣城은 지역이 높으나 협소하여, 만일 뜻밖의 변이 있으면 허다한 居民이 들어가 지키기 어렵고 또 水泉이 없는데, 전면의 산 형세는 성터가 천연적으로 만들어져 있으니, 천연적으로 만들어진 터로 물려 쌓으면 성 안이 광활할 뿐 아니라 샘이

---

141) 『世宗實錄』 卷106, 世宗 26年 10月 庚戌.
142) 『文宗實錄』 卷4, 文宗 即位年 10月 戊戌.
143) 『文宗實錄』 卷6, 文宗 元年 3月 乙卯.
144) 『文宗實錄』 卷7, 文宗 元年 4月 辛未.

그 가운데에 있으므로, 거의 萬世의 이익이 될 것이며, 南海
縣은 바다 가운데의 絶島인데, 성이 대단히 협소하고 또 샘
이 없으니, 원컨대 몇 해를 기다려서 냇물에 걸쳐 널찍하게
물려 쌓고, 鎭海縣은 바닷가에 성을 쌓았는데, 성이 또한 협
소하여 겨우 官舍와 창고를 용납할 만하고 땅도 卑濕하여
관리와 백성이 괴롭게 여기니 內地 2, 3리 되는 곳에 옮겨서
守禦하기에 편하게 할 것을 청하고 있다.[145]

○ 나 그룹

(1) 평안도 관찰사가 博川城이 풍수지리에 맞지 않고 또한 水災
가 있으니 옛 성터로 옮기자고 청하고, 황해도 관찰사는 甕津
城 중에는 샘이 없으니 땅을 가리어 옮기자고 청하고 있
다.[146]

(2) 工曹에서 아뢰기를, 旌義縣城 內에 샘이 없고, 큰 산이 내리
누르고 있어 矢石이 미치는 곳이라 하여 옮기기를 청하다.[147]

(3) 경기감사가 아뢰기를, 江華府의 治所는 남북이 험하고 막혀
서 지세가 狹窄함으로 성을 쌓고 백성이 살기에 적합하지 않
다고 하고 있다.[148]

(4) 강진현 人民들이 城이 작고 물이 없다 하여 모두 邑을 옮기
기를 바란다고 하고 있다.[149]

(5) 황해도 敬差官이 아뢰기를, 永康鎭 城基를 살펴보니 비록 縣
의 중앙은 되나 북쪽에 낮은 봉우리가 있고, 동쪽에 둥근 봉

---

145) 『成宗實錄』 卷187, 成宗 17年 1月 癸亥.
146) 『世宗實錄』 卷1, 世宗 卽位年 8月 甲午.
147) 『世宗實錄』 卷18, 世宗 4年 11月 壬戌.
148) 『世宗實錄』 卷28, 世宗 7年 4月 乙丑
149) 『世宗實錄』 卷36, 世宗 9年 4月 壬戌.

우리가 있고, 서쪽에 돌출된 봉우리가 있어 세봉우리가 임하
여 내리 누르고 있으므로 邑으로 삼아 거주하기에 적당치 않
다고 하고 있다.[150]

(6) 都巡察使 최윤덕이 아뢰기를, 庇仁邑城은 평지에 위치해 있
고, 保寧邑城은 높은 구릉에 위치하고 있어 모두 城基로 맞
지 않고, 또 雜石을 흙과 섞어서 축조하였기 때문에 보잘 것
이 없고 狹窄한데다가 우물과 샘마저 없으니 오래 보전할 땅
이 아니라고 하고 있다.[151]

(7) 都摠制 曺備衡이 아뢰기를, 瓮津城은 낮고 얕으며, 瓮嵒山이
동쪽에서 누르고 있어서 敵人의 화살이 가히 미치고 있으며,
또한 城外에서 城中 사람의 多少가 모두 보이니 다시 쌓을
수 없다고 하고 있다.[152]

(8) 최윤덕이 아뢰기를, 城基는 비록 넓고 험하다고 하더라도 城
內에 泉水가 없고, 또 糧儲가 모자라면 固守할 수 없으며, 城
基는 높은 산의 경우 마땅치 않다고 하고 있다.[153]

(9) 충청도 巡問使 安純이 沔川山城은 크되 백성은 적어 지키기
어려우니 읍성으로 옮겨 쌓도록 건의하고 있다.[154]

(10) 경상도 寧海人 前縣監 柳囿 등이 本府 읍성은 지난 임술·
계해년에 왜적의 침입으로 온 고을이 패망하여, 갑자년에
남은 백성들이 雜土石으로 축조하였는데, 城이 낮고 좁아
서, 혹 賊變이 있으면 居民들이 防守하거나 亂을 피할 곳이
없으니 城基를 더 넓히고 높게 쌓을 것을 청하고 있다.[155]

---

150) 『世宗實錄』 卷36, 世宗 9年 4月 丙戌.
151) 『世宗實錄』 卷49, 世宗 12年 9月 壬戌.
152) 『世宗實錄』 卷55, 世宗 14年 2月 辛酉.
153) 『世宗實錄』 卷63, 世宗 16年 3月 甲午.
154) 『世宗實錄』 卷77, 世宗 19年 6月 庚申.

358 韓國 中世築城史 研究

(11) 평안도 都體察使 李叔時가 아뢰기를, 定寧縣의 治址를 箭竹洞과 方山 두 곳 중에서 살펴보니 箭竹洞은 토지가 메말라서 邑을 설치하는데 적당하지 못하다고 하고 있다.156)

(12) 慶興郡은 지형이 傾斜지고 狹窄한 데다가 人家는 조밀하게 있으니 火災가 두렵다 하여 읍성을 옮겨 설치하고 있다.157)

(13) 함길도 관찰사 정갑손의 啓文에, 孔州邑城은 좁아서 190여 호가 다닥 다닥 모여 있는데, 성 동쪽은 조금도 막힌 것이 없이 낮은 산과 큰 바다로서 사시로 바람을 받고, 성내에는 또 샘도 우물도 없으며, 성 서쪽은 지세가 험하고 水源이 없어서 사람 살기에 적당하지 않다고 하고 있다.158)

(14) 都體察使 鄭苯의 馳啓에, 거제읍성은 법식에 의하여 쌓지 않아서 城이 낮고 좁아 다시 쌓아야 온 島民들이 입보할 수 있다고 하고 있다.159)

(15) 平安道 都體察使 김종서가 상언하기를, 渭原은 비록 석성이지만 사면으로 賊을 하고 城 북쪽에는 높은 봉우리가 바로 내리 누르고 있어서 만일 賊이 높은 곳에 오른다면 投石으로 공격할 수도 있다하여 古理山邑城으로 합하도록 건의하고 있다.160)

(16) 김종서가 보고하기를, 朝陽城은 城基가 험하고 좁으며, 水泉이 부족하여 백성들이 살기에는 적합치 않으며 성을 쌓을 석재도 또한 적어 城을 쌓기가 어렵다고 하고 있다.161)

---

155)『世宗實錄』卷87, 世宗 21年 10月 庚寅.
156)『世宗實錄』卷95, 世宗 24年 1月 戊寅.
157)『世宗實錄』卷96, 世宗 24年 5月 丁亥.
158)『世宗實錄』卷106, 世宗 26年 10月 庚戌.
159)『文宗實錄』卷4, 文宗 즉위년 10月 戊戌.
160)『文宗實錄』卷5, 文宗 元年 1月 戊申.
161)『文宗實錄』卷7, 文宗 元年 4月 辛未.

(17) 瑞山郡 山城은 성을 쌓은 지 오래되어 모두 무너지고, 또한 성내가 험하고 좁으며 水源이 부족하여 官府를 설치하기 어렵다고 하고 있다.162)

(18) 江原道觀察使 李陸이 아뢰기를, 蔚珍縣은 본래 山城에 있었는데, 고을 사람이 왕래하기가 어렵고 風水에 拘忌된다고 하여 邑城을 산밑으로 옮겨 설치하기를 청하였는데, 성은 完固하고 땅이 넓고 옮겨서 설치하자면 폐단이 있을 것이므로 예전대로 두는 것이 좋겠으나 그 옮기는 것이 적당한지 여부를 許琮으로 하여금 巡審하게 할 것을 청하고 있다.163)

위의 「가 그룹」 사례는 읍성터로 적절하다는 내용의 기사를 열거한 것이며, 「나 그룹」의 사례는 읍성터로 적절하지 못하다는 내용이 들어있는 기사를 열거한 것이다. 이외에도 城內의 협소나 水源부족의 이유로 移設해야 한다는 내용의 기사는 매우 많이 나타나고 있으나 여기에 모두 열거하지는 않았다. 위에 열거된 「가·나 그룹」의 읍성입지에 관한 사례는 몇가지 측면으로 요약될 수 있다.

첫째는 군사적인 측면에서의 입지인데, 여기에서는 실제 전투에서의 편익성, 시설과 주민의 수용성, 입보의 편리성이 주요한 요건이 된다. 전투에서의 편익성이란 말할것도 없이 읍성 외곽지역에 자연적인 장애물이 있어서 敵이 來侵時 쉽게 성밑까지 도달할 수 없거나 성지 자체가 험지를 끼고 있어서 방어상 편익이 있는 것을 말한다. 우리나라의 읍성은 절벽이나 하천, 야산을 끼고 축조된 경우가 많이 있는데, 이는 모두 실제 전투에서 방어상의 편익성을 극

---

162) 『文宗實錄』 卷9, 文宗 元年 9月 庚子.
163) 『成宗實錄』 卷226, 成宗 20年 3月 庚申.

대화하기 위한 것이다. 지세에 약간씩의 차이는 있지만 배후나 측면에 낮은 산을 끼고, 전면이나 좌우 측면에 이른바 '防川'이라 불리는 하천을 두고 있는 것이 우리나라 읍성의 전형적인 모습인 이유는 바로 방어상의 편익성을 극대화하기 위한 것이었다고 생각된다. 그리고 「나 그룹」 사례의 (2), (5), (7), (15)의 경우처럼 읍성 가까이에 읍성을 내려다 볼 수 있는 산이 있으면 불가한 입지이다. 이는 이 산에 올라가 矢石으로 공격하거나 혹은 城內의 虛實을 엿볼 수 있기 때문이다. 따라서 산을 끼고 축조하되 능선을 따라 가장 높은 봉우리까지 돌려 쌓는 것은 바로 그 이유에서 이다. 이러한 입지조건은 현재 강원도 지역에 남아 있는 읍성에도 그대로 적용되었는데, 모두 野山이나 丘陵을 끼고 축조되었고 간성읍성의 경우는 南川과 北川, 양양읍성은 南大川, 강릉읍성도 역시 南大川, 삼척읍성은 五十川을 각각 防川으로 삼고 있다.

또한 한 지역에 읍성과 산성이 모두 있는 곳이 있었는데,『세종실록』지리지에 기록되어 있는 것을 통계하여 보면 모두 27개 지역에 달한다.[164] 이러한 곳의 읍성과 산성 배치는 물론 지역 여건에 따라 조금씩 달랐겠지만 세종 즉위년에 함길도 길주의 경우 읍성이 창고가 있는 多信山城의 뒤에 위치한다 하여 산성 앞에 다시 터를 잡아 읍성을 축조하고 邑治를 옮기도록 하고 있는 것을 볼 때,[165] 배후에 산성을 위치시킨다는 하나의 원칙이 준수되고 있었

----

164) 柳在春, 1995,「『世宗實錄』地理志 城郭記錄에 대한 檢討」『史學研究』
　　　50號, 한국사학회, 259쪽.
165)『世宗實錄』卷2, 世宗 卽位年 11月 乙丑. 이 記事에는 延嗣宗·河敬
　　　復 등이 上王에게 "吉州는 한 道의 중앙에 있어서 방어가 심히 긴요
　　　하며, 倉庫가 多信山城에 있는데, 새로 쌓은 읍성은 뒤에 있으니, 마
　　　땅히 산성 앞의 夫世里에 읍성을 쌓아 거처하게 할 것입니다"라고 하
　　　니, 이에 따랐다고 하는 내용이 기록되어 있다.

음을 볼 수 있다. 앞서 서술한 바와 같이 강원도 영동지역의 읍성은 고려말 治所를 산성에서 평지로 이전하면서 수축되었는 바, 이전의 治所가 있던 산성 혹은 그보다 규모가 큰 배후산성을 수축하였으니 간성의 경우는 金水里 山城이 여전히 배후산성이 되었고, 양양의 경우는 鎭管整備 過程에서 알 수 있는 것처럼 독립 鎭을 형성하지 못하였기 때문인지『世宗實錄』地理志에서도 산성을 가지고 있지 않은 것으로 기록되어 있다. 또 강릉은 大公山城, 삼척은 頭陀山城이 배후산성이 되었는데, 이 지역은 영동지역에서 가장 규모가 큰 고을로 고려말 治所를 평지로 옮기기 전의 산성보다 규모 큰 곳으로 옮겨 배후산성을 삼은 것으로 보인다.

또 施設과 住民의 受容性 문제에 있어서는, 무엇보다 기본적으로 官衙와 倉庫시설 등을 수용할 수 있어야 하고, 또한 경우에 따라서는 民家를 수용해야 했으며,166) 특히 유사시 주민들이 모두 입성하기 위해서는 그만한 공간이 확보될 수 있는 基地를 택해야 했다. 그러나 읍성은 장기적 안목에서 설치되지 못하였거나 혹은 인구나 시설의 증가로 공간이 부족하여 불가피하게 읍성을 移築해야 하는 경우가 대단히 많았다.〔위의 사례「나 그룹」의 (3), (4), (6), (10), (12), (13), (14), (16), (17)이 여기에 해당한다.〕읍성 내부가 협소하게 되면 유사시 주민을 수용하는 데도 문제가 있었지만 民家가 조밀하게 되어 화재의 위험이 있었다.167) 특히 양계 변경지역의 읍성에는 의례적으로 겨울철이 되면 지역내의 거주민들이 일제히 성안으로 들어가 겨울을 나기 때문에 화재라도 발생하여 성안이 모두 소실되게 되면 매우 곤란한 문제였다. 또한 유사시 입보한 주

---

166)『成宗實錄』卷161, 成宗 14年 12月 丁丑.
167)『成宗實錄』卷102, 成宗 10年 3月 丙戌 ;『成宗實錄』卷161, 成宗 14
　　年 12月 丁丑.

민들과 牛馬의 생존을 위한 최소한의 食水가 확보되어야 하기 때
문에 성곽 축조에 있어서 水源池 확보여부는 사실상 가장 중요한
관건 가운데 하나였다. 위의 사례 가운데, 「가 그룹」-(5), (6), (10),
(11), (13), (14)와 「나 그룹」-(1), (2), (4), (6), (8), (13), (16), (17)은 모두
읍성 입지와 관련하여 水源地 상황을 언급하고 있다. 세종대 이후
많은 읍성들이 移築, 혹은 증축된 이유 가운데 水源池 불충분이 차
지하는 비중이 가장 크다.[168] 『世宗實錄』 地理志와 『新增東國輿
地勝覽』에 기록되어 있는 강원지역 읍성의 城周와 水源 그리고 戶
口數를 정리하면 다음 <표 3-2-5>와 같다.

〈표 3-2-5〉 강원지역 읍성의 戶口와 城周 · 水源

府郡縣	戶數	口數	世志 둘레	勝覽 둘레	水源(勝覽)
간성	227	313	381步	2,565尺	우물 1
양양	857	1,277	1,088步	3,228尺	우물 2
강릉	1,025	3,513	784步 4尺	3,782尺	우물 14, 池 2
삼척	581	2,613	540步	2,485尺	-

※ 1. 호구수는 『世宗實錄』 地理志의 기록.
   2. 世志 = 『世宗實錄』 地理志, 勝覽 = 『新增東國輿地勝覽』

위의 <표 3-2-5>에서 알 수 있는 바와 같이 호수와 읍성의 크기
는 대략 비례한다는 것을 알 수 있다. 이는 앞서 서술한 바와 같이
이미 세종대에 각 고을에 견실하지 못한 성이 있으면 각기 戶數의
多少를 참착하여 혹은 물리고 혹은 줄여서 적당하게 개축하게 할
것이 지시[169]되었기 때문에 각 고을의 호구를 고려하여 城의 규모

---

168) 위의 가 · 나그룹의 입지관련 사례 외에도 水源地 부족을 해결하기 위
　　하여 샘이 있는 곳이나 우물을 팔 수 있는 곳까지 退築하는 경우나 혹
　　은 외부의 川에서 물을 끌어 들이는 경우, 또는개천이 있는 곳까지 紬
　　城을 쌓아 물을 이용하기 위하여 읍성을 개축하는 경우도 많았다.

를 설정하는 것이 규정화되었다. 그리고 水源의 경우 삼척읍성만
이 기록에 나타나지 않는데, 그런데도 불구하고 읍성으로 유지되
었던 것은 邑城의 한 面이 五十川과 맞닿아 있었기 때문인 것으로
여겨진다. 그러나 명종대에 와서는 부사 김희삼이 성밖의 民家 20
여호를 철거시키고 성을 退築하고서 우물을 판 것으로 보아 기존
의 성내에는 우물을 팔 수 있을 만한 곳이 없었기 때문인 것으로
보인다.

그리고 入保의 편리성은, 유사시에 주민들이 신속히 入城할 수
있어야 하는데, 앞서 말한 대로 주민의 집단 거주지 가까이에, 혹
은 지역내 중심지에 읍성을 축조한 것은 행정의 편의성을 고려한
것이기도 하지만 이는 입보의 편리성을 동시에 고려한 것이다. 특
히 연해읍성인 경우는 연해지역 거주민을 왜구로부터 보호하는 것
이 주목적 가운데 하나였으므로 바다 인근지역에 축조하는 것이
일반적이었다. 유사시에 주민이 입성하지 못하는 것은 비단 주민
의 안전문제도 있지만 읍성내의 守城人員이 감소되어 결국은 성곽
의 방어력을 약화시키기 때문에 주민의 入保便利性은 궁극적으로
守城與否와도 직결되는 문제였다. 입보의 편리성 여부는 특히 매
년 겨울철이 되면 읍성으로 입보해 겨울을 나야 했던 양계 변방지
역에서는 매우 중대한 문제였다. 즉, 넓은 지역에 散居하다가 겨울
이 되면 먼 길을 왕래해야 하는 불편이 따랐고,[170] 불시에 야인이
침구하였을 경우는 그나마 읍성까지 이동하기란 불가능하였다. 조
선초부터 양계지역에 중점적으로 堡를 설치하고 이곳에 목책이나
석성을 축조하여 주민의 입보처로 삼게 하였던 것은 거주민들의
그러한 입보에 따른 폐단 때문이었다. 이러한 조치는 연해지역에

---

169)『世宗實錄』卷43, 世宗 11年 2月 丙戌.
170)『世宗實錄』卷64, 世宗 16年 6月 丙午.

도 적용되어 연해의 營鎭堡에 점차 성곽을 축조하여 유사시에 이 곳에 입보하도록 한 것은 한 지역에 1개의 읍성만으로는 입보의 편리성을 충분히 확보할 수 없었기 때문이다. 강원지역의 읍성의 경우 모두 해안선으로부터 4km 이내의 가까운 거리에 위치하고 있 는 것은 바로 입보의 편의성을 고려한 때문이다.

둘째로 지역의 행정·경제적인 측면에서 보면, 읍성은 지역주민 들에 대한 통치의 편의상 자연히 주민 집단거주지의 구심점이 될 만한 곳이고, 거리상으로도 가급적 해당지역의 중간지점이 될 만 한 곳이 이상적이었다. 이는 관할지역에 대한 행정력을 고루 미치 게 하는데 중요한 요소이며, 또 반대로 거주민들이 지방관아를 이 용하는데 편리하기 때문이다. 「가 그룹」-(12) 사례에서 보이듯이 지방행정구역을 폐합하면서 邑治를 옮기는 사례가 있는데, 이는 入保守備의 편의성을 위한 측면도 있지만 지방행정의 편의를 위한 것이기도 하다.

또한 인근 지역과의 도로상 연계, 지역내 각 洞里와의 교통 등도 중요한 요소이다.171) 이는 유사시에 人馬의 원활한 입성이 이루어 져야 하기 때문이기도 하지만 지방의 邑治가 소재하는 읍성은 사 실상 그 지역의 행정의 중심지일 뿐만 아니라 경제의 중심지이기 도 하기 때문에 인근지역과의 원활한 물류유통이 이루어질 수 있 어야 했던 것이다. 교통과 통신이 발달한 현대사회에서도 지방의 市郡 소재지의 경제적 비중이 크다는 것을 감안하면, 지방 물자유 통의 중심이 되는 당시의 地方官衙 소재지의 경제적 비중이 더욱 컸다는 것은 말할 것도 없는 것이다. 따라서 읍성은 道路나 水路를 통하여 물류유통이 용이한 곳에 축조되었다. 이는 다른 지역에서 도 마찬가지지만 읍성은 주민 집단거주지 가까이에 위치하며, 이

---

171)『文宗實錄』卷10, 文宗 元年 11月 辛酉.

읍성을 중심으로 驛路가 정비되고 물자유통이 이루어지게 되었는
바, 이는 후대에 읍성을 중심으로 하는 일대가 지방도시로 발전하
게 되는 중요한 요인이 되었다.

　셋째는 성곽 자체의 안전성과 축조의 편의성 문제이다. 읍성에는
관아시설 뿐만 아니라 백성들이 거주하기도 하였기 때문에 여러 가
지 안전문제도 고려되어야 했는데, 水災에 대한 대비는 그 대표적
인 것이다. 위의 사례 「가 그룹」-(14)와 「나 그룹」-(1)의 경우가 이에
해당하는데, 읍성이 낮은 지대에 위치하게 되면 폭우나 장마시에
배수에 문제가 있고, 물가에 위치할 경우는 대홍수시 수재를 당할
우려가 있으며, 또 낮은 지대가 아니더라도 읍성 곁에 河川이 있게
되면 홍수시 성벽을 붕괴시킬 우려가 있기 때문에 하천변에 읍성을
축조할 때는 읍성 외곽에 제방을 축조하는 경우도 있었다.[172] 현재
강릉과 양양의 경우를 보면 남대천변에 제방이 쌓여져 있는데, 이
제방은 이미 조선시대부터 있었던 것들로 耕地와 住居地 보호를 위
한 것이지만 읍성을 보호하고자 하는 것이기도 하였다.

　또한 축성에는 많은 功役이 소요되기 때문에 가급적 功役을 적
게 들일 수 있는 곳을 선정하였다. 성곽은 구릉지대를 이용하여 축
조할 경우 평지에 축성하는 것보다 낮게 쌓고도, 방어력의 효과를
높일 수 있기 때문에 우리나라 읍성 가운데는 이러한 야산의 능선
이나 구릉지를 이용하여 축조한 사례가 많다. 아직 북한을 포함한
전국의 읍성에 대한 입지 조사가 이루어지지 못하여 조선시대에
어느 정도의 성곽이 이러한 형태를 하고 있었는지는 정확히 알 수
없지만 1982년 2월~87년 4월 문화재관리국에서 전국의 읍성유적
을 조사한 것을 보면 수원읍성 등 수십여개 이상의 읍성이 이러한
형태의 읍성이었던 것을 알 수 있다.[173] 강원지역에 있는 읍성은

---

172)『太宗實錄』卷28, 太宗 14年 閏9月 丁卯.

모두 구릉이나 야산을 이용하여 축조하였으며, 특히 삼척읍성의 경우는 一面이 五十川을 낀 절벽으로 되어 있었다.

이외에도 읍성의 입지 선정에 중요한 조건이 되었던 것은 風水地理이다. 이는 중앙의 首都 선정과 都城의 축조에서도 철저히 고려되었던 것처럼, 지방의 중심지인 읍성의 입지 선정에도 적용되었다. 이에 대하여 張明洙는『城廓發達과 都市計劃硏究』에서 "朝鮮時代 地方城廓都市의 계획과 재정비에 風水地理가 절대적인 영향을 주었고 작용하였다"고 지적하였다.174) 위의 사례 가운데「나 그룹」의 (1), (5), (18)의 경우가 이에 해당하는 사례인데, 이러한 사례 외에도 지방의 읍성터 선정에 중앙에서 地官이나 術者를 보내 살피게 하기도 하였다.175) 특히「나 그룹」-(18)의 사례는 강원도 울진현의 사례로써 縣民들이 울진현의 治所가 산성에 있었는데, 이것이 풍수지리로 볼 때 좋지 않다고 하여 읍성을 산 아래로 이설하기를 청하고 있다.

한편 혹 산성을 읍성으로 삼기도 하였는데, 이는 지역의 여건상 읍성을 축조할 만한 터를 확보하기 어렵거나 산성이 해당지역의 집단 거주지에서 매우 가까이 있어서 산성이 읍성의 역할을 할 수 있는 경우이다.176) 그리고 강진의 읍성처럼 두개 고을을 폐합하여 읍치를 새로 설정하는 과정에서 성곽신축이 어렵자, 山城을 읍치

---

173) 孫永植, 1987,『韓國의 城郭』, 文化財管理局, 251~355쪽.
174) 張明洙, 1994,『城廓發達과 都市計劃硏究 - 全州府城을 中心으로 -』, 學硏文化社, 160쪽.
175)『世宗實錄』卷36, 世宗 9年 4月 丙戌 ;『世宗實錄』卷87, 世宗 21年 10月 癸巳 ;『文宗實錄』卷10, 文宗 元年 10月 辛巳.
176)『成宗實錄』卷226, 成宗 20年 3月 庚申에 의하면 강원도 울진현의 경우 산성에 읍치를 두었다가 그 아래로 옮기는 문제를 조사할 것이 거론되고 있으며, 평안도 철산군의 경우도 산성에 읍치를 두었다가 세종 3년 12月 성의 북쪽 6리에 있는 舊基로 이전하도록 하고 있다.

로 삼았다가 다시 이전하기도 하였다.[177] 또한 평안도 철산군의 경우도 본래 산성을 읍치로 삼았다가 주민들의 통행이 불편하고 공간이 협소하여 다시 이전하였는데,[178] 舊基로 이전하는 것으로 보아 읍치의 방어편의상 산성으로 이전하였다가 재차 옮긴 것으로 생각된다.

그러나 읍성의 입지는 반드시 원칙에 의하여 선정된 것은 아니었다. 태종대 이후 중앙에서 직접 관리를 파견하여 城基를 審定하게 하는 것이 하나의 관례가 되었는데, 이는 많은 功役을 들이는 축성을 신중히 하자는 측면도 있지만 지역의 세력가들이 관리와 결탁하여 자신들의 이익에 맞추어 읍성기지를 정하는 것을 막기 위한 측면도 있었던 것으로 생각된다. 특히 행정구역이 폐합되는 경우는 주민들간에 이해가 대립되어 갈등이 발생하는 경우가 있었다. 문종때에 강진읍성의 이설문제를 놓고 빚어졌던 주민들간의 갈등은 그 대표적인 사례이다.[179]

---

177) 『文宗實錄』卷10, 文宗 元年 11月 辛酉.

178) 『世祖實錄』卷10, 世祖 3年 12月 기미에 의하면, 平安道 鐵山郡의 邑治는 높고 험한 山城에 있어, 人民들이 출입하기 어려울 뿐 아니라, 지형이 좁고 막혀 있어 人民이 거주할 만한 곳이 없다고 하니 이를 城 북쪽의 舊基로 移設하도록 하고 있다.

179) 『文宗實錄』卷10, 文宗 元年 11月 辛酉. 이 記事에 보면 "三道都體察使 정분이 아뢰기를, "康津京在所 좌의정 皇甫仁과 우부승지 鄭而漢 등이 上書한 속에서, '康津縣은 耽津과 道康 두 현을 합하여 이름을 붙이고, 인하여 두 현의 중앙인 탐진 옛 현의 山城을 邑治로 삼았는데, 그 뒤 산성이 狹窄하다고 하여 감사가 朝廷에 傳報하여 읍을 도강의 松溪里로 옮겼습니다. 이때부터 人吏와 관노비가 날로 더욱 감소되고 3년 안에 수령이 다섯번씩 교체되어 폐단이 많았습니다. 이전에 국가에서 相地하였던 탐진은 水草가 모두 넉넉한 땅이니 옮겨 설치하는 것이 어떠하겠습니까?' 하였고, 또 本縣 사람 前千戶 李繼德 등 79명이 狀告한 속에서 '정유년에 있어서 內廂을 도강현으로 옮겨 설치하여 탐진과 도강을 합하여 강진이라 이름짓고, 그대로 縣治를 산성

이에서 보면 在地勢力家들이 자신의 이익과 결부지어 邑治를 옮기고자 시도하였음을 알 수 있다. 체찰사 정분은 연해읍성의 본래 축성목적이 연해주민의 보호에 있는 만큼 바다에 가까이 있는 탐진에 읍성이 축성되어야 한다는 원칙론에 입각하여 건의함으로써 이는 그대로 시행되었지만 이와 같은 읍성 설치를 둘러싼 문제는 반드시 강진만에 국한된 것은 아니었을 것으로 생각한다.

3) 축조법

현재 강원지역에 남아 있는 邑城의 축조방식은 석축을 한 경우는 구릉이나 야산을 능선을 따라 축조한 구간은 內托式으로 쌓았

에 둔지 10여 년에 이르렀습니다. 이 산성은 협착하고, 또 水草가 없으며, 3面이 너무 비좁아서 火災가 끊이지 않아 官舍가 다 타 버렸습니다. 또 水營과 軍營의 사이에 있으므로 使客이 번잡하게 많아서 支對하는 폐단도 작지 않습니다. … 병오년에 大路의 중앙의 땅에다 邑治를 옮겨 설치하고자 하여 현감에게 아뢰니, 監司에게 傳報하고 啓聞하여 허락을 얻었습니다. 官舍와 國庫의 營造를 아직 끝내기도 전에 縣吏 崔唐이 탐진의 土姓이요, 그 전토가 소재한 까닭에 관리와 백성과 내통하고 공모하여 여러 가지로 말을 꾸미어 탐진으로 도로 가고자 합니다. 그러나, 자주 이사하면 그 폐단이 작지 아니하니, 청컨대 그 전대로 하도록 하소서'하였습니다. 臣이 위의 조항의 두 가지 말을 가지고 강진에 이르러 도강과 탐진 두 縣의 人民들을 불러 그들이 진정으로 바라는 것을 물으니, 도강의 인민은 松溪에 그대로 두기를 원하고, 탐진의 인민은 탐진으로 옮기기를 원하여 서로 다투고 힐난하여 능히 上下가 없으니 하나를 따르기가 어려웠습니다. 또 地理의 說로써도 吉凶을 진실로 알기가 어려웠습니다. 탐진은 남쪽으로 바닷가의 동곶이[東串]와 거리가 62리이고, 서쪽으로는 서곶이[西串]와의 거리가 53리입니다. 두 곶이[串]에 사는 백성은 3백 30戶입니다. 탐진에 城을 쌓고 邑을 설치하는 것이 연변에 수자리를 두는 뜻에 심히 합당합니다. …"라고 하고 있다.

다. 그리고 평지에는 內外夾築을 하였을 것으로 보이나 현재 온전히 남아 있는 곳이 없기 때문에 확인되지는 않는다. 부분적으로 남아 있는 현존 강원지역 읍성의 體城壁은 하단에는 매우 큰 方形, 또는 長方形의 석재를 이용하여 축조하고 상단에는 작은 돌을 이용하여 쌓았으며, 틈은 작은 돌로 메웠다. 그리고 內托인 경우는 부분적으로 노출된 곳을 보면 'L字'형으로 절개하고 70~110cm 정도의 긴 장대석을 깔아 기단부를 만들고 그 위에 석축하는 방식을 취하였다. 이는 다른 지역의 성곽 축조에서도 그대로 나타나고 있고, 아마도 당시의 일반적인 축성방식이었다고 생각된다.

평지에 夾築한 곳의 기단부는 아직 강원도에서는 단 한 곳도 발굴조사가 이루어진 바가 없기 때문에 정확한 축조방식은 알 수 없다. 다만 이미 세종 20년에 '築城新圖'를 만들어 頒布[180]하였기 때문에 정도 차이는 약간 있다고 하더라도 대체로 그 축조방식은 같았을 것이다. 이에서 본다면 평지의 협축한 구간은 마산 합포성지의 경우처럼 표토층을 걷어내고 생토층면에 栗石을 깔아 평평하게 다진 뒤 그 위에 납작한 장대석을 깔아 지대석으로 삼고 그 위에 다시 기단석을 올려 놓는 방식[181]으로 기단부를 조성한 후 비교적

---

180) 『世宗實錄』卷102, 世宗 25年 11月 甲寅. 이 기사에는 兼成均注簿 李甫欽이 上疏한 내용이 기록되어 있는데, 그 가운데 "… 設險하여 백성을 보존하는 것은 국가의 급선무입니다. 이제 聖上의 德이 먼 데까지 입게 하시니, 夷狄이 賓으로 복종하고, 국가가 한가하고 안팎에 일이 없사온데, 성을 쌓는 역사를 해마다 거행하지 않는 때가 없으니, 참으로 방비가 있게 하여 근심이 없게 하는 道를 다한 것입니다. 그러나 신이 듣자오니 근년에 쌓은 여러 城이 대개는 모두 퇴락하고 무너졌다고 하는데, 臣이 반복하여 이를 생각하여도 吏民이 마음을 쓰지 않았을 뿐만 아니라, 戊午年에 築城新圖를 頒降한 이래로 관리가 입법한 뜻을 알지 못하고 시행한 폐단이 그렇게 만든 것이 아닌가 하옵니다. …"라고 하여 성곽 축조법을 규정한 '築城新圖'가 반포되었음을 거론하고 있다.

큰 方形, 또는 長方形의 석재를 하단부에 쌓고 상단에는 작은 돌로 축조하고, 큰 석재의 틈은 작은 돌로 메우는 방식으로 처리되었을 것으로 생각된다. 다음의 <도면 3-2-1>의 울산 언양읍성 체성입면도와 <도면 3-2-2>의 경남 마산 합포성지 외벽입면도는 그러한 방식으로 축조된 것을 잘 보여주고 있다.

한편 강원지역의 읍성에는 女墻이 있었는지는 현존 유적과 문헌으로 확인되지 않으나 이미 문종대에 읍성을 정비하는 과정에서 女墻을 두는 것은 기본적인 사항이었으므로 강원지역의 읍성에도 女墻이 있었을 것으로 추정된다. 특히 간성읍성의 경우를 보면 중종대에 편찬된『新增東國輿地勝覽』에는 높이가 13尺[182]으로 기록되어 있으나 조선후기 18세기 중엽에 편찬된『輿地圖書』에는 높이가 15尺[183]으로 되어 있는데, 이는 선조 24년(1591) 읍성을 중축할 때, 2尺 정도 높이의 女墻을 만든 것으로 추정된다.

그런데 강원도 지역의 읍성은 甕城·雉城·垓字 등 體城과 城門 이외의 부가시설이 갖추어 지지 않아 下三道 읍성에 비하여 상당히 허술하게 수축되었음을 알 수 있는데, 이는 방어상의 긴요성이 下三道 지역에 비하여 낮다고 인식된 결과이다.

---

181) 심봉근, 1995,『韓國南海沿岸城址의 考古學的 研究』, 學研文化社, 203쪽.
182)『新增東國輿地勝覽』江原道 杆城郡 城郭.
183)『輿地圖書』江原道 杆城郡 城池.

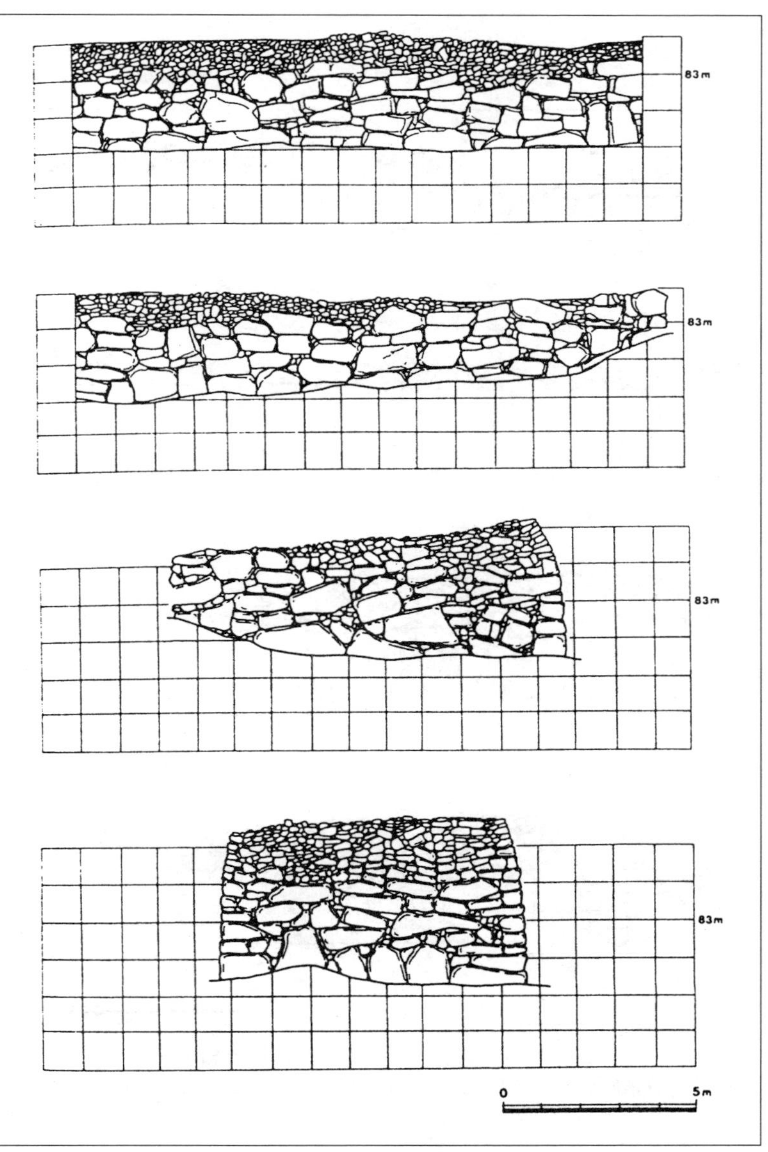

도면 3-2-1. 울산 언양읍성 체성 입면도
(『韓國南海沿岸城址의 考古學的 硏究』(심봉근, 學硏文化社, 1995. 285쪽)에서 전재)

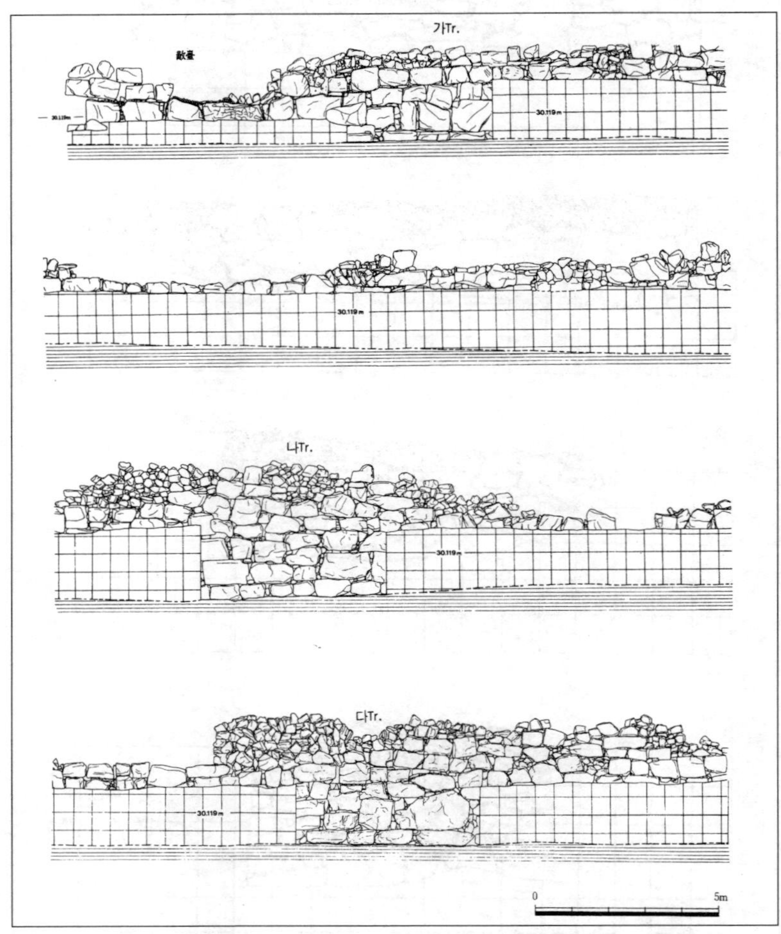

도면 3-2-2. 경남 마산 합포성지 외벽 입면도
(『韓國南海沿岸城址의 考古學的 研究』(심봉근, 學研文化社, 1995. 200쪽)에서 전재)

Ⅲ. 산성의 수축과 유적

1. 산성의 수축

조선왕조 건국초기에는 漢陽都城의 건설로 많은 인력을 투입하고 있었기 때문에 外方에 대한 계획적인 방비시설의 정비에는 관심을 두지 못하였다. 그러나 태종 10년경을 전후하여 倭寇뿐만 아니라 明나라의 타타르 원정과 女眞招撫, 그리고 征倭說 등 동북아 지역에서의 여러 긴장이 조성되면서 북방의 여러 거점 城뿐만 아니라 경상도·전라도에 대규모 산성을 수축하는 등 전국적으로 많은. 城이 수축되었다. 특히 태종 13년(1413)에 이르러서는 各道의 각 고을 3, 4息안에 하나의 산성을 수축하고 倉庫를 설치하도록 하는 조치로 더욱 구체화되게 되어 邊境과 內地를 막론하고 산성을 중심으로 한 入保防備體制의 완비를 지향하게 되었다. 이러한 築城策의 추진으로 조선초기에는 전국적으로 약 111개 정도의 산성이 있었으며, 이는 8道 330개 행정구역 가운데 약 1/3 정도의 지역에 산성이 구비되어 있었다는 것이 된다. 그러나 세종대 이후 山城入保 防禦體制가 退潮하면서 산성은 점차 폐지되고, 16세기 중반경에는 전국적으로 41개 정도의 산성만이 남아있게 되었다.

조선시대 초기에는 『世宗實錄』 地理志에 기록되어 있는 것을 기준으로, 전국적으로 259개의 성곽 가운데 111개가 산성이었다.[184] 城內안에는 우물이나 창고, 혹은 임시관청 시설을 하여 유사시에 주변의 주민을 이끌고 성에 들어가 籠城할 수 있도록 하였

---

184) 柳在春, 「『世宗實錄』 地理志 城郭記錄 檢討」, 258쪽.

다. 이러한 산성은 신축한 것도 있었겠으나 상당수는 이미 고대로
부터 城이 존재하여 오던 곳에 다시 축조하는 경우가 대부분이었
다. 조선초기 강원도에 정확히 몇 개소의 산성이 유지되고 있었는
지는 알 수 없으나 『世宗實錄』 地理志에 기록되어 있는 것을 정리
하면 다음의 <표 3-3-1>과 같다.

<표 3-3-1> 조선초기 강원도 산성 현황(『世宗實錄』 地理志)

府·牧·郡·縣	城數	城 名稱	備 考
江陵大都護府	1	把巖山石城	768步, 안에는 渠 5개 있음
襄陽都護府	1	擁金山石城	1,980步
原 州 牧	1	靈原山石城	646步, 泉 2개, 倉庫 9間
寧 越 郡	1	正陽山石城	798步, 泉 1개, 倉庫 5間
橫 城 縣	1	德高山石城	568步 5尺, 溪 1, 軍倉 5間, 官廳 2間
淮陽都護府	1	天佛山石城	671步 1尺, 泉 1
平 康 縣	1	靑龍山石城	1,265步, 井 3, 泉 1
三陟都護府	1	頭陀山石城	1,518步
平 海 郡	1	白巖山石城	591步, 泉 3
春川都護府	1	龍華山石城	452步 4尺, 小泉 3
麟 蹄 縣	1	寒溪山石城	上城 729步, 下城 1,872步
杆 城 郡	1	古城山石城	1,140步
高 城 郡	1	全城山石城	262步 2尺, 倉庫 13間
歙 谷 縣	1	石城山石城	400步, 井 1
합 계	14		

※ 상기 도표에 기재되지 않은 郡·縣은 『世宗實錄』 地理志에 山城의 유무에 관한 기록
　 이 없는 곳임.

앞의 <표 3-3-1>에서 알 수 있는 바와 같이 당시 강원도에는 총
14개의 산성이 있었던 것으로 파악되고 있다. 이 가운데 寒溪山石
城이 上城·下城을 합하여 총 2,601步로 가장 규모가 크며, 고성군
의 全城山石城이 262步 2尺으로 가장 규모가 작다. 또 14개 산성

모두가 산에서 손쉽게 구할 수 있는 石材로 축성되었음을 알 수 있으며, 상당수가 軍器나 기타 유사시에 필요한 물품을 저장하는 倉庫, 혹은 軍指揮所나 임시 관청으로 사용할 시설물을 설비하였다.

또한 문헌자료에는 나타나지 않지만 최근에 조사된 횡성의 갈풍리 산성의 경우, 이곳에서 수습된 유물을 통하여 이 城이 일찌기 통일신라시대에 축조되어 조선시대까지 사용된 것으로 추정하였다.[185] 이 城이 조선시대 어느 시기에 사용되었는지는 명확치 않지만 문헌에 전혀 나타나지 않는 점으로 보아 조선초기에 임시적으로 古城을 수리하였던 것으로 생각된다.

산성은 조선중기에 이르러서는 외침이 거의 없는 太平世가 계속됨에 따라 정비·관리를 소홀히 하여 대부분 폐철되거나 퇴락하였다. 중종대에 편찬된 『新增東國輿地勝覽』의 城郭項에는 通川郡의 北山城과 橫城縣의 德高山城이 기록되어 있으나 이 산성도 이미 반은 퇴락한 상태였고,[186] 기타 지역의 산성은 모두 山川·古跡條에 기록하고 있는 것으로 보아 실질적인 군사시설로써 관리하고 있지 않았다는 것을 의미한다고 볼 수 있다. 또 이는 당시 조선왕조의 방비시설에 대한 관심이 주로 북방의 변경지역과 南方의 연

---

185) 이 산성은 지난 1996년 중앙고속도로(춘천~제천간) 노선변경지역에 대한 문화유적 지표조사 과정에서 강원대학교 박물관 조사단에 의해 확인되었고, 그 조사 내용은 후에 「갈풍리산성(葛豊里山城)」(윤경오·김남돈·정병돈, 1996, 『博物館誌』 3호, 강원대학교 박물관)으로 발표되었다. 이 성은 석축으로 길이는 693m이며, 축조방식은 전구간에 걸쳐 片築式으로 되어 있다. 또 성내에서는 건물지가 확인되었으며, 瓦片과 陶器片·白磁片이 수습되었다.

186) 北山城은 석축이며, 둘레 549척, 높이 3척이며 우물이 1개소 있는데 지금 반이상은 퇴락하였다고 기록되어 있으며, 德高山城은 석축으로 둘레 3,653척이며 우물이 1개소이며, 軍倉이 있는데, 지금은 半이 퇴락하였다고 기록되어 있다.

해지역, 특히 왜인들이 자주 왕래하는 곳과 왜적 방비에 요충되는
곳에 집중되어 내륙지방의 방비는 상당히 해이해졌던 것과 맥을
같이 하는 것이다. 물론 이러한 강원도의 산성은 그 관리가 소홀하
여 상당히 퇴락되어 있었지만 임진왜란때에 군사적 목적으로 이용
된 바는 있다. 頭陀山城(三陟), 鴒原山城(原州), 魯城山城(平昌) 등
이 바로 임란시 왜군과 전투를 벌인 곳이다.

강원도의 산성은 임란시 평창의 노성산성과 같이 혹 증축된 곳
도 있으나 임란을 통하여 대부분의 산성이 방어에 성공적인 효과
를 거두지 못하였기 때문에 조선후기에 와서 대부분이 방치되었
다.『興地圖書』城池條에는 27개의 산성이 기록되어 있으나 모두
폐철되거나 퇴락하였다고 하고 있다.

그렇다면 산성이 폐철되면서 그곳에 설치되었던 군창은 어떻게
처리되었을까. 두 가지 처리 방식이 있었던 것으로 생각된다. 하나
는 원주의 영원산성처럼 官衙로 모두 옮기는 것이고, 다른 하나는
산성 가까운 곳으로 옮기어 관리하는 것이다. 후자의 경우는 실상
유사시에 성곽을 수리하고 저장된 양곡을 성내로 반입하겠다는 것
으로 해석되는데, 군창이 당초 설치목적과는 달리 기근이 들때와
같은 비상시에 賑貸로 사용되는 사례가 생기면서[187] 군창은 또 다
른 용도로 轉用되게 되었다. 이는 橫城郡 屯內面에 설치된 屯倉도
그러한 관점에서 볼 수 있다. 이 둔창이 설치된 정확한 시기는 알
수 없지만 근처에 위치한 德高山城(泰岐山城이라고도 함)과 관련
이 있으리라 생각한다. 즉, 당초 덕고산성에 있던 군창을 이설하면

---

187)『中宗實錄』卷21, 中宗 9年 10月 壬寅. "戶曹判書高荊山書啓曰 備邊
    之策 不過曰兵鍊食足 而其要在於有司之得其人而已 國家自國都至郡
    縣 置軍倉以備軍需 該司監司 皆不得擅發其軍需之意 至矣 近來凶歉
    別倉之穀 不足於救荒 幷軍倉賑貸 不得不已 …"

서 軍器는 官衙로 옮기고, 儲穀의 기능은 덕고산성 아래에 屯倉을
두어 유사시에 산성으로 반입하고자 했던 것이 아닌가 여겨진다.
이러한 문제는 아직 속단하기는 이르나 여타지역에서의 사례 연구
를 통하여 향후 규명되어야 할 과제이다.

2. 산성 유적의 현황

조선시대에 군사시설로 유지되거나 사용된 강원도 지역의 산성
은 鴒原山城(原州)을 비롯하여 頭陀山城(현재 동해시), 德高山城
(횡성), 普賢山城(강릉), 正陽山城(영월), 權金城(속초), 龍華山城(화
천), 古城山城(고성), 寒溪山城(인제), 魯城山城(평창), 葛豊里山城
(횡성), 瑞和里山城(인제), 靑龍山城(평강), 天佛山城(회양), 石城山
城(흡곡), 全城山城(고성), 白巖山城(평해) 등 17개이다. 이 가운데
鴒原山城 등 15개 산성은 조선시대 지리지나 기타 문헌에 의하여
확인되는 城이고, 葛豊里山城과 瑞和里山城은 최근에 유적조사를
통하여 보고된 산성이다.
　이러한 산성중 현재의 행정구역상 靑龍山城, 天佛山城, 石城山
城, 全城山城은 북한지역에 위치하고 있으며, 白巖山城은 경상북
도 지역에 해당한다. 현존 강원도내의 산성유적 가운데 조선시대
에 군사시설로 유지되거나 사용된 바 있는 城址에 대하여 개별적
으로 살펴 보면 다음과 같다.188)

---

188) 북한지역에 소재하는 산성은 현지조사가 불가능한 점도 있지만, 본
　　論文에서 현지조사가 수반된 서술은 현재의 행정구역을 기준으로 강
　　원도 지역에 위치하는 것만을 개별적으로 조사해 서술하였음을 밝혀
　　둔다.

① 鴒原山城

영원산성은 원주시 판부면 금대리 영원사 뒷편의 산능선을 따라
석축된 城으로,『世宗實錄』地理志에는 '靈原山石城'으로 기록되
어 있다.[189] 이곳은 영원사 옆에 있는 작은 溪谷川을 건너 능선을
따라 약 350m 정도 올라가면 도착하는데, 主峰인 970고지를 중심
으로 좌우의 능선을 따라 축조한 包谷式 山城으로 그 모양은 남북
으로 긴 모양을 이루고 있다. 그리고 치악산 자락의 해발 700~970
에 이르는 지대에 축조하였기 때문에 고저의 격차가 커서 主峰 부
근에서는 성내를 한눈에 내려다 볼 수 있다.

영원산성은 북쪽으로는 치악산 향로봉(해발 1,042m)이, 동쪽으로
는 남대봉(해발 1,191m)이, 동남쪽으로는 시명봉이 자리잡고 있으
며, 향로봉~남대봉으로 이어지는 산맥에서 흘러내린 970고지를
중심으로 좌우 능선을 따라 축조하였는데, 절벽에 가까운 급경사
지로 되어 있어서 접근이 어려운 험지인 반면 성내는 완만한 경사
지가 형성되어 있어서 활용기반 조성에 이점을 가지고 있다. 또한
돌이 흔하여 城石을 모으는데도 편리한 곳일 뿐만 아니라 원주시
내와 이 산성으로의 접근로가 되는 원주에서 신림으로 이어지는
도로(현재의 5번 국도)에 대한 관찰이 용이한 곳에 위치하고 있다.

특히 영원산성은 이 산성에 접근하기 위해서는 반드시 긴 계곡을
통과해야 하는데, 이는 산성의 간접 방어력을 높히는 역할을 하였
던 것으로 생각된다. 고려 충렬왕 때 哈丹이 침입했을 당시 元冲甲
이 步兵 6名을 인솔하고 나가 城 아래서 노략질하던 적병을 공격하
여 말 8필을 빼앗아 왔던 것도 매복 공격에 의한 것으로 보인다.[190]

---

189) 井上秀雄은「朝鮮城郭一覽」(1983,『朝鮮學報』第107輯, 朝鮮學會)에
　　서 "鴒原山城"과 "靈原山石城"을 각기 다른 城으로 오인하고 있다.
190)『高麗史』卷104, 列傳 元冲甲.

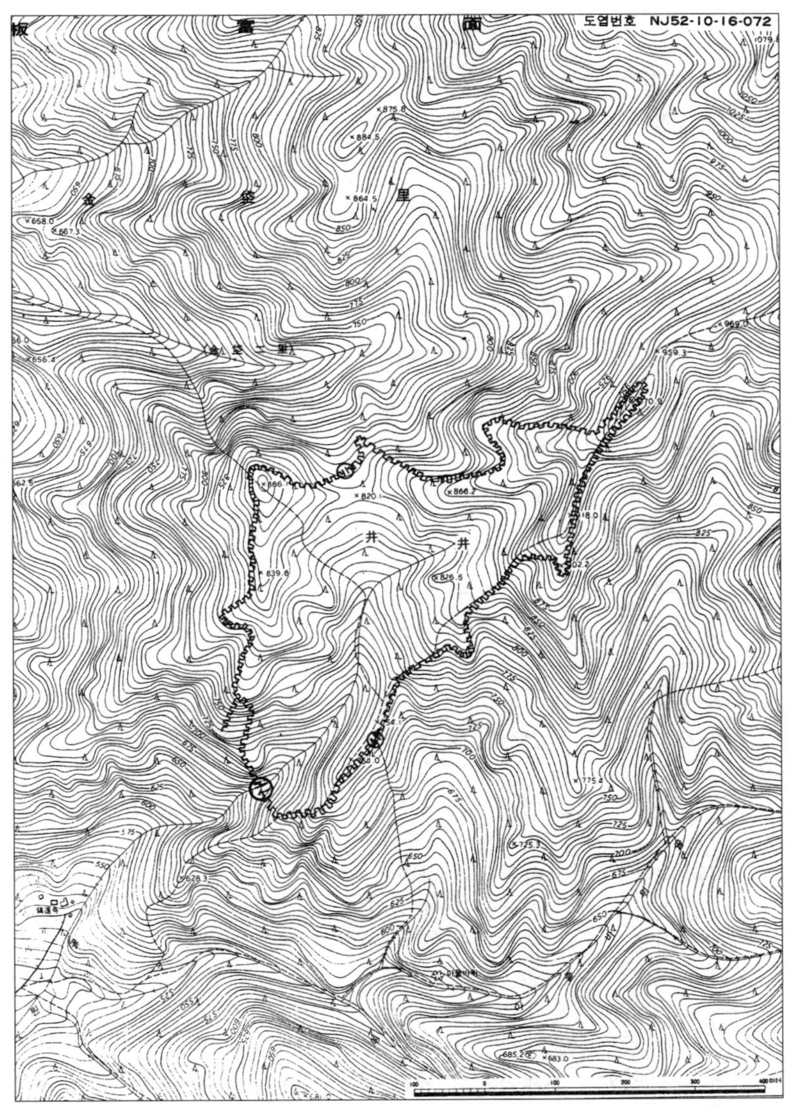

삽도 3-3-1. 영원산성 현황도
(『原州 鴒原山城・海美山城 地表調査 報告書』)

더구나 신림쪽에서 이곳으로 접근할 경우는 가리파재를 반드시 넘어야 하기 때문에 이곳에서도 적에게 쉽게 타격을 줄 수 있었다. 임진왜란 당시 김제갑이 일부 군사를 이곳에 보냈던 것을 보아도 가리파재가 영원산성 방어에 있어서 중요한 요충지였다는 것을 알 수 있다.[191]

영원산성의 축조연대에 대해서는 신라 文武王 때에 쌓은 것이라고 전해져 왔는데,[192] 『三國史記』・『三國遺事』를 비롯한 이 시대에 관한 기초 문헌사료에서 영원산성 축조에 관한 기사는 발견되지 않는다. 다만 김정호가 편찬한 『大東地志』에 신라 神文王이 쌓았다고 하였으나 이는 『三國史記』의 기록을 잘못 이해한 것으로 생각되며,[193] 여러 자료를 검토할 때 문무왕대 축조설이 어느 정도 타당성이 있을 것으로 보인다.[194] 이후 고려 忠烈王 17년(1291) 哈丹이 침입해 왔을 때 元冲甲이 이 城에서 싸운 바 있다.[195]

조선시대에 와서는 『世宗實錄』 地理志에 "둘레가 646步이며, 샘이 2개 있는데 사시사철 마르지 않는다. 또 창고 9칸이 있다"[196]

---

191) 李烱錫, 1975, 『壬辰戰亂史』 上卷, 忠武會, 490~491쪽 참조.

192) 文化財管理局, 『文化遺蹟叢覽』 上 江原道 原城郡 鴒鷦山城.

193) 신문왕 축성기사는 『三國史記』 雜志 地理에 나오는 내용인데, 김정호는 '築城'이라는 말을 '영원산성 축성'으로 이해한 것으로 판단된다. 물론 김정호가 그외에 어떤 근거를 가지고 있었는지는 알 수 없지만, 本朝(朝鮮)에 개축하였다고 하면서 길이가 "1,031보"라고 『三國史記』의 기록과 똑같이 기록하고 있는 점과, 『三國史記』에 "신라 성덕왕 20년에 何瑟羅道의 丁夫 2천명을 징발하여 북쪽 경계에 長城을 쌓았다"는 기사를 "하슬라도 丁夫 2천명을 징발하여 北原京城을 쌓았다"는 것으로 잘못 기록하고 있는 점에서 볼 때, 김정호의 기록은 『三國史記』를 잘못 이해한데서 비롯된 것이라고 생각한다.

194) 柳在春, 1997, 「原州 鴒原山城考」 『鄕土史研究』 9輯, 韓國鄕土史研究全國協議會.

195) 『高麗史』 卷104, 列傳 元冲甲.

196) 『世宗實錄』 地理志 江原道 原州牧. "… 周回六百四十六步 有二泉

라고 하여 영원산성의 상황을 대략 알 수 있다. 그러나 16세기 전반에 편찬된 『新增東國輿地勝覽』에서 이 성이 폐지되었다고 한 이후 모든 邑誌類의 기록에서는 영원산성을 「古跡」條에 싣고 있거나 '廢城'되었다고 하는 것으로 볼 때 영원산성은 조선 중·후기에 오면서 폐지된 것으로 생각된다.

16세기 이전에 폐성되었던 영원산성은 임진왜란 직전에 다시 수축되었다. 『宣祖實錄』에 柳永吉이 江原監司로 있을 때에 축성의 책임을 맡겼다는 것[197)]으로 보아 아마 道內 各地의 성곽 수축에 대한 지시가 있었던 것으로 파악된다. 더구나 원주는 監營 소재지인 만큼 다른 지역보다 우선적으로 시행되었을 것으로 본다면 영원산성은 이때에 수축되었을 것이다. 1592년 8월 원주목사 金悌甲이 이 城에 들어가 日本軍과 守城戰를 하였던 것도 壬亂직전에 城이 수리되었기 때문이었을 것이다.[198)] 그 후 1594년 鄭逑가 觀察使

四時不渴 又有倉九間"

197) 『宣祖實錄』 宣祖 27年 4月 丙辰. "司憲府啓曰 咸鏡道觀察使柳永吉 局量褊淺 外厲內荏 徒有勤事之虛名實無聲績之可稱 變前爲江原監司 畀之築城之責"

198) 『燃藜室記述』 卷17, 宣祖朝 故事本末. 이 전투에 관한 내용은 『宣祖修正實錄』에도 실려 있는데, 그 내용을 보면 다음과 같다. "적병이 原州 鴒原山城을 함락시켰는데, 목사 金悌甲이 戰死하였다. 이에 앞서 關東의 州縣이 모두 적에게 노략질을 당하였으나 원주만은 온전하였다. 적이 이미 元豪의 군사를 패배시키고 드디어 곧바로 원주로 침입하니, 原州牧使 김제갑이 고을 안의 士大夫와 백성, 그리고 온 가족을 데리고 산성으로 들어갔는데 험한 지세만 믿고 설비를 하지 않았다. 적이 두세번 성밖까지 왔다가 되돌아가므로 성 안의 사람들은 더욱 그들을 얕잡아 보았다. 하루는 적이 잠깐 퇴각하는 체하다가 곧바로 군사를 돌려 헛점을 틈타 습격하였으므로 성이 금방 함락되었다. 김제갑은 굴하지 않고 戰死하였는데, 妻子도 모두 따라 죽었으므로 사람들이 한 家門에 忠孝烈이 나왔다고 하였다. 왜적이 드디어 원주에 주둔하고 군영을 砥平縣까지 연결하여 都城에 이르는 길을 확보하였

로 와서 다시 수축한 바 있는데,[199] 이때는 김제갑 목사의 敗戰으로 파괴된 城內시설과 성벽을 수리하였을 것이다.

그러나 이후 어느 시기까지 존속되었는지는 알 수 없다. 다만 李明漢의『白洲集』에 "영원산성은 원주의 保障으로 이미 城堞을 修善하고 廳宇를 창건하여 무기를 모아두고 군량을 저장하였다. 그리고 百僧으로 하여금 지키게 하였으니 그 뜻이 우연한 것이 아니다."[200]라고 하는 것으로 보아 임진왜란을 전후하여 城을 수리하고 守城을 위해 僧兵을 두었다는 것을 알 수 있다. 물론 앞서 지적한 바와 같이 城의 정확한 폐철시기는 알 수 없으나 적어도 胡亂을 겪고 난 후 상당한 시기까지는 존속하다가 폐성되면서 군창은 읍내로 이전되었다. 그런데 이 산성과 관련하여 城의 동남쪽에 있었던 屯倉[201]이 주목된다. 이는 횡성 둔내면의 둔창이 德高山城(태기산성)과 관련이 있듯이 영원산성이 폐지된 후에도 유사시를 대비하여 儲穀倉을 산성 가까이에 둔 것으로 추측된다.

성벽은 붕괴되기는 하였으나 대체로 잘 남아 있는 편인데 특히 동~남쪽에 이르는 성벽이 잘 남아 있다. 성벽은 內外夾築, 혹은 내탁식을 혼용하여 쌓았으며, 능선이 回折하는 위치에는 밖으로 내어 축조함으로써 능선의 굴곡에 따라 깊게 돌아나가는 끝지점이 치성과 같은 기능을 하도록 축조되었다.

성벽은 割石을 이용하여 축조하였는데 규모는 동~남쪽 성벽이 약 900m, 북~서쪽 성벽이 1,020m, 水口門 좌우벽이 약 400여미터,

---

다"(『宣祖修正實錄』卷26, 宣祖 25年 8月 戊子).
199) 許穆,『眉叟記言』記言續集 寒岡先生文集序.
200) 李明漢,『白洲集』(韓國文集叢刊 97) 卷6.
201) 현재 原州市 神林面 金倉里에 있는 지명으로 서울대학교 규장각에 소장되어 있는 '原州牧地圖'에 보이는 둔창이 바로 이곳인 것으로 보인다.

북쪽의 주봉으로 올려쌓은 부분이 60m로 현재 흔적이 남아있는 성
벽길이는 약 2,400m 정도이다.202)

성벽의 높이는 3m 이상되는 곳도 있으나 지형에 따라 높이가 다
르며, 높게 쌓은 곳은 안쪽으로 약간 각도를 줄여가며 축조하였다.
영원산성은 지형상 북문지 부근이 가장 완만하기 때문에 이를 보완
하기 위해 다른 곳보다 성벽을 높이 쌓고 성밖에는 垓字를 파서 쉽
게 오르지 못하도록 한 흔적이 남아 있다. 그리고 城의 女墻은 통상
적으로 1개 내지 수개의 총안을 가진 것이 1垛가 되는 것이 일반적
인데, 영원산성에서는 그러한 垛의 구분없이 전체 성벽 폭의 1/3정
도(약 70cm)되는 넓이로 平女墻을 축조하였다. 그러나 모든 성벽에
설치한 것은 아니고 城門 주변과 취약한 곳에 주로 설치되었다.

현재 영원산성지에서는 북쪽과 남쪽에서 분명한 門址가 확인되
고 주변에서는 瓦片이 다량 발견된다. 또한 동북~남쪽에 이르는
성벽의 끝지점과 중간, 그리고 主峰 근처, 북~서쪽에 이르는 성벽
의 866고지 주변 등지에서도 瓦片이 발견되는 점으로 보아 將臺나
侯望시설물이 있었던 것으로 생각되며, 北門址 주변과 가까이 있
는 성내의 완만한 곳에는 여러 건물지가 확인되는데 軍倉과 山城
寺가 있었던 곳으로 추정된다. 이러한 건물지에서는 주로 회갈색
魚骨紋 瓦片과 회청색 海波紋 계통의 와편이 발견되는데 이는 고
려·조선시대의 것으로 추정된다.

또한 동북쪽의 정상부는 東·北의 城壁이 만나는 지점에서 약
100여미터 정도의 甬道가 만들어져 있고, 서남쪽에도 이러한 흔적
이 남아 있다.

---

202) 지난 1994년 본인을 포함한 유적조사팀에 의하여 실측된 길이는 水口
門 좌우벽을 포함시키지 않아 1,980m 정도로 파악되었으나 최근 충북
대학교 조사팀에 의하여 水口門 주변의 성벽이확인 측량됨으로써 전
체 약 2.4㎞ 정도로 파악되었으므로 이 측량치로 수정한다.

『新增東國輿地勝覽』에는 영원산성에 1개의 우물과 5개의 샘이 있다고 하였는 바, 현재는 草木이 우거지고 매몰되어 명확한 흔적이 확인되지는 않지만 성내 북쪽의 건물지 주변에 샘이 흐르고 있는 것이 확인된다. 이곳에는 1960년말~70년대초까지만 하더라도 火田民이 살고 있었기 때문에 유적지가 변형된 상태이다.

② 頭陀山城

두타산성은 동해시 삼화동과 삼척시 미로면 고천리·하장면 번천리 사이에 자리잡은 두타산(해발 1,353m)에서 북쪽으로 뻗은 支脈에 위치하고 있는데, 예전에는 삼척의 管內에 있던 곳이다.

頭陀山에 처음으로 성을 쌓은 것은 신라 婆娑王 23년(102년)인 것으로 알려지고 있는데, 파사왕 23년은 신라가 音汁伐國·悉直國·押督國을 병합한 해로 築城은 이와 관련이 있는 것으로 보이나 확인할 수는 없다.[203] 대체로 현존하는 성의 형태는 조선 태종 14년(1414년)에 삼척부사 金孟鈞이 府民을 동원하여 축성한 것[204]이라고 하나『朝鮮王朝實錄』에 조선 태조의 5대조인 穆祖 李安社가 蒙古의 也窟이 침략하였을 당시 두타산성을 지켰다고 하는 것으로 볼 때,[205] 1253년 蒙古가 고려를 침략할 당시에 이미 산성이 있었던 것이며, 조선 태종때에 金孟鈞 府使가 다시 수축한 것으로 보인다.

두타산성에 대해『世宗實錄』地理志에는 "頭陀山石城은 府의 북쪽에 있다. 둘레가 1,518步이며 안에 세 골짜기의 물이 함께 흘러서 하나의 내를 이루었는데 사시사철 마르지 않는다"라고 되어 있고,[206]『新增東國輿地勝覽』에는 "石築이며 둘레가 8,607척, 높

---

203) 方東仁·李相洙·金泰水, 1995,「三陟의 關防遺蹟·窯址·社稷壇」
     『三陟의 歷史와 文化遺蹟』, 關東大 博物館·江原道·三陟市.
204) 許穆,『陟州志』頭陀山記.
205)『太祖實錄』卷1, 總書.

이 5척이다"[207]라고 되어 있다. 임진왜란 당시에는 함경도 안변에
서 남하한 왜군의 주력부대에 의해 함락당한 바 있다.

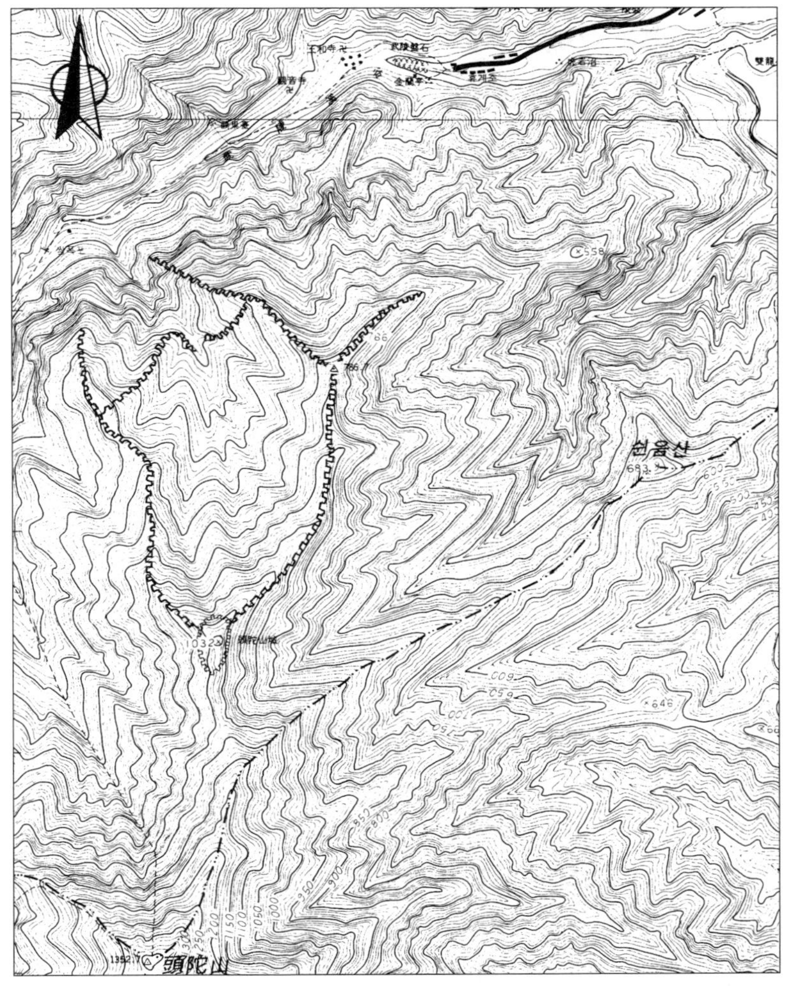

삽도 3-3-3. 두타산성 형세도(1:25,000)

---

206) 『世宗實錄』 卷153, 地理志 三陟都護府.
207) 『新增東國輿地勝覽』 江原道 三陟都護府 古跡.

두타산은 전체적으로 암석으로 된 험준한 산으로, 이곳에 쌓은 두타산성은 지형과 암벽을 최대한 이용하여 축성한 包谷式 複郭형태의 城이다. 산성은 능선을 따라 축조하였으며, 築城石은 주변에 있는 자연석을 그대로 난층으로 쌓거나 약간 다듬어 사용하였다.

山城은 삼화사 방향에서 무릉계곡을 따라 올라가다 보면 왼쪽으로 산성입구쪽으로 오르는 등산로가 있는데 이곳이 지형으로 보아 과거에도 산성으로 출입하는 길이었던 것으로 보인다. 입구에 가까이 가면 왼편 머리 위로 수십미터에 달하는 절벽이 둘러쳐 있고, 오른쪽으로는 급경사이거나 절벽으로 되어 있으며 입구로 통하는 길은 거의 찾기조차 어렵다. 더구나 입구에는 바위가 자연적으로 좁은 길을 만들어 놓고 있어서 적은 인원으로도 쉽게 적을 방어할 수 있게 되어 있다.

산성입구에서 왼편으로는 험한 바위가 自然城壁을 이루었고, 간간이 석축을 하여 이를 보완하였다. 두타산성은 산성의 최고 고지인 해발 1,032m까지 몇개의 고지를 거치면서 능선을 타고 올라가며 축성되었으며, 마찬가지로 1,032고지에서 다시 능선을 타고 하향하며 축성하여 험지에 이르러 멈추었다. 특히 중도지점에서 다시 內城으로 축성선을 잇고 있다.

따라서 산성입구를 요행히 통과하여 城의 안쪽으로(대궐터) 진입한다고 하더라도 출입로가 폭포 등 험한 계곡을 끼고 있기 때문에 매복 공격이 용이하고, 內城 입구에 이르러서도 좌우의 외곽축성선과 만나는 지점까지의 길이가 불과 800여미터 정도 밖에는 되지 않아 적은 인원으로도 방어할 수 있다.[208]

---

208) 元永煥, 1993,「穆祖의 活動과 紅犀帶考」『江原史學』9輯, 江原大學校 史學會, 66~69쪽.

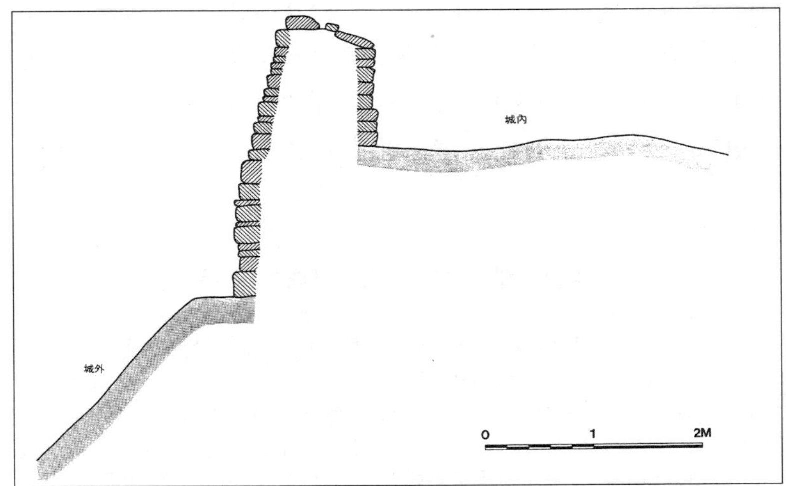

도면 3-3-1. 두타산성 북쪽 성벽 단면도

도면 3-3-2. 두타산성 동쪽 성벽 단면도

※ 『東海 頭陀山城』-地表調査 報告書-(關東大學校 博物館, 1997. 37쪽)에서 轉載

현재 입구에서 왼쪽 축성선상에 있는 786고지, 880고지와 산성의 최고지인 1032고지, 산성의 오른쪽 축성선과 內城線이 만나는 지점, 그리고 내성입구의 계곡 건너편에는 각각 將臺가 있었던 것으로 보인다. 특히 880고지는 東將臺터로 예상되는 곳인데, 이곳을 '횃대등'이라고 부른다고 하는 바, 烽燧를 담당하던 곳이 아닌가 추측된다. 또한 내성입구에서 조금 올라가면 '대궐터'라고 하는 곳이 있는데 약간 평평한 곳에 석축 흔적과 주변에서 도기조각과 기와조각이 발견되는 것으로 보아 그 자리에 지휘소가 있었던 것으로 보인다.

산성은 외곽선이 총연장 약 4,790m에 달하며, 內城은 약 800m 정도 축조되었다.[209] 『新增東國輿地勝覽』에는 둘레가 8,607尺, 높이가 5尺이라고 하였는데[210] 이 尺數를 布帛尺으로 환산하면 最長 4,596m 정도까지 산출되므로 대략 근사치라 할 수 있다.[211] 또 높이는 5尺이라고 하였으나 무너지지 않은 곳을 실측한 결과 지형에 따라 1.5~2m, 혹은 그 이상인 곳도 있었으며, 간혹 3m 이상인 곳도 있었다. 전체적으로 석축이 대부분 붕괴되어 있으나 內城壁은 비교적 석축이 잘 남아 있다. 특히 북쪽 성벽의 일부 구간은 영원산성(원주)·한계산성(인제)의 축조방식과 같다.

③ 德高山城

이 城은 『世宗實錄』 地理志 등 조선시대의 기록에는 '德高山城'

---

209) 이 길이는 지난 1993년 元永煥교수를 단장으로 하는 조사단(筆者 포함)이 직접 실측한 수치이다.

210) 『新增東國輿地勝覽』 江原道 三陟都護府 古跡 頭陀山城.

211) 이는 田大熙가 제시한 布帛尺의 最長 길이를 적용한 계산임. 한국정신문화연구원, 『한국민족문화대백과사전』이나 1977, 『文化遺蹟總覽』上, 문화재관리국에는 산성을 한바퀴 도는데 7일이 걸린다고 되어 있는데, 이는 잘못된 記述이다.

으로 표기되어 있으나 현재는 '泰岐山城'으로 칭하고 있다. 橫城郡 晴日面 新垈里 버스종점에서 송덕사 방향으로 올라가다가 合水지점에서 오른쪽 골짜기를 따라 나 있는 登山路로 3㎞ 정도되는 곳에 위치하고 있다. 이곳은 청일면 신대리에서 접근하는 것이 가깝지만 地圖上으로 頌德寺 부근의 물길을 따라 屯內面 禾洞里와 경계가 됨으로, 소재지는 둔내면 화동리가 되는 곳이다. 태기산으로부터 서남쪽으로 뻗은 支脈의 대략 해발 750~1,000m 정도 되는 지점에 축성되었다.

이 城은 辰韓의 泰岐王이 新羅의 始祖 朴赫居世에게 축출되자 德高山(泰岐山)에 입산하여 성을 쌓고 防衛하였다는 전설을 가지고 있어서 '泰岐山城'이라고도 하며, 주변에는 이와 관련된 지명이나 전설이 많이 있다. 그러나 山城을 辰韓의 泰岐王이 築城하였는지에 대해서는 뒷받침할 만한 資料가 없기 때문에 단정할 수 없다.

이 城에 대해『世宗實錄』地理志에서는 "縣의 東北으로 49里 50步되는 곳에 있다. 둘레는 568步 5尺이며 시냇물이 한 곳 있고, 長流하여 마르지 아니한다. 또 軍倉 5칸과 官廳 2칸이 있다"[212]라고 하여 당시는 이 산성이 방위시설로서의 기능을 가지고 있었고, 또 管理도 이루어지고 있었음을 알 수 있다.

그런데『新增東國輿地勝覽』에는 "석축이며 둘레는 3,653尺으로, 안에는 우물이 1개 있으며 軍倉이 있으나 지금은 半은 頹落하였다"[213]라고 하여 16세기 중반경에는 山城에 대한 관리가 소홀해져 점차 퇴락하여 그 기능을 상실해 갔고, 조선후기에 와서는 완전히 폐지되었던 것으로 보인다.[214] 이에서 볼 때 현재의 무너진 산성은

---

212)『世宗實錄』地理志 江原道 橫城縣.
213)『新增東國輿地勝覽』江原道 橫城縣 城郭.
214) 18세기 중반에 발간된『輿地圖書』에는 '今廢'라고 기록되어 있어서 이미 그 이전에 산성이 완전 革廢되었음을 알 수 있다.

조선중기 이후 퇴락된 것을 그대로 방치해 온 상태라고 할 수 있다.

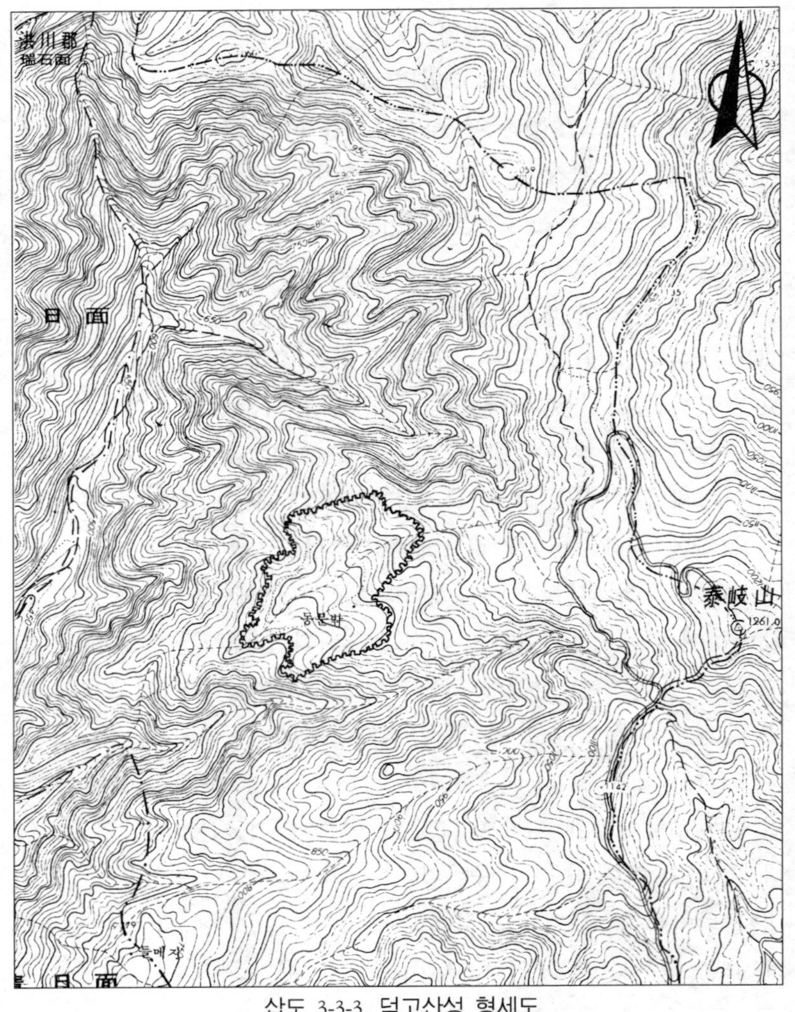

삽도 3-3-3. 덕고산성 형세도

　德高山城은 『新增東國輿地勝覽』에 3,653尺으로 기록하고 있는
데, 실측에 의하면 총연장 약 1,840m 정도로 尺數를 布帛尺으로 환

산한 것과 대략 같다. 내부에는 2개의 작은 능선이 있는 包谷式 산성으로, 수량은 많지 않으나 시냇물이 한줄기 흐르고 있다. 또 내부의 비교적 평탄한 곳에는 石築의 흔적과 다듬은 石材가 발견되는 것으로 보아『世宗實錄』地理志나 기타의 기록에 나오는 軍倉이나 官廳址로 추정된다. 동남쪽에는 望臺址로 보이는 터가 있으며, 동쪽의 성벽중 가장 높은 지점에 이르면 門址가 있는데 이곳이 산성의 東門이다.215)

성벽은 대체로 內托式으로 축조되었으며, 女墻의 흔적은 찾을 수 없다. 體城壁은 대체로 石築이 무너져 내려 있고, 南門址 주변이 비교적 성벽의 형태가 가장 잘 남아 있다. 현재 남아 있는 석축으로 볼 때, 이 산성의 축성 幅은 지형에 따라 다르나 대체로 100~110cm이며, 높이는 퇴락의 정도가 심하여 알 수 없다.

④ 正陽山城

寧越郡 寧越邑 正陽里와 연하리에 걸치는 鷄足山(해발 889.6m) 정상에서 남쪽으로 뻗은 支脈에 축성된 산성으로, 현재는 대개 '王儉城'이라 칭하고 있다.『世宗實錄』地理志에는 正陽山石城이라고 표기되어 있으며, 둘레 798步이며, 성내에 샘이 하나 있고 倉庫 5間이 있다고 기록되어 있다.216)『新增東國輿地勝覽』에는 "石築이며 둘레는 2,314척 높이는 19척"217)이라 기록되어 있으나 이미 古跡條에 기재되어 있는 점으로 보아 16세기 중반 이전에 이미 폐성되었다.

---

215) 현재 이 門址를 지나 태기산 쪽으로 더 올라가면 비교적 편편하고 넓은 지대가 나타나는데, 이곳은 예전에 화전민들이 집단으로 거주하였던 곳으로 이곳의 지명이 '동문밖'이다.
216)『世宗實錄』卷153, 地理志 江原道 寧越郡.
217)『新增東國輿地勝覽』江原道 寧越郡 古跡.

　　이 城은 지리적으로 요충에 자리잡고 있어서, 산성에서 남쪽 밑을 바라보면 남한강의 흐름이 일목요연하게 한 눈에 들어오고 현재의 영월로 진입하는 모든 움직임을 손바닥처럼 볼 수 있는 위치이다. 뿐만 아니라 험준한 고산의 장벽을 피하여 상류 지역에서 하류로 진출하는 유일한 통로이다. 이 城의 축조시기는 대체로 삼국시대까지 소급하여 보고 있는데,[218] 口傳되는 바로는 고려시대 거란족의 침입과 연결되고 있는 점으로 보아 고려시대에 다시 수축되었던 것이 조선초기까지 계속 유지되었던 것으로 생각된다.

　　서남쪽과 남·북벽에 문지가 잘 남아 있다. 부분적으로 무너진 곳이 있지만 전체적인 성벽의 잔존 상태는 양호한 편이다. 특히 북문지의 경우는 문지 기반이 높게 설계된 懸門樣式[219]이 완연히 남아있고, 서문지의 경우도 붕괴되었지만 문지 지반이 현재도 다소 높게 되어 있는 점으로 보아 마찬가지로 懸門이었을 것으로 추정된다.

　　성벽의 길이는 총 1,630m(내성 1,060m, 외성 570m)인데, 외성은 전체를 인공적으로 석축한 것은 아니며, 서남쪽 구간은 자연적인 절벽과 급경사를 이용하였다. 성벽 축조방식은 내탁식, 혹은 내외협축으로 축조되었으며, 납작하고 반듯한 점판암을 적당히 치석하여 장방형으로 매우 정교하게 쌓았다. 동쪽에서 북문지로 연결되는 성벽은 가장 보존상태가 양호한 곳으로 구간에 따라 높이 10m~12m 정도되는 곳도 있다. 이 산성은 축조방식이 단양의 온달성과 거의 흡사하며, 실제로 남한강을 따라 그리 멀지 않은 곳에

---

218) 盧爀眞·崔鐘模·沈載淵, 1995, 「寧越郡의 先史·考古·關防·陶窯址 遺蹟」『寧越郡의 歷史와 文化遺蹟』, 한림대 박물관·강원도·영월군, 36쪽.
219) 懸門은 성문의 출입 지반을 성벽 중간부에 구축함으로써 높게 턱이 지게 하고 사다리와 같은 시설물을 이용하여 출입하도록 한 성문 양식을 말한다.

온달성이 위치하고 있다. 최근의 지표조사에서 삼국시대에 처음
축조된 것이 확인되었다.[220]

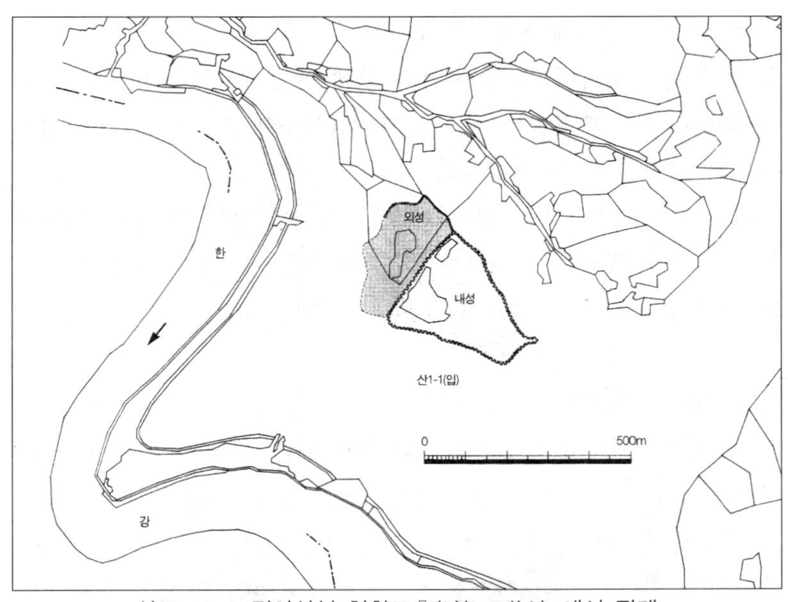

삽도 3-3-4. 정양산성 현황도(『寧越 王儉城』에서 전재)

이 산성은 현존하는 강원도 지역의 성곽 가운데 城壁이 가장 완
전하게 남아 있다. 대부분의 성벽은 처음에 축조한 그대로이며 상
단부분이 부분적으로 후대에 補築한 흔적이 발견된다. 특히 서문
지 일대의 성벽에는 女墻이 남아 있는데, 축조상태가 다른 성벽과
는 명백히 精粗의 차이가 나는 것으로 보아 이 부분은 후대에 다시
쌓은 것이 분명하다. 女墻의 형태는 原州의 鵠原山城이나 麟蹄의
寒溪山城과 마찬가지로 堞의 구분이 없는 平女墻으로 되어 있다.

---

220) 성곽 현황에 대한 상세한 내용은 2000,『寧越 王儉城』, 충북대학교 중
원문화연구소 참조.

또한 외성은 이 산성이 고대에 축조되어 사용되면서 중세에 들어와 그 수용 공간이 한계에 이르자 외부로 확충하여 사용한 것으로 보아야 할 것이다. 외성은 내성에 비해 성벽의 높이가 낮고 허술한 것이 확연한데, 이는 응급적인 상황하에서 축조되었다는 것을 반증하는 것이며, 다른 지역의 중세 산성에서도 흔히 나타나는 형태이다. 최근에 조사된 정선 애산리산성에서 보여지는 외성도 유사한 성격을 갖는 것이라고 하겠다.[221]

서문지 일대에는 비교적 넓은 평지가 형성되어 있고 이 일대에서 瓦片과 陶器片이 다량으로 발견되는 점으로 보아 이 일대에 주요 건물이 위치하고 있었던 것으로 보인다.

⑤ 龍華山城(華川, 조선시대는 春川)

용화산성은 화천군 간동면·하남면 일대에 있는 용화산(878m) 정상에 쌓은 석성이다. 『世宗實錄』 地理志에는 '龍華山石城'이라고 기록되어 있으며, 둘레 452步 4尺이며, 작은 샘이 3개소 있다고 기록되어 있다.[222] 이 산성은 『新增東國輿地勝覽』에는 古跡條에 기재되어 있는 점으로 보아 이미 16세기에 이르면 폐성되었다.[223]

용화산은 화천군과 춘천시의 분계를 이루는 곳으로 서쪽으로는 춘천시 고성리 일대가, 서북쪽으로는 화천군 牲山城 일대가 보인다. 그리고 동북쪽으로는 화천군 유촌리 일대와 병풍산까지 바라다 보인다. 용화산성은 남쪽면이 모두 암벽으로 둘러 쌓여 천연적인 성벽을 형성하고 있어서 城壁 構築이 필요치 않으며, 춘천 방향

---

221) 육군사관학교 국방유적연구실·정선군, 2003, 『旌善 愛山里山城 地表調査 報告書』 참조.
222) 『世宗實錄』 卷153, 地理志 江原道 春川都護府.
223) 『新增東國輿地勝覽』 江原道 狼川縣 古跡. "龍華山城 石築 周九百五十六尺 高二尺 內有三井 今半頹落"

에서 접근하는 도로와 화천방면에서 접근하는 도로가 모두 환히 조망되고 있다. 山頂의 서쪽 부분의 절벽과 잇닿는 지점에서부터 西→北面에 이르는 지점까지 축성하였으나 북쪽에는 경사가 가파른 곳인데다가 성불령 방향으로 이어지는 능선을 제외하고는 산사면 곳곳에 암벽이 가로막고 있는 험한 지대이기 때문에 사실상 접근이 거의 불가능하다. 따라서 성벽은 대체로 西→北에 이르는 구간에만 축조되었다..

이 산성은 춘천에서 사북면 古城里를 거쳐 화천으로 가는 길목이 되는 큰고개 부근에 위치하고 있다. 지금은 화천 삼화리를 통하여 용화산 해발 640m되는 지점까지 접근할 수 있도록 되어 있다. 산성은 큰고개에서 용화산 山頂쪽으로 능선을 따라 오르다 보면 해발 약 800m 정도되는 지점에서부터 왼편 山腹을 따라 돌려 쌓았다. 산성의 시작은 능선 위에 있는 西門址에서부터 시작된다. 능선 위에 바위가 놓여있어 더욱 좁아진 지점에 성벽을 구축하고 동북 방향으로 문을 만들었다. 매우 비좁고 가파른 사면을 앞에 두고 있고, 瓦片이나 기타 성문에 사용되었을 石材 등이 전혀 발견되지 않는 점으로 보아 단지 성벽만을 튼튼히 구축하여 출입문을 만들었던 것으로 보인다. 또한 이곳에서 山頂 아래의 건물지로 이르는 곳에는 토성이 만들어져 있고 문지로 보이는 터가 남아 있다. 이는 아랫쪽의 西門을 돌파한 적을 이곳에서 다시 차단하려는 의도였던 것으로 생각된다.

성벽은 內托式으로 축조하였으며, 北西面의 일부 취약지대에는 垜의 구분이 없는 平女墻을 축조하였다.[224] 성돌은 부분적으로 치

---

224) 尹慶五는 1996,「華川郡의 關防遺蹟」『華川郡의 歷史와 文化遺蹟』, 江原大學校 博物館, 216쪽에서 "서벽으로 연결되는 지점에 길이 14m, 폭 90㎝ 정도의 夾築으로 쌓았다"라고 하였으나 이는 女墻을 협축으

석하거나 혹은 자연석을 그대로 사용하여 쌓았으며, 암반 위에 쌓은 곳은 작은 돌로 틈새를 모두 메웠다. 산 정상 북벽면에는 門址로 추정되는 터가 남아 있는데, 성문의 폭은 2.2m이며 양쪽으로 3단 정도의 석축이 남아있다. 서북방면의 성벽은 비교적 원형이 잘 남아 있어 그 형태를 비교적 잘 알 수 있는데, 하단부는 장대석을 사용하고 성벽축조는 주로 잔돌끼움 방식으로 쌓았으나 상단부가 하단에 비해 무질서하게 쌓여진 점으로 보아 원 성벽을 다시 수축한 흔적으로 생각된다. 동북 방면의 성벽은 높이가 4m에 이르는 곳도 있으나 성벽을 따라서 軍 塹壕를 개설하여 원형이 많이 훼손되어 있다.

건물지로 보이는 곳은 山頂과 그 남쪽에 이루어져 있는 완경사지이다. 山頂에는 참호 등의 시설이 어지러이 개설되어 있어서 정확한 건물지 위치는 확인할 수 없는 상태이나 礎石이 확인되며, 그 아랫쪽 완경사지에서도 초석이 확인되고 있다. 또 산성의 북동쪽에는 바깥쪽으로 불거진 능선위에 望臺址로 보이는 곳이 2개소 확인된다.『新增東國輿地勝覽』에서는 이곳에 우물이 3곳 있다고 하였는데,[225] 현재 2곳이 확인되며,[226] 開放式 水口형태를 하고 있다.

산성의 둘레는『新增東國輿地勝覽』등에 956尺이라고 하였는데,[227] 서문지에서부터 산성을 돌아 다시 그 지점까지 실측길이는

로 오인한 것으로 여겨진다. 이러한 축조방식을 原州 영원산성이나 인제의 한계산성 등에서도 마찬가지이다.

225)『新增東國輿地勝覽』江原道 狼川縣 古跡.

226) 尹慶五는 1996,「華川郡의 關防遺蹟」『華川의 歷史와 文化遺蹟』, 218쪽에서 1곳만 확인이 가능하다고 하였으나 필자가 확인한 바로는 현재 산성 동북 방면에 비교적 수량이 많은 샘이있고, 산성 정상의 아랫쪽 건물지 부분에 땅을 파서 관리하면 식수로 사용할 수 있는 샘줄기가 있다.

227)『新增東國輿地勝覽』江原道 狼川縣 古跡.

약 825m 정도이고, 西→北에 이르는 성벽면의 길이는 505m이
다.228)『新增東國輿地勝覽』의 기록 수치를 田大熙가 제시한 布帛
尺의 최장길이로 계산하면 대체로 유사치가 되는데, 이로 본다면
勝覽의 기록은 산성 전체 둘레를 말한 것이 아니라 西→北에 이르
는 석축 성벽의 길이를 기록한 것이라 고 보아야 할 것이다.

　⑥ 寒溪山城(上城, 下城)

　한계산성은 인제군 북면 한계 3리에 위치하고 있다. 城의 축조연
대를 삼국시대로 추정하는 의견이 있으나 명확치는 않으나 이 고장
에 전해 오는 전설에 의하면 신라의 마지막 王인 敬順王이 축성하
였으며, 후삼국이 鼎立하면서 서로 대치하여 전투를 벌이던 곳이라
고 한다.229)『三國史記』에 의하면 신라 眞聖王 9년(897)에 弓裔가
강원도의 猪足(麟蹄), 狌川(楊口) 2郡을 쳐서 취하고, 또 漢州의 管內
인 夫若(春川), 鐵圓(鐵原) 등 10여 郡縣을 격파하였다고 기록되어
있는데,230) 이 사실로 미루어 볼 때 인제지역에서 전투가 벌어졌다
는 것을 알 수 있다. 당시 한계산성에서 전투가 있었는지는 알 수
없지만 寒溪嶺 일대가 영동지역과 연결되는 주요 전략적 요충지라
는 점을 감안한다면 한계산성에서 전투를 벌였을 가능성이 농후하
다고 하겠다. 또한 敬順王의 아들인 麻衣太子가 천년사직을 그대로
내놓을 수 없다고 하여 妃嬪과 수십명의 心腹 士卒을 거느리고 麟
蹄郡 南面 金富里를 근거지로 신라 왕조의 부흥운동을 펼 때, 한계

---

228) 尹慶五는 1996,「華川郡의 關防遺蹟」『華川郡의 歷史와 文化遺蹟』, 江原
　　大學校 博物館, 216쪽에서 산성 전체 둘레를 '347.56m'라고 하였는데, 실
　　측한 수치인지는 알 수 없으나 필자가 실측한 길이와 큰 차이가 있다.
229) 강원대학교 박물관, 1986,『한계산성 지표조사보고서』, 18쪽.
230)『三國史記』新羅本紀 卷10, 眞聖王. "九年秋八月 弓裔擊取猪足狌川
　　二郡 又破漢州管內夫若鐵圓等十餘郡縣"

산성을 수축하고 군사를 훈련시켰다는 전설이 전해오기도 한다.

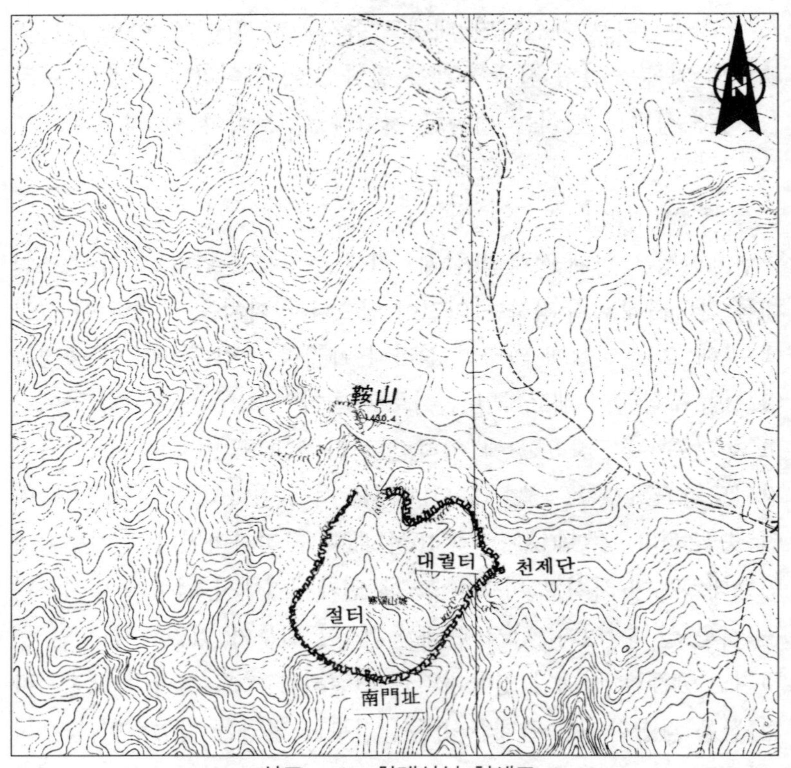

삽도 3-3-9. 한계산성 형세도

　한편 『高麗史』의 趙暉 列傳에 高宗 46년(1259) 趙暉의 무리가 官人이라 칭하며 몽고병을 이끌고 寒溪城을 공격하니 당시 이 城의 防護別監이던 安洪敏이 夜別抄를 이끌고 나가 싸워서 모두 섬멸하였다[231]는 기록이 있는 점에서 이 산성은 적어도 13세기 중반 이전에 축조된 것이 분명하다 하겠다.

---

231) 『高麗史』 列傳43,　叛逆4 趙暉.

　『世宗實錄』地理志에는 寒溪山石城이라고 표기되어 있으며, 上城은 둘레가 729步이며, 샘이 하나 있는데, 가물면 마르고, 下城은 둘레가 1,872步이며, 세 골짜기 물이 합쳐 흘러서, 한 작은 내가 되었는데, 잘 마르지 아니한다라고 기록되어 있다.232) 그러나『新增東國輿地勝覽』에서는 古跡條에 '寒溪山古城'233)이라고 기록되어 있는 점으로 보아 16세기경에는 이미 革廢되었다.

　한계산성은 강원도 영서지역에서 영동지역으로 이어지는 한계령으로 오르는 길목에 위치하고 있다. 제일 낮은 지대가 해발 700m이며, 제일 높은 지대는 1,200m에 이르는 곳의 계곡 양편을 둘러싼 산성으로, 한계 3리 북쪽인 해발 1,430.4m의 鞍山 8부 능선인 해발 1,100m 되는 지점에서 시작된 성벽은 남쪽으로 내려가면서 쌓았고, 성골(또는 옥녀탕 골짜기라고도 함)을 흐르는 계곡물을 동~서로 가로질러 막은 후 다시 동쪽으로 가파르게 올라가면서 동쪽 끝 해발 1,200m 되는 봉우리를 지나 鞍山 8부 능선에 이르기까지 축성하였다. 한계산성으로 접근하는 길은 인제읍에서 양양으로 가는 44번 국도를 이용하여 내설악 입구의 옥녀탕에서 등산로로 진입하여 40여분을 계속 북상하면 계곡을 사이에 두고 서편 성벽과 동편의 남문과 성벽이 모습을 나타낸다. 현재 잔존하는 성벽은 이미 1984년에 보수를 거친 복원된 모습인데, 계곡을 중심으로 남문을 형성한 동편의 끝은 커다란 자연암벽에 잇대어 마감하였고, 서편은 성벽이 축조된 50m 구간을 지나면서 자연적인 벼랑을 활용하였다. 산성 서편 거의 정상부에 다다르게 되면 바로 맞은편에 내설악의 안산이 나타나며 그 남쪽으로 귀때기청봉이 멀리 보인다. 아래로는 산성의 내부가 조망된다.

---

232) 『世宗實錄』卷153, 地理志 江原道 麟蹄縣.
233) 『新增東國輿地勝覽』江原道 麟蹄縣 古跡.

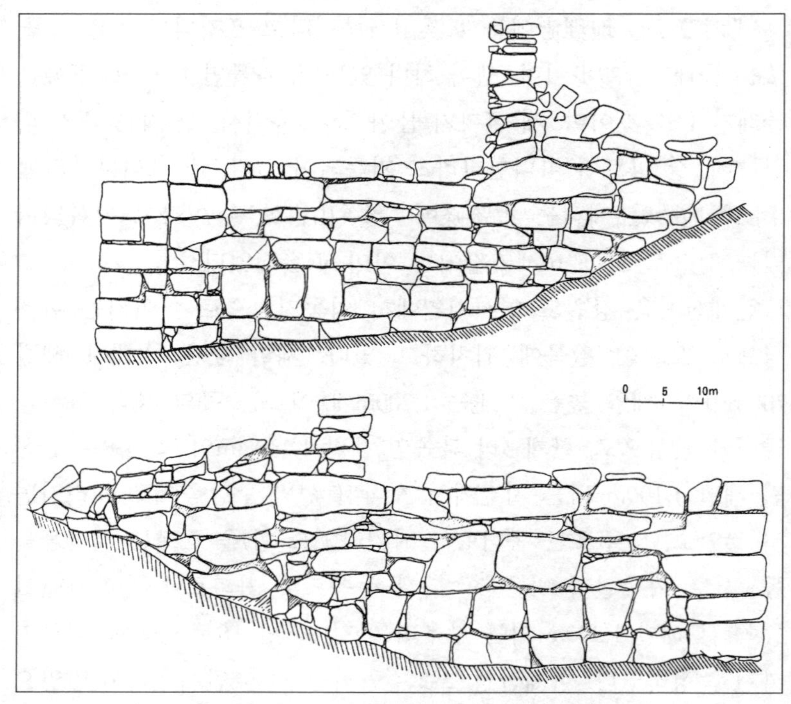

도면 3-3-4. 한계산성 성문안 좌우벽면 실측도
(『한계산성 지표조사보고서』에서 전재)

　산성의 둘레는 1,800m 정도로 측량되었는데,[234] 이 길이에는 북쪽의 성벽을 쌓지 않은 부분은 포함되지 않은 것으로 실제 전체 둘레는 그보다 크다. 성벽은 전체적으로 내탁식으로 축조하였으며, 하단부는 治石된 가로 50~70cm, 세로 20~40cm 정도의 장방형 돌을 사용하였으며, 배흘림 형태로 상단부로 갈수록 작은 돌을 사용하여 축조하였다.[235] 성벽위에는 외벽과 잇대어 높이 약 1m, 두께 0.7~0.8m 정도의 平女墙을 만들었는데, 垛의 구분이 없이 단지 성

---

234) 강원대학교 박물관, 1986, 『한계산성 지표조사보고서』, 26쪽.
235) 위의 책, 27쪽.

의 外壁에 이어 축조하는 방식은 鴒原山城(원주)・龍華山城(春川・華川)의 축조양식과 같은 수법이다. 이 산성의 주요 군사적 기능은 한계령을 방어하는데 있다고 하겠다.

⑦ 古城山城

古城山城은 고성군 간성읍 서남쪽 약 3㎞거리에 있는 金水里 古城山(297m) 정상부에 자리하고 있다.[236] 이곳은 현재는 고성군 간성읍에 속하는 지역이나 조선시대에는 강원도 간성군이었다. 『世宗實錄』 地理志에는 古城山石城으로 표기되어 있으며, 「둘레가 1,140步이며, 안에 작은 샘이 하나, 작은 못이 하나 있는데, 크게 가물면 마른다」고 기록되어 있다.[237] 또 『新增東國輿地勝覽』 古跡項에 나타나는 '南山城'이 바로 고성산성을 지칭하는 것으로 생각되는데,[238] "石築이며 둘레 1,528尺으로 안에는 우물 한 곳 있는데 지금은 폐철되었다"라고 기록하고 있다.[239] 이 城의 정확한 축조연대는 알 수 없으나 고려 고종 4년(1217) 契丹의 침입 당시 이 山城에서 전투를 벌인 것으로 전해져 오며,[240] 조선초기에 간성읍성의 背後山城의

---

236) 이 산성은 고성군 현내면 산학리에 있는 '古城山城'과는 별개의 城이다.
237) 『世宗實錄』 卷153, 地理志 江原道 杆城郡.
238) 江陵大學校 博物館・江原道・高城郡, 1995, 『高城郡의 歷史와 文化遺蹟』 116쪽에서는 『新增東國輿地勝覽』(杆城郡 古跡項)에 기록되어 있는 '古城山城(城周 403尺)'을 이 산성에 비정하였는데, 이는 잘못된 것이다. 이는 현재의 실측 城周와 전혀 맞지 않고, 또 그렇게 되면 同書에 기록되어 있는 '南山城'이 현재의 어느 城址에 해당하는지 비정할 수 없기 때문이다. 따라서 그 위치나 城周 등으로 보아 『世宗實錄』 地理志에 기재되어 있는 '古城山石城' 『新增東國輿地勝覽』에 기록되어 있는 '南山城'을 지칭하는 것이며, 이것이 『高城郡의 歷史와 文化遺蹟』에서 '金水里山城'으로 표기한 산성이다.
239) 『新增東國輿地勝覽』 江原道 杆城郡 古跡. "南山城 石築 周一千五百二十八尺 內有一井 今廢"

역할을 하였던 것이나 세종대에 연해지역은 읍성을 위주로 하고 산성은 폐지241)하도록 한 이후 방치된 것으로 생각된다.242)

이곳에 이르는 길은 읍내에서 서남쪽으로 통하는 313번 郡道를 따라 탑동마을로 진입하다가 군훈련장에서 우측의 고성산으로 오르면 된다. 현재는 군사도로로 해발 약 250m 정도까지는 차량으로 진입할 수 있다. 이 산성은 남쪽으로는 南川, 북쪽으로는 北川이 위치하고 있으며, 간성읍과 인근지대는 물론 멀리 속초까지 바라다 보이는 위치에 있다. 이 城은 북동쪽의 門이 정문이었던 것으로 생각되는데, 그 아랫쪽의 계곡을 따라 내려가면 바로 간성읍과 연결된다.

고성산성은 테뫼식 산성으로 볼 수 있으나, 丁若鏞의 『民堡議』에 의거한다면 사방이 경사지고 정상부가 평탄한 蒜峰 형태에 가까운 모양을 하고 있다.243) 성 안쪽에는 동서 길이 약 150m, 남북 길이 약 200m 정도의 부정형의 평탄지가 형성되어 있으며, 북동쪽의 門址 부근은 낮게 되어 있다.

城의 둘레는 실측길이가 약 630m 정도인데,『世宗實錄』地理志에는 1,140步로,『新增東國輿地勝覽』에는 1,528尺으로 기록되어 있어서 勝覽의 기록이 대체로 현재 남아 있는 산성의 둘레와 유사하다.『世宗實錄』地理志의 기록인 "1,140步"는 1步＝周尺 6尺, 혹은 5尺 어느쪽으로 계산하더라도 勝覽의 城周보다는 훨씬 길이가 길다.244) 이는 15세기경에 이 산성이 종전 것보다 성벽을 줄여서

---

240) 지현병, 1995,「高城郡의 關防遺蹟」『高城郡의 歷史와 文化遺蹟』, 강릉대 박물관・강원도・고성군, 117쪽.
241)『世宗實錄』卷43, 世宗 11年 2月 丙戌.
242) 이에 16세기 초반에 편찬된『新增東國輿地勝覽』에서는 '今廢'라고 기록되어 있다.
243) 丁若鏞,『民堡議』民堡擇地之法.
244) 周尺 1尺＝20.81㎝로 계산하면 1,186m(1步＝5尺), 혹은 1,423m(1步＝6尺)가 된다.

개축되었음을 의미하는 것이다.

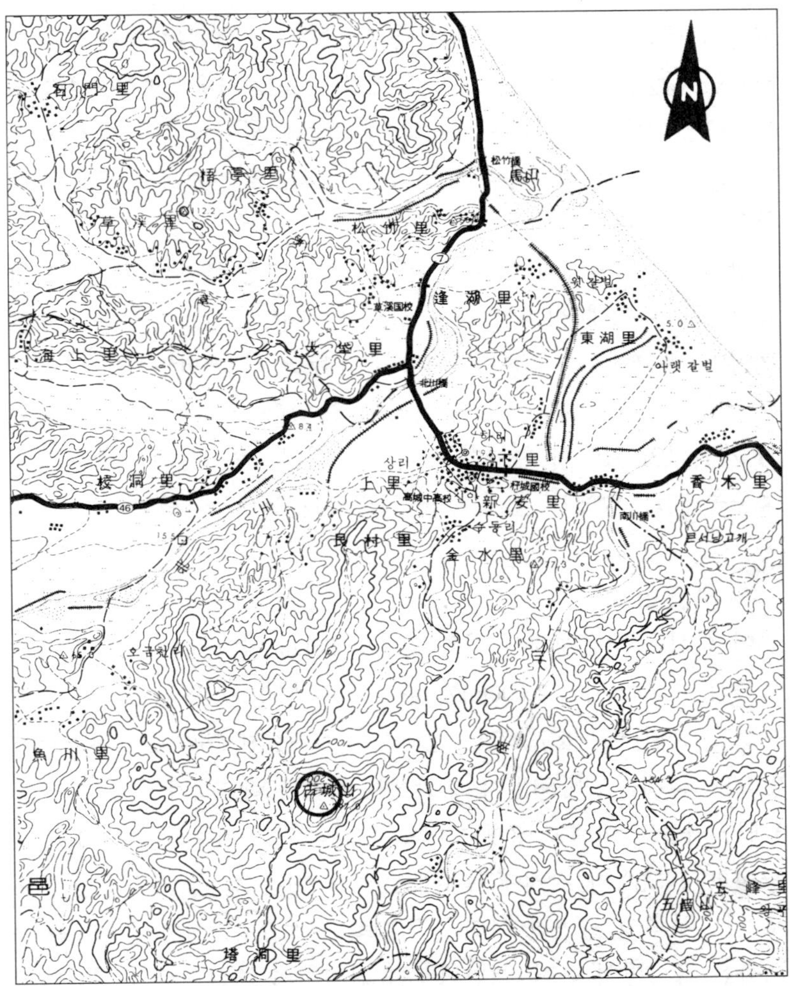

삽도 3-3-6. 고성산성 위치도

성벽은 內托式으로 축조되었으며, 전체적으로 석축이나 일부 구
간에서는 土城의 흔적이 보이기도 한다. 석축된 성벽의 기단부는

10~20cm씩 들여쌓았는데, 상단부보다 비교적 정연하고, 상단부는 20~50㎝의 할석을 이용하여 亂層쌓기를 하였다. 전체적으로 볼 때는 틈메움 방식을 사용하여 축조하였으며, 석재는 정연히 治石하지는 않았으나 적당한 크기로 쪼갠 성돌을 사용하였다. 성벽 일부 구간에서는 길이 60~70cm의 장대석을 사이사이에 끼워 넣은 다음, 작은 돌로 뒤채움하여 무너지지 않도록 정교하게 쌓은 것이 확인되고 있다.

산성의 서남쪽에서 門址가 확인되는데 門은 城外와의 경사도가 급하고 아랫쪽에 석축이 있는 점으로 보아 懸門式이었을 것으로 보이며, 부근에서는 10여종 이상의 瓦片이 다량 발견되어 오랜기간 유지되면서 改修되었음을 짐작할 수 있다. 성벽을 따라 軍 참호가 개설되어 있어서 원형이 심히 훼손되어 있는 상태이나 산성의 북동쪽 門址 옆에는 높이 3.3m 정도의 石築이 잘 남아 있다.

⑧ 普賢山城

이 산성은 강릉시에서 서쪽으로 약 20km 떨어진 성산면 보광리 북쪽의 대궁산(해발 1,000m)에 위치하며, 일명 大公山城, 대궁산성으로도 불린다.『世宗實錄』 地理志에는 把巖山石城으로 표기되어 있으며, 둘레는 7백 68步이고, 안에는 작은 도랑 5개가 있는데, 그중 3개는 가물면 마르고, 2개는 마르지 않는다고 기록되어 있다.[245]

嶺東과 嶺西의 경계에 南高北底形을 이룬 산 능선부를 중심으로 남·북쪽의 완만한 사면을 둘러쌓은 성으로, 성의 동남·북쪽 외측은 급사면인 반면, 서남단부는 완경사의 능선으로서 태백산맥 분수령을 이루는 서쪽의 곤신봉으로 이어진다.

---

245)『世宗實錄』 卷153, 地理志 江原道 江陵大都護府.

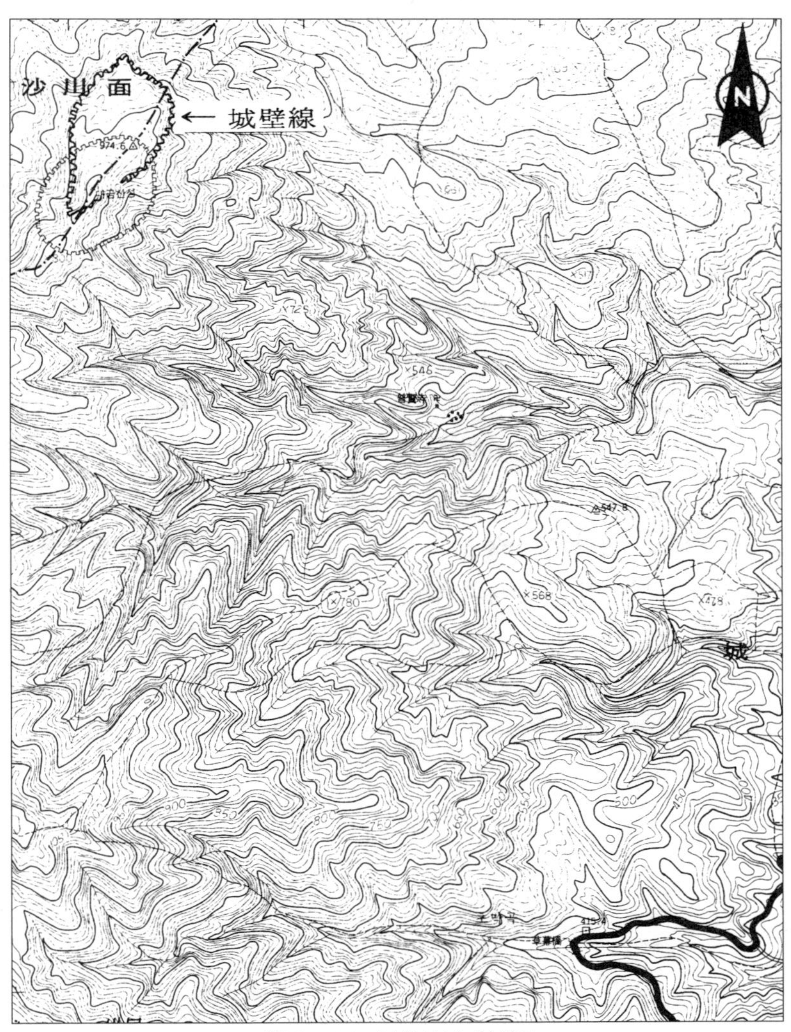

삽도 3-3-7. 보현산성 형세도

성벽은 내탁식으로 축조하였으며, 현존의 일부 성벽은 높이 2.3m-2.5m이고 10단~13단이며, 총 길이 약 3km이다. 동문지에는 2개의 홈이 파인 門柱礎石이 있다. 성안에는 건물지로 보이는 평탄지가 곳곳에 보이며, 평탄지에서는 고려~조선시대의 것으로 보이는 많은 양의 토기편과 백자편, 기와편이 산재해 있고, 동문지 부근의 골짜기에는 우물이 남아 있다.

⑨ 權金城

權金城은 속초시 설악동에 위치하며, 『世宗實錄』地理志에는 "擁金山石城"으로 기록되어 있다.[246] 설악산 입구의 노루목에서 케이블카로 올라가면 권금성 산장 주위에 쌓여진 석성이다. 케이블카가 놓여지기 전에는 비선교를 지나 남쪽 급사면으로 오르는 가장 빠른 직선길과, 비선대를 지나 완만한 사면을 타고 산성의 남서쪽으로 들어가는 두 가지 길이 있으며, 또 한 가지 길은 등산로로써 설악산 정상 대청봉에서 북쪽 사면으로 칠성봉과 화채봉을 지나 내려오는 길로 산성의 남쪽으로 들어가는 길이 있으나 일반인은 통제된 길이다. 13세기 중엽 元나라의 침입때 설악산에다 성을 쌓아 守禦하였다고 하며,[247] 옛날 권씨, 김씨 두 집안이 이곳에 피난한 까닭에 권금성이라 이름하였다고 한다.[248]

---

246) 『世宗實錄』地理志 江原道 襄陽都護府. "擁金山石城 在府北 周回一千九百八十步 雨則岩石間水湧流爲泉"
247) 『新增東國輿地勝覽』 卷44, 襄陽都護府 古跡. "權金城 在雪岳頂 … 洛山寺記所云 天兵闌入我彊 是州於雪岳山築城守禦 疑於此"
248) 위와 같음.

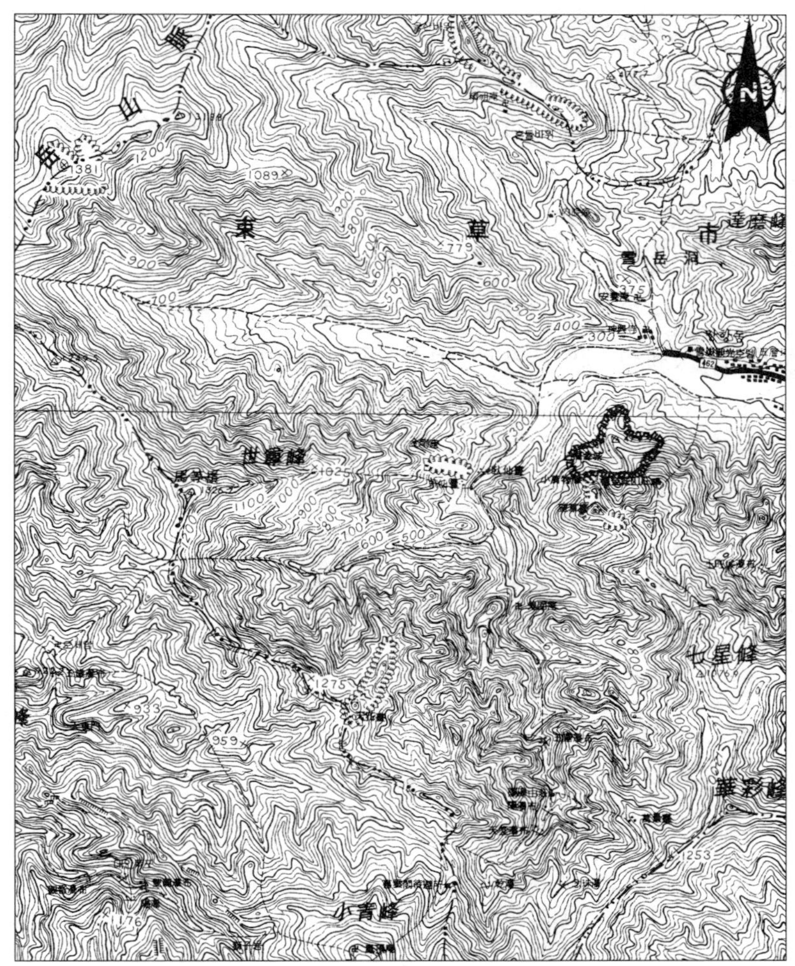

삽도 3-3-8. 권금성 위치도

城의 둘레는 『世宗實錄』 地理志에는 1,980步로 되어 있으며,[249]

---

249) 백홍기·지현병·고동순, 1997, 「束草市의 先史·歷史 및 關防遺蹟」
　　『束草市의 歷史와 文化遺蹟』, 江陵大博物館·江原道·束草市, 65쪽
　　에서는 조선시대 기록의 尺數에 의거하여 "1,112척(334m)－토왕성가

『新增東國輿地勝覽』에는 1,112尺으로 기록되어 있어서 각기 다른데 이는『大東地志』에 權金城을 혹 '土王城'이라고도 한다는 것으로 볼 때,『世宗實錄』地理志』에 기록된 길이는 토왕성폭포가 있는 곳까지 포함한 길이로 생각된다.

권금성은 자연적인 지형을 이용한 성으로 비교적 진입하기 쉬운 부분에만 축성하였다. 현재는 많은 부분이 허물어진 상태이고, 남아 있는 석성의 총 길이는 약 90m 정도이다. 북쪽에서 직선으로 올라오는 곳에는 케이블카 설치 등으로 인하여 석성의 상당 부분이 파손된 상태이다. 현재 남아 있는 석축의 규모는 북쪽의 성벽(케이블카가 설치된 곳)이 길이 30m, 폭 1.9m, 높이 3m 정도 남아 있고, 남쪽에는 성벽이 약 39m, 폭 2.4m, 높이 2.6m 정도 남아 있으며, 서쪽에는 길이 20m, 폭 2m, 높이 3m 정도 남아 있다.[250] 內外夾築으로 되어 있으며, 女墻을 만든 흔적은 없다.

⑩ 魯城山城

魯城山城은 평창읍 하리 산 1번지에 있으며 평창읍의 鎭山인 魯城山(혹은 魯山)에 위치하고 있다.

지 합쳐서는 2,112척(634m) − 에 높이 4척(1.2m)"이라고 하고 있으나 이는 요즈음의 척도를 기준으로 단순히 1尺=30cm 개념을 적용한 것으로(이것을 營造尺 개념으로 보더라도) 이는 잘못된 계산이다. 당시는 일반적으로 성곽의 척도에 布帛尺(五禮의 경우는 44.75cm, 遵守의 경우는 46.73cm)이 사용되었으며, 특히 田大熙는 1983,「朝鮮代 度量衡器의 實크기에 관한 研究」『論文集』4집, 韓國海洋大學에서 조선시대 통용되었던 포백척의 실길이를 최단 51.2cm, 최장 53.4cm라는 의견을 제시하였다.

250) 백홍기·지현병·고동순, 1997,「束草市의 先史·歷史 및 關防遺蹟」『束草市의 歷史와 文化遺蹟』, 江陵大 博物館·江原道·束草市, 65쪽.

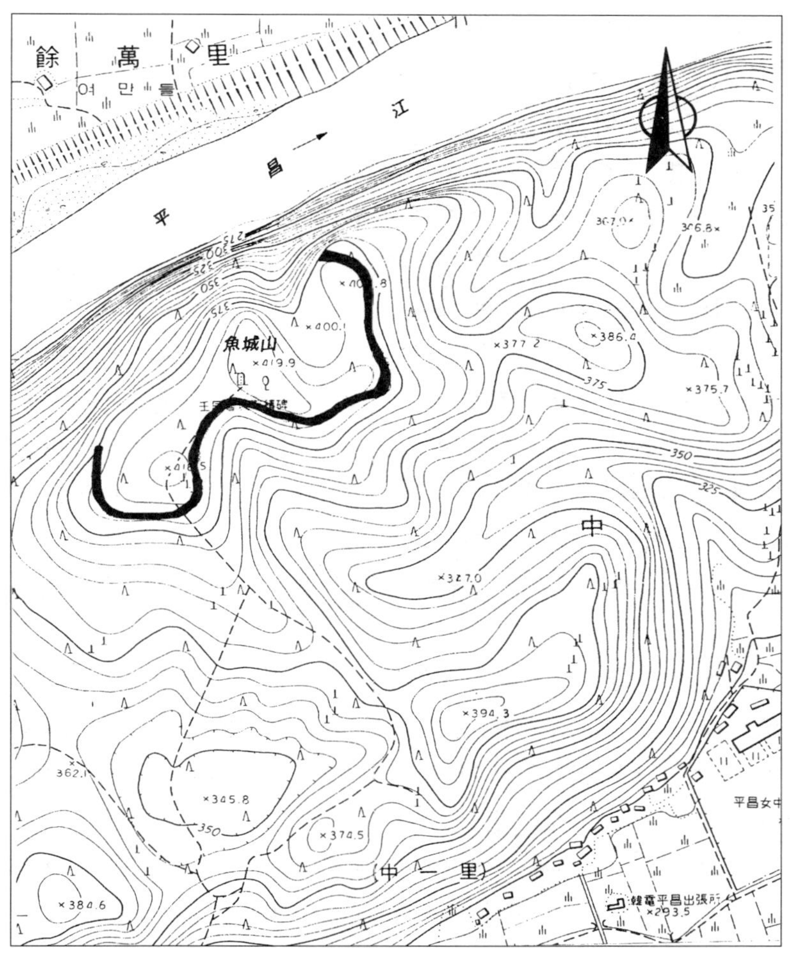

삽도 3-3-9. 노성산성 형세도

　이 성은 임진왜란 때 權斗文 郡守가 智士涵・禹應民・李仁怒 등과 함께 백성을 거느리고 왜군과 싸웠던 곳으로[251] 조선 선조초에 군수 金光福이 쌓은 것으로 알려져 있다.[252] 『新增東國輿地勝

---

251) 權斗文, 『南川先生文集』 卷2, 虎口日錄.

覽』에는 魯山城으로 기록되어 있으며, "石築이며 둘레 1,364尺 높이 4尺으로 城內에는 우물이 1개소 있다. 지금은 반이상 퇴락하였다"253)라고 되어 있다.

城은 평창강이 굴곡하는 곳에 우뚝 솟은 해발 419m의 魯城山에 쌓았는데, 삼면이 강으로 둘러싸여 있을 뿐만 아니라 북쪽은 절벽이거나 매우 가파른 곳으로 되어 있어서 天險의 지대라고 할 수 있다. 성의 둘레는 414m이며, 현존 성벽의 높이는 1.3m 전후이다.

성벽은 북쪽의 절벽부분을 제외한 곳에만 축조되었는데, 능선의 바로 아래 부분을 削土하고 그 바깥쪽에 성벽을 구축함으로써 성벽을 따라 편편한 內環道를 만들었다. 이러한 방식은 洪川 大彌山城의 축조법과 같은 방식이다.254) 고려시대의 토기와 기와편이 발견되고 있어서 이미 고려시대에 축조된 것으로 보이며,255) 조선시대에 와서는 임진왜란을 전후한 시기에 일시적으로 수리되어 사용되었다.

이 산성과 관련하여 평창읍에는 '왜담'이라 불리우는 돌무지들이 많이 있는데, 이 돌무지들은 대부분 임진왜란때 이곳까지 쳐들어온 왜군과 관련된 전설을 가지고 있다. 이 왜담은 노성산성 북쪽편의 평창강 건너 餘萬里에 있는데, 당시 왜군에 대항하여 평창의 官民이 모두 노성산성에 모여 방어진을 구축하고 대치하였는데, 이를 공격하기 위하여 왜군이 주변의 돌을 모아 진지를 구축하였던 담이라고 전하여 온다.256) 이 왜담은 근래까지 남아 있었으나 1981년 제

---

252) 강원대학교 박물관, 1987,『平昌郡의 歷史와 遺蹟』, 49쪽.
253)『新增東國輿地勝覽』江原道 平昌郡 古跡. "魯山城 石築 周一千三百六十四尺 內有一井 今半頹落"
254) 柳在春, 1996,「洪川郡의 關防遺蹟」『洪川郡의 歷史와 文化遺蹟』, 江原道・洪川郡・江原大學校 江原文化研究所, 263~268쪽 참조.
255) 위의 책, 50쪽.
256) 강원대학교 박물관, 1987,『平昌郡의 歷史와 遺蹟』, 111쪽.

방축조공사를 하면서 이 돌을 운반하여 사용하였다고 한다.

  ⑪ 葛豊里 山城

  葛豊里 山城은 횡성군 횡성읍 갈풍리에 위치하고 있다. 이 산성은 문헌에 전혀 나타나고 있지 않은데, 지난 1996년 중앙고속도로(춘천~제천구간) 노선변경지역에 대한 문화유적 지표조사과정에서 새로 조사·보고되었다.

  이 산성은 갈풍리 마을의 뒷산인 성재산(해발 253m)에 쌓은 산성으로, 횡성읍내에서 서쪽으로 섬강 건너편에 위치하고 있으며, 산성에서는 횡성읍내 전체가 한눈에 조망된다. 城은 성재산 정상에서부터 산 능선을 따라 7부 능선까지 걸쳐서 돌려 쌓은 山腹式山城으로, 북서~남동에 이르는 성벽은 대체로 해발 241~253m 정도의 능선을 따라 축조되었고, 북동쪽이 다소 낮은 지대까지 내려 쌓았다.

  山頂 부분이 주로 평탄한 지대가 형성되어 있어서 이곳에 건물지가 있었던 것으로 여겨지며, 성의 동쪽에 우물지가 남아 있다. 산성으로 오르는 통로는 북쪽인 능골 방향에서 오르는 것이 가장 손쉽게 접근할 수 있기 때문에 이곳에서는 門址가 확인되며, 동·서쪽의 능선을 통해서도 登城이 가능하고 남쪽은 급경사여서 오르기가 어렵게 되어 있다.

  산성의 둘레는 693m 정도이며,[257] 석재는 할석과 자연석을 함께 사용하였으며, 전체적으로 일부 구간을 제외하고는 뒷물림 방식의 內托式으로 축조되었다. 남벽의 일부 구간은 산 능선과 수평이 되게 축조하였으며, 성벽은 동·서·남의 구간에 잔존 體城壁이 있어서 확인이 가능한 상태이다. 할석과 자연석을 사용하였다고 하

---

257) 이 길이는 윤경오·김남돈·정병돈이 1996년 실측한 수치이다.

더라도 비교적 정연히 쌓은 곳과 그렇지 않은 곳이 있는 점으로 보
아 이 城이 신축된 이후 후대에 다시 재수축된 것임을 알 수 있다.

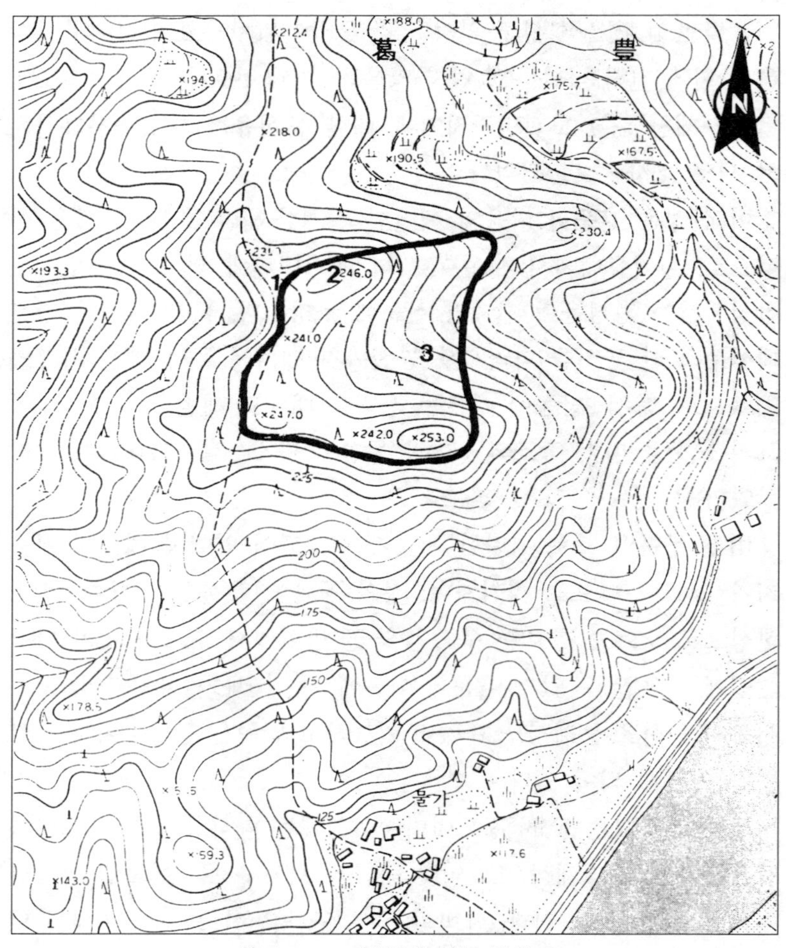

삽도 3-3-10. 갈풍리 산성 형세도

　이 산성에서 채집되는 와편과 백자편 등 유물로 보아 이미 통일
신라시대에 축조된 것을 조선시대에 수리하여 사용한 것으로 추정

되며,258) 조선시대 16세기초까지는 횡성에 德高山城이 있었기 때문에 별도로 이 城을 축조하였다고 보기는 어렵고, 임란중에 일시적으로 횡성읍민을 위하여 수축한 것으로 여겨진다. 특히 이 城 아랫쪽이 驛이라는 점을 감안하면 임란중에 서울 근교의 驛주변에 屯田을 설치하여 백성이 모이도록 함으로써 田野의 개간은 물론, 막혔던 도로가 通하게 되는 효과가 있었다고 하여, 衿川·果川과 水原의 沙斤으로 확대실시 하도록 하고, 특히 衿川·沙斤의 주민들은 가까이에 있는 산성을 수축하여 대비하도록 하였다.259) 또한 선조 27년 良才驛 근처에 목책을 마련하고 주민과 역졸을 모아 耕守하도록 한 것도 그러한 사례에 해당한다.260) 당시 전란으로 인한 驛의 不通문제는 단지 경기지역에 한정된 것은 아니었음을 감안하면, 그러한 驛의 복구책과 주민보호용의 城이 각지에 많이 만들어졌을 것으로 생각된다. 따라서 이 城은 임란이 장기화되면서 驛의 복구는 물론 횡성읍민의 入保用으로 쌓은 것으로 추정된다.

이는 앞서 서술한 바와 같이, 임란당시 각지에 적극 산성을 설치하고 무사할 때는 耕作하고 유사시에는 入保하도록261) 하는 전략이 시행되었던 것과도 부합하는 사실이다. 16세기까지 유지되었던 횡성의 泰岐山城(德高山城)은 邑治에서 지나치게 거리가 멀기 때문에 가까운 곳에 산성을 수축한 것으로 생각된다.

---

258) 윤경오·김남돈·정병돈, 1996,「갈풍리 산성」『博物館誌』3호, 강원대 박물관.

259)『宣祖實錄』卷57, 宣祖 27年 11月 癸巳.

260)『宣祖實錄』卷56, 宣祖 27年 10月 辛酉.

261) 柳成龍,『西厓集』書狀 天兵退駐平壤後條列軍中事宜狀;『宣祖實錄』卷66, 宣祖 28年 8月 乙巳.

⑫ 瑞和里 山城

瑞和里 山城은 인제군 서화면 서화리에 위치한 산성이다. 이 산성에 대해서는 지리지나 邑誌 등에 전혀 기록이 나타나지 않으며, 다만 1942년 조선총독부에서 발간한 『朝鮮寶物古蹟調查資料』에 "서화리 마을 북쪽의 약 2町 정도되는 곳에 土築, 또는 石築으로 된 둘레 약 300間, 높이 5尺 정도인데 조금 完全하다"[262]라고 하여 처음으로 공식 이 城의 존재를 보고하고 있다.

이 산성은 인제군 원통에서 천도리를 거쳐 양구군 해안면으로 가는 도로변에 위치하고 있다. 서화리는 원통으로부터 약 20km 정도 떨어져 있으며, 칠성고개·정고개 등 비교적 높은 고개를 거쳐가야 하는 山谷마을이다. 그러나 하천변에는 월학리·천도리·서화리 등 마을이 형성되어 있으며, 특히 서화리는 산골짜기 마을에서는 보기 드문 넓은 평지를 가지고 있는 마을이다. 서화리 산성은 그 평지의 한 모퉁이에 우뚝 솟은 獨山 위에 축조되었다. 이곳에서는 서화리 마을과 원통으로 이어지는 도로가 한눈에 조망되며, 사방은 매우 가파른 급경사로 되어 있다. 산성의 둘레는 110m 정도로 규모가 매우 작으며, 성내는 편편하여 이른바 蒜峰 형태를 하고 있다.

현재 城이 위치한 곳은 서화리 마을의 忠魂碑가 세워져 있는 곳인데, 충혼비를 세우기 위해 주변정리를 하는 과정에서 성벽이 많이 훼손되었다. 북벽의 일부 구간에는 잘 治石된 장대석 성돌로 하단부를 쌓은 것이 그대로 남아 있으며, 많이 남아 있는 곳은 7~8단 정도의 석축이 남아 있는 곳도 있다. 體城은 內托式으로 축조되었는데, 서북쪽의 일부 드러난 성벽구조를 보면 바깥쪽에는 비교적 큰 자연석을 쌓으면서 石心을 박고 안쪽에 잡석을 채우는 방식을 사용하였다. 성의 동쪽에 門址로 보이는 곳이 있으나 군 참호의 진

---

262) 朝鮮總督府, 1942, 『朝鮮寶物古蹟調査資料』, 553쪽.

입로를 만들면서 훼손되어 형태는 전연 알 수 없는 상태이다. 성벽의 동~남쪽면은 충혼비 건립시 콘크리트 계단을 만들면서 성벽이 파괴되었는데, 이 구간에서는 고려~조선시대의 瓦片이 많이 발견되며, 고려시대 陶器片과 조선시대 백자편 등도 발견되고 있다.

현지에서 이 산성은 조선시대, 혹은 壬亂때의 城으로만 전하여 올 뿐 특별한 典據가 있는 것은 아니다. 이 산성에 대하여 『麟蹄郡의 歷史와 文化遺蹟』에서는 제목을 "인제군 서화면 서화리 조선시대 성지"라고 하였는데,[263] 어떠한 사유에서 조선시대 城址로 규정하였는지에 대해서는 전혀 언급이 없다.

이 城이 고려시대에 이미 존재하였던 것은 이 산성에서 발견되는 陶器片과 瓦片을 통해 볼 때 명백하다. 조선시대, 혹은 壬亂 당시의 성으로 알려져 있는 점에서나, 또 와편 과 백자편 등의 조선시대 유물이 아울러 발견되는 점에서는 의심할 여지없이 조선시대에 사용된 바 있다는 것은 분명하다고 하겠다. 이 산성과 관련하여서는 이 곳이 조선초기까지는 인제현의 속현인 瑞和縣이 있었던 곳이라는 점에 유의하여야 할 것으로 생각된다. 이 산성은 인제현의 속현인 서화현의 입보처로 존속하다 폐철된 것을 조선시대에 다시 수리하였던 것으로 볼 수 있다.

그렇다면 이 성은 어느 시기에 무슨 목적으로 수축된 것으로 보아야 할 것인가. 이 성과 관련하여서는 횡성군 횡성읍 갈풍리의 산성의 사례가 참고가 될 것이다. 집단 취락지대와 가까이 있다는 점과 지리지나 邑誌 등의 기록에 나타나지 않으나 조선시대의 城址라는 점에서는 이 城의 성격이 같을 수도 있다는 추정을 가능하게 한다. 이 山城은 갈풍리 산성과 마찬가지로 임진왜란 당시 전시상

---

263) 盧爀眞 外, 1996, 「麟蹄郡의 先史 考古 關防遺蹟」『麟蹄郡의 歷史와 文化遺蹟』, 翰林大學校 博物館・江原道・麟蹄郡, 32쪽.

황이 장기화됨에 따라 각 지역별로 自衛手段을 강구하는 과정에서
이러한 소규모 城이 만들어진 것으로 생각된다.

3. 성격과 특징

1) 시대적 성격

강원도는 국가 전체에서 볼 때, 이른바 '賊路'에 해당하지 않는
지역이었기 때문에 下三道나 兩界지역에 비하면 축성에 관한 한
그다지 큰 관심의 대상이 되지 못하였다. 그러나 앞서 서술한 바와
같이 조선전기 강원도에는 산성을 비롯한 읍성, 기타 營鎭城과 驛
城 등 많은 성곽이 있었다. 산성의 경우는 앞서 각 산성에 대한 개
별적인 서술에서 밝힌 바와 같이 일부 지역의 城을 제외하고는 대
체로 16세기에 이르기 전에 혁폐되었다. 이는 조선초기(대개 세종
대 이전)에는 동북아시아의 정세가 불안정한 시기였기 때문에 전
국적으로 산성입보체제를 중심으로 한 방비시설의 정비가 이루어
졌다가 점차 내륙지역에 대한 위험성이 소멸되면서 廢城된 것이
다. 강원지역의 산성에 대해서는 몇가지 측면에서 그 성격과 특징
을 지적할 수 있을 것이다.

첫째는 배치상의 특성인데, 당시 산성은 기본적으로 지역주민이
유사시에 입보하기 위한 것이었지만 전략적으로 본다면 주요거점
을 지키는 기능을 가지고 있었다. 강원도의 경우는 고려시대 蒙古
兵이 함경도에서 강원도를 거쳐 침입한 사실이나 고려말 왜구가
영월·평창은 물론 춘천·가평까지 이르렀던 경험이 크게 고려된
것으로 여겨진다. 안변→회양을 통해 화천·춘천으로 이르는 길목

에 용화산성을 배치하였던 것이나 강릉에서 대관령을 통하여 서울에 이르는 곳에 德高山城(태기산성 : 횡성 둔내), 영원산성(원주)을 설치하였던 것, 그리고 삼척에서 정선·영월을 지나 내륙으로 들어오는 곳에 두타산성(현재 동해시), 왕검성(정양산성 : 영월)을 배치하였던 것이 그 예이다. 특히 16세기에 이르기까지 폐지되지 않았던 횡성의 德高山城(태기산성)은 대관령로의 방어를 고려한 조치라고 생각한다. 특히 이러한 산성들이 대부분 이미 고려시대에 사용된 바 있는 산성이라는 점에서 북방에서의 침입에 보다 큰 비중을 두고 布置된 것임을 알 수 있다.

둘째는 임진왜란을 겪으면서 동해안을 따라 북상한 왜군에 의해 강원도 지역이 유린되고, 또 이것이 수도방위 측면에서도 매우 치명적인 헛점으로 인식됨에 따라 임진왜란기, 또는 그후에 강원도 지역에서도 성곽에 대한 보수와 수축이 이루어졌다는 점이다. 특히 원주 영원산성의 경우는 임란시 김제갑 목사의 격전과 한강상류 방어를 위해서는 원주의 守禦가 필수적이라는 인식에 따라 대대적으로 수축하고 僧軍을 주둔시키기도 하였다.264) 원주는 군사전략상 매우 중요한 지역이다. 남쪽으로는 강원남부지역과 제천·충주 등지로 연결되는 요충지가 되며, 서쪽으로는 여주나 양평을 거쳐 首都로, 동쪽으로는 대관령을 거쳐 강릉 등 영동지역으로, 북쪽으로는 횡성·홍천·춘천 등지로 연결되는 요충지이다. 이는 현재도 마찬가지여서 1군사령부가 원주에 위치한 것은 우연이 아니다.

셋째는 횡성 갈풍리 산성이나 인제 서화리 산성은 임진왜란 중에 거점이 되는 산성이 설치되지 않았던 지역에서의 방비형태를 알 수 있는 사례이다. 즉, 이것은 비록 2개지역에서만 확인된 바이지만 임란 기간중 각 고을별로 인구가 비교적 많은 지역을 중심으

---

264) 李明漢, 『白洲集』(韓國文集叢刊 97) 卷6.

로 가까운 곳에 城을 수축하여 유사시 입보하도록 하였던 것으로
볼 수 있다. 이러한 형태의 성과 관련하여 『宣祖實錄』에는 주목할
만한 몇가지 기사가 있다.

   ① 비변사가 아뢰기를, "근래 경기의 여러 고을에 土賊이 성행하
여 사람과 가축을 살해하고 英陵의 제물도 빼앗았으니 어찌 이와 같
이 놀라운 일이 있겠습니까. 겨울과 봄에 곡식이 귀할 때는 도둑의
환난이 필시 지금보다 심할 것입니다. 각 마을에 백성이 조금 모여
사는 곳에는 가까운 곳의 백성으로 하여금 屯을 쳐서 같이 살게 하
거나 혹은 木柵을 만들어 각각 활과 창 등 도적을 막을 물건을 설치
하고 武才가 있는 사람 1명을 선발해서 한 둔의 長을 삼아 도적 잡
는 임무를 주관하게 하며, 제대로 포획하지 못하거나 관에 고하지
않는 자는 죄로써 다스리고 잘 포획하는 자는 포획의 많고 적음에
따라 論賞합니다.265)

   ② 영의정 유성룡이 경상도에서 응당 행해야 할 알맞은 일에 대
해 올린 차자의 대략은 다음과 같다. "自古로 병란 때에는 먼저 營柵
을 설치하여 요새지로 삼아서 군사와 백성, 그리고 노약자들이 그곳
에 의지하여 몸을 보전하게 하고, 공물이건 사물이건 모든 저축물은
다 그 가운데 쌓아두고서, 적이 이를 때에는 요해지인 그곳에 의거
하여 지키고 적이 떠나면 하산하여 농사를 지었으니, 모든 곳이 다
그렇게 하였습니다. 가까운 경우는 10여 리, 먼 경우는 수십리 거리
에 서로 바라보일 정도로 屯地를 중복 설치하여 그 형세가 잇닿게
한다면 한갓 백성만 보호할 수 있을 뿐 아니라 또한 적도 막을 수 있
을 것이니, 이것은 지극히 긴요한 일입니다. 그런 때문에 비록 장수
와 수령들은 그렇게 할 줄을 모르더라도, 향촌에서 식견이 있는 사
람이 이따금 촌민을 취합하여 집단 생활 방법을 잘 운영함으로써 오
히려 향리를 보전할 수 있었습니다.266)

   ③ 비변사가 회계하기를, "예로부터 전쟁통에 산야 사이의 유민
들이 스스로 보존할 수 없으면 반드시 그 부근의 지역을 따라 자기
들끼리 뭉쳐 살면서 험요처에 영루를 설치하여 그 속에 들어가 거처
하기도 하고 전망대를 설치하고 복병을 배치함으로써 적의 환난에

---

265) 『宣祖實錄』 卷54, 宣祖 27年 8月 甲子.
266) 『宣祖實錄』 卷59, 宣祖 28年 1月 己亥.

대비했습니다. … 그런데 오늘날의 장수 및 지방 장관들을 보면, 우
민들이 가거나 말거나 내버려두어 적이 왕래하는 땅에 흩어져 살게
함으로써 날마다 노략질을 당하는데도 팔짱만 끼고 좌시하며 그에
대한 대책을 마련함이 없으니 참으로 그 무슨 마음인지 모르겠습니
다. … 적병이 바야흐로 김해·웅천 및 거제 등지의 해변에 있고, 함
안·진해·고성·사천은 다 연해의 서로 바라보이는 지역인데 여기
에서 둔치며 경작하고 있습니다. 만약 연해 일대를 버리고 지키지
않는다면 그리해도 되겠으나 그렇지 않다면 우리 세력은 날로 줄어
들고 적의 세력은 날로 증대될 것이니, 강 이내의 땅인들 어찌 보전
할 수 있겠습니까. 또 백성들이 각기 사는 곳에 안주하여 옮겨가려
하지 않는데 강제로 몰아낸다면, 적중에 흩어져 들어갈 염려가 없지
도 않으니 강역을 보전하고 백성을 안거시킬 상책은 못 됩니다. 어
찌하여 이 때에 연변의 통제할 수 있는 곳 및 주민의 많고 적음과 토
지의 편리성 여부를 순행하여 살피고 그에 대해 검토함으로써 인민
에게 해를 피하는 방법을 효유하지 않는지 모르겠습니다. 아니면 십
리나 수십리를 1屯으로 하되, 전망이 트였으면서 험준한 곳을 골라
인력의 많고 적음에 따라 토성이나 목책을 만들어 놓음으로써, 적이
만약 소규모로 닥쳐오면 각자 자기네들 힘으로 막고, 적이 많이 오
면 여러 둔이 한 곳에서 단합하여 방어하도록 하여야 될 것입니다.
…하니, 상이 따랐다.267)

　위의 기사를 보면 ①의 경우는 土賊에 대비하여 백성들로 하여
금 屯을 만들어 목책을 설치하여 自守하게 한다는 것이고, ②·③
의 경우는 십리 혹은 수십리 간격을 두고 인근 주민들이 屯을 만들
어 토성 혹은 목책을 설치하고 자체적으로 수비하게 하자는 것이
다. 여기에서의 사례는 경기도와 경상도의 경우이나 이는 아마 전
국적인 파급이 이루어 졌을 가능성이 매우 높다.

　또한 왜군이 황해도 황주를 공격하였을 당시 黃州에 사는 李思
林이라 사람은 마을의 남녀노소 400여명을 거느리고 蒜山에 올라
가 목책을 설치하고 弓矢나 器械도 없이 단지 石車268)만을 갖추고

---

267)『宣祖實錄』卷64, 宣祖 28年 6月 甲子.

도 여러 차례의 왜군 공격을 막아낸 사실[269]이 알려지면서 험한 산
에 의거한 소규모 柵堡가 매우 유용한 것으로 받아들여 졌을 것은
분명하다. 더구나 이들은 단순히 敵侵을 막아냈을 뿐만 아니라 이
를 根據地로 하여 耕作과 守備를 겸하며 용감한 자를 선발하여 적
을 요격하기도 하였던 것이다. 이에 대한 西崖 柳成龍의 기록을 보
면 다음과 같다.

> 이로부터 思林의 군대는 적과 익숙하게 되어 心膽이 더욱 견고하
> 여 두어 사람으로 하여금 높은 곳에 올라가 망보게 하고 목책 안의
> 사람이 산으로 내려가 땔나무를 하거나 밭갈고 수확하기를 자유롭
> 게 하였다. 또 오래되니 목책 안에서 용감히 싸우고 잘 달릴 수 있는
> 자를 뽑아 때로는 틈을 타서 돌출하여 왕래하는 적을 요격하거나 牛
> 馬를 약탈하여 자기 군대를 먹이기도 하였다. 6월부터 이듬해 1월까
> 지 명나라 군대가 평양을 수복하여 沿道의 적의 진지가 다 철수한
> 다음에야 비로소 산을 내려왔다.[270]

이러한 자료로 볼 때, 횡성 갈풍리 산성이나 인제 서화리 산성은
주민 집단 거주지 인근에 설치한 소규모 柵堡의 성격을 갖는 산성
이라고 할 수 있다.

넷째는 산성의 폐지와 산성내 창고의 이전 문제이다. 군창에는
대개 병기와 군량이 보관되어 있었는데, 산성이 폐지되면서 대체
로 군창은 治所가 있는 곳으로 옮기는 것이 상례이며 원주 영원산
성의 경우도 그러하였다.[271] 다른 산성들도 그러하였으리라 생각

---

268) 돌을 장전하여 날려 보냄으로써 적을 공격하는 砲車를 말함.
269) 柳成龍, 『西崖集』 雜著 山城說.
270) 위와 같음.
271) 『輿地圖書』 江原道 原州 寺刹 山城寺. "在鴒原城中 壬辰倭亂牧使金
　　悌甲 領兵入據 賊兵猝陷 州軍及避亂人民 俱沒 悌甲死之 厥後設置僧
　　將守護山城矣 城圮寺廢 遂罷僧將 移置軍器餉穀於州內 …"

되는데, 한가지 주목되는 사실은 어느 시기엔가 산성 가까이에 둔 창이 설치되었다는 점이다. 산성의 군창이 폐지되면서 바로 인근에 둔창을 설치하였는지는 알 수 없지만 횡성 德高山城의 경우는 그 남쪽의 마을인 屯內에 둔창이 설치되었고, 원주 영원산성의 경우는 동남쪽 마을인 神林에 역시 屯倉이 설치되었다. 이것은 우연이라고 보기 어렵고 산성과 매우 밀접한 연관관계 속에서 설치된 것으로 생각된다. 이는 이미 세종대에도 산성 아래에 창고를 설치하였던 사례가 있었던 점[272]이나 덕고산성과 영원산성의 중요성을 감안할 때 유사시에 신속히 군량을 성내로 반입하기 위한 것으로 생각된다.

2) 입지조건

우리나라는 예로부터 외부적 침략에 대비한 산성을 많이 축조하였고 이는 우리나라 성곽문화의 하나의 특징이다. 따라서 삼국시대 이후 수많은 산성이 축조되어 우리나라는 전국 어느 곳을 가든 수개 이상의 산성지가 있는 것이 보통이다. 그런데 삼국시대에서 고려・조선을 거치면서 계속 산성이 수축되었지만 조선시대의 경우는 신축보다는 이전의 舊址를 다시 수축하는 경우가 대부분이었다. 그러나 기본적으로 삼국시대와 고려시대・조선시대는 산성의 전략적 위치를 선정함에 있어서 각기 입장이 다르기 때문에 그 양상이 다르게 나타나리라는 것은 쉽게 짐작할 수 있다. 그러나 산성은 지역 거주민의 入保를 통하여 避亂하기 위한 면도 있지만 기본적으로 전략적인 차원에서 본다면 '나'를 보존하면서 '적'을 공격

---

272)『世宗實錄』卷88, 世宗 22年 3月 癸丑.

하기 위한 방어술이라 할 수 있다. 이는 태조 3년 곡산부사 田易이 도평의사사에 올린 다음과 같은 上書文에서도 잘 나타나고 있다.

> 가만히 듣건대, 군사를 훈련시키고 곡식을 저장하여 뜻하지 않은 변고에 對備하는 것은 나라를 지키는 常典입니다. 그러나 군사가 險地를 점거하지 않으면 나의 形體를 감출 수가 없으며, 곡식을 만약 한군데에 露積한다면 다만 도적의 도움이 될 뿐이니, 반드시 양식을 견고한 城에 쌓아 두고, 鎭을 要害處에 설치한 연후에야, 편안히 있는 我軍으로써 멀리서 온 피로한 적군을 기다리게 되고, 배부른 我軍으로써 굶주린 적군을 기다리게 되어, 능히 적군의 생명을 제어할 수가 있습니다.···273)

즉, 산성은 군사적인 측면에서 볼 때, 험지에 웅거함으로써 실제 전투에서 유리함을 취하고자 한 면도 있지만 전체 전략적인 측면에서는 신속한 對敵보다는 시간을 지연시키면서 침입한 적이 피로해 지기를 기다려 인근지역의 산성과 상응하며 공략하기 위한 군사시설이었던 것이다.

한편『조선왕조실록』에는 산성의 입지와 관련하여 많은 기록이 나타나는데, 그 사례를 발췌하여 들어보면 다음과 같다.

> ⓐ 곡산부사가 상서하기를, 지난해 겨울에 損實을 踏驗는 일로 인하여 谷山 고을의 북쪽 마을에 가서 그 지세를 살펴보니, 산천이 험준하고 막혔으며, 가운데에 山城이 있는데, 군량을 저장할 만하고, 兵器를 간수할 만하며, 동쪽으로는 和寧과의 거리가 1백 50리이며, 서쪽으로는 成州와 連하기를 3, 4息의 路程에 불과하니, 실로 동북면·서북면 兩面을 왕래하는 要衝인 것입니다 라고 하였다.274)
>
> ⓑ 경상도 경차관 韓雍이 와서 便民條目을 올리기를, 또 높고 험한 山城에 물이 있는 곳은 매양 농사 틈을 당하면 修築하게 하되, 3

---

273)『太祖實錄』卷5, 太祖 3年 1月 戊辰.
274) 위와 같음.

년으로 限하자고 하였다.275)

ⓒ 延嗣宗·河敬復 등이 상왕에게 아뢰기를, 吉州는 한 도의 중
앙에 있어서 방어가 심히 긴요하며, 창고가 多信山城에 있는데, 새
로 쌓은 읍성은 뒤에 있으니, 마땅히 산성 앞의 夫世里에 읍성을 쌓
아 거처하게 할 것이라고 하였다.276)

ⓓ 평안도 도체찰사 黃喜가 도절제사와 더불어 각 고을 城堡의
虛實과 각 고을 合入의 편의 여부를 심찰하여 아뢰기를, 撫山 땅의
藥山城은 주위가 2만 8천 3백 25척인데, 바로 義州·朔州·江界와
의 直路이며, 三道의 중앙입니다. 성터의 외면은 사방이 암석으로
되었으며, 높고 험준하나, 내면은 토지가 넓어서 또한 邑을 설치할
만합니다. 南東門의 길은 본래 평이하고 만일 서문에 도로를 넓혀
다스린다면 軍馬의 출입이 용이할 것이니 실로 천연적으로 이루어
진 곳이라고 하였다.277)

ⓔ 또한 운산군의 靑山城은 그 주위가 1만 6천 9백 97척으로 성
의 안팎이 험하게 막혀 있어 출입이 어렵기 때문에 마땅히 老弱한
남녀로 입보하게 하며, 성안의 평지가 심히 좁고 군마의 출입이 어
려우니, 理山·昌城·碧潼 등의 인민으로 입보하게 할 것을 건의하
였다.278)

ⓕ 최윤덕이 성곽축조 조건을 아뢰기를, 각 고을에 쓸만한 옛 성
이 있으면 그대로 수축하고, 쓸만한 성이 없으면 가까운 곳에 새로
운 터를 잡아 신축할 것이라고 하였다.279)

ⓖ 함길도 도관찰사 정흠지가 상언하기를, 경성에는 또 산성이 있
는데, 읍성과 서로 떨어지기가 2, 3리 정도이며, 창고가 모두 있어 높
다랗게 對峙하여 旗幟가 서로 바라보고 鼓角이 서로 들려서, 적이 쳐
들어 오는 방비를 누르고 있으니, 이른바 기각의 형세라고 하였다.280)

ⓗ 황해도 도순찰사 成達生이 아뢰기를, 산성은 주위가 4천 9백 50
척으로 사면이 높고 험하여 防戍하기에 마땅하옵고, 또 읍과의 거리
가 겨우 3리 밖에 아니 되어서 人物이 들어가 피난하기에도 쉽사오며,

---

275) 『太宗實錄』 卷18, 太宗 9年 12月 壬子.
276) 『世宗實錄』 卷2, 世宗 卽位年 11月 乙丑.
277) 『世宗實錄』 卷42, 世宗 10年 11月 丁卯.
278) 위와 같음.
279) 『世宗實錄』 卷43, 世宗 11年 2月 丙戌.
280) 『世宗實錄』 卷75, 世宗 18年 11月 戊午.

성안에 谿谷이 많아서 비록 가무는 해라도 물이 마르지 아니하지만, 얼음이 얼 때에는 혹시 샘물이 부족할까 염려되오니, 동 문밖의 큰 냇가의 相距 3, 4步 되는 곳에 紬城을 쌓게 하시고, 또 퇴락된 곳과 활집[弓家]을 수선하며 國庫를 그 안에 두게 할 것을 건의하였다.281)

ⓘ 知中樞院事 成達生이 상소하기를, 延安府는 이제 장차 읍성을 쌓으려고 이미 성터를 정하였사오나, 山城이 높고 험하며, 안이 또한 광활하여 남쪽으로 官廨와 서로 連하였으니 읍성을 쌓는 것을 정지하고 國庫를 산성 아래로 옮길 것을 건의하였다.282)

ⓙ 평안도 감사에게 行護軍 崔潤溫이 아뢴바에 의해 이르기를, 成川府 북쪽에 山城 옛터가 있는데, 그 동쪽은 벽같이 선 것이 만 길이나 되고, 서쪽은 돌산이 높이 서 있고, 남쪽은 사이에 작은 길이 있고, 북쪽은 흙산 두 봉우리가 서로 대하고 두 봉우리 사이는 조금 낮아서 통행할만 한데 이것이 예전 성문터라 하며, 그 안이 동서는 상거가 8리 쯤되고, 남쪽은 5리쯤 되어 10여邑 사람을 수용할 만하고, 가운데에 큰 내가 있고 또 시내와 샘 우물이 있어 그 이익을 자뢰할 수 있으며, 3面은 성을 쌓아 지키고 막을 근심이 없고 오직 서쪽 洞門 20보 북쪽에 두 봉우리가 상거가 3백여 보쯤 되니, 성을 쌓아 문을 만든다면 한 사람이 관문을 지키면 만 사람을 대적할 수 있으니, 족히 근심을 막을 수 있는 땅이라고 하였는데, 監司가 이를 조사하여 보고하라고 하였다.283)

ⓚ 集賢殿 副校理 梁誠之가 올린 備邊十策의 여섯째에, 또 山城은 高麗의 古事에 의거하여 圖籍을 상고하여 形勢를 살펴서, 臣僚들을 나누어 보내되, 반드시 邑에 가까운 곳이 아니고, 혹 깊고 먼 곳이라도 너덧 고을에서 한 군데의 險隘한 곳을 얻게 하여, 부근의 州郡으로 하여금 적당히 쌓게 하여 불의의 사태에 대비하고 백성을 위급한 속에서 구제할 것을 건의하였다.284)

ⓛ 議政府에서 兵曹의 呈文에 의하여 아뢰기를, 황해도 도체찰사 鄭苯의 啓目 안에, 이제 몸소 살피건대 瑞興·平山의 山城 및 載寧의 長水山城·海州의 池城山城이 모두 사면으로 산이 둘러져 있고 암석(巖石)이 험준하여, 성 쌓는 功을 던다고 하였다.285)

---

281) 『世宗實錄』 卷87, 世宗 21年 10月 癸巳.
282) 『世宗實錄』 卷88, 世宗 22年 3月 癸丑.
283) 『世宗實錄』 卷118, 世宗 29年 11月 戊申.
284) 『世宗實錄』 卷127, 世宗 32年 1月 辛卯.

ⓜ 또한 각 산성의 입지에 대해 이르기를, 서흥산성은 물의 근원이 깊고 길며, 두 門이 험하게 막혀서 한 사람이 길을 맡아도 만 사람이 對敵하지 못하며, 산기슭으로부터 성문까지는 1리가 못되므로, 혹 급한 일이 있더라도 늙은이나 어린이가 들어가 보전하기 쉽습니다. 평산산성은 동쪽에 암석이 깎은 듯이 서 있고 큰 냇물이 가로로 흐르고, 그 나머지 삼면도 모두 험하게 막혀서 밖으로부터 엿볼 곳이 없으며, 모두 돌로 높이 쌓았으며, 비록 성안의 샘의 근원은 모자라나, 東門 밖에 큰 냇물이 불과 60尺 떨어져 있으므로, 甬道를 쌓는다면 냇물을 쓸 수 있습니다. 해주산성은 삼면이 石山인데 아주 높고 험하고 일면은 土山인데 역시 아주 험준하나, 성문으로 통하는 길이 지나치게 험하지는 않고, 성안이 편편하고 그윽하게 깊으며, 우물도 넉넉하여 백성이 살 만한 땅도 또한 많다고 하였다.286)

ⓝ 또한 재령산성은 두 길[路]이 모두 험준한데, 성문 밖 15리쯤은 石徑이 굽이 돌아 아주 험준하여 人馬가 왕래하기 매우 어려우며, 또 성안이 험하게 기울어 바람이 드는 땅이므로 머물러 살기에 마땅하지 않다고 하였다.287)

ⓞ 충청·전라·경상도 도체찰사 鄭苯이 아뢰기를, 서산군 산성은 축성한 연대가 오래되어 모두 무너지고 또 성안이 험하고 좁을 뿐 아니라 水源도 부족하여 官府를 설치하기는 어렵고, 부여현 산성은 연대가 오래 됨에 따라 많이 무너지고 또 수원이 없기 때문에 산성 남쪽에 新基를 심정하여 놓고 후일 이를 測量해 개축하는 기본 자료로 하였다고 하고, 아산현 산성은 1개의 우물이 있기는 하나 수원이 부족하기 때문에 그 성 남쪽에 물이 있는 곳으로 아울러 審定하여 넣었다고 하였다.288)

ⓟ 평안도 관찰사가 아뢰기를, 成川의 산성은 비탈진데 높이 솟아 험하고 좁아서 겨우 本邑의 창고를 용납할 만한데, 만일 또 삼등과 양덕의 창고를 여기로 옮긴다면 혹시 사변을 만날 때에 세 고을의 백성들이 入保할 곳이 없습니다. 양덕의 산성은 함길도에 내왕하는 要衝地에 있고, 또 縣과의 거리가 3里인데 완전하고 견고하며 물이 있으니, 그대로 두고 옮기지 말 것을 건의하였다.289)

---

285) 『文宗實錄』 卷7, 文宗 元年 5月 壬寅.
286) 위와 같음.
287) 위와 같음.
288) 『文宗實錄』 卷9, 文宗 元年 9月 庚子.

ⓓ 備邊司가 아뢰기를, 전일 전라감사 李廷馣의 狀啓에 의하면, 도내의 산성을 살펴보니 南原의 蛟龍山城, 潭陽의 金城山城, 順川의 乾達山城, 康津의 수인산성, 井邑의 笠巖山城이 모두 天險의 요새로 되어 있어 난을 당하여 화를 피하는 데는 이보다 좋은 데가 없다고 하였습니다. 그 가운데서도 입암산성이 제일 훌륭한 천험인데, 古城을 수축하는 데는 인력이 많이 들지도 않고 또 道內의 중앙에 關隘를 이루고 있으므로 힘을 합하여 지킨다면 下道의 적이 감히 쳐들어오지 못할 것이기 때문에 大小인민이 모두들 이를 수축하여 湖南의 保障으로 만들기를 원하고 있다고 하였다.290)

위의 사례를 분석하여 보면, 첫째 산성의 입지 조선 가운데 水源은 가장 중요한 요소라는 것을 알 수 있다. 사례 ⓑ에서 알 수 있는 바와 같이 기본적으로 '有水處'인 산성을 수축하도록 하고 있다. 이는 말할 것도 없이 산성에 입보하게 되면 일단은 장기간 籠城하는 것에 대비해야 하기 때문에 水源의 확보는 그 어떤 조건보다 우선할 수밖에 없었다. 『世宗實錄』 地理志에 기록되어 있는 산성의 水源에 관한 기록을 통계하여 보면 다음의 <표 3-3-2>와 같다.

<표 3-3-2> 『世宗實錄』 地理志 所載 산성의 水源池 현황

道 別	山城數	井・泉이 있는 城	川・溪・渠・池가 있는 城	井泉은 없으나 川・溪・渠・池가 있는 城	備 考
京畿道	5	4			
忠淸道	27	25			
慶尙道	30	25	21	4	
全羅道	11	9	6	1	
黃海道	4	3	2	1	
江原道	15	9	5	4	
平安道	8	5	6	2	
咸吉道	11	6	5	4	
計	111	86	45	16	

---

289) 『端宗實錄』 卷2, 端宗 卽位年 8月 庚午.
290) 『宣祖實錄』 卷46, 宣祖 26年 12月 壬子.

위의 <표 3-3-2>에서 알 수 있는 바와 같이 전체 산성 111개소 가운데 77%인 86개소에는 井·泉이 있으며, 이 가운데 29개소는 별도로 川·溪·渠·池중 하나 혹은 그 이상을 구비하고 있었다. 또 井·泉은 없으나 川·溪·渠·池가 있는 곳이 16개소여서 실제 111개소 산성 가운데 102개소는 水源池를 가지고 있었다. 이는 앞서 말한 바와 같이 '有水處'의 산성을 수축하도록 한 방침과 일치하고 있다.

또한『世宗實錄』地理志에는 산성에 있는 水源池의 상태에 대해서도 '冬夏不竭' '四時不渴' '雖旱不渴' '長流不渴'이라고 하거나 혹은 '旱卽渴' '小旱則渴' '大旱則或渴'이라고 하여 물이 작은 가뭄에도 마르는지, 혹은 크게 가물어야 마르는지를 표기하였으며, 한개의 城內에 여러 개의 井泉이나 川溪가 있을 경우 가뭄에 마르는 곳이 몇개이고 마르지 않는 곳이 몇개인지를 표시하였다. 井泉의 갯수는 10개 이내인 곳이 대부분이지만 평안도 慈山郡의 山城에는 무려 99개나 되어 전국에서 井泉이 가장 많은 山城이었다.

<표 3-3-3>『新增東國輿地勝覽』所載 軍倉과 水源池 현황

구 분	성곽수	軍倉이 있는 城	井·泉이 있는 城	川·溪·渠·池가 있는 城	비 고
경기도	1	1	1	1	
충청도	9	8	8	2	
경상도	11	10	7	7	
전라도	5	4	4	4	
황해도	3	3	2	2	
강원도	2	1	2	-	
함경도	3	3	3	1	
평안도	7	7	2	-	
계	41	37	29	17	

※ 關防地城에 있는 軍倉 10개소는 포함되지 않음.

그리고『新增東國輿地勝覽』에 실려 있는 산성의 水源地 확보에 관한 것을 보면 한성부·개성부를 제외한 八道의 산성 41개소 가운데 71%인 29개소의 산성에 井·泉이 있는 것으로 나타나고 있다. 또 川溪가 있는 곳이 17곳이며, 水源池에 관한 기록이 없는 곳이 서산성(옥천), 북산성(예안), 서산성(현풍), 남양현산성(홍양), 흘골산성(성천) 등 5개소이다. 이를 도표로 보면 위의 <표 3-3-3>과 같다.

둘째는, 사례 ⓐ, ⓑ, ⓓ, ⓔ, ⓗ, ⓘ, ⓙ, ⓚ, ⓛ, ⓜ, ⓠ에서 알 수 있는 바와 같이 산성의 입지 조건으로 많이 거론되는 것이 높고 험준한 지세를 지적하고 있다. 이는 방어상의 편의성을 고려한 것으로, 적은 인원으로 손쉽게 방어하기 위해서는 험준한 지형에 의거하는 것이 가장 효과적이기 때문이다.『世宗實錄』地理志의 산성에 대한 기록을 살펴보면 대체로 '高險', '險阻', '絶險', '天作之險'으로 표시되어 있는 산성이 매우 많은 것으로 보아서도 그러한 면을 엿볼 수 있다. 그러나 험준하다고 하여 반드시 適地는 아니었다. 사례 ⓜ, ⓝ에서 알 수 있는 바와 같이 산성이 험준한 곳에 있더라도 통행로나 내부가 험하여 人馬가 통행하기에 불편하면 적당한 곳이 아니었다. 그러나 이러한 險地爲主의 입지 선정에 대해 유성룡은 그의 '山城說'에서 다음과 같이 비판한 바 있다.

> 만약 산성이라면 더욱 저만 홀로 우뚝하여 사면에 수목도 없고 암석도 없어 적이 와도 엎드려 숨을데가 없어서, 城에서 돌을 굴리면 마치 판 위에 탄환이 굴러가듯 하는 이런 지대야 말로 천연적으로 험한 곳인 것이다. 요즈음 사람들은 이 뜻을 모르고, 다만 적을 두려워함을 이기지 못하고 도망해 숨을 생각만 가득하여 山林이 매우 빽빽하고, 돌벼랑이 입을 벌린 듯한 곳을 보기만 하면 적이 들어올 수 없을 것이라고 생각하고는 이야말로 지킬만한 險地라고 말한다. 아! 이른바 험하지 않다는 것은 사실 험하며, 이른바 크게 험하다는 것

은 사실 험하지 않다는 것을 누가 알겠는가? 이러한 지대는 그 자신만 가리울 수 있어 적이 다람쥐처럼 여기저기 엎드려 숨거나 뱀처럼 구불구불 기어들어갈 수 있다. 성 위의 사람은 이미 적의 소재를 자세히 알 수 없게 되니, 비록 화살이나 돌을 발사한다고 하더라도 모두 나무숲이나 큰돌에 막히게 되어 적을 맞힐 수 없는 것이다.[291]

이는 험준하더라도 성밖에 나무나 바위같은 장애물이 많게 되면 은밀히 접근하는 적을 발견하기도 어렵고 또 발견하더라도 적이 은신할 곳이 많아 공격하더라도 효과가 없다는 것이다. 이는 실제 임진왜란 당시 황석산성 전투에서 그 문제점이 드러났던 것으로, 유성룡의 이러한 비판은 實戰事例에 근거한 것이다.

셋째는 전략적인 입지 조건으로, 사례 ⓐ, ⓓ, ⓖ, ⓟ, ⓠ가 이에 해당하는데, ⓐ의 경우는 곡산의 산성이 동북면과 서북면을 왕래하는 요충지에 위치하여 적절하다는 것인데, ⓟ의 경우도 여기에 해당한다. ⓓ의 경우는 평안도 撫山의 藥山城에 관한 것인데, 평안도의 주요 요충지인 의주·삭주·강계와 바로 연결되는 위치이며, 평안도·함길도·황해도 3道를 이을 수 있는 중앙에 위치함으로써 유사시 상호 연계성에 유리하다는 것이다. ⓠ의 사례도 이에 해당한다. 柳成龍은 "옛성을 살펴보면 왕왕 깊숙하고 궁벽하여 숨을 만한 곳에 흔히 많이 있다. 이는 난을 피하는 계책은 될지언정 적을 진압하여 평정할 꾀는 못되는 것이니, 이것이 그렇게 해서는 안되는 그 첫째이다"[292]라고 하여 산성의 전략적 고려를 매우 중시하며, 예전의 산성들이 그러하지 못한 곳이 많음을 비판하고 있다. 사례 ⓖ의 경우는 읍성과 함께 설치된 경우를 말하는데 서로 가까이 위치함으로써 유사시에 상호 신호하면서 대등하기에 적합한 지

---

291) 柳成龍, 『西厓集』 雜著 山城說.
292) 柳成龍, 『西厓集』 雜著 山城說.

형이라는 것이다. 이러한 경우는 주로 적의 군사력을 분리시키려
는 전략이다.

넷째는 入保의 편의성 여부이다. 이는 邑治에서의 거리와 진입
로가 人馬의 통행에 편리한가 하는 문제이다. 사례 ⓕ, ⓖ, ⓗ, ⓘ,
ⓜ, ⓝ, ⓟ가 이에 해당하는데, ⓕ, ⓖ, ⓗ, ⓘ, ⓟ의 경우는 읍치와
가까이 있어 적합하다는 것으로 이는 신속한 입보와 산성의 관리
나 군수물자의 수송 등에 편리하기 때문이다. 그리고 ⓜ, ⓝ의 경
우는 人馬通行의 便否에 관한 것인데, ⓜ의 경우는 산성이 험준한
곳에 있지만 성문으로 통하는 길은 지나치게 험하지 않아 적합하
다는 내용이며, 반대로 ⓝ의 경우는 성문으로 통하는 길이 험하여
人馬의 통행이 어려워 산성입지로 적합치 않다는 내용이다. 성안
으로 입보할 경우 老弱者 등 가족은 물론이고, 牛馬를 끌고 가야하
고, 또 평소 산성관리와 식량수송 등을 위하여 왕래하기 때문에 험
준한 곳이라고 하더라도 한두 곳의 통행로는 반드시 통행로가 편
리하여야 했던 것이다. 원주의 영원산성을 보면, 산성 서문쪽이 비
교적 통행이 수월한 곳이고 다른 지대는 모두 가파른 경사지로 되
어 있다. 이에 서문쪽은 다른 곳의 성벽보다 높게 쌓고, 또 다른 성
벽에는 설비되지 않은 垓字를 파서 방어효과를 높히고자 하였던
것을 알 수 있다.[293]

다섯째는 산성내의 지형적 조건인데, 이는 산성내부에 창고시설,
혹은 官舍와 입보 人馬를 충분히 수용할 만한 공간이 있어야 하고,
또 활동하기에 편리하도록 내부가 험하지 않고 평탄하거나 완만한
경사지여야 적합한 곳이었다. 사례 ⓓ, ⓔ, ⓘ, ⓙ, ⓜ, ⓝ, ⓞ, ⓟ
가 이러한 조건과 관련된 것인데, ⓔ, ⓝ, ⓞ, ⓟ의 경우는 城의 내

---

293) 柳在春, 1997,「原州의 關防遺蹟」『原州의 歷史와 文化遺蹟』, 江原
道・原州市・江原鄕土文化研究會.

부가 좁거나 험하여 적합하지 않다는 것이며 나머지 사례는 성안이 편편하거나 광활하여 적합하다는 내용이다.

日本學者 井上秀雄은 한국의 城은 순전히 戰鬪員만을 위한 성을 쌓지 않고 거주민의 보호를 우선하는 성을 축조하였음을 들어 일본의 성곽과는 근본적인 차이가 있음을 지적하였다.294) 이는 조선시대 산성의 입지선정에도 그대로 나타나고 있다. 순전히 전투원만을 위한 산성이라면 좁은 공간의 난공불락지대를 선정하여 높히 성을 쌓아야 할 것이었지만 조선시대 산성은 주민입보를 우선하는 성이었기 때문에 미리 주민수를 계산하여 그만한 공간을 확보할 수 있는 곳을 선정하였던 것이다.

여섯째는 산성 수축의 편의성 여부이다. 사례 ①, ⑭가 이에 해당하는데, ①의 경우는 자연적으로 암석이 둘러져 있어 실제 성을 쌓을 구역 자체가 많지 안다는 것이며, ⑭의 경우는 古城을 수축하는 것이기 때문에 功役이 쉽다는 것으로, 조선시대의 산성이 신축보다는 대체로 예전의 성을 수축하는 것이 많았는데, 이는 ① 예전에 이미 신중히 相地 한 곳이기 때문에 대체로 산성입지로 적합한 곳이라는 점, ② 기존의 성을 무너진 부분만 쌓기 때문에 功役이 수월하다는 점, ③ 모두 붕괴되었다고 하더라도 성돌이 대개 그대로 있기 때문에 성돌을 모으는 시간과 勞役을 줄일 수 있다는 것 등에서 편리한 점이 많았기 때문이다. 古城을 중시하여 함부로 헐지 말아야 한다는 것은 바로 이러한 이유에서이다.295)

이상에서 언급한 사항들이 산성의 입지 선정에 주로 고려되는 것이나 반드시 이와 같은 것을 철저히 준수하였다고는 할 수 없을

---

294) 井上秀雄, 1985,「韓國城郭史の一特徵」『三上次男博士喜壽記念論文集』歷史篇, (東京 : 平凡社).
295)『中宗實錄』卷40, 中宗 15年 8月 戊申.

것이다. 그러나 이러한 내용들은 당시의 입지선정에 있어서 하나
의 기준으로 적용되었던 것은 분명하다고 하겠다.

<표 3-3-4> 강원도 각 산성의 水源地 상황

地域	성명칭	세종실록 지리지	신증동국여지승람	비　고
원주	영원산성	泉 2	井 1, 泉 5	
강릉	대공산성	渠 5	-	
삼척	두타산성	三洞水合爲一溪	-	四時不渴
횡성	태기산성	溪 1	井 1	長流不渴
	갈풍리산성	-	-	井址 확인
춘천	용화산성	小泉 3	-	
인제	한계산성	上城 : 泉 1 下下城 : 三洞水合流爲一小溪	井 1	長不渴
	서화리산성	-	-	
영월	왕검성	泉 1		大旱或渴
고성	금수리산성	小泉 1, 小池 1	-	大旱則渴
속초	권금성	雨則岩石間水湧流爲泉	-	
평창	노성산성	-	井 1	

　조선전기 강원도의 여러 산성들도 대체로 그러한 입지조건을 고
려하여 수축되었다. 水源의 경우를 보면 다음의 표와 같은데, 앞서
서술한 바와 같이 조선초기에 전국적으로 산성 수축이 이루어지면
서 기본적으로 '有水處'를 택하도록 하였기 때문에 대체로 수원을
확보하고 있는 것을 알 수 있다. 강원도지역 각 산성의 水源 상황
을 보면 위의 <표 3-3-4>와 같다.

　그런데 원주의 영원산성의 경우는『世宗實錄』地理志에서는 泉
이 2개소만 기록되어 있다가『新增東國輿地勝覽』에서는 井 1개,
泉 5개로 늘어나게 되는 것을 알 수 있는데, 이는 세종대 이후에
이 지역이 監營이 소재하는 곳인 만큼 추가로 수원지를 개발하였
던 것으로 생각된다. 기타 각 산성의 입지상의 특성은 개별적인 서
술에서 설명하였으므로 생략하기로 하겠다.

한편 앞서 柳成龍의 산성입지에 대한 주장을 소개하였거니와 임진왜란이라는 실전을 겪으면서 상기의 입지선정 방식은 변할 수 밖에 없었다. 예를 들면 입보주민수를 계산한 성내부의 공간확보 조건에 있어서도 실제 전쟁이 발발하여 주민이 흩어졌을 경우는 전혀 고려하지 않아 사실상 지킬 수 없는 성들이 많았고, 또 입보하였다고 하더라도 성벽수비가 허술할 수 밖에 없었다. 이에 柳成龍은 "성을 견고하고 작은 것을 귀하게 여기는데 만약 성이 크고 넓으면 비용만 많이 들고 지키기 어려운 것이다. 옛성은 산을 따라서 성첩을 쌓아 높이가 수척이 못되고 능선을 둘러싸고 있어 이쪽과 저쪽이 훨씬 덜어져 깃발과 북, 눈과 귀가 서로 미칠 수 없어서 장수가 호령을 하여도 즉시 통하지 못하니 이것이 해서 안되는 그 둘째이다."296) 라고 하여 예전의 산성들이 입보인원과 축성의 편의만을 생각하여 지나치게 크게 축성한 것을 비판하고 있다. 횡성 갈풍리 산성이나 인제 서화리 산성과 같이 매우 작은 규모의 성이 임진왜란 동안에 수축되어 사용되었던 것도 그러한 당시의 입지 인식과 무관하지 않다. 예상입보민수를 계산한 규모가 큰 산성은 실제 상황에서 주민들이 지정된 산성에 입보하기 보다는 山谷으로 도피하는 사람이 많아 守城人員이 빈약하게 됨으로써 지키기 어려웠을 것이기 때문이다.

그리고 강원지역 산성의 입지조건에 대한 조사를 통하여 한가지 더 지적할 수 있는 것은 상당수의 산성이 主峰을 포함한 축성보다는 支脈에 형성된 險地를 택하여 축성하였다는 점이다. 이는 앞서 말한 바와 같이 입보의 편의성이나 성 내부의 일정한 공간 확보에 유리한 지대를 택하기 위한 것이기도 하지만 무엇보다 水源池 문제가 상당히 중요하게 작용하였을 것으로 생각한다. 또한 당시 입

---

296) 柳成龍, 『西厓集』 雜著 山城說.

지선정에 風水地理를 적용하였음을 감안할 때, 이러한 위치 선정
도 나름대로 풍수지리상의 해석이 있었을 것으로 여겨지는 바, 이
에 대한 세밀한 연구도 필요하다 하겠다.

3) 축조법

城址調査를 통하여 조선전기 동안의 축조법상의 특성을 정확히
가려내는 것은 매우 어려운 일이다. 이는 조선전기에 군사시설로 유
지되거나 일시적으로 수축되어 사용되었던 강원도의 산성들은 모두
그 이전의 고려시대, 혹은 삼국시대에 축조된 산성을 다시 수축하여
사용하였기 때문이다. 그러나 현재 남아 있는 城址의 모습은 고려
말~조선전기에 수축되거나 보수, 혹은 개축된 것이기 때문에 나름
대로 이 시기의 축조방식상의 특징을 가지고 있다고 생각한다.

(1) 體 城

체성의 구축을 대개 內托式의 축조방식을 취하면서 자연석, 혹
은 割石을 사용하여 쌓았다는 것인데, 이는 地勢를 이용하여 보다
쉽게 성벽을 구축하려는 방식으로, 당연히 功役을 줄이려는 工法
이라고 생각되어 진다. 이 방식은 능선, 또는 山腹의 외부를 L字
형태로 절개 한 후 그위에 외벽을 구축하고 내부에 잡석을 채우는
방식으로 성벽의 방향을 바꾸거나 굴곡된 부분을 제외하고 능선을
따라 구축한 곳은 모두 능선과 동일한 높이까지 성벽을 구축하였
다.297) 성벽의 기단부는 비교적 큰 장방형의 석재나 장대석을 사용

---

297) 이는 물론 강원도의 경우에만 나타나는 것은 아니며, 咸陽의 黃石山城
　　의 경우는 능선 정상을따라 외부 생토층을 'ㄴ'자 모양으로 절개하고
　　지면에 수직이 되도록 납작한 할석으로 내탁하고 잡석으로 뒷채우기를

하였는데 이는 기단부의 안전을 위한 것으로 사실 시기와 관계없이 공통적인 工法 가운데 하나이다.

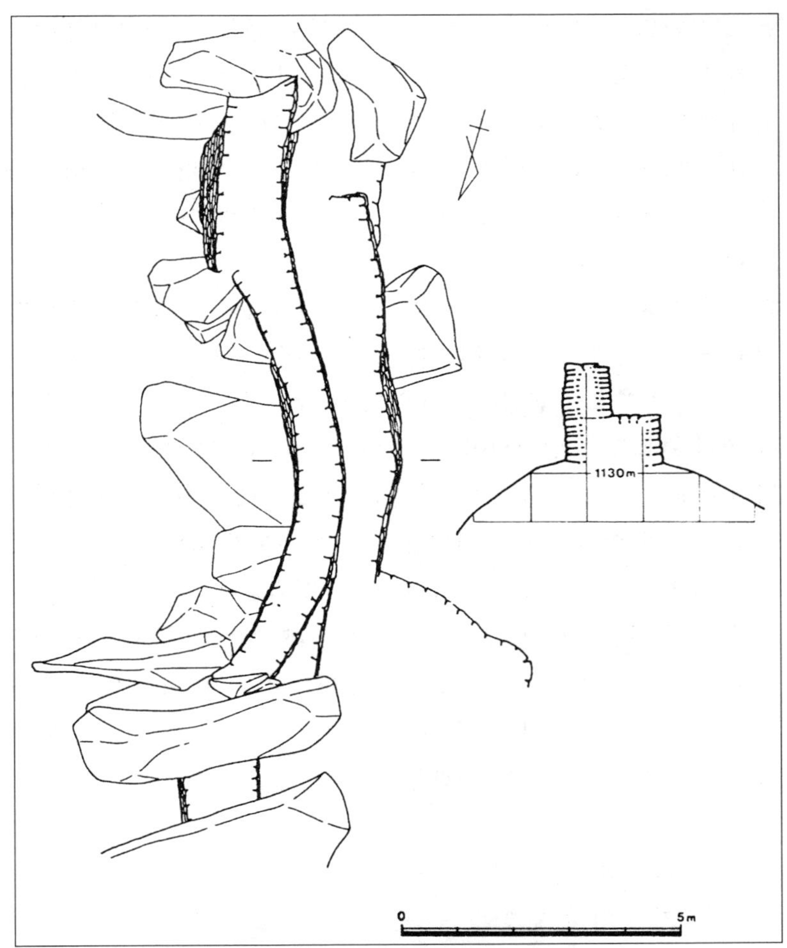

도면 3-3-4. 경남 함양 황석산성 동문지 부근 체성 실측도
(『韓國南海沿岸城址의 考古學的 研究』(202쪽)에서 전재)

하고 있다(沈奉謹, 『韓國南海沿岸城址의 考古學的 研究』, 269쪽 참조).

성벽은 대체로 안쪽으로 약간 각도를 주면서 축조한 것이 대부분이며, 능선을 따라 대개 내탁식으로 축조하였으면서도 문지와 같은 취약한 지대에는 협축을 하는 방식을 취하였다. 이러한 방식은 경상남도 함양에 있는 黃石山城에서도 동일하게 나타난다.[298] 황석산성은 조선 태종 10年(1411)에 수축되어 조선전기 동안 유지되다가 임진왜란시에는 왜군과 전투를 벌인 산성으로, 원주의 영원산성과는 흡사한 면이 있다. 이 두 城은 모두 임란직전에 增·修築되었기 때문에 축조방식이 당연히 유사하였을 것이다.(<도면 3-3-4> 참조)

한편 體城의 구조로 볼 때, 삼척의 두타산성은 독특한 특징을 가지고 있다. 첫째는 內城壁을 가지고 있다는 점이다. 산성 북문을 통과하여 안쪽으로 진입하면 중앙의 溪水를 중심으로 좌우의 능성을 따라 外城壁과 연결되어 있다. 이 내성벽을 외성벽과는 달리 성벽이 비교적 잘 남아 있는 곳이 많은 것으로 보아 外壁보다 후대에 축조된 것이 확실하다. 임진왜란 당시에 전투가 있었던 것으로 보아 당시에 방어력을 높히기 위해 이 내성벽을 새로 축조하였거나 중점적으로 補築한 것으로 생각된다. 둘째는 성의 북서쪽과 동쪽의 외성벽이 능선을 따라 連築되어 있다는 점이다. 이 성벽의 連築이 만들어진 이유는 잘 알 수 없으나 일부 구간을 제외하고는 퇴락의 정도가 더욱 심한 것이 관찰된다.

(2) 女墻 · 雉城 · 城門 등 附帶施設

조선후기에 와서 수축내지는 증축된 산성을 제외한 다른 산성에서 현재까지 垜의 구분이 있는 女墻[299]이 그대로 남아 있는 곳은

---

298) 沈奉謹, 『韓國南海沿岸城址의 考古學的 研究』, 266~270쪽.
299) 女墻이란 성가퀴, 즉 몸을 은폐하며 적을 공격할 수 있도록 성벽 위에

한 곳도 없다. 이는 성벽 위에 축조하는 여장의 특성상 쉽게 붕괴될 수 있기 때문이라고 할 수도 있다. 조선초에 각 城에 女墻이 있었던 것은 태종 15년(1415) 左代言 卓愼이 올린 兵備事宜에서 "성 위의 女墻數와 人丁數, 들어간 양식의 量, 사방 가까운 城의 거리 里數와 도로의 險易, 烽火의 서로 바라다 보이는 곳을 모조리 策에 기록하여 나라를 지키는 방도를 갖출 것"을 건의한 데서도 알 수 있다.[300] 그러나 당시에 모든 城이 통상적으로 말하는 垜의 구분이 있는 女墻을 갖추었다고 보기는 어렵다.

城의 附帶施設은 그 城의 군사적인 중요성에 따라 결정된다. 이는 하삼도의 읍성이 강원도의 읍성보다 女墻이나 雉城·敵臺·甕城 등 보다 많은 부가시설을 갖추었던 것에서도 명백하다. 이러한 양상은 산성에서도 마찬가지이다. 筆者는 강원도 지역의 산성에는 垜의 구분이 있는 女墻이 전혀 축조되지 않았고, 단지 垜의 구분이 없는 平女墻이 축조되었다고 생각한다. 이러한 형태는 영원산성과 두타산성, 한계산성, 용화산성 등에서 지금도 현저히 나타나는데, 이러한 양식의 女墻은 당시 산성의 女墻형태에 있어서 하나의 일반적인 양상이라고 보아도 좋을 것이다. 이러한 女墻이 만들어지게 된 이유는 몇가지로 생각해 볼 수 있다. 첫째는 女墻의 견고성 문제이다. 垜의 구분이 있는 女墻은 짧은 구간이 독립적으로 축조되기 때문에 쉽게 붕괴됨으로써 자주 보수해야 하는 단점이 있다.

낮게 쌓은 담을 말한다. 밋밋하게 만든 平女墻을 비롯하여 凸形女墻, 半圓形女墻 등 여러 가지 형태가 있다. 女墻에 銃眼을 만들게 된 것은 총기사용이 본격화되는 임진왜란 전후라고 생각된다.

300) 『太宗實錄』卷30, 太宗 15年 7月 辛亥. "左代言卓愼上兵備事宜 其一 各官城子未定處及未築處 無遺議定 以時堅築 各其城上女墻數 合入 人丁數 所入糧餉數 四方隣城相去里數 道路險易 烽火相望處 悉書于 策 以守國之道 …"

둘째는 功役의 절감문제이다. 垜의 구분이 있는 女墻은 그 특성상 灰를 사용하지 않으면 축조하기가 쉽지 않고, 또 功役도 더 많이 소요되기 때문에 특출한 편의성이 없는 有垜女墻을 쌓을 필요는 없었다. 셋째는 전투시 城石을 投石用으로 사용할 수 있다는 점이다.301) 당시 성곽 전투에서 돌은 적을 공격하는 주요 수단 가운데 하나이다. 큰 돌의 경우는 石車를 만들어 공격해 오는 적을 향해 발사하였고, 기타 성안에 돌을 모아 놓았다가 이를 이용하여 적을 공격하였던 것이다. 이는 문종 원년 평안도 관찰사로 가는 鄭而漢에게 "성위의 女墻 안에까지도 雜石을 많이 積置하여 對備"302)하도록 한 것에서도 확인된다.

雉城이나 曲城은 본래 성벽이 대개 직선을 이루는 곳에 돌출되게 축조함으로써 성벽을 오르는 적을 측면에서 공격하고자 하는 목적에서 만드는 것이다. 산성은 조선시대의 산성은 대개 능선을 따라 축조하는 包谷式이기 때문에 雉城이 축조가 많은 편은 아니다. 조선시대 강원도의 산성에서는 직선상의 성벽에 인위적으로 돌출되게 雉城이나 曲城을 축조한 흔적은 어느 곳에서도 볼 수 없다. 다만 원주 영원산성의 경우처럼 능선이 回折하는 곳의 성벽을 바깥쪽으로 돌출되게 축성함으로써 자연히 雉城의 기능을 하도록 축조된 곳은 여러 곳에서 볼 수 있다.

城門은 2~3개가 일반적이며, 주로 각 방향의 주요 접근로에 설치하였다. 인제 한계산성 처럼 암문식이 성문이 잘 남아 있는 곳도 있지만 대개는 開居式의 성문 형태를 하고 있었던 것으로 보이며, 문지 주변에서 와편이 발견되는 곳은 상부에 樓門을 둔 경우에 해당하는 것으로 보아야 할 것이다. 특수한 경우는 영월 왕검성과 간

---

301) 강원대학교 박물관, 1986,『한계산성 지표조사보고서』, 27쪽.
302)『文宗實錄』卷9, 文宗 元年 9月 庚戌.

성의 금수리 산성의 일부 문지는 懸門式이었던 것으로 관찰된다.

산성에서 垓字가 확인되는 경우는 많지 않다. 산성의 경우는 평지성인 읍성과는 달리 험한 곳에 축조하기 때문에 垓字가 반드시 필요한 것은 아니었기 때문이다. 오히려 城外에 鹿角을 설치하여 장애물로 삼는 경우가 많았다. 그런데 산성의 경우라도 전체 성벽 구간이 모두 험한 곳은 아니기 때문에 취약한 지대가 있게 마련이고, 특히 성문이 설치된 곳이 지대가 平易할 경우 垓字를 팠던 것으로 보인다. 원주 영원산성의 경우 서문지 쪽에서 해자가 확인되고 있는데, 이는 이 서문지가 성으로 출입하는 주요통로이고 이 지대가 다른 곳보다 완만하기 때문이었다.

Ⅳ. 영진보성의 수축과 유적

1. 영진보성의 수축

營鎭은 陸軍인 兵馬營鎭과 水軍營鎭으로 나눌 수 있는데, 대체로 鎭管體制下에서는 鎭管地의 守令이 鎭將이 되고 隷下의 수령이나 判官이 同僉節制使, 혹은 節制都尉를 맡도록 되어있다. 이러한 鎭將은 본래 병마절도사의 통제를 받도록 되어 있으나 강원도의 경우는 관찰사가 절도사를 겸하고 있었기 때문에 평상시의 행정체제하에서와 마찬가지로 유사시 觀察使의 지휘를 받아 전투에 임하는 체제로 편제되어 있었다.[303] 그러나 경상도, 전라도, 평안

---

303) 陸士韓國軍事硏究室, 1968, 『韓國軍制史』, 陸軍本部, 157~167쪽.

도, 함경도 같이 兵馬節度使가 별도로 파견되는 지역은 당연히 그
의 지휘를 받는다.

따라서 강원도의 경우 각 진장이나 예하의 수령은 령동지역의
경우처럼 읍성이 있는 경우 읍성이 바로 營鎭城이 되기 때문에 별
도의 영진성이 필요하지 않았고, 영서지역의 경우는 內地가 되기
때문에 他道와 마찬가지로 축성이 그다지 필요하지 않았다. 그러
나 水軍營鎭인 경우는 상황이 달랐다. 수군은 방어와 搜討를 위하
여 수군첨절제사나 수군만호들은 항상 병선을 이끌고 해상을 왕래
하며 정찰활동을 하였다. 이들은 병선의 留泊處로 지정된 일정한
浦所를 鎭·營으로 삼고 있었으나 이곳에는 軍糧과 軍器 등 소요
물품을 쌓아 두고 있었을 뿐이며, 또 無軍兵船이 보관되어 있는 곳
이기 때문에 유사시 下番船軍이 집결하는 장소이고 평상시에는 해
상작전을 하는 병선의 寄港地인 동시에 補給基地의 역할만을 수
행하는 곳이었다.304)

〈표 3-4-1〉 江原道 水軍營鎭(『世宗實錄』 地理志)

水軍萬戶 守禦處	船 數	軍 數	備 考
越松浦(平海)	1	70	
束草浦(襄陽)	3	210	
江浦口(高城)	3	196	
三陟浦(三陟)	4	245	
守山浦(蔚珍)	3	191	
連谷浦(連谷縣)	3	191	江陵大都護府
계	17척	1,103	

강원도의 水軍(騎船軍)은 정종 원년에 동북면의 수군과 함께 모
두 폐지되기도 하였으나 海寇의 우려 때문에 6개월만에 다시 환원

---

304) 車勇杰, 1988,『高麗末·朝鮮前期 對倭 關防史 研究』, 忠南大 博士
　　學位論文, 149쪽.

되었고, 점차 정비되어 세종대에는 전체 船軍은 1,384명이고, 水軍 萬戶가 주둔하는 곳은 越松浦・束草浦・江浦口・三陟浦・守山浦・連谷浦 등 6개처였다.305) 이를 표로 정리하면 위의 <표 3-4-1>과 같다

또 水軍萬戶營은 그 수와 위치가 일정하지 않았다.『世宗實錄』地理志에는 越松浦(平海), 束草浦, 江浦口(高城), 三陟浦(三陟), 守山浦(蔚珍), 連谷浦(江陵) 등 6개 萬戶營으로 편성되어 있었으나, 세조 8년(1462) 9월에 와서 浦口가 얕거나 암석이 많아 병선출입이 원활하지 못하다고 하여 山城浦와 連谷浦에 설치하였던 萬戶營을 폐지하고 蔚珍・三陟에 萬戶를 두었다306)고 하는 것으로 보아 세종대 후에 개편이 있었던 것을 알 수 있다. 그후『經國大典』에서는 三陟浦가 水軍僉節制使鎭으로 편성되면서 安仁浦(江陵), 高城浦, 蔚珍浦, 越松浦(平海) 등 4개의 萬戶營을 거느리게 되었으며, 그후 조선전기에 별다른 변화는 없었으나 성종 21년(1490) 安仁浦의 萬戶營이 양양의 大浦로 이전되었다.

그런데 강원도 영동 해안은 해안선이 단조롭고 파도가 높아 배의 정박이 용이한 자연적인 浦口가 많지 않은데다가 浦口에 계속 모래가 쌓여 배의 출입이 어려운 문제점이 있었다. 조선시대 강원도지역의 水軍萬戶營이 자주 변경된 것은 바로 그러한 이유에서였다. 이에 세조 3년(1457) 前中樞院副使 柳守剛은,

> 또 모래가 메워진 여러 浦의 병선을 罷하고, 平安道 口子의 例에 의거하여 木柵과 石堡를 점차로 築造하도록 하고, 그 沿邊의 草人도 또한 撤去하도록 하고, 그 萬戶로 하여금 육지에서 방어하게 하소서.307)

---

305)『世宗實錄』地理志 江原道.
306)『世祖實錄』世祖 8年 9月 乙巳.

라고 하여 배의 출입이 어려운 浦口의 병선은 아예 폐지하고, 대신 그곳에 木柵이나 石堡를 축조하여 萬戶로 하여금 수비하게 하자는 것이었다. 이러한 주장은 병선을 없앨 수 없다는 대신들의 의견에 따라 실현되지 않았지만 강원도 지역의 수군이 虛設化되고 그에 따라서 아예 병선을 폐하고 그에 대한 대안으로 육지에 柵堡를 만들어 방비하자는 것이었다.

그런데 앞서 서술한 바와 같이 왜구가 점차 소멸되면서 수군의 船上勤務原則은 잘 지켜지지 않게 되었고, 현실적인 필요성에 따라 수군기지에 대한 축성이 추진되게 되었다. 이에 성종 17년~22년 사이에 경상도·전라도 수군영진에 대한 대대적인 축성사업이 이루어지고[308] 서해안과 동해안으로 축성을 확대하려고 하였으나 반대의견이 강하여 추진되지 못하였다.

당시 大司憲 金礪石은 강원도 浦口의 水軍營鎭에 築城을 시행하는 것에 대하여 다음과 같이 반대하였다.

> 국가에서 지금 모든 浦에 城을 쌓고 있는데, 신은, 水軍은 마땅히 언제나 해상에 있으면서 不虞의 변에 대비하여야 할 것인데, 만약 성을 쌓기 위해 항상 성중에 있게 되면, 해상의 방비가 소홀하게 될 것이라고 생각합니다. 또 경상도와 충청도 두 道는 수군이 많기 때문에 오히려 족히 쌓을 수 있지만, 강원도의 경우는 모든 포의 수군이 적은 데는 혹 60명에 이르기도 하고, 많아도 90명을 넘지 못하며, 또 모두가 빈한하고 잔약하니, 어찌 쌓겠습니까? 각포의 성은 꼭 쌓을 필요가 없습니다.[309]

즉, 수군의 특성상 육지 주둔지의 성곽이 필요치 않다는 것과 수군의 殘弱을 들어 강원도에서의 수군영진에 대한 축성은 필요치

---

307) 『世祖實錄』 卷7, 世祖 3年 4月 己酉.
308) 車勇杰, 앞의 논문, 149~154쪽.
309) 『成宗實錄』 卷261, 成宗 23年 1月 戊寅.

않다는 것이다. 그러나 知事 李克增은 수군이라하여 오랫동안 물 위에만 있을 수는 없으며, 수군영진의 창고에는 많은 물건이 積置되어 있는데 이를 보호할 대책이 반드시 있어야 한다[310]고 하여 축성을 지지하였고, 特進官 李鐵堅도 "비단 수군만 아니라 물가에 사는 백성도 또한 많이 있으니, 만약 倉卒간에 변고를 만나게 되면, 성에 들어가 피할 수도 있습니다"라고 하여 역시 축성을 찬성하였다.

그후에도 侍讀官 姜謙이 다음과 같은 이유를 들어 강원도의 수군영진에 대한 축성을 반대하였다.

> 신이 강원도 萬戶의 營을 보니, 무릇 5개소인데, 越松·高城 두 곳은 모래땅이라 성을 쌓을 수가 없었고, 그 나머지의 3개 浦口는 이미 돌을 모아 두었으므로 장차 쌓을 것입니다. 그러나 본도의 만호의 營이 모두 큰 바닷가에 있고 육지의 물이 흘러 들어가는 곳에 바닷물결이 부딪치기 때문에 냇물이 막혀 그 영을 번번이 옮겼습니다. 곧 連谷浦의 영을 安仁浦로 옮겼다가 또 大浦로 옮긴 것과 같은 것이니, 비록 백성들을 수고롭게 하여 성을 쌓아도 끝내는 無益하게 되고 맙니다.[311]

즉 姜謙은 강원도 水軍營의 경우 지리적인 여건 때문에 자주 옮기게 되어 축성을 하더라도 無用하다는 것이었다. 또한 領事 盧思愼도 비록 倭人이 와서 노략질한다 하더라도 반드시 경상도를 거칠 것이므로 강원도의 방어문제는 다른 곳에 비하여 다소 늦추어도 된다고 하였다. 그러나 同知事 李克墩이 各浦의 축성은 萬戶를 위한 것이 아니라 군량과 병기를 저장하고자 하는 것이니 반드시 필요하다고 주장하였고, 成宗도 역시 이에 동의하면서 이미 국가

---

310) 위와 같음.
311) 『成宗實錄』 卷261, 成宗 23年 1月 己卯.

에서 추진한 것이니 정지할 수 없다고 함으로써 강원도의 수군영
진에 대한 축성을 추진하고자 하였으나312) 삼척포를 비롯한 울진
포·대포에 모두 중종대에 와서 축성된 것으로 보면 성종대에는
축성을 위한 성돌까지 모아 놓았으면서도 축성이 이루어지지 못하
였음을 알 수 있다.313)

한편 연산군대에 와서는 연산군 3년 2월의 鹿島倭變을 비롯한 3
월의 突山島倭變, 연산군 5년 3월의 呂島倭變 등 연이은 왜변의 발
생으로 수군과 연해지역 방비에 대한 관심이 고조되게 되었다. 이
당시 강원도 지역에서는 삼척과 강릉읍성을 수축하는 정도에 그쳤
으나314) 중종대에 들어와서 왜인문제는 더욱 심각해져 급기야 중종
5년 4월에는 왜인들이 薺浦·釜山浦·永登浦 등을 급습하여 攻城
한 후 웅천성까지 함락하여 아군에게 막대한 피해를 입히는 사건이
발생하였다.315) 이는 조선왕조 개창이래 최대의 변고로 조선에게
큰 충격을 주었으며, 연해지역에 대한 방비시설을 대대적으로 재정
비하는 중요한 계기가 되었다. 특히 이 당시 왜인들이 수군진영을
공격하였기 때문에 중종대에는 성종대에 미처 이루지 못한 연해지
역의 수군포소에 대한 축성이 대대적으로 이루어지게 되었다.

당시 왜변에 대한 대응책으로 成希顔의 건의에 의해 하삼도의
축성문제가 다시 대두하였으며,316) 諸道에 대한 방어태세의 재정
비가 이루어지게 되었는 바, 강원도의 경우는 관찰사 安潤孫이,

本道 연해변 각 고을의 小猛船이 船體가 둔하여 해양에서 쓸 수

---

312) 위와 같음.
313) 위와 같음.
314)『燕山君日記』卷34, 燕山君 5年 7月 庚午.
315)『中宗實錄』卷11, 中宗 5年 4月 丁未·甲寅.
316)『中宗實錄』卷11, 中宗 5年 6月 癸巳.

없고, 浦에 있는 군사로서 활을 잡은 자는 2~3인에 불과하여 방어하기 더욱 어렵습니다. 요해처에는 모름지기 육군을 써서 나누어 수자리하여 방호하여야 합니다. 청컨대 江陵에 세 곳, 平海·蔚珍·三陟·襄陽·杆城·高城·通川에 각각 두 곳, 歙谷에 한 곳을 설치하여, 험한 곳에는 鹿角城을 설치하고 평지에는 木柵을 설치하여 도내의 군사를 왜구가 그칠 때까지 上番을 덜어다가 방호하고, 강릉·삼척의 留防軍은 아울러 모두 權道로 파하는 것이 마땅합니다.317)

라고 보고하여 목책과 녹각성 설치시에는 강직하고 明敏한 差使員을 보내 役事를 감독하도록 하였고, 上番軍 대신에 下番軍과 閑良 중에서 武才가 있는 자를 뽑아서 방수하도록 할 것이 지시되었다.318) 앞의 인용문에 나와 있는 바와 같이 당시 강릉 등 강원도 영동지역에는 각 지역별로 1~3개소의 戌所가 만들어지게 되었는데, 어느 곳인지는 명시되지 않았기 때문에 그 위치를 알 수는 없다.

그러나 이 조치가 그해 4월에 일어난 三浦倭亂에서 비롯된 것이기 때문에 연해지역을 집중적으로 방비하기 위하여 설치되었던 것이고, 따라서 연해의 각 府郡縣별로 중요한 요충지에 설치되었을 것은 명백하다. 특히 산성이 그러한 것처럼 이미 예전에 있던 古城이나 防戌處를 이용하여 녹각성이나 목책을 이용하여 임시의 柵堡를 만들었을 것으로 생각된다. 당시의 防戌處는 다음 항의 현존 營鎭堡城 遺蹟을 서술한 부분에서 일부 조사하여 서술하였으나 이를 모두 정확히 고증하기 위해서는 동해안 연변의 관방유적에 대한 매우 정밀한 발굴조사가 이루어져야 가능할 것이다.

한편 三陟鎭·三陟浦·蔚珍浦·江陵鎭·大浦(襄陽) 등 5處에 대한 축성은 앞서 말한 바와 같이 이미 성종대에 추진되었던 일이었으나319) 臺諫이 강원도는 방어가 긴요하지 않으니 성급히 성을 쌓

---

317) 『中宗實錄』 卷11, 中宗 5年 5月 癸亥.
318) 위와 같음.

을 필요가 없다고 주장하여 축성이 지연되었는데,[320] 중종 7년
(1512) 강원도 관찰사 高荊山은 이에 대하여 다음과 같이 보고하고
있다.

> 道內의 江陵鎭·三陟鎭·同浦·蔚珍浦·大浦 등 다섯 鎭浦의
> 성 쌓는 일은, 이미 지난 己酉年에 受敎하여 당번한 留防正兵 및 當
> 領水軍으로 하여금 돌을 주워 모으게 하였는데, 삼척진은 지난 경오
> 년에 民戶에서 역군을 내어다 쌓았고, 그 나머지 네 鎭浦의 돌 모은
> 상황을 직접 살펴보건대, 軍人들이 쓰지 못하는 돌을 수만 채워 추
> 워 모았으나, 수령이나 僉使·萬戶 들이 자기가 쌓는 일이 아니기
> 때문에 전연 단속하지 아니하고 그 수효만 떠벌려 놓았습니다. 이러
> 다가는 백년이 되더라도 필연코 일이 이루어질 기한이 없을 것이니,
> 그 중에 모은 돌이 조금 많은 강릉의 城을 올봄부터 시작하되, 본 고
> 을의 府使나 判官으로 體差使員을 정하고 本鎭의 당번한 留防軍士
> 및 삼척진의 유방 군사로 쌓게 한 뒤에, 풍년을 기다렸다가 功役의
> 경중을 분간하여 적당하게 군사를 내어 쌓기를 끝내도록 하고, 그
> 나머지 各浦의 것도 또한 위의 예에 의해서 각기 첨사·만호가 돌을
> 주워 모아 쌓도록 하되, 그 勤慢을 고찰해서 築城事目에 의해 勸
> 勉·징계하도록 兵曹에 명을 내려 처치하소서.[321]

이에서 보면 이미 己酉年(성종 20년 ; 1489)에 受敎하였던 영동
지역에 대한 축성이 삼포왜란을 계기로 진전되었다는 것을 알 수
있다. 이에 이 시기를 전후하여 1510년 三陟鎭의 城이 개축되었
고,[322] 이어 1512년에는 강릉읍성[323]과 울진포성이,[324] 1520년에는

---

319) 『成宗實錄』 卷212, 成宗 19年 11月 戊寅. 강원도 연변에 대한 축성은
　　　이미 성종 19년에 결정되었으나 중종 7년 2월 강원도 관찰사 高荊山
　　　이 馳啓한 내용 가운데 己酉年에 受敎하였다고 하는 것으로 보아 축
　　　성의 결정이 강원도에 정식 명령된 것은 이듬해인 성종 20년(1489)이
　　　었던으로 생각된다.
320) 『燕山君日記』 卷34, 燕山君 5年 7月 庚午·丙戌, 8月 己酉 ;『中宗實
　　　錄』 卷12, 中宗 5年 9月 壬申.
321) 『中宗實錄』 卷15, 中宗 7年 2月 甲午.

삼척포성과325) 대포성326)이 수축되었다.

여기에서 강릉진·삼척진의 성은 府使가 鎭將을 겸하고 있어 별도의 鎭城을 말하는 것이 아니라 읍성이 곧 鎭城이기 때문에 본 章에서 다시 거론할 필요는 없고, 나머지 수군영진성을 보면 다음과 같다.

① 삼척포(삼척) : 1520년(중종 15) 石築, 둘레 900尺, 높이 8尺327).
② 월송포(평해) : 둘레 628尺, 높이 6尺328).
③ 대　포(양양) : 1520년(중종 15) 石築, 둘레 1,469尺, 높이 12尺329).
④ 울진포 : 1512년(중종 7) 石築, 둘레 750尺, 높이 11尺330).

2. 영진보성 유적의 현황

앞서 서술한 바와 같이 조선전기 강원도에 축조된 鎭堡城은 확실히 기록으로 나타나는 곳이 삼척포·울진포·대포·월송포 등 4개소이다. 이 가운데 울진과 월송포는 현재 경상북도 지역으로 편입되었으며, 강원도에는 삼척포와 대포(양양)만이 있다. 그리고 기록에 나타나지는 않지만 연해 鎭堡라고 보여지는 廣丁鎭城이 있고, 이외에도 삼척의 옥원성도 營鎭堡城에 속하나 다음 항의 驛에

---

322) 위와 같음.
323)『新增東國輿地勝覽』江原道 江陵都護府 城郭. "正德壬申 改築石城 周三千七百八十二尺 高九尺"
324)『新增東國輿地勝覽』江原道 蔚珍縣 關防.
325)『新增東國輿地勝覽』江原道 三陟都護府 關防.
326)『新增東國輿地勝覽』江原道 襄陽都護府 關防.
327)『新增東國輿地勝覽』江原道 三陟都護府 關防.
328)『輿地圖書』江原道 平海郡 鎭堡.
329)『新增東國輿地勝覽』江原道 襄陽都護府 關防.
330)『新增東國輿地勝覽』江原道 蔚珍縣 關防.

대한 築城을 서술하는 부분에서 다루었으므로 본 항에서는 제외하였다. 또한 중종 5년 삼포왜란이 발발하면서 영동 연해지역에 대해 江陵에 3處, 平海·蔚珍·三陟·襄陽·杆城·高城·通川에 각각 2處, 歙谷에 1處의 鹿角城이나 목책을 만들어 防成하도록 하였는데,331) 기록에 전혀 나타나지 않으므로 당시 柵堡가 설치되었던 곳을 알 수 없으나 비교적 인구밀집도가 높은 지역의 가까이에 설치하여 유사시 주민들의 待避를 고려하였을 것이며, 해안에 대한 감시가 용이한 연해지역의 요충이 되는 곳이었을 것이다.332) 조선 전기 사용되었던 각 營鎭堡城의 현존 유적에 대해 살펴보면 다음과 같다.

① 三陟浦 鎭城

현재 강원도 삼척시 정상동 육향산 주변에 위치한다. 삼척포성, 三陟浦鎭城이라 불리우며, 중종 15년(1520)에 둘레 900尺, 높이 8尺으로 축조하였다.333) 본래 삼척포진은 五十川 河口 남단에 위치하는 古城山(해발 98m)에 있는 오화리산성334)에 위치하였으나 중

---

331) 『中宗實錄』 卷11, 中宗 5年 5月 癸亥.
332) 당시 柵堡는 대체로 기존의 城이 있던 곳에 만들었을 것으로 생각되는 바, 간성의 경우 고성산성(현내면)·백촌리토성(토성면), 양양의 경우 대포영과 광정진, 강릉의 경우 주문진의 향호리성지, 삼한산성(강동면), 우계산성(옥계면), 삼척의 경우 오화리산성(삼척시 오분동), 옥원성(원덕읍 옥원리)이 設柵處였을 것으로 추정되나 이에 대해서는 각 성지에 대한 보다 정밀한 조사가 이루어져야 규명될 수 있을 것으로 생각된다.
333) 『新增東國輿地勝覽』 江原道 三陟都護府 關防. "三陟浦鎭 在府東八里 有水軍僉節制使營 僉節制使一人 (新增)正德庚辰 築石城 周九百尺 高八尺"
334) 『新增東國輿地勝覽』에는 土築으로 둘레가 1,870尺이고 성내에는 샘이 1개소 있다라고 기록되어 있다. 蓼田山城이라고도 하며, 2001년 강원문

종때 축성하면서 이전하였다. 이 鎭營의 城東門樓인 鎭東樓는 중
종 6년(1511) 부사 李函이 창건하였다. 浦鎭의 衙舍는 高宗 35년
(1898)에 화재로 불타 없어졌고, 韓末의 군사 개편으로 삼척포진영
도 폐지되었다.

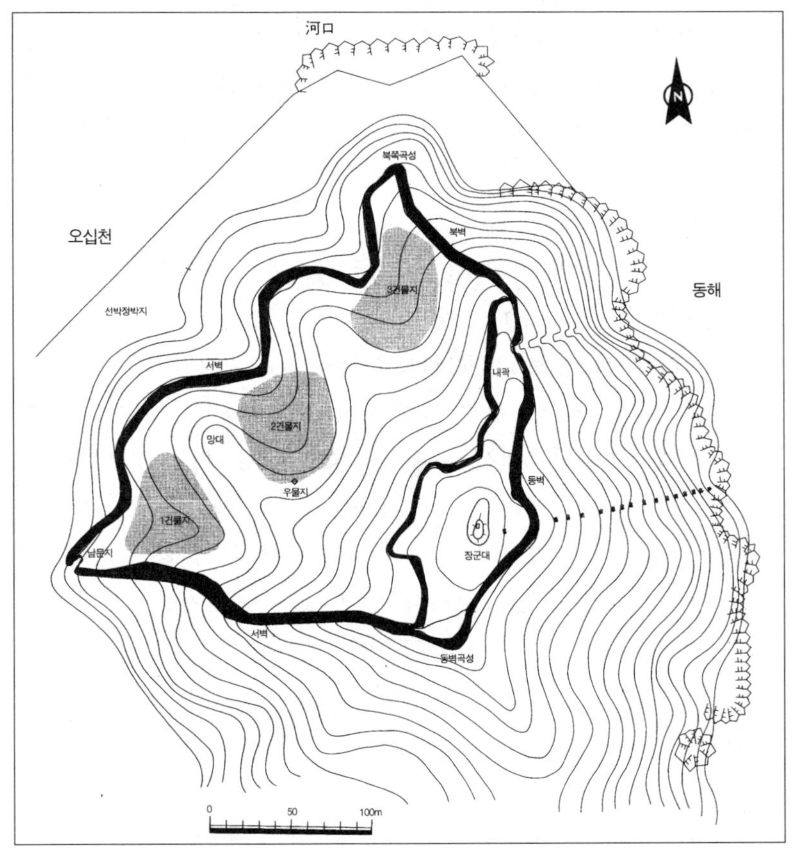

삽도 3-4-1. 오화리산성(舊삼척포진성) 현황도
(『三陟 寥田山城 기본설계(지표조사) 보고서』에서 전재)

화재연구소에서 지표조사보고서를 발간하였다. 상세한 내용은 2001,
『三陟 寥田山城 基本設計(地表調査) 報告書』, 강원문화재연구소 참조.

그 후 1916년 정라항을 새로 축조할 때 이 진성을 헐어 없애고 도로와 주택지로 조성하게 되었다.[335] 현재 포진성지는 옛 모습이 전혀 남아 있지 않으나, 당시 성곽의 남쪽 끝인 육향산 꼭대기에는 1662년 이곳 부사로 와 있던 허목이 쓴 陟州東海碑와 平水土贊碑가 있고, 1947년 대동청년 단원인 지방 유지들이 건립한 육향정이라는 정자가 있으며, 그 정자 북편에 1987년 삼척시에서 건립한 삼척포진성지 기념비가 있다. 또한 육향산에 오르는 산길 우측편인 동쪽 산기슭에 당시의 營將들의 선정비 및 불망비가 나란히 서 있다.

② 襄陽 大浦營城

현재 강원도 양양군 양양읍 조산리 성내말에 위치한다.『新增東國輿地勝覽』에 의하면 대포영은 양양 동쪽 12리에 위치하며, 강릉 안인포에서 조선 성종 21년(1490)에 양양으로 옮겨왔고, 중종 15년(1520)에 석축되었는데 성곽 둘레가 1,469척, 높이 12척이라 하였다.[336] 성종 때 안인포에서 대포로 만호영을 옮겨 온 것은 안인포가 돌로 막혀 있어 배의 출입이 용이하지 못하기 때문이었다.[337] 대포의 만호영이 폐지된 시기는 정확지 않으나 적어도 18세기 중반 이전에 폐지된 것은 확실하다.[338] 이곳에서 초기철기시대의 토기편이 발견되고, 일부 토축의 흔적이 있는 점[339]으로 보아 대포영성을 축조하기 이전에 이미 城이 있던 곳에 다시 수축한 것으로 생각된다.

---

335) 方東仁・李相洙・金泰水, 1995,「三陟市의 關防遺蹟・窯址・社稷壇」『三陟의 歷史와 文化遺蹟』, 關東大 博物館・江原道・三陟市, 427쪽.
336)『新增東國輿地勝覽』江原道 襄陽都護府 關防.
337)『成宗實錄』卷261, 成宗 23年 正月 己卯.
338)『輿地圖書』江原道 襄陽都護府.
339) 文化財管理局, 1977,『文化遺蹟總覽』上.

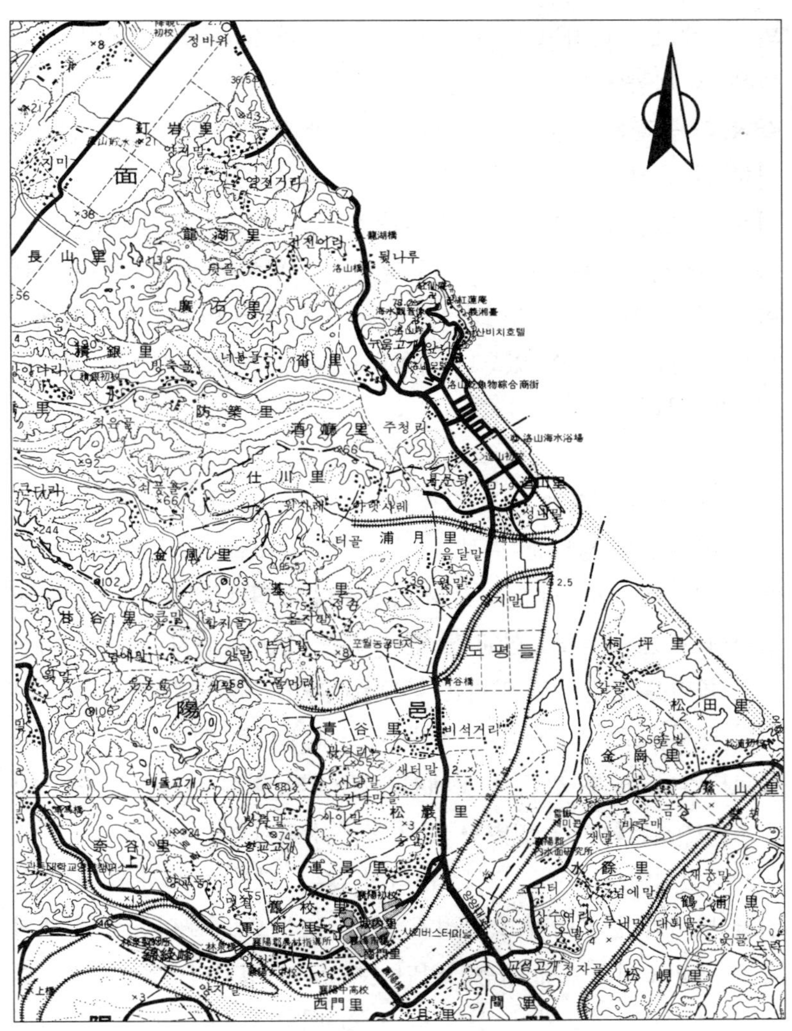

삽도 3-4-2. 대포성 위치도

　　대포성지의 모양은 평면 삼각형으로 낮은 구릉과 평지를 연결한
平山城이고, 성의 남서편에는 추정 문지로 동편 성벽 자른면에 큰
화강암 석재가 3~4단으로 남아 있으며, 성 안쪽에는 동명서원과

민가 2채가 자리하고 있다. 성벽의 전체 폭은 약 4m 정도이고, 외벽은 잘 다듬어진 석재를 쌓았고 안쪽 면은 토축이다. 성의 동쪽 끝과 북쪽 끝은 가장 높은 지역으로 해발 약 33m와 45m 높이로 급격히 돌아간다. 성의 북쪽 면에는 도로가 나 있는데, 이곳이 북문지로 추정되며, 안쪽으로부터 좌측면에는 門址의 基礎石이 잘 남아 있다. 성 안쪽면은 대부분이 경작지로 변하여 알 수 없는 상태이나 성벽 외곽 전체 길이는 약 550m이고, 폭은 약 4m이다. 전체적으로 성곽이 잘 남아 있으나 북쪽면은 軍의 교통호 설치로 일부가 훼손된 상태이다.

③ 襄陽 廣丁鎭城

현재 강원도 양양군 현북면 상광정리 검소골에 위치하고 있다. 광정진은 하조대에서 양양으로 북상하다가 좌측 어성전 입구로 진입하다 보면 광정초등학교 남쪽면 낮은 야산에 위치한다. 이 야산의 북쪽면은 급경사로 외벽은 석축을 쌓았고, 성 안쪽인 남쪽은 과수원과 밭으로 경작되고 있으며, 이곳에서 많은 양의 기와 조각이 출토되었다. 일부 절개된 곳에서 건물지의 적심유구가 노출된 것으로 보아 건물지가 있었던 것으로 추정된다.

광정진성이 사용된 시기는 정확지 않다. 다만 女眞과 倭寇의 침입을 방어하던 곳이라고 알려져 있는 점[340]으로 보아 고려시대에 축조되어 조선초까지 사용되었던 것으로 추정된다. 성벽 전체 길이는 약 280m 정도이며, 상면 폭 3~4m이고 동~서 방향으로 길게 뻗어 있다. 서쪽면은 남쪽으로 꺾여 있고, 동쪽면은 서에서 동으로 완만하게 경사지면서 내려오다가 끝이 급경사진 것으로 보아 후에 성벽 일부가 파괴된 것으로 추정된다.

---

340) 襄陽文化院, 1976, 『鄕土誌』, 156쪽.

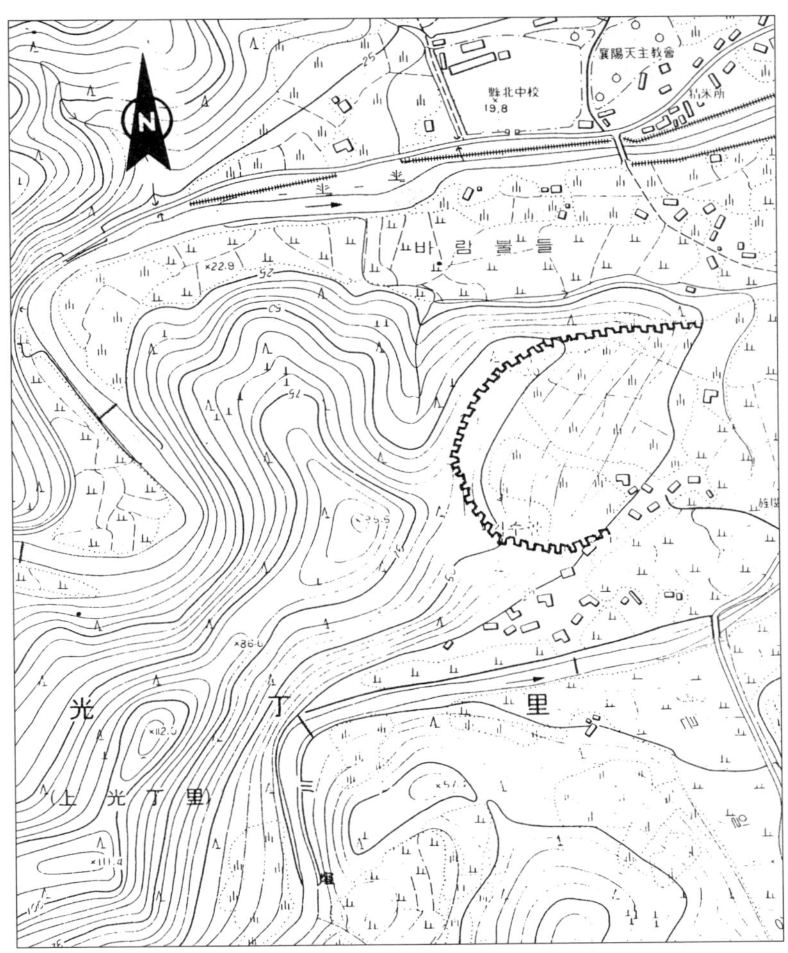

삽도 3-4-3. 광정진성 형세도
(『襄陽郡의 歷史와 文化遺蹟』(213쪽)에서 轉載)

　『朝鮮寶物古蹟調査資料』에서는 이 城이 土築이라고 하였으
나341) 이는 일부 구간에 지나지 않으며 대체로 內托式의 石築으로

---

341) 朝鮮總督府, 1942, 『朝鮮寶物古蹟調査資料』.

되어 있다. 아마 이 성도 다른 경우와 마찬가지로 당초에 토성으로
축조되었다가 석축으로 개축한 것으로 보인다.

3. 驛城의 축조

鎭堡城의 범주내에서 볼 수 있는 특별한 사례는 驛이나 그 주변
에 築城하는 경우이다. 이 驛이나 그 주변에 있는 성을 驛城이라고
할 수 있을 지는 논의의 여지가 있지만, 鎭堡城의 범주내에서 파악
한다고 하더라도 일반적인 진보성과는 달리 이 城의 운영이 驛丞
과 같은 驛의 관계자에 의해 관리되고 있었다는 사실이다.

여러 문헌을 검토하여 보면 강원도에서 驛이나 그 주변에 城을 가
지고 있었던 사례는 여러 곳에서 나타나는데, 沃原驛土城(삼척),[342]
府南古城(三陟 交柯驛 : 근덕면 광태리), 養珍驛北石城(고성),[343] 大
康驛 西土城(고성)[344] 등이 그 事例이다. 이러한 驛이나 그 주변에
소규모의 성을 축조한 것은 고려말로 생각되나 상세한 사항은 사료
의 부족으로 알 수 없다. 다만 그 가운데 옥원성 같은 경우는 조선시
대에 들어서 다시 수축하여 사용한 곳이다. 옥원성은 『陟州誌』에,

> 瓦峴을 내려가면 沃原縣이며 (府에서) 90里되는 곳이다. 태조 2년
> (1393)에 성을 쌓았는데 둘레 523尺이고, 積倉이 있다. 성밖에 옥원
> 역이 있고 서쪽 5리에 金井庵이 있다.[345]

---

342) 『世宗實錄』 卷153, 地理志 江原道 三陟都護府. 이 성의 명칭은 『新增
　　東國輿地勝覽』에서는 '沃原城'으로 기록하고 있음.
343) 『新增東國輿地勝覽』 江原道 高城郡 古跡.
344) 위와 같음.
345) 金宗彦 編著, 『陟州誌』 上 德蕃下. "下瓦峴沃原縣九十里 太祖二年築
　　城 周五百二十尺 有積倉城外有沃原驛 西五里有金井庵"

라고 하는 기록이 있고, 또 『太宗實錄』에,

처음으로 沃原驛丞兼守城千戶를 두었다. 강원도 도관찰사가 보고하기를, "道內 三陟府에 있는 沃原驛은 바로 왜구의 요충지이므로 국가에서 일찍이 성을 쌓고 千戶를 差定하여 이곳을 지키고, 만약 變이 있게 되면 그 驛과 부근의 龍化驛 아전이 守禦한 지 오래입니다. 그런데, 驛丞을 차견한 뒤로는 驛吏를 進退하는 권한이 천호에게 있지 않아, 혹 緩急이 있으면 어찌 이를 제어할 수 있겠습니까?" …346)

라고 하는 기록으로 보아 조선 太祖初에 축조되었다는 것을 알 수 있는데, 이 城은 삼척과 울진이 서로 멀리 떨어져 있어서 중간지역인 이곳에 성을 쌓고 守城千戶를 배치하여 유사시 沃原·龍化驛의 吏·卒을 거느리고 방어하도록 하였던 곳이다. 그러나 이곳에는 守城軍이 배치되지 않아 사실상 군사적 기능을 발휘하지 못하였고, 특히 후에 驛丞이 임명되면서 지위가 낮은 千戶가 驛丞 所管의 驛吏를 통제하는데 문제가 있고, 또 大昌道의 소관 驛 38개소를 모두 소속시켰으나 거리가 멀리 떨어져 있어 사변이 발생하였을 시에 신속히 응하기 어렵다고 하여 12년(1412)에 平陵 이하의 9개역을 옥원역승에게 예속시키고 역승이 守城千戶를 겸임하도록 하였다.347)

그러나 세조 3년 4월 前中樞院副使 柳守剛이 올린 영동지역 방어에 관한 上書에서 다음과 같이 지적하였다.

처음에 前中樞院副使 柳守剛이 上書하여 말하기를, "臣은 일찍이 江陵府使로 재임했으므로 嶺東의 防禦하는 일에는 귀로 듣고 눈으

---

346) 『太宗實錄』 卷24, 太宗 12年 12月 壬子.
347) 위와 같음.

로 보았으니, 삼가 조목별로 진술하겠습니다. 一. 本道의 都節制使 營 및 三陟과 杆城鎭은 다만 口傳 2, 3인만이 赴防했을 뿐이므로, 巨 鎭의 방비가 허술하게 되었습니다. 또 三陟과 蔚珍은 서로 떨어져 있으므로 중간의 沃原驛에 城을 쌓고는 驛丞을 가지고 千戶의 임무 를 兼任시켰지만 성을 지키는 군졸을 두지 않으니 이름만 있고 실상 은 없습니다. 청컨대 지금부터는 여러 고을의 군사를 咸吉道 安邊 이북 지방 군사의 例에 의거하여 侍衛牌 및 加定軍에 소속시키지 말고, 閑良·通政大夫로 60세가 되지 않은 사람 이하와 下番한 甲 士·別侍衛·銃筒衛·防牌·自募한 學生人 등으로써 재주를 시험 하되 都節制使營 및 三陟·杆城·沃原 등의 여러 鎭에 分屬시키게 하고, 그 중에 自募하여 赴防한 자로 30개월이 된 사람은 散官職을 除授하여 防禦에 충당하게 하고, 서울에 올라온 시위패의 부족한 數 는 경기·충청도 두 道의 加定軍으로 수효를 채우게 하소서"348)

라고 하였다. 여기에서 보면 옥원성에 군졸이 없어서 이름만 있 지 방비가 허술하다는 것이 지적되고 있는데, 이는 조선초 옥원성 에 千戶를 두고 유사시에 驛卒을 거느리고 방어하도록 하였던 당 시와 비교하여 큰 변화가 있었던 것을 알 수 있다. 즉, 옥원성은 당 초부터 군사를 상주시켜 방비하려고 했던 곳이 아니었기 때문에 세조대에 와서 특별히 군병이 없다고 하여 문제가 될 것은 없었던 것이다.

그렇다면 柳守剛이 이러한 문제를 지적한 이유는 무엇인가. 이 는 아무래도 강원도 驛의 凋弊에서 비롯된 것이라고 할 수 있다. 세조 원년(1455) 吏曹에서는 강원도의 驛路가 凋弊하고 驛丞은 사 람이 미천하고 직급이 낮으며, 또 일에 경력이 없어서 館驛의 모든 일에 조금도 마음을 쓰지 아니하니 장래가 걱정스럽다고 하여 大 昌道와 保安道를 합하여 大昌道라 칭하고 찰방을 임명할 것을 청 하여 윤허를 받고 있는데,349) 이렇게 驛이 凋弊한 상황하에서 유사

---

348)『世祖實錄』卷7, 世祖 3年 4月 己酉.

시에 역졸을 이끌고 방어한다는 것은 문제가 있었던 것이다.

이러한 유수강의 건의는 물론 받아들여지지 않았다. 그 이유는 ① 下番한 侍衛牌나 甲士를 赴防하게 할 수는 없으며, ② 강원도는 방어가 긴요한 지역이 아니므로 자원하여 부방하는 자에 대하여 散官職을 除授할 수는 없고, ③ 江原道의 番上하는 侍衛牌를 지방으로 돌리고, 그 부족한 番上 侍衛牌數를 他道에서 加定하는 것은 불가하다[350]는 것이었다.

옥원성은『世宗實錄』地理志에는 둘레가 181步이며, 성안에 倉庫 3間이 있는데, 샘이나 우물이 없다라고 되어 있으며,[351]『新增東國輿地勝覽』에는 土築城으로 둘레 507尺이며 성안에는 군창이 있다고 하였다.[352] 또한『東國輿地志』에서는 '古蹟'項에 기록된 것으로 보아 임진왜란 후에 폐철되었던으로 보이는데,[353]『輿地圖書』에 의하면 그 둘레가 507尺, 높이가 8尺이고 軍倉이 설치되어 있었던 곳으로,[354]『萬機要覽』과『增補文獻備考』에 다시 關防으로 기록되어 있는 점으로 보아 폐철되었다가 다시 설치된 것으로 생각된다. 그러나 이 城이 어느 시기까지 존재하였는지는 명확하지 않다.

옥원성은 현재 강원도 삼척시 원덕읍 옥원리에 소재하며, 북서쪽으로는 옥원천을 끼고 理川里에 이르기까지 川邊에 많은 농지가 형성되어 있고, 남쪽으로는 湖山里를 비롯하여 杞谷川을 끼고

---

349)『世祖實錄』卷2, 世祖 元年 12月 甲辰.

350)『世祖實錄』卷7, 世祖 3年 4月 己酉.

351)『世宗實錄』卷153, 地理志 江原道 三陟都護府.

352)『新增東國輿地勝覽』江原道 三陟都護府 城郭. "沃原城 在沃原驛傍 土築 周五百七尺 有軍倉"

353)『東國輿地志』江原道 三陟都護府 古蹟.

354)『輿地圖書』江原道 三陟都護府 城池. "沃原城 在府南九十里 土築 周五百七尺 高八尺 有軍倉"

杞谷里・柵川里・魯耕里 등에 많은 농지가 형성되어 있고 연해의 다른 지역에 비하여 인구 밀집도가 높은 지역이다.

현재 성터 흔적은 거의 남아 있지 않고 주변에는 많은 민가들이 들어서 있으며, 대부분은 경작지로 개간되어 있다. 다만 남쪽 가장자리 부분에 石築의 흔적이 약간 남아 있다. 주변에는 고려~조선시대의 瓦片과 백자편 등이 산재해 있다.

옥원역성 뿐만 아니라 앞서 말한 府南古城(三陟 交柯驛), 養珍驛 北石城(高城)・大康驛 西土城(高城)이 驛城이었던 것으로 보이는데, 이는 왜구가 극심했던 고려말에 驛의 물자를 보관하고, 주민의 임시적인 입보를 위하여 축성한 것으로 조선시대에 사용되었는지는 확실치 않다. 아마 사용되었다고 하더라도 왜구가 종식되지 않았던 조선초기에 일시적으로 사용되었을 것으로 생각된다.

이러한 驛의 城은 물론 전적으로 驛을 방어하기 위한 것은 아니었으나 그것이 역이나 그 주변에 축성되었다는 사실은 이 성이 갖는 기능은 驛과 상당한 상관관계에 있음을 말해주는 것이라고 할 수 있다. 이러한 驛城이 가지는 기능은 몇가지로 생각해 볼 수 있다.

첫째는 邑城이나 鎭城의 기능을 보조하는 역할이다. 특히 옥원역은 조선시대 삼척읍내에서 100리나 떨어진 곳이고,[355] 또 울진까지도 역시 먼 거리여서 유사시에 신속히 병사를 파견하여 대처하기 어려운 곳이다. 따라서 왜구가 있을 경우 주민들이 우선은 피신할 곳이 필요하였고, 또 역승이 수성천호를 겸임하면서 驛卒을 대동하여 수어하도록 하였던 것이다.[356] 이곳은 옥원리를 비롯한 호산리, 임원리 일대에 비교적 많은 농지가 있고 浦口가 형성되어 있어서 예로부터 거주민이 많았던 곳이었다.[357] 고성의 대강역과 양

---

355) 『關東誌』九, 三陟府 驛院 沃原驛.
356) 『世祖實錄』 卷7, 世祖 3年 4月 己酉.

진역의 경우는 驛과의 명확한 관련성 여부는 알 수 없지만 두 驛이 대체로 남북으로 각각 25리 정도되는 곳에 있었던 점[358]에서는 驛 주변 주민의 보호를 위한 것이었다고 생각된다.

둘째는 옥원성의 이곳은 조선후기에 와서 沃原倉이 설치되어 있던 곳으로 조선전기에도 옥원리 일대의 租稅를 거두어 보관할 곳이 필요하였을 것이며 옥원성을 수축하고 軍倉을 둠으로써 이 문제는 자연히 해결되었던 것이라고 여겨진다.

셋째는 이곳의 군사적인 기능이다. 이는 주민보호라는 측면과는 다른 지방군의 기능을 보조하는 기능을 가지고 있었다. 옥원성의 경우 이곳에 조선초부터 守城千戶가 주재하고 있으면서 유사시 주변의 驛卒을 거느리고 방어에 임하도록 하였다는 것이다. 이는 他道에서 찾아보기 어려운 매우 특수한 사례이다.[359] 경상도나 전라도에 비하여 왜구의 위험성이 그다지 높지 않았기 때문에 常時 군사를 주둔시킬 필요성이 없었는 데다가 軍額이 빈약한 강원도에서는 常駐軍을 둘 경우 그로 인한 폐단이 막대할 것이기 때문에 유사시 驛卒을 軍兵化하는 일종의 편법을 적용하였던 것이다.

---

357) 이와 관련하여 이곳이 고구려 시대의 萬若縣이었다가 新羅에 예속되면서 景德王 때에 滿卿縣으로 개명하고 三陟府의 領縣이었다고 하는 기록에 유의할 필요가 있다. 이것은 현재 옥원리 일대의 여건을 보더라도 충분히 縣治가 이곳에 있었을 것이라는 점을 짐작할 수 있다(『關東誌』 三陟府 城池 沃原古城・古蹟 滿卿縣).

358) 『關東誌』 高城郡 驛站. "大康驛 距邑二十五里 養珍驛距邑二十五里"

359) 驛에 축성한 사례는 경상도 거제현의 烏壤驛의 경우에서도 볼 수 있다. 『大東地志』 卷10, 慶尙道 巨濟 鎭堡에 의하면 연산군 6년에 오양역에 設堡하고 權管을 두었는데, 성의 둘레가 2,150尺이라고 하고 있다.

4. 성격과 특징

고려시대 東界에는 元興·寧仁·耀德·長平·龍津·永興·
靜邊·雲林·永豊·隘守 등 10개의 鎭이 편제되어 있었으며, 戌
로 鐵垣戌(翼谷縣), 壓戎戌(鶴浦縣), 禾登戌(霜陰縣) 등 3개소가 설
치되어 있었다.360) 이러한 鎭戌는 조선시대 강원도로 개편되면서
그 관내에 속한 지역이 아니고 모두 함경도 지역이 된 곳이다. 그
렇다면 이외의 지역에는 戌가 설치되어 있지 않았던 것인가. 상기
의 내용은『高麗史』의 志篇에 기록되어 있는 내용인데,『高麗史』
다른 부분에 나타나는 기록을 검토하여 보면『高麗史』志篇에 기
록되어 있는 것보다 훨씬 많은 數의 戌가 설치되어 있었음을 알 수
있다. 특히 조선시대에 강원도로 편제된 지역에도 戌가 설치되어
있었다.『高麗史』志篇에 나타나 있는 것은 당초에 지정한 鎭戌였
고, 그후에 필요에 따라 계속 증설하였던 것으로 생각된다.

『高麗史』의 世家篇에 보면 三陟縣의 桐津戌·臨遠戌,361) 烈山
縣(杆城)의 寧波戌,362) 雲嵒縣(通川)의 泉井戌363) 등이 있었던 것
으로 나타나고 있다. 이로 볼 때, 동해 연안 곳곳의 요충지에 戌가

---

360)『高麗史』卷83, 志37 兵3 州縣軍 東界.

361)『高麗史』卷6, 世家 卷6 靖宗 2年 2月 辛未. "東蕃賊船寇三陟縣桐津
戌 摽掠人民 守將說伏草莽 伺賊還 鼓譟掩擊 俘斬四十餘級";『高麗
史』卷7, 世家7 文宗 6年 6月 己卯. "東女眞高之問等 航海來攻三陟
縣臨遠戌 守將河周呂率兵出城"

362)『高麗史』卷6, 世家6 靖宗 8年 6月 丙戌. "都兵馬使奏 東路烈山縣寧波
戌隊正簡弘 與賊鬪 衆寡不敵 矢盡力窮而死 請追加職賞 從之"

363)『高麗史』卷7, 世家7 文宗 3年 6月 壬申. "東北路兵馬使奏 雲嵒縣折
衝軍隊正惟古等十一人 夜巡行到泉井戌 有蕃賊四十餘人 突入屯中
軍卒皆奔匿 惟古挺身奮擊 賊遂潰走 請量功授職"

배치되어 있었던 것을 짐작할 수 있다. 상기의 城는 특기할 만한 침략이 있었기 때문에 기록에 나타나는 것이며, 반드시 이곳에만 城가 있었던 것은 아닐 것이다. 이는 앞서 서술한 襄陽에 있는 廣丁鎭城이 그 한 사례이다. 이곳이 女眞과 倭寇에 대비하여 축성한 것이라는 傳言으로 미루어 보더라도 광정진성이 고려시대에 城가 설치되어 있었던 곳이 거의 틀림없다. 이러한 고려시대의 城에 대한 置廢의 연혁은 문헌으로 남아 있는 것은 거의 없다. 그러나 고려말의 왜구가 매우 극심하였던 상황을 고려한다면 고려말~조선초기까지는 유지되었던 것으로 생각된다.

그런데 고려말~조선초에 이르러 강원도 지역에서는 방비체제의 개편을 수반할 여러 획기적인 변화가 일어났다. 첫째는 공민왕대에 쌍성총관부가 완전 수복되고 조선초기까지는 북방의 방어선이 수백킬로미터를 북상하여 慶源까지 이르게 되었다는 점이다. 이는 고려시대에 자주 발생한 여진족의 침구위협이 사실상 강원도에서는 사라지게 되었다는 것을 의미한다. 이는 육로로 侵寇한다고 하더라도 예전에는 강원도가 바로 인접한 곳이었으나 이제는 강원도에 이르기 위해서는 긴 路程뿐만 아니라 동북로상의 吉州·安邊 등 여러 방어선을 통과하여야 하기 때문에 사실상 육로로 강원도까지 도달하기란 매우 어려운 일이었다. 또 과거에는 선박을 이용하여 침입하기도 하였는데,[364] 조선시대에 들어서 방어선이 慶源까지 북상함으로써 여진인들은 배를 정박시키고, 출입할 만한 곳이 마땅치 않게 되었고, 또 海路가 멀어 사실상 배로 강원도 지역까지 侵寇한다는 것은 불가능하게 되었다.

둘째는 조선시대에 들어서 현저히 왜구의 침입이 줄어들게 되었다는 점이다. 水軍의 강화와 남해안 일대에 대한 방비시설의 강화,

---

364) 주 361) 참조.

그리고 왜인에 대한 회유정책에 힘입어 왜구는 완전히 진정국면에 접어들게 되었다는 점이다. 따라서 강원도 지역에서는 예전의 방비시설 가운데 상당수가 사실상 필요치 않게 됨에 따라 점차 이에 대한 정리가 이루어 졌던 것으로 생각된다. 이는 궁극적으로 조선시대에 들어서 동해연안지역에 대한 읍성의 건설과 三陟·杆城에 鎭을 두고, 水軍萬戶營을 두는 것으로 대치되어 갔다. 또 매우 특별한 경우이지만 鎭이나 邑까지 멀리 떨어져 있는 옥원역에 축성하고 千戶를 두어 守禦하게 하였다. 따라서 강원도 동해연안의 여러 영진보는 고려시대 이래 여러 연안의 방비시설이 정비되어 가는 과정에서 가장 중요한 곳만이 계속 유지되어진 것이라고 할 수 있다.

그런데 조선초기 설치되었던 강원도의 鎭은 鎭將을 守令이 겸임하고 있었기 때문에 읍성과 鎭城의 구분이 있을 수 없었고, 다만 옥원성의 경우는 고려시대에 이미 존재하던 것을 조선초에 다시 수축하여 사용하였다. 그리고 수군영진의 城은 삼척포의 경우는 이미 조선초기 이전에 조성된 오화리산성(蓼田山城)을 사용하다가 성종대에 와서 이축하였고, 다른 수군영진의 城도 마찬가지로 성종대에 축조되었다. 이는 앞서 서술한 바와 같이 水軍船上勤務의 원칙이 지켜지지 않게 되면서 萬戶들은 불법적으로 육지에 私舍를 두게 되었는데, 이것이 오랜기간 계속되면서 사실상 관례화되어 이의 양성화라는 차원에서 寄港地 근처에 축성하고 수군의 군수물자를 보관하고 만호의 주재처로 삼도록 하였던 것이다. 성종대의 수군진영에 대한 축성은 1차적으로 왜인들의 왕래가 잦은 경상도·전라도 지역에서 실시되었고, 이것이 확대 시행되면서 강원도 영동지역 연변에도 축성이 추진되었던 것이다. 이러한 양상은 이미 세종~문종대에 추진된 연해지역에 대한 읍성축조 정책에서도 나타난 것과 같다. 즉, 세종대에 방어가 긴요한 하삼도 지역의 읍성 축조가 어느 정도 이루어지자 문종대에 와서 강원도 영동지역의 읍성을 수축하게 된 것과 같은 것이었다.

한편 중종대에 삼포왜란이 일어나면서 연해지역에 대한 방비가 강화되어 강원도에서는 영동의 각 府郡縣별로 1~3개처의 목책이나 녹각성을 설치하고 下番軍과 閑良중에서 武才가 있는 자를 뽑아서 방수하도록 할 것이 지시되었다.[365] 당시 이러한 강원도 영동지역에 각 지역별로 설치하도록 한 戌所가 어느 곳인지는 명시되지 않았기 때문에 그 위치를 알 수는 없으나 이 조치가 그해 4월에 일어난 三浦倭亂에서 비롯된 것이기 때문에 연해지역을 집중적으로 방비하기 위하여 설치되었던 것이고, 따라서 연해의 각 府郡縣별로 중요한 요충지에 설치되었을 것은 명백하다. 특히 산성이 그러한 것처럼 이미 예전에 있던 古城이나 防戌處에 鹿角城이나 木柵을 이용하여 임시의 柵堡를 만들었을 것으로 생각된다.

강원도 지역에 남아 있는 鎭堡城은 많지 않고, 踏査記 수준 이상의 조사가 거의 이루어지지 않아 성벽의 구조나 축조법은 아직 명확히 알려져 있지 않다. 다만 일부 남아 있는 體城의 외형과 붕괴로 노출된 체성벽의 일부 구조를 관찰할 수 있을 정도이다. 그나마 성벽이 남아 있는 양양 대포영성의 경우를 보면, 구릉을 따라 축조된 곳은 내탁식으로 되어 있는데, 체성벽은 대체로 매우 큰 方形, 또는 長方形의 석재를 하단에 쌓고 상단에는 작은 돌로 축조하고, 큰 석재의 틈은 작은 돌로 메우는 방식으로 되어 있다. 최하단의 경우는 일부 노출된 성벽을 보면, 마산 합포성지의 경우처럼 하단에 栗石을 깔아 평평하게 다진 뒤 그 위에 납작한 장대석을 깔아 지대석으로 삼고 그 위에 다시 기단석을 올려 놓는 방식[366]으로 이

---

365) 위와 같음.

루어졌을 것으로 추정된다. 또한 대포영성의 경우 상단의 체성 폭이 4m 정도되는데, 마산의 합포성의 경우도 이와 같은 점으로 보아 이 시기의 성벽폭이 대체로 4m 전후로 설계되었던 것이 아닌가 여겨진다.(<도면 3-4-1> 참조)

한편 강원지역의 진보성은 성종 17년~22년 사이에 경상도·전라도에 쌓은 수군진영에 대한 축성과 비교하여 보면 성벽의 높이가 대개 낮다. 즉 경상·전라도의 경우 특별한 예외가 있기는 하나 대개 13척~15척인데 비하여 강원도의 수군영진성은 6~12척으로 나타나고 있다.367) 이는 성터의 지세가 어떠한가 하는 문제와도 연관이 있겠으나, 또 한편으로 강원도의 鎭堡城은 경상·전라도 보다 그 방어상의 중요성이 낮아 많은 功役을 들여 높이 쌓을 필요성이 없었기 때문이라고 할 수 있으며, 강원도의 營鎭堡城에서 기록이나 유적을 통하여 女墻·雉城 등 附帶施設의 존재가 확인되지 않는 것도 같은 이유에서이다.

그런데 강원도의 營鎭堡城 가운데 삼척 옥원성의 존재는 매우 특수한 사례에 속한다. 이 城이 邑城이나 鎭城의 기능을 보완하는 역할을 하고 있었던 점에서는 다른 지역의 鎭堡와 다를 바 없지만 이 城의 수호가 千戶, 또는 驛丞에 의해 책임지워지고 있었다는 점은 다른 지역에서 발견하기 어려운 특수한 경우이다.

---

366) 심봉근,『韓國南海沿岸城址의 考古學的 研究』, 203쪽.
367) 강원도 각포의 수군영진성의 높이를 보면 삼척포(삼척)는 8尺, 월송포(평해) 6尺, 대포(양양)12尺, 울진포(울진) 11尺이다.

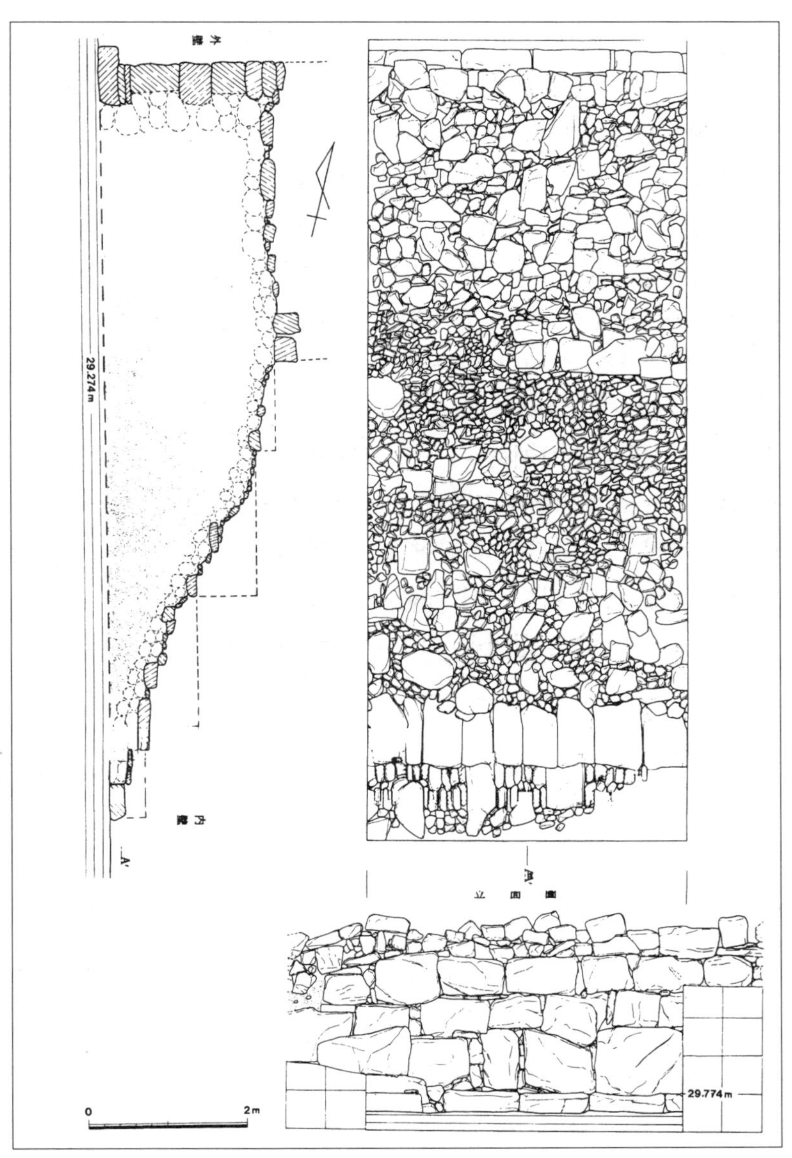

도면 3-4-1. 경남 마산 합포성지 유구 실측도
(『韓國南海沿岸城址의 考古學的 研究』(202쪽)에서 전재)

물론 유사한 사례는 있다. 전라도 海珍의 南面 狗山城에 館所를 설치하고 館丞(그 道의 驛丞이 겸임)을 두어 馬匹의 사육, 표류민 구휼, 제주왕래인 檢察 등의 임무를 맡긴 사례가 있고,368)『世宗實錄』地理志의 전라도 보성군에 陽江驛木柵塗泥城이 있다는 기록이 나타나는데,369) 前者의 경우는 驛丞(館丞)이 다른 임무도 있었지만 城의 수호에 대한 책임도 아울러 졌을 것이라는 점이 유사하나 이 館所의 설치목적이 옥원성의 경우와는 전혀 다르다. 後者의 경우는 이 木柵塗泥城이 驛과 직접 관련이 있는지 불확실하고, 또 驛丞이나 驛吏로 하여금 수호하게 하였다는 근거를 전혀 발견할 수 없다. 옥원성의 사례는 이곳에 별도의 군사를 배치할 경우 이에 소요되는 만큼 軍額에서 별도의 병력을 차출해야 하나 인적자원이 빈약한 강원도의 여건상 난점이 있고, 또 常駐軍을 배치하여야 할 만큼 긴급한 곳도 아니었기 때문에 유사시 역승이 역졸을 거느리고 방어하도록 하는 방안을 시행하였던 것이다.

---

368)『世宗實錄』卷45, 世宗 11年 8月 庚子.
369)『世宗實錄』地理志 全羅道 寶城郡.

결 론

　이상에서 중세 성곽사 시대구분 문제와 고려~조선전기의 各類의 성곽수축의 변화에 대하여 살펴보았고, 특히 조선전기 강원도 지역에서의 축성의 양상과 실제 방비시설로 유지되었던 각 城址에 대하여 그 연혁과 지리적 특성, 축조방식 등에 대하여 살펴 보았다.

　후삼국이 고려에 의해 통일되면서 방어시설은 다시 고려의 수도 개성을 중심으로 재편되게 되었다. 고려가 건국되고 통일전쟁을 수행해 나가던 시기는 중원 지역에서는 唐·宋교체기로 국제 정세가 매우 혼란한 시기이며, 특히 거란이 점차 강성해져 고려에도 위협적인 존재가 되어 가던 시기였다. 고려가 건국초기부터 평양성 축조를 비롯하여 북계지역과 서북로 거점지역의 방어시설 구축에 심혈을 기울인 것도 바로 그러한 이유에서라고 할 수 있다. 또한 거란과의 전쟁과 여진의 침략이 장기화되면서 고려의 방어시설 구축은 대체로 개성을 중심으로 한 중북부 지역에 집중되게 되었고, 덕종 2년(1033) 완성된 압록강에서 和州의 동해안에 이르기 까지 北境關防城(長城)은 실로 그 결정판이라 할 수 있을 것이다.

　이후 통일신라기~고려초에 자리잡은 성곽들은 몽고 침입과 함께 새로운 시험대에 오르게 되었으며 농성전에 적절하지 못하다고 여겨지는 성곽은 새로운 입보처가 물색되어 이전되는 등 변화를

겪게 되었다. 그리고 고려 말에 이르러서는 중국에서의 위협보다
는 전국 각지에 출몰하는 왜구에 대한 방어에 총력을 기울이게 되
었다. 이에 연해지역에 많은 읍성이나 鎭堡城이 구축되게 되었다

한편 중세 산성, 특히 몽고칩입을 계기로 구축된 산성은 종전 삼
국시대부터 사용되었던 성과는 달리 대개 避難性이 강하다는 특징
을 가지고 있다. 이 때문에 대체로 ① 매우 험준하고 比高가 높은
입지를 선택하였으며, ② 단애지대가 많은 험준한 지대여서 전 성
벽선 가운데 한정된 구역에만 축성하는 사례가 많고, 이로 인해 산
성구축 功役이 매우 적게 들었으며, ③ 축성방식에 있어서 계획성
이 떨어지며, 석축이 허술하며, ④ 대개 堞의 구분이 없는 낮은 平
女墻을 택하고 있으며, ⑤ 규모에 있어서 삼국시대의 것들에 비해
훨씬 대형이라는 공통된 특징을 가지고 있다.

이러한 형태의 산성을 구축하게 된 데에는 여러 가지 이유가 있
다. 우선 중세의 산성, 특히 13세기 중반이후 구축된 산성들이 매
우 높고 험준하며 산속 깊숙한 곳에 위치하게 된 것은 전쟁의 양상
과 관련이 있다. 삼국시대의 전쟁은 점령지를 즉각 지배체제내에
편입하는 것이었다. 때문에 전투행위와 결부되지 않은 양민에 대
한 학살이나 납치 등 인명을 손상하는 잔혹한 행위는 비교적 많지
않았다. 그러나 고려시대 異民族의 外侵으로 빚어진 전쟁은 기존
의 양상과는 전혀 달랐다. 이민족의 침략은 영토쟁탈전이 아니라
약탈성이 강해지고 많은 人命의 殺傷과 납치가 수반되었다. 결국
이러한 전쟁의 양상은 피난성이 강한 입보용 산성을 매우 험준하
고 궁벽한 곳에 구축하게 하였다.

삼국시대에도 수많은 산성이 축조되고 유사시 산성에 입보하는
방어전술을 구사하였지만 당시의 산성은 대개 주민 주거지와 비교
적 가까운 곳에 위치하였다. 이는 전쟁의 규모나 양상, 또는 전쟁의

장기화로 인한 산성내 治所 설치와 관련이 있을 것으로 생각된다.

신라 통일기에 신라가 점거 지역에 축조한 성곽은 매우 견고한 것이었다. 대개 각지역의 鎭山이라고 불리는 곳에 축조한 산성이 이 시기의 것으로 추정되는데, 이러한 산성은 후삼국을 거쳐 고려시대 전반기에 이르기까지 대개 그대로 사용되었다. 그러나 앞서 서술한 바와 같이 고려중기에 있었던 蒙古軍의 대규모 침입은 기존 산성의 시험대가 되었으며, 장기 농성이 불가능한 곳은 점차 도태되었고, 포위공격이 어렵고 水源이 풍부하며 人馬를 수용할 충분한 공간이 있는 험준한 곳으로 입보 산성이 이전되었다. 이 시기의 산성은 긴급한 상황하에서 축조되다 보니 자연 정교성이 떨어지게 되는 특징을 갖게 되었다. 이러한 산성구축 경향은 고려말 왜구에 대비하여 많은 산성을 수리·구축할 때에도 대개 변함이 없었다.

또한 조선시대에 들어서도 태종대에 전국적으로 3, 4息 거리를 두고 일률적으로 입보 산성을 마련하도록 하는 등 변화가 있었지만 축조방식면에서 근본적인 변화는 없었다. 오히려 세종대 이후 읍성위주의 방위책이 중시되면서 산성은 퇴조하였다.

그러나 임진왜란을 계기로 방어시설의 허실이 드러나고 다시 산성유익론이 등장하여 전국적으로 많은 산성이 수축되었다. 그런데 이 시기의 산성은 종래의 그것과 차이가 있었다. 종래 險地爲主의 입지선정과 피난위주 산성에서 탈피하는 경향을 보였고, 砲樓·懸眼·羊馬場 설치 등 시설적인 면에서도 많은 변화가 수반되면서 고려 중기 이래의 避難性 산성시대는 점차 마감되었다. 임진왜란~17세기 초반에 이르는 시기는 세종대에 이어 韓國築城史上 또 한차례의 '획기적인 시기'라 할 수 있다.

이러한 견지에서 볼 때, 고려 중기 이래 등장한 險地爲主의 산성은 중세 산성의 가장 특징적인 요소 가운데 하나이며, 이러한 유형은 대개 조선초기까지 유지되었다. 물론 당시의 산성이 지역에 따라 전략적 중요성에 따라 그 입지가 각기 달랐다고 할 수 있으나 앞서 언급한 험지위주의 산성 유형은 전쟁 양상의 변화에 따른 특징적인 형태의 성곽이라 할 수 있을 것이다. 고려시대 외침시나 조선시대의 전쟁 양상을 볼 때, 평지성 보다는 대개는 산성에 입보하는 것이 일반적이었다는 점을 상기할 때 이 시기는 가히 '중세산성의 시대'라고 할 수 있을 것이다. 그러나 전체 성곽사에서의 중세적 성격은 산성 外에 都城·邑城·鎭堡城 등 다른 종류의 성곽 변천사도 아울러 고려하여야 하기 때문에 이 문제는 앞으로 더 논의되어야 할 문제이다.

또한 아직 시론적인 입장이지만 보은의 호점산성, 제천의 와룡산성, 춘천의 삼악산성 등에서 보이고 있는 성벽 수직홈은 중세(특히 13C 중반~14C 후반) 산성의 특징적인 축조방식이 남긴 흔적 가운데 하나라고 보아야 할 것이다. 성벽상에 수직홈이 남아 있는 산성들은 대부분 앞서 언급한 중세 산성들이 가지고 있는 여러 가지 특징을 함께 가지고 있다는 공통점이 있다. 이러한 수직홈은 대체로 석축에 있어서 목주거푸집 공법을 사용한 흔적이라고 여겨지며 이는 특정한 시대적 상황과도 밀접한 관련이 있다고 여겨진다. 향후 이 문제는 더 검토되어야 하겠지만 필자는 일단 산성 축조에서 목주를 사용한 공법을 중세의 특징적인 축조수법 가운데 하나라고 보고 싶다. 물론 이러한 수직홈은 성벽 중간벽에 나타나는 수직홈 (대성산성 소문봉 성벽)과의 기능적 유사성에 대해서는 더 비교·검토되어야 할 것이며, 성벽 축조과정에서 구간의 접속점에 생기는 균열선과도 구분되어야 할 것이다.

조선시대의 都城은 태조의 천도와 함께 新都 漢陽에 축조되었다. 도성 축조는 태조의 적극적인 추진에 의해 1396년 1월부터 2월까지 경상도·전라도·강원도와 서북면 安州 以南, 동북면 咸州 以南의 民丁 118,070명을 동원하여 석축 19,200尺, 土築 40,300尺을 축조하였다. 그 후 그해 8월에는 경상·전라·강원도의 民丁 79,400명을 징발하여 1차공사에서 완축하지 못한 부분과 여름철 장마로 무너진 곳에 대한 축성이 이루어졌고, 기타 부실한 곳에 대한 보수가 이루어졌다. 이후 城門과 甕城 등 부가시설의 설비가 이루어 졌다. 이렇게 하여 완성된 도성의 둘레는 모두 9,767步였다. 그런데 도성은 졸속하게 축조되고, 또 관리를 소홀히 함으로써 세종대에 이르러 여러 곳이 붕괴하였다. 이에 도성수축이 다시 대대적으로 추진되어 전국의 民丁 322,460명을 동원하여 도성을 수축하였는 바, 이 당시의 주요공사는 土城 부분을 石城으로 개축하는 것이었다. 이후 성종대에 도성을 더 넓혀 쌓자는 주장과 함께 석회와 벽돌을 이용한 수축이 제기되기도 하였으나 실현되지 못하였고, 그 外의 특별한 변화는 없었다. 都城 축조는 조선초기 성곽축조에 있어서 매우 특기할 만한 築城役事이며, 후에 각 지방 읍성의 입지선정이나 축조방식에도 큰 영향을 주었다.

山城은 우리나라의 가장 전통적인 방비시설로, 태조대에는 新王朝 건국 초기인데다가 漢陽都城의 건설로 많은 인력을 투입하고 있었기 때문에 外方에 대한 계획적인 방비시설의 정비에는 관심을 두지 못하였다. 그러나 태종 10년경을 전후하여 倭寇뿐만 아니라 明나라의 타타르 遠征과 女眞招撫, 그리고 征倭說 등 동북아 지역에서의 여러 긴장이 조성되면서 북방의 여러 거점 城뿐만 아니라 경상도·전라도에 대규모 산성을 수축하는 등 전국적인 방비체제 정비에 박차를 가하였다. 또 태종 13년에 이르러서는 各道의 각 고을 3, 4息안에 하나의 산성을 수축하고 倉庫를 설치하도록 하는 조치로 더욱 구체화되게 되어 邊境과 內地를 막론하고 산성을 중심으로 한 入保防備體制의 完備를 지향하게 되었다. 이러한 축성책의 추진으로 조선초기에는 전국적으로 약 111개 정도의 산성이 있었으며, 이는 8道 330개 행정구역 가운데 약 1/3 정도의 지역에 산성이 具備되어 있었다는 것이 된다. 그러나 세종대 이후 山城入保防禦體制가 退潮하면서 산성은 점차 폐지되고, 16세기 중반경에는 전국적으로 41개 정도의 산성만이 남아있게 되었다. 그런데 壬辰倭亂이 발발하면서 읍성은 방어효능을 거의 발휘하지 못하였고 그 결과 전통적인 山城有益論이 다시 설득력을 갖게 되어 임진왜란 기간 동안 전국적으로 많은 산성이 수축되었다. 이 시기에 수축된 산성들은 물론 수도로 연결되는 주요 거점을 방어하는 체제로 布置하였지만 특히 두드러진 변화는 서울 인근지역의 산성수축이 많이 이루어졌다는 점이다. 이는 개전초기에 都城을 放棄한 실책을 보완하기 위한 조치로, 조선후기의 南·北漢山城을 비롯한 水原華城 등 都城地域 방어를 위한 축성정책으로 이어지게 되었다.

邑城은 地方行政의 中心地인 治所에 築造하는 성곽으로, 조선전기 동안 110~123개소 정도가 유지되었다. 常備軍에 의한 충분한 보호조치가 어려웠던 당시로서는 불시에 일어나는 외부의 侵入으로부터 주민들의 생명은 물론, 지방 관아의 각종 행정자료와 器物을 보호하기 위해서는 읍성의 축조는 불가결한 문제였다. 특히 항상 왜구나 야인의 침입 위험이 있는 연해와 북쪽 변경지역의 경우는 그 필요성이 더하였다. 또한 연해지역 인구 증가에 따라 항구적인 안전조치가 더욱 요구되었고, 또 漕運穀의 보관이나 漕運路의 안전성을 확보하기 위해서도 연해지역에 대한 방비시설의 완비는 시급한 문제였다. 이러한 속에서 이미 태종대부터 긴급한 지역에 대한 읍성 축조가 이루어지고, 세종년간 중반기에 이르러서는 對

明關係의 안정을 바탕으로 '北虜南倭'의 假想敵(國) 개념이 확고해지면서 대규모 침입에 대비한 산성의 수축은 점차 퇴조하고 읍성위주의 축성책이 추진되었다. 그러나 읍성은 조선전기 동안 성벽구조나 부가시설물에 있어서 발전을 보기는 하였으나 기본적으로 왜구나 야인집단에 대응하는 것을 주목적으로 축조된 것이기 때문에 大軍의 공격에는 여지없이 취약성을 드러냄으로써 임진왜란을 계기로 방어시설면에 있어서 읍성은 그 비중이 크게 낮아지게 되었다.

行城이란 적이 침입하는 要害處를 가로막아 쌓는 城으로, 조선시대 關防施設 정비에 있어서 새로운 국면으로 전환하는 또 하나의 계기가 되었다. 세종대의 축성책은 下三道를 중심으로 한 연해지역에는 읍성 구축으로, 북방에는 邑城·鎭堡城 등의 외곽에 行城을 축조하는 것으로 구획되었으며, 특히 행성은 국내적으로 사회·경제적인 문제와 결부되어 있는 赴防과 入保에 따른 폐단을 제거하려는 의도에서도 적극 추진되었다. 행성축조사업은 세종의 강력한 추진으로 당대에만 60만척 이상을 축조하였으나 많은 인력을 동원하는 大役事인데다가 반대하는 의견도 많아 문종대 이후로는 거의 진척을 보지 못하였다. 그러한 가운데 성종대에 와서는 明이 남만주일대에 鎭堡 설치를 계속 확대하면서 중국의 의도에 대한 의구심과 함께 내국인의 이탈을 막기위한 關門 설치를 위하여 의주일대의 행성축조가 다시 추진되고, 통산 5만척 이상의 행성이 추가로 축조되었다. 한편 문종대에는 북방에서 긴장이 고조되는 가운데 평안도→황해도 사이에 위치한 산맥(현재의 언진산맥)을 이용하여 각 要路를 차단하는 행성의 구축을 추진하였다. 이는 서북변경에서 首都에 이르는 中路에 강력한 제2의 방어선을 구축하려는 계획이었으나 방어시설 정비에 큰 관심을 가졌던 문종이 在

位 2년만에 서거하고, 癸酉靖難으로 이러한 축성사업을 주도한 鄭苯·皇甫仁 등이 죽게 됨으로써 그 진전을 보지 못하였다.

행성은 野人侵入에 대한 抑止力을 행사하는데 명백히 효과가 있었으며, 赴防軍數의 감축과 入保를 완화하는 소기의 성과를 거두었다. 반면에 행성축조로 인한 폐단도 매우 컸다. 그 가운데 가장 큰 문제로 지적되었던 것은 당초의 계산과는 달리 役事에 지나치게 많은 인원이 동원됨으로써 특히 공사구간이 많았던 평안도의 경우는 다수의 주민들이 逃散함으로써 여러 부가적인 문제를 발생시켰다는 점이며, 또 행성의 성벽이 강변 구릉지대에 축조됨으로써 많은 농민들이 江邊의 비옥한 농지를 잃게 되었다는 점이다. 현지민들의 民願에 따라 일부 지역에서 행성 밖의 田地를 경작하도록 하였지만 邊地民들의 경작지 감소는 邊地居住民들의 逃散을 가져와 변방의 군사력을 약화시키는 결과를 초래하기도 하였다. 행성축조사업은 세종대에 그것이 추진될 당시부터 그 여러 측면에서 利害에 대한 논쟁이 계속되어 조선전기 동안 지속적인 사업추진이 이루어지지 못하였고, 결과적으로 北邊에 대한 완전한 행성 구축은 이루어지지 못하였다.

營鎭堡城은 營이나 鎭堡에 축조하는 城으로, 各道의 節度使나 節制使, 혹은 僉節制使가 주재하는 營鎭의 경우는 그 수가 많지 않고, 또 鎭將의 경우는 지방의 수령을 겸하고 있는 경우가 대부분이어서 읍성과 별도로 논할 수 없다. 그러나 萬戶나 權管, 혹은 戌卒이 파견되는 堡城의 경우는 다르다. 조선시대에 들어 국내외적 상황이 안정되고, 읍성이 축조되어 각 연변지역도 점차 평온을 회복하게 되면서 鎭이나 묩에서 멀리 떨어져 있는 곳의 비옥한 토지가 많이 개척되고 그에 따라 인구도 점차 조밀하게 되었다. 또한 고려말 왜구로 인하여 內陸으로 이주하거나 山城에 入保하였던 연해지역의 주민들이 다시 鄕里로 되돌아가면서 비옥한 지역이 급속히 개척되자 읍성이나 鎭城만으로는 연변지역 거주민을 충분히 보호할 수 없어 읍성이나 진성에서 멀리 떨어진 곳으로써 인구가 밀집된 취약지대에 규모가 작은 堡를 마련하여 지키게하거나 거주민의 입보처를 삼아야 했다. 이러한 堡城은 세종대에 북방 변경지역에 주로 축조되었고, 점차 연해지역에도 柵堡를 많이 축조하여 유사시에 주민들이 신속히 입보할 수 있도록 하였다. 한편 성종대에 와서는 그동안 船上勤務를 원칙으로 하던 수군에게도 변화가 일어나 寄港地 근처에 축성하고 수군의 군수물자를 보관하고 만호의 주재처로 삼도록 하였으며, 성종대의 수군진영에 대한 축성은 1차적으로 왜인들의 왕래가 잦은 경상도·전라도 지역에서 실시되었고, 이것이 점차 서해안과 동해안으로의 확대 시행이 추진되었다. 특히 중종대의 삼포왜란은 이러한 연해 수군포구에 대한 축성을 더욱 촉진시켰다.

조선전기 강원도 지역에 대한 방어체제와 성곽수축의 推移는 대체로 전국적인 방어·축성정책의 변화에 따라 달라졌지만 강원도라는 지역적 특성으로 인한 여러 현상이 나타나게 되었다. 특히 강원도는 14세기 후반에 이르러 가장 큰 변화를 겪은 지역으로 이는 이후의 방어체제 구축에도 상당한 영향을 주었다. 북방에서는 쌍성총관부가 수복되고, 점차 방어선이 북상하여 강원도는 더이상 接敵地域이 아니었으므로 東界라는 특수한 군사지역의 개념을 퇴색하게 하였고, 이것은 현재 강원 영서지역에 해당하는 交州道와 東界의 후신이라 할 江陵道를 통합하여 '江原道'로 만드는 하나의 요인이 되었다. 이러한 변화로 강원도는 南·北의 邊地에 해당되지 않을 뿐만 아니라 변방에서 首都로 연결되는 요충지도 아니었기 때문에 下三道나 兩界지역에 비하여 국가방위상의 비중이 낮아지게 되었다. 그러나 조선전기 동안 다수의 산성·읍성과 營鎭堡城 등이 있었는 바, 이들은 나름대로 당시대에 있어서 역할과 기능을 가지고 있었다.

조선시대 강원도에서 防備施設로 유지되거나 일시적으로 사용된 산성은 모두 16개이다. 이 산성 가운데 대부분은 동북아시아 정세가 불안정하였던 15세기 중반 이전에 전국적으로 山城入保를 중심으로 한 방비체제가 유지되었던 시기에 유지되다가 점차 내륙지역에 대한 위험성이 소멸되면서 대부분 廢城되었다. 이 산성들은 기본적으로 지역주민이 유사시에 입보하기 위한 것이었지만 고려시대 몽고병이 함경도에서 강원도를 거쳐 침입한 사실이나 고려말 왜구가 영월·평창은 물론 춘천·가평까지 이르렀던 경험이 크게 고려된 산성 배치가 이루어 졌다. 또 영동지역에는 읍성이 모두 축조되었지만 각 鎭管에 따라 背後山城이 배치되었던 것들이다. 그런데 임진왜란을 겪으면서 동해안을 따라 북상한 왜군에 의해 강원도 지역이 유린되고, 또 이것이 수도방위 측면에서도 매우 치명적인 헛점으로 인식됨에 따라 임진왜란기, 또는 그후에는 일시적으로 강원도 지역에서도 성곽에 대한 보수와 수축이 이루어 졌다. 특히 원주 영원산성의 경우는 임란시 김제갑 목사의 격전과 한강 상류 방어를 위해서는 원주의 방어가 필수적이라는 인식에 따라 대대적으로 수축하고 僧軍을 주둔시키기도 하였다.

이러한 강원지역의 산성들은 다양한 형태를 가지고 있으나 城址調査를 통하여 몇가지 공통점을 확인하였다. 첫째는 예외없이 조선시대 이전에 이미 산성이 있던 곳에 다시 수축하였다는 것이며, 둘째는 대개 內托式의 축조방식을 취하면서 治石하지 않거나 부분적으로 治石하여 쌓았다는 것인데, 이는 地勢를 이용하며 功役을 줄이려는 工法이라고 생각되어 진다. 셋째는 대체로 붕괴정도가 심하여 알 수 없는 곳이 많지만 女墻이 남아 있는 곳은 모두 垜의 구분이 없는 平女墻으로 축조되었다는 점인데, 이 점은 아마 고려~조선전기에 이르는 시기의 특징적인 축조법 가운데 하나일 것으로 생각한다.

조선전기 강원지역의 읍성은 모두 영동지역에 해당하는 연해 9개 지역에 축조되었는데, 그 가운데 高城·歙谷을 제외한 나머지 7개 읍성은 이미 고려시대부터 존재하였던 읍성을 다시 수축하여 사용하였다. 특히 문종대에 이르러서는 기존의 강원도 영동지역 읍성을 수축하면서 읍성이 없었던 고성과 흡곡에도 읍성을 신축하였다. 이는 세종대부터 하삼도 중심으로 추진된 연해지역에 대한 읍성완비 정책이 이제 下三道가 아닌 다른 지역에까지 확대됨으로써 연해지역 읍성축조 계획은 문종대에 이르러 대체로 완성되어 갔다는 것을 알 수 있다. 현재 강원지역에 남아 있는 邑城址는 모두 5개소이다. 이 읍성들은 모두 고려말경에 연해 가까운 산성에 설치된 治所를 평지로 옮기면서 수축된 것들로 조선시대에 들어와 재수축된 성이다. 대개 평산식이거나 절벽을 끼고 축조하였으며, 防川을 갖추기 위해 하천 가까이에 축조되었다. 축조방식은 모두 구릉지대는 內托式으로 쌓았고, 평지에는 內外夾築을 하였으며, 甕城·雉城·垜字 등의 體城 이외의 부가 시설이 갖추어 지지 않아 下三道 읍성에 비하여 상당히 허술하게 수축되었음을 알 수 있다.

한편 고려말에 있었던 강원도 지역의 여러 堡·戍所는 북방에서 방어선이 북상하고, 점차 倭寇도 종식됨에 따라서 예전의 방비시설 가운데 상당수가 사실상 필요치 않게 됨에 따라 점차 이에 대한 정리가 이루어 졌던 것으로 생각된다. 이는 궁극적으로 조선시대에 들어서서 동해연안지역에 대한 읍성의 건설과 三陟·杆城에 鎭을 두고, 水軍萬戶營을 두는 것으로 대치되어 갔다. 또 매우 특별한 경우이지만 鎭이나 邑까지 멀리 떨어져 있는 지역인 옥원역 부근에 축성하고 千戶(후에는 驛丞으로 대치)를 두어 守禦하게 하였다. 따라서 강원도 동해연안의 여러 營鎭堡는 고려시대 이래 여러 연안의 방비시설이 정비되어 가는 과정에서 가장 중요한 곳만이 계속 유지되어진 것이라고 할 수 있다.

그런데 조선초기 설치되었던 강원도의 鎭은 鎭將을 守令이 겸임하고 있었기 때문에 읍성과 鎭城의 구분이 있을 수 없었고, 다만 沃原城의 경우는 고려시대에 이미 존재하던 것을 조선초에 다시 수축하여 사용하였다. 그리고 수군영진의 城은 삼척포의 경우는 이미 조선초기 이전에 조성된 蓼田山城을 사용하다가 성종대에 와서 이축하였고, 다른 수군영진의 城도 마찬가지로 성종대에 축조되었다. 이는 앞서 서술한 바와 같이 水軍船上勤務의 원칙이 지켜지지 않게 되면서 萬戶들은 불법적으로 육지에 私舍를 두게 되었는데, 이것이 오랜기간 계속되면서 사실상 관례화되어 이의 양성화라는 차원에서 寄港地 근처에 축성하고 수군의 군수물자를 보관하고 만호의 주재처로 삼도록 하였던 것이다. 성종대의 수군진영에 대한 축성은 1차적으로 왜인들의 왕래가 잦은 경상도·전라도 지역에서 실시되었고, 이것이 확대 시행되면서 강원도 영동지역 연변에도 축성이 추진되었던 것이다. 이러한 양상은 연해지역에 대한 읍성축조 정책에서 방어가 긴요한 하삼도 지역의 읍성 축조가 어느 정도 이루어진 다음, 문종대에 와서 강원도 영동지역의 읍성을 수축하게 된 것과 같은 것이다. 그러나 강원도의 경우는 왜구들의 항해여건상 直航할 수 있는 지역이 아니었고, 또 강원도의 경우는 높은 파도 때문에 浦口가 모래로 막혀 寄港地를 자주 옮기게 되니 축성하더라도 무익하다고 하여 반대하였기 때문에, 성종대에는 城石을 모으는 정도에 그쳤다.

그런데 중종대에 三浦倭亂이 일어나면서 연해지역에 대한 방비가 강화되어 강원도에서는 영동의 각 府郡縣별로 1~3개처의 木柵이나 鹿角城을 설치하고 下番軍과 閑良 중에서 武才가 있는 자를 뽑아서 방수하도록 하였다. 당시 이러한 강원도 영동지역에 각 지역별로 설치하도록 한 戍所가 어느 곳인지는 명시되지 않았기 때문에 그 위치를 알 수는 없으나, 이 조치가 그해 4월에 일어난 三浦倭亂에서 비롯된 것이기 때문에 연해지역을 집중적으로 방비하기 위하여 설치되었던 것이고, 따라서 연해의 각 府郡縣별로 중요한 요충지에 설치되었을 것은 명백하다. 특히 산성이 그러한 것처럼 이미 예전에 있던 古城이나 防戍處를 이용하여 녹각성이나 목책을 이용하여 임시의 柵堡를 만들었을 것으로 생각된다.

강원도 지역에 남아 있는 鎭堡城은 많지 않고, 踏査記 수준 이상의 조사가 거의 이루어지지 않아 성벽의 구조나 축조법은 아직 명확히 알려져 있지 않다. 다만 일부 남아 있는 體城의 외형과 붕괴로 노출된 체성벽의 일부 구조를 관찰할 수 있을 정도이다. 그나마 성벽이 남아 있는 襄陽 大浦營城의 경우를 보면, 구릉을 따라 축조된 곳은 내탁식으로 되어 있는데, 체성벽은 대체로 매우 큰 方形, 또는 長方形의 석재를 하단에 쌓고 상단에는 작은 돌로 축조하고, 큰 석재의 틈은 작은 돌로 메우는 방식으로 되어 있다. 최하단의 경우는 일부 노출된 성벽을 보면, 마산 합포성지의 경우처럼 하단에 栗石을 깔아 평평하게 다진 뒤 그 위에 납작한 장대석을 깔아 지대석으로 삼고 그 위에 다시 기단석을 올려 놓는 방식으로 이루어졌을 것으로 추정된다. 또한 대포영성의 경우 상단의 체성 폭이 4m 정도되는데, 마산의 합포성의 경우도 이와 같은 점으로 보아 이 시기의 성벽폭이 대체로 4m 전후로 설계되었던 것이 아닌가 여겨진다. 또 강원지역의 鎭堡城은 성종 17년~22년 사이에 경상도·전라도에 쌓은 수군진영에 대한 축성과 비교하여 보면 성벽의 높이가 대개 낮은데, 이는 강원도의 鎭堡城은 경상·전라도 보다 그 방어상의 중요성이 낮아 많은 功役을 들여 높이 쌓을 필요성이 없었기 때문이라고 할 수 있으며, 강원도의 營鎭堡城에서 기록이나 유적을 통하여 女墻·雉城 등 附帶施設의 존재가 확인되지 않는 것도 같은 이유에서 이다.

그런데 강원도의 營鎭堡城 가운데 삼척 沃原城의 존재는 매우 특수한 사례에 속한다. 이 城이 邑城이나 鎭城의 기능을 보완하는 역할을 하고 있었던 점에서는 다른 지역의 鎭堡와 다를 바 없지만 이 城의 수호가 千戶, 또는 驛丞에 의해 책임지워지고 있었다는 점은 다른 지역에서 발견하기 어려운 특수한 경우이다. 전라도 海珍의 南面 狗山城에 館所를 설치하고 館丞(그 道의 驛丞이 겸임)을 둔 바 있으나 이는 그 운영과 임무면에서 전혀 성격이 다르다. 즉 沃原城은 기본적으로 읍성의 기능을 보조하기 위한 성이며, 守城責任者인 驛丞은 평소에는 驛務에 종사하다가 유사시에 驛卒을 거느리고 방어에 종사하도록 하였으나 狗山城의 경우는 館所와 馬匹을 보호하는 기능을 가지고 있었고, 館丞은 유사시 방어의 임무가 아닌 馬匹의 사육, 표류민 구휼, 濟州往來人에 대한 檢察 등이 주요 임무였다. 沃原城의 경우는 유사시 驛丞이 驛卒을 거느리고 방어하도록 함으로써 이곳에 별도의 군사를 배치하지 않고 事變에 대비하겠다는 것이었다. 이는 인적자원이 빈약한 강원도의 여건과도 관련이 있으며, 또 常駐軍을 배치하여야 할 만큼 긴급한 곳도 아니었기 때문이었다.

조선시대의 성곽수축은 국가 전체의 방어정책상 초기에는 산성을 위주로 하는 방비를 추구하다가 세종대 이후로는 下三道 읍성 수축 정책→行城과 鎭堡城 築造策으로 이어 졌으며, 문종대에는

下三道에 대한 읍성의 재정비와 함께 북방에서 오이라트가 강성해짐에 따라 서북로를 중심으로 읍성과 많은 산성이 수축되는 한편, 황해도의 언진산맥 일대에 2차방어선의 구축을 목적으로 대규모 행성의 축조가 추진되었다. 그후 성종대에는 퇴락한 읍성에 대한 재수축과 함께 문종대 이후 정지되었던 행성축조를 재개하였으며, 특히 水軍寄港地에 대한 축성이 다수 이루어졌다. 그리고 중종대에는 삼포왜란의 영향으로 연해지역의 水軍浦口와 읍성에 대한 대대적인 축성이 이루어지게 되었다. 그 이후로 특기할 만한 변화는 없다가 임진왜란을 계기로 山城有益論에 따라 전국적으로 많은 산성이 수축되었다.

이상에서 고려~조선전기 성곽수축의 변화와 현황, 그리고 조선전기 강원도라고 하는 특정한 지역에서 그것이 어떠한 양상으로 전개되었고, 그 유적들이 어떠한 형태로 남아 있는지에 대하여 살펴 보았다. 당시 성곽은 기본적으로 備敵機能을 위한 것이면서도 전투기능을 위주로 한 城이 아니라 백성의 보호를 위한 保民機能을 우선시하는 형태로 축조되었다. 따라서 순전히 戰鬪員만을 위한 難攻의 要塞形 城을 발전시킨 것이 아니라 유사시 인민을 성안으로 들여보내 보호하는 保民用의 城을 축조하였다. 이러한 방비시설 형태는 常備軍이 충분히 확보되기 어려운 兵農一致 사회구조에서 비롯되는 것이리라 생각한다.

한편 지방에 방어력이 우수한 견고한 성곽을 건설하는 것은 국가 방비에 매우 중요한 일이지만, 戰時가 아닌 평시의 경우에 이는 군주의 입장에서 보면 중앙집권화에 반하는 일이었다. 지역의 견고한 성곽이 반역집단에 넘어갈 경우 이를 진압하는데 오랜 시간이 걸릴 뿐더러 자칫하면 왕권전복의 전진기지가 될 가능성도 배제할 수 없었으며, 이 때문에 군주는 이러한 장단점 사이에서 균형을 유지할 필요가 있었던 것이다. 또한 정도전이『朝鮮經國典』工典 城郭條에서 "人心으로 城을 삼는다면 가히 근본된 바를 아는 것"이라고 하는 것에서 알 수 있듯이 유교사상에 투철한 조선시대 관리들은 대체로 농민을 빈번히 축성공사에 동원하는 것을 꺼려하였으며, 요역 감면과 役事의 필요성 사이에서 갈등하게 되었던 것이다.

참고문헌

1. 史 料

高麗史, 高麗史節要, 太祖實錄, 定宗實錄, 太宗實錄, 世宗實錄, 文宗實錄, 端宗實錄, 世祖實錄, 睿宗實錄, 成宗實錄, 燕山君日記, 中宗實錄, 明宗實錄, 宣祖實錄, 光海君日記, 西厓集, 紀效新書, 經國大典, 慶尙道地理志, 慶尙道續撰地理誌, 新增東國輿地勝覽, 訥齋集, 東國輿地志, 大東地志, 輿地圖書, 三峯集, 邑誌, 關東誌, 萬機要覽, 武備要覽, 陟州集, 燃藜室記述, 眉首記言, 懲毖錄, 大東輿地圖, 海東地圖

2. 著書 및 學位論文

江陵大 博物館,『高城郡의 歷史와 文化遺蹟』, 江原道・高城郡・江陵大 博物館, 1995.

江陵大 博物館,『江陵의 歷史와 文化遺蹟』, 江原道・江陵市・江陵大 博物館, 1995.

江陵大 博物館,『束草市의 歷史와 文化遺蹟』, 江原道・束草市・江陵大 博物館, 1997.

江陵大 博物館,『江陵 正東津 高麗城地 地表 調査 報告書』, 1998.

江陵大 博物館,『東海 於達山 烽燧臺』, 2001.

江原大學校 江原文化研究所,『洪川郡의 歷史와 文化遺蹟』, 江原道・洪川
　　　　郡・江原文化研究所, 1996.

江原大學校 江原文化研究所,『完譯 陟州集』, 三陟市, 1997.

강원대 박물관,『한계산성지표조사보고서』, 1987.

강원문화재연구소,『三陟 寥田山城 基本 設計(地表調査) 報告書』, 2001

江原鄉土文化研究會,『原州郡의 歷史와 文化遺蹟』, 江原道・原州
　　　　郡・江原鄉土文化研究會, 1994.

　　　　　　　　　　　　,『橫城郡의 歷史와 文化遺蹟』, 江原道・橫城
　　　　郡・江原鄉土文化研究會, 1995.

　　　　　　　　　　　　,『原州의 歷史와 文化遺蹟』, 江原道・原州市・
　　　　江原鄉土文化研究會, 1997.

關東大 博物館,『三陟의 歷史와 文化遺蹟』, 江原道・三陟市・關東大
　　　　博物館, 1995.

關東大 博物館,『溟州郡의 歷史와 文化遺蹟』, 江原道・溟州郡・關東
　　　　大博物館, 1997.

關東大 博物館,『東海 頭陀山城』-地表調査 報告書, 關東大博物館・
　　　　東海文化院, 1997.

國防軍史研究所,『韓民族戰爭通史』Ⅱ, 1993.

國防部 戰史編纂委員會,『對蒙抗爭史：民族戰亂史』5, 戰史編纂委員
　　　　會, 1988.

金雲泰,『朝鮮王朝行政史』, 博英社, 1970

金在瑾,『朝鮮王朝軍船研究』, 一潮閣, 1977.

김홍술,『江陵地域의 城郭研究』, 관동대 대학원 석사학위논문, 1999.

盧啓鉉,『高麗領土史』, 甲寅出版社, 1993.

南都泳,『韓國馬政史』, 한국마사회 마사박물관, 1996.

木浦大 博物館,『務安郡의 文化遺蹟』, 務安郡, 1986.

木浦大 博物館,『海南郡의 文化遺蹟』, 海南郡, 1986.

文化財研究所,『文化遺蹟總攬』上·中·下, 1977.

閔賢九,『朝鮮初期의 軍事制度와 政治』, 한국연구원, 1983.

반영환,『한국의 성곽』, 세종대왕기념사업회, 1978.

方東仁,『韓國의 國境劃定研究』, 一潮閣, 1997.

方相鉉,『朝鮮初期 水軍制度』, 民族文化社, 1991.

報恩郡,『三年山城(城壁構造 및 西北雉 調査槪報)』, 1987.

報恩郡,『三年山城』, 1980

釜山大 韓日文化研究所,『慶南의 倭城趾』, 1961.

서울대학교 奎章閣刊,『海東地圖』, 經世院, 1995.

서울市史編纂委員會,『서울六百年史』上, 1977.

서울市史編纂委員會,『서울六百年史』文化史蹟篇, 1987.

孫永植,『韓國城郭의 研究』, 文化公報部 文化財管理局, 1987.

昇州郡,『낙안성 민속보존마을 조사연구 보고서』, 昇州郡, 1979.

沈奉謹,『蔚山倭城·兵營城址』, 동아대박물관, 1986.

______,『韓國南海沿岸城址의 考古學的 研究』, 學研文化社, 1995.

沈正輔,『韓國邑城의 研究』, 學研文化社, 1995.

元永煥,『北漢誌』, 서울市史編纂委員會, 1996.

______,『朝鮮時代 漢城府 研究』, 江原大學校 出版部, 1990.

柳在春,『朝鮮前期 江原地域의 城郭 研究』, 강원대 대학원 박사학위논
        문, 1998.

______,『近世 韓日城郭의 比較研究』, 국학자료원, 1999.

陸士韓國軍事研究室,『韓國軍制史』近世朝鮮前期篇, 陸軍本部, 1968.

陸軍士官學校 陸軍博物館,『江原道 鐵原郡 軍事遺蹟 地表調査報告
        書』, 1996.

육군사관학교 육군박물관,『抱川 雲岳山城 地表調査報告書』, 2001.

육군사관학교 국방유적연구실,『旌善 愛山里山城 地表調査報告書』,
        2003.

尹武炳,『海美邑城內建物址 發掘調查報告書』, 忠南大博物館, 1981.

尹龍爀,『高麗對蒙抗爭史研究』, 일지사, 1991.

尹張燮,「韓國建築史」, 東明社, 1977.

尹薰杓,『麗末鮮初 軍制改革研究』, 혜안, 2000.

李基白,『高麗兵制史研究』, 一潮閣, 1968.

李相球,『朝鮮中期의 邑城에 관한 硏究』, 서울대 석론, 1984.

李相協,『朝鮮前期 北方徙民에 관한 硏究』, 성균관대 박사논문, 1995.

李樹建,『朝鮮時代 地方行政史』, 民音社, 1989.

李仁榮,『韓國滿洲關係史의 硏究』, 乙酉文化社, 1954.

李鉉淙,『朝鮮前期對日交涉史研究』, 韓國研究院, 1973.

李炯錫,『壬辰戰亂史』上・中・下, 壬辰戰亂史刊行委員會, 1974.

張東翼,『高麗後期外交史研究』, 일조각, 1994.

張明洙,『城郭發達과 都市計劃 硏究』~全州府城을 중심으로~, 學研文化
　　　　社, 1994.

張學根,『朝鮮時代海洋防衛史研究』, 海軍士官學校, 1987.

丁仲煥,『東萊邑城西將台・望月山頂建物址發掘調查報告書, 東亞大 博
　　　　物館, 1979.

車文燮,『朝鮮時代軍事關係研究』, 檀國大出版部, 1996.

車勇杰,『高麗末・朝鮮前期 對倭 關防史 研究』, 忠南大學校 博士學位
　　　　論文, 1988.

車勇杰, 沈正輔編,『壬辰倭亂 前後 關防史研究』, 文化財研究所, 1989.

최복규外,『홍천 석화산성 지표조사 보고서』, 강원고고학연구소・홍천
　　　　문화원, 1996.

최복규外,『홍천 대미산성 지표조사 보고서』, 강원고고학연구소・홍천
　　　　문화원, 1997.

春川市,『春川鳳儀山城 地表調查 報告書』, 1993.

忠北大學校 湖西文化研究所,『旌善 古城里 山城과 松溪里 山城 및 古墳
　　　　群』, 1997.

忠北大學校 中原文化研究所, 『永同邑城 地表調査 報告書』, 1997.

忠北大學校 中原文化研究所, 『原州 鴿原山城・海美山城 地表調査 報告書』, 1998.

忠北大學校 中原文化研究所, 『春川 三岳山城』, 2000.

翰林大博物館, 『麟蹄郡의 歷史와 文化遺蹟』, 江原道・麟蹄郡・翰林大博物館, 1996.

翰林大博物館, 『寧越郡의 歷史와 文化遺蹟』, 江原道・寧越郡・翰林大博物館, 1997.

漢陽大學校 博物館, 『南漢山城 地表調査報告書』, 京畿道, 1986.

洪元基, 『高麗前期軍制研究』, 혜안, 2001.

三宅英利, 『近世日朝關係史の研究』, 文獻出版, 1986.

杜榮坤・白翠琴, 『西蒙古史研究』, 新疆人民出版社, 1986.

3. 論 文

姜性文, 「朝鮮時代 女眞征伐에 관한 연구」 『軍史』 第18號, 국방부 전사편찬위원회, 1989.

姜英哲, 「朝鮮初期의 軍事道路－北方 兩地帶의 境遇에 대한 試考」 『韓國史論』 7, 國史編纂委員會, 1980.

姜彰彦, 「濟州道의 環海長城 研究」 『탐라문화』 11집, 제주대학교 탐라문화연구소, 1991.

高錫元, 「麗末鮮初 對明外交」 『白山學報』 第23號, 白山學會, 1977.

권영국, 「고려말 지방군제의 변화」 『한국중세사연구』 1, 1994.

_____, 「고려말 중앙군제의 변화」 『史學研究』 47호, 1994.

_____, 「원 간섭기 고려 군제의 변화」 『14세기 고려의 정치와 사회』, 1994.

金九眞,「麗末鮮初 豆滿江 流域의 女眞 分布」『白山學報』第15號, 白山
　　學會, 1973.

＿＿＿,「朝鮮前期 對女眞關係와 女眞社會의 實態」,『東洋學』第14輯,
　　檀國大學校 東洋學硏究所, 1984.

金錫禧,「世祖朝의 徙民에 관한 考察」－下三道 徙民의 時代的 背景을
　　中心하여－『釜大史學』2집, 釜山大 史學會, 1971.

金聲均,「朝鮮中期의 對滿關係」『白山學報』第24號, 白山學會, 1978.

金鎭鳳・車勇杰・梁起錫,「朝鮮時代 軍役資源의 變動에 관한 硏究」,『湖
　　西文化硏究』第3輯, 忠北大學校 湖西文化硏究所, 1983.

金鎔坤,「朝鮮前期 軍糧米의 確保와 運送」『史學硏究』第32號, 韓國史學
　　會, 1981.

김창현,「고려 서경의 성곽과 궁궐」『역사와 현실』제41호, 한국역사연
　　구회, 2000.

金鎬逸,「梁誠之의 關防論」『韓國史論』7, 國史編纂委員會, 1981.

南都泳,「麗末鮮初 馬政上으로 본 對明關係」『東國史學』6집, 東國大
　　史學會, 1960.

閔德植,「丁酉再亂時 川上久國이 그린 南原城圖에 대하여」『송갑호교수
　　정년퇴임기념논문집』, 기념논문집간행위원회, 1993.

＿＿＿,「朝鮮 肅宗代의 都城 修築工事에 관한 考察」－성곽사적 측면
　　을 중심으로－『白山學報』第44號, 白山學會, 1994.

＿＿＿,「北漢山城을 쌓게 된 경위에 관한 고찰」－성곽사적 측면을 중
　　심으로－,『白山學報』第45號, 白山學會, 1995.

＿＿＿,「鹿角施設에 대한 分析」,『아시아문화』제14호, 한림대 아시아
　　문화연구소, 1999.

＿＿＿,「朝鮮時代의 木柵」『忠北史學』11・12합집, 충북대 사학회,
　　2000.

＿＿＿,「韓國의 長城－조선시대의 例를 중심으로－」『白山學報』제
　　57호, 2000.

_____, 「특수한 유형의 성곽」『아시아문화』18호, 한림대 아시아문화
　　　　연구소, 2002.

朴性植, 「癸巳 晉州城戰鬪 小考」『慶北史學』 4집, 경북대 사학과,
　　　　1982.

朴元熇, 「明初 朝鮮의 遼東征伐計劃과 表箋問題」『白山學報』8호, 白
　　　　山學會, 1975.

_____, 「永樂年間 明과 朝鮮間의 女眞問題」『亞細亞研究』通卷 第85
　　　　號, 高麗大 亞細亞問題研究所, 1991.

_____, 「宣德年間(1425~1435) 明과 朝鮮間의 建州女眞」『亞細亞研
　　　　究』通卷 第88號, 高麗大 亞細亞問題研究所, 1992.

박종진, 「고려시기 개경사 연구동향」『역사와 현실』34, 한국역사연구
　　　　회, 1999.

박종진, 「개성의 문화재」『역사비평』통권54호, 역사문제연구소, 2001.

方相鉉, 「朝鮮前期 城郭機能考」『史學志』16, 檀國大學校 史學會, 1982.

방상현, 「조선初期 浦鎭研究」『朴性鳳敎授回甲記念論叢』, 경희대 사학
　　　　회, 1987.

裴晟洙, 「江華島 墩臺의 築造와 役夫 －雞龍墩臺 築城記名의 분석」『仁
　　　　荷史學』9, 仁荷歷史學會, 2002.

白種伍, 「京畿地域 高麗城郭 研究」『史學志』35, 檀國史學會, 2002.

徐日範, 「徐熙가 築城한 城郭과 淸川江 以北 防禦體系」『徐熙와 高麗
　　　　의 高句麗 繼承意識』, 高句麗研究會, 1999.

徐程錫, 「泰安 安興鎭城에 대한 一考察」『역사와 역사교육』제3·4호 합
　　　　집 －愚齋安承周博士追慕 歷史學論叢－, 熊津史學會, 1999.

孫永植, 「城郭의 位置解析에 관한 考察」『文化財』17호, 1984.

宋炳基, 「世宗朝 兩界行城 築造에 對하여」『史學研究』18, 韓國史學
　　　　會, 1964.

宋正炫, 「世宗朝의 北方政策」『湖南文化研究』3집, 全南大 湖南文化
　　　　研究所, 1965.

申奭鎬, 「麗末鮮初 倭寇와 그 對策」『國史上의 諸問題』 3, 國史編纂
　　　　委員會, 1959.

신안식, 「고려전기의 築城과 개경의 황성」『역사와 현실』 제38호, 한국
　　　　역사연구회, 2000.

＿＿＿, 「고려시대 개경의 나성」『명지사론』 11・12합집, 2000.

沈正輔, 「朝鮮時代 湖西地方 沿海邑城의 機能에 관한 考察」『湖西文
　　　　化研究』 第14輯, 忠北大學校 湖西文化研究所, 1996.

吳宗祿, 「朝鮮初期의 邊鎭防衛와 兵馬僉使・萬戶」『歷史學報』 123
　　　　집, 역사학회, 1989.

＿＿＿, 「高麗後期의 軍事 指揮體系」『國史館論叢』 24, 국사편찬위원
　　　　회, 1991.

＿＿＿, 「朝鮮初期 兩界의 翼軍體制와 國防」『水邨朴永錫敎授華甲紀
　　　　念 韓國史學論叢』, 紀念論叢刊行委員會, 1992.

＿＿＿, 「조선초기 국방정책」~양계의 국방을 중심으로~『역사와 현
　　　　실』 제13호, 역사비평사, 1994.

玉漢錫, 「江原道 城址分布와 山勢考」『江原文化研究』 7집, 1987.

劉鳳榮, 「王朝實錄에 나타난 李朝前期의 野人」『白山學報』 第14號, 白
　　　　山學會, 1973.

元永煥, 「穆祖의 活動과 紅犀帶考」『江原史學』 第九輯, 江原大 史學會,
　　　　1993.

＿＿＿, 「第3章 城郭과 門樓」『서울六百年史』 文化史蹟篇, 서울市史
　　　　編纂委員會, 1987.

柳在春, 「『世宗實錄』 地理志 城郭記錄에 대한 檢討」『史學研究』 第50號,
　　　　韓國史學會, 1995.

＿＿＿, 「朝鮮前期 城郭 研究」『軍史』 33號, 國防軍史研究所, 1996.

＿＿＿, 「原州 鴒原山城考」『鄕土史研究』 第9輯, 韓國鄕土史研究全
　　　　國協議會, 1997.

＿＿＿, 「朝鮮前期 行城築造에 관하여」『江原史學』 제13・14 合輯,

강원대학교 사학회, 1998.

______, 「朝鮮時代 江原地域의 築城硏究」『江原文化史硏究』 第2輯,
　　　　江原鄕土文化硏究會, 1997.

______, 「북한강 유역의 전란과 성곽 연구」『江原文化史硏究』 제4집,
　　　　강원향토문화연구회, 1999.

______, 「韓日兩國의 山城에 대한 比較硏究-14~17C경을 중심으로-」
　　　　『韓日關係史硏究』 제11집, 한일관계사학회, 1999.

______, 「14~17세기초 한일양국의 평지치소성 발달에 관한 연구」『史
　　　　學硏究』 제57호, 한국사학회, 1999.

______, 「麗末鮮初 東界地域의 변화와 治所城의 移轉 改築에 대하여」
　　　　『朝鮮時代史學報』 제15호, 조선시대사학회, 2000.

______, 「강원지역 관방유적의 연구 현황과 과제」『학예지』8, 육군사
　　　　관학교 육군박물관, 2001.

______, 「15세기 明의 東八站 地域 점거와 조선의 대응」『朝鮮時代史
　　　　學報』 제18호, 조선시대사학회, 2001

______, 「중세산성의 특징적 유형과 변천」『江原史學』 17·18 합집,
　　　　2002, 강원대 사학회.

______, 「지역사의 복원과 문화유적 지표조사사업」『江原文化史硏究』
　　　　제7집, 강원향토문화연구회, 2002.

______, 「임진왜란시 일본군의 조선 성곽 이용에 대하여-철원 성산성
　　　　사례를 중심으로」『朝鮮時代史學報』 24집, 조선시대사학회,
　　　　2003.

윤경오·김남돈·정병돈, 「葛豊里山城」『博物館誌』 第3號, 江原大學
　　　　校 博物館, 1996.

尹薰杓, 「高麗末 偰長壽의 築城論」『韓國思想史學』 第9輯, 韓國思想
　　　　史學會, 1997.

李慶喜, 「高麗末 倭寇의 침입과 對倭政策의 一斷面; 慶尙道地域民의 抗
　　　　戰을 중심으로」釜山女大史學 第10·11合輯, 부산여대 사학회,

492   韓國 中世築城史 硏究

　　　　1993.

李根花,「고려 前期의 北方築城」『호서사학』15집, 호서사학회, 1987.

李相協,「朝鮮前期 北方徙民의 性格과 實相」『成大史林』12・13合輯,
　　　　成大史學會, 1997.

李相瑄,「고려시대 강화의 역사적 위상과 문화」『누리와 말씀』제2호,
　　　　인천카톨릭대학교 겨레문화연구소, 1997.

李銀圭,「15世紀初 韓日交涉史 研究」『湖西史學』3집, 湖西史學會, 1974.

李章熙,「壬亂中 山城修築과 堅壁淸野에 대하여」『阜村申延澈敎授停
　　　　年退任紀念 史學論叢』, 일월서각, 1995.

＿＿＿,「壬亂前의 西北邊界 政策」『白山學報』 第12號, 白山學會,
　　　　1972.

＿＿＿,「壬辰倭亂 僧軍考」『李弘稙博士回甲紀念韓國史學論叢』, 同
　　　　委員會, 1969.

李載龒,「奉足에 對하여－朝鮮初期 軍役制度를 中心으로－」『歷史學
　　　　研究』2호, 全南大學校 史學會, 1964.

李在範,「麗遼戰爭과 高麗의 防禦體系」『韓國軍事史研究』3, 國防軍
　　　　史研究所, 1999.

李俊善,「江陵地域의 古代山城」『地理學』제25호, 1982.

李泰鎭,「壬辰倭亂에 대한 理解의 몇 가지 問題」『軍史』창간호, 國防
　　　　部戰史編纂委員會, 1980.

李鉉淙,「世宗의 對倭策小考」『成均』8호, 성균대학교, 1957.

＿＿＿,「三浦倭亂 原因考」『黃義敦先生古稀紀念史學論叢』, 同委員
　　　　會, 1960.

＿＿＿,「壬辰倭亂과 서울」『鄕土서울』 18호, 서울시사편찬위원회,
　　　　1963.

林英正,「麗末鮮初의 私兵－高麗時代 私兵의 發生과 그 背景－」『韓
　　　　國史論』7, 國史編纂委員會, 1980.

張慶浩,「垓子의 起源과 그 機能에 관한 考察」『三佛金元龍敎授停年

退任紀念論叢』 Ⅱ, 1987.

장지연,「개경과 한양의 도성구성 비교」『서울학연구』 15, 2000.

趙 珖,「實學者의 國防意識」『韓國史論』9, 國史編纂委員會, 1981.

趙楨基,「西厓 柳成龍의 城墩論」『龍嚴車文燮敎授華甲紀念論叢 朝鮮
　　　時代史研究』, 圖書出版 新書苑, 1989.

車文燮,「鮮初의 甲士에 對하여」『史叢』4·5집, 高麗大 史學會, 1959.

＿＿＿,「朝鮮前期의 國防體制」「東洋學」 13, 1983.

車勇杰,「韓國城郭의 史的 考察」『大學院論文集』 5, 충남대 대학원,
　　　1975.

＿＿＿,「世宗朝 下三道 沿海邑城 築造에 대하여」『史學研究』27, 韓
　　　國史學會, 1977.

＿＿＿,「朝鮮 成宗代 海防築造論議와 그 樣相」『白山學報』23, 白山
　　　學會, 1977.

＿＿＿,「兩江地帶의 關防體制 研究試論－18세기 이후의 鎭堡와 江灘
　　　把守의 配置를 중심으로~『軍史』 創刊號, 국방부 전사편찬위
　　　원회, 1980.

＿＿＿,「朝鮮前期 關防施設의 整備過程」『韓國史論』7, 國史編纂委
　　　員會, 1981.

＿＿＿,「朝鮮後期 關防施設의 變化過程－壬辰倭亂 前後의 關防施設에
　　　대한 몇가지 問題－」『韓國史論』9, 國史編纂委員會, 1981.

＿＿＿,「鳥嶺關防施設에 대한 研究(1)－交通路로서의 鳥嶺과 關防施
　　　設로서의 鳥嶺關에 대한 基礎的 整理－」『史學研究』第32號,
　　　韓國史學會, 1981.

＿＿＿,「高麗末 倭寇對策으로서의 鎭戍와 築城」『史學研究』38, 韓
　　　國史學會, 1984.

＿＿＿,「鳥嶺關防施設에 대한 研究(2)」~鷄立嶺路 問題의 整理~『崔永
　　　禧先生華甲紀念韓國史學論叢』, 探究堂, 1987.

＿＿＿,「小白山脈 北麓式 石築山城 水口形式 試論」『용암차문섭교수화

갑기념 사학논총』, 화갑기념논총간행위원회, 1989.

______, 「竹嶺路와 그 부근 嶺路沿邊의 古城址調査硏究」『國史館論叢』
48輯, 國史編纂委員會, 1990.

______, 「한국의 산성연구 동향과 과제」『남한산성의 현대적 재조명』
(남한산성 축성 370주년 기념 제1회 국제학술회의 발표논문 요
록집), 성남시, 1996.

______, 「高麗末 1290年의 淸州山城에 대한 豫備的 考察」『金顯吉敎授
停年紀念鄕土史學論叢』, 紀念論叢刊行委員會, 1997.

蔡連錫, 「朝鮮初期 火器의 硏究」『韓國史論』 7, 國史編纂委員會,
1981.

千寬宇, 「五衛와 朝鮮初期의 國防體制」『李相伯博士回甲記念論叢』,
1964.

崔根泳, 「忠州 薔薇山城考」『史學硏究』 第55·56合集號, 韓國史學會,
1998.

최근영, 「忠州 大林山城考 -忠州山城과의 관련성을 중심으로-」『中原
文化論叢』第4輯, 忠北大學校 中原文化硏究所, 2000.

허선도, 「近世朝鮮前期의 烽燧」(上)(下), 『한국학논총』 7, 8집, 1985

홍영의, 「고려수도 개경의 위상」『역사비평』 가을호, 1988.

黃義千, 「藍浦縣 治所의 移動에 관하여」『역사와 역사교육』 제3·4호 합
집 -愚齋安承周博士追慕 歷史學論叢-, 熊津史學會, 1999.

細野 徒, 「高麗時代の開城 -羅城城門の比定を 中心とする復元試案-」
『朝鮮學報』 第166輯, 朝鮮學會, 1998.

井上秀雄, 「慶尙道續撰地理志の城郭觀」『朝鮮學報』99·100合輯、朝鮮
學會, 1981.

______, 「十五世期の朝鮮の城郭觀」, 『東北大學文學部日本文化硏究所
硏究報告書』 17集, 1981.

______, 「朝鮮城郭一覽」, 『朝鮮學報』 103-107, 朝鮮學會, 1982-83.

______, 「現存遺蹟からみた朝鮮城郭小史」, 『村上四男博士 退官記念

論文集』, 1982.

中西豪,「朝鮮側史料に見る倭城－その觀察と理解の實相－」『朝鮮學報』
　　　第125輯, 朝鮮學會, 1987.

太田秀春,「韓國における倭城硏究の現狀と課題」『倭城の硏究』 第4號,
　　　城郭談話會, 2000.

太田秀春,「文祿・慶長の役における日本軍の築城觀の變遷について－朝鮮
　　　邑城の利用から倭城築城への過程を中心に－」『朝鮮學報』181
　　　集, 朝鮮學會, 2001.

부 록

□ 고려시대 축성 관련 주요 연표
□ 조선왕조실록 축성관련 기사 연표

고려시대 축성 관련 주요 연표

시 대	주 요 내 용
태조 2년 (919)	- 정월, 고려, 철원에서 송악으로 도읍을 옮김. - 10월, 평양에 축성. - 용강현에 축성, 길이 1,807간, 문 6, 수구 1. - 烏山城을 禮山縣으로 개칭하고 최유와 대상 애선안을 파견하여 유랑민 500여호를 모아 들임.
3년(920)	- 3월 유검필에게 명하여 북계 골암성 동산에 큰 성을 쌓음. - 함종현에 축성, 길이 236간, 문 4, 수구 3, 성두 4, 차성 2.
4년(921)	- 운남현에 축성.
5년(922)	- 서경의 在城을 6년만에 완공
8년(925)	- 成州에 축성, 길이 691간, 문 7, 수구 5, 성두 7, 차성 1, 첩원 87
	- 運州 옥산에 축성
	- 유검필에게 탕정군에 축성하도록 하였으나 국왕이 북계 순시 중 鎭國城에 옮겨 축조하도록 함.
	- 견훤, 신라의 20여 성을 점령함.
10년(927)	- 拜山城을 수리하고 2隊의 군사를 주둔케함
	- 견훤, 경주에 침입하여 경애왕을 자살케하고 경순왕을 옹립함. 또 공산동수에서 왕건군을 대파함.
11년(928)	- 2월 안북부에 축성하고 元尹 朴權을 鎭頭로 삼아 개정군 700명을 거느리고 주둔케함. - 4월 운주 옥산에 축성하고 주둔군을 둠. - 7월, 태조가 친히 三年山城을 공격하였으나 이기지 못하고 靑州로 감. - 8월, 견훤이 장군 관흔을 시켜 陽山에 축성하자 태조가 왕충을 시켜 공격하여 패주케하고 퇴각하여 大良城을 확보함. - 11월, 견훤이 정병을 선발하여 烏於谷城을 함락시키고 거기 주둔하였던 고려 병졸 1천명을 죽임. - 고려 국왕 북계 순시 중 鎭國城을 이전하고 이름을 通德鎭이라 함.
12년(929)	- 3월 安定鎭에 축성하고 元尹 彦守考로 하여금 수비케함. - 9월, 안수진에 축성하고 元尹 昕平으로 진두를 삼음. - 영청진에 축성함. - 홍덕진에 축성하고 元尹 阿次城으로 진두를 삼음.
13년(930)	- 2월, 이어진에 축성하고 이름을 神光鎭이라 하고 백성들을 성안으로 옮겨 채움. - 조양진에 축성, 길이 821간, 문 4, 수구 1, 성두 2, 차성 2. - 마산에 축성하고 안수진이라 칭함. - 靑州에 羅城을 축조함. - 연주에 축성함. - 고려, 고창군에서 견훤군을 대파함. - 안북부에 축성, 길이 910간, 문 12, 성두 20, 수구 7, 차성 5

15년(932)	- 7월, 태조가 친히 一牟山城을 정벌.
	- 11월, 일모산성을 다시 공격하여 격파.
17년(934)	- 通海縣에 축성, 길이 513간, 문 5, 수구 1, 성두 4.
	- 7월, 발해의 세자 大光顯 수만 군중을 이끌고 고려에 투항. 이 해에 후백제의 웅진 등 30여 성이 고려에 투항함.
18년(935)	- 6월, 견훤 고려에 투항함.
	- 11월, 신라 경순왕 고려에 투항하자 경주를 식읍으로 내려줌.
	- 伊勿, 肅州에 축성.
19년(936)	- 고려 후백제 신검군을 대파. 고려 후삼국 통일.
20년(937)	- 順州에 축성, 길이 610간, 문 5, 수구 9, 성두 15, 차성 6.
21년(938)	- 7월, 서경에 나성을 축조.
	- 양암진에 축성, 길이 252간, 문 3, 수구 2, 성두 2, 차성 2.
	- 永淸縣에 축성.
	- 용강, 평원에 축성.
22년(939)	- 肅州에 축성, 길이 1,225간, 문 10, 수구 1, 성두 70.
	- 大安州에 축성.
23년(940)	- 3월, 경주에 대도독부를 설치하고, 淸州·忠州·原州·廣州·公州·梁州·全州·光州·春州를 두고 州·府·郡·縣의 이름을 고침.
	- 殷州에 축성, 길이 739간, 문 8, 수구 4, 성두 2, 차성 4.
정종 2년 (947)	- 3월, 서경에 王城을 축성.
	- 철옹, 삼척, 통덕에 축성.
	- 덕창진, 덕성진에 축성.
	- 박주에 축성, 길이 1,001간, 문 9, 수구 1, 성두 16, 차성 9.
	- 光軍司를 설치하고 光軍 30만을 모아 거란에 대비.
광종 원년 (950)	- 장청진, 위화진에 축성.
2년(951)	- 撫州에 축성, 길이 603간, 문 5, 수구 2, 성두 8, 차성 3.
3년(952)	- 安朔鎭에 축성.
11년(960)	- 濕忽, 松城에 축성.
13년(962)	- 10월, 처음으로 송나라에 사신을 보냄.
18년(967)	- 樂陵郡에 축성.
19년(968)	- 위화진에 축성.
20년(969)	- 長平鎭에 축성, 길이 535간, 문 4.
	- 寧朔鎭에 축성.
	- 泰州에 축성, 길이 885간, 문 6, 수구 1, 성두 37, 차성 4.
21년(970)	- 安朔鎭에 축성.
23년(972)	- 雲州에 축성.
24년(973)	- 和州에 축성, 길이 1,014간, 문 6, 수구 3, 重城 180간.
	- 고주에 축성, 길이 1,016간, 문 6.
	- 장평진, 박평진, 수신도에 축성.
	- 가주에 축성, 길이 1,519간.
	- 안융진에 축성.

경종 4년 (979)	- 청새진에 축성.
성종 원년 (982)	- 6월 최승로 요해지를 골라 국경을 정하고 射御에 능한자로 방어하게 할 것을 건의.
2년(983)	- 수덕진에 축성, 길이 235간, 문 4, 수구 1, 성두 9, 차성 9.
3년(984)	- 문주에 축성, 길이 578간, 문 6.
13년(994)	- 2월, 거란으로부터 양국 왕래로의 요충지에 축성하는 작업에 협조하라는 서신이 옴. - 평장사 서희가 여진을 격퇴한 후 장흥진, 귀화진, 곽주, 귀주에 축성.
14년(995)	- 서희가 군사를 거느리고 여진이 살던 지역에 깊숙히 들어가 안의진, 흥화진 등에 축성. - 靈州에 축성, 길이 699간, 문 7, 수구 2, 성두 12, 차성 2. - 猛州에 축성, 길이 655간, 문 6, 수구 4, 성두 19, 차성 2.
15년(996)	- 宣州에 축성, 길이 1,158간, 문 6, 수구 1, 성두 36, 차성 3.
목종 3년 (1000)	- 德州에 축성, 길이 784간, 문 6, 수구 9, 성두 24, 차성 3.
4년(1001)	- 풍진, 평로진에 축성.
6년(1003)	- 덕주, 가주, 위화, 광화의 성곽을 수리함.
8년(1005)	- 진명현에 축성, 길이 510간, 문 5. - 금양현에 축성, 길이 768간, 문 6. - 곽주에 축성, 길이 787간, 문 8, 수구 1, 성두 5, 차성 2.
9년(1006)	- 용진진에 축성, 길이 501간, 문 6. - 귀주에 축성, 길이 1,507간, 문 9, 수구 1, 성두 41, 차성 5, 重城 168간
10년(1007)	- 흥화진, 울진에 축성. - 익령현에 축성, 길이 348간, 문 4.
11년(1008)	- 통주에 축성. - 등주에 축성, 길이 602간, 문 14, 수구 2.
현종 즉위년 (1009)	- 3월, 개경에 나성을 쌓는 문제를 논의함. - 5월, 동북 변방진에 이주시킨 南道의 民戶를 다시 고향으로 돌아가도록 함. - 배를 건조하여 溟口鎭에 두고 동북의 해적을 막도록 함.
원년(1010)	- 덕주에 축성.
2년(1011)	- 송악성을 增修함. - 서경에 皇城을 축조. - 청하, 흥해, 영일, 울주, 장기에 축성.
3년(1012)	- 경주, 장주, 금양, 궁옹산에 축성.
5년(1014)	- 용주에 축성, 길이 1,573간, 문 10, 수구 1, 성두 12, 차성 4.
6년(1015)	- 운림진에 축성.
7년(1016)	- 宣州에 축성, 길이 652간, 문 5. - 철주에 축성, 길이 789간, 문 7, 수구 1, 성두 18, 차성 4.
8년(1017)	- 안의진에 축성, 길이 834간, 문 5, 수구 1, 성두 2, 차성 4.

10년(1019)	- 영평진에 축성.
12년(1021)	- 동래군의 성곽을 수리함.
14년(1023)	- 요덕진에 축성, 길이 634간, 문 6.
16년(1025)	- 상음현에 축성.
17년(1026)	- 순덕에 축성.
18년(1027)	- 동북계 현덕진에 축성.
	- 청새진에 축성, 길이 821간, 문 7, 수구 4, 성두 15, 차성 4.
19년(1028)	- 용진진성을 수리함.
	- 봉화산 남쪽에 축성하고 高州를 옮김.
20년(1029)	- 위원진에 축성, 길이 825간, 문 7, 수구 1, 성두 12, 차성 12(평장사 柳韶 등을 보내 옛 석성을 수리하여 위원진 설치).
	- 정융진에 축성, 길이 835간, 문 7, 수구 3, 성주 12, 차성 5.
21년(1030)	- 인주에 축성, 길이 1,349간, 문 9, 수구 2, 성두 23, 차성 6, 重城 55간.
	- 영덕에 축성, 길이 852간, 문 7, 수구 1, 성두 14, 차성 7.
	- 6월, 麟州, 威遠, 定戎鎭의 축성 공사에 동원된 자들에게 상을 줌.
덕종 원년 (1032)	- 삭주에 축성, 길이 865간, 문 8, 수구 2, 성두 17, 차성 5.
2년(1033)	- 평장사 유소에게 명하여 천여리에 달하는 北境關防을 처음으로 설치함. 압록강이 바다로 흘러 들어가는 곳으로부터 시작하여 동쪽으로 威遠, 興化, 靜州, 寧海, 寧德, 寧朔, 雲州, 安水, 淸塞, 平虜, 寧遠, 定戎, 孟州, 朔州 등 13성을 거쳐서 耀德, 靜邊, 和州 등 3성에 이르러 동쪽으로 바다에 닿게 함. 돌로 성을 쌓되 높이와 두께가 각각 25척.
	- 안융진에 축성.
	- 간성현에 축성.
	- 靜州鎭에 축성, 길이 1,553간, 문 10, 수구 1, 성두 45, 차성 9, 重城 260간.
3년(1034)	- 명주성을 수리함.
정종 원년 (1035)	- 서북로 松嶺 동쪽에 장성을 축조하여 변방 외적의 요충지를 제압하도록 함.
	- 梓田에 축성한 후 백성들을 옮김.
5년(1039)	- 都兵馬副使 박성걸의 건의에 따라 東路에 있는 정변진에 축성.
	- 肅州에 축성.
6년(1040)	- 김해부에 축성.
7년(1041)	- 영원진에 축성, 길이 759간, 堡子 8 : 金剛戍 42간, 宣威戍 61간, 宣德戍 50간, 長平戍 53간, 鼎岑戍 38간, 鎭河戍 42간, 鐵埔戍 61간, 定安戍 32간, 關城 11,700간.
	- 평로진에 축성, 길이 582간, 堡子 6 : 擣戎戍 36간, 鎭戎戍 30간, 直岑戍 41간, 降魔戍 50간, 折衝戍 30간, 靜戎戍 30간, 關城 14,495간.
	- 환가현에 축성, 길이 168간.
9년(1043)	- 영삭진, 수덕진에 축성.

10년(1044)	- 長州에 축성, 길이 575간, 戍 6 : 靜北, 高嶺, 掃兜, 掃蕃, 厭川, 定遠.
	- 定州에 축성, 길이 809간, 戍 5 : 防戍, 押胡, 弘化, 大化, 安陸.
	- 원흥진에 축성, 길이 683간, 戍 4 : 來降, 壓虜, 海門, 道安.
	- 선덕진에 축성.
12년(1046)	- 영흥진에 축성, 길이 424간, 문 4.
문종즉위년(1046)	- 병부낭중 金瓊을 파견하여 동해로부터 남해에 이르기까지 그 연해에 성보와 농장을 만들어 해적 침공의 요충을 장악하게 함.
문종 원년(1047)	- 상음, 학포 두 고을 연해에 군사를 배치.
3년(1049)	- 3월, 동북로 監倉使의 건의에 따라 성과 참호를 수선하고 병기들을 정비하고 권농에 업적이 있는 交州 防禦判官 李惟白을 유임하는 문제를 상서 이부에 회부함.
4년(1050)	- 渭州城을 수리함, 길이 675간.
	- 安義鎭의 榛子 農場에 축성하여 영삭진을 설치, 길이 668간, 문 6, 수구 3, 성두 14, 차성 5
21년(1067)	- 덕주에 축성, 길이 642간, 문 4.
28년(1074)	- 원흥진, 용주, 渭州의 성곽을 수리함, 총 1,930간.
선종8년(1091)	- 병마사 건의에 따라 안변도호부 관할내 상음현에 축성을 승인함.
예종 2년(1107)	- 英州에 축성, 길이 950간, 尹瓘이 蒙羅骨 고개 밑에 축성하고 영주라 칭함. 安嶺軍이라 하여 남도민호 1만호를 徙民함.
	- 雄州에 축성, 길이 992간, 火串山 밑에 축성하고 웅주라 칭함.
	- 福州에 축성, 길이 774간, 吳林金村에 축성하고 복주라 칭함. 남도민호 7천호 徙民함.
	- 吉州에 축성, 길이 670간, 弓漢伊村에 축성하고 길주라 칭함. 남도민호 7천호 徙民함.
3년(1108)	- 함주에 鎭東軍이라 하여 남도민호 13,000호를 徙民함.
	- 공험진에 남도민호 5천호 徙民함.
	- 宜州에 남도민호 7천호 徙民함.
	- 通泰鎭에 남도민호 5천호 徙民함.
	- 平戎鎭에 남도민호 5천호 徙民함.
4년(1109)	- 崇寧鎭, 通泰鎭, 英州, 福州, 咸州, 雄州, 眞陽鎭, 宣化鎭을 철폐함.
6년(1111)	- 공험진에 산성을 축조.
10년(1115)	- 영청현에 축성, 길이 671간, 재수축함 : 문 4, 수구 1, 성두 4, 차성 2.
	- 동계 預州에 축성.
12년(1117)	- 義州에 축성, 길이 865간, 문 5, 성두 17, 차성 7.
14년(1119)	- 北境의 장성을 3척쯤 증축하자 금나라 변방 관리들이 출동하여 저지시키려 하였으나 응하지 않음.
인종 15년(1137)	- 안융진에 축성, 길이 349간, 문 4, 수구 1, 성두 1, 차성 1.

의종3년 (1149)	- 嘉州에 성곽을 재수축함 : 문 5, 수구 1, 성두 26.
4년(1150)	- 延州에 축성함, 문 10, 수구 5, 성두 19, 차성 8.
	- 정월, 대장군 吳壽祺를 보내 보병 수천을 거느리고 東界를 방위하고 겸하여 동계의 여러 부대를 거느리게 함.
고종4년 (1217)	- 최충헌 父子, 거란병이 근접해 오자 百官에게 성을 수비시키고 성 밑의 인가들을 허물고 참호를 팜.
고종8년 (1221)	- 최이가 宰樞들을 집으로 소집하여 南道의 각 고을의 정예한 保勝軍을 동원해서 宜州, 和州, 鐵關 등 요해처에 성을 쌓고 蒙古의 침략을 방비할 것을 논의함.
고종9년 (1222)	- 宜州, 和州, 鐵關에 축성을 시작한지 40일만에 모두 마침.
고종 10년 (1223)	- 최충헌이 隍羅城을 수축하면서 자기 집의 가병을 동원해서 역군으로 삼고, 은병 3백개와 쌀 2천여석을 내어서 그 비용을 지불함.
20년(1233)	- 江華 外城을 축조.
23년(1236)	- 5월, 長州 防戍所로부터 蒙古 기병 50여명이 關東에 들어왔다는 급보가 옴.
	- 6월, 蒙古軍이 의주강을 건넘. - 6월, 각 道 산성에 防護別監을 파견.
	- 8월, 席島 防護別監이 蒙古軍 3명을 사로잡아 서울로 압송.
	- 9월, 정사일에 溫州郡에서 蒙古軍과 전투. - 9월, 임술일에 蒙古軍이 竹州에 와서 항복을 권유하였으나 防護別監 宋文冑가 적을 격퇴.
	- 12월, 계묘일에 大興縣에서 보고하기를 蒙古軍이 여러 날에 걸쳐 성을 공격하므로 성문을 열고 나가 싸워서 적을 격퇴하였다고 함.
30년(1243)	- 2월, 여러 도에 巡問使를 파견하고, 또 각 도에 山城兼權農別監을 파견하였는 바 모두 37명.
37년(1250)	- 처음으로 江都中城을 축조, 길이 2,960여간, 대소문이 모두 17.
38년(1251)	- 金州에 축성하여 왜구에 대비.
39년(1252)	- 처음으로 昇天府城을 축조(5월에 공사 시작). - 5월, 동계 병마사로부터 동진군 2천명이 국경에 침입하였다는 급보가 옴. - 7월, 防護別監들을 모든 山城으로 파견.
	- 2월, 동계병마사로부터 동진의 기병 3천명이 東州를 포위하였다는 급보가 옴. - 2월, 日官을 시켜 동계와 서계의 요해처에 돌 세 개를 묻음으로써 북방 오랑캐의 반란을 제거하게 함. - 4월, 북계병마사로부터 북방 오랑캐의 군사 30여명이 침입하였다는 보고가 옴. - 7월, 북계병마사로부터 蒙古 군사가 압록강을 건넜다는 보고를 받고 곧 5도 按察使 및 3도 巡問使들에게 공문을 보내 신속히 주민을 거느리고 산성과 바다 섬으로 들어가 지키게 함.

40년(1253)	- 8월, 甲串江에서 水戰을 연습. - 8월, 蒙古軍이 서해도를 함락시키고 산성에 침입. - 8월, 蒙古軍이 동주산성을 함락시킴. - 8월, 蒙古軍이 전주성 남쪽 반석역에 침입하자 別抄指諭 李柱가 쳐서 반수이상을 죽이고 말 20필을 노획함.
	- 9월, 蒙古兵이 춘주성을 겹겹이 포위하고 또 木柵을 이중으로 세우고 깊이가 한 길(丈)이 넘는 참호를 파 놓고 여러 날 공격하여 마침내 성을 함락시킴.
	- 10월, 초하루 병오일에 동계병마사로부터 蒙古軍이 登州를 에워쌌다가 풀어 가지고 金壤城으로 갔다는 보고가 옴. - 10월, 蒙古軍이 楊根城을 에워싸매 방호별감 尹椿이 군사를 거느리고 나가서 항복함. - 10월, 蒙古軍이 天龍山城을 치매 黃驪縣令 鄭臣旦과 방호별감 趙邦彦이 나가서 항복함. - 10월, 蒙古軍이 襄州(강원도 양양)를 함락. - 10월, 也窟 등이 충주를 포위 공격하자 前少卿 鄭壽가 京山府로부터 적에게로 가서 항복함.
41년(1254)	- 2월, 초하루 갑진일에 天龍山城 별감 趙邦彦과 黃驪縣令 鄭臣旦을 바다 섬으로 귀양 보냄. - 2월, 기미일에 북계병마사가 보고하기를 蒙古의 병선 7척이 葛島에 침입하여 주민 30명을 납치하여 갔다고 함. - 2월, 사신을 충청, 경상, 전라 3도 및 東州, 西海의 2도에 파견하여 山城이나 섬에 백성들이 피난하고 있는 곳들을 돌아보게 하고 토지를 나누어 줌.
	- 7월, 서북면병마사가 보고하기를 車羅大 등이 군사 5천을 거느리고 압록강을 건넜다고 함. - 7월, 국왕 강화로 돌아옴
	- 8월, 蒙古軍 척후 기병이 槐州城 밑에 진을 치므로 散員 張子邦이 別抄를 거느리고 격파함.
	- 9월, 車羅大가 충주산성을 침공하였는데, 성안 사람들이 반격하니 포위를 풀고 남쪽으로 내려감.
	- 10월, 차라대가 尙州山城을 공격하였으나 격퇴함.
42년(1255)	- 3월 병오일에 모든 도의 군, 현들에서 산성과 바다 섬으로 들어가 있던 자들을 다 육지로 나오게 함.
	- 10월 을축일에 蒙古 군사가 大院嶺을 넘어오므로 忠州에서 정예한 군사를 출동시켜 천여명의 적을 죽임.
	- 12월, 蒙古軍이 선박을 만들어 槽島를 침공하였으나 이기지 못함.
43년(1256)	- 정월, 왕이 蒙古軍이 모든 섬들을 치려고 획책한다는 말을 듣고 장군 李廣, 宋君斐 등을 보내 수군 3백명을 거느리고 남으로 내려가서 적을 막게 함.

43년(1256)	- 3월, 李廣, 宋君斐 등이 靈光으로 달려가서 여러 방면으로 공격하자고 약속하였더니 蒙古軍이 이것을 알고 방비대책을 갖추었으므로 이광은 섬으로 돌아가고 군비는 笠巖山城을 지킴.
	- 4월, 蒙古 군사가 충주에 들어와서 州城을 도륙하고, 이어 산성을 공격함.
	- 5월, 동북면병마사가 登州城 안에 물이 없고 쌓아 둔 식량도 없어서 인민이 흩어져 간다고 보고하니, 곧 명령을 내려 섬으로 들어가 지키게 함.
	- 8월, 장군 宋吉儒를 보내 淸州 백성들을 바다 섬으로 옮김.
	- 10월, 蒙古 군사 60명이 艾島를 침략하므로 별초가 그들을 격퇴함.
	- 10월, 을묘년 8월부터 전후 15개월만에 蒙古軍이 철수하자 京城에 계엄을 해제함.
45년(1258)	- 2월, 蒙古軍이 의주에 축성함.
	- 4월, 蒙古軍 척후 기병 1천명이 遂安 경내에 침입하자 야별초를 보내 방어함.
	- 5월, 博州 사람들이 병란을 피하여 葦島에 들어가 있었는데, 국가에서 都領, 郎將들인 崔艾 등을 시켜 별초를 거느리고 가서 鎭撫하게 하였더니 박주 사람들이 도리어 그들을 죽이고 蒙古軍에 투항함.
	- 6월, 기축일에 蒙古의 余愁達, 甫波大 등이 각각 기병 1천을 거느리고 와서 嘉州와 郭州에 진을 침.
	- 8월, 을사일에 蒙古軍이 서해도의 嘉殊窟과 陽波穴을 침공하여 모두 항복하게 함.
	- 9월, 무오일에 廣福山城으로 피난하였던 아전과 백성들이 방호별감 柳邦才를 죽이고 蒙古軍에 투항함.
	- 12월, 동진국에서 수군을 거느리고 와서 高城縣의 松島를 포위하고 전함을 태움.
	- 12월, 무술일에 達甫城 백성들이 방호별감 鄭琪 등을 잡아 가지고 蒙古軍에 투항함.
원종4년 (1263)	- 2월, 왜구가 金州 관내인 熊神縣 勿島에 침입하여 여러 고을의 공납물 수송선을 약탈함.
	- 4월, 大官署丞 홍저, 詹事府 錄事 郭王府 등을 일본국에 보내 해적 금지를 요청함.
5년(1264)	- 蒙古에서 고려왕이 친히 入朝할 것을 요구함.
10년(1269)	- 12월, 경인일에 왕이 蒙古로 출발.
	- 12월, 무술일에 왕이 서경에 들어가서 태조 眞殿 참배.
	- 2월, 임연이 죽자 순안후는 임연의 아들 임유무를 교정별감에 임명.
	- 4월, 동계 安集使가 동여진이 국경 지방을 침범하였기에 90여 명을 사로잡았다고 보고함.
11년(1270)	- 5월, 임술일에 재상들이 회의를 열고 옛 서울로 수도를 옮길 것을 토의하고 이전할 기한을 정하여 榜文을 써서 공시함.
	- 5월, 병인일에 왕이 옛서울(개성)에 돌아와서 沙坂宮에 처소를 잡았으며, 비빈들도 강화도로부터 이곳에 도착함.
	- 5월, 무진일 장군 김지저를 강화도에 보내 삼별초를 해산함.

11년(1270)	- 8월, 무인일에 두련가가 사람을 시켜 강화성 안에 있는 백성들의 집을 불 사르게 하니, 불에 탄 미곡과 재물이 이루 다 헤아릴 수 없었음.
	- 11월, 삼별초 제주를 함락시킴.
	- 某月, 왕이 원나라로부터 군사들을 요청해 가지고 와서 개성으로 수도를 옮기려고 하였는데 임유무는 이것을 거역할 셈으로 夜別抄로 하여금 사 방으로 나가서 인민들에게 海島와 山城으로 입보하도록 함.
	- 萬戶 高乙麻가 병사 2백명을 거느리고 남쪽에 주둔하여 삼별초에 대비.
12년(1271)	- 2월, 경신일에 朴之亮을 水路防護使로 임명하고 군대를 인솔하여 경상 도로 가게 함.
	- 4월, 삼별초가 금주에 침입하니 방호 장군 朴保가 別抄와 함께 모두 도 망하여 산성에 들어가니 삼별초가 불을 지르고 약탈하여 감.
충렬왕원년 (1275)	- 3월, 耽羅에 주둔한 병사가 적어졌으므로 사람을 모집하고 직무를 주어 보냄.
	- 7월, 부병 4영을 제주도에 보내 수비.
8년(1282)	- 3월, 상장군 印侯를 合浦에 보내 수비
10년(1284)	- 정월, 宰樞로서 능히 萬戶를 겸할 수 있는 사람을 뽑아 동쪽 변방에 보내 지키게 함.
13년(1287)	- 박지량으로 하여금 군사 1천명을 거느리고 東界를 지키며 여진에 대비 하게 함.
15년(1289)	- 김흔과 나유를 동계에 보내 방수군을 징발.
16년(1290)	- 정월, 갑자일에 장군 오인영 등이 원나라에서 돌아와서 보고하기를 "乃 顔의 잔당인 哈丹 역적들이 장차 우리 나라의 동쪽 국경을 침범하려 한 다"고 함.
	- 2월, 중군만호 鄭守琪를 禁忌山洞에, 좌군만호 박지량을 이천(伊川) 현 계에, 韓希愈는 雙城에, 우군만호 김흔은 환가현에, 나유는 통천군 지경 에 주둔시켜 거란적에 대비.
	- 3월, 원나라에서 東寧府를 폐지하고 서북의 여러 城들을 다시 돌려줌.
	- 10월, 무술일에 부인들과 노인들 및 어린이들을 강화도로 옮기고 여러 고을에 명령하여 山城과 海島로 入保하도록 함.
17년(1291)	- 정월, 기미일에 합단이 鐵嶺을 넘어 교주도에 침입하였고 楊根城을 함락 시킴.
	- 4월, 原州 山城防護別監 卜奎가 포로 58명을 바치고, 충주산성 별감이 적을 격파하고 적의 머리 40급을 바침.
	- 5월, 交州 산성별감이 "합단적으로 뒤떨어져 온 기병 3천명이 철령을 지 나 교주에 주둔하였다"고 보고함.
18년(1292)	- 4월, 외적을 피하여 청주산성에 들어간 경상도 管城, 安邑, 利山 백성들 의 공부세를 모두 면제하도록 함.
충숙왕 5년 (1318)	- 4월, 鎭邊別抄의 輪番赴防을 철저히 하도록 지시.
12년(1325)	- 10월, 합포 기타 지역 鎭戍 군인과 대소 군현의 군인 정원수가 고르지 못 하므로 금후로는 巡撫鎭邊使가 실상을 참작하여 정원수를 고쳐 정하도 록 함.

공민왕5년 (1356)	- 6월, 연해 군민을 모두 방수군에 채워 넣고 노역은 면제해 주며, 군사들의 근무지를 가까운 곳으로 변경함.
	- 9월, 각 도에 사신을 보내 濟州人과 禾尺, 才人을 뽑아다가 서북면 戍卒로 보충함.
6년(1357)	- 정월, 동서북면 戍卒은 2월에, 군관은 8월에 교대하던 것을 2, 3월과 8, 9월 先後番으로 나누어 교대하도록 함.
9년(1360)	- 2월, 강양백 李承老를 遂安, 谷州 등지 축성감독사로 임명함.
	- 某月, 태조 이성계 올랄산성을 쳐서 함락.
10년(1361)	- 8월, 왜적이 東萊와 蔚州에 침입하여 불을 지르고 약탈하고, 漕船을 빼앗아 갔으며, 또 梁州, 김해부, 사천, 밀성군에도 침입함.
	- 10월, 홍두적 10여만 대군이 압록강을 건너 朔州를 침입하였으므로 추밀원 부사 이방실을 서북면 도지휘사로 임명하고 동지추밀원사 이여경을 파견하여 절령에 木柵을 구축.
	- 11월, 무진일 왕이 광주에 머물렀는데, 아전들과 백성들은 모두 산성으로 올라가고 州官만이 있었음.
	- 11월, 신미일 왕이 이천현에 머물렀는데, 이날 적이 서울을 함락시키고 그 후 수개월 동안 주둔하고 있었는 바, 마소를 잡아 그 가죽을 펴서 城을 만들고 그 위에 물을 부어 결빙시킴으로써 사람이 기어오르지 못하게 함.
17년(1368)	- 청하읍성을 축조함, 길이 1,212尺, 石築.
18년(1369)	- 嘉州에 축성함.
19년(1370)	- 정월, 東寧府의 同知 李吾魯帖木兒는 태조가 온다는 말을 듣고 亐羅山城에 移保하여 저항하려 함.
	- 곤양에 읍성을 축조, 길이 3,765尺, 石築.
20년(1371)	- 9월, 신해일에 西京都萬戶 안우경과 안주 상만호 이순을 보내 五老山城을 토벌케 함.
	- 10월, 병술일에 判事 黃用成이 와서 아군이 오로산성을 정복하였다고 보고함.
22년(1373)	- 5월, 倭寇가 우리 섬에 가까이 침입하므로 성 안의 각호를 검열하여 10호로 한 統을 만들되 그 중 한 사람은 방어에 내 보내고 5일에 한 번씩 서로 바꾸도록 함.
	- 7월, 왜적이 西江을 침략하므로 성안의 煙戶軍을 조사하여 모두 방어에 나가게 함.
	- 윤 11월, 都摠都監을 설치하고 성 안의 각호를 조사하여 방어대책을 강구함
우왕 원년 (1375)	- 9월, 경상, 양광, 전라 각도에서 모집하여 동서강에 주둔케 하였던 翊衛軍을 서북면을 치는게 나아가게 하고, 5부 방리 각호 사람과 城外諸陵에 속한 잡인들은 양강에 가서 방어하도록 함.
	- 高宗時 읍성 확대하여 김해읍성을 개축함, 길이 4,683尺, 石築
2년(1376)	- 7월, 訛言이 돌기를 왜장이 도성을 침략한다 하므로 밤중에 방리군을 발동시켜 성을 지킴.
3년(1377)	- 개성부에서 개성 외성 수리와 내성 신축, 장성 축조 문제, 외방의 평지성 축조 문제 등에 대한 글을 올림.

3년(1377)	- 2월, 각 道의 요충 지대에 모두 防護使를 두어 유랑민을 방지하고, 바다 연변 주, 군들의 山城을 수축하게 함.
	- 3월, 崔瑩이 각 원수에게 명령하여 종사 10명씩 내게 하고 또 각 애마, 궁사 창고인을 징발하여 군졸로 삼아 강화에 주둔시킴.
	- 7월, 각 도에 사신을 보내 山城을 수축함.
4년(1378)	- 12월, 헌사에서 각 도 산성 축조에 대해 상소함.
	- 경주에 읍성을 축조, 길이 4,075尺, 石築.
	- 顯宗時 읍성을 개축하여 합포에 內廂城을 축조, 길이 594步 3尺, 石築.
5년(1379)	- 진주에 우왕 3년 土城을 수축하였던 것을 고쳐서 석축으로 읍성을 개축함, 길이 800步.
6년(1380)	- 星州에 토축 읍성을 축조, 길이 2,845尺
	- 함양에 토축 읍성을 축조함, 길이 735尺
	- 안동에 석축 읍성을 축조, 길이 3,947尺
7년(1381)	- 6월, 왜적이 영주를 불질렀으며 왜선 50척이 김해부로 와서 山城을 포위하였는데 南秩이 싸워 적을 격퇴하였고, 또 영해, 울주, 양주, 언양 등지에서 적과 5차례 격전을 벌임.
	- 8월, 서울 각 동리 사람들과 경기 지방의 장정들을 뽑아서 성문을 수리함.
	- 상주에 석축 읍성을 축조, 길이 3,458尺
8년(1382)	- 7월, 張夏를 각 도 山城巡審使로 임명함.
	- 11월, 耆老들이 회의를 열어 漢陽山城을 수축할 것과 병선을 수리할 것을 토의하고, 우인렬과 홍징을 한양부로 보내 산성을 다시 축성할 지형을 답사하게 함.
	- 영천에 토축 읍성을 축조, 길이 1,300尺
9년(1383)	- 4월, 정해일에 陝州 산성에서 화재가 나서 군량 1,300석이 연소됨.
	- 6월, 왜적이 경상도의 영주, 장수, 의성 등 여러 지역에 침입. 또 단양, 제천, 주천, 평창, 횡천, 순흥 등지에도 침입함.
10년(1384)	- 영해에 석축 읍성을 축조, 길이 1,278尺
	- 삼척에 토축 읍성을 축조, 길이 1,444尺, 서쪽 절벽 408尺
11년(1385)	- 울산에 토축 읍성을 축조, 길이 315步
	- 선산에 토축 읍성을 축조, 길이 2,740尺
13년(1387)	- 동래에 토축 읍성을 축조, 길이 3,090尺
14년(1388)	- 2월, 5道의 城들을 수축하도록 하고, 여러 원수들을 서북 변방에 배치하여 불의의 사변에 대비하도록 함.
	- 2월, 왕이 최영과 함께 요동을 침공할 것을 비밀리에 의논하고 경성의 坊里軍을 동원하여 한양의 重興城을 수축하게 함.
	- 3월, 世子와 각 왕비들을 한양 산성으로 옮김.
	- 전주에 석축 읍성을 축조, 길이 1,288尺
창왕 원년 (1389)	- 錦山에 토축 읍성을 축조, 길이 1,045尺
	- 영덕에 토축 읍성을 축조, 길이 3,300尺
	- 홍해에 토축 읍성을 축조, 길이 1,493尺

공양왕 2년 (1390)	- 6월, 양광도 관찰사가 왜적의 침입에 대하여 보고하고 아울러 山城 수축 을 논의함. 이 달에 왜적이 양광도의 陰竹, 陰城, 安城, 竹州, 槐州에 침 입함.
	- 황간에 석축 읍성을 축조, 길이 1,646尺
	- 영일에 석축 읍성을 축조, 길이 2,940尺
	- 언양에 토축 읍성을 축조, 길이 1,427尺
	- 함양에 토축 읍성을 축조, 길이 1,635尺
3년(1391)	- 정월, 安州, 鴨綠, 龍泉, 大同 각 요해지에 把截官과 站夫를 둠.
	- 3월, 機張郡과 해주, 甕津에 축성.
	- 울진에 토축 읍성을 축조, 길이 1,210尺
	- 기장에 토축 읍성을 축조, 길이 3,208尺
4년(1392)	- 장흥에 토축 읍성을 축조, 길이 1,500尺
고려말	- 평해에 토축 읍성을 축조, 길이 2,325척
	- 청하에 석축 읍성을 축조, 길이 1,353尺

※ 상기 연표는 高麗史, 東國輿地勝覽, 慶尙道續撰地理誌, 輿地圖書, 大東地志의 기록
을 참고하여 작성한 것임

조선왕조실록 축성관련 기사 연표

* 본 연표는 조선왕조실록(태조~명종)의 기사 중 축성(성곽)사와 관련된 내용을 발췌하여 정리한 것임.
* "#"는 윤달 표시.
* 연대표시는 묘호연도/月/日(干) : 干支 부분
* 묘호연도의 "00"은 즉위년을 말함.

■ 太祖代

- 태조 총서 / 태조가 元나라 也窟大王이 군사를 거느리고 여러 고을을 침략하니, 목조는 頭陀山城을 지켜서 난리를 피함.
- 태조 01/09/03(신사) / 배극렴 등이 한양 궁궐·성곽이 완성된 후 이전하자고 청하니 윤허함.
- 태조 02/01/06(임자) / 도당에 명하여 평양에 성을 쌓도록 함.
- 태조 02/02/09(갑신) / 신도 예정지의 산수와 형세를 돌아보고, 조운, 도로, 성곽터 등을 조사케 함.
- 태조 02/07/28(신미) / 西江에 성을 쌓는 것을 중지함.
- 태조 02/08/05(무인) / 都城의 役事를 시작함.
- 태조 02/08/06(기묘) / 남산에 올라 성터를 보고, 예조전서 이민도와 축조 상황에 대해 말함.
- 태조 02/08/07(경진) / 사헌감찰이 매일 성을 쌓는 員吏들의 근태를 검열케 함.
- 태조 02/08/08(신사) / 성 쌓는 감독을 소홀히 한 14인을 순군옥에 가두고, 장군 윤폼를 강화 수군에 충군.
- 태조 02/08/12(을유) / 동북면 도안무사 李之蘭을 시켜 甲州와 孔州에 성을 쌓게 함.
- 태조 02/09/04(병오) / 성을 쌓는 인부들에게 식량을 주게 함.
- 태조 02/10/06(무인) / 성을 쌓다가 도망한 인부 6명을 참수함.

- 태조 02/10/13(을유) / 楊廣道·交州道·西海道의 성 쌓는 役夫를 놓아보냄.
- 태조 02/11/07(무신) / 성 쌓는 인부들의 질병을 일일이 묻도록 함.
- 태조 03/01/14(갑인) / 경기도의 수령들이 성 쌓는 인부들을 거느리고 옴.
- 태조 03/01/23(계해) / 국왕이 축성공사를 시찰함.
- 태조 03/01/28(무진) / 곡산 부사 田易가 곡산 등의 요충지에 병기와 군량을 저장토록 청하니 윤허함.
- 태조 03/01/30(경오) / 수창궁에 거동하고, 성 쌓는 공사를 시찰함.
- 태조 03/02/04(갑술) / 성 쌓은 공사를 시찰함.
- 태조 03/02/26(병신) / 성 쌓는 것을 시찰함.
- 태조 03/02/29(기해) / 京城을 축조. 인부를 방면하고, 부역하다 죽은 사람의 집을 복호토록 함.
- 태조 03/04/11(경진) / 도당에서 수령의 전지개간 다과로 고과하는 등 농사장려방안 아뢰어 시행함.
- 태조 03/07/21(무오) / 도성 축조 부역에 大, 中, 小戶로 나누어 차등 있게 반드시 장정을 내도록 함.
- 태조 03/07/30(정묘) / 도성 축조에 동원된 지방인을 두 번으로 나누기를 아뢰니 오래끌지 말고 속히 마치도록 함.
- 태조 03/08/08(을해) / 安州에 성을 쌓음.
- 태조 03/08/13(경진) / 왕사 자초와 여러 신하들의 의견을 들어 한양을 도읍으로 정함.
- 태조 8/13(경진) / 민정을 징발하여 옛 서울의 성 쌓는 공사를 마치게 함.
- 태조 03/09/18(을묘) / 백관을 거느리고 성절을 하례한 뒤, 성 쌓는 공사를 돌아봄.
- 태조 03/09/20(정사) / 성 쌓는 공사를 돌아봄.

- 태조 03/09/29(병인) / 성 쌓는 인부들을 돌려보냄.
- 태조 03/11/03(기해) / 도평의사사에서 종묘와 궁궐과 성곽 공사를 독촉할 것을 아룀.
- 태조 04/05/01(계사) / 기계수리, 성보완비, 군량저축, 장수 선별을 의논하여 시행토록 함.
- 태조 04/09/26(정사) / 도성 공사를 속히 마치도록 명함.
- 태조 04/09#10(신미) / 국왕이 친히 도성터를 둘러봄.
- 태조 04/09#13(갑술) / 도성조축도감을 설치하고, 정도전에게 성터를 정하게 함.
- 태조 04/10/05(을미) / 국정 쇄신의 교서를 반포한 가운데 도성축조 부역을 치하하고, 부역의 정지, 賦役死者家에 대한 復戶를 하교함.
- 태조 04/10/07(정유) / 판삼사사 정도전에게 새 궁궐 전각의 이름을 짓게 함.
- 태조 04/11/10(경오) / 사헌부에서 감사와 수령 考課에 성보수축, 治軍, 염철 준비 등의 조목을 아룀
- 태조 05/01/04(계해) / 국왕이 도성터를 둘러봄.
- 태조 05/01/09(무진) / 민정 11만 8천 70여명을 징발하여 도성을 쌓게 함. 도성의 공사 구역 측량과 작업 구역을 할당. 도성의 기초를 닦고, 백악과 5方神에게 제사 지냄.
- 태조 05/01/14(계유) / 성 쌓는 역사를 둘러봄.
- 태조 009 05/01/20(기묘) / 내시를 성 쌓는 곳에 보내어 추위가 혹독한 날은 역사를 쉬라고 함.
- 태조 05/02/22(경술) / 국왕이 연사흘 동안 도성 축조 공사를 돌아봄.
- 태조 05/02/28(병진) / 도성 쌓는 역부를 돌려보냈는데, 석성을 축조한 곳이 높이 15척, 길이 19,200尺이고, 평탄한 곳에는 토성을 축조하였는데 하단폭 24척, 상단폭 18척이고 높이는 25척이며 길이는 40,300척임.

- 태조 05/03/04(신유) / 慈恩宗의 都僧統 宗林과 전 판사 尹安鼎이 板橋院이란 원집을 지어 도성 쌓는 인부들의 병을 치료함.
- 태조 05/03/04(신유) / 축성을 감독한 京外官에게 잔치를 베품.
- 태조 05/03/16(계유) / 전라도인이 성 쌓는 역사에서 많이 죽었다는 말을 듣고 미두를 하사함.
- 태조 05/04/13(경자) / 간관이 가뭄이 길어져 토목 역사를 중지하고 축성역에 사망가를 복호할 것을 상언함.
- 태조 05/05/08(갑자) / 도성 축조 역사의 감독을 소홀히 한 판중추원사 李彬 영해부로 유배.
- 태조 05/06/02(무자) / 도성의 부실 공사로 축성 제조 李誠中을 순군옥에 가둠
- 태조 05/07/03(무오) / 폭풍우로 도성 수구의 옹성 1간이 무너짐.
- 태조 05/07/05(경신) / 큰 바람과 비에 도성 수구의 옹성 1간이 또 무너짐.
- 태조 05/07/06(신유) / 문하부 낭사가 농사와 군사 훈련을 위해 가을 철에는 축성 역사의 중지를 건의.
- 태조 05/07/11(병인) / 간관이 도성 쌓는 역사를 중지하기를 청하였으나 불허함.
- 태조 05/07/21(병자) / 각도 군인을 징발해 도성 공사를 마치는 문제를 논의함.
- 태조 05/08/06(신묘) / 경상·전라·강원도에서 축성 인부 7만 9천 4백명을 징발.
- 태조 05/08/17(임인) / 도성감역관 박이의 작업을 방해한 이사위의 家奴 20명을 南門 役事에 나오게 함.
- 태조 05/09/09(갑자) / 국왕이 도성 役事를 시찰하고 감독관에게 술을 하사함.
- 태조 05/09/24(기묘) / 도성 쌓는 일이 끝나자 인부들을 돌려 보냄.

- 태조 05/10/01(을유) / 도성 제조 권화·박자안·신유현에게 내구마 1필씩을 하사함.
- 태조 05/10/02(병술) / 거둥하여 도성 쌓는 역사를 둘러봄.
- 태조 06/01/15(무진) / 풍해도 도관찰사의 건의에 따라 도성 역사 인부에게 道內의 전미와 진태를 지급하게 함.
- 태조 06/04/06(무자) / 국왕이 도성에 돌아와 종묘에 배알하고 궁으로 돌아옴.
- 태조 06/08/14(계사) / 경기 백성을 징발하여 도성을 수축하게 함.
- 태조 06/10/19(정유) / 도성 쌓는 인부를 돌려보냄.
- 태조 06/10/29(정미) / 각도의 군사 2만을 징발, 기일을 엄수하여 서울에 올라와 성을 쌓게 함.
- 태조 06/12/22(경자) / 奉化伯 鄭道傳을 東北面都宣撫巡察使로 삼고 성보수축, 置站戶, 주군 경계 획정 등을 맡김.
- 태조 07/01/11(기미) / 경상도의 도관찰사가 변방에 점차 유이민이 돌아와 안집하니 세액을 일단 예전대로 하고 후변부터 심사하여 정하자고 건의함.
- 태조 07/01/24(임신) / 宣州와 平壤에 성을 쌓게 함
- 태조 07/02/08(을유) / 도성 남문이 완공되어 국왕이 시찰함.
- 태조 07/02/11(무자) / 축성을 감독했던 각도 수령을 돌려보낼 것을 명함.
- 태조 07/02/16(계사) / 동북면 도선무사 정도전이 경원부에 성을 쌓음.
- 태조 07/03/09(병진) / 왕명을 어긴 궁성감축관 정의·강회중 등 13인을 구금함.
- 태조 07/03/24(신미) / 경기우도와 풍해도는 개성유후사성을, 경기좌도와 충청도는 신도성을 맡아 때때로 修補하게 함.
- 태조 07/05/13(기미) / 경기좌도와 충청도 각 고을에 지시하여 도성 보수를 시기에 맞추어 시행케 하였는데, 성 둘레가 9,760보임.

▣ 定宗代

- 정종 01/01/19(경인) / 留後司의 城과 新都의 宮城과 外城을 모두 새로 쌓고, 축성 관원과 여러 절제사 휘하에게 添設爵을 줌.
- 정종 01/02/26(정묘) / 松京으로의 환도를 결정함.
- 정종 02/05/17(신사) / 세자가 빈객 이서 등과 산성 축성문제를 논의함.

▣ 太宗代

- 태종 01/07/23(경술) / 諫院에서 상소하여 土木의 역사를 정지하기를 청하였으나 불허함.
- 태종 01/08/17(계유) / 병조 전서 고거정을 보내 경원부에 성을 쌓게 함.
- 태종 01/10/21(병자) / 경원성의 축성이 끝남.
- 태종 02/06/01(계축) / 중국의 내란과 관련, 하윤 등과 서북면에 성 쌓는 문제를 의논함.
- 태종 02/09/11(신묘) / 임금이 서북지역 축성 진행 상황을 하문한 바, 泥城, 江界는 종료되고, 의주는 돌이 없어 미필.
- 태종 03/07/25(경자) / 동북면의 鏡城·甲州 등의 축성을 명함.
- 태종 04/10/01(기사) / 羅州와 寶城에 성을 쌓음.
- 태종 04/07/17(병진) / 비가 많이 내려 도성내의 민호가 떠내려 감.
- 태종 05/03/01(병신) / 예조에서 육조의 직무 분담과 소속 아문을 상정하여 아룀.
- 태종 06/01/16(정미) / 충청·강원도의 장정 3천명이 궁궐 수축을 위해 한양에 도착함.
- 태종 07/01/19(갑술) / 영의정부사 성석린이 각도의 성곽 수축 등 국방대책 시무 20조를 상서함.
- 태종 07/04/20(갑진) / 한성부에서 도시 행정에 관한 사의 조목을 올림.
- 태종 07/05/27(경진) / 큰비가 내려 도성안의 개천이 모두 넘치고 민가 30여채가 표몰됨.

- 태종 07/07/11(임술) / 동북면 都巡問使 李稷에게 궁시와 갑주를 주어 보내 王狗兒 침입에 대비하고 북방에 축성하도록 함.
- 태종 07/07/27(무인) / 경상도 병마절제사 강사덕이 건의한 각 포구의 방어 대책을 채택함.
- 태종 07/09/02(임자) / 靑州의 축성 공사 종료.
- 태종 07/10/21(신축) / 편전에서 찬성사 이직에게 北靑州城의 축성역에 대해 하문함.
- 태종 09/01/29(임신) / 강화·교동의 토지를 군자전에 이속시켜 세입을 산성에 저장하도록 함.
- 태종 09/02/03(정축) / 전라도의 진도와 해남을 海珍郡으로 합하고, 鹿山驛 옛터에 성을 쌓아 읍을 옮김.
- 태종 09/02/12(을유) / 평양과 의주에 성을 쌓음.
- 태종 09/12/15(임자) / 경상도 경차관 韓雍이 높고 험한 산성에 물이 있는 곳은 3년을 한하여 농번기를 이용하여 수축토록 함.
- 태종 10/01/07(갑술) / 풍해도 도관찰사의 건의에 따라 도내의 성보를 수축토록 함.
- 태종 10/01/14(신사) / 명군과 달단군과의 전황을 보고 받고 성곽 등을 수축하여 무비를 정비토록 함.
- 태종 10/01/19(병술) / 연해의 성을 제외한 육지의 축성 공사를 중지.
- 태종 10/02/22(기미) / 여러 대신과 북정에 대해 논의하고, 靑州 이북의 군마 150필을 조발하여 보냄.
- 태종 10/02/29(병인) / 경상도·전라도 등지에 산성을 수축함.
- 태종 10/03/30(병신) / 서북면의 成州 등지에 축성이 완료됨.
- 태종 10/04/23(기미) / 경원부의 방비 상태를 의논하고 첨총제 노원식을 경원 조전 병마사로 삼아 갑사 150명을 거느리고 부방케 함.
- 태종 10/05/03(기사) / 축성 등으로 인해 간고가 심한 서북면의 戶給 屯田을 면제함.

- 태종 10/06/30(을축) / 사간원에서 동북면에서 패전한 延嗣宗 등의 장수를 처벌하도록 청함.
- 태종 10/07/17(임오) / 폭풍이 불고 큰 비가 내려 도성이 물에 넘쳐 종루에서 흥인문까지 사람이 통행하지 못함.
- 태종 10/09/08(임신) / 관원을 보내어 평양성 축성의 진행상태를 점검한 결과를 놓고 의논.
- 태종 11/07/11(경오) / 평양성 축성에 동원된 풍해도 백성에게 풍저·광흥창의 곡식을 종자로 삼게 하고, 해주읍성은 축성을 중지함.
- 태종 12/02/15(경오) / 도성의 하천을 파는 역사가 끝남.
- 태종 12/05/22(을사) / 도성의 좌우편 행랑이 완성됨.
- 태종 12/08/26(무인) / 평양성 축성을 마치지 못한 곳을 가을에 마치도록 함.
- 태종 12/12/01(임자) / 강원도 삼척부 옥원역성에 주재하는 역승이 겸수성천호직를 갖게하여 불의에 대비하도록 함.
- 태종 13/07/21(무술) / 각도 각 고을의 3,4息 안에 하나의 산성을 수축하고 창고를 설치하도록 함.
- 태종 13/07/26(계묘) / 하윤이 중국의 北征 움직임과 관련하여 변방을 방비할 방책에 대해 의논.
- 태종 13/08/01(정미) / 京城修補都監을 설치하고 공사를 시작하려다 태종의 반대로 일단 중지.
- 태종 13/08/02(무신) / 이조 판서 이천우를 서북면 도체찰사로 삼아 城堡와 武備를 돌아보게 함.
- 태종 13/08/12(무오) / 각도에 경차관을 파견하여 각 고을 山城의 옛터로서 수리할 곳과 새로운 터로서 축조할만한 곳을 巡審하도록 함.
- 태종 13/08/17(계해) / 撫州의 城役은 정지하고 藥山·安州城은 수축하도록 함
- 태종 13/09/15(신묘) / 중국에서 변란이 잠잠하여 충청도·전라도

13개소의 축성 공사를 정지함.

▫ 태종 13/10/02(무신) / 얼음이 얼어 축성이 어렵다는 李稷의 복명에 따라 축성 공사를 중지.

▫ 태종 13/11/21(정유) / 평안도 도순문사의 보고에 따라 부득이한 곳을 제외하고는 축성을 중지하고 주·현의 창고를 짓도록 함.

▫ 태종 13/11/24(경자) / 의정부에 명하여 도성의 증축할 도성터를 살피게 함.

▫ 태종 14/06/07(무신) / 중국에서 北征하고 가뭄이 드니 양계의 성곽 修理, 儲穀을 하도록 육조판서 등이 건의함.

▫ 태종 14/06/20(신유) / 취각법 등 비상동원훈련을 강구, 양계의 산성을 농한기에 수축토록 함.

▫ 태종 14/07/21(임진) / 도성에 행랑을 건축할 것을 명함.

▫ 태종 14/08/01(신축) / 하윤이 경성에 동서편월성을 짓기를 청하였으나 윤허하지 않음.

▫ 태종 14/08/07(정미) / 해도 찰방을 각도에 파견하여 軍器, 馬匹, 軍士, 守令의 성곽 수리를 점검하도록 함.

▫ 태종 14/08/15(을묘) / 평안도·영길도의 여러 곳에 성을 수축하게 함.

▫ 태종 14/09/21(신묘) / 영길도 백성이 성을 쌓는 공사로 피로해졌다고 금캐는 것을 중지시킴.

▫ 태종 14/09#21(신유) / 호조 참의 황자후 배(漕運)가 정박하는 곳을 파야한다고 하니 김승주가 봉수와 척후를 엄격히 해야한다고 함.

▫ 태종 14/09#27(정묘) / 길주읍의 위치 이전 문제를 의논.

▫ 태종 14/11/09(무신) / 이조 좌참의 許稠로 하여금 평안도 산성을 살피게 함.

▫ 태종 15/01/16(을묘) / 약산의 성 쌓는 일에 관해 의논.

▫ 태종 15/01/19(무오) / 우부대언 서선을 평안도에 보내 약산 등지의 축성지를 조사하게 함.

- 태종 15/02/30(무술) / 약산에 성을 쌓는데 대호군 田興을 보내어 상황을 살피게 함.
- 태종 15/03/04(임인) / 도성 안의 5가마다 우물 1개를 공동으로 파게 함.
- 태종 15/03/18(병진) / 축성에 수고한 평안도 도순무사와 도안무사에게 내온을 하사하여 위로함.
- 태종 15/06/05(경오) / 극심한 가뭄으로 肉膳을 거두고 금주함.
- 태종 15/07/16(신해) / 좌대언 탁신이 성곽 수축과 守備, 軍器 등 병비에 대해 事宜를 올림.
- 태종 15/08/01(을축) / 장흥, 고흥, 광양 세 성의 수축을 정지하고 먼저 김제군의 벽골제를 쌓게 함.
- 태종 15/08/07(신미) / 한성부 상언에 따라 도성 내외에 길을 내고 순찰하여 즉시 보수토록 함.
- 태종 15/08/28(임진) / 군기감정 이천을 평안도, 영길도에 보내 군기의 점고와 함께 변경으로부터 도성에 이르는 산하의 험하고 막힌 곳을 조사하여 보고하도록 함.
- 태종 15/11/11(갑진) / 함주, 청주, 영흥부, 경성 등에 대한 성곽 축조 등 방비시설의 강화 논의.
- 태종 16/05/06(정유) / 제주 안무사 吳湜 등이 제주의 제반 시정사의를 올림.
- 태종 16/10/10(무진) / 울산군성이 무너져 당시 축성 감독관 지흥해군사 李士淸 등의 직첩을 거둠.
- 태종 16/10/13(신미) / 도성수축도감을 설치함.
- 태종 16/10/19(정축) / 농사가 풍년이 아니니 도성개축을 위한 조치를 취소하도록 함.
- 태종 16/12/02(기미) / 태안의 읍성 쌓는 일을 의논.
- 태종 16/12/02(기미) / 태안에 읍성축조와 伊山의 도절제사영을 相地하여 옮기도록 함.

- 태종 17/01/19(병오) / 사간원에서 축성역을 정지하되 부득이한 곳은 1道 1城만 축조하도록 건의함.
- 태종 17/02/01(무오) / 전라도 長沙邑城, 평안도 龍岡 邑城과 鎭山의 架山城을 쌓도록 함.
- 태종 17/04/28(갑신) / 전라도 道康과 長沙의 두 성을 쌓게 함.
- 태종 17/05/19(갑진) / 제주도 정의현 읍성을 지리적 편의에 따라 다시 배치하게 함.
- 태종 17/08/22(을사) / 대호군 池含을 함길도에 보내 도안무사에게 용성에 축성하도록 지시함.
- 태종 17/09/18(경오) / 대호군 지함이 함길도로부터 오고, 도절제사에게 전지하여 경원에 축성하는 양 행동하고 그 소문을 퍼지게 함.
- 태종 17/10/24(병오) / 공조에서 성을 쌓는 법을 아뢰어 축성후 5년 내에 퇴락하면 감독관리를 법률에 따라 논죄하도록 함.
- 태종 18/01/13(갑자) / 女直 崔士下 등이 경원을 다시 설치하고 城을 쌓았으니 남녀가 서로 혼인하게 할 것을 청하였으나 人物이 점차 많아지기를 기다리라고 함.
- 태종 18/01/13(갑자) / 유사눌이 경원 東井 城子터에 도절제사가 들어가 성터에 표식을 하여 경원에 성을 설치한다는 뜻을 보이게 하고 수축은 정지하도록 함.
- 태종 18/06/14(계사) / 황해도 도관찰사가 해주의 兵馬를 옮기고 축성을 건의하였으나 불허.

■ 世宗代

- 00/08/17(갑오) / 평안도 박천성과 황해도 甕津城을 이전하도록 함.
- 세종 00/08/22(기해) / 큰 비바람이 쳐서 제주도 읍성의 동문과 관사 등이 무너짐.
- 세종 00/10/27(계묘) / 京畿軍器點考察訪이 강화 교동 산성과 광주

일장성의 수축을 청하니 풍년을 기다리고 함.

▫ 세종 00/11/19(을축) / 延嗣宗 등이 吉州의 창고가 있는 多信山城 앞
  에 읍성을 쌓을 것을 건의함.

▫ 세종 01/01/09(갑인) / 金漸이 馬天牧의 말을 인용하여 제방역사를
  우선 쉬고 城堡를 수선할 것을 건의함.

▫ 세종 01/08/06(무인) / 병선 제조와 변방축성이 급하다하여 상왕이
  태평관 개수 역사를 중지함.

▫ 세종 01/08/11(계미) / 경기좌도 수군 첨절제사 李恪의 건의에 따라
  造船과 수군 보충, 강화 축성 등을 시행하도록 함.

▫ 세종 01/12/01(신미) / 낙천정에서 삼판선을 건조하여 시험한 후 각
  도에서 건조하도록 하고, 賊變이 있으면 연해의 백성들은 청야입
  보하도록 하며, 명년부터 성을 쌓도록 할 것을 기약함.

▫ 세종 02/02/20(무오) / 장단현 산성에 머물러 향연을 베품.

▫ 세종 02/11/07(신미) / 영락 2년 의정부에서 수판한 山城을 수축하는
  件과 관련하여 지금부터 매년 농한기에 수축하도록 함.

▫ 세종 03/06/16(정미) / 한성부로 하여금 도성의 행랑을 보수하도록 함.

▫ 세종 03/08/24(갑인) / 도성은 우선 허물어진 곳만 막고, 義州・泥
  城・江界・碧潼・昌城・閭延 가운데 작은 고을은 한 두곳 혁파
  하여 큰 鎭을 두도록 함.

▫ 세종 03/10/13(임인) / 도성수축도감을 두고 도제조 등을 임명함.

▫ 세종 03/10/25(갑인) / 도성을 석축으로 개축・보수하는 문제를 논
  의함.

▫ 세종 03/10/29(무오) / 함길도의 慶源・鏡城・吉州・甲山에는 築城軍을
  면제시킴. 도성수축도감이 각도별로 도성의 보수할 곳에 대한 배분상
  황을 아뢰니 공사를 부실하게 한 감독관리는 처벌하도록 함.

▫ 세종 03/12/10(기해) / 우의정 정탁을 도성수축도감 도제조로 삼고,
  각도의 징발 丁夫를 43만여명에서 10만명을 減하도록 함.

- 세종 03/12/18(정미) / 도성수축도감의 보고에 따라 惠民局과 濟生院 외에 추가로 差使員에게 의학생도 2, 3인을 배치하여 축성군의 질병을 치료하게 함.
- 세종 03/12/21(경술) / 築城役時 疫癘가 우려되자, 태조대 도성축조시 역질 치료 경험이 있는 僧 坦宣을 불러 구호하도록 함.
- 세종 03/12/22(신해) / 내년 봄 조세로 상납할 곡식을 모두 그 고을에 주도록 함.
- 세종 03/12/24(계축) / 도성수축도감의 보고에 따라 도망한 축성군에 대해 초범은 곤장 1백대, 재범은 斬刑에 처하도록 함.
- 세종 04/01/05(계해) / 태상왕이 축성군이 凍死하지 않도록 명함.
- 세종 04/01/14(임신) / 목멱산・백악산의 산신에게 도성 수축을 제사 지내어 알림.
- 세종 04/01/15(계유) / 도성의 수축을 시작하고, 4개의 구료소를 설치해 군인들을 치료함.
- 세종 04/01/16(갑술) / 도성의 수문을 늘려 만들도록 함.
- 세종 04/01/17(을해) / 축성 후 부실 공사를 즉시 고치게 하고 논죄하게 함.
- 세종 04/01/22(경진) / 도성수축 인부를 늦게 보낸 경상도 관찰사를 국문하고 수령을 잡아오게 함.
- 세종 04/01/24(임오) / 권희달・이수 등을 보내 축성에 관여한 提調들을 위로함.
- 세종 04/02/02(기축) / 도성 수축하는 군사를 거느린 각도의 수령관・차사원에게 술을 내림.
- 세종 04/02/05(임진) / 도성수축 인부를 늦게 보낸 창녕현감, 영산현감을 의금부에 구금하도록 함.
- 세종 04/02/09(병신) / 도성을 수축하는 전라도 고흥의 군인들이 잘못하여 불을 냈으므로 粮米를 주도록 함.

- 세종 04/02/15(임인) / 역사를 마치자 도성을 수축한 수령관과 수령들에게 예조에서 잔치를 내리게 함.
- 세종 04/02/23(경술) / 도성의 역사를 마쳤는데, 석축이며 지형에 따라 높이는 16척, 20척, 23척으로 하였으며, 수문을 증축하고 성 내외로 폭 15척의 길을 냄. 또 도성 수축 중에 죽은 872명의 군사에게 해당 고을에서 호역을 면제하고 賻物을 주도록 함.
- 세종 04/02/24(신해) / 성문도감을 설치함.
- 세종 04/02/25(임자) / 도망한 도성수축 인부를 끝까지 추적하여 처벌하도록 함.
- 세종 04/02/26(계축) / 도성을 수축하는 과정에서 일어난 군인들에 대한 문제를 논의함.
- 세종 04/02/30(정사) / 도성을 수축하는 군사를 거느리고 도망한 총패와 두목은 군법에 의해 처벌하도록 함.
- 세종 04/03/05(임술) / 도성을 수축하는 인부를 죽게한 수령에 대한 처벌 규정을 정함.
- 세종 04/03/20(정축) / 도성을 수축할 때 죽은 군인들의 호역을 면제하고 賻物을 주도록 함.
- 세종 04/05/04(경신) / 도성의 방비와 궁의 호위를 강화함.
- 세종 04/06/11(병신) / 전라도 관찰사 하연의 건의에 따라 도성 수축에 징발되었다가 돌아오는 도중에 죽은 자 141명에게 米豆로 扶助하도록 함.
- 세종 04/10/29(계축) / 장흥부와 옥구현에 성을 쌓음.
- 세종 05/01/09(신묘) / 구걸하기 위해 떠도는 軍丁을 진휼하여 떠돌지 못하게 함.
- 세종 05/02/01(임자) / 도성 수축에 나온 염간 등에게 身貢을 면제하도록 함.
- 세종 05/02/26(정축) / 영광읍에 성을 쌓음.

- 세종 05/05/18(정유) / 함길도 감사가 길주 산성 창고(59간)의 화재를 보고함.
- 세종 05/08/02(경술) / 평안도 감사의 보고에 따라 여연군의 새 성에 木柵을 설치하지 말고, 舊城을 퇴축하도록 함.
- 세종 06/03/17(계사) / 내관 최용을 보내어 도성 수축 도감에게 선온 10병을 내림.
- 세종 06/04/18(계해) / 한성부의 건의에 따라 도성 안이 비좁으므로 동대문쪽 수구문 밖에 터를 골라 동리 이름을 정하고 집없는 사람에게 주도록 함.
- 세종 06/08/05(정미) / 함길도 북청부에서 축조한 도성이 무너지자 북청감역관, 두목, 총패에게 기한내에 와서 수축하도록 함.
- 세종 06/08/10(임자) / 실농으로 인해 성곽과 창고를 제외한 모든 관의 토목 공사를 중지하게 함.
- 세종 06/09/04(병자) / 왜변에 대비해 전라도 내의 낙안군의 토성을 넓히고 돌을 섞어서 쌓게 함.
- 세종 06/10/01(임인) / 전라도 보성·낙안 등에 성을 쌓음.
- 세종 07/02/27(정묘) / 거제현의 읍치를 古邑地로 이전하고 축성하는 문제를 병조에서 의논하여 시행하게 함.
- 세종 07/04/26(을축) / 경기감사의 보고에 따라 강화부의 옛 성터에 농한기를 이용하여 축성하고 治所를 옮기도록 함.
- 세종 07/10/16(신사) / 경차관 許誠의 보고에 따라 거제도 沙月浦에 읍성을 만들게 함.
- 세종 07/10/18(계미) / 울산 읍성의 관리와 백성은 새 성으로 옮기고, 절제사는 구읍성을 지키게 함.
- 세종 07/11/14(기유) / 경원을 용성으로 옮기는 일과 거제도 읍성을 설치하는 일을 논의함.
- 세종 07/11/22(정사) / 해주 부근의 縣을 한곳 폐지하고, 唐釜에 해

주진을 이설하고 절제사를 두도록 하되, 병오년 가을에 시행하도록 함.

- 세종 07/12/16(신사) / 신도성의 성황신을 도성안 북쪽 땅을 골라서 봉안하게 함.
- 세종 08/04/05(무진) / 도성의 도로 제도의 개선책을 한성부·호조·공조와 함께 의논함.
- 세종 09/01/13(임인) / 거제현의 개선할 점에 대해 호조에서 계를 올림.
- 세종 09/04/04(임술) / 옛날 道康 경내의 松界縣 옛터로 강진현 治所를 옮기게 함.
- 세종 09/04/28(병술) / 경차관의 보고에 따라 황해도 永康鎭의 성터를 蛇川으로 이전하도록 함.
- 세종 09/05/11(무술) / 대호군 이진이 전라도 新舊官營의 지리적·군사적 단점에 대한 개선 방안에 대해 상소함.
- 세종 09/07/16(임인) / 병선을 평해군의 월송포에 도로 두고 지군사로써 만호를 겸무하게 함.
- 세종 09/08/10(을축) / 경원의 진을 용성으로 옮기는 일에 대해서 논의함.
- 세종 09/08/26(신사) / 護軍 郭貞을 보내 강화의 말목장에 축성할 基地를 조사하게 함.
- 세종 09/09/29(갑인) / 전 좌군 동지총제 박초가 경원부를 용성으로 옮기는 것의 불가함을 아뢴 것 등에 대해 논의함. 경원의 용성 등지에 성을 쌓고, 주변 거주민은 戶數를 나누어 1屯을 구성하고 木柵을 만들게 함.
- 세종 09/10/08(임술) / 경상도 영덕현에 성을 쌓음.
- 세종 09/12/27(경진) / 경상, 전라도에는 축성역사와 벌목이 있고, 강원도에도 벌목역사가 있으며, 충청도는 곡식이 잘되지 못하였다 하여 명년 가을까지 番 올라오는 것을 정지함.

- 세종 10/01/14(정유) / 강화도에 성을 쌓고 백성을 옮겨 살게 하자는 것을 추수 때까지 기다리게 함.
- 세종 10/07/21(신미) / 공조 참판 이천을 함길도 경원 등지에 보내어 성터를 살펴 정하게 함.
- 세종 10/10/20(무술) / 경원부, 龍城, 吉州城 등의 移設문제에 대하여 논의함.
- 세종 10/10/24(임인) / 황희·申商을 평안도에 보내어 성보를 순찰하게 함.
- 세종 10/11/19(정묘) / 황희가 평안도 각 고을 성보의 허실과 合入의 便宜與否를 살펴 보고함.
- 세종 11/01/04(신해) / 함길도 감사가 길주·용성에 동시에 성을 쌓으니 창고와 관사·민가는 명년 봄에 해당 고을사람들이 이전하도록 하고, 城은 가을에 쌓을 것을 청하니 윤허함.
- 세종 11/01/25(임신) / 許稠의 건의에 따라 경상도 연해 각 고을의 城堡를 시간을 한청치 말고 농한기를 이용해 수축토록 함.
- 세종 11/02/10(병술) / 최윤덕이 성곽 축조의 조건을 보고함.
- 세종 11/02/13(기축) / 좌사간 柳孟聞 등이 하삼도에 대한 성보축조를 위한 순찰의 정지를 상소함.
- 세종 11/02/25(신축) / 공조참판 이천을 평안도에 보내어 도내 성곽의 기지를 살피게 함.
- 세종 11/05/14(기미) / 강화성의 기지를 정하는 일에 대해서 논의함.
- 세종 11/08/19(계사) / 강원도 감사의 건의에 따라 도성 수리를 위한 부역을 10월로 미루도록 함.
- 세종 11/08/21(을미) / 백성이 희소한 평안도로의 백성 이주책에 대해 의논함.
- 세종 11/08/25(기해) / 최성을 강화에 보내어 성터를 살펴 정하게 함.
- 세종 11/08/26(경자) / 제주도 於蘭의 강변에서 10리 거리에 있는 海

珍 南面의 狗山城 안에 城과 館所를 설치하고 館丞(驛丞 겸임)을
두어 馬匹의 번식, 표류민 구휼, 行狀 검사 등의 임무를 수행하도
록 함.

- 세종 11/10/02(을해) / 예조에 전지하여 도성을 수축하는 군사들을
  치료케 함.

- 세종 11/12/19(신묘) / 병조판서 崔閏德을 충청·전라·경상 삼도도
  순문사로 삼고, 첨총제 朴坤을 副官으로 삼아 沿邊의 성터[城基]를
  순회하며 살펴보게 함.

- 세종 11/12/26(무술) / 병조에서 여연 성황당에 수원이 마르지 않는
  우물이 있어 새 성을 쌓고 읍을 옮기도록 함.

- 세종 12/04/09(무인) / 함길도 城基看審使 趙貫의 건의에 따라 용성은
  松洞의 성터로, 길주 읍성은 白塔原 동쪽의 성터로 옮기도록 함.

- 세종 12/05/11(경술) / 최윤덕에게 하삼도의 성보를 수축하는 방침을
  일임함.

- 세종 12/07/30(무진) / 병조에서 여연과 안주성을 개축할 것을 건의
  하니 여연성만을 쌓도록 하게 함.

- 세종 12/08/13(신사) / 공조에 하교하여 성곽축조 등의 토목공사 감
  역관이 일을 혹독하게 시키지 못하도록 함.

- 세종 12/08/23(신묘) / 최윤덕이 국경 연변의 성보를 수축할 것을 건
  의함.

- 세종 12/09/01(기해) / 장령 최문손이 성보 기지의 시찰을 위해 최윤
  덕을 충청도에 파견함의 부당함을 아뢰었으나 듣지 않음.

- 세종 12/09/02(경자) / 정분 등이 성보 기지의 시찰을 위해 최윤덕을
  충청도에 파견함의 부당함을 아뢰었으나 듣지 않음.

- 세종 12/09/04(임인) / 최윤덕·박곤을 하삼도에 파견하여 성보를
  순행 심찰하게 함.

- 세종 12/09/24(임술) / 최윤덕의 보고에 따라 충청도 庇仁, 保寧 두

읍성을 새터로 옮겨 축조하도록 함.
- 세종 12/09/24(임술) / 병조의 건의에 따라 각처의 성 축조시 적대를 아울러 쌓도록 함.
- 세종 12/10/11(무인) / 사간원에서 여러 곳을 축성하는 곳은 축성을 정지하고, 부득이한 연변축성은 한 도에 한곳씩만 풍년을 기다려 시행하도록 청하였으나 불허함.
- 세종 12/10/17(갑신) / 개성유후사가 본 도성의 서남쪽에 성곽을 축조할 것을 건의하니 의정부와 육조로 하여금 의논하여 보고하도록 함.
- 세종 12/11/04(신축) / 황희, 맹사성 등과 軍資庫를 건축하는 문제에 대해 의논함.
- 세종 12/11/22(기미) / 병조에서 경상좌도 처치사의 보고에 따라 연호군으로 축성할 것을 건의했으나 듣지 않음.
                        / 병조에 전지하여 하삼도에서 성을 쌓는 군인을 모두 방환하게 함.
- 세종 12/12/05(신미) / 병조의 건의에 따라 백성을 역사에 동원하는 일자의 式을 세움.
- 세종 12/12/23(기축) / 병조에서 삼군 진무를 불시에 파견하여 첨절제사 이하 관원의 폐단을 적발하게 함.
- 세종 12/12/29(을미) / 都巡問使 崔閏德이 경상도의 延日·昆南·蛤浦와 전라도의 臨陂·務安·順天과 충청도의 庇仁·保寧 등에 성을 쌓음.
- 세종 12/12#08(갑진) / 權軫이 최윤덕의 성 축조를 내년 가을로 미룰 것을 건의하니, 봄철 축성공사는 불가함을 윤덕에게 전하도록 함.
- 세종 12/12#13(기유) / 병조판서 趙啓生이 여연의 성보 수리를 청했으나 보류케 함.
- 세종 12/12#15(신해) / 金敬 등이 도성과 내성, 新城을 쌓은 공적을 평정하여 상을 베풀어 주시기를 상언하였으나 보류함.

530 韓國 中世築城史 研究

- 세종 13/01/16(신사) / 전 판나주목사 鄭守弘이 성보공사로 인한 폐단을 아뢰 공사의 정지를 청하였으나 윤허하지 않음.
- 세종 13/03/10(갑술) / 함길도 도절제사에게 白塔原으로 새로 옮긴 길주읍성의 샘물과 利害點을 구읍성인 吾甫邑城과 함께 자세히 조사하여 보고하도록 함.
- 세종 13/05/16(기묘) / 병조의 보고에 따라 강화에 가서 성을 쌓고 돌아오다 익사한 正軍 등에게 부의하고 복호함.
- 세종 13/07/30(임진) / 최윤덕이 年前에 하삼도의 성곽을 돌아보고 수리한 것을 아뢰면서 沃溝, 臨陂의 城을 개축하기를 청하였으나 천천히 하도록 함.
- 세종 13/08/07(기해) / 병조의 『文獻通考』와 『續六典』의 기록을 인용한 보고에 따라 성보를 설치·수어하는 일은 병조에, 성의 신축과 수축은 공조에서 맡도록 함.
- 세종 13/09/25(병술) / 축성공사에 순무사를 파견하여 감독하는 것을 폐지하고, 해당 도의 감사와 도절제사가 수행하도록 함.
- 세종 13/10/09(경자) / 동쪽의 안암동에서 벌을아현까지, 서쪽은 사현에서 典廐南山까지 외성을 퇴축하도록 할 것이니 세 議政이 한성부 관리와 지관을 거느리고 터를 살펴 정하게 함.
- 세종 13/10/13(갑진) / 공조의 보고에 따라 경상도 연일현과 合浦, 昆南鎭 등의 축성작업에 대해 의논함.

　　　　　　　 / 좌사간 김중곤 등의 상소에 따라 매년 한 도에 한 성만을 축성하되, 主掌官이 풍흉을 보아 축성할 곳을 보고하고, 각 고을의 민호와 丁數의 다과를 헤아려 징발해 쌓되 부역일수를 준수하고 미필되면 명년을 기다려 쌓는 것을 규정으로 삼도록 함.
- 세종 13/10/28(기미) / 총제 이징석이 남반의 방어문제를 상언하니 해당도의 감사와 처치사에게 상세히 알아 본 후에 시행하도록 함.
- 세종 13/11/08(기사) / 축성의 명을 받은 최윤덕이 시찰결과를 아룀.

- 세종 13/11/19(경진) / 최윤덕이 경상도 남해와 동래에 농민이 불가하면 선군을 동원해 축성할 것을 청하였으나 윤허하지 않음.
- 세종 13/11/26(정해) / 여연군에 성을 쌓음.
- 세종 14/01/05(을축) / 合浦·昆南·延日의 성 쌓는 일을 지연시킨 경상감사 조치를 파면함.
- 세종 14/02/02(신묘) / 옹진, 풍천, 용성에 축성하는 문제와 경원·경성의 수비문제를 의논함.
- 세종 14/03/06(을축) / 경원성과 길주성의 移築을 심정하기 위해 영의정 황희와 호조판서 安純의 파견을 결정함.
- 세종 14/03/10(기사) / 좌사간 김중곤과 정언 김숙검이 함길도의 성터 조사작업의 정지를 간하였으나 윤허하지 않음.
- 세종 14/03/17(병자) / 최윤덕·신상 등이 강화에 다녀와 강화읍성 이전지 등에 관한 것을 보고하니 명년 가을에 시행하도록 함.
- 세종 14/04/12(경자) / 함길도 도체찰사 황희가 용성, 경원 등지의 방비시설과 길주읍성 이전문제 등을 장계하니 이에 대해 논의함.
- 세종 14/04/17(을사) / 城基看審使 朴坤이 풍천과 瓮津의 성터를 살피고 보고하니 모두 보고에 따라 退築하도록 함.
- 세종 14/05/06(계해) / 형조판서 정흠지를 함길도로 보내 경성의 성터를 살피게 함.
- 세종 14/06/06(계사) / 함길도 도순찰사 鄭欽之가 경원·경성의 축성과 행정구역 조정문제, 유방군의 입번 등에 대해 상소함.
- 세종 14/06/14(신축) / 병조의 건의에 따라 石幕上平에 석성을 축조하여 寧北鎭을 두고 절제사를 파견하도록 함.
- 세종 14/07/26(임오) / 지신사 안숭선이 水災를 이유로 길주, 경성 등 영북진의 축성을 정지할 것을 청하였으나 허락치 않음.
- 세종 14/07/27(계미) / 세 議政을 불러 함길도 영북진성을 쌓는 것에 관해 의논함.

- 세종 14/10/10(을미) / 權軫이 각도의 성을 쌓는데 田地結數에 따라 인부를 내게 하되, 그 수효를 감할 것을 건의하니, 병조로 하여금 受敎를 상고하여 시행하도록 함.
- 세종 14/10/22(정미) / 강계부 강변의 사람들은 부근의 목책으로, 읍성근처 거주민은 本城으로, 高山里와 口子屯을 지키는 군인은 萬浦木柵으로 들어가 수어하도록 함.
- 세종 14/12/11(병신) / 최윤덕·허조·하경복 등을 불러 여연·강계 등지에 화포의 추가배치와 점검, 방어소 축성 등의 문제를 논의함.
- 세종 14/12/13(무술) / 강계·여연 등지에 축성하는 문제를 논의함.
- 세종 14/12/13(무술) / 최윤덕이 여연 등처에 속히 좋은 땅을 선택하여 성을 쌓을 것과 敵臺 설치를 폐하여 공역을 줄일 것을 건의함.
- 세종 15/01/13(정묘) / 황희·맹사성 등과 함께 烟臺·木柵·城子·軍器·馬匹의 검찰과 군기제조에 관하여 의논함.
- 세종 15/01/20(갑술) / 의금부의 보고에 따라 성보를 제대로 수리하지 못하여 도적이 침범하게 한 평안도 관찰사 박규·경력 최효손을 추국하도록 함.
- 세종 15/02/15(기해) / 의정부·육조 등에게 파저강 야인에 대한 접대 방식과 토벌할 계책 등을 진술하게 함.
- 세종 15/03/18(신미) / 이조정랑 金何를 城基巡審官으로 假稱하여, 事目을 가지고 함길도에 가서 도절제사에게 알목하 야인에 대한 대책을 전하도록 함.
- 세종 15/05/19(신미) / 병조의 건의에 따라 도내의 군인을 징발하여 9월부터 경원성을 쌓도록 함.
- 세종 15/05/28(경진) / 황희·맹사성·권진 등을 불러 북방 방비에 관한 일을 논의함.
- 세종 15/07/21(임신) / 경복궁의 북문을 다시 설치하도록 함.
- 세종 15/07/27(무인) / 사간원에서 백성들의 부역을 우선 정지하고

풍년들기를 기다려 시행할 것을 상소함.

- 세종 15/08#09(기미) / 병조에서 受敎한 바에 의하여 端川·北靑의 수령들을 시켜 寧北鎭에 가서 守護하며 축성하게 하였으나, 고을을 비워 두는 것이 마땅하지 않아 단천과 북청의 兵馬를 千戶가 거느리고 가게 하고, 사변이 있으면 수령이 가서 방비하게 함.

- 세종 15/09/13(임진) / 함길도 도순문사 심도원의 보고에 따라 경원성을 쌓다가 도망한 자에 대한 처벌 문제와 축성 문제를 논의함.

- 세종 15/09/13(임진) / 경원부의 성 쌓을 때 '來侵한다'는 헛말로 일어난 소동으로 목책로 피하다가 밟혀 죽은 군인에게 치제하도록 함.

- 세종 15/11/17(병신) / 경원 축성 공사에 부역하다 도망한 자들을 영북진에 영속시키도록 함.

- 세종 15/12/12(신유) / 하경복·심도원 등을 인견하고 영북진을 이설할 사목을 줌.

- 세종 15/12/13(임술) / 알목하(斡木河)는 본래 우리의 국경 안의 땅이니, 근일에 猛哥帖木兒가 그곳에 살다가 망하여 空地가 되었으니, 마땅히 속히 鎭(영북진)을 옮기고 성벽을 굳게 쌓아서 견고하게 함.

- 세종 16/01/20(무술) / 임금이 武備는 군국의 중대사이므로 講武, 성곽 축조와 같은 중대사를 폐할 수 없다고 강조함.

- 세종 16/02/14(임술) / 함길도 감사 김종서가 도체찰사, 병마절제사, 영북진절제사 등과 심사한 경원·영북진의 城基와 그 포치의 조건들에 대한 의견을 상언함.

- 세종 16/02/25(계유) / 평안도 감사가 평안부 외성의 水災가 있던 곳의 보수 내역에 대하여 보고함.

- 세종 16/03/17(갑오) / 성보의 축조·갑사의 증원·서울의 조성 감역 관리의 상급 문제 등을 논의함.

- 세종 16/03/22(기해) / 각도의 軍容城子巡審使를 병조당상과 도진무로 선임하고, 매년 春秋에 각도로 보내 방어에 관한 일까지도 아울

러 점검하게 하는 것을 恒式으로 삼게 하되, 그 파견 시기를 평안
도는 매년 10월부터 이듬해 2월까지로 한정하고, 나머지 각도는 10
월로 하며, 병조당상과 도진무가 모두 有故할 시는, 2품 이상의 다
른 관원으로 대신하게 함.

- 세종 16/04/23(경오) / 사신 支待와 축성, 移鎭의 일로 어려운 함길
  도 從仕人에게 還上을 서울에서 받고 가을에 본 고을에 還納하기
  를 허락함.
- 세종 16/04/25(임신) / 함길도가 실농하고 지난 겨울부터 축성공사로
  困苦하여 갑사 등 병사들의 부방을 연기함.
- 세종 16/04/26(계유) / 함길도 감사와 도절제사가 진법에 관해 아룀.
- 세종 16/05/29(을사) / 축성이 안된 서북면지역의 고을에 축성하도록
  하되, 부역기간을 한정하는 것을 폐지하고 일을 마친 연후에 방환
  하도록 함.
- 세종 16/06/01(병오) / 강계·理山 등지에 석성을 쌓는 문제 등의 국
  경 방어 문제를 논의함.
- 세종 16/07/04(기묘) / 孔州城의 나무로 보수한 곳은 석성으로 개축
  하게 하고, 경원·영북에는 목책을 설치하고, 갑산의 無路口子에
  는 목책을 개축하도록 함.
- 세종 16/07/13(무자) / 각도의 성곽관리에 대한 책임자를 정함.
- 세종 16/07/26(신축) / 최윤덕의 건의에 따라 서북지방인들이 토벌과
  失農 등으로 민생이 피곤하니 벽동과 만포 축성은 시행하지 말고
  木柵을 수리하여 사용하며 城基巡審使는 파견하지 말도록 함.
- 세종 16/07/27(임인) / 연변 고을의 경우는 축성역사의 일수를 한정
  치 말고 함길도·평안도의 예에 의하여 군인의 다과를 요량하여
  성터를 배분하고 일을 마치도록 함.
- 세종 16/08/01(을사) / 하삼도의 미필된 축성공사를 금년안에 모두
  마치도록 하고, 김해읍성은 금년에 축성공사를 시작하도록 함.

- 세종 16/08/05(기유) / 먼저 김해읍성을 쌓고, 다음에 내이포 縣城을 경상우도 수군을 선발하여 쌓도록 함.
- 세종 16/08/23(정묘) / 평안·황해도의 작황을 묻고 경상·전라·충청도 등지에 급히 성을 쌓아 후환을 방비할 것을 명함.
- 세종 16/08/26(경오) / 우의정 최윤덕을 평안도에 파견하되 군용도순검사를 겸하도록 함.
- 세종 16/08/28(임신) / 정흠지를 하삼도에, 박곤을 강원도에 보내 고을을 순행하며 성 쌓을 터를 살펴 정하게 함.
- 세종 16/08/30(갑술) / 8도에 대신을 보내어 군용을 점검하는 것을 중지할 것을 사헌부에서 상소함.
- 세종 17/01/30(임인) / 전라도에서 축성군으로 도망한 자에게 돈을 징수한 것과 관련하여 실상을 조사케 함.
- 세종 17/04/13(갑인) / 좌의정 최윤덕이 올린 備邊事宜에 따라 강계·여연 등 각 고을의 城池에 거듭 隍池를 파도록 하고, 兩界의 邊邑에 튼튼하게 축성하여 여러 木柵에 사는 사람들을 겨울이면 읍성에 모아 보호하게 하며, 연변의 축성에 안쪽에는 작은 돌로 메우기 때문에 쉽게 무너지니, 이제부터는 모두 큰 돌을 쓸 것 등을 시행하도록 함.
- 세종 17/04/25(병인) / 함길도 도절제사 김종서가 하직하니, 갑산의 읍성 이축문제를 상의하고 다시 그 便否를 상세히 조사하도록 함.
- 세종 17/06/05(을사) / 함길도 도관찰사 정흠지·도절제사 김종서가 축성과 방어 등 국방에 관해 의논하여 아룀.
- 세종 17/06/18(무오) / 금년 가을 江界와 碧潼의 축성공사에 필요한 쇠를 黃海道로 하여금 각각 3천근을 주게 하고, 閭延·慈城·理山·昌城·義州 등 城을 수축하게 하고, 사면에는 모두 鹿角城을 설치하며, 성안에 흙을 채우는 축조는 얼음이 얼기 전에 시행하도록 함.

- 세종 17/07/08(정축) / 방어가 긴급한 강계·벽동은 예정대로 축성하고, 鄭夫人舊址의 축성은 정지하도록 함.
- 세종 17/07/14(계미) / 여연과 갑산 사이에 있는 無路 땅에 성보 설치하는 것을 금하고, 가까운 쪽을 나누어 여연과 갑산에 소속시키게 함.
- 세종 17/07/26(을미) / 함길도 도절제사에게 회령 부근에 거주하는 斡朶里 등 야인의 읍성수비 군역을 폐지하는 것에 대하여 자세히 검토하도록 지시함.
- 세종 17/08/05(갑진) / 鐵山의 읍성을 加山으로 옮김.
- 세종 17/08/16(을묘) / 평안도 외에는 축성역사를 일단 정지하고, 각 도마다 매년 1~2개 고을씩 축성하던 것을 각 고을이 스스로 해당 지역의 성을 축조하도록 하는 방안을 실시하게 함.
- 세종 17/08/25(갑자) / 축성감독은 절제사가 하도록 하고, 감사가 규찰하며, 한 道에 여러 성을 쌓아 상호 거리가 멀면 도순무사를 보내고, 황해도는 감사가, 강원도는 수령을 선발하여 감독하고 감사가 규찰하도록 함.
- 세종 17/08/29(무진) / 경상도 熊神縣에 각포의 船軍을 동원해 성을 쌓게 함.
- 세종 17/09/07(을해) / 미리 공문을 보낸 후 경상·전라·충청의 연변 고을의 축성은 앞으로 먼저 公文을 보낸 후에 축성하도록 함.
- 세종 17/09/15(계미) / 함길도 감사가 회령의 방비를 위해 읍성에서 떨어진 八乙下에 벽성을 축조하고 永安·永寧·永平·永康 등 네 木柵에 사는 이들이 입보하도록 할 것을 건의하였으나 일단 보류하고 감사와 도순검사가 다시 상세히 조사하여 보고하도록 함.
- 세종 17/09/27(을미) / 허천과 혜산 중 허천에만 읍성을 쌓고, 혜산에는 口子만 만들고 첨절제사가 지키게 함.
- 세종 17/10/03(신축) / 연변의 방비 방식에 대해 최윤덕이 상서함.

- 세종 17/11/06(계유) / 축성, 征討, 방어 등으로 분주한 평안도의 환상 감면 문제에 대해 의논하여 아뢰게 함.
- 세종 18/05/29(갑오) / 司水色을 고쳐 修城典船色이라 하고, 別監을 두어 축성사를 맡아보도록 하며, 각도에 나누어 보내 축성역을 감독하는 것을 恒式으로 삼음.
- 세종 18/05/30(을미) / 야인에게서 雇工살이 하는 조선인을 쇄환하는 문제가 대두하자 네 고을의 城堡를 다 쌓기를 기다려서 군량을 약간이라도 저축하여 변경을 차츰 안정시킨 연후에 시행하도록 함.
- 세종 18/06/20(을묘) / 동서반 4품 이상에게 야인을 제어하는 계책을 올리도록 교지를 내림.
- 세종 18/06#18(계미) / 4품 이상이 올린 外寇에 대한 종합대책을 평안도 도절제사에게 보냄.
- 세종 18/06#22(정해) / 평안도 도절제사에게 烟臺 설치를 명함.
- 세종 18/07/09(임인) / 평안도 변방지역에 긴급히 석보와 연대를 축조해야 할 곳을 심사하여 보고하도록 평안도 감사와 도절제사에게 전지함.
- 세종 18/09/26(무오) / 회령부에 성을 쌓았는데, 주위가 3,900尺, 높이 15尺이며 25일만에 역사를 마침.
- 세종 18/10/03(을축) / 올적합의 군사 3천명이 경원읍성을 포위 공격해 왔으나 물리쳤다고 도절제사가 보고함.
- 세종 18/11/27(무오) / 절제사 김종서의 건의에 따라 함길도 도절제사의 본영을 용성으로 옮기고, 경성, 종성, 용성, 孔城에 차례로 축성하도록 함.
- 세종 18/10/27(기축) / 적의 포위공격을 막기위해 회령의 新舊 읍성처럼 경원·종성에 새로 성벽을 축조하고 군사를 나누어 지키게 하자는 건의가 있었으나 군사가 단약하여 나누면 방어하기 더욱 어렵다고 함.

- 세종 18/11/01(임진) / 4군 지역의 방어에 대한 계책을 김종서·정흠 지가 각각 올림.
- 세종 18/11/27(무오) / 병조에서 보고한 회령부의 원산·장천 두 城堡의 합병, 함길도 4진 小堡는 경원·종성의 석성개축이 끝난 다음 석축으로 개축하며, 惠山口子는 갑산의 읍성을 명년 봄에 다 축조한 다음 개축하게 할 것 등 방어책을 시행하게 함.
- 세종 18/11/27(무오) / 함길도 도관찰사 鄭欽之가 경성의 도절제사 본영을 용성으로 옮기는 데 반대한다고 상언함.
- 세종 18/12/26(정해) / 일본에서 분쟁이 발생하자, 왜인의 침략에 대비하여 남쪽의 방어를 강화시킴.
- 세종 18/12/27(무자) / 방비강화를 위해 울산에 다시 병영을 설치하여 우도 合浦와 같이 하고 경상좌도 도절제사가 경주부윤을 겸하게 하고, 朴從愚를 경상좌도 절제사로, 河敬復을 우도 절제사로 임명함.
- 세종 19/01/05(을미) / 평안도 감사에게 삭주의 본읍 이전 문제 등 방어상의 행정구역 조정에 대한 편의를 심사하여 보고하게 함.
- 세종 19/03/10(경자) / 함길도 도절제사에게 城堡를 튼튼히 하고, 불시에 마을을 자주 순찰하여 淸野策에 이상이 없도록 특별히 명함.
- 세종 19/03/27(정사) / 이조·병조의 銓選과 예조의 빈객, 병조의 用兵, 공조의 성곽 등을 제외한 庶務를 세자에게 위임하려 하였으나 신하들이 반대함.
- 세종 19/04/13(임신) / 종성을 옮기지 말고 우선 綠野岐에 보를 설치하여 방어하게 함.
- 세종 19/06/02(경신) / 충청도 순문사 安純이 면천산성을 읍성으로 옮겨 축성하기를 청하였으나 巡撫使가 갈 때에 다시 살펴서 정하게 함.
- 세종 19/06/11(기사) / 평안도 도절제사 이천이 야인 토벌의 세 가지

계책을 올림.

- 세종 19/07/11(기해) / 북쪽 변방의 방수와 축성에 수고로운 함길도 백성의 조세를 감면시킴.
- 세종 19/07/12(경자) / 함길·평안 절제사에게 用兵할 때에 陰陽術數를 참작해 시행하도록 전지함.
- 세종 19/07/17(을사) / 평안도 도절제사 이천이 이만주 무리에 대한 정탐 내용과 動兵 예정일을 보고하니, 추가적인 계책을 작성하여 보냄.
- 세종 19/07/18(병오) / 평안도 도절제사에게 산성을 공격하는 방법 등 야인 토벌 지침을 전지함.
- 세종 19/07/19(정미) / 이만주가 오미부에 있는지 탐지하여 신속히 공격할 것을 평안도 도절제사에게 전지함.
- 세종 19/07/28(병진) / 방어와 축성의 일이 많은 함길도와 평안도 자성·강계 등 고을의 백성에게 貢法에 의한 수세량을 감해줌.
- 세종 19/08/02(기미) / 함길도 감사의 상언을 의논하여 함길도 백성의 조세를 감해 줌.
- 세종 19/08/03(경신) / 함길도 절제사에게 올적합의 침략에 대비하여 여러 방책을 강구하고 군사포치를 하도록 명함.
- 세종 19/08/06(계해) / 임금이 친히 글을 지어 동북지역에서의 用兵, 축성, 읍진의 이설 등에 대하여 김종서에게 상세히 조사하여 密啓할 것을 지시하니 김종서가 이에 대해 보고함.
- 세종 19/08/20(정축) / 함길도 변방 성에 여장과 적대를 더욱 굳게 쌓도록 하고, 중국제도에 의하여 성위에 閣을 지어 순찰을 강화하도록 함.
- 세종 19/08/30(정해) / 김종서에게 지금 경원에서 축성역사를 起工하였으니 喪祭를 접어두고, 더욱 변방 방어에 전력할 것을 명함.
- 세종 19/12/19(병자) / 함길도 도절제사에게 척후와 淸野策을 철저

히 하고 경솔하게 應戰하지 말 것을 지시함.

▫ 세종 20/01/07(임진) / 거아첩합의 처리 문제를 논의함.

▫ 세종 20/01/15(경자) / 의정부에서 연변 여러 구자에 石堡壘를 쌓을 때에 적대·甕城 및 烟臺의 圖本을 修城典船色에게 만들게 하여 도절제사에게 보내 참고하도록 하는 조치 등 변방방어책의 구체적 사안을 올림.

▫ 세종 20/01/25(경술) / 강계이북의 세 고을에 방수하는 자는 읍성에 입보하니 대개 말이 필요없고, 이산이남에는 馬兵을 두어 변에 대응하게 함.

▫ 세종 20/05/27(경술) / 판중추원사 이순몽이 유이민 방지를 위한 호패법 재시행 등을 아뢰니, 의정부에 내림.

▫ 세종 20/08/05(정사) / 판중추원사 조말생을 하삼도 도순문사로 삼아 각 고을의 성보를 심정하게 함.

▫ 세종 20/08/09(신유) / 판중추원사 이순몽의 상언에 따라 선군을 축성과 목책 수리 등에 사역시키지 말고 선상방어 연습을 시키도록 함.

▫ 세종 20/09/10(신묘) / 최윤덕이 면천 산성보다 서천성을 먼저 쌓을 것을 상언하니, 당초 계획대로 면천 읍성을 먼저 쌓고, 감당키 어려운 적변이 있으면 산성을 완축하여 대비하도록 함.

▫ 세종 20/10/16(정묘) / 축성 공사가 끝날때까지 軍容敬差官의 파견을 연기함.

▫ 세종 21/01/24(계묘) / 평안도 도절제사에게 도내 연변 읍성이 겨울철 입보때에는 주민의 거소가 조밀하니 특별히 화재 방비에 힘쓸 것을 전지함.

▫ 세종 21/01/28(정미) / 경상도 김해·영일의 성을 쌓게 함.

▫ 세종 21/02/07(병진) / 경연에서 임금이 국가가 승평할 때 축성하여야 한다는 것을 역설함.

▫ 세종 21/02#07(을유) / 충청도 沔川에 성을 쌓음.

- 세종 21/02#04(임오) / 제주 牛島의 인근에 있는 水山과 竹島의 인근에 있는 西歸방호소에 성곽을 축조하는 것 등 제주 도안무사 韓承舜이 보고한 제주지역 방어조치에 대한 건의를 시행하도록 함.
- 세종 21/03/08(병진) / 의정부의 논의에 따라 極邊의 가장 要地가 되는 城郭 이외의 여러 성은 병조에 명령하여, 방어상의 緩急과 해의 풍흉을 살펴 형편에 따라 점차로 축조하게 함.
- 세종 21/03/19(정묘) / 평안도 도절제사의 보고에 따라 三和·龍岡·江西·甑山·咸從·永柔·隨川·郭山·麟山 등 9읍에 축성하되, 관찰사와 도절제사가 긴급한 곳을 살펴 매년 1곳씩 축조하도록 함.
- 세종 21/03/19(정묘) / 평안도 도절제사 이천이 연변 16구자에 석성 대신 목책을 수리하여 농작에 힘쓰면서 방수할 것을 건의하니, 이미 쌓은 上無路·趙明干 두 석성 외에 14구자는 쌓지 말도록 하되 목책만 설치하지 말고 돌로써 성을 쌓게함.
- 세종 21/05/10(정사) / 종성군의 童巾으로의 이전과 석성의 축성에 대해 함길도 관찰사와 도절제사가 아룀.
- 세종 21/06/26(임인) / 평안도의 우예·조명간 등지에 사는 백성들이 읍성과 조명간 석보 중 어느 곳에 입보하는 것이 편리한지 심사하여 보고하도록 도절제사에게 전지함.
- 세종 21/08/09(을유) / 함길도 관찰사·도절제사가 읍성신축 등 일이 번다하다는 이유 등을 들어 考滿되는 길주목사 장우량 대신 지역사정에 밝은 김윤수를 추천함.
- 세종 21/08/16(임진) / 평안도 도절제사가 조명간의 석보에 입보시키는 문제는 우선 예전대로 읍성에 입보하고, 명년에 편부를 다시 논의할 것을 보고함.
- 세종 21/09/29(갑술) / 김종서가 경원부의 일을 보고하니 더욱 청야입보를 엄중히 시행하도록 함.

- 세종 21/10/04(기묘) / 김해 읍성에 있는 수로왕 능침에 표석을 세우기를 청함.
- 세종 21/10/06(신사) / 공조에서 수성도감의 첩정에 의해 도성 안팎에 있는 길의 넓이를 정하여 의정부에 보고함.
- 세종 21/10/15(경인) / 경상도 영해의 前縣監 유유가 영해 읍성 증·개축을 건의하니 관찰사와 도절제사가 상세히 살핀 후에 조치하도록 함.
- 세종 21/10/15(경인) / 평양부 사람 강득련 등 42인이 평안도를 방어할 방책 6조목을 올리니, 헤아려 시행하도록 함.
- 세종 21/10/18(계사) / 황해도 도순찰사 성달생이 평산부 읍성의 이설과 산성의 물부족 문제 해결을 위한 紬城축조를 건의함.
- 세종 21/10/20(을미) / 강원도 평해군에 성을 쌓음.
- 세종 21/11/20(갑자) / 경상도 長鬐·迎日·南海·金海 등에 성을 쌓음.
- 세종 21/11/22(병인) / 경상도 좌도도절제사 이징옥이 沿邊 각 고을 境內의 해변 중앙에, 좌·우편이 잘 보이는 곳에 軍堡를 설치하고, 그 연해 고을 군사는 他役을 배정하지 말고 그 경내에서 防禦하게 하는 등의 비변책을 건의함.
- 세종 22/01/17(경신) / 함길도 도절제사 김종서가 함길도의 여러 방비상황을 아뢰고, 관직사퇴를 청함.
- 세종 22/02/07(경진) / 신하들이 남방지역 방비의 허소함을 보고하니, 민폐에 지나치게 구애되지 말고 축성과 순찰하여 정비해야 함을 강조함.
- 세종 22/02/18(신묘) / 우의정 신개가 함길·평안 양도의 부방, 입보 등의 폐단을 제거하기 위한 장성(행성)축조를 상언함.
- 세종 22/02/22(을미) / 황보인을 평안·함길도 도체찰사로 삼아 장성(행성)을 쌓을 계획을 세움.

- 세종 22/03/01(계묘) / 영중추원사 최윤덕이 경상·전라도 등 연해 지역에 小堡와 목책을 설치하고, 入保 폐단을 없앨 것 등의 비변책을 올림.
- 세종 22/03/02(갑진) / 평안·함길도 도체찰사 황보인이 연변의 읍성 등 성곽을 고찰하고, 각종 변방방비 점검에 대한 사목을 올림.
- 세종 22/03/11(계축) / 성달생이 황해도 도순찰사로 순행한 후, 여러 성곽 수축과 이전, 행정구역 조정, 창고 이설 등 현안문제에 대해 보고함.
- 세종 22/04/04(을해) / 전주 판관 이호신이 근래 전라도에 연변의 축성 役事가 계속되어 백성들이 곤궁하니 정지할 것을 청하였으나 불허함.
- 세종 22/05/01(임인) / 평안도 조명간 구자에 대한 방어조치 등을 거론하며 예전에 이천이 제대로 조치하지 않았다고 함.
- 세종 22/05/13(갑인) / 함길도 도절제사에게 화포의 수를 조사하여 아뢰도록 전지함.
- 세종 22/06/15(을유) / 고흥현을 남양에 합속시키는 문제와 鎭의 이설 등에 관해 논의함.
- 세종 22/06/16(병술) / 함길도 도절제사 김종서가 갑산군의 야인 비변책에 대해 아룀.
- 세종 22/07/29(기사) / 평안·함길도 도체찰사 병조판서 황보인이 성곽수축, 연대설치, 목책이설 등 연변 비어책을 건의함.
- 세종 22/11/26(을축) / 함길도 도관찰사·도절제사가 건원만호의 이전 설치 등 함길도 비어 조치에 관해 건의하니, 多溫에 新邑 설치를 결정하여 穩城郡이라 부르고 鏡城道의 우익에 소속시킴.
- 세종 23/01/20(무오) / 미납 조세를 면포로 대신 징수하여 양계지역으로 수송하였다가 풍년에 粟을 사들여 축성군의 군량 등으로 사용하게 함.

- 세종 23/04/25(신묘) / 평안도 도절제사에게 척후를 보다 깊숙히 보내 야인의 동태를 적극 탐지하도록 함.
- 세종 23/05/18(계축) / 함길도에서 役夫에게 축성에 소요되는 철을 스스로 마련하는 것을 5년간 정지하고 선공감에서 수납할 충청도 철을 함흥부로 운수하도록 함.
- 세종 23/06/16(신사) / 평안도 도절제사가 변방 고을민을 읍성으로 모두 입보시키고 남도와 황해도의 甲胄와 弓箭을 모두 변방으로 옮길 것을 청하였으나 허락하지 않음.
- 세종 23/09/29(임술) / 趙明干과 벽단의 행성이 부실 공사로 무너지자, 여러 신하들이 監築官의 처벌, 행성축조의 정지를 건의함.
- 세종 23/10/04(정묘) / 사헌부에서 상소하여 축성 감독을 소홀히 한 박근과 정이한의 파출을 청하였으나 윤허하지 않음.
- 세종 23/10/05(무진) / 사간원에서 상소하여 북방에 축성하는 문제는 朝臣을 보내 신중히 살핀 다음 결정하여 시행할 것을 아뢰었으나 이미 황보인에게 위임하였다하여 윤허하지 않음.
- 세종 23/10/16(기묘) / 사헌부와 사간원에서 평안도 碧團 등처에 장성을 쌓으면서 부실공사를 한 책임자인 감사 정분과 도절제사 이징옥, 감독관인 박근과 정이한에게 죄주기를 청하였으나 불허함.
- 세종 23/10/17(경진) / 대사헌 정갑손과 좌사간 조수량 등이 행성 축조를 다시 심사할 것을 청하였으나 불허함.
- 세종 23/11/21(갑인) / 우승지에게 평안도에 장성과 石堡 축조를 어떻게 할 것인지 대신들이 의논하여 보고하라고 함.
- 세종 23/11#04(정묘) / 미곡을 布貨로 바꾸도록 허가하여 군량을 채우는 법에 관해 논의함.
- 세종 23/11#07(경오) / 황보인 대신 이숙치를 도체찰사로 삼아 평안도에 가서 趙明干口子에 축성하는 문제를 살피게 함.
- 세종 24/01/17(기묘) / 도체찰사 우참찬 이숙치가 행성을 우선 백성

들이 거주하는 지역에 축조하도록 하는 등의 평안도의 방어책을 건의하니 그대로 따름.

▫ 세종 24/02/06(정유) / 함길도 도절제사가 경원부에 역학 교관을 두고 한어를 교습시키기를 청하였으나 보류함.

▫ 세종 24/02/08(기해) / 함길도 도관찰사와 도절제사에게 함길도의 알려지지 않은 새 마을을 신고하는 자에게 후한 포상을 내리도록 함.

▫ 세종 24/04/10(경자) / 의정부에서 송골매를 잡는 데 대한 상벌의 규정과 법을 만들어 올림.

▫ 세종 24/05/28(정해) / 경흥군의 읍성을 옮기고, 구읍성은 천호가 군사를 거느리고 방어하게 함.

▫ 세종 24/06/14(계묘) / 이징옥에게 방어에 관해 지나친 군사 布置로 발생한 열가지 폐해에 관해 전지함.

▫ 세종 24/07/20(무인) / 방어가 긴급한 경상도 泗川·固城·寧海의 읍성을 급히 축조하도록 하고, 甕城·敵臺·池濠는 점차적으로 축조하도록 하며, 하삼도 연변 각 고을의 축성이 끝난 후에 內地의 읍성을 차례로 축조하도록 함.

▫ 세종 24/08/04(신묘) / 병조에서 해안 거주민들에 대한 방어수단을 조직화할 것 등 방비에 관한 사항을 보완하여 건의함.

▫ 세종 24/08/17(갑진) / 사헌부에서 축성 감독을 소홀히하여 파직당한 박근의 경차관 임명을 반대하였으나 불허함.

▫ 세종 24/09/05(임술) / 의정부에서 함길도에 입거시킬 민호에 대하여 건의함.

▫ 세종 24/09/21(무인) / 연변의 昌城·朔州·碧潼·理山·江界·慈城·閭延·茂昌 등의 고을은 해당지역의 城堡를 축조하는 것 이외의 다른 고을의 築城에는 모두 부역시키지 말도록 함.

▫ 세종 24/09/25(임오) / 좌정언 李徽가 함길도로 하삼도 백성들을 이주시키는 것을 미룰 것을 건의하였으나 불허함.

- 세종 24/11/19(병자) / 병조판서 鄭淵과 참판 辛引孫이 명년에 함길도에 입거시킬 백성을 함길·평안도에서 유이한 民戶로 대치하고, 평안도 연변에 축성하기 위해 징발한 충청도·황해도 백성들에게 식량을 공급하되 충청도인 징발은 정지하고 그 식량을 가지고 황해도에서 추가로 징발하거나 평안도에서 징발하여 백성들이 식량난을 덜도록 청함.
- 세종 24/11/26(임오) / 사간원에서 상소하여 他道 백성을 동원하여 평안도 연변의 행성을 쌓는 것을 반대함.
- 세종 25/01/09(을축) / 축성의 감독 관리를 잘한 자를 조사하여 아뢸 것을 병조에 전지함.
- 세종 25/01/10(병인) / 제주 안무사가 旌義縣·大靜縣 읍성을 이설할 곳과, 金寧防護所, 明月防護所, 西歸防護所 세 곳에 축성하기를 청함.
- 세종 25/02/15(신축) / 사헌부에서 평안도의 축성공사, 개성부의 影殿 개건 등의 이유로 궐내 건축공사의 기공을 반대였으나 불허함.
- 세종 25/04/14(기해) / 도체찰사 황보인의 건의에 따라 평안도 지역에 대한 목책·극성·벽성의 축조와 연대 설치 등을 시행함.
- 세종 25/05/16(경오) / 사간원에서 한 道에서 2~3개소를 축성하는 것을 정지하고 인원을 多寡에 따라 2패, 혹은 3패로 나누어 교대하며 1개소씩만 축성하도록 청하니, 의정부에서 논의하도록 함.
- 세종 25/06/02(을유) / 축성군·부방군·입거인이 포목으로 양식을 바꾸어 자급하니, 환상곡 대신 징수한 포목을 평안도로 수송하는 것을 일단 정지하도록 함.
- 세종 25/06/15(무술) / 여러 신하들과 함길도 단천과 평안도 자산 이북에 군량을 충실하게 하기 위해 回換할 것인지의 여부 등을 의논함.
- 세종 25/06/19(임인) / 양식부족으로 강원도의 役夫는 제외하고 본도인 함길도에서 농사가 잘된 고을의 役夫를 동원하여 축성하도록 함.

- 세종 25/06/21(갑진) / 사헌부 지평 권기가 회령성 축성의 연기를 청하였으나 불허함.
- 세종 25/06/30(계축) / 지평 이종겸이 축성을 위한 함길도 도체찰사 파견의 연기를 청하였으나 윤허하지 않음.
- 세종 25/07/02(을묘) / 함길도 도절제사 김효성이 흉년으로 인해 축성을 정지하고 단지 弓弩와 함정 등을 설치하여 방어할 것을 건의하였으나 허락하지 않음.
- 세종 25/07/03(병진) / 함길도 도관찰사 정갑손이 흉년으로 축성을 정지할 것을 청하니, 황보인과 정갑손에게 편부를 상세히 요량하여 보고하도록 함.
- 세종 25/07/10(계해) / 도체찰사 황보인·함길도 도관찰사 정갑손에게 풍흉을 살펴 형편에 따라 축성하도록 명함.
- 세종 25/07/17(경오) / 함길도 도체찰사 황보인에게 풍흉을 살펴 축성하도록 전지함.
- 세종 25/07/19(임신) / 함길도 도관찰사 정갑손이 승정원에 글을 올려 양식의 결핍 때문에 축성이 불가하다고 한 것임을 아룀.
- 세종 25/07/20(계유) / 함길도 도관찰사 정갑손에게 그가 축성을 파하기를 청한 것이 그르다고 한 것이 아니라는 뜻을 전지함.
- 세종 25/07/21(갑술) / 참판 허후가 축성의 군수로 쓰기 위해 양계로 조운하는 것을 정지하기를 청하였으나 허락하지 않음.
- 세종 25/08/07(기축) / 흉년에 함길도의 축성 역사를 정지하기를 좌정언 윤면이 청함.
- 세종 25/09/01(임자) / 동소로가무와 알목하의 야인들이 내지에 살 수 있게 함.
- 세종 25/09/22(계유) / 飢餓가 극심한 함길도에서 사실을 감추고 경솔히 축성역을 시작한 황보인을 질책하고, 賑濟상황과 흉년구제 방안을 마련하도록 함.

- 세종 25/09/22(계유) / 함길도 관찰사 정갑손에게 餓死하는 상황 및 수효·없어진 호수·화곡의 결실상황 등과 흉년을 구제할 방안의 보고를 명함.
- 세종 25/10/20(신축) / 함길도 도절제사 김효성이 堡의 축조, 연대 설치 등 비어책을 보고함.
- 세종 25/10/23(갑진) / 알타리 동소로가무가 그의 居所에 벽성 축조, 5鎭의 군사와 함께 具州의 올적합을 공격할 것을 청함.
- 세종 25/11/03(갑인) / 겸성균 주부 이보흠이 축성법에 대해 상소하니, 병조에 내려 의정부와 함께 논의하여 보고하도록 함.
- 세종 26/01/22(임신) / 지평 정자제가 평안도의 축성을 정지할 것을 청하였으나 윤허하지 않음.
- 세종 26/01/23(계유) / 윤참관 대사헌 권맹손과 중추원 부사 권맹경이 평안도의 축성을 정지할 것을 청함.
- 세종 26/04/14(계사) / 평안도 각 고을 인부 6천명을 출역시켜 위원 읍성과 옹성을 쌓게 하였는데 둘레가 4,795尺이며, 또 장성을 축조하였는데 길이가 3,598尺이됨.
- 세종 26/04/15(갑오) / 의주 강변에 살고 있는 백성들은 반달성을 쌓아 옮겨 살도록 하고, 의주 光城里에 사는 백성들은 古長城 안에 堡를 축조하고 지키도록 함.
- 세종 26/05/13(임술) / 여연·강계 등지의 각 洞里에 里堡와 倉庫를 설치하여 환상과 전세를 수납하게 함.
- 세종 26/06/02(경진) / 지평 정자제가 昌平縣 수령으로 있을 때 쌓은 城堡가 붕괴되어 조사를 받고 있는 감찰 崔如揖의 파면을 청함.
- 세종 26/06/10(무자) / 세자에게 윤참관 직예문관 정이한이 조세의 공정성을 위해 동서 양도의 전제를 우선 정할 것과 賊의 방어에 명백한 효과가 있는 행성의 축조를 건의함.
- 세종 26/07/09(병진) / 병조에 전지하여 흉년이 든 하삼도에 성 쌓는

일을 정지하도록 함.

- 세종 26/07/10(정사) / 영생전에 낙뢰하는 재변이 있어 임금이 兩界의 축성공사를 정지하고자 하였으나 신하들이 추진을 건의함.
- 세종 26/07/15(임술) / 최완이 왜인을 살해한 것과 함길·평안도에 성 쌓는 일 등에 대해 의논함.
- 세종 26/07/16(계해) / 우정언 許錘가 함길도의 행성 쌓는 일을 정지할 것을 건의하니 허락하지 않음.
- 세종 26/07#22(기해) / 함길도 도관찰사에게 경흥부 인민들이 府를 옮길 것을 청한 것에 대해 편부를 조사하여 보고하도록 함.
- 세종 26/07#23(경자) / 임금이 한확·김종서·이숙치 등과 복식과 공법문제에 대해 논의함.
- 세종 26/08/05(신해) / 야인 소로가무의 거취에 대해 의논함.
- 세종 26/08/27(계유) / 호조에서 함길도·평안도에 남도의 군자미두를 조전하여 군량을 비축할 계책을 아뢰니 이를 의정부에서 의논하게 함.
- 세종 26/09/02(정축) / 강원도 관찰사 이맹상이 겸직인 지평해군사와 월송포 만호를 따로 임명할 것을 건의함.
- 세종 26/10/15(경신) / 함길도 관찰사 정갑손이 경흥부에 이민을 입거시키는 일과 읍성을 옮기는 일에 대해 아룀.
- 세종 26/10/17(임술) / 평안·함길도 도제찰사 황보인이 야인 所老加茂의 거취문제에 대해 아룀.
- 세종 26/10/23(무진) / 함길도 도관찰사 정갑손의 건의에 따라 향후로 병졸 징집은 도절제사가 자의로 하지 말고 반드시 관찰사에게 이첩한 후에 시행하도록 함.
- 세종 27/01/09(계미) / 평안도 定寧縣을 方山으로 이설하고 읍성을 축조하였는데 둘레가 9484尺이며, 또 石堡와 行城, 烟臺 등의 설치를 마침.

- 세종 27/01/29(계묘) / 삼군 도진무 이순몽 등이 연희궁의 시위 군사들을 늘릴 것을 청하였으나 윤허하지 않음.
- 세종 27/04/04(정미) / 평안도 관찰사 조극관이 여러 고을을 순시한 결과, 양식이 넉넉하고 백성이 축성역에도 즐거이 나아간다는 내용을 아룀.
- 세종 27/05/25(무술) / 경기감사 허후가 경기해변지역에 대한 鎭의 설치와 축성을 건의하였으나 불허함.
- 세종 27/07/19(신묘) / 함길도 도관찰사 이맹진에게 함길도 백성들은 근년에 축성역사가 있어 노고가 심하니 민막을 세심하게 살펴 보고하도록 함.
- 세종 27/07/19(신묘) / 병조에 전지하여 海靑을 잡는 자에게 축성과 防戍 등의 雜役을 감면하는 등의 포상을 내리도록 함.
- 세종 27/08/03(갑진) / 소금을 전매하는 법의 시험적 시행을 건의하니, 좌부승지 박이창이 근년에 兩界축성, 入居, 田地品에 관한 법식 등이 많이 생겨나 혼란이 많고, 가뭄과 수재가 있었으니 유보할 것을 아룀.
- 세종 27/08/06(정미) / 평안도·함길도 도절제사에게 철질려, 弓弩, 함정의 설치 등 변방방비에 대해 유시함.
- 세종 27/08/19(경신) / 작년에 흉년으로 정지하였던 충청도 남포에 축성하게 하고, 전라·경상도에도 石堡를 각각 하나씩 축조하게 함.
- 세종 27/09/03(계유) / 사간원에서 충청도 남포와 전라·경상도의 석보 쌓는 역사의 정지를 청함.
- 세종 27/09/09(기묘) / 사헌부 집의 정창손이 염법 시행의 부당함을 아룀.
- 세종 27/10/02(임인) / 좌정언 김장춘이 寺社田의 감축과 하삼도의 성 쌓는 일을 정지할 것에 대해 건의하였으나 불허함.
- 세종 27/10/09(경술) / 하삼도 도순찰사 김종서가 각지의 목장 적임

지에 대해 아룀.

- 세종 27/11/16(정해) / 도체찰사 황보인의 건의에 따라 수령들을 엄히 다스려 행성에 부역하는 군인들이 해이해지지 않도록 함.
- 세종 27/12/11(경술) / 함길도 도절제사가 철령·마운령·마천령 등에 관문의 설치를 건의하였으나 불허함.
- 세종 27/12/23(임술) / 의정부에서 주현 읍성축조의 감독관리를 論賞하는 例에 의해 행성축조 감축관리도 5년안에 무너지지 않으면 자급을 승진시키고, 연달아 1천척이상이 무너지면 논죄하도록 함.
- 세종 28/02/29(정묘) / 평안도 벽동, 정녕 등에 행성을 쌓으니 모두 28리 91보 3척이며, 1개월이 걸림.
- 세종 28/04/30(정묘) / 우산간 변효경이 상소하여 공법·입거·의염법의 정지와 양계 축성을 풍년이 들때까지 연기할 것을 건의함.
- 세종 28/04/30(정묘) / 축성역에 백성을 동원하는 日數를 審定하고, 小堡의 築造는 일단 정지하고 큰 城을 우선 완성하도록 함.
- 세종 28/05/03(경오) / 집현전 직제학 이계전 등이 상서하여 양계지역의 축성과 공법시행, 입거의 정지 등을 건의함.
- 세종 28/05/04(신미) / 양계 행성축조는 점차적으로 하되 강원도는 流亡者가 끊이지 않으니 민호가 盛해질 때까지 役事시키지 말고, 內地의 여러 城과 小堡는 축조하지 말도록 함.
- 세종 28/07/02(무진) / 성균 주부 이보흠이 공법의 폐단 및 그 방책에 관해 상소함.
- 세종 28/08/11(병오) / 사간원에서 평안도와 함길도의 성을 쌓는 역사를 그만두자고 하였으나 허락하지 않음.
- 세종 28/09/02(정묘) / 호군 최유가 길주 西北口子에 회령 무산보의 예에 의하여 만호를 두어 방비할 것을 건의함.
- 세종 28/10/01(을미) / 경상도 동래현에 성을 쌓음.
- 세종 28/11/01(을축) / 상호군 이종목을 함길도에 보내 송골매 잡는

것을 독려하여 포상을 더욱 후하게 하도록 함.
- 세종 29/04#10(신미) / 평안·함길도 도체찰사 황보인이 돌아와서 이산군 앙토리의 목책을 옮기고 벽성을 축조할 것 등 변방의 수비에 관해 아룀.
- 세종 29/05/01(신묘) / 퇴락한 안주성을 수축하도록 함.
- 세종 29/05/12(임인) / 평양부 大城山城을 점령하고 집을 짓고 편안히 처자를 거느리고 살며, 병장기를 가지고 도적질을 한 김용철 등 14인이 장형으로 사망하고, 안거금 등 10여인은 도망함.
- 세종 29/05/26(병진) / 평안도 감사가 철옹산성을 맹산으로 이속시키기를 청하였으나 그대로 두도록 함.
- 세종 29/07/08(무술) / 도체찰사 황보인을 함길도로 보내고, 행성을 쌓음.
- 세종 29/07/27(정사) / 평안도 지역의 방비문제와 기타 지역의 사졸 훈련의 강화, 軍器具備 등에 대하여 대신들과 의논함.
- 세종 29/10/29(정해) / 也先의 침략에 대비하여 군기감에서 화포를 알맞게 보내 성을 지키는 방비로 삼는 것 등 대비책을 논의함.
- 세종 29/11/19(무신) / 평안도 감사에게 成川府 산성 옛터가 10여읍 민을 수용할만하고 한면만 축성하여 막으면 된다고 하니, 자세히 조사하여 보고하도록 함.
- 세종 30/01/28(을묘) / 知兵曹事 鄭而漢을 평안도에 보내 의주의 읍성을 넓히게 하였는데, 석축이 3,100척이고, 벽성이 1,520척이됨.
- 세종 30/03/07(임진) / 長城축조는 계속 추진하되, 우선 요해처에 목책을 설치하고, 석성으로 개축하지 못한 종성과 온성의 읍벽성을 석축하도록 함.
- 세종 30/05/06(경인) / 축성과 흉년·부방 등으로 백성들이 遊離한 평안도 양덕현의 백성에게 3년간 잡역을 감면함.
- 세종 30/06/26(경진) / 城基가 이미 정해졌으니 황보인을 함길도에

체찰사로 보내지 말도록 하자는 좌의정 하연의 청을 불허함.
- 세종 30/07/12(병신) / 회령·갑산·지항포·경원·경흥 등처에 행성을 축조하고, 경원·경흥의 읍성을 넓힘.
- 세종 30/07/14(무술) / 전품등수의 심사를 축성역사가 있는 함길도는 유보하고, 우선 실시되는 전라도의 경우는 축성역사를 파하라고 명함.
- 세종 30/08/15(무진) / 평안도 감사에게 연변지역과 남도군사의 사정을 상세히 조사하여 부방과 군액의 감제, 병합의 편부를 심의케 함.
- 세종 31/03/08(무자) / 평안·함길도 도체찰사 황보인의 건의에 따라 여연부에서 1식 거리에 있는 下無路·薰豆 등의 堡에 사는 백성들은 家舍洞 甫山의 예에 의하여 읍성에 입보하지 말도록 함.
- 세종 31/03/16(병신) / 경흥부사 김약회가 5진의 입거·부방책을 건의하였으나 윤허하지 않음.
- 세종 31/04/06(을묘) / 예조에서 대마주 종정성에게 조어하는 왜선중 관방절목을 위약한 鹽表阿 등에 대해 논죄하여 후일을 경계할 것을 요구함.
- 세종 31/05/21(경자) / 우의정 황보인이 양계의 성 쌓는 일로 도당 관직의 해면을 청함.
- 세종 31/05/28(정미) / 입거·장성 축조 등의 폐단과 남대문 개축 등 宮室공사로 백성들이 매우 困苦하다고 군자 판관 曹彙가 상소함.
- 세종 31/05/29(무신) / 황보인과 김경재에게 중죄를 내릴 것을 사헌부에서 상소하였으나 윤허하지 않음.
- 세종 31/07/09(정해) / 연변방어와 양계의 행성 축조 등 부득이한 역사 외에는 일체 정지하도록 함.
- 세종 31/09/19(병신) / 왜구·야인문제를 들어 중국의 징병요청을 철회해 줄 것을 청함.
- 세종 31/12/26(임신) / 鄭而漢을 兩界에 축성한 공로가 있다하여 서

차를 무시하고 동부승지에 제수함.

▪ 세종 32/01/04(경진) / 중국에 변란이 있자, 동부승지 정이한을 보내 평안도 행성의 성터를 포치하고 돌아오게 함.

▪ 세종 32/01/15(신묘) / 집현전 부교리 양성지가 행성축조를 일단 정지하고 州鎭의 城을 먼저 쌓을 것 등 비변에 대한 열 가지 방책을 올림.

▪ 세종 32/01/18(갑오) / 변방 방비를 위해 우선 평탄한 賊路에 해당하는 의주읍성과 행성을 축조하게 하고 그후에 삭주의 성을 쌓도록 함.

▪ 세종 32/01#09(갑인) / 평안도의 행성, 읍성 축조역사를 정지해야 한다는 사헌부의 청을 허락하지 않음.

▪ 세종 32/01#09(갑인) / 사헌부에서 평안도 행성 축조의 정지를 상소함.

▪ 세종 32/01#10(을묘) / 세자가 사헌부에 행성 축조를 중지할 수 없다고 이름.

▪ 세종 32/01#16(신유) / 동부승지 정이한과 종사관 정식 등을 의주에 보내 성 쌓는 것을 감독하게 하였는데, 읍성 퇴축이 1,625척, 수리한 것이 1,161척, 행성은 의주읍성 북쪽에서 구룡연에 이르기까지 6,720척을 축조하였음.

▣ 文宗代

▪ 문종 00/03/09(계축) / 우예 읍성을 쌓았는데, 둘레가 1,500尺임.

▪ 문종 00/04/20(계사) / 김종서·황보인·하연이 평안도 행성축조에 관해 각기 의견이 엇갈려 혼선을 빚음.

▪ 문종 00/06/03(을해) / 사간원에서 양계의 행성 쌓는 일을 중지할 것을 청하니, 함길도는 국정의 액수를 감하여 축조하고, 평안도는 읍성만 축조할 생각이라고 함.

▪ 문종 00/06/04(병자) / 영의정부사 하연이 평안도 지역을 방어와 민생을 충실히 하기 위해서는 民軍을 분리하여 수령을 2인 임명하는

것 등을 건의하였으나 허락하지 않음.

▫ 문종 00/06/17(기축) / 사헌 장령 하위지가 함길도에 행성 쌓는 일을 중지하도록 청하였으나 허락하지 않음.

▫ 문종 00/07/19(신유) / 평안도의 읍성과 행성의 신축은 정지하고, 읍성 중 무너지고 부실한 곳과 성문은 수리하되 성문에는 철판을 붙이도록 함.

▫ 문종 00/08/04(을해) / 의정부에서 서북지역 내지의 요충지에 관문을 설치하고, 성곽을 수축하도록 하는 것 등 양계의 방수대책을 보고하니 시행하도록 함.

▫ 문종 00/08/07(무인) / 김종서의 상언에 따라 갑사와 총통군을 加設하고, 漕轉을 행하는 남도를 제외하고 성곽이 없는 각 고을은 監司가 이웃고을 성곽의 국고유무, 間閣수효를 헤아려 국수품을 옮겨 저장하도록 하고, 理山·小朔州·高山里 등의 城壁은 단계적으로 돌로 개축하도록 함.

▫ 문종 00/08/25(병신) / 영의정부사 하연이 둔전·둔병을 설치하여 감사나 도절제사에 구애시키지 말고 安州와 嘉山 등지의 토지가 비옥하고 평탄하여 군사와 농사를 다스릴 만한 곳에 營壘를 설치하여 武藝 연습시키도록 하고 該道의 城堡와 財力이 完固해지면 파하도록 할 것을 상서함.

▫ 문종 00/08/26(정유) / 하연·김종서 등이 평안도의 긴요하지 않은 구자의 만호·군병의 혁파를 청하였으나 윤허하지 않음.

▫ 문종 00/08/26(정유) / 황해도 도절제사 박강이 하직하고, 중국이 혼란하니 황해도 군병으로 평안도 군병을 보충하도록 하고, 우선 棘城의 축조는 정지하도록 함.

▫ 문종 00/09/01(임인) / 각도에 명하여 총통주조는 정지하고, 弓矢를 많이 제작하도록 하며 행성축조는 일단 정지하고 읍성을 강화하여 대비하도록 함.

- 문종 00/09/02(계묘) / 경상우도 거제읍성을 증축할 성터 審定과 堠宇의 수리를 위해 순찰사로 하여금 살피게 함.
- 문종 00/09/19(경신) / 좌승지 정이한의 건의에 따라 우찬성 정분을 하삼도 도체찰사로 삼아 연변 州縣의 성터를 살펴 수리하거나 移築, 改築토록 함.
- 문종 00/09/23(갑자) / 사헌부 장령 하위지가 평안도와 함길도의 축성하는 일에 대해 대신을 체찰사로 보내 시행하지 말고 전례대로 該道 감사와 도절제사가 감독하도록 청하였으나 불허함.
- 문종 00/09/25(병인) / 사헌부 장령 하위지와 승정원에서 대신을 보내 축성하는 사무를 관장하도록 하는 조치를 반대함.
- 문종 00/10/01(신미) / 사헌 지평 조안효가 대신 왕래에 따른 폐단을 들어 하삼도 도체찰사 파견을 다시 반대함.
- 문종 00/10/08(무인) / 사간원 좌정언 구인문이 하삼도 축성에 대신을 파견하지 말고 직질이 낮은 朝官을 보내 관찰사·수령과 살펴 지도를 그려 올리게 하여 성터를 결정할 것을 건의하였으나 대신들이 의견이 달라 결정하기 어렵게 되니 불가하다고 함.
- 문종 00/10/10(경진) / 중화군사 유강이 유망에 따른 군정의 허실에 대해 상서하니, 각도로 하여금 軍案을 점검하고 부족원수를 보충하지 못하면 사유를 상세히 적어 보고하도록 함.
- 문종 00/10/10(경진) / 예문관 제학 이선제가 의주~경기에 이르는 지역의 읍성·산성의 수축과 객관의 城外 설치, 어염·미역 채취에 따른 賦稅를 건의하였으나 성곽 수축은 이미 수교한 대로 행하고 나머지는 윤허하지 않음.
- 문종 00/10/27(정유) / 사헌부에서 정분의 하삼도 축성을 '대신이 영합한 것'이라고 하는 등 失政을 지적하고 사직을 청함.
- 문종 00/10/28(무술) / 도체찰사 정분의 보고에 따라 거제 읍성의 移築과 율포에 대한 목책 설치, 조라포에 병선과 처치사를 배치하도록 함.

▫ 문종 00/11/21(신유) / 함흥 소윤 이종겸이 辭朝하니, 제방에 물을 끌어들이는 일을 잘 처리하여 백성들이 모두 그 이익을 얻게 하도록 당부함.

▫ 문종 00/11/22(임술) / 함길도 도사 안지귀가 사조하니, 제방에 물을 끌어들이는 일을 잘 처리하여 농업을 일으키도록 당부함.

▫ 문종 00/12/04(갑술) / 참찬관 이계전이 축성 등 토목 역사의 폐단과 둔전 설치 등에 대해 아룀.

▫ 문종 00/12/09(기묘) / 평안도 연변에 성을 쌓는 일을 중지하도록 함.

▫ 문종 00/12/22(임진) / 축성과 제방구축, 읍을 옮기는 등의 일은 다른 고을 사람을 사역치 말고 후년을 기다리게 함.

▫ 문종 01/01/04(갑진) / 정분 등의 의견에 따라 황해도 여러 고을의 축성을 가을철로 연기함.

▫ 문종 01/01/04(갑진) / 중국 변경에서의 혼란이 심각해지자(오이라트의 也先이 그의 王 脫脫不花를 죽임), 평안도 연변 백성들은 城에 입보하게 하고 각도에서 군사를 징발하여 배치하는 등 대비책을 논의함.

▫ 문종 01/01/07(정미) / 야인 침구에 대비하여 즉시 도성을 수축하도록 하되, 왕래하는 야인이 많으니 소란스럽게 사역인을 동원하지 말도록 함.

▫ 문종 01/01/08(무신) / 평안도 도체찰사 김종서가 건의한 서북지역의 주요 성곽과 군사포치 등 방어책과, 의주읍성 개축문제 등을 논의함.

▫ 문종 01/01/08(무신) / 함길도 도절제사 이징옥의 방어대책 보고에 따라 온성·종성읍성의 수축 등을 논의, 결정함.

▫ 문종 01/01/09(기유) / 여러 대신들이 김종서가 상언한 서북지역의 의주성 개축문제, 입보성곽 문제 등을 논의하여 정하고, 미편한 것은 다시 상세히 보고하라고 함.

▫ 문종 01/01/23(계해) / 평안도·황해도 여러 지역에 관방을 설치하

고, 安州·棘城에는 목책대신 점차로 石堡를 축조하도록 함.

- 문종 01/01/26(병인) / 태천의 국고의 쌀을 창성부에 전수하고 희천의 쌀은 강계부에 전수하게 하고, 태천과 희천의 축성군 수를 줄이도록 함.

- 문종 01/01/26(병인) / 황해도 도체찰사 정분에게 축성을 위한 돌을 모으도록 유시함.

- 문종 01/01/26(병인) / 태천의 국고의 쌀을 창성부에, 희천의 쌀은 강계부에 전수하게 하고, 두 고을의 축성군 수를 줄이도록 함.

- 문종 01/02/07(병자) / 함길도의 안변에서 낭성포 선군의 本役을 면제하고 둔병으로 삼아 둔전을 시험하게 함.

- 문종 01/02/13(임오) / 동지중추원사 조극관의 건의에 따라 종성·온성 벽성을 석성으로 개축토록 하고, 길주와 함흥부에 성을 쌓도록 함.

- 문종 01/02/13(임오) / 평안도 도체찰사 김종서에게 읍성축조와 참호 굴착 등의 사무를 종사관에게 지시하고 돌아오도록 유시함.

- 문종 01/02/18(정해) / 서울 坊里의 백성을 내어 평상시에 성을 살피고 유사시에 비첩을 지키도록 하는 방안과 종성·온성의 읍성을 석축하는 일 등을 논의함.

- 문종 01/02/21(경인) / 우찬성 정분의 건의에 따라 金淳을 성주 목사에서 하삼도의 성 쌓는 일을 전담하도록 고쳐 임명함.

- 문종 01/03/08(정미) / 이조에서 김순은 築城從事官으로 합당하지 않음을 아뢰나 윤허하지 않음.

- 문종 01/03/16(을묘) / 평안도 도체찰사의 보고에 따라 삼등·강동 두 고을을 합하여 삼강현을 세우고 소생하면 고을 중앙에 읍성을 축조토록 함.

- 문종 01/03/27(병인) / 의정부의 건의에 따라 평양·안주·영변에 군량 저축을 위한 대규모 國庫를 세우게 하고, 변경 각 고을의 읍

성과 산성을 도체찰사 종사관으로 하여금 점검하도록 함.

- 문종 01/04/03(신미) / 김종서의 보고에 따라 평안도 개천 북쪽의 잣 골에 읍성을 쌓아 관방을 삼고 점차 府를 이곳으로 옮기도록 함.

- 문종 01/04/05(계유) / 평안도 도체찰사 종사관 구치관이 의주 읍성 을 수보하고 壕字[坑坎]를 뚫어 파는 일을 끝냈다고 보고함.

- 문종 01/04/12(경진) / 의주읍성의 성벽과 시설을 크게 보강하고, 삭 주·용천읍성도 성문과 문루 등을 보강하도록 함.

- 문종 01/04/25(계사) / 정분에게 황해도의 축성을 비롯한 관방의 설 치를 관장하게 함.

- 문종 01/05/01(무술) / 소삭주 본영의 성보는 古營 북쪽 산으로 이설 하여 석축하되, 금년의 의주·용천·삭주의 읍성 공사가 완료되고 후년에 축조하도록 함.

- 문종 01/05/05(임인) / 최유가 함길도 도절제사 본영을 경성으로 다 시 옮기고, 길주를 이설할 것을 청하니 본도 감사와 병사로 하여금 편부를 자세히 살펴 보고하라고 함.

- 문종 01/05/05(임인) / 황해도 도체찰사 정분이 도내의 관방을 설치 할 곳 등을 상세히 조사하여 각 관방지에 수축할 성벽, 石堡 등에 관하여 보고함.

- 문종 01/05/05(임인) / 의정부에서 수축할 황해도 서흥·평산의 산 성, 재령의 장수산성, 해주의 지성산성에 대한 입지와 성터조사에 대하여 보고하니, 관방설치를 완료한 다음에 수축하도록 함.

- 문종 01/05/06(계묘) / 왜인 침구 정보에 따라 거제현의 읍성을 시급 히 가을에 보다 완전한 고정리에 옮겨 쌓도록 함.

- 문종 01/05/07(갑진) / 경연에서 하위지가 축성역은 격년으로 시행하 는 문제와 평안도 등지에 무인을 수령으로 임명하는 폐단을 아룀.

- 문종 01/05/16(계축) / 극성 등의 관방설치에 황해도 선군이 동원되었 기 때문에 이들에게 추가로 배정한 구운소금의 수를 면제하여 줌.

- 문종 01/05/29(병인) / 예조참판 정척이 양계지도를 수찬하여 바치니, 더욱 상세히 보완하여 교정할 것을 지시함.
- 문종 01/06/11(무인) / 좌의정 황보인이 함길도의 축성 감독직을 사퇴할 것을 청하니 불허하고, 종성·온성의 성곽축조, 도성수축에 관한 문제를 논의함.
- 문종 01/06/25(임진) / 우찬성 정분과 극성, 결성, 거제, 강진 등의 읍성을 쌓는 일에 대해 의논하고, 경상도 田品審定문제를 의정부에서 논의하도록 함.
- 문종 01/06/28(을미) / 좌의정 황보인·좌찬성 김종서 등에게 온성·종성읍성의 확장 등 축성에 대하여 의논하게 함.
- 문종 01/06/29(병신) / 평안도 도절제사에게 적이 진입하는 직로인 이산의 山羊會 등지에 임시로 棘城을 설치하고, 축성할 곳에 대해 조사하여 보고하도록 함.
- 문종 01/07/05(신축) / 좌의정 황보인의 보고에 따라 삭주·용천 고을의 읍성을 수축할 축성군을 차사원 3명을 보내 각기 1천명씩 거느리고 수축하도록 함.
- 문종 01/07/20(병진) / 황보인이 건의한 인산군 복립문제는 보류하고 일단 인산성에 만호를 두어 수어하게 함.
- 문종 01/07/20(병진) / 의정부의 건의에 따라 희천·가산·개천·강동 순으로 읍성을 쌓도록 함.
- 문종 01/07/20(병진) / 평안도 여러 읍성·산성에 대대적으로 國庫를 설치할 것을 지시함.
- 문종 01/07/24(경신) / 평안·함길도 도체찰사 종사관에게 온성·종성 두 읍성을 토성으로 축조하도록 하였으나 마치지 못할 듯하여 다시 도체찰사를 보내 審定하도록 할 것이니, 석재 수집과 벽돌을 굽도록 유시함.
- 문종 01/07/27(계해) / 금년에 수축한 의주의 성곽이 무너져 朝官을

보내 살피도록 하고, 사간원에서는 監築관리의 처벌을 건의함.
- 문종 01/08/01(병인) / 평양성과 용강·곽산의 성곽이 무너진 곳을 각각 그 고을로 하여금 수축케 함.
- 문종 01/08/06(신미) / 야인 이만주의 침입에 대비한 방어책을 마련함.
- 문종 01/08/09(갑술) / 이만주가 兀刺山城으로 돌아오니, 그에 대한 대책을 평안 좌·우도 절제사와 함길도 절제사에게 유시함.
- 문종 01/08/12(정축) / 정분이 堤堰 수축과 管理 등에 대하여 보고함.
- 문종 01/08/13(무인) / 사헌부에서 황해도 선군을 동원한 축성석재 수집과 邑鎭 移設의 정지를 청함.
- 문종 01/08/21(병술) / 용천성 수축을 일단 파하고, 군정을 의주로 옮겨가서 의주 읍성 개축에 역사토록 함.
- 문종 01/08/21(병술) / 의정부에서 하삼도 도체찰사 정분의 보고에 의거하여 규식에 어긋난 전라도 각 고을의 성곽 현황과 개축할 곳에 대하여 아룀.
- 문종 01/08/24(기축) / 의정부에서 일본에서의 분쟁 등의 이유로 강령진을 폐하지 말도록 청함.
- 문종 01/09/02(정유) / 양계축성시 자주 평안도를 자주 왕래한 정이한을 평안도 관찰사에 임명함.
- 문종 01/09/05(경자) / 하삼도 도체찰사 정분이 경상도·충청도의 성곽을 일제히 조사하여 그대로 둘 곳과 규식에 맞지 않거나 부적절하여 개축할 곳을 보고함.
- 문종 01/09/07(임인) / 평안도 감사가 평안도의 수령들을 적절히 경질하여 줄 것을 청함.
- 문종 01/09/15(경술) / 평안도 감사 정이한이 하직하니, 행성을 제외한 연변 읍성에 대한 점검을 철저히 할 것을 당부함.
- 문종 01/10/03(무진) / 함길도 감사와 도절제사가 鏡城府 於遊間川가의 獐項 땅에다 중국의 山海衛의 예에 의하여 관방을 설치하고

도절제사의 營門을 옮길 것을 건의하였으나 불허함.

▫ 문종 01/10/05(경오) / 평안·함길도 도체찰사 종사관 김광수가 용성의 읍성, 평양성, 의주읍성의 무너진 곳에 대한 수축을 완료하였다고 보고함.

▫ 문종 01/10/11(병자) / 의주 읍성을 수축할 때 죽은 군인들에게 치제하고 복호하도록 함.

▫ 문종 01/10/17(임오) / 철원 등지의 강무장 폐단을 시정하기 위해 철원·평강·이천의 축성군을 없애도록 함.

▫ 문종 01/10/19(갑신) / 경성부 장항에 관방은 설치하고, 營門을 이전하는 문제는 불허함.

▫ 문종 01/10/19(갑신) / 경성부에 관방의 설치는 봄에 도체찰사가 내려가 자세히 살핀 뒤에 시행하도록 함.

▫ 문종 01/10/20(을유) / 평안·함길도 도체찰사 종사관 金吉通이 鍾城府의 읍성 1만 2백 76척을 완성하였다고 보고함.

▫ 문종 01/10/29(갑오) / 都城 주위에 援城을 쌓는 일에 대해 여러 대신들과 의논하고, 온성 읍성은 시의상 축조하지 않을 수 없다하여 황보인으로 하여금 명년 봄에 가서 살피도록 함.

▫ 문종 01/10/29(갑오) / 충청도 結城縣의 성을 쌓음.

▫ 문종 01/11/05(기해) / 낙안군 주민들이 성내에 우물과 샘이 없다는 이유로 읍치를 옮기려 하자 術者 김득수를 낙안군에 보내 수객을 찾게 함.

▫ 문종 01/11/11(을사) / 우참찬 허후가 오는 봄에 온성의 축성역사를 정지케 하기를 청하였으나 허락하지 않음.

▫ 문종 01/11/12(병오) / 온성읍성 축조를 위한 석재는 일단 봄에 모으도록 하고, 개성부의 성곽 수축은 대신을 보내 살펴보고 시행하도록 함.

▫ 문종 01/11/27(신유) / 삼도 도체찰사 정분이 강진현의 읍치를 탐진

으로 다시 이설하고 축성할 것을 청함.

▫ 문종 01/11/28(임술) / 강원도 감사가 도내 각 고을의 읍성수축을 청함.

▫ 문종 01/11/30(갑자) / 경상도 거제현에 성을 쌓음.

▫ 문종 02/02/02(병인) / 지평 이맹영이 개성은 적의 침입을 받는 곳이 아니니 성곽 수축을 잠정적으로 정지시키기를 청함.

▫ 문종 02/02/12(병자) / 삼도 도체찰사 정분의 건의에 따라 충청도 서산 읍성과 경상도 울산 유등포의 석보와 사천진성을 쌓도록 함.

▫ 문종 02/02/08(임신) / 서북 지방의 연강 군읍들이 큰 수재를 입음.

▫ 문종 02/05/01(계사) / 사헌부 장령 이보흠이 무너진 용안성 수축에 都差使員으로 감독에 참여한 정유용의 파출을 청함.

■ 端宗代

▫ 단종 00/05/19(신해) / 인산군 사람 이동량의 상언에 따라 평안도 인산군의 옛이름을 회복케 하고 수령을 보내도록 함.

▫ 단종 00/06/17(무인) / 평안도·함길도 도체찰사 황보인이 함흥부성과 평안도 의주 읍성, 갑산군 행성 등의 축조 계획을 아뢰니 그대로 시행하도록 함.

▫ 단종 00/07/26(정사) / 개성부에 축성과 염초 굽는 일을 정지하게 함.

▫ 단종 00/08/01(신유) / 정분이 종사관을 파견해 울산 유포에 석보와 충청도 서산의 성을 축조하게 하고, 경상·전라도 각지의 성 가운데 해자, 적대, 옹성을 설비하지 않은 고을은 해당 고을에서 설치하도록 함.

▫ 단종 00/08/10(경오) / 평안도 양덕과 삼등의 산성 창고는 모두 본읍에 두고, 증산의 창고는 용강산성으로 옮기게 함.

▫ 단종 00/08/19(기묘) / 수양대군이 황해도 극성과 개성부의 돌을 줍는 역사를 정지시킬 것을 건의하였으나, 의정부에서는 선왕께서 계획하신 일이니 갑자기 파하는 것은 불가하다고 함.

- 단종 00/09/05(갑오) / 흉년이 들어 극성의 역사와 개성부·서산군 축성을 정지하도록 함.
- 단종 00/09/06(을미) / 영광의 축성군은 그 수를 줄이도록 하고, 울산 유포의 성보 수축은 정지하도록 함.
- 단종 00/09/22(신해) / 前副知通禮門事 辛永孫을 전라도에 보내어 영광의 성 쌓는 것을 감독하게 함.
- 단종 01/01/07(을축) / 양성지가 군신 사이에 서로 닦아야 할 도에 대해 상서함.
- 단종 01/01/07(을축) / 경상도 웅천현의 읍성터를 다시 정하고 가을에 증축하도록 하고 해자를 파게 함.
- 단종 01/02/03(경인) / 함길·평안도의 물이 나와 녹각성을 설치했던 곳이 모두 썩으니 가시나무를 심도록 함.
- 단종 01/02/22(기유) / 李穰을 평안도 도체찰사로 삼고, 즉시 성보에 화포를 많이 배치하고, 무너진 곳은 시급히 수리하며 성밖에도 여러 방비시설을 만드는 등 也先의 침입에 대비함.
- 단종 01/05/26(임오) / 황보인이 강맹경에게 군기감 도제조를 사면할 뜻이 있음을 전함.
- 단종 01/06/16(신축) / 황보인에게 함흥부·온성부 성과 행성, 堡의 축조 일로 친히 가서 審定하게 함.
- 단종 01/06/21(병오) / 정분이 풍파로 거행하지 못한 거제현의 성곽을 점검하는 일과 신영손을 棘城에 보내어 고을 시위패의 돌 줍는 역사를 살피게 하기를 청함.
- 단종 01/06/23(무신) / 황보인을 축성 쌓는 곳에 보내는 것을 철회하도록 함.
- 단종 01/06/24(기유) / 평안도 관찰사 정이한의 졸기에 그가 황보인에게 아부하고, 양계지역의 사정을 고려치 않고 축성을 주도하여 그로써 출세하였으나 서북민의 원망을 심히 받았음을 기록함.

- 단종 01/07/07(임술) / 흉년으로 인하여 함길도에서의 축성역 등 역사를 정지하도록 함.
- 단종 01/07/19(갑술) / 우의정 정분으로 하여금 하삼도 연변의 여러 읍성 및 군용 등을 순찰하도록 하고, 극성에 성보수축을 위한 석재를 모으도록 함.
- 단종 01/07/27(임오) / 이승윤이 정분이 축성하는 일로 하삼도에 가는 일을 정지하기를 청함.
- 단종 01/07/28(계미) / 하삼도의 축성 추진에 대해 이예장·허후 등이 찬반을 논의함.
- 단종 01/07/28(계미) / 도체찰사 정분의 보고에 따라 황해도 평산부를 다시 옛터로 옮겨 산성을 지킬수 있도록 함.
- 단종 01/08/06(경인) / 도승지 박중손에게 명하여 정분을 교외에서 전송하게 함.
- 단종 01/08/26(경술) / 김순을 경상도에 보내어 거제성의 축성을 감독하게 함.
- 단종 01/08/28(임자) / 의정부에서 강원도 흉년을 이유로 구황을 준비하도록 하고, 축성·습진과 염초굽는 일은 정지하도록 함.
- 단종 01/09/12(을축) / 평안도 관찰사가 구황하는 일을 이유로 산성창고 수축과 총통전 제작 등의 일을 정지하기를 청함.
- 단종 01/09/27(경진) / 경기·황해도의 흉년으로 개성부와 극성의 축성 정지를 의정부에 의논하게 함.
- 단종 01/09/29(임오) / 정분이 본디 진주사람으로 고향에 돌아가 과시하고자 하삼도에 갔으나 의정부의 건의로 축성을 정지하여 백성을 괴롭게 하지 말 것을 명함.
- 단종 02/01/27(기묘) / 양성지가 『황극치평도』를 편찬하여 바침.
- 단종 02/03/02(계축) / 함길도, 평안도에 也先 등 야인에 대한 대책을 유시함.

▫ 단종 02/03/07(무오) / 온성 읍성 동북쪽 강에 土橋를 놓을 곳을 관찰사·도절제사·도진무가 살펴서 보고하도록 함.

▫ 단종 02/03/08(기미) / 도체찰사를 보내 평안도에 보내 주군의 연혁과 합병의 편부를 살피게 함.

▫ 단종 02/05/29(기묘) / 함길도 관찰사 성봉조가 야인의 침구를 보고함.

▫ 단종 03/04/13(무자) / 평안도 도체찰사 박종우가 龜州의 古基를 따라 축성하여 關을 설치하는 일 등 강변 제읍과 여러 구자를 순찰한 결과를 보고함.

▣ 世祖代

▫ 세조 01/06#16(경신) / 경상도 관찰사의 보고에 따라 울산의 유포와 웅천진 관내에 堡城을 축조하도록 함.

▫ 세조 01/07/01(갑술) / 함길도 도절제사 김문기에게 온성의 읍성 수축을 잘 마치도록 유시함.

▫ 세조 01/07/22(을미) / 우참찬 황수신이 『경상도지도』·『웅천현도』를 올리고, 웅천 축성을 청하니, 여러 신하들과 이를 의논함.

▫ 세조 01/08/19(임술) / 병조에서 웅천 제포의 왜인이 거주하는 곳에 축성하여 본국인과 왕래하지 못하도록 할 것을 청하니, 갑자기 축성의 소란을 일으켜 왜인의 의심을 사는 것은 좋지않으니 불가하다고 함.

▫ 세조 01/11/10(신사) / 평안도 도절제사가 수비군사가 부족한 자성 경내의 허공교 구자 등 여러 구자와 堡의 주민을 읍성으로 옮기고 烟臺만을 두는 문제 등을 건의하였으나 허락하지 않음.

▫ 세조 01/11/10(신사) / 평안도 경차관 양성지가 여연·무창·우예의 지도를 바치고, 안주성의 개축, 평양성을 강변까지 증축하는 문제 등 도내 편의사건을 아뢰니, 이를 모두 수용함.

▫ 세조 01/11/23(갑오) / 함길도 부령 사람 최달 등의 상언에 따라 부

령을 古邑인 富居로 옮기고, 무산보는 진으로 칭하고 절제사를 두
도록 함.

- 세조 02/02/25(갑자) / 근정전에 나아가 沿邊과 內地의 성곽을 모두
  견고하게 수축하면서도 백성들을 困苦하지 않게 하는 방안 등의
  策題를 냄.
- 세조 02/03/28(정유) / 집현전 직제학 양성지가 도성 十門에 대한 옹
  성축조와 設鎭, 諸鎭에 尉를 두는 문제 등을 상소함.
- 세조 02/07/15(임오) / 충청・전라・경상도 도순찰사가 여러 鎭의
  폐합・신설, 화포・총통 개량, 연해 要鎭의 축성 등 여러 방비체제
  점검에 대한 사목을 아룀
- 세조 02/08/12(기유) / 경상도・전라도・충청도 순찰사 박강・구치
  관에게 창원과 울산에 성을 쌓는 일의 편부와 다른 邊郡의 城堡를
  설치할 곳을 조사하여 보고하도록 함.
- 세조 02/08/14(신해) / 좌승지 한명회를 서북지역으로 보내 황해도
  서흥과 평안도 의주에서 명사신을 선위하게 하고, 아울러 절령・
  극성의 수축문제, 防成의 허소, 민생의 폐단 등을 살피도록 함.
- 세조 02/11/16(임오) / 의주의 古城과 용천성・철산성・서흥산성을
  수축하도록 하고, 중국 사신이 지나다니는 곳의 城은 더욱 높게 쌓
  고, 營을 포열하게 함.
- 세조 02/12/25(경신) / 읍성은 있으나 군사가 없는 경상도 김해, 고
  성, 곤양, 하동과 전라도의 낙안, 보성, 장흥, 해남, 함평, 영광, 충청
  도의 서천 등은 수령이 閑役人을 騎兵・步兵으로 삼아 도절제사
  에게 보고하고 번을 나누어 방어하게 함.
- 세조 03/01/16(신사) / 하삼도 도순찰사 박강과 부사 구치관 등이 하
  삼도의 여러 鎭과 浦를 순찰하고 개선책을 보고함.
- 세조 03/01/29(갑오) / 경상도 울산의 유포, 웅천과 전라도 강진의 성
  은 방어가 긴급하니 속히 축조하도록 함.

- 세조 03/02/25(기미) / 영의정 정인지 등이 순찰사 박강 등이 보고한 사항과 양계와 각 지역 연변의 방비, 鎭의 합병 등에 대한 일을 논의함.
- 세조 03/10/15(을사) / 좌찬성 신숙주 등을 불러 달달의 동태를 묻고, 양계 연강의 축성과 鎭의 설치 등을 의논함.
- 세조 03/10/24(갑인) / 諸道 절제사에게 군사·기계·성곽 등 군정에 대해 유시함.
- 세조 03/12/29(기미) / 공조의 건의로 평안도 철산군의 산성을 옛터로 이전하고 창고와 공해는 헐지말도록 함.
- 세조 04/04/25(임오) / 함길도 길주 옥천동과 세동의 交會處에 口子를 설치하고, 本州의 助戰軍士와 無役人을 추려서 권관을 보내 방어케 함.
- 세조 04/05/17(계묘) / 함경도 도절제사영을 경성으로 옮기고, 타지에서 부령이북으로 이사하지 못하게 함.
- 세조 04/05/25(신해) / 경상 좌도절제사 이호성이 致辭하며 평안도의 의주·삭주와 요로의 여러 지역에 大城을 축조하고 軍需를 저장할 것 등 여러 국방에 대한 글을 올림.
- 세조 04/06/03(기미) / 3郡을 혁파하여 방어가 긴요하지 않은 자성군 내의 上奉浦·下奉浦에 입번하는 남도군사를 각각 허공교와 지령귀로 옮기고, 본읍의 군사는 읍성이나 허공교·지령귀 중에 자원에 따라 배속하게 하고, 2浦의 口子에는 그 마을사람 正軍을 배속시켜 壁堡와 烟臺를 지키게 함.
- 세조 04/08/22(정축) / 병조의 건의에 따라 평안도 의주·삭주 등의 읍성이 낮은 곳을 더 높게 쌓도록 함.
- 세조 04/11/25(기유) / 昌州 楊掛島와 昌城 終達島, 義州 新胡水平의 주민들 중 土田이 없는 자를 조사하여 가까운 城內로 옮기고 토전을 지급하여 거주시키게 함.

- 세조 04/12/13(정묘) / 병조에서 평안도·황해도 도체찰사 신숙주의 계본에 의거하여 該道 지역 가운데 입보가 불필요한 지역을 조사하여 아뢰니 그대로 시행하게 함.
- 세조 05/01/15(무술) / 병조에서 평안도 자성군의 여러 개선사항을 아룀.
- 세조 05/01/20(계묘) / 병조의 보고에 따라 功役을 마치지 못한 함흥과 부령의 성을 쌓도록 함.
- 세조 05/06/02(임자) / 육진의 석성이 완고하고 군사가 富强하니, 함길도 북청 군사의 6鎭에 대한 부방을 2회에서 1회로 줄이게 함.
- 세조 06/02/03(경술) / 황해·평안도 도체찰사 한명회에게 변방 경계를 순행하여 살피고 요량·조치할 것을 명함.
- 세조 06/02/19(병인) / 함길도 도절제사 양정이 종성에 침입한 야인을 격퇴한 사정을 알리니 방비에 힘쓸 것을 명함.
- 세조 06/02/24(신미) / 함길도 도절제사 양정과 助戰元帥 홍윤성이 야인의 침구사실을 아룀.
- 세조 06/03/03(경진) / 조전원수 홍윤성이 야인 낭발아한의 처·딸 등을 돌려줄 것을 청하니, 일단 상황추이를 잘 살핀 후에 처리할 것을 명함.
- 세조 06/05/18(계사) / 병조에서 평안도·황해도 도순찰사 김질의 계본에 따라 이산군 산양회구자의 목책을 근처의 험한 곳에 옮겨 설치할 것을 건의하니, 이를 따름.
- 세조 06/10/30(임신) / 대가가 평산 고읍에 이르러 평산읍을 이설하는 문제를 말함.
- 세조 06/11/12(갑신) / 병조에서 평안도·황해도 도체찰사의 계본에 의거하여 벽동군 口子의 축성과 입보문제, 영변의 도절제사 본영을 시기에 따라 영변과 古理山의 郡城으로 번갈아 이동시키는 문제 등을 건의하니 그대로 따름.

- 세조 06/12/24(병신) / 야인간에 갈등이 있자, 서울에 온 동지중추 李 乙加介의 본가가 있는 곳에 축성할 것을 고려함.
- 세조 07/01/29(경오) / 함길도 도순찰사 부사 강효문이 변방 야인에 대해 보고하니, 대응책을 시달함.
- 세조 07/08/06(계유) / 바닷섬에 도망해 들어간 전라도 백성을 쇄환 하는 문제와 숭례문 밖에 새로 창고를 짓고, 성을 쌓는 문제를 논 의함.
- 세조 08/02/16(신사) / 유구국 북쪽의 구미도에 표류하였다 돌아온 梁成의 표류기.
- 세조 08/09/02(계사) / 영의정 신숙주·우찬성 구치관 등이 영북에 鎭을 설치하는 문제와 그에 따른 조치를 의논하고 사목을 만듦.
- 세조 08/09/14(을사) / 병조의 건의로 강원도 산성포 만호·연곡포 만호를 울진·삼척으로 옮기게 함.
- 세조 031 09/07#18(을해) / 좌익위 권윤을 제주경차관으로 삼아 왜 인을 국문하게 함.
- 세조 10/08/01(임오) / 동지중추원사 양성지가 군법·군정·군액· 군제·사역에 관한 일을 상서하니 가납함.
- 세조 10/08/15(병신) / 한명회가 평안도로 돌아가려 하니, 야인에 대 한 간략한 대책을 사목으로 전하고, 방어와 응변에 대한 것을 정황 에 따라 처리하도록 함.
- 세조 11/01/19(정묘) / 황해도 황주의 극성을 축조하도록 하고, 봄에 朝官을 보내 감독하도록 함.
- 세조 11/02/07(갑신) / 함길도 도관찰사 강효문이 달단과 변방 야인 간의 소요를 보고함.
- 세조 11/03/26(계유) / 전 행상호군 김신민이 武將을 중히 여기고, 무반을 우대할 것 등 國事에 관한 의견을 올림.
- 세조 11/04/30(병오) / 황해도 극성을 축조하는 것에 관해 논의함.

- 세조 11/05/29(을해) / 평안도 추파구자·龜城, 함길도의 북청·고원·문천·덕원에는 축성하고, 경기의 강화·교동의 연해 고을에는 병조의 겸판서 한명회로 하여금 성터를 살펴 농한기에 해마다 축조하도록 함.
- 세조 11/06/01(정축) / 신숙주·한명회·구치관 등과 야인문제에 관해 의논함.
- 세조 11/10/09(계미) / 평안도의 여러 진보에 적에 대해 잘 아는 자를 우두머리로 삼게 하여 적의 동태를 탐지하게 함.
- 세조 12/01/19(임술) / 공조에서 경상도제언순찰사 宣炯의 보고에 따라 경주 北川의 물길이 읍성을 향하고 있는데, 성밑 해자가 메워져 있어 이를 수축할 것을 청하니, 그대로 시행하게 함.
- 세조 12/02/01(계유) / 평안도 관찰사 오백창 등에게 방산·의주·인산의 강 연변 土墻을 토성 옛터에 연결하여 수축케 함.
- 세조 12/02/03(을해) / 도체찰사 한명회의 건의에 따라 평안도 隨川郡을 없애고, 定州로 합하여 큰 鎭을 만들고, 수천군의 西都沒里 23호를 갈라 어염이 생산되지 않는 龜城으로 붙이게 함.
- 세조 12/02/12(갑신) / 도체찰사 한명회가 영원진을 설치하는데 따른 축성 등 여러 조치에 대하여 보고함.
- 세조 12/05/03(계유) / 함길도 관찰사 오응이 야인의 동태와 방비에 대해 보고함.
- 세조 12/05/10(경진) / 절반이 완성된 귀성을 우선 축조하고, 의주의 토성 수축은 후년에 시행하도록 함.
- 세조 12/10/17(을묘) / 함길도 절도사 강효문의 보고에 따라 安源堡·撫夷堡를 수리하여 예전대로 거주하며 방어하도록 함.
- 세조 13/05/03(정묘) / 함길도 관찰사·절제사가 도내의 동정을 보고하니, 신숙주 등에게 의논하게 함.
- 세조 13/06/23(병진) / 鎭北將軍 康純이 都摠使 李浚에게 이시애 토

벌작전에 관한 글을 줌.
- 세조 13/07/17(경진) / 성균관 사성 민정이 이시애난의 토벌책에 대하여 상서함.
- 세조 13/07/21(갑신) / 온성 군민이 諭書를 가지고 간 기금 등을 시켜, 강효문이 반역을 도모하였으며 축성을 핑계하여 농사철에 土木을 일으켜 큰 폐단을 야기시킨 점 등 이시애를 위한 소장을 올림.
- 세조 13/08/13(병오) / 도총사 이준이 평안도 군사를 방군하고, 이시애군에게 불탄 길주산성의 창고를 수습하도록 함.
- 세조 13/08/21(갑인) / 도총사 이준에게 영흥에 거주하는 전 천호 박성옥 등이 산성을 막아 지키며 평안도 군사를 협박하고 있다고 유시함.
- 세조 13/11/14(병자) / 평안도 변경의 야인 침구에 대비한 문제를 의논함.
- 세조 14/02/02(계사) / 목천 사람 전 선공 녹사 전사례가 천안에 성곽을 축조하고 궁궐을 세울 것을 건의함.
- 세조 14/07/30(정해) / 行護軍 김호인이 대마도로부터 돌아와 복명함.

■ 睿宗代

- 예종 01/02#05(경신) / 함길북도 절도사 金嶠에게 요해처와 설험을 살피게 함.
- 예종 01/03/05(기축) / 호조참판 정난종의 건의에 따라 요역징발을 전토결수가 아닌 장정수의 다과에 따르는 문제를 논의함.
- 예종 01/04/12(을축) / 의주성이 광활하여 다시 고쳐 수축하도록 하고, 낮은 남면은 높게 증축하고, 성문은 넓고 장엄하게 하도록 하고, 麟山鎭 城郭도 점검하여 높게 증축하도록 함.
- 예종 01/04/22(을해) / 함길북도 절도사 김교에게 치서하여 고라귀동·사오귀동·파다무동에 축성하지 말도록 함.

- 예종 01/05/22(을사) / 임금이 평안도 강 연안의 방어에 관해 의논함.
- 예종 01/06/08(경신) / 중국에서 長墻을 벽동 강변에까지 연결하려 하자, 한명회가 대체를 아는 자를 택해서 서북 변진의 수령에 제수하도록 청함.
- 예종 01/06/09(신유) / 수안의 防垣鎭을 예전대로 방수하게 하고, 黃州의 棘城과 개성의 성곽을 수축하는 문제, 중국에서 장성을 조선 변경까지 연결하려는 것에 대한 대책, 평안도 안주·영변의 軍需 陳穀으로 道民을 賑給하는 문제 등을 논의함.
- 예종 01/06/29(신사) / 공조판서 양성지가 擁城 축조를 포함한 중국제도에 의한 성곽의 포치 등 28개 조목의 國事에 관한 일을 상소함.
- 예종 01/07/10(신묘) / 임금이 황해도 극성을 수축할 사목을 보고, 본도가 잔폐하고, 마침 중국이 축성하는 때를 당하여 오해소지가 있으니 우선 정지하도록 함.
- 예종 01/07/10(신묘) / 闕門 양편에 성을 쌓도록 함.
- 예종 01/07/14(을미) / 宮城을 물려 쌓으려던 것을 정지하도록 함.

▣ 成宗代

- 성종 01/02/24(계유) / 평안도와 함경도의 절도사를 감하는 것에 대해 논의함.
- 성종 01/09/29(갑진) / 영안북도 절도사 어유소와 관찰사 이계손의 보고에 따라 온성진의 유원평에 명년 가을에 城堡를 축조하고 萬戶를 두도록 함.
- 성종 02/06/10(신해) / 경상도 진휼사 윤필상의 보고에 따라, 풍년을 기다려 淸河縣의 읍성을 縣의 서북쪽 土城遺址로 이축하도록 함.
- 성종 03/05/13(기유) / 평안도 병마 절도사 신주에게 변경의 방비에 힘쓸 것을 유시하고, 賊勢가 급박하면 농사철이니 가까운 고을의 하번군사를 징발하도록 함.

- 성종 03/07/08(계묘) / 영안도 절도사 선형에게 撫夷堡에 축성하는 것을 추진하지 말도록 하는 등 올적합에 대응할 대책을 시달함.
- 성종 03/08/13(정축) / 영안도 순찰사 魚有沼에게 절도사 선형의 계본을 내려 보냄.
- 성종 03/10/07(경오) / 임금이 풍양산성에 거둥하여 사냥하는 것을 구경함.
- 성종 03/10/09(임신) / 제도 관찰사에게 유시하여 모든 포구의 방비와 각지의 城堡, 소나무 배양 상황을 점검하여 보고하도록 함.
- 성종 03/10/13(병자) / 전지하여 가까운 산으로서 사냥할 만한 곳을 의논해서 아뢰도록 하니, 양주 홍복산을 추천함.
- 성종 03/11/02(갑오) / 영안북도 절도사 어유소에게 야인 尼麻車가 가까운 곳에 주둔하고 있으니 경계를 강화하라고 지시함.
- 성종 03/11/04(병신) / 경연에서 남방 각 연변의 城堡가 승평한 날이 오래되어 점차 퇴락되었는데도 수령들이 수축하지 않으니 관찰사로 하여금 조사하여 수축하도록 하고, 만호를 문무 겸비한 자로 신중히 택하여 임명할 것 등을 건의함.
- 성종 04/04/09(기사) / 營繕工作에 使役시킬 때에는 該曹와 사헌부에서 사역일수 등을 엄히 검찰하여 고의로 공사를 지연시키는 일이 없도록 함.
- 성종 04/07/12(신축) / 대사헌 서거정 등이 경기도에 수군 절도사를 설치하는 것을 반대하였으나 일본에서의 분쟁 등을 이유로 듣지 않음.
- 성종 04/11/22(기유) / 삼포왜인들의 동태가 심상치 않아 축성되지 않은 남도 연변 고을에 점차 축성을 추진하는 문제를 논의함.
- 성종 04/12/13(기사) / 대사헌 서거정 등이 흉년을 이유로 경복궁 수리가 불가하다고 아룀.
- 성종 05/07/15(무진) / 同知事 이극배 등과 영안남도 절도사 폐지 문

제를 논의함.

- 성종 05/07/25(무인) / 영안남도 절도사영(북청)에 성곽을 축조하도록 함.

- 성종 05/09/11(계해) / 船軍을 漕卒로 삼는 것을 금하는 문제와 연변 각 고을이 스스로 읍성을 수축하도록 하는 문제 등을 의논함.

- 성종 05/10/04(병술) / 야인의 동태가 심상치 않아 평안도에 조전절제사를 보내고, 절도사 河叔溥에게 성첩이 무너진 곳은 녹각목으로 막고 물을 대어 얼릴 것 등 대응조치를 시달함.

- 성종 05/10/16(무술) / 夜對에서 김영견 등이 남방 연해, 특히 성이 없는 창원·밀양·양산에 성보를 축조하고, 조관을 보내 순찰하도록 하는 것, 대마도의 宗貞秀가 船數를 늘리기 위해 대신에게 뇌물을 준 일 등에 대해 의논함.

- 성종 05/10/18(경자) / 諸道의 관찰사에게 변경의 성곽유무와 상태 등을 살피고, 축성의 緩急과 先後를 보고하게 함.

- 성종 05/10/20(임인) / 영안도 경차관 홍귀달에게 여러 鎭의 防禦器械 및 城堡의 점검, 五鎭의 長城에 아직 쌓지 못한 곳을 측량하여 오진의 각 고을에 나누어 주고, 매년 점차로 쌓도록 할 것 등을 지시함.

- 성종 05/10/28(경술) / 사헌부 대사헌 李恕長 등이 諸道 관찰사에게 연변과 내지의 성곽을 매년 1개소씩 수축할 것 등 國事에 관한 여러 조목을 상소함.

- 성종 05/11/12(계해) / 올량합 유아칭개·합살합 등 22인이 사조하니, 선정전에 나아가 인견함.

- 성종 05/12/02(계미) / 한명회가 대신을 보내 모든 鎭城의 성을 축조하게 할 것을 재차 건의하니 관찰사로 하여금 기한을 정하여 쌓도록 해도 될 것이라고 함.

- 성종 06/02/01(경진) / 평안도 관찰사 정문형에게 적의 침입에 대비

하도록 유시함.

- 성종 06/02/08(정해) / 평안도 관찰사 정문형이 적 1천여기가 침입했다고 보고함.
- 성종 06/03/05(갑인) / 성균관의 작헌례에 나가 유생들에게 행성축조 추진 방책 등에 관한 策問을 냄.
- 성종 06/03/13(임술) / 평안도 절도사 하숙부와 관찰사 정문형에게 방비에 유념하도록 유시하며, 입보할 성보에 민호수를 계산하여 집을 짓고, 군영을 별도로 지어 군민이 잡거하지 않도록 할 것 등을 지시함.
- 성종 06/04/17(을미) / 평안도 절도사에게 압록강 연변의 건널만한 곳에 목책을 설치하고, 성곽(특히 鎭城)은 여장 안쪽에 통행이 편하게끔 흙을 두텁게 메울 것 등을 지시함.
- 성종 06/05/21(기사) / 영안도 절도사 어유소가 적변에 관해서 치계하자 원상들에게 논의하게 함.
- 성종 06/06/07(갑신) / 평안도 삭주의 仇寧口子에 가을에 축성하고, 洞口에는 壘를 축조하며, 삭주성은 일단 퇴락한 곳만 수축하고 굴을 파서 말뚝을 설치하도록 함.
- 성종 06/07/23(경오) / 원상과 평안도의 감사 등을 지낸 사람들을 불러서 구령구자를 다시 설치하는 문제를 의논함.
- 성종 06/10/29(을사) / 전라도 강진 읍성을 쌓으니, 둘레가 6,082척, 높이가 12척 8촌임.
- 성종 07/05/22(갑자) / 경연에서 황해도 극성의 축성문제를 논의하고, 감사가 다시 이미 축조된 것과 축조할 척수를 상세히 기록하여 보고하도록 함.
- 성종 07/05/23(을축) / 병조판서 이극배가 연변 지역의 축성하여야 할 곳을 기록하여 아뢰니, 경상도의 蔚山·昌原과 전라도 龍安의 읍성, 황해도 黃州의 棘城은 금년부터 시작하여 쌓도록 함.

- 성종 07/05/24(병인) / 병조의 건의에 따라 울산·창원의 읍성을 일시에 축조하지 말고 점차적으로 축성하도록 함.
- 성종 07/06/06(정축) / 사헌부 대사헌 윤계겸 등이 황해도 극성을 천천히 쌓을 것을 청했으나 불허함.
- 성종 07/06/08(기묘) / 사헌부 대사헌 윤계겸 등이 황해도 극성 수축을 작년에 충청도 관찰사와 전라도 관찰사로 하여금 瑞山·康津의 성을 쌓게 하였던 것처럼 순찰사를 파견하지 말고 수축하기를 청하였으니 윤허하지 않음.
- 성종 07/06/14(을유) / 영안도 관찰사 이극균에게 절도사와 상의하여 북청의 남도절도사영의 성터를 택정하여 보고하도록 함.
- 성종 07/07/14(을묘) / 황해도 극성을 쌓기 위해 돌을 모으고 돌을 뜨는 역사의 정지문제와 軍籍敬差官을 보내 숨은 장정을 수색하는 문제를 논의함.
- 성종 07/07/26(정묘) / 대마도 선위사 김자정이 일본국이 근자에 전쟁으로 대마도주를 불렀으나 도주가 사고를 핑계로 가지 않았다는 것 등 5월 초2일부터 7월 초5일까지의 견문 내용을 치계함.
- 성종 07/08/22(임진) / 동지사 이승소가 풍년이나 흉년이나 빈민이 고생을 면치 못하는 실상을 아룀.
- 성종 07/10/07(정축) / 조전 절제사가 성보가 퇴락한 곳은 녹각목으로 막고 물을 대어 얼리고, 성을 지키는 機械를 철저히 비치할 것 등을 적은 사목을 가지고 감.
- 성종 08/02#10(무신) / 경연에서 하삼도 內地에 대한 축성, 경상도 田稅는 州倉에 그대로 두도록 하는 문제 등을 의논함.
- 성종 08/02#11(기유) / 政丞을 지낸 이와 의정부·六曹 및 경상도 감사와 절도사를 지낸 이, 충훈부 당상 1품에게 명하여 闕庭에 모여 船軍의 역을 줄이는 방법, 하삼도의 축성, 경상도의 군수 확보 문제 등을 대대적으로 의논함. 연변과 내지의 축성은 該曹에서 의

논하여 보고하도록 함.

- 성종 08/02#23(신유) / 강원도 순찰사 이극증과 관찰사 안관후의 보고에 따라 삼척부 토성에 샘이 없어 우물을 파고 퇴축하도록 함.
- 성종 08/06/17(임자) / 평안도 관찰사에게 소곶이역관[所串驛館]에 설치한 목책은 견고하지 못하니 근방의 옛 성터를 살펴 축성의 適否를 보고하도록 함.
- 성종 08/06/26(신유) / 건주여진의 侵寇와 황해도 극성을 축조하는 문제를 논의함.
- 성종 08/07/13(무인) / 남방 군현의 산성은 감사가 살펴 보고하고, 용강에서 석재를 채취하여 극성을 쌓는 방안을 의논함.
- 성종 08/09/09(계유) / 공조판서 이예가 개성부 내성을 수축하는 문제와 황해도 극성의 축조명령 정지를 청하였으나 극성문제는 불허함.
- 성종 08/09/14(무인) / 동지사 이승소가 황해도 극성 축조의 정지를 청하니, 아직 순찰사를 보내지 말고 축조공사 추진여부를 다시 의논하도록 함.
- 성종 08/09/16(경진) / 남원군 양성지가 황주 극성은 일단 정지하고 먼저 의주·안주성을 축조한 후에 황주 극성을 축조할 것을 상소함.
- 성종 08/09/21(을유) / 政丞을 지낸 사람과 議政府와 六曹의 參判 이상과 臺諫을 命召하여 수령의 殿最와 遷敍의 편의, 하삼도 산성·읍성의 수축과 황주의 극성 축조문제를 의논하게 함.
- 성종 08/09/28(임진) / 동부승지 이경동이 영변의 절도사영을 안주로 옮겨 설치할 것을 건의하므로 서북지역의 관방에 관하여 의논함.
- 성종 08/10/25(기미) / 병조 참판 박건이 남방의 왜인과 제주 사람들의 우거, 邊將의 임명 등에 관한 차자를 올림.
- 성종 08/10/26(경신) / 유자광이 허종을 평안도에 보내 변방을 순찰하고 賊變에 대비하는 것은 급선무가 아니라고 차자를 올림.
- 성종 08/10/29(계해) / 경상도 울산에 읍성을 쌓았는데, 높이가 15척,

둘레가 3,639척이고, 창원의 읍성은 높이가 12척 7촌, 둘레가 4,410
척이며, 전라도 興德의 읍성은 北面을 퇴축하였는데, 둘레가 1,581
척, 높이가 7척 7촌임.

- 성종 09/05/28(기축) / 대사간 안관후가 강원도 영동의 군현에 읍성
  이 없는 곳이 많고, 울진·평해는 읍성이 있으나 담장과 다를 바가
  없으니 해마다 1개소씩 쌓기를 청하니, 병조로 하여금 의논하여 보
  고하도록 함.
- 성종 09/07/20(기묘) / 일찍이 정승을 지낸 자 및 의정부·육조·한
  성부·대간과 전라도관찰사·절도사를 지낸 이들을 불러 순천부
  에 석보를 증설하는 문제 등을 논의하여, 정창손·한명회 등의 의
  견을 따라 堡를 설치하지 않음.
- 성종 09/10/03(신묘) / 領事 한명회가 낮고 약한 평안도 연변의 城과
  잔폐하고 허물어진 안주·영변·평양, 그리고 황주의 극성을 기한
  을 정하지 말고 점차적으로 수축할 것을 건의함.
- 성종 10/02/10(정유) / 좌승지 金升卿의 건의에 따라 병조판서로 하
  여금 농한기에 南方에 내려가서 邑城 중에 협소한 곳을 살펴 수축
  하도록 함.
- 성종 10/02/22(기유) / 새로 설치된 전라좌도 수군절도사 박양신의
  건의에 따라 전라우도의 수군 25인을 좌도로 이속시키고, 薺浦의
  例에 의하여 城堡를 설치하도록 함.
- 성종 10/03/30(병술) / 협소하고 물이 적당하지 못한 위원읍성을 물
  이 있는 쪽으로 퇴축하도록 함.
- 성종 10/04/05(신묘) / 위원읍성의 화재로 官舍와 民家가 모두 소실
  되어 읍성을 근처의 空地에 移築하도록 함.
- 성종 10/04/05(신묘) / 평안도 관찰사 현석규에게 절도사와 함께 위
  원읍성을 이축할만한 곳을 살펴 보고하도록 함.
- 성종 10/07/05(기미) / 병조의 건의에 따라 수성종사관을 보내 관찰

사·절도사와 함께 남원읍성을 넓게 퇴축하는 방안을 살피게 함.

- 성종 10/07/11(을축) / 경연에서 八道修城使를 신설하는 문제와 남원의 읍성 축조와 산성수축 등에 관한 문제를 논의함.
- 성종 10/09/21(갑술) / 밀양읍성을 축성함에 따라 본도의 다른 잡역을 감하도록 함.
- 성종 10/09/29(임오) / 이달에 평안도 창주진 성을 쌓으니, 높이가 7척이고, 둘레가 3,616척임.
- 성종 10/10/24(병오) / 경연에서 강원도 만호영의 이설과 삼척부성을 수축하는 문제에 관해 의논하여, 만호영 이설은 관찰사로 하여금 살펴 보고하도록 함.
- 성종 10/10#29(신사) / 경상도 밀양에 읍성을 쌓았는데, 높이가 9척, 둘레가 4천 6백 70척임.
- 성종 10/11/29(경술) / 신하들과 안주에 평안도 절도사 본영을 옮기는 일과 승려를 군액에 편입하는 일을 논함.
- 성종 11/04/13(계해) / 안주성의 축성을 일단 가을까지 중지하고, 극성은 허물어졌다고 하더라도 그대로 두도록 함.
- 성종 12/04/20(갑자) / 평안 절도사 이극균이 사조하니, 지금 중국에서 開州에 鎭을 설치하고자 하니 장성(의주성)을 수축할 절목을 가을에 보고하도록 함.
- 성종 12/05/22(병신) / 중국 사신을 경회루에 청하여 잔치하며, 중국 上使와 東八站에 城을 축조하는 일과 湯站을 설치하는 곳에 조선에서 양식을 운송해주는 문제에 대하여 논의함.
- 성종 12/06/09(임자) / 중국에서 湯站을 설치하기 전에 의주 부근의 三島를 경작하는 것에 대하여 영돈녕 이상에게 의논하도록 함.
- 성종 12/06/09(임자) / 三島는 경작을 시작하도록 하고, 정주·인산 등의 옛 성터를 수축하는 것과 중국에서 站을 설치하기 전에 의주에 관문을 만드는 것은 重臣에게 맡게 살펴보고 조치하도록 함.

- 성종 12/06/11(갑인) / 평안도 체찰사직을 이극배에서 화천군 권감으로 바꾸어, 본도 군인만을 동원하여 의주성에서 장성에 이르는 구간의 행성을 수축하도록 함.
- 성종 12/06/13(병진) / 중국의 湯站에 堡를 쌓을 때 양식을 운송해 주는 문제와 의주의 三島경작에 관한 일 등을 논의함.
- 성종 12/06/18(신유) / 평안도 관찰사와 절도사에게 의주 연변에 축성할 때 여러 포구의 當領船軍 가운데 부득이 머물러 있어야하는 자를 제외한 군사를 보내라고 하유함.
- 성종 12/06/18(신유) / 황해도 관찰사 안초에게 의주 연변 축성에 입번 군사중 부득이 浦에 머물 者 외에는 선발하여 보낼 것을 하유함.
- 성종 12/06/19(임술) / 평안도 의주 연변에 축성하는 문제와 중국이 湯站을 설치하며 양식지원 의사를 보이는 것이 대한 대책, 이산진 성곽을 이축하는 문제 등을 의논함.
- 성종 12/06/21(갑자) / 홍문관 부제학 이맹현 등이 중국이 湯站에 성보를 설치하는 것과 관련하여 양식지원을 요청한데 대응하기 위해 의주 축성역사가 소용없음과 명나라 환관 鄭同의 말을 가볍게 쫓지 말 것 등에 대해 상소함.
- 성종 12/06/30(계유) / 경연에서 평안도 의주 장성을 축조하는 문제를 논의함.
- 성종 12/06/30(계유) / 의주 축성 종사관 이의와 평안도·황해도 관찰사에게 돌을 줍는 것을 정지하도록 함.
- 성종 12/10/03(갑진) / 전라좌도 병마절도사 이병정이 연해 지역 요해처에 목책 설치를 건의하니, 풍년을 기다려 축성할 것을 지시함.
- 성종 12/10/05(병오) / 許琮·李坡·李德良 등이 이시애난으로 영흥으로 옮겼던 영안도의 감영을 다시 함흥으로 할 것을 건의하였으나 허락치 않음.
- 성종 12/10/17(무오) / 남원군 양성지가 중국이 개주에 衛를 설치하

는 것에 대한 문제점을 지적하며 서북지역의 행성과 읍성의 수축
을 건의하니 대신들로 하여금 이를 의논하게 함.

▫ 성종 12/10/20(신유) / 이극기와 한충인을 북경에 보내 八站路에 堡
를 설치하여 사신의 왕래를 편리하게 한데 대해 감사를 표하게 함.

▫ 성종 13/05/21(기축) / 병조에서 영안도 관찰사의 건의에 따라 온성
부 美錢에 堡를 설치할 것을 청하니, 내년 가을에 다시 보고하고
시행하도록 함.

▫ 성종 13/12/01(을축) / 제주 대정읍성에는 옹성을 쌓아 물을 끌어들
이는 방안을 該司가 의논하도록 하고, 여러 포구의 만호영에 축성
하는 문제는 시행하지 말도록 함.

▫ 성종 13/12/04(무진) / 제주읍성과 대정읍성에 모두 물이 없자, 瓮城
을 쌓아 성밖의 개천에서 물을 끌어들이는 便否를 제주목사로 하
여금 상세히 조사하여 보고하도록 함.

▫ 성종 14/05/08(기해) / 경상도 관찰사가 건의한 울산 주재 경상좌도
병마사가 부사를 겸하고, 수군절도사영을 다른 곳으로 옮기는 문
제를 논의함.

▫ 성종 14/07/19(기유) / 병조에서 야인 접대와 城堡·軍容·器械의
엄중함을 보일 것 등 평안도 절제사와 만포진 첨절제사가 가져 갈
사목을 정하여 올림.

▫ 성종 14/08/02(임술) / 위원의 신읍성터로 건의된 松岾은 북으로 큰
개천이 있어 농사와 采柴에 불편하여 읍성을 압록강가의 長城 洞
口로 옮기도록 함.

▫ 성종 14/08/12(임신) / 평안 절도사 정난종의 하직을 인견하고 야인
다루는 일을 하교함.

▫ 성종 14/09/12(임인) / 병조판서 이극증의 건의에 따라 새로 설치되
는 온성부의 美錢鎭 만호에게는 특별히 녹봉을 지급하도록 함.

▫ 성종 14/10/30(기축) / 평안도 渭原邑城을 쌓았는데, 높이가 8척, 둘

레가 4,237尺 5寸임.

- 성종 14/11/24(계축) / 병조에서 의주의 축성 작업에 필요한 돌과 쇠의 조달 방법을 아룀.
- 성종 14/12/12(신미) / 彦陽君 金瓘이 의주에 장성 수축을 건의하니, 영돈녕 이상에게 의논하게 함.
- 성종 14/12/18(정축) / 경연에서 이극증이 의주읍성의 확장과 안주·定州城의 축조를 건의함.
- 성종 14/12/20(기묘) / 경연에서 서거정이 의주읍성의 확장을 건의함.
- 성종 15/01/20(무신) / 상당부원군 한명회의 건의에 따라 徙民巡察使 盧思愼으로 하여금 州縣의 성보를 아울러 점검하도록 함.
- 성종 15/02/08(을축) / 집의 허계·사간 허황 등이 중을 사역시켜 도첩을 주는 것이 부당함을 아룀.
- 성종 15/06/20(을해) / 병조판서 이극증이 중국의 예와 같이 평안도에 장성을 쌓을 것을 청함.
- 성종 15/06/27(임오) / 의주에 장성을 쌓는 것이 적당한지를 의논하게 함.
- 성종 15/08/05(기미) / 소곶이[所串] 목책 설치는 정지하고, 의주의 장성[長墻]과 인산읍성의 개축은 徙民으로 평안도가 번거로우니 일단 정지할 것을 지시함.
- 성종 15/09/02(병술) / 평안도 절도사가 여진족들이 失農하여 노략질이 우려된다고 보고하며 별군관의 파견을 청하였으나 불허함.
- 성종 15/10/28(임오) / 조숙기가 경상도 김해 등지에 성곽이 없어 병기를 단지 연변 창고에 보관하니, 堡를 축조해야 한다고 건의하자 대신을 보내 살피고 시행하도록 함.
- 성종 15/10/29(계미) / 승정원·대신들과 전라도·경상도 연변에 대신을 보내 살펴 堡를 수축하는 일을 논의하였으나 의견이 합치되지 않아 내년 봄에 다시 보고할 것을 지시함.
- 성종 15/12/25(무인) / 한명회가 성보의 검찰을 수성도감과 금화도감

에 맡기길 청함.

▫ 성종 16/01/25(무신) / 傳旨로 구언한 내용 가운데 지중추부사 정문형이 제언한 영안도에서의 학풍진작, 감영이설 문제 등을 의논함.

▫ 성종 16/02/05(정사) / 안주목사 李拱이 읍성이 무너져 위험하다 하니, 보고에 따라 고을 근처의 수군을 역사시켜 수축하도록 함.

▫ 성종 16/03/17(무술) / 사도순찰사 홍응이 와서 복명하였는데, 경상도 삼포는 부산포의 예에 따라 성곽을 수축하도록 하였다는 것과, 기타 수령·만호에 대한 검찰과 삼포의 왜인들의 동태, 목장 상황 등을 보고함.

▫ 성종 16/03/25(병오) / 홍응이 전라도·경상도 백성의 申訴에 대해 서계를 올리니, 보성군의 兆陽城을 다시 수축하도록 하고, 南海 彌助項·金海 금단곶이[金丹串] 등에 石堡를 축조하는 문제는 시행하도록 하고 나머지는 該曹로 하여금 의논하게 한 후에 다시 논의하도록 함.

▫ 성종 16/03/26(정미) / 정언 이적이 야인의 來朝 정지와 임의로 승려가 되는 엄격히 막을 것 등에 대하여 상소함.

▫ 성종 16/07/26(갑술) / 김해부사 이손이 세조 때 폐지한 압록강변의 4鎭의 재설치를 진언하였으나 대신들이 불가하다고 결론지음.

▫ 성종 16/10/16(계사) / 黃州築城使로 임명된 병조판서 이극균이 극성보다 요해가 되는 안주·의주성을 먼저 수축하는 것이 좋겠다고 건의함.

▫ 성종 16/10/23(경자) / 축성사 좌의정 홍응이 극성을 쌓는 것은 후에 할 것을 청하고, 평안도 의주~인산이 축성은 우선 종사관을 보내 돌을 모으고 명년 봄에 가겠다고 하니 윤허함.

▫ 성종 16/10/25(임인) / 사헌부 장령 이의가 장성 역사는 곡식의 축적이 많이 이루어진 연후에 시작하여야 한다고 건의하니, 영돈녕 이상과 의정부에서 의논하게 함.

- 성종 17/01/16(계해) / 강릉대도호부사 조숙기가 떠날 때에 하동현성·남해현성·진해현성의 수개축을 건의하니, 풍년이 들면 대신을 보내 살펴 정하도록 함.
- 성종 17/02/10(병술) / 이경동이 연해변의 포에 성을 쌓는 것은 만호와 수군이 배를 떠나 항상 성안에 있게 되니 불가하다는 것과 야인에게 평안도를 경유하여 내조하도록 하는 것은 우리의 허실을 엿보니 불가하다고 아룀.
- 성종 17/02/22(무술) / 영안도 경차관 정성근이 영안도 및 육진의 방비 상태와 폐단을 아뢰니 대신들과 의논하게 하여, 該道 관찰사와 절도사로 하여금 상세히 조사하여 보고하게 한 다음 다시 의논하여 처리하도록 함.
- 성종 17/05/15(기미) / 한명회 등이 혜산진 부근에 移居하고 있는 야인을 몰아내도록 아뢰니 관찰사에게 유시하게 함.
- 성종 17/06/30(계묘) / 영안도 관찰사 성준의 보고에 따라 柔遠·茂山의 성은 높이 쌓도록 하고, 벽성으로 된 堡는 점차 돌을 모아 석축하도록 함.
- 성종 17/07/26(기사) / 평안도의 축성을 잠시 멈추고, 양전을 끝낸 뒤에 축성하도록 함.
- 성종 17/10/08(기묘) / 평안도 관찰사 성현이 양전하게 되면 본도가 소요하니, 양전을 중지해 줄 것을 상소하였으나 윤허하지 않음.
- 성종 17/10/08(기묘) / 영안북도 절도사 변종인이 올적합의 입구에 대한 방수를 엄하게 하기 위해 남도의 하번군사의 징집을 청하였으나 의견이 일치하지 못해 미룸.
- 성종 17/10/19(경인) / 대사헌 이경동이 각 浦口에 城堡를 쌓는 것은 적절치 못한 조치라고 하니, 대신을 시켜 다시 의논하게 함.
- 성종 17/10/19(경인) / 한명회 등이 각포에 城堡를 쌓는 문제에 대한 편부를 의논함.

- 성종 17/11/22(계해) / 경상도 관찰사 손순효가 왜인들의 길목인 미조 항과 삼천리에 鎭을 설치하는 것 등 연해의 방수 대책을 글로 올림.
- 성종 18/01/16(정사) / 특진관 신승선의 건의에 따라 축성순찰사 홍 응이 개성에 왕래하며, 개성부 정병을 동원하여 무너진 성곽을 수 축하도록 함.
- 성종 18/01/16(정사) / 영안도 축성순찰사 홍응에게 초록단자탑호 등 을 하사함.
- 성종 18/01/17(무오) / 임금이 영안도 축성순찰사 홍응을 인견하고 시폐를 살필 것 등을 당부함.
- 성종 18/02/14(갑신) / 이세우 등이 유양춘이 윤대한 國事에 관한 여 러 조목을 다시 의논하게 함.
- 성종 18/02/19(기축) / 지평 최관이 청주의 축성이 급한 일이 아니라 하여 정지하였다가 가을에 재개할 것을 청하니 윤허함.
- 성종 18/02/20(경인) / 대사간 김수손 등이 청주에 축성이 진행중에 있 으니 한명회가 공주에 목욕하러 가는 것을 정지하여 줄 것을 아룀.
- 성종 18/03/20(경신) / 영안도 축성순찰사 홍응이 복명하고 영안도의 방수와 堡의 이설문제, 남도 절도사의 막료를 두는 문제 등을 아룀.
- 성종 18/06/21(기축) / 공조에서 풍년을 기다려서 도성을 확장하여 축조할 것을 건의함.
- 성종 18/08/05(임신) / 영사 홍응의 건의에 따라 종사관을 보내 평안 도와 여러 진의 성보의 축성을 감독하게 하고, 개성부성은 명년에 수축하도록 함.
- 성종 18/08/21(무자) / 이미 시작한 여러 포구의 만호영에 대한 축성역 사를 신하들의 의견이 합치하지 않아 우선 금년에는 정지하도록 함.
- 성종 18/09/17(계축) / 홍응·이극돈이 경상도 제포의 축성을 멈추 게 한 것에 대한 이견을 아뢰니 축성을 재개하는 것이 옳겠다고 함.
- 성종 18/09/30(병인) / 영안도 阿山站의 城을 쌓았는데, 높이가 6척,

둘레가 3백 80척임..

- 성종 18/10/26(임진) / 경상도 관찰사가 왜인들이 축성한다는 것에 의심하고 있다는 이유를 들어 제포와 여러 堡의 축성 정지를 청하니, 계속 추진하라고 명함.
- 성종 18/11/01(병신) / 경상도 관찰사 이세좌에게 제포의 축성을 중지하지 말고 계속 쌓도록 하서함.
- 성종 18/11/02(정유) / 경상도 절도사에게 여러 浦의 축성을 왜인들이 모르게 하도록 유시함.
- 성종 18/12/12(정축) / 홍응이 경연에서 이미 석재를 모아 놓은 경상도 연변의 鎭에 축성할 것을 청하니 윤허함.
- 성종 19/01#12(정축) / 이세좌가 평안도와 함경도에 입거의 시행을 더 이상 정지하지 말 것과 미조항에 진을 설치하고 축성하는 문제점 등을 아룀.
- 성종 19/01#12(정축) / 경상도 관찰사 성숙에게 절도사와 더불어 미조항에 성을 쌓고 鎭을 두는 일의 적당 여부를 살펴서 아뢰도록 하서함.
- 성종 19/01#13(무인) / 영사 홍응이 강원도 바다 연변과 개성부에 성 쌓는 일을 미루기를 아룀.
- 성종 19/04/05(무술) / 장성 밖에 알타리가 거주하는 곳에 토성을 쌓는 일과 여연·무창에 새로 鎭을 설치하는 것, 온성진·미전진에 사민하는 것, 남해의 미조항에 축성하는 일 등에 관해 논의함.
- 성종 19/04/23(병진) / 監軍御史를 파견하는 문제와 의주 행성 축조에 관한 일을 논의함.
- 성종 19/05/07(경오) / 경연에서 권주가 우리나라 사람의 중국으로의 이탈과 중국인과의 밀교역의 폐단을 아룀.
- 성종 19/05/10(계유) / 경상우도 수군 절도사가 왜선이 출몰한다는 보고를 하니, 이에 대한 방어대책을 여러 신하들과 논의함.
- 성종 19/05/10(계유) / 경상도 병마·수군 절도사 등에게 군사에 힘

을 기울일 것과 삼천진·미조항의 축성을 계속 추진하도록 함.

- 성종 19/05/27(경인) / 무령군 유자광이 의주읍성의 확충과 방어의 중요성에 대해 상서함.

- 성종 19/06/04(병신) / 무령군 유자광이 의주읍성의 확충과 방수의 중요성을 상언함.

- 성종 19/06/11(계묘) / 무령군 유자광이 의주 및 동팔참·요동·광녕 등지의 산천·도로의 형세가 그려진 지도를 바치고, 중국에서 湯站에 축성하기 전에 미리 의주성을 튼튼히 하여 대비하여야 한다고 건의함.

- 성종 19/06/29(신유) / 이달에 경상도의 거제 수영진에 성을 쌓았는데, 높이가 13척, 둘fp가 2620척임.

- 성종 19/07/11(임신) / 영안도 관찰사 이봉이 축성·군적·강무·양전·진상을 한꺼번에 할 수 없다고 하니, 축성과 군적의 일은 아직 정지하라 전교함.

- 성종 19/08/24(을묘) / 성절사 채수가 북경으로부터 돌아와 야인에 대한 것과 東八站의 상황, 평안도민의 이탈을 막는 대책을 강구하여야 한다는 것 등을 보고함.

- 성종 19/08/24(을묘) / 중국에서 봉황산에 성을 쌓는 것에 대비하여 평안도 연변에 축성하고 관방을 만들고자 축성순찰사를 의망하라 전교함.

- 성종 19/08/28(기미) / 축성순찰사 홍응을 부사와 더불어 보내어 의주에 성 쌓는 일을 처치하라 이름.

- 성종 19/09/03(계해) / 사헌부 장령 권경희가 평안도에서는 축성과 사민 등에 분주하니 어사를 보내 군수곡을 두량하지 말기를 청함.

- 성종 19/10/09(기해) / 병조에서 영안도 仁遮外堡를 다시 세우는 일로 아뢰니 의논하게 함.

- 성종 19/10/28(무오) / 축성도체찰사 홍응이 개성부의 성터를 살피고

와서 그림으로 그려 바치니, 인원과 工期를 물음.

- 성종 19/11/02(신유) / 사헌부 대사헌 이칙 등이 修改·伐木·堤堰·徙民·軍籍·築城 등의 사무를 감사에게 위임하고 따로 朝官을 보내 번거로운 폐단을 일으키지 말 것 등 국정에 관한 여러 사항을 상소하니 이를 논의함.
- 성종 19/12/05(갑오) / 야인들에게 평안도 길을 통하지 말고 영안도를 경유하게 하도록 함.
- 성종 19/12/29(무오) / 위화도에 목책과 假家를 설비하는 일과 三島를 개간하는 일을 의논함.
- 성종 19/12/30(기미) / 경상도 사천현 삼천진의 성을 쌓았는데, 높이는 15척, 둘레는 1,440척임.
- 성종 20/02/04(임진) / 축성 도체찰사의 건의에 따라 하삼도의 여러 浦口의 축성의 高低에 기준이 없으니 차후로는 포구의 성과 각 고을의 성을 포백척 15척을 기준으로 하고, 5년안에 무너지는 정도에 따라 科罪하도록 함.
- 성종 20/02/05(계사) / 좌의정 홍응이 축성순찰사직을 사직하였으나 윤허하지 않음.
- 성종 20/02/28(병진) / 축성 체찰사의 건의에 따라 개성부 축성에 인근도의 선군을 동원하도록 함.
- 성종 20/02/30(무오) / 경상도 남해현에 城古介鎭城을 쌓았는데, 높이가 13척이고 둘레가 7백 60척임.
- 성종 20/03/01(기미) / 병조판서 허종이 축성사로 강원도에 가면서 아울러 병기를 살펴보겠다고 하니, 윤허함.
- 성종 20/03/02(경신) / 강원도 관찰사 이육의 건의에 따라 옮기기로 하였던 울진현 읍성을 그대로 산성에 두는 문제를 축성사 허종으로 하여금 살펴 보고하도록 함.
- 성종 20/03/22(경진) / 축성 순찰사 허종에게 강원도는 지난해 흉년

이 들었고 역로가 잔폐하니 일을 빨리 끝내고 올라오도록 명함.

▫ 성종 20/03/30(무자) / 영안도 부령 무산보에 성을 쌓았는데, 높이가 15척이고, 둘레가 2천 1백 85척임. 魚游澗堡의 성은 높이가 15척이고, 둘레가 1천 1백 9척이었음. 會寧의 풍산보의 성은 높이가 12척이고 둘레가 4천 89척이었음.

▫ 성종 20/05/08(을축) / 경연에서 정숙이 경상도 고성진 파하여 사천현으로 옮긴 것과 선군 배치에 관한 문제를 아룀.

▫ 성종 20/06/18(을사) / 축성 도체찰사 홍응의 건의에 따라 벽동 광평에 목책을 설치하고, 벽단과 창성 읍성은 퇴축하도록 함.

▫ 성종 20/06/29(병진) / 동지중추부사 성건의 書啓에 따라 평안도 군민이 요동지역으로 이탈하는 것을 막기위한 요역감축 등의 문제를 논의함.

▫ 성종 20/07/01(정사) / 평안도 관찰사 이극돈에게 평안도는 사신의 迎送과 축성 등에 고달프니 진상하는 물품을 줄이도록 하며, 수령을 엄중히 감독할 것을 지시함.

▫ 성종 20/07/08(갑자) / 사헌부 대사헌 박건 등이 차자를 올려 평안도 연변 10여 城의 수령을 청렴하고 인애가 두터운 자를 가려 보내 民心을 안정시키도록 건의함.

▫ 성종 20/07/17(계유) / 사복시 제조 윤호 등이 각도의 말의 수를 헤아릴 것을 청하였으나 병조판서를 의주 축성하는데 보내려 하니 그 관속을 시켜 철산목장만 점검하도록 함.

▫ 성종 20/07/17(계유) / 의주의 장성 축성에 모든 수의 연호군을 동원시키고 개성부의 축성은 개성부 정병과 경기·충청·황해도의 당령 수군을 써서 시작하게 함.

▫ 성종 20/08/08(계사) / 평안도 절도사의 건의에 따라 동거하는 자서의 弟姪로서 군보에 들어간 자는 다른 역을 면하게 함.

▫ 성종 20/10/28(임자) / 평안도의 의주의 축성을 番을 세 番으로 나누

어 축성하게 함.

- 성종 20/10/30(갑인) / 평안도 축성 순찰사 이극균이 황해도에서는 獄을 부수고 죄수를 빼내가도 대책이 없는 지경이라 하며 순찰사 군관을 더해 주도록 청함.
- 성종 20/11/01(을묘) / 정언 이수공이 남해 미조항과 고성현 축성에 성준을 보내 살피게 하였는데, 미조항에는 보낼 필요가 없다고 하였으나 대신들의 의견이 합치되지 않았으니 예정대로 보내도록 함.
- 성종 20/11/02(병진) / 헌납 윤긍이 평안도의 使命의 번다함을 줄이도록 사민과 축성의 일을 이철견이 겸임하게 할 것을 청하였으나 이극균은 따로 할 일이 있다고 함.
- 성종 20/11/04(무오) / 군사훈련에서 죽은 자를 조사할 것을 지시하고, 안접사 파견 정지에 대해 황해도에서 도적단이 횡행하고 평안도에도 전파될 우려가 있어 보내는 것이라고 함.
- 성종 20/11/08(임술) / 집의 구숙손 등이 흉년으로 평안도의 축성을 정지할 것을 청하니, 축성체찰사 홍응과 안접사 이철견을 불러 묻겠다고 함.
- 성종 20/11/08(임술) / 홍응과 이철견에게 전교하여 흉년이라하니 일단 역사를 정지하게 하고, 평안도 사정을 알고 있는 이철견을 축성 순찰사로 삼아 평안도에 축성을 계속할 것인지를 살피게 함.
- 성종 20/12/18(신축) / 안접사 이철견이 의주는 면포 한필 값이 쌀 7斗이고, 철산은 벼 두섬이라고 하니, 집의 구숙손을 불러 의주의 면포 한 필 값이 쌀 네 말이라고 아뢴 연유를 물음.
- 성종 21/03/18(경오) / 평안도 관찰사 이극돈의 보고에 따라 경계를 넘어와서 살려는 야인들을 잘 위무하여 내치도록 함.
- 성종 21/04/13(을미) / 특진관 윤효손이 의주 장성 축성에 벽돌을 사용하는 방안을 거의하니 축성사에게 문의해보고 보고하도록 함.
- 성종 21/07/21(신미) / 척후를 삼가고 성보를 수축하여 방비를 철저

히 하도록 영안북도 절도사 윤말손에게 하서함.

▪ 성종 21/09#01(경진) / 평안도에 야인 침구가 우려되어 本道의 當番 軍士 및 次番軍士를 모두 부방하게 하고, 또 江邊 要害處에는 武 才가 탁월하면서 품질이 낮은 자 1명씩을 선택하여 보내도록 함.

▪ 성종 21/10/30(무인) / 전라좌도의 수영에 성을 쌓았는데, 성 둘레가 3,634척이었음. 鹿島城은 둘레가 2,020척이었으며, 아울러 높이가 13척이었음. 永安道의 乾元堡는 성 둘레가 1,600척이고, 높이가 7 척이었음.

▪ 성종 21/12/03(경술) / 평안도 관찰사 유지의 보고에 따라 의주 축성 을 중단하고 방어에 대비하도록 함.

▪ 성종 21/12/05(임자) / 평안도 관찰사와 절도사에게 변방 방비에 힘 쓰도록 하유함.

▪ 성종 21/12/08(을묘) / 축성 관찰사 홍응이 야인문제로 중지하였던 의주의 장성 축조를 재개할 것을 청하니, 아직 일단 정지하라고 함.

▪ 성종 22/02/08(갑인) / 영돈녕 이상 등을 불러 양계군사에게 말을 나 누어 주는 일과 요새를 설치하는 일 등 변방의 일을 의논하도록 함.

▪ 성종 22/02/15(신유) / 영안북도 절도사 성준이 친대하여 경원 이남 에 장성을 쌓는 문제를 논의함.

▪ 성종 22/04/11(병진) / 영안도 관찰사 허종이 造山에 침입한 야인들 의 동태와 야인을 정벌하는 대책, 경원 이남에 돌이 없으니 토성을 쌓은 것 등을 아룀.

▪ 성종 22/04/16(신유) / 성보를 방어하는 일을 제대로 못한 조산만호 전효상의 처벌에 관하여 의논함.

▪ 성종 22/04/22(정묘) / 영돈녕 이상과 의정부 등을 불러 전효상의 治罪 에 관한 일과 군대를 동원하여 야인을 정벌하는 일을 논의하게 함.

▪ 성종 22/06/03(무신) / 평안도 절도사 오순이 강계부의 목책을 변고 에 대비하여 폐지하는 것에 대한 가부를 물어오니, 도원수 이극균

이 알아서 처리하도록 함.

▫ 성종 22/08/11(을묘) / 도원수 이극균에게 기회가 있으면 적을 무찔러 칠 것과 의주 소곶이[所串]성 축성에 사람을 보내어 감독하게 할 것을 명함.

▫ 성종 22/08/24(무진) / 북방정벌에 나선 군관과 군민 등에게 교서를 내려 장수들과 합심하여 율령을 잘 따라 공을 세울 것을 명함.

▫ 성종 22/10/20(계해) / 좌승지 허침의 건의에 따라 의주의 장성보다 강변의 제진에 먼저 성을 쌓도록 함.

▫ 성종 22/10/29(임신) / 전라도에 蛇渡城을 쌓았는데, 높이가 15척이고 둘레가 1천 4백 40척이었으며, 평안도의 麟山鎭에 城을 쌓았는데, 높이가 10척이고 둘레가 9천 27척이었음.

▫ 성종 22/12/14(병진) / 영안도에서 돌아온 노사신을 인견하니, 五鎭의 성곽은 민가가 조밀하여 오랑캐가 성을 넘어 불을 지른다면 방어하기 어려울 것이라 하여 尺數를 헤아려 퇴축할 것을 청함.

▫ 성종 23/01/07(무인) / 대사헌 김여석이 진행되고 있는 각 포구의 축성에 대하여 문제점을 아룀. 특히 강원도는 수군이 잔약하고 반드시 축조할 필요도 없다고 하니 이를 논의함.

▫ 성종 23/01/08(기묘) / 시독관 강겸이 자주 옮기는 강원도 만호의 영에 성을 쌓는 것이 무익함을 아뢰어 이를 논의하였으나 중지할 수 없다고 함.

▫ 성종 23/01/14(을유) / 중국에 표류하였다가 돌아온 최부를 인견하고 표류할 때의 일과 성곽 등에 관하여 물으니, 官府의 城은 역시 모두 높이 쌓았고, 성문의 누각은 혹 2층, 3층이 되는 것도 있었으며, 문밖에 다 擁城이 있었고, 옹성 밖에 또 粉墻이 있어서, 무릇 3重이나 되었다고 함.

▫ 성종 23/03/30(경자) / 평안도 벽동의 대피아성·소피아성·광평성과 이산의 산양회성·방산진성, 의주 水口의 石堡城·靑水의 石

堡城을 쌓았음.

- 성종 23/05/25(갑오) / 서북면 도원수 이극균이 돌아와 상황을 보고하고, 요해지에 대한 城堡축조와 군사 배치, 火車의 증설 배치 등에 관하여 건의함.

- 성종 23/06/05(갑진) / 좌참찬 이극균의 건의에 따라 벽단의 축성에 황해도 수군을 동원하도록 하고, 의주에서 벽돌 굽는 일을 중지시키고 벽단성과 위원성 축조를 일시에 이루도록 할 것을 청하니 축성도감에게 문의하도록 함.

- 성종 23/06/05(갑진) / 축성도감에서 벽단성은 그 道의 보병으로 축조할 것이며, 벽돌 굽는 일은 중지할 수 없음을 아룀.

- 성종 23/06/09(무신) / 이극균이 삼포의 수군 등을 동원하여 벽단성 쌓는 일과 겨울철 방수에 관해 아룀.

- 성종 23/06/14(계축) / 사신영송에 고초가 많았으니, 의주의 벽돌 굽는 일을 일단 중지하는 문제를 축성순찰사와 의논하여 처리하도록 함.

- 성종 23/07/24(임진) / 축성도감에서 축성종사관 최관에게 녹을 주기를 청하였으나 윤허하지 않음.

- 성종 23/07/26(갑오) / 성저야인 올량합 이응가대 등이 거소에 축성하여 주기를 청하니 의논하게 함.

- 성종 23/08/05(계묘) / 개성부에 양전하는 일로 축성을 일단 정지하기를 청하니, 축성사와 의논하도록 함.

- 성종 23/08/07(을사) / 평안도 관찰사가 벽단진의 성 쌓는 일을 정지하기를 청하여, 도원수 이극균에게 묻게 하니 다시 가서 살피고 보고하겠다고 함.

- 성종 23/08/19(정사) / 전라도 관찰사 허침에게 유인궤가 쌓은 남원 옛 성터의 척수를 재고, 지난번 이극중이 정한 성터를 살펴 얼마나 넓혀야 하는지 아뢰라 함.

- 성종 23/08/19(정사) / 무령군 유자광이 남원은 민호가 3만호가 넘어

성을 넓혀 쌓아야 한다고 하니 조처하겠다 함.
- 성종 23/09/07(을해) / 흉년과 대신들의 의견 불일치로 의주의 축성을 일단 정지하도록 함.
- 성종 23/09/07(을해) / 광릉부원군 이극배로 하여금 남원에 가서 읍성 축조하는 것을 조치하도록 함.
- 성종 23/09/13(신사) / 정언 최세걸이 남원은 내지여서 축성이 급한 것이 아니니, 대신 이극배를 보내지 말고 관찰사가 맡도록 청하였으나 윤허하지 않음.
- 성종 23/10/30(정묘) / 강원도 평해읍성을 쌓았는데, 높이가 15척이고, 둘레가 2천 3백 57척이었음. 그리고 전라도 용안읍성은 높이가 11척이고, 둘레가 4천 2백 42척이었음.
- 성종 23/11/11(무인) / 우승지 조위가 산성은 평상시에는 소용이 없는 것 같으나 사변시에는 피란할 수 있다고 하며, 보은의 삼년산성과 함안의 산성을 거론하고, 황석산성은 너무 높아서 유사시에 노약자가 갈 수 없고, 급할 때 곡식 70석은 도움이 안되므로 가까운 성으로 옮겨두게 하기를 청하자, 축성사에게 문의하도록 함.
- 성종 23/11/14(신사) / 왜구가 고성을 침략하자, 당포·사량 만호와 절도사를 나포하여 국문하도록 하고, 피해상황은 축성종사관 정석견으로 하여금 조사하게 함.
- 성종 23/11/16(계미) / 영안남도 절도사 진영을 갑산·혜산으로 옮기는 문제에 대해 가부를 의논하게 함.
- 성종 23/11/29(병신) / 경상도 梁山邑城을 쌓았는데, 높이가 11척, 둘레가 3,710척이고, 漆原邑城은 높이가 11척, 둘레가 1천 6백 60척이었음.
- 성종 23/12/19(을묘) / 개성부의 새로 축조한 성의 일곱 곳이 무너지니 홍문관 교리 권유를 보내어 살펴보게 함.
- 성종 23/12/25(신유) / 대사헌 이세좌 등이 내년 봄에 의주읍성 개축

역사를 정지하여 줄 것 등을 상소함.

- 성종 23/12/25(신유) / 정언 최자점이 의주축성의 정지를 청하였으나 윤허하지 않음.
- 성종 24/01/03(기사) / 무령군 유자광이 개성부의 성채가 몇 군데 무너진 것을 아뢰니, 경차관을 파견하여 추국하도록 함. 사신이 논하기를 유자광이 남원부사에게 사감이 있어 남원읍성이 무너졌다고 하여 中傷하고자 하였음.
- 성종 24/01/07(계유) / 의주의 축성문제를 논의함.
- 성종 24/01/12(무인) / 강원도 흡곡읍성과 의주읍성의 퇴축·장성을 먼저 쌓을 것인지 하는 문제를 논의함.
- 성종 24/01/17(계미) / 서북면 도원수 이극균에게 의주의 읍성을 가을에 퇴축하도록 함.
- 성종 24/01/18(갑신) / 의주의 읍성 쌓는 일에 관해 논의함.
- 성종 24/01/21(정해) / 승정원에서 의주읍성 수축은 이미 정지하도록 하였는데, 당번군사로 하여금 돌을 줍게 하는 것은 불가하다 하니, 축성체찰사에게 의논하도록 함.
- 성종 24/01/23(기축) / 축성체찰사 이극배가 돌 줍는 것은 정지하고 가을을 기다려 수축하는 것이 좋겠다고 하니 그대로 따름.
- 성종 24/02/13(무신) / 영안도 도순찰사 여자신의 계본에 따라 영안도 관찰사에게 남도 절도사와 금창기에 堡를 설치하는데 따른 대책을 의논하여 보고하도록 함.
- 성종 24/03/20(을유) / 축성도체찰사 이극배의 건의에 따라 축성종사관도 감축차사사원과 똑같이 상벌을 시행하도록 함.
- 성종 24/03/22(정해) / 병조의 건의에 따라 의주 읍성의 증수와 장성 축조에 대하여 다시 의논하도록 함.
- 성종 24/05#28(신유) / 동지중추부사 성건이 연해지방의 방비강화 등에 관한 문제를 상소함.

- 성종 24/07/16(무신) / 의주읍성 수축의 감독을 위해 가는 병조판서 치형이 중국과 개성부 예에 따라 의주읍성도 벽돌로 쌓을 것을 건의하니, 가서 의주목사와 더불어 의논하여 정하도록 함.
- 성종 24/07/17(기유) / 築城體察使 李克培·李鐵堅, 병조판서 한치형을 불러 의주읍성과 장성을 돌·벽돌, 혹은 土墻으로 쌓는 문제를 논의함.
- 성종 24/08/18(경진) / 평안도 체찰사 한치형이 와서 복명하며 의주 지도를 올리고, 성터에 대한 사항을 의논하여 축성도감에 내림.
- 성종 24/09/30(신유) / 평안도의 군사를 合防하지 말도록 함.
- 성종 24/10/06(정묘) / 영안도 관찰사 성준과 북도병마절도사가 올린 두만강 건너 耶春에 축성하고 鎭을 이설하는 것, 경흥이하 장성의 溝塹을 파는 것, 合堡와 堡城의 개축, 인차외에서 혜산까지 강변에 장성을 쌓는 문제 등을 논의함.
- 성종 24/10/22(계미) / 경상도 울산 병영을 옮기는 문제를 논의하여 후일에 대신을 보내 살펴 처결하도록 함.
- 성종 25/01/22(임자) / 축성한지 5년이 되도록 무너지지 않아 창원축성차사원 박치와 청주축성차사원 김숙연을 당상관으로 승진시키는 문제를 의논함.
- 성종 25/02/12(신미) / 청주와 창원의 성곽이 쌓은지 5년이 지나도록 퇴락하지 않았으면 당시 감독차사원인 충주목사 박치와 정평부사 김숙연에게 상을 내리라 함.
- 성종 25/02/14(계유) / 승정원에서 쌓은 성이 퇴락하지 않은 이유로 박치와 김숙연을 승진시키는 것은 불가하다고 아뢰었으나 윤허하지 않음.
- 성종 25/02/21(경진) / 사헌부 지평 유인홍이 축성한 공로로 박치·김숙연에게 加資한 것과 조복명을 수령으로 삼은 것 등의 불가함을 아뢰니, 사람을 보내 성곽을 살피고 사실이면 가자할 것을 명함.

- 성종 25/02/23(임오) / 축성공로자에 대한 加資의 適否를 논의함.
- 성종 25/02/26(을유) / 축성공로자에 대한 加資의 適否 등을 논의함.
- 성종 25/03/01(경인) / 築城司에서 쌓은 바 모든 성의 수효를 아뢰니, 5년이 지나도 무너지지 않은 성을 감축한 자에 대한 賞加를 의논함.
- 성종 25/03/29(무오) / 영안도 森森波堡의 城을 쌓았는데, 높이가 8尺이고, 둘레가 1,457尺임.
- 성종 25/04/13(신미) / 병조에서 충청·경상도 경차관 김일손이 조사한 청주·창원 등 여러 성곽의 퇴락 여부에 대해 보고하고, 상벌 문제를 논의함.
- 성종 25/05/26(계축) / 경상도의 여러 水鎭에 마련한 倭樣船을 운용할 방안과 徙民의 이탈을 엄히 금지하는 것에 대해 논의함.
- 성종 25/07/21(정미) / 농사가 부실하니 點馬別監을 보내지 말고, 또 韓山의 축성하는 일을 정지하도록 함.
- 성종 25/07/30(병진) / 평안도 碧團鎭에 성을 쌓았는데, 높이는 11척이고, 둘레는 3천 1백 68척이었음.
- 성종 25/08/01(정사) / 흉년으로 축성종사관을 보내 諸城을 순찰하지 말도록 함.
- 성종 25/08/19(을해) / 장마비로 인하여 흉년이 든 영안도의 축성·양곡 등의 일을 정지하게 함.
- 성종 25/09/16(신축) / 하숙부가 백성들이 중국 봉황성으로 옮겨 들어가지 않도록 해구에 진을 설치할 것을 청하니, 이를 논의함.
- 성종 25/10/07(임술) / 오랑캐가 변방을 정탐하는 것 같다는 평안도 절도사 여자신의 치계에 따라 방어를 엄중히 하게 함.

▣ 燕山君代
- 연산 01/10/19(무진) / 정지하였던 개성과 한산의 축성공사를 명년 봄에 완료하도록 함.

- 연산 02/01/11(경인) / 축성 체찰사 이철견이 성 쌓는 일을 아뢰니, 한산은 농사철 이전에 마칠 수 있으면 쌓을 것이며, 개성부는 가을에 다시 하라고 전교함.
- 연산 02/01/12(신묘) / 이철견이 개성부 성의 미완된 부분을 거적으로 덮어 놓아 장마철에 무너질 것이며, 풍흉을 기약할 수 없다며 계속 수축하기를 청하니 윤허함.
- 연산 02/02/29(정축) / 대간이 전일의 계청으로 윤허한 축성 일을 체찰사가 다시 아뢰어 추진하니 불가하다고 상소하였으나 윤허하지 않음.
- 연산 02/05/15(신유) / 함흥의 옛 號를 복구하도록 함.
- 연산 02/07/03(무신) / 평안도 연변 일대의 야인에 대한 대책을 의논함.
- 연산 02/08/05(기묘) / 평안도 관찰사 이극균이 건주위 야인 문제를 치계함.
- 연산 02/08/09(계미) / 병조 판서 성준 등이 야인 문제를 아룀.
- 연산 03/01/24(병인) / 지금부터 수군은 언제나 배 위에 있고, 배를 만들 때는 반드시 경첩하고 편리하게 하며, 또 수군절도사가 평상시 순행할 때에 육로를 경유하지 말도록 함.
- 연산 03/08/08(정축) / 군액을 실하게 하는 방안과 양계의 徙民 등에 관하여 의논함.
- 연산 03/09/18(병진) / 경연에서 헌납 손중돈이 남방에 이미 水使와 萬戶가 있는데도 새로 權管을 설치해서 城堡를 구축하느라고 군졸 2백여명을 지급 받았는데 많은 불법을 저지르고 있다고 아룀.
- 연산 03/09/24(임술) / 공조판서 신준의 보고에 따라 林川 지역에 재해가 들었으니 축성을 정지하도록 함.
- 연산 03/10/06(갑술) / 좌의정 어세겸 등이 수재가 있으니 경상도 일대의 축성과 창고 설치 등의 일을 정지하게 할 것을 건의함.
- 연산 03/10/07(을해) / 三衛宣諭官 童淸禮가 복명하고 야인 거주지

를 다녀 온 일에 대하여 상세히 보고함.

- 연산 04/09/18(계축) / 축성사 이극균이 남방의 역사를 정지시키지 말 것을 청하니, 윤허함.
- 연산 05/02/02(임진) / 평안도 절도사 이조양이 구령진을 포위한 적병들에 관해 보고하며, 요해처에 성을 쌓고 목책을 설치할 것을 청하니, 병조에서 의논하여 아뢰라고 함.
- 연산 05/03/02(신유) / 변장이 국경 수비를 근실하게 하지 못한 죄를 의논하게 함.
- 연산 05/04/20(기유) / 야인들이 벽동진을 침범하고 노략질한 일에 대하여 대처 방안을 의논함.
- 연산 05/05/12(신미) / 삼수의 인민들이 적변을 당한 일을 염려하여 새 순변사로 변종인을 임명함.
- 연산 05/05/28(정해) / 홍문관에서 서북지역 정벌의 불가함을 상소로 올렸으나 회답하지 않음.
- 연산 05/07/11(기사) / 築城使 성준이 올해 성을 쌓아야 한다고 건의하니 허락함.
- 연산 05/07/12(경오) / 장령 손번 등이 전라좌도는 적의 침략을 받는 가장 긴요한 곳이므로 馬島·達梁 등처는 금년에 쌓아야 하고 경상도 동래읍성은 급급한 것이 아니오니 연기하고 충청도 林川, 강원도 삼척과 강릉 등처는 모두 적의 침략을 받는 곳이 아니라 하여 연기할 것을 건의하니 그대로 시행하되 만약 그 성을 쌓지 않았다가 후에 일이 생기면 그에 대한 책임을 져야 한다고 함.
- 연산 05/07/28(병술) / 성을 쌓는 일은 다시 문의하여 결정짓고 당번 군사 및 서울에 있는 下番 군사를 강무하게 하고 외방의 군사는 징집을 하지 말도록 함.
- 연산 05/08/02(기축) / 평안도 절도사 이조양과 함경도 절도사 권중개에게 변경의 수비를 튼튼히 하라 명함.

- 연산 05/08/07(갑오) / 종사관 고형산에게 삼수의 甘坡·石毛老에 堡를 설치하는 일이 적당한지 여부를 살피게 함.
- 연산 05/08/21(기유) / 축성사 성준을 불러 금년에 성을 쌓는 일의 가부를 묻게 함.
- 연산 05/08/21(기유) / 축성체찰사 성준 등이 성을 쌓아 불의의 재난에 대비할 것을 아룀.
- 연산 05/08/22(기유) / 헌납 홍윤덕이 축성은 시세를 보아야 하며 특히 강원도는 예로부터 적변이 없었으니 민력을 동원에 신중을 기해야 한다고 건의함.
- 연산 05/09/19(병자) / 전라도 관찰사가 축성의 정지를 청하였으나 도원수 성준의 건의에 따라 축성을 시행하도록 함.
- 연산 05/12/25(기유) / 좌의정 한치형 등이 서북지역 야인정벌의 득실에 대해 논의함.
- 연산 06/02/01(을유) / 築城司 提調 이계동의 건의에 따라 함경도 어면, 갈파에 급히 성을 쌓도록 함.
- 연산 06/02/10(계사) / 築城司 提調 성준의 건의에 따라 개성부의 성은 1년 간격으로 수축하지만 흉년이 들었으니 연기하고, 하삼도도 풍년들기를 기약하여 축성하고 장성을 쌓을 수 없는 습지대는 경원 이하처럼 도랑과 참호를 파서 기병을 막도록 함.
- 연산 06/02/12(병신) / 警邊使 이극균에게 楸坡에서 인산까지 장성을 쌓는 일과 관련하여 소요 인원과 尺數를 측량하게 함.
- 연산 06/03/14(무진) / 전라도 병마절도사에게 장흥·순천·보성·낙안·광양·강진·해남 등의 고을은 바다와의 거리가 가까운데, 백성들이 의지할 城堡가 없으니 방비에 유념하도록 명함.
- 연산 06/06/25(정미) / 지평 曺浩가 장성을 쌓는 일을 경솔히 할 수 없다고 하니 築城司에 묻도록 함.
- 연산 06/07/11(계해) / 대간들이 楸坡에서 麟山까지 장성을 쌓으려

면 役丁이 20여 만명이 든다는 점 등을 들어 축성을 반대함.

▫ 연산 06/07/14(병인) / 한치형 등의 의견을 따라 세종대에 축성한 터를 따라서 장성을 쌓도록 함.

▫ 연산 06/07/18(경오) / 여러 논의 끝에 장성을 쌓는 役事를 내년 봄에 시행하도록 함.

▫ 연산 06/08/12(갑오) / 축성사 당상 성준 등의 건의에 따라 변방의 사정을 잘 살핀 후 장성을 축조하도록 함.

▫ 연산 06/11/03(계축) / 함경도 경차관 고형산에게 삼수의 魚面堡와 神方仇非堡의 置廢에 대한 사정을 급히 조사해 보고하도록 함.

▫ 연산 07/08/07(임자) / 장성을 쌓는 일에 대하여 대신들이 논의함.

▫ 연산 08/04/30(신미) / 영의정 한치영 등이 명나라가 東八站에 축성하는 문제 등 변방 사정에 관하여 논의함.

▫ 연산 08/05/14(을유) / 지평 윤은보가 築城差使員이 된 鄭詮 役軍에게서 綿布를 징수하여 女妓에게 준 일을 탄핵함.

▫ 연산 08/05/16(정해) / 북방의 鎭·堡를 옮겨 설치하는 일에 대해 정승들이 의논함.

▫ 연산 08/07/17(정해) / 축성도체찰사 성준 등이 북방 축성 등의 일을 아룀.

▫ 연산 08/11/03(임신) / 국가 관방에 중요한 구례현을 다시 설치하는 일에 대해 논의함.

▫ 연산 08/11/22(신묘) / 부령진을 정승파오달로 옮기는 일을 의논하게 함.

▫ 연산 09/03/25(임진) / 侍讀官 鄭麟仁이 제포의 왜인 호수를 제한할 것을 아룀.

▫ 연산 09/03/25(임진) / 제포의 축성 여부를 이극균과 논의함.

▫ 연산 09/03/25(임진) / 典翰 鄭麟仁이 제포 왜인에 대한 상황과 남해 지역의 방비에 대하여 보고한 것에 대해 논의함.

▫ 연산 09/06/28(계해) / 중국의 동팔참 城堡와 요동호송군 등에 대해

논의함.
- 연산 09/07/03(정묘) / 중국 사신의 접대와 요동호송군 등에 대해 논의함.
- 연산 09/07/03(정묘) / 제포에 성 쌓는 일에 대해 논의함.
- 연산 09/12/02(을미) / 濟用監判官 許元弼이 魚面堡의 防守를 삼수와 갑산의 군사로 하자고 청함.
- 연산 10/01/27(기축) / 정승들이 북방의 兀良哈 문제를 논의함.
- 연산 10/12/15(신미) / 성을 쌓는데 축성사를 설치하고, 삼사에서도 役事를 감독하게 함.
- 연산 10/12/21(정축) / 유순 등이 도성 안 동서 금표에 성을 쌓는 것과 관련하여 축성도감 설치와 담당 관리 임명에 대해 논의함.
- 연산 11/05/27(신해) / 인양전과 창경궁을 개축할 준비를 하게 함.
- 연산 12/01/09(기축) / 승정원 및 축성도감의 관원을 종루 바깥 편에서 명을 기다리게 함.

■ 中宗代

- 중종 01/09/03(기묘) / 수리 · 축성 등 도감을 파하고, 그 목석 · 철물은 해당 관사에 옮기도록 함.
- 중종 01/12/13(정사) / 특진관 高荊山 변경 鎭堡의 군관 배치와 문제점에 대해 보고함.
- 중종 02/09/29(기사) / 축성도감의 낭청이 경상도 삼포에 축성하는데 대한 문제를 보고함.
- 중종 03/09/14(기유) / 박원종이 서북로 요충지와 북방의 방어에 대한 문제를 건의함.
- 중종 03/09/24(기미) / 황해도 여러 지역의 鎭軍을 옮겨 배치하는 문제 등을 논의함.
- 중종 03/11/08(임인) / 政府 · 부원군 · 육조 판서 이상이 함께 논의

하여 검동도의 진보 설치 문제 등을 건의함.

▪ 중종 03/12/10(계유) / 함경도 관찰사 고형산이 보을하보의 복립·무산보의 이설에 관한 일로 장계함.

▪ 중종 04/01/11(갑진) / 司僕副正 李軾이 평안도 장성의 축조를 건의함.

▪ 중종 04/01/22(을묘) / 조강에서 경상도 연해지역의 방비에 대해 논의함.

▪ 중종 04/02/06(무진) / 왜인에 대한 방비강화 문제를 논의함.

▪ 중종 04/03/16(무신) / 보을하보의 부설 및 풍산·무산보의 이설 문제에 관하여 체찰사 송일이 장계함.

▪ 중종 04/04/19(경진) / 왜인에 대한 대책 및 邊將들의 근무기강에 대해 논의함.

▪ 중종 04/04/29(경인) / 아오지보를 옛 터에 다시 옮기고, 북방에 徙民하는 문제 등을 논의함.

▪ 중종 04/07/16(병오) / 회령부사의 건의에 따라 9월부터 축조를 시작할 회령의 甫乙下堡에 속히 堡將을 보내 일을 전적으로 위임하도록 함.

▪ 중종 04/09#01(경신) / 宣沙浦鎭을 이전하는 문제 등을 논의함.

▪ 중종 04/11/13(신미) / 조산보 등의 변경에 軍資를 보급하는 문제를 논의함.

▪ 중종 05/04/11(병신) / 경상좌도 수사 김현손이 왜적의 행패와 우리 군사와의 전투에 대해 보고함.

▪ 중종 05/06/25(기유) / 김수동·유순정 등이 남방의 방어가 긴급하니 민호를 북도에 입거하지 말도록 건의함.

▪ 중종 05/09/16(기사) / 제주목사 張琳이 방어절목 여덟 가지를 들어서 올리니 방어청에 시행하도록 명함.

▪ 중종 05/09/19(임신) / 헌부가 충청도 마량·강원도 삼척의 축성은 풍년을 기다려 행할 것을 건의하였으나 윤허하지 않음.

- 중종 05/09/20(계유) / 집의 김관·정언 민수천이 축성정지를 아뢰었으나 윤허하지 않음.
- 중종 05/09/20(계유) / 방어청에서 충청도와 강원도의 성곽을 금년과 명년에 나누어 각기 1개소씩 쌓기를 청함.
- 중종 06/01/04(을묘) / 憲府에서 禮曹正郎 金湜이 축성종사관이 되어 축성을 잘 감독하지 못하여 많이 무너지게 하고 데리고 간 伴從들이 放軍하고 뇌물을 받은 것에 추국을 청함.
- 중종 06/05/19(무진) / 대간이 축성종사관 때에 종들이 군졸들에게 뇌물을 받은 예조정랑 김식을 탄핵함.
- 중종 06/08/27(갑진) / 대사간 이세인 등이 웅천 제포의 축성에 대해 의논함.
- 중종 06/08/28(을사) / 대사헌 남곤 등이 축성과 남방의 방비에 대해 논의함.
- 중종 06/09/04(신해) / 서천포의 축성 정지를 건의하였으나 윤허하지 않음.
- 중종 06/09/04(신해) / 흉년으로 경상도의 點馬와 축성을 정지함.
- 중종 06/09/05(임자) / 전라도의 점마와 서천포의 축성을 정지함.
- 중종 06/12/06(임오) / 김수동 등과 중국의 정세와 군사의 일에 대해 의논함.
- 중종 07/01/15(신유) / 정부 및 이조 등 당상이 평안도에 성 쌓는 일과 군량 수송 등의 일을 건의함.
- 중종 07/01/15(신유) / 평안도 절도사 이장곤이 용천, 영변, 안주 등지의 축성과 방어에 대해 건의함.
- 중종 07/01/15(신유) / 영의정 김수동 등이 이장곤의 방어 계책에 대해 의논함.
- 중종 07/01/15(신유) / 평안도 의주 등 관방의 요해지에 곡식을 비축하여 불의에 대비케 함.

- 중종 07/01/16(임술) / 무재가 있고 근검한 무신을 가려 안주에 보내게 함.
- 중종 07/02/06(신사) / 함경도의 감영을 옮기는 문제에 대해 논의함.
- 중종 07/02/19(갑오) / 강원도 관찰사 고형산이 도내의 축성에 대한 법을 보고함.
- 중종 07/08/04(을사) / 대간들이 축성종사관의 파견 여부를 의논함.
- 중종 07/11/21(신묘) / 정부·부원군·육조 판서가 땅이 넓고 성곽이 견고한 함흥에 감영을 그대로 둘 것을 건의함.
- 중종 07/11/26(병신) / 함경도 감영 문제를 논의함.
- 중종 08/04/02(경자) / 함경도 관찰사가 육진의 鎭堡에 대해 보고함.
- 중종 09/10/13(임인) / 지중추부사 안윤덕 등 14명의 무신이 변방 방비책을 건의함.
- 중종 10/01/24(임오) / 시강관 이빈이 의주성을 쌓는 일에 관해 아룀.
- 중종 11/05/17(정유) / 대신들이 북도 입거를 임시 파하는 문제와 기타 변방 방비에 대한 일을 건의함.
- 중종 12/04/26(신미) / 서북 두 도에 체찰사·순찰사를 보내 군무를 분담시키고, 야인 접대를 검속하게 함.
- 중종 12/05/08(임오) / 헌부가 북방에 가명으로 축성도체찰사를 임명한 문제점을 지적함.
- 중종 12/05/26(경자) / 헌부에서 축성도체찰사의 명칭과 관청을 없애도록 건의함.
- 중종 12/05/28(임인) / 도체찰사와 축성사를 없애고, 순찰사 2인으로 변방의 일을 주관하게 함.
- 중종 12/06/06(경술) / 순찰사 안윤덕과 유담년이 築城司 운영에 대한 문제를 건의함.
- 중종 12/06/27(신미) / 築城司를 고쳐 備邊司라 함.
- 중종 12/09/22(을미) / 鎭堡의 단약한 병사 문제 등 북방 방어책에

대해 함경북도 평사 유옥이 상소함.
- 중종 13/07/02(기해) / 각 鎭堡의 군관들로 하여금 小學·四書 등을 읽도록 함.
- 중종 15/08#12(정유) / 각 堡의 權管배치 문제에 대해 논의함.
- 중종 15/08#23(무신) / 대사헌 홍숙이 의주에 대신을 보내 축성하는 문제를 논의함.
- 중종 15/08#23(무신) / 대신들이 모여 축성하는 문제를 논의함.
- 중종 15/09/17(신미) / 종성부사 김세준이 변방을 튼튼히 할 것과 군수를 저축할 방도 등에 관해 상소함.
- 중종 15/09/27(신사) / 의주에서 축성하는 일에 대해 논의함.
- 중종 15/11/21(을해) / 영중추부사 정광필 등이 관방이 긴급하지 않은 鎭堡의 혁파에 대해 의논함.
- 중종 17/01/04(임자) / 義州에서 別餞慰使 동부승지 兪汝霖이 돌아와서 축성의 폐단 등을 아룀.
- 중종 17/01/08(병진) / 김섬·남곤·장순손·어득강 등이 축성 문제 등에 대해 논의함.
- 중종 17/02/13(경인) / 미조항진의 축성 문제를 해당 관사에 물어 시행토록 함.
- 중종 17/02/14(신묘) / 병조에서 미조항의 축성 등을 중지할 수 없다고 보고함.
- 중종 17/02/20(정유) / 미조항의 축성에 대해 간원에 전하라고 지시함.
- 중종 17/02/27(갑진) / 어영준이 미조항과 의주의 축성이 불가함을 상소함.
- 중종 17/03/10(정사) / 이번 등이 의주성 부실 役事 등에 대해 상소함.
- 중종 17/06/08(계미) / 배사하는 의주 목사 김양필에게 방어 등에 대해 각별히 지시함.
- 중종 17/06/24(기해) / 함경도 절도사 우맹선이 黃士彥堡와 將軍堡

의 정비에 대해 건의함.

- 중종 17/07/15(기미) / 加里浦의 城堡와 변방 방어 문제 등을 논의함.
- 중종 17/09/06(기유) / 평안도, 함경도에 종사관을 보내 성곽을 살피도록 함.
- 중종 18/03/14(을묘) / 의주의 축성을 일시 정지시키는 문제를 논의.
- 중종 18/04/16(정해) / 평안도의 축성한 성곽이 무너진 것에 대해 제대로 보고하지 않은 것 등을 논의.
- 중종 18/04#07(정미) / 의주성을 쌓은 곳이 무너져서 축성을 감독한 差使員에 대한 처벌 문제 등을 논의.
- 중종 18/09/10(정축) / 常木綿 1천필을 평안도에 보내어 곡식을 사서 江界의 각 鎭堡의 군량을 장만하게 함.
- 중종 18/11/07(계유) / 여연, 무창을 비롯한 변방에 관한 일을 논의함.
- 중종 18/12/11(정미) / 만포첨사 이성언이 야인을 단속하는 일과 사군을 운영하는데 대해 상소함.
- 중종 19/02/26(신사) / 순변사 조윤손이 건의한 진을 설치하고 堡를 쌓는 문제 등을 의논함.
- 중종 19/07/27(경인) / 평안도 의주·용천 등에 전가 입거할 자를 들여 방비하도록 병조에 전교함.
- 중종 19/08/16(무신) / 함경도 水災로 鎭堡의 민가가 많이 유실된 문제 등을 의논함.
- 중종 19/08/23(을묘) / 변방의 수령 차출과 방비책을 의논함.
- 중종 19/10/02(계사) / 입거 죄인 차출 방법에 대해 정광필·남곤 등과 의논함.
- 중종 19/11/21(신사) / 의주의 묵은 땅에 堡를 설치하고 경작지를 개척하는 문제 등을 논의함.
- 중종 19/12/28(무오) / 직제학 이환이 평안도로부터 와서 堡의 설치 문제 등에 대해 조사한 바를 보고함.

- 중종 20/02/03(임진) / 특진관 안윤덕이 부산포 왜산 북쪽에 성을 쌓아 관문을 설치하고 왕래인을 단속하는 방안 등에 대해 건의함.
- 중종 20/02/03(임진) / 병조에 부산포 제포의 객관 주변에 축성의 필요 여부를 살펴 보고하도록 지시함.
- 중종 20/02/04(계사) / 제포 왜관의 축성 필요 여부에 대해 본도 감사와 병사가 보고하도록 함.
- 중종 20/02/12(신축) / 병조에서 경상도 수영 이전 및 함경도 진보 연혁에 대해 논의케 할 것을 비변사와 함께 논의할 것을 건의함.
- 중종 20/04/02(신묘) / 함경북도 병사가 경성 등의 鎭堡에 대한 방비 강화에 대해 보고함.
- 중종 20/04/05(갑오) / 함경남·북도 병사 최한홍과 이기가 야인 왕산적하의 동태와 그 방어책에 대해 서장을 올림.
- 중종 20/04/20(기유) / 평안도, 함경도의 방비 문제를 논의함.
- 중종 20/04/22(신해) / 여러 신하들이 야인 왕산적하의 처결 문제를 의논함.
- 중종 20/05/30(무자) / 사인 심사손이 함경도의 방어와 군졸의 녹봉에 대해 보고함.
- 중종 20/07/04(신유) / 대사헌 김희수가 의주 축성 문제점을 아룀.
- 중종 23/03/06(정축) / 이항·윤희인·송숙근·김선 등이 軍機에 관한 단자를 올림.
- 중종 23/03/06(정축) / 귀성부사 유상령이 야인에 대처할 방도에 대한 소를 올림.
- 중종 23/04/26(정묘) / 무신 48명이 야인들의 토벌에 관한 의견을 적어 올림.
- 중종 23/06/15(을묘) / 정원에서 각 鎭堡의 상황을 보고하는 문제 등을 건의함.
- 중종 23/09/16(을유) / 평안도 순변사가 강변의 鎭堡 상황 등에 대해

시찰한 내용을 보고함.
- 중종 23/09/25(갑오) / 평안도 관찰사 허굉을 인견하여 방비 등에 대해 논의함.
- 중종 23/10/19(정사) / 야인의 일에 관해 평안도 절도사 조윤손이 보고함.
- 중종 24/08/28(신묘) / 장령 양연이 의주의 새 성에 입거한 자들의 유망에 대해 논의함.
- 중종 25/01/21(임자) / 사복시 주부 신계우가 각 鎭堡의 군기 보유 실태에 대해 아룀.
- 중종 25/02/03(계해) / 선정전에서 평안도 절도사 이사균을 인견하고 변방의 일을 의논함.
- 중종 28/05/03(을사) / 위화도 등지의 변경 땅에서의 중국인의 경작 금지에 대한 문제에 대해 전교함.
- 중종 33/09/16(병술) / 절영도 왜변에 대해 논의함.
- 중종 33/10/13(계축) / 윤은보 등이 鎭堡에 木弓을 비치하는 문제 등에 아룀.
- 중종 36/09/26(기유) / 영의정 윤은보 등이 義州, 麟山의 옛터에 土城을 수축하되 外面은 깎아 버리고 그 밑에 해자[壕]를 파고 성문을 폐쇄하여 출입을 못하도록 하는 문제 등을 건의함.
- 중종 36/10/04(병진) / 사헌부에서 서북 변방의 문제에 대해 아룀.
- 중종 37/01/12(계사) / 예안현감 김수옹이 군액의 허실 및 변방장수의 徵贖 문제 등의 폐단에 대해 상소함.
- 중종 37/10/17(계사) / 달자의 침입에 대비하는 문제와 중국의 원군 요청에 대해 논의함.
- 중종 38/11/17(정사) / 의정부와 비변사 등에서 무너진 안주성의 수축을 건의함.
- 중종 38/11/26(병인) / 서북지방에는 축성, 入居 같은 일이 많다고

하여 이에 합당한 인물을 보내는 문제를 논의함.

- 중종 38/11/26(병인) / 삼공이 축성, 입거, 방비의 일이 번잡한 평안도에 적임자를 보내는 문제를 아룀.
- 중종 38/11/30(경오) / 유관을 加資하고 평안도 관찰사로 보냄.
- 중종 38/12/26(병신) / 평안도 관찰사 유관에게 축성, 입거 등에 대한 일을 전교하니 유관이 안주에 축성하는 문제를 건의함.
- 중종 38/12/29(기해) / 사간원이 안주에 축성하는 일 때문에 중신을 보낸 문제를 아룀.
- 중종 39/04/19(정해) / 평안도 방비에 대해 병조에 전교함.
- 중종 39/04/20(무자) / 왜변 문제를 대신들과 의논함.
- 중종 39/05/20(정사) / 병조에서 양계지역에 화포장을 보내 각 鎭堡에 전습할 것을 건의함.
- 중종 39/05/22(기미) / 왜인은 국왕의 사신 이외는 일체 거절토록 하고 가덕도에 성을 쌓고 진을 설치하도록 함.
- 중종 39/05/27(갑자) / 홍문관 부제학 송세형이 鎭堡의 방어에 힘쓸 것 등에 대해 상소함.
- 중종 39/07/25(임술) / 경상도 순변체찰사 이기에게 교서를 내려 왜인에 대한 조치, 가덕도에 진을 설치하는 일 등에 대해 지시함.
- 중종 39/08/16(임오) / 사헌부에서 경상도에 새로 설치한 加德鎭·天城堡에 군사를 두는 문제 등을 아룀.
- 중종 39/08/19(을유) / 왜인에 대한 조처와 築城使)·巡邊體察使 파견에 따르는 驛路의 피폐 문제 등을 의논함.
- 중종 39/09/03(기해) / 사헌부에서 경상도에 새로 설치한 진보의 충군과 관련하여 閑丁을 搜括하는 문제 등을 아룀.
- 중종 39/09/07(계묘) / 鎭堡 充軍을 위해 閑丁을 搜括하는 문제에 대해 의정부와 병조 당상이 의논하여 조치하도록 함.
- 중종 39/09/03(기해) / 사헌부가 鎭堡 充軍을 위한 閑丁의 搜括 문제

에 대해 아룀.

▫ 중종 39/09/12(무신) / 경상도 체찰사 이기가 올린 가덕도 축성 및 여러 진보를 옮기는 문제 등에 대해 의정부에서 의논하도록 함.

▫ 중종 39/09/18(갑인) / 의정부에서 순변체찰사 이기가 보고한 문제에 대한 조치를 정함.

▫ 중종 39/09/26(임술) / 가덕도 축성사 방호의가 복명하여 단자를 올림.

▫ 중종 39/09/28(갑자) / 순변사·축성사에게 연회를 베풀도록 전교함.

▫ 중종 39/09/28(갑자) / 제포를 萬戶鎭으로 낮추어 가덕진에 소속시키고, 미조항은 요충지이므로 특별히 차출하여 鎭將을 보내는 일 등을 논의함.

▫ 중종 39/09/29(을축) / 직무를 제대로 수행하지 않은 체찰사와 축성사에 대한 추궁 문제를 논의함.

▫ 중종 39/09/29(을축) / 순변사와 축성사를 위한 연회를 내리지 말도록 전교함.

■ 仁宗代

▫ 인종 01/04/08(경자) / 대마도와 화친하는 문제 등에 대해 논의함.

■ 明宗代

▫ 명종 01/04/19(을사) / 동지경연사 신거관이 여역으로 함경도 관방이 허술해지는 문제 등을 아룀.

▫ 명종 01/11/20(계유) / 강원 감사가 울진현령을 겸임한 평해군수 첩정에 의거하여 왜적선이 오자 주민과 관리들이 軍器와 산성의 창고를 다 버리고 도망하였다고 보고함.

▫ 명종 02/02/09(신묘) / 축성에 승려를 부역시키는 문제, 대마도와 수교하는 문제 등을 논의함.

▫ 명종 02/10/06(계축) / 영의정 윤인경 등이 마천령에 關을 설치하고

경원부 아오지보를 옮기는 문제 등에 대해 논의함.

- 명종 04/09/12(무인) / 사헌부가 의주 목사를 체직하고 문관을 뽑아 보낼 것을 건의함.

- 명종 04/11/09(갑술) / 함경도 兵使에게 각 鎭堡를 순시하면서 城池를 개수하고 병기를 보수하도록 함.

- 명종 05/02/26(신유) / 심연원 등이 북방 5진의 鎭將이 장성을 임기 내에 일정 길이를 수축하도록 되어있는데 준수하지 않는 문제 등에 대해 아룀.

- 명종 06/02/25(계미) / 양계지역에 監軍御史를 보내는 일 등에 대해 논의함.

- 명종 06/09/05(경인) / 의주에 축성하는 일을 의논하도록 함.

- 명종 06/12/22(을해) / 사간원이 조정의 조치를 기다리지 않고 慶興의 仍巨島에 축성한 부사의 처벌을 주청하였으나 허락하지 않음.

- 명종 07/06/23(갑술) / 축성과 設鎭 문제를 살피기 위해 北道巡邊使로 임명한 지중추부사 이준경이 건강상의 이유로 체직을 청함.

- 명종 07/08/16(병인) / 홍문관 부제학 윤춘년 등이 경흥에 임의로 축성한 부사에 대한 처벌 문제 등에 대해 글을 올림.

- 명종 07/10/01(경술) / 사헌부에서 경흥 伊應巨島에 축성하여 여진의 노략을 유발한 김순고와 김수문을 벌할 것을 청하였으나 윤허하지 않음.

- 명종 08/03/24(경자) / 경상도 관찰사 정응두가 2월 8일 道內 50여 읍에 지진이 일어나 집과 산성이 붕괴되었음을 보고함.

- 명종 08/06/04(기묘) / 사간원에서 수군에 대한 입번과 폐단에 관해 보고함.

- 명종 08/06/06(신사) / 사헌부 대사헌 김주 등이 재변과 여진지역에 축성하여 문제를 일으킨 것 등에 대해 상소함.

- 명종 09/01/05(병오) / 대신들이 야인들의 침략에 대한 문제를 논의함.

- 명종 09/06/05(갑술) / 함경도 관찰사 이몽필 등이 골간의 오랑캐와 전투한 일과 도내 여러 지역의 방비대책 등에 대해 보고함.
- 명종 09/08/19(정해) / 우윤 이몽필이 曲城을 점차 쌓는 문제 등 북방의 방비대책에 관해 건의함.
- 명종 09/10/22(기축) / 영의정 심연원 등이 彌串 등지에 축성하는 문제를 논의함.
- 명종 09/10/22(기축) / 史官을 보내 좌의정 상진과 부원군 신광한에게 미관보와 의주에 축성하는 문제를 의논하게 함.
- 명종 10/05/16(기유) / 사정전에서 심연원 등을 인견하여 달량의 왜변에 대한 방책을 논의함.
- 명종 10/05/18(신해) / 삼공 등을 사정전에서 인견하고 왜변에 대처하는 방안을 논의함.
- 명종 10/05/18(신해) / 홍문관에서 서울의 방비와 요충지 강화의 방비, 승군을 조직하는 일 등에 관해 아룀.
- 명종 10/07/14(병오) / 비변사가 경상·전라·경기의 축성하는 일에 대해 보고함.
- 명종 10/08/12(갑술) / 동서반 종2품 이상을 불러 도성 삼문에 중국의 제도에 따라 甕城을 설치하는 문제를 논의함.
- 명종 10/08/26(정해) / 정원에 축성은 이 달을 기한으로 역사를 쉬게 할 것을 전교함.
- 명종 10/08/27(기축) / 축성군을 放送하는 시기 문제를 논의함.
- 명종 10/08/28(경인) / 비변사가 승군을 축성과 造船에 쓰는 문제를 보고함.
- 명종 10/11#17(무인) / 각도 축성의 役事를 혹한기에는 쉬도록 함.
- 명종 10/12/07(정유) / 예조가 왜인 원성만과 문답한 단자와 그가 바친 병부를 가지고 보고함.
- 명종 11/02/11(경자) / 축성공사에 동원된 승군을 잠시 쉬도록 함.

- 명종 11/05/28(을유) / 평안도에 城堡 수축과 군량의 비축 등에 대해 특별히 지시함.
- 명종 11/10/02(정해) / 사헌부에서 황해도 백성들을 延安의 축성공사 등 役事에 계속 동원한 폐단에 대해 아룀.
- 명종 12/02/27(신해) / 도첩과 호패가 있는 僧은 일체 役事를 면제할 것을 지시함.
- 명종 12/05/07(기미) / 단양 군수 황준량이 군액 등 민폐 10조에 대해 상소함.
- 명종 12/11/25(갑술) / 개성과 定州 등지의 城堡를 수리할 일에 관해 전교함.
- 명종 12/11/26(을해) / 비변사가 개성부에 성을 쌓는 일에 대해 아룀.
- 명종 13/04/22(기해) / 중국의 심상치 않은 정세 등에 대해 논의함.
- 명종 13/05/24(신미) / 평안도 관찰사 정응두가 중국의 정세가 소란하니 대비해야 한다는 장계를 올림.
- 명종 13/07#14(기축) / 종사에 죄를 얻었던 유경심을 축성과 관련하여 정주목사로 서용한 것에 대해 전교함.
- 명종 13/11/26(기해) / 방비가 필요한 남쪽과 서북 지방의 수령으로 무관을 파견하는 일을 의논함.
- 명종 13/11/26(기해) / 영의정 상진이 큰 鎭에는 방비를 위해 무관을 파견할 것을 건의함.
- 명종 17/11/11(신묘) / 비변사에서 올린 비밀 봉서의 내용(각도의 戰船·기계·城池의 수축 등 방비에 관계된 모든 일들을 내년 2월까지 일제히 정비하여 적변에 대비할 것 등)을 각도의 감사 및 병사·수사에게 보내도록 함.
- 명종 18/08/07(계축) / 함경도 육진의 육성책 등에 관하여 논의함.
- 명종 21/04/17(무인) / 풍덕군수 이민각이 군액, 戰船 등의 폐단을 상소함.

- 명종 21/09/07(갑오) / 승문원 도제조 등이 명나라의 구련성의 성보 신축의 문제에 대해 보고함.
- 명종 21/10/24(신사) / 함경도 납의경차관 정철이 각 고을과 鎭堡를 시찰한 결과를 보고함.
- 명종 22/05/16(경오) / 2품 이상을 모아 놓고 일본이 요청한 5가지 사항에 대해 승락 여부를 의논함.

찾아보기

【ㄱ】

가산 138
假想敵 4, 17, 115, 158, 219
伽倻山 178
假屋 316
가용병력수 152
加坪 323
價布 255
간성 139
杆城邑城 81, 343
杆城鎭 298
杆城縣 71, 292
갈야산성 80
葛豊里 山城 411
監司 183
監役官 105
監築官 144
監築官吏 212
甲州 116, 118
姜謙 443
江界 118, 221, 241
江界府城 161
康勸善 234

江東 138
강릉 139
江陵道 291
江陵府 76
강릉삭방도 75
江陵邑城 78, 334, 335
江陵鎭 298, 299
江原道黃海道巡察使 299
강진 141
江浦口 302
江華府 353
開居式 438
개성 138
開城府 30, 192
개성부성 141
개성유후사 147
開州 141
개천 138
客舍 87
객사문 79
巨濟島 208
거푸집 59
擧火 315
乾達山城 426
建州左衛都督 262
兼設政策 122

警邊使　254
京烽燧　317, 321
慶尙道續撰地理誌　37, 165
慶尙道地理志　37
鏡城　118
慶源　221
慶源府　117, 353
경주　136, 208
慶州府　136
敬差官　158, 163
慶興　153
鷄足山　391
考課條目　147
高靈　178
高嶺鎭　247
고부　133
固城　130, 136
고성　139
古城　197
고성리　25
古城山　448
古城山城　81, 401
高城縣　71, 291
古雲州　161
古理山邑城　358
高險　40
高莉山　143, 446
谷山　168, 228

曲城　438
곤양　136
공민왕　54
公山山城　186
公山城　169
攻城機具　152
攻城術　176
功役　365
孔州　153
孔州邑城　116
空閑地　270
果川　413
關門　253
關防　213
관방시설　43
관방유적　68
관성　1
官倉　176
廣丁鎭城　452
廣州　160
광주산성　32
蛟龍山城　426
交州道　72, 291
교통로　50
九龍淵　250
狗山城　466
舊城　124
龜城　154

九月山城 199
口子 129, 136
국가방위체제 17
군량미 178
軍容城子巡審使 127
軍翼道體制 298
軍籍作成 294
軍倉 159, 197
弓家 161
宮官址 54
궁궐 156
權健 253
權管 201
權金城 328, 406
權慄 185
棘城 138
金欄城 321
금산리 78
金城 177
金城山城 426
金水里 361
金承霍 100
金壤縣 291
金吾山城 186
衿川 413
金化縣 76
掎角之勢 188
기단석 61
기둥홈 65

騎船軍 117, 301
기장 136
己亥東征 121
吉州 232, 461
金瓘 249
金墩 228
金孟鈞 22
金命元 178
金淳 131
金時敏 185
金時獻 187
金礪石 442
金禮蒙 264
金馴孫 253
김제갑 380
金宗瑞 132
金中坤 127
김해 136

【ㄴ】

羅城 279
羅州 119, 133
나하추(納哈出) 75
낙동강 178
낙안 133
남대봉 21
南大川 360
南山 101

南山城 401
南原 42, 141, 189
남원성 1
南川 360
남포 136
狼川 323
內廂城 133
內廂節制使 99
內外夾築 21
內地烽燧 317
內托式 20, 23, 26
內環道 26
노고산성 55
노고성 33
盧舍 210
盧思愼 249
魯城山 408
魯城山城 408
鹿角木 202
鹿角城 233
鹿島倭變 444
鹿屯島農堡 214
籠城 83
樓櫓 181
능한산성 38, 168
泥城 118

【ㄷ】

다대포 213
多信山城 360
短墻 161
達老山城 169
達孝驛 310
潭陽 177
當領水軍 248
당진 136
당포성 63
大康驛 西土城 454
大公山城 404
대관령 417
大丘 144, 178
대궁산 404
대궁산성 404
대궐터 25, 33, 388
大林山城 33, 54
對馬島 125
對馬島 征伐 108
對明關係 219, 331
對明使臣路 258
大彌山城 410
大朔州 142
대성산 33
대성산성 33, 62
對倭關防施設 69
對倭防備 160

對倭人關係　328
大靜縣　215
隊卒　252
大鍬　172, 176
大浦　445
大浦營城　450
大峴山城　168, 199
德高山　23
德高山城　23, 388
덕두원　18
덕산면　27
德州山城　161
덕천산성　38, 168
都領　74, 293
도명골　25
逃散人　285
都城　3, 95
都城修築都監　103
都城役事　106
都城造築都監　95
都巡撫使　127
都元帥　187
都體察使　186, 187
독락산　54
독락산성　33, 54
禿城山城　187
突山島倭變　444
東家西家論　275
東界　72
東大門　97

東萊　136, 144
동북면　157
東將臺　388
桐津戍　460
東八站　256, 257, 258, 263
두타산　22
頭陀山城　22, 384
屯城　83
屯倉　197

【ㅁ】

滿浦　208, 239
萬戶　201
望闕拜　87
망대　23, 27
望臺址　49, 396
망루　27
孟思誠　101
沔川　136, 165
沔川山城　354
溟州　71
溟州城　78
木杙　316
木柱　19, 63
목주거푸집　66, 68
木栅　215, 229
木栅城　67, 206
蒙古　22

蒙古軍　34
無軍兵船　440
無事耕作　174
撫安堡　354
戊午史禍　253
무장　133
茂昌　241
門樓　98
文治主義　171
彌勒山城　25
民官軍　31
民戶數　193
밀양　141

【ㅂ】

朴楗　249
朴根　233
朴大孫　281
朴安臣　234
朴子靑　100
博川城　356
朴礎　204
方伯　183
防戌軍　285
防戌處　445
防護別監　20
防護所　215
배후산성　361

白壁山城　161
버팀목　64, 181
碧團　142
碧潼　227, 241
邊圍典考　213
邊地守禦 方案　204
別監　128
別防城　216
兵馬使　72
兵馬節制使營城　205
兵備事宜　437
兵使　146
兵船　203
補給基地　440
保寧縣　354
보령　136
堡壘　174
保民機能　481
寶城　119
堡城　3
保安道　310
補築　393
普賢山城　404
複郭형태　386
鳳山　168
烽山　315
烽山城　315
烽燧　315
烽燧臺　57, 316
봉수제도　315

봉의산성　31

奉足軍　103

봉평　197

烽峴　315

鳳凰山　250

府南古城　454

赴防　279

赴防軍　222

赴防軍士　224

赴防問題　223

釜山　144

富山山城　186, 187

부산포　213, 444

부안　133

北境關防城　2

北界地域　201

北虜南倭　90, 331

北邊事　130

北川　360

飛樓　172

備邊司　143, 172, 183

備邊十策　126

非兒里堡　214

備禦策　232, 234

비인　136

庇仁邑城　357

【ㅅ】

沙斤　413

徙民策　271, 286

泗川　130

使行路　261

朔州　241

朔州城　161

削土　50

蒜山　419

山城　3, 155, 222

山城說　40, 428

山城隅城址　56

山城有益論　170, 174

산성입보　109

山城重視論　152

山城浦　303

山海關　249

山海衛　224

살받이　181

三嘉　144, 178

三江縣　138

三登　138

三岳山城　18, 33, 52

삼척　141

三陟邑城　80, 334, 341

三陟鎭　299

三陟浦　302, 304, 448

三陟縣　71

三浦　141
三浦倭亂　445
三韓城　48, 55
裳城山　177
祥雲道　310
上長　74, 293
尙州　144
상주산성　32
尙震　255
生昌驛　310
서북면　157
瑞雲　310
서원경성　1
西箭門　102
서천군　136
瑞和里　山城　414
瑞和縣　415
瑞興　168
石車　419
石堡　129, 207
石堡工事　208
石城　97
石築　215
석축유구　64
석파령　18
宣州　117
城高　212
성곽발달사　14
성곽사　68
성곽유적　13

城基審定　237
城內有水處　159
成達生　423
城門　436
城門都監　105
城山山城　189
城山城　28
城石　21
成石璘　157
성재산　411
城制　41, 44
星州　144
成俊　252
城址調査　434
成川　138, 228
성천산성　38, 168
城隍祠　340
歲貢문제　113
소문봉　62
소백산맥　26
小朔州　142
束草浦　302
孫舜孝　328
松溪縣　353
송악성　1
水口堡　214
水軍萬戶營　462
水軍營鎭　210
首都　17
守山浦　111, 302

守城軍　295
守城軍卒　166
守城機具　63
수성방식　188
修城使　143
守城人員　363
守城戰　381
修城典船色　128, 129
守城千戶　325
遂安　138, 168, 228
受容性　198
水源　45, 159
수인산성　426
水戰所　215
수직홈　46, 47, 62
收布放軍　171
守護軍　169
순변사　143
순천　133
戌卒　203
乘輿司　308
侍衛牌　295
申礪　224, 226
신계　138, 168
新都　116
新使行路　268
申商　123
辛錫禧　106
新安驛　310
辛永孫　131

辛引孫　229
新進士大夫　202
實戰事例　40
瀋陽　285
雙城摠管府　72, 74

【ㅇ】

阿比車　266
岳堅山城　186
安康　187
安東　144
安邊　461
安北河　1
安潤孫　444
安陰　178
安州　118
安州城　116, 157
按集使　72
安洪敏　20
애산리산성　394
夜別抄　20
藥山城　164
陽江驛木柵塗泥城　206
兩界地域　69, 163
糧穀數　254
楊口　323
陽德　228
陽德縣城　161

羊馬場　41
양산　136, 141
梁誠之　33, 125, 142, 244, 424
양양　139
襄陽邑城　80, 338
楊淵驛　310
養珍驛北石城　454
楊總兵　42, 189
양평　417
魚面堡　215
언양　136
에센(也先)　88
呂島倭變　444
麗水石堡　208
閭延　126, 221, 241, 254
女墻　133, 136, 436
女墻數　120
여주　417
여진문제　113
女眞招撫　373
驛路　306
驛城　454
連谷浦　302, 303
烟臺　129, 207
沿邊烽燧　317
連山關　256, 257, 259, 265
連山把截　276
沿海溟州道　73, 293
연해지역　149
煙戶軍　248, 252

염포　213
永康鎭　353
영광　133
盈德縣　76
永登浦　444
永樂帝　88
營壘　174
寧邊　154
寧塞軍　292
營城　141
영원사　21
鵠原山城　21, 32, 378
營鎭軍　295
營鎭堡城　201, 222, 439
營鎭城　3
永川　144, 187
영토쟁탈전　44
寧波成　460
寧海　130
예상침입로　115
五道地域　293
五十川　360
오이라트　131
伍長　317
오화리산성　448, 449
옥구　133
沃原　455
沃原驛　325, 346
沃原驛土城　454
온성　139, 253

穩城行城 239
擁城 133
옹성 136
甕城 97, 129
瓷城 98
瓷巖山城 177
瓷津城 354
臥龍山城 27, 50
王儉城 391
王光住 19
王陽明 171
왜구 90, 149
왜군 176
왜담 410
遼東 224
遼東都司 258
遼東長墻 227
요동정벌 120
遼東地域 250
遼陽 258
龍岡 154
용강산성 38, 168
龍起山城 186
甬道 23, 28, 50
용안 133, 141
龍川 154
용화산성 394
龍化驛 455
羽溪邑土城 346
우계현 335

牛峯 168
禑王 155
우잠성 1
雲岳山 24
雲岳山城 24
雲梯 97
울산 141, 208
蔚珍 333
울진읍성 326
울진포성 446
蔚珍縣 71
蔚珍縣令 111
웅천 208
웅천성 444
原州鎭 298
月團 97
越松浦 111, 302
衛所制度 267
留泊處 440
留防軍 296, 301
留防軍數 301
柳濱 253
有事入保 174
柳成龍 41, 42, 152, 175, 188, 429
柳守剛 441
有水處 432
柳永吉 381
柔遠鎭 247
劉綎 175
柳廷顯 100, 203

留鎭軍卒　215
陸象山　171
陸守軍　117
陸水軍　201
육진　146
尹弼商　249
尹孝孫　253
尹孝源　106
銀溪道　310
邑城　3, 90, 222, 331
邑城重視策　86, 109
邑治　29, 45, 150
邑治所　66, 70
義嚴　182
義州　118, 154, 221, 253
義州城　161
의주읍성　144, 249, 253
李季仝　253
이극균　142
李克墩　443
李克培　227
李克增　443
李滿住　223
李孟常　111
李明德　100
李甫欽　128
李思林　419
理山　241
李恕長　38, 168
李先齊　37, 166

李叔時　236, 237
李承孫　237
李時發　146
李安社　22, 384
李原　100
李元翼　182
李誼　249
李子英　160
李廷馣　426
李廷馨　182
李稷　160
李蕆　100
李鐵堅　251
李淸　221
李恒福　185
翼令縣　71, 292
仁同　178
麟山　249
日長城　160
臨瀛館　79
臨遠戍　460
임진왜란　41, 151
임피현　134
入居　183
入居政策　240
入保　223, 279
입보 산성　34, 45
入保防備體制　36, 161
入保制　163
入保處　35, 156

笠巖 177
笠巖山城 32, 426
입지조건 352, 421

【ㅈ】

자산산성 38, 168
慈城 126, 208, 239, 241
慈作里 126
慈州山城 161
雜役免 295
將臺 383
長城 177
長城工事 236
長壽山城 199
長水山城 424
張巡烈 89
장안성 78
장흥 133
儲穀倉庫 197
敵臺 128, 129, 133, 136
賊路 138, 416
全面戰 29
全城山石城 374
田易 35, 156
甎築 215
殿牌 87
田興 100
節度使 201

節制使 201
絶險 40
점령지 44
鄭甲孫 284
鄭逑 381
鄭期遠 42, 189
靖難之變 120
定寧縣 354
鄭道傳 95
鄭同 269
正東川 56
鄭苯 131
鄭守弘 36, 164
丁若鏞 402
正陽山城 391
征倭 162
征倭說 163
丁酉再亂 42, 189
旌義縣 215
旌義縣城 356
鄭而漢 106, 131
鄭津 99
鄭昌孫 249
鄭澈 177
鄭熙啓 96
制勝方略 145
濟州 189
濟州牧 215
제천 417
薺浦 444

薺浦城 212
趙啓生 100
釣橋 202
趙末生 165
趙明干行城 239
趙瑞康 237
朝鮮寶物古蹟調查資料 54
曹淑沂 210
朝陽城 358
漕運路 109, 331
조운선 76
趙浚 84, 202
鳥銃 176
趙暉 20
종묘 156
鍾城 139, 253
鍾城行城 239
左道營城 205
柱洞 64
주민입보 431
紬城 128
州鎭軍 71, 291
州縣軍 291
죽주산성 32
重房 73, 293
중세 산성 14, 18
中央軍 291
地方官衙 364
地方軍 291
지방통치 91

池城山城 168, 424
池濠 130
鎭管體制 145, 300
鎭東樓 449
鎭堡城 172, 201, 203
鎭使 71
鎭山 34
鎭城 203
鎭壓策 221
鎭將 71
晉州 144, 172
晉州城 185

【ㅊ】

塹壕 144, 202, 226, 316
창고 35
昌道驛 310
昌城 241
창원 136, 141
昌州 142
柵堡 203, 204, 420
處置使 301
陟州東海碑 450
天生山城 186
天作之險 40
泉井戍 460
철관 1
철관성 1

찾아보기 631

僉節制使　201
淸道　144
靑山城　164, 423
淸野入保　86
淸野戰略　176
淸野策　177
청주　141
淸川江　38, 168
청하　141
體城　434
招撫　263
初築時期　13
銃丸　172
崔岦　185
崔士康　105
崔潤德　36, 99, 152, 164, 195, 423
崔潤溫　424
楸池嶺　321
楸坡　254
축성기술　106
築城都體察使　200
축성방식　44
축성법　46
築城司　143
築城使　326
축성사업　125
築城巡察使　250
築城新圖　128
築城役事　106
축성정책　131, 123

築城提調　97
築城策　150
築造方式　225
축조법　368, 434
春州　323
春州道　72, 292
春川鎭　298
忠烈王　73
충주　50, 417
雉城　436, 438
치소성　91
雉堞　181
칠원　136, 141

【ㅌ】

垜　23
卓愼　437
湯站　268
湯站堡　268
泰岐山城　389
泰安　208
土木之變　88
兎山　168
土城　97, 150
土築　215
土築城　90
통천　139
通川邑城　334
退築　152

【ㅍ】

婆娑山城 178, 182
婆猪江 126
判官 74
板城 215
판축 61
八道修城使 143
彭排 252
平陵道 310
平山城 451
平壤 118
평양성 117
平女墻 19, 20, 22, 26, 28, 44, 53
평지읍성 90
平海 139, 141, 333
포곡형 55
砲樓 41, 174, 190
布帛尺 388
風水地理 434
避難 44

【ㅎ】

河崙 121
下番船軍 440
下三道 123, 137
下三道都巡撫使 152

下西知木柵 205
賀正使 162
寒溪山城 19, 32, 397
閑良 445
韓明澮 209, 249
韓尙德 104
한성부 147
韓雍 158, 422
韓忠仁 277
한치형 270
할미성 55
함종산성 38, 168
哈丹 32
陜川 178
합포성지 369
海島 31
海道察訪 163
海東地圖 338
해미 136
해미산성 32
해상조운로 110
海子 133
垓字 22, 439
海際木柵塗泥城 205
해주 178
行城 3, 219
行城築造策 286
행주산성 185
향로봉 21
鄕烽燧 321

香山城 161
許稠 36, 165
許琮 326
許周 81
險阻 40
險地 40
險地爲主 40, 45
懸燈山 24
懸門式 404, 439
懸門樣式 392
懸眼 41
협축식 26
護送軍兵 262
호점산 48
호점산성 33, 48, 59
紅巾賊 163
홍귀달 270
洪應 211, 249
洪履祥 176
홍주 136
火王山城 186
황병헌 343
皇甫仁 229, 237
皇山山城 352
黃石山城 435, 436
黃州 138, 139, 168, 228
黃州築城使 139, 142
黃喜 123, 165

淮陽鎭 298
회유정책 125
屹骨山城 161
흡곡 139
홍국사쪽 19
홍덕 133, 141
興仁門 96
희천 138

유 재 춘(柳在春)

1961年 江原道 春川 출생
江原大學校 人文大學 史學科 卒業
同 大學校 大學院 文學博士 學位 取得
日本 東京大學 史料編纂所 外國人研究員
江原道文化財委員會 專門委員
江原大學校 人文科學研究所 專任研究員
現在 江原大學校 講師

著 書
『近世 韓日城郭의 比較研究』
『한국과 일본, 왜곡과 콤플렉스의 역사』(共著)
『한국사와 동아시아』(共著), 『한국문화사』(共著)
『近世韓日外交秘史』(共譯), 『역주 교린제성』(共譯) 外

論 文
「朝鮮前期 城郭 研究」
「14~17세기초 한일 양국의 平地治所城 발달에 관한 연구」
「15세기 明의 東八站 地域 점거와 조선의 대응」
「중세산성의 특징적 유형과 변천」 外

韓國 中世築城史 研究

정가 : 33,000원

2003년 9월 20일 초판인쇄
2003년 9월 30일 초판발행

저　　자 : 柳在春
회　　장 : 韓相夏
발 행 인 : 韓政熙
발 행 처 : 景仁文化社
편　　집 : 金明宣
서울특별시 마포구 마포동 324 - 3
전화 : 718 - 4831~2, 팩스 : 703 - 9711
E-mail : kyunginp@chollian.net
등록번호 : 제10 - 18호(1973. 11. 8)